U0143169

總第50輯

中國歷史文獻研究會 編

歷史文獻研究

全國高校古籍整理研究工作委員會資助項目

國家社科基金社科學術社團主題學術活動資助項目

山東大學中文一流學科建設資助項目

廣陵書社

圖書在版編目（ＣＩＰ）數據

歷史文獻研究. 總第50輯 / 中國歷史文獻研究會編
. -- 揚州 ：廣陵書社，2023.4
 ISBN 978-7-5554-2082-8

Ⅰ．①歷… Ⅱ．①中… Ⅲ．①中國歷史－研究－叢刊
Ⅳ．①K207-55

中國國家版本館CIP數據核字(2023)第059393號

書　　名　歷史文獻研究(總第50輯)
編　　者　中國歷史文獻研究會
責任編輯　李　佩

出版發行　廣陵書社
　　　　　揚州市四望亭路 2-4 號　　　郵編　225001
　　　　　(0514)85228081(總編辦)　　85228088(發行部)
　　　　　http://www.yzglpub.com　　E-mail:yzglss@163.com
印　　刷　無錫市海得印務有限公司
裝　　訂　無錫市西新印刷有限公司

開　　本　889 毫米 × 1194 毫米　1/16
印　　張　23.25　插頁 4
字　　數　510 千字
版　　次　2023 年 4 月第 1 版
印　　次　2023 年 4 月第 1 次印刷
標準書號　ISBN 978-7-5554-2082-8
定　　價　120.00 元

李承休《動安居士行錄》書影

動安居士行錄卷第四
賓王錄　并序
至元十年癸酉春三月　　上國冊立
皇后皇太子而普告天下　上命愛子順
安侯甚為賀進使其徒行官屬則知樞密
院事御史大夫上將軍宋公松礼尚書无
丞李汾成精勇將軍鄭仁卿內侍戶部負
外廉承益內侍保勝別將金義光譯語行
首郎將金富允指諭別將趙珹精勇散負
池瑄伴行使上朝千戶中郎將金甫成皆

蘇世讓《陽谷朝天錄》書影

燕巖集卷之十一

別集

熱河日記

潘南朴趾源美齋 著

渡江錄 綠起辛未止乙酉凡四日也

渡江錄行程陰晴將記年以係月日也曷稱後崇禎紀元後也
曷三庚子崇禎紀元後三周庚子也曷不稱崇禎將渡江故諱之也曷
諱之江以外清人也天下皆奉清正朔故不敢稱崇禎也曷私稱崇禎
皇明中華也吾初受命之上國也崇禎十七年毅宗烈皇帝殉社稷
明室亡于今百三十餘年曷至今稱之清人入主中國而先王之制度
變而為胡環東土數千里畫江而為國獨守先王之制度是明 明室
猶存於鴨水以東也雖力不足以攘除戎狄肅清中原以光復先王之
舊然皆能尊崇禎以存中國也

崇禎百五十六年癸卯洌上外史題

後三庚子我 聖上四年清乾隆四十五年六月二十四日辛未朝小雨終日
乍灑乍止午後渡鴨綠江行三十里露宿九連城夜大雨即止初留龍
灣歲州十日而水勢益盛木石俱轉潤浪連空蓋鴨綠江最遠故耳按
唐書高麗馬訾水出靺鞨之白山色若鴨頭故號鴨綠江所謂白山者
即長白山也山海經稱不咸山我國稱白頭山白頭山為諸江發源之
祖西南流者為鴨綠江皇輿考云天下有三大水黃河長江鴨綠江也
北山墨談著陳露云凡水皆宗大河未有以江名者而
兩山之在高麗曰鴨綠江盖是江也天下之大水也其發源之地方旱方
潦霪度於千里之外也以今漲勢觀之白山長霖可以推知況此非暮

朴趾源《熱河日記》書影

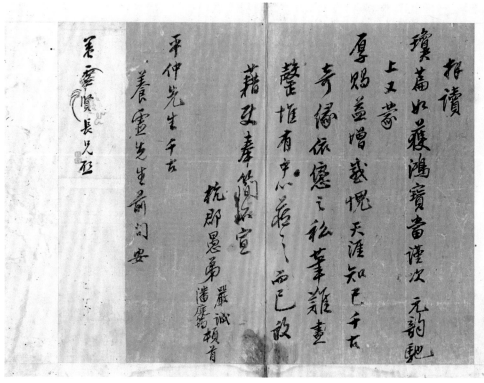

嚴誠、潘庭筠致金在行(養虛)原札

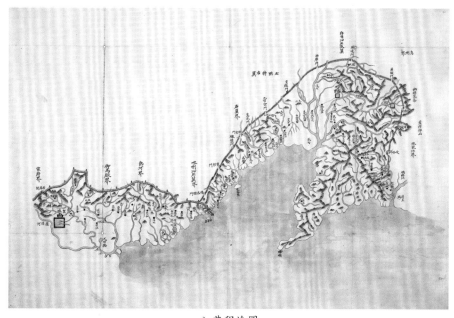

入燕程途圖

燕行歌

어화벗님네간의
남조되기어려워라
국가의덕정이오
신민의복이로다
쳥죵여수쳥쳥관은
작쳔이충일ᄒᆞᆯ소
흥八졀초ᄎᆞ일노
비도일시졍혀잇다
장ᄇᆞ원일시드ᄒᆡ의
슈룬믜장벼리이위
도화란젹이러셔、
흥의원나ᄂᆞᆫ다
멸久에효창ᄒᆞ니

쳥셩의이대풍이오
벙ᄀᆞ만츈산비ᄃᆞ리쳐
가려쳑봉되여벗ᄉᆞ우
샹구의츅쳥혈젼
셕시랑온복ᄉᆞᆯᄀᆞᄇᆞ
셕지의예ᄉᆞ북관
어멍샹쳥뎌셔셔
쳥쟝각졈시오후
평양군졔죄ᄉᆞ을
인쳥젼ᄇᆡ죵ᄒᆞ니
총예ᄉ셔ᄒᆞᆯᄃᆞ리
도화란ᄉᆡᄒᆞ옵고
져셩의명소원구
질가ᄒᆞ고상目ᄀᆞ비

시뎐니도신오며
ᄎ며쑹졍쟝츠노다
쳥의공쳥딩졈ᄒᆞ며
튼버난수비나른다
일졍젼ᄇᆡ죵ᄒᆞ니
셩멸久ᄎᆞ녀보고
쳥ᄆᆡᆯ딕ᄉᆞ나되볼고
김가샹균ᄉᆞ허비
혈결의제業ᄒᆞ味

洪淳學《燕行歌》

龍喜社尋詩集叙

余誦東人詩而嘆我　朝威德之盛聲教之被之者遠也當康熙乾隆之間

武功龔海外文教被遐邇菰蘆藪澤海壖荒嶠皆漸摩仁義被服儒者詩書

禮樂彬彬雍雍當是時北面稱藩效貢者無慮數十國大都與中國同文或

在海濱地方萬里而泰西諸國有煩重譯者尙不與爲其間有明德之後禮

義之邦其人民謠俗無異中國其君謹苞茅之貢其行人善詞令者又何如

也朝鮮爲箕子舊封黍油麥秀流風餘韻之所存擬之中國與泰伯之在吳

何異宜其風俗純美人材蔚與慕化誠篤有非勢力功利所能誘脅而他國

所頡頏著故事年貢使入都多不與中朝士大夫通問遏然詩歌贈答見於

先輩集者往往有之東使之交湘人自長沙周自藘先生始而徐壽蕎侍郎

黃鹿泉農部實繼之已歷數年更數使會必以詩文采裵然可觀癸巳春農

部復觴東使兩李君沈君暨僉事崔君於龍喜社客主賦詩若千首而屬余

龍喜社　尋詩集　一一

黃層《龍喜社海東尋詩集》書影

漆永祥《燕行錄千種解題》

目　録

Principal Contents

"胡無百年運"抑或"運氣方隆盛"的迷思臆解
——朝鮮燕行使對清朝矛盾糾結的異類觀察與兩極判斷

漆永祥

[摘 要] 本文對長久流傳的"胡無百年運"之說進行了追根溯源的考辨,認爲是自漢魏以來漢族政權與文人對少數民族政權,或者少數民族政權與其他少數民族政權間相互詛咒的巫讖之詞。但朝鮮王朝君臣將此視如信史,寄予熱望。"尊明仇清"是朝鮮朝野達成的最大共識與政治正確,燕行使在"心中賊"作怪與指引下的所記所思,只能是充滿偏見而矛盾糾結的"霧裏花"而已。他們還通過各種臆想,希冀或通過戰爭攻滅清朝,或用詩文詈罵來"咒爾以亡"。在中日甲午戰爭後,朝鮮的仇清傳統開始彌漫至民間,這既是清廷自大自負的惡果,更像是來世今生的現報。窮源敘委,述古視今,值得"肉食者"與愛好和平的人士所借鑒與反思。

[關鍵詞] 胡無百年運　運氣方隆盛　北伐　尊周　反清復明

　　朝鮮半島自古以來即與中國大陸有着友好往來,隨着中原王朝的不斷更迭,半島不同時期的政權也都選擇對其有利的大陸王朝而臣事之,以"事大"換得和平。就漢代以來的中原王朝與朝鮮半島的關係而言,元朝對朝鮮干涉與剥奪最重,如通過下嫁公主、派遣達魯花赤、設置行省等,來侵奪與控制朝鮮,所謂"蒙古於夷狄最凶悍",[①]使朝鮮深受其害。但要論朝鮮最仇視的,蒙古還得讓位於清朝。自清朝始立至中日甲午戰爭近三百年漫長的歷史長河中,朝鮮王朝先是遣往瀋陽後來發向北京的使臣,絡繹於道,他們用帶着"心魔"的異樣眼光來觀察與評價清朝,其中"胡無百年之運"始終是他們討論的一個中心話題,也是他們引頸提踵期盼天運顯靈的熱望。本文試就這一話題,做一些有趣的探究,誠望中國與朝鮮半島兩國在以史爲鑒的基礎上,共同走向燦爛的未來。

一、"胡無百年運"之説淵源考

　　胡運,《辭淵》謂"泛指非漢族人的氣數、國運",並引明代張居正、皇甫汸諸人詩文爲證。然此説最早要追溯至西漢人對匈奴的巫咒讖言。如《漢書》曰:

　　　　至孝宣之世,承武帝奮擊之威,直匈奴百年之運,因其壞亂幾亡之院,權時施宜,覆以威德,然後單于稽首臣服,遣子入侍,世稱藩,賓於漢庭。是時邊城晏閉,牛

---

① 〔朝〕鄭麟趾等纂,孫曉主編:《高麗史》卷一〇三《趙沖傳》,重慶:西南師範大學出版社,2014年,第8册第3152頁。

馬布野，三世無犬吠之警，菊庶亡干戈之役。①

考“胡運”一詞見於史册最早者爲《晉書》，時沙門吴進言於石季龍曰：“胡運將衰，晉當復興，宜苦役晉人以厭其氣。”②又同書叙苻堅事時又謂“讖云：‘古月之末亂中州，洪水大起健西流，惟有雄子定八州。’”③又《十六國春秋》亦載苻洪入關事，稱安定梁楞等並關西民望説洪曰：“今胡運已終，中原喪亂，明公神武自天，必繼踪周、漢，宜稱尊號，以副四海之望。”④案“古月”即“胡”，吴進所言“胡運”，當然不可能指石季龍的後趙，而梁楞之説與讖言所指，却正是指羯族石氏政權，因當時石季龍死，後趙國内大亂。此可知所謂“胡運”，在當時語境中，北方少數民族政權之間，也互相稱對方爲“胡”，並以咒其衰微稱爲“胡運將終”或“胡運已終”。

到了隋朝，楊素《出塞》有“横行萬里外，胡運百年窮”之句，⑤詩中“胡”指侵佔漠南的突厥。到了宋代尤其是南宋，在北方少數民族政權的武力威逼壓制之下，此説開始盛行。如淳熙十二年（金世宗二十五年，1185），宋孝宗遣章森爲賀金世宗萬春節正使，陳亮贈章氏詞有“胡運何須問，赫日自當中”之句，⑥則此“胡運”指金朝政權而言。又劉克莊詩謂“漢家豈可無三策，胡運何曾有百年”。⑦又宋理宗曾對名將余玠説，“今日之事不必問胡運衰與不衰，但自靠實理會治内規摹”。⑧又文天祥有詩云：“一馬渡江開晉土，五龍夾日復唐天。内家苗裔真隆準，虜運從來無百年。”⑨又鄭思肖稱：

> 自古夷狄凶禍之盛、土地之廣，惟韃最强最逆。上下好色貪利，如蠅見血，如蟻慕膻，滅天理，窮人欲，罔所不至。今韃靼人亦自怨其虐，惡極天怒，亡在旦夕。韃盛凡六世七十年，僭天子、京師、百官之稱。“胡無百年之運”，應斷在是矣！⑩

案劉克莊、鄭思肖所指，皆爲蒙古；而雖然文天祥講的是宋高宗“泥馬渡江”的傳説，但其真實所指，亦爲蒙古無疑。

明朝人也喜歡説“胡無百年運”，明太祖朱元璋可稱濫觴者，其目的自然是用來表示元

---

① 〔漢〕班固撰，〔唐〕顏師古注：《漢書》卷九四下《匈奴傳下》，北京：中華書局，1962 年，第 11 册第 3832—3833 頁。
② 〔唐〕房玄齡等：《晉書》卷一〇七《載記第七·石季龍下》，北京：中華書局，1974 年，第 9 册第 2782 頁。
③ 〔唐〕房玄齡等：《晉書》卷一一四《載記第十四·苻堅下》，第 9 册第 2910 頁。
④ 〔北魏〕崔鴻撰，〔清〕湯球輯補，聶溦萌等點校：《十六國春秋輯補》，北京：中華書局，2020 年，第 382 頁。
⑤ 〔宋〕郭茂倩編：《樂府詩集》卷二一隋楊素《出塞》，北京：中華書局，1979 年，第 318 頁。
⑥ 〔宋〕陳亮著，鄧廣銘點校：《陳亮集》（增訂本）卷三九《水調歌頭·送章德茂大卿使虜》，北京：中華書局，1987 年，第 510 頁。
⑦ 〔宋〕劉克莊著，辛更儒箋校：《劉克莊集箋校》卷二四《無題二首》其二，北京：中華書局，2011 年，第 1355 頁。
⑧ 汪聖鐸點校：《宋史全文》卷三三《宋理宗三》，北京：中華書局，2016 年，第 2751 頁。
⑨ 〔宋〕文天祥撰，劉文源校箋：《文天祥詩集校箋》卷七《二王》，北京：中華書局，2017 年，第 594 頁。
⑩ 曾棗莊、劉琳主編：《全宋文》卷八三三七《鄭思肖七·大義略叙下》，上海：上海辭書出版社，2006 年，第 360 册第 89 頁。

朝當滅,明朝繼興,乃天運攸歸。如吳王元年(元至正二十七年,1367),朱元璋遣徐達等北取中原,傳檄遠近。其檄文曰:

> 元之臣子,不遵祖訓,亂壞綱常,於是人心離叛,天下兵起。……古人云:"胡虜無百年之運。"驗之今日,信乎不謬。[①]

又洪武二年(1369)十月,朱元璋遣使貽元惠宗書稱,"朕謂君自知'胡無百年之運',能順天道,歸我中國故土,上策也"。又洪武四年(1371)六月,又遣斷事官黃儔賫書諭吶哈出,亦有"胡無百年之運,大厦既傾"之句。[②]又明人屠隆《知命篇》稱,"語云:'胡虜無百年之運。'元運過百年矣,氈裘辮髪,實主華夏,子孫傳祚,腥穢中原。宜篤生我聖祖,起而一洗蕩之也"。[③]又永樂八年(1410),永樂帝敕朝鮮國王書稱"胡運已終,天命已去"。[④]凡此諸說,皆指形將衰亡的元朝政權之氣數而言。

朝鮮王朝君臣所言之"胡運無百年",正是沿襲了南宋以來尤其是文天祥、朱元璋等人的說法,只不過其所謂"胡",又別有所指而已。如光海十年(萬曆四十六年,1618),萬曆帝敕令朝鮮,調集軍兵,協同征討女真,光海君奏女真"不圖敢侮大邦,直犯邊境,隳突城堡,戕害將吏,此乃胡運將盡,自速其蕩滅者也"。[⑤]又明末清初顧炎武詠鄭思肖《心史》詩有"厄運應知無百年,得逢聖祖再開天"句,其中"厄運應知無百年"一句,原鈔本作"胡虜從來無百年"。[⑥]又《南明史·儒林傳序》謂"胡運有時而盡,中國亡而不亡"。[⑦]光海君、顧炎武與《南明史》所言,則或暗或明,又指女真與清朝滿族政權。

總上所考可知,"胡無百年運"之說,起自漢代,流衍至南北朝之後,引據者愈多。南宋君臣與元末明初朱元璋,喜引"胡無百年運"之說,各有所指。按實而論,如北魏(386—534)、遼國(907—1125)、金朝(1115—1234)等少數民族政權,都存在了百年以上。元自滅宋至為明所滅約90年(1279—1368),如果加上北元政權,也超過百年。至於清王朝(1636—1911),更是久盛不衰,長達270餘年。故"胡無百年運"之說,實際是漢族政權與文人對少數民族政權,或者少數民族政權與其他少數民族政權間相互詛咒的巫讖之詞,是在自己無能力攻滅敵國的情形下,冀望借助咒語讖言來消滅強敵,以消心頭之恨。難怪朝鮮君臣在入清之後,儘管長年累月,罵天咒地,熱盼清朝無百年之運,早取速亡,但殘酷的現實卻只是令他

---

① 王冀民:《顧亭林詩箋釋》卷五《井中心史歌》箋釋所引,北京:中華書局,1998年,下册第916頁。
② 〔明〕薛應旂撰,展龍、耿勇校注:《憲章録校注》卷一,洪武二年十月條,南京:鳳凰出版社,2014年,第25頁;又《憲章録》卷三,洪武四年六月條,第42—43頁。
③ 〔明〕屠隆著,汪超宏主編:《屠隆集》,《鴻苞》卷二六《知命篇下》,杭州:浙江古籍出版社,2012年,第九册第723頁。
④ 〔朝〕《太宗實録》卷二〇,太宗十年(永樂八年,1410)十月初九日壬寅條。
⑤ 〔朝〕《光海君日記》卷一二八,光海十年(萬曆四十六年,1618)五月二十二日己酉條。
⑥ 〔清〕顧炎武撰,華忱之點校:《顧亭林詩文集》卷五《井中心史歌》,北京:中華書局,1959年,第410頁。
⑦ 錢海岳:《南明史》卷九一《儒林傳序》,北京:中華書局,2016年,第4353頁。

們更爲傷心絶望而已！

二、孝宗"北伐"之謀與大報壇、萬東廟、大統廟的創立與廢祀

1. 朝鮮王朝爲什麼對清廷恨之入骨

在明萬曆年間"壬辰倭亂"（1592—1598）之後，朝鮮舉國殘破，遭受重創。而明朝也元氣大傷，再無力限制東北女真的崛起。建州女真弱小時，也與朝鮮多有往來，朝鮮稱之爲"野人"。天順四年（1460），建州毛憐衛都督僉事浪孛兒罕等十六人，爲朝鮮誘去升賞，被盡行殺害。明英宗特遣正使禮科給事中張寧、副使錦衣衛都指揮武忠至朝鮮責問，並調節雙方關係。翌年，女真至義州殺掠，雙方關係緊張，互有侵擾。隨着女真的不斷强大，朝鮮頗感焦慮，遂於宣祖二十八年（萬曆二十三年，1595）歲末，遣南部主簿申忠一等，以交接爲名，深入其地，以偵其情狀。忠一返國後，啓奏奴爾哈赤之勢，"極爲非常，終必有大可憂者"，建議朝廷及早防備，修築山城，積穀練兵，"晝夜規畫，蓄力而待之，或可免於鯨吞豕突之患"。[①]但朝鮮君臣苟安偷生，無所作爲，尚未預料將來會有什麼樣的惡果。

後金天命元年（明萬曆四十四年，朝鮮光海君八年，1616），努爾哈赤建立後金汗國。三年，以"七大恨"爲由起兵侵略明朝。後金屢邀朝鮮與其合作，但朝鮮以和明朝"恩同父子，義則君臣"而堅拒，並以"蠻夷"敵視之。爲除後患，以免腹背受敵，後金天聰元年（明天啓七年，朝鮮仁祖五年，1627），以阿敏爲主將，分兵向朝鮮發起進攻，一路勢如破竹，直逼漢城，仁祖逃往江華島避難。後金與朝鮮議和結盟後撤退，雙方結爲兄弟之國，朝鮮向後金開市並前往瀋陽進貢，並繳納歲幣，此即朝鮮所稱"丁卯胡亂"。

清崇德元年（明崇禎九年，朝鮮仁祖十四年，1636）四月，後金皇太極稱帝，國號大清。後金遣使朝鮮，望派重臣前往瀋陽參與勸進。朝鮮聞訊，舉國嘩然，痛切陳詞，雖以國斃，決不可從，仁祖拒見後金使團，不接來書。後皇太極在瀋陽行稱帝大典上，朝鮮使臣羅德憲、李廓拒不下拜。十二月，皇太極遂以朝鮮違背盟約爲由，親率清軍十二萬入侵朝鮮。仁祖遣王妃、世子携大臣家眷入江華島，親率文武退守南漢山城。旋江華失守，世子及大臣家眷被擄，南漢山城不保。仁祖無奈，出降於三田渡，行三跪九叩之禮，簽城下之盟：朝鮮世爲清朝屬國，受清廷册封；斷絶與原宗主國明朝之關係，交出明帝所賜國王印璽；以仁祖長子李澄、次子鳳林大君李淏赴瀋陽爲人質；朝鮮向清朝進貢如明朝，每年貢黃金、白銀及他什物若干；清兵攻打明朝時，朝鮮應出兵、出戰船五十艘協助；禁止朝鮮大量修建城堡等防禦工事。朝鮮受辱完敗，此即朝鮮史上所謂"丙子胡亂"。

對於朝鮮君臣而言，難以讓他們接受而又不得不接受的事實是：其一，在短短數十年裏，

---

① 〔朝〕《宣祖實錄》卷七一，宣祖二十九年（萬曆二十四年，1596）正月三十日丁酉條；又《宣祖實錄》卷七二，二月初二日己亥條。

滿洲由所謂臣服於朝鮮的"野人"，一變而爲平等的兄弟之國，再變而成爲宗主國，自己反變爲藩屬之國，這種斷崖式的地位劇變，使以"小中華"自居的朝鮮，驚懼恥辱，有如墜地獄般的感覺；其二，朝鮮仁祖出降於三田渡，行三跪九叩之禮，簽城下之盟，並立三田渡碑，對皇太極不滅其國深表感激，這種屈辱也一直讓朝鮮君臣悲憤傷慟，意氣難平；其三，清廷令朝鮮仁祖二子與部分大臣前往瀋陽做人質，這種寄人籬下、喪失自由的"質子"身份，也讓朝鮮切齒難忘，極度鬱抑。經此一劫，朝鮮國力不振，從政治、經濟、軍事到心理、面子都受到了毀滅性的打擊。

有鑑於此，儘管朝鮮每年派遣使臣前往瀋陽和北京，顯得恭順有禮，以盡藩邦之禮；清朝也有意減貢厚賜，以顯示"字小"之關懷，但朝鮮君臣從骨子裏並不尊禮清朝，而是視若仇寇，稱清帝爲"清主""胡皇"。至乾隆中後期始，朝鮮對清廷敵視之意稍減，但直到清末，並未有徹底的改觀。

2. 朝鮮北伐之舉與孝宗之秘謀北伐

就朝鮮君臣而言，舉兵北侵，攻略滿州，是久有之志，但由於國力有限，加之滿洲的逐漸興盛，朝鮮北伐也就往往或停留在口號，或雖出師而無顯效。如太宗十年（永樂八年，1410）二月，司諫院上疏"請停北伐"。[①] 又世宗三十一年（正統十四年，1449）八月，領中樞院事李順蒙卒，稱其"北伐野人，頗有勞績"。[②] 又成宗二十二年（弘治四年，1491），成宗強欲北伐，大司憲申從濩等稱不可。《成宗實錄》載：

> 上曰："國家受辱於虜而不討，則威靈不振，邊患何時而息歟！"……從濩曰："殿下何強起憤兵，以與小醜争乎？臣願調發軍士，戍禦北道，期以十年，待彼入寇，舉兵剿滅。"上曰："不然。豈可無敵至而屯聚軍卒，以至十年之久乎？"[③]

明宗九年（嘉靖三十三年，1554），朝鮮曾大事北伐，然未成功。[④] 入清以後，順治二年（仁祖二十三年，1645）二月，清廷敕歸朝鮮仁祖長子世子李澄（1612—1645），旋於四月二十六日暴卒於宮中，此固然與其體弱多疾有關，然世子在瀋陽爲質期間，拒諫言，喜玩好，飾屋宇，嗜奢華，與清人關係親密，爲其同化，這纔是世子暴斃的主因。

仁祖二十七年（1649），李澄之弟、同爲人質的鳳林大君李淏（1619—1659）即位，是爲孝宗，與其兄不同，孝宗對清朝充滿仇恨。其在位期間，曾與親近大臣密謀，並物色人才，儲備物資，意欲北伐，以圖"反清復明"。英祖二十年（1744）十二月，行副提學元景夏，在入侍英祖時回憶昔時之情景曰：

---

① 〔朝〕《太宗實錄》卷一九，太宗十年（永樂八年，1410）二月十五日壬子條。
② 〔朝〕《世宗實錄》卷一二五，世宗三十一年（正統十四年，1449）八月二十日丁卯條。
③ 〔朝〕《成宗實錄》卷二五三，成宗二十二年（弘治四年，1491）五月初二日丁丑條。
④ 〔朝〕《明宗實錄》卷一六，明宗九年（嘉靖三十三年，1554）六月初六日乙亥條。

孝廟召見故相臣鄭太和及臣先祖諸臣于魚水堂，密講北伐之議，賜御帶妝刀，臣宗家至今寶藏。我國力弱，雖不能北伐興復，而尊攘之義，可謂彰明矣。①

然而，不幸的是孝宗在位僅十年，即賫志而亡。據稱有一位明遺民高僧，流落朝鮮，關注孝宗北伐事，並希望一瞻天顏，視其爲若何人主。《醒睡叢話》記載：

更留京數月，孝廟適行閱武於露浦之上，僧從觀光人叢中一瞻天顏，急向靜僻處放聲大哭，上佐驚怪而問之，則掩淚而言曰："吾之一片苦心，今焉已矣。吾觀主上天日之表，可謂英傑聖明之主，可以有爲，而但尸氣滿面，壽限盡於今年之內。天乎！天乎！既出其人，又何奪之速也。"哀痛不已，其後一旬之間，孝廟賓天，而其僧不知去處云矣。②

朝鮮君臣將北伐未成的原因，歸之於孝宗的英年早逝，此爲最典型的說法，也是最好的理由。又英祖十二年（乾隆元年，1736）四月，進士李海老等疏曰：

夫以外服侯邦，欲爲天子復讎，以外服陪臣，欲爲其君復天子之讎者，自古以來，惟於我孝廟與時烈見之矣。是以當孝廟之時，匹夫匹婦，無不欲執兵荷戈，以死於虜，而事之不成，天也，非人也。夫其復讎之義，真出於至誠惻怛，則雖未能北伐中原，掃蕩腥穢，而自無愧於《春秋》《綱目》之旨矣。③

又英祖三年（雍正五年，1727）冬，以謝恩兼三節年貢行副使禮曹判書李世瑾隨行軍官身份入中國的姜浩溥，曾極度感歎曰：

嗚呼！使我聖考誕降於天地變易冠屨倒置之時者，天也；使我聖考局天步於腥塵垢幕之間，玉成乎憂戚以屬其慷慨奮發剛毅陶礪之志，以增益其睿聖神武之姿，以庶幾春秋大一統之業者，亦天也。是天之篤生我聖考者，若將有意於下土，而竟使中途薨殂，賫志未展者，何哉？此豈但東偏一域窮天之痛恨而已也，誠今日環四海幾有血氣者，皆爲無福也。悠悠老天，胡忍爲斯！④

① 〔朝〕《承政院日記》卷九八一，英祖二十年（乾隆九年，1744）十二月十五日條。
② 《醒睡叢話》卷上 "皇朝遺民" 條，〔韓〕鄭明基編：《韓國野談資料集成》，首爾：啓明文化社，1992 年，第 17 冊第 245—247 頁。
③ 〔朝〕《承政院日記》卷八二三，英祖十二年（乾隆元年，1736）四月初四日條。
④ 〔朝〕姜浩溥《桑蓬錄》卷二，〔韓〕林基中編：《燕行錄續集》，首爾：尚書院，2008 年，第 112 冊第 513—514 頁。

孝宗北伐復仇不成,實乃天意,朝鮮君臣只能如此安慰自己。但北伐之口號,却時有人提及。如肅宗元年(康熙十四年,1675),先是"廣州人金翊虎上疏,請北伐"。肅宗使李宇鼎書批答曰:"爾疏語甚好。壬辰之恩,丙子之辱,豈不日夜感泣切齒哉?爲其時勢之不適。吁!亦惜矣。"令勿出朝報。又右副承旨尹鑴亦啓曰:"方今外有三事:北伐一也,渡海通鄭二也,與北絶和三也,内則嚴宿衛一事也。凡此數者,若不汲汲圖之,則禍患必至。"後又有"前參奉朴承俊上疏,請北伐,上優答之"。①

肅宗心裏非常清楚,即便把北伐當成口號來鼓舞士氣的時代,也已然過去,故只是安撫臣下,且"令勿出朝報",以免惹爲笑談。實際上即便當年孝宗在位久長,也不可能有滅清復明的膽魄與實力,北伐只不過是欹動朝野的政治宣傳而已。

3. 大報壇、萬東廟、大統廟的建立與廢祀

朝鮮臣事清朝以後,一方面服事恭謹,常貢彌勤;另一方面感思明朝,懷念不已。肅宗三十年(康熙四十三年,1704),爲明朝崇禎帝殉難六十甲子的"甲申"年,朝鮮在昌德宫後苑春塘臺建"大報壇",祭祀明神宗萬曆皇帝。"大報"出於《禮記》,是郊天報德之意。至英祖朝,又將明太祖、神宗、毅宗(崇禎)並享於大報壇,並於三帝即位與忌日行望拜禮,這種祭祀活動每年進行,以示不忘大明,厭棄清朝之意。

同時,以金尚憲、宋時烈等爲代表的"義理派",以"中華禮樂"自居,而視清朝爲"腥膻臊臭"之地,甚至在宋時烈看來,朝鮮因爲臣事清朝,也已經非乾净之地,唯其所居華陽寸地,仍是清白之地,所謂"客到試看千仞壁,腥膻天地别人寰"。"華陽"之"華",此時代表的即是"華夏文明"。宋時烈的弟子閔鼎重出使中國,購得崇禎皇帝御筆"非禮勿動"四字條幅,返國後宋時烈將此四字與朝鮮宣祖御筆"大明天下,崇禎日月"等字,模刻在華陽洞瞻星臺下的石崖上。宋時烈死後,不久平反,權尚夏等上疏建議立廟,他們認爲宋時烈就是朝鮮的朱熹,若"華陽而不享時烈,則是於武夷而不享晦翁",肅宗特批建院而且賜"華陽書院"匾額。廟取"萬東",即所謂"萬折必東"之義。同時,他們還模仿"武夷九曲",在其地規置"華陽九曲"。萬東廟建成後,奉祀明萬曆、崇禎二帝。蔡之洪記曰:

> 皇朝屋社,已百餘年。九有腥膻,無一片乾净地,而惟兹一洞天,依然是大明乾坤。仰瞻崖碑,寶墨交輝;回望皇廟,仙馭若臨。嗚呼!我神、毅兩皇上真游不於此而將安適乎?緇徒之發願守護,其亦出於秉彝者歟。②

出使中國的閔鎮遠,從北京萬歲山下撿得桃核,奉歸敬植於華陽洞土中,所成之桃即被

---

① 〔朝〕《肅宗實錄》卷二,肅宗元年(康熙十四年,1675)二月初九日丁酉條;又《肅宗實錄》卷三,四月十七日乙巳條;《肅宗實錄》卷四,六月初六日癸亥條。
② 〔朝〕蔡之洪:《鳳岩集》卷一二《彩雲庵記》,韓國民族文化推進會編纂:《影印標點韓國文集叢刊》,首爾:民族文化推進會,1994年,第205册第428頁。

稱爲"大明桃",另有"大明竹""大明稻""大明梅""大明紅"等,他們以明遺民而自處,所謂"主人新卜開三徑,與子同爲大明族"者。

又朝鮮降清絕明之後,當時處士許格、李齊杜、白海明等,得到宋時烈的幫助,在京畿道加平郡的朝宗巖,以爲"朝宗"恰與《禹貢》"江漢朝宗於海"之義相偕,而朝宗川亦在此處折彎向東,寓"萬折必東"之義。於是刻崇禎御書"思無邪",以及宣祖"再造藩邦"、孝宗"日暮途遠,至痛在心"等字於北岸石壁。後在此建大統廟,以祭祀明太祖、神宗與崇禎三帝,並由明遺民義士世守此廟。

大報壇的建立,代表着當時朝鮮王朝的國家意志;而萬東廟的創設,則是體現了朝鮮士大夫尤其是"義理派"的意志;大統廟的創建,則代表朝鮮的明遺民後代與他們濃厚的"尊周"觀念。尊周者,尊大明也。朝鮮君臣世代祭祀,直到朝鮮被日本吞併之前的純宗元年(光緒三十四年,1908),在日本强迫威逼之下,並爲廢祀。①

三、"胡無百年運"衰象與"運氣方隆盛"表徵的兩極判斷(上)

如前所述,朝鮮降清之後,憤恨切齒,視如仇寇,從内心到面子都受到極大的創傷。因此,受自宋以來文天祥、朱元璋諸人"胡無百年運"之説的影響,入清後的朝鮮使臣來到北京,一方面悲歎"玉帛空羞我,衣冠欲拜誰",②以跪叩"虜廷"爲奇恥大辱;另一方面"痛哭明天子,何時復起來",③高呼"天意終難測,如何任一胡"。④既然"胡無百年運",那麼在等待上天顯靈的同時,燕行使一直都在用挑剔與仇恨的目光,在尋找清朝衰亡的表徵與敗象。但與他們的期望相反,使臣年復一年看到的却是愈加繁榮的景象。這種矛盾糾結的觀察與認識,有時候體現在不同使團的記載,有時反映在同一使團的不同人的記載,甚至體現在同一人的記載中。他們的矛盾糾結與兩極判斷,主要有以下七個方面:

1.擎奉"最爲恭順"的表箋,創作"豕視犬詬"的詩文

朝鮮君臣以"小中華"自居,以"胡虜""夷狄"視清朝,燕行使遂以仗忠信而行蠻貊之國自喻。如十餘度入清的麟坪大君逝後,其兄孝宗祭文中就稱"雖蠻貊之邦,可行也"。⑤於是形成一種奇特的現象,燕行使用"最爲恭順"的贊語頌詞向清廷高擎表箋,以示"事大之誠"。如順治元年(仁祖二十二年,1644),清廷定鼎燕京,朝鮮謝恩兼進賀登極使麟坪大君李㴭所

① "大報壇、萬東廟、崇義廟、東關廟、南關廟、北關廟及地方關廟의 祭祀를 廢止ᄒᆞ고 大報壇基址ᄂᆞᆫ宮内府에서 保管ᄒᆞ며 崇義廟、北關廟ᄂᆞᆫ國有에 移屬ᄒᆞ고 萬東廟、東關廟、南關廟及地方關廟ᄂᆞᆫ該地方官廳에 下付"。《純宗實錄》卷二,純宗元年(光緒三十四年,1908)7 月 23 日(陽曆)條。關於大報壇等的研究,可參孫衛國:《大明旗號與小中華意識:朝鮮王朝尊周思明問題研究(1637—1800)》,北京:商務印書館,2007 年。
② 〔朝〕趙榮順:《退軒集》卷三《渡江》,《影印標點韓國文集叢刊續》,第 89 册第 294 頁。
③ 〔朝〕李敬尚:《燕行録·新民屯路中》,林基中、夫馬進編:《燕行録全集日本所藏編》,首爾:東國大學校韓國文學研究所,2001 年,第 1 册第 471 頁。
④ 〔朝〕李敬尚:《燕行録·偶吟》,《燕行録全集日本所藏編》,第 1 册第 472 頁。
⑤ 〔朝〕李㴭:《松溪集》卷八《孝廟御制祭文(戊戌)》,《影印標點韓國文集叢刊續》,第 35 册第 306—307 頁。

擎《賀入燕京表》曰:

> 王師有征,已乘建瓴之勢;天意助順,誕拓定鼎之基。捷音星馳,歡聲雷動。欽惟資挺上哲,德隆生知。無疆惟休,纘先帝之洪業;不殺爲武,仗賢王之英猷。恩威既洽於邇遐,凶醜自底於敗遁。神州赤縣,盡除狐兔之窠;簞食壺漿,允副雲霓之望。三軍以利用也,四方孰能禦之。伏念職忝藩屏,身阻戎陣。葵藿向暘,未覺黃道之遙;燕雀賀成,竊欣華夏之蔭。①

而李㴭此行在北京所作《次方叔燕京感懷》詩,則全是咒詈之語。其曰:

> 獠舌紅頭彌宇宙,幾時天道更昭昭。黃昏古塞腥塵暗,白日中原旺氣消。半夜羈愁侵畫角,百年遺恨徹雲霄。臨風獨立長歌發,月下槐陰滿地搖。
> 想像文皇貽厥謨,辛勤開拓萬年都。衣冠忽已歸腥穢,景物依然似畫圖。碧落愁雲沉舊闕,黃沙落日泣窮途。山河竟是誰家物,玉帛空輸辮髮徒。②

朝鮮表箋之文的誇誕恭順,爲他們贏得了清帝的諸多褒獎,故貢品一減再減,而賜贈愈來愈厚,朝鮮正貢往往抵不上所賜之多。如康熙五十二年十月,康熙帝諭大學士等曰:

> 朝鮮國王甚恭順知禮,即我朝所遣使臣,亦皆守分,一切饋遺,未嘗需索。明代遣一使至彼國,費用動至數萬,此尚可爲撫遠之道乎?③

"朝鮮於藩服最爲恭順",④成爲清朝藩國中事大唯謹的代表。順治帝稱"朝鮮恭順有年";康熙帝謂"朝鮮國世篤悃忱,進貢方物,克殫恭順";乾隆帝贊揚"朝鮮列在外藩,世篤忠貞,謹守侯度",並賜御書匾額"東藩濟美";嘉慶帝稱"朝鮮國久列藩封,最爲恭順,天朝厚往薄來,每曲加體恤";同治帝謂"朝鮮臣服我朝,最爲恭順"等。⑤

朝鮮使臣就這樣,將恭順誠服、頂祀膜拜的話語,全撰入表箋中,並深得清朝諸帝的信任與好感;而將惡毒咒詈的詩文,留在他們的日記與詩歌中。縱觀自清初至清季諸家《燕行錄》

---

① 〔朝〕承文院編:《同文彙考原編》卷一《進賀一·賀入燕京表》,首爾:國史編纂委員會,韓進印刷公社,1978年,第1冊第125頁。

② 〔朝〕李㴭:《松溪集》卷二《次方叔燕京感懷》,《影印標點韓國文集叢刊續》,第35冊第216頁。

③ 〔清〕《清聖祖實錄》卷二五六,康熙五十二年(1713)十月癸卯條。

④ 〔清〕《清高宗實錄》卷一二一四,乾隆四十九年九月乙卯條。

⑤ 參《清世祖實錄》卷一二一,順治十五年十一月戊申條;《清聖祖實錄》卷一五八,康熙三十二年正月甲子條;《清高宗實錄》卷一〇六五,乾隆四十三年八月壬午條;《清宣宗實錄》卷三,嘉慶二十五年八月己酉條;《清穆宗實錄》卷一九八,同治六年三月壬戌條。

中的文字,莫不如斯,存在着贊頌咒詈與歌哭同在的兩極現象。

2. "荒淫之明主"與"荒淫無道聖天子"

燕行使筆下的清朝皇帝,一方面勤政有爲,一方面荒淫無道。如肅宗三十五年(康熙四十八年,1709)三月,冬至使閔鎮厚等返國,肅宗引見勞慰,問其所見。鎮厚曰:

> 蓋聞譯官之言,皆以爲虜中形止,漸不如前,胡人持皇帝陰事,告外人無所隱。如乍廢太子,旋復其位,驅曳馬齊,仍官其子,處事已極顛倒,而又貪愛財寶,國人皆稱曰"愛銀皇帝"。且太子性本殘酷,百姓公傳道之曰:"不忠不孝,陰烝諸妹。"若其諸子之暴虐,乃甚於太子。云胡命之不久,此可知矣。又聞皇帝與九卿會議,問其故,則以爲有南訛僧者,以神術惑衆,交通太極猱子,前者刑而失其屍,至是又來而欲殺,則必逃去,不殺則必爲亂,故方會議于暢春園云矣。上曰:"虛誕矣。"①

閔鎮厚所言,過於荒唐,無怪肅宗聞罷,亦以爲虛誕。又英祖四十九年(乾隆三十八年,1773),以謝恩兼三節年貢行副使出使的嚴璹,總論乾隆時國政曰:

> 中國自康熙以來,頗尚節儉,加以國法簡易,經費至約,故蓄積充溢,及至今皇帝,内多嬖寵,外崇土木,窮極奢侈,唯意所欲,而初藉民力,自招多怨。中年以後,察知其弊,所用公財,皆出府庫,不至横斂於民,故海内得以粗安無事是白遣。皇帝矜能自用,不喜聞過,御史科道之官,雖有彈人之章格非之言,初不敢一至於前,然而性甚聰明,察人誠僞,時有英斷,驚動耳目,常慮滿官之恃勢弄權,操切滿官十倍於漢官,故朝廷亦得以粗安無事,以此民間或以"荒淫之明主"稱之是如爲白齊。②

又純祖二十五年(道光二年,1822),以冬至兼謝恩行書狀官出使的徐有素曰:

> 中國人稱乾隆帝曰"荒淫無道聖天子""窮奢極侈聖天子"。其荒淫之失,雖未見其顯著者,在位日久,必不無盤遊逸樂之事,故有荒淫之稱也。若其奢侈之事,即熱河西可見矣。既目之以荒淫奢侈,又稱之以聖天子者,何也?想其人奢汰雖過,英略亦優,手攬權綱,控制四海,内飭臣工,外撫黎元,而所謂盤樂奢汰,特在於操縱闊狹之間。中國人謂乾隆帝雄才大略,可方漢武帝,或庶幾焉。又能尊尚六經,興庠序之教,優禮舊臣,開諫争之路,此其所以保其業也。又痛絕符命媚□之事,嘗有獻嘉禾瑞芝者,輒置重典。西番僧有以太乙方來見者,斥遣之。雅不信奇怪,凡言

---

① 〔朝〕《肅宗實録》卷四七,肅宗三十五年(康熙四十八年,1709)三月二十三日甲午條。
② 〔朝〕嚴璹:《燕行録》,《燕行録全集》,第 40 册第 303—304 頁。

神仙禱祀之事者,皆罪之。後宮有專房之寵者,欲干預政事,即廢黜之。宮闈之間,亦肅嚴云。[1]

燕行使筆下的康熙、乾隆諸帝,一方面雄才大略,治國有術;另一方面荒淫無道,禍國殃民。因此,他們將"荒淫"與"明主"、"荒淫無道"與"聖天子"這樣相反的評價,創造性地結合在一起來評價乾隆帝,足見其矛盾糾結之心理。

3.朝政腐敗與輕徭薄賦的怪像

朝鮮景宗四年(雍正二年,1724),進賀兼謝恩行副使權以鎮議論説:

皇朝以嚴立國,民不見德,終至民叛於内,潢池犯闕,而民不肯爲守;清人易之以寬,雖天下薙髮,而小民安堵,享有天下近百年。而康熙之末紀綱已壞,即今尤甚。[2]

又英祖八年(1732)秋冬間,謝恩兼進賀行書狀官兼司憲府執義韓德厚在通過自己的觀察後總結説:

臣竊觀彼中事勢,有不久之形。清人入主中國,已近百年,以其運則將窮矣。昇平既久,朝野狃安,窮奢極欲,靡有限節,貪黷成風,上下征利,賄賂交湊,全没廉恥。雍正深居九闕,專事荒淫,内自宫中,外至列邑村廛,在在設遊樂之所,名曰戲子,大小坌集,日以爲常。寺塔祠廟,殆遍天下,窮極壯麗。通州石築,功役浩大,用財如水,莫之知恤。常明輩倖臣數人,與同卧起,居中用事,天下只知有常明,不知有雍正。又刑政懦弱,吕留良、嚴鴻達投書之舉,可謂亂逆,而終不能痛治,見於《覺迷録》可知矣。紀綱如此,其何能國。雖以西事言之。……使彼無事則已,大勢一傾,則瀋陽、寧古塔爲必歸之所,我國而皆連有必至之憂,此因早晚事,及今申嚴邊務,繕修關防,大警陰雨之備,然後可以,事至而不跲,臣願深留聖慮,勿以目前之無事而少弛焉。[3]

實際權氏所記,真僞參半,僞多於真。又英祖十九年(乾隆八年,1743),前往瀋陽的問安使議政府右議政趙顯命,在歸國覆命時,君臣有一段對話:

上召見之,問顯命曰:"彼中事何如?"對曰:"外似昇平,内實蠹壞。以臣所見,不出數十年,天下必有大亂。蓋政令皆出要譽,臣下專事諛説,大臣庸碌,而廷臣輕

---

[1] 〔朝〕徐有素:《燕行録》卷一六,《燕行録全集》,第84册第308—309頁。
[2] 〔朝〕權以鎮:《癸巳燕行日記》,《燕行録全集》,第35册第132—133頁。
[3] 〔朝〕韓德厚:《燕行日録·别單》,《燕行録全集》,第50册第271—274頁。

佻,甚可憂也。"上曰:"中原之有亂,我國之憂也。"①

但在燕行使的諸多記載中,清朝又是一個輕徭薄賦、民安其居的國家。如肅宗三年(康熙十六年,1677),謝恩兼冬至行書狀官成均館司藝孫萬雄在牛莊,牙譯金文來見,孫氏問曰:"此地亦有田結收稅之事乎?"答曰:"關內則收稅一如朝鮮,而關外則任意耕食,元不納稅,大小居民,不知徭賦云。"②又肅宗三十八年(1712),謝恩行副使閔鎮遠,在松站"使偏裨董咨詢此地賦稅輕重,則居民皆言農民則一日耕收小米九升,甲軍則一日耕收小米一升,穀草一束,此外無他賦稅,亦無身役云。甲軍俸禄,每年每名天銀二十四兩,京甲軍則三十六兩,章京則八十四兩。此中甲軍皆屬瀋陽將軍,故章京、甲軍禄俸皆自瀋陽庫頒給云。又問:田稅如是寡取,而國用能無不瞻之患否? 對曰:田稅雖寡,而酒肆、茶肆及凡百商賈,收稅之法至嚴,故用度有餘矣"。③

又正祖二年(1778),謝恩兼陳奏行正使蔡濟恭有詩記曰:

丘山貨寶竭滄瀛,輸入官家盡養兵。天下生男無別願,願他身隸甲軍名。④

又英祖三年(雍正五年,1727),隨謝恩兼冬至使洛昌君李橿等出使的姜浩溥,在瀋陽近郊萬壽寺,也通過譯官打聽當地民情。其曰:

此地居人,皆言遠近人民,皆爲康熙帝願死,故聞造此寺,咸竭力盡誠,如赴私事,不費官銀一文,不屢日而成之云。余嘗聞老單於善用兵,多智略,而不意其得天下之心又如此也。其能薙髮坐黄屋,拊九州於几案,身致六十年太平,良有以也。⑤

稅法至嚴,輕徭薄賦,用度有餘,民樂赴死,是燕行使筆下的遼東民情,讓姜浩溥等百思不解,恨恨不已。

四、"胡無百年運"衰象與"運氣方隆盛"表徵的兩極判斷(下)

4.滿漢矛盾却又和睦相處

滿漢矛盾是清朝非常敏感的政治議題,也是朝鮮君臣非常關注的話題。顯宗十年(康熙

---

① 〔朝〕《英祖實錄》卷五八,英祖十九年(乾隆八年,1743)十月月二十七日丙子條。
② 〔朝〕孫萬雄:《燕行日録》,《燕行録全集》,第28册第377—378頁。
③ 〔朝〕閔鎮遠:《燕行録》,《燕行録全集》,第36册第209—210頁。
④ 〔朝〕蔡濟恭:《含忍録》卷上《記聞》其一,《燕行録全集》,第40册第338頁。
⑤ 〔朝〕姜浩溥:《桑蓬録》卷二,《燕行録續集》,第112册第520頁。

八年,1669)三月,冬至行正使李慶億等返國覆命,《顯宗實錄》記曰:

> 上引見,問彼中事狀,慶億等俱以所聞見對曰:"我國人每以彼中奢侈已極,必以覆亡爲言,而此有不然。彼中既無兵革,得地極南,而物貨輻輳,安享富貴。以正朝時見之,雖下官,皆著黑貂裘,服御器物,華靡奪目。以我國寒儉之目見之,故以爲過度,而此不必爲其亡兆。最可危者,侵虐漢人,罔有紀極,皆有喁喁之歎,若有桀驁者一呼,則將必有土崩瓦解之勢矣。"鄭太和曰:"向之所憂者,蒙古作變,梗於貢路,此則不然乎?"慶億曰:"喜峰口部落甚强,故清人畏之,而至於謀反,則未有實狀,西㺚亦無朝夕作亂之事。所可慮者,皇帝政令苛虐,漢人有積怨深怒也云。"①

在李慶億等人來看,滿漢矛盾爆發之日,便是清朝瓦解之時。又肅宗十二年(1686),謝恩兼陳奏行書狀官司僕寺正吳道一記曰:

> 清人之入中國已四十餘年,漢人與清人自相交嫁,生産殆無彼此之別而然,清人奴虜漢人,漢人雖畏縮不敢抗,而其心則自相楚越,故漢人之幼兒有啼哭者,則必稱㺚子而懼之,其視爲異類,不相親愛,據此可知。②

又肅宗十七年(1691),謝恩兼冬至等三節年貢行副使安邊府史徐文重一行返國覆命,君臣對話曰:

> 上曰:"然矣,向者果有大興建號之事矣。"臣曰:"他國之事,固難知之,且一時雖有勝敗之事,不至爲目前之憂。而以臣所見論之,胡、漢終無混合之勢,判爲主客,漢人視胡人如逆旅之過客,無所顧藉,胡人亦無一時同去就之意。前頭設有撓動之事,似不待事勢兵力之窮蹙矣。"③

但與此同時,有些燕行使在長期觀察中發現,所謂"胡俗",並非真正是"腥羶臊臭"。如洪大容記曰:

> 風俗氣味,比我國十倍寬厚,雖有盛怒詬罵者,一人發誓自明,怒者輒破顔開心,不復爲疑阻色。嘗坐正陽門内,觀拜歲車馬甚盛,一人衣裳新鮮,驅車者誤觸之,

---

① 〔朝〕《顯宗實錄》卷一六,顯宗十年(康熙八年,1669)三月初四日丁酉條。
② 〔朝〕吳道一:《丙寅燕行日乘》,《燕行録全集》,第29册第177頁。
③ 〔朝〕徐文重:《燕行日録》,《燕行録全集》,第24册第227—228頁。

仆於泥,意其發怒鬥鬨,其人徐起拂拭,笑而去。此雖劉寬輩,何以加焉。^①

洪良浩《皇都即事》詩,記當時文化盛世之情景曰:

> 羽畎珠崖入版圖,山河萬里撫庭衢。燕中自古興王地,天下于今拱帝都。節制
> 八旗恢遠略,鋪張四庫盛文儒。(時皇帝大聚天下書,分經史子集名爲《四庫全書》,
> 合數萬卷,募士民有文筆者,給祿繕寫,故云。)昇平五紀超前代,只是衣裳異典謨。^②

"衣裳"是燕行使唯一可以誇耀於清人的"小中華"特徵。他們所接所見之清人,也並非"胡虜",而是文質彬彬,清朗俊美。如正祖元年(乾隆四十二年,1777),進賀謝恩兼冬至副使吏曹判書李坤,記謁闕"出班後,阿肅來見,而酬酢不便,故霎時立話,見其風儀凜俊,氣骨豪爽,真是胡中宰相也"。^③又徐浩修記八月一日,圓明園參宴情景曰:

> 宴退到勤政殿門外,遇皇八子儀親王永璇,秀容長身,舉止閒雅,實非凡流也。
> 各國使皆拱立道左,而一不顧視,緩步而過。^④

清朝滿洲大臣、皇子儀容如此,而且"無論清漢,家家村村,雖隸僮下賤,稍伶俐者兒子,則無不挾書誦讀,清人中至有比律作詩者"。^⑤滿漢之間,似乎和平相處,並没有那麼嚴重的隔閡與矛盾。

5."還歸漠北"的後路與走向"全盛之國"

清朝建國後,聯絡蒙古、新疆、西藏諸部,家國一統,邊境安寧,同時經營熱河,並建行宫。但在朝鮮使臣看來,這是清廷爲將來退歸漠北而留條後路的手段。如肅宗三十八年(康熙五十一年,1712),清廷咨文朝鮮,打算差官往長白山等處探究地理。肅宗此見大臣、備局諸臣商議,吏曹參議李光佐力言曰:

> "語云:'胡無百年之運。'彼數十年内,待我過厚,至於減貢者,必有其故。蓋
> 百年中土,狃於錦繡粱肉,一朝還歸漠北,勢必難堪。早晚敗歸時,緩則欲自魚鹽物
> 産,以至土地、民人,無不取資於我;急則欲取路於我西北,故此行將預察山川隘塞、
> 道里遠近也。内地薛罕嶺路,決不可許矣。今若移咨,以道里難通爲言,則所謂可

---

① 〔朝〕洪大容:《湛軒燕記》,《燕行録全集》,第 49 册第 156—157 頁。
② 〔朝〕洪良浩:《燕雲紀行》,《燕行録全集》,第 41 册第 269 頁。
③ 〔朝〕李坤〔原題李押〕:《燕行記事》,《燕行録全集》,第 52 册第 454 頁。
④ 〔朝〕徐浩修:《燕行紀》卷三《起圓明園至燕京》,《燕行録全集》,第 51 册第 134 頁。
⑤ 〔朝〕吳道一:《丙寅燕行日乘》,《燕行録全集》,第 29 册第 178 頁。

欺以其方也,彼或直問薛罕之路,我若答之以本無,則安能懸度其必有而致責乎?"①

李光佐認爲,將來清人退歸時,急則直接取道朝鮮西北,爲禍不小,故決不能讓他們勘探成功。又英祖五年(雍正七年,1729)秋,隨謝恩使驪川君李增出使的金舜協,聽到清廷舉行典禮時以清語唱贊歌,因此聯想到:

> 蓋此贊唱之唱以清語者,胡皇竊據神器之後,常憂"胡無百年運",且念元順帝逃歸舊土,設有早晚窮蹙之患,則欲歸於寧古塔,而清語與漢語不啻懸隔,今徒習漢語,而專昧清語,則後雖欲還歸寧古塔,得乎?是以朝士無不學習諸國之語,而至於清語,則尤專工焉。凡有所奏於皇帝者,必用清語,皇帝亦必以清語爲常用之言,故贊唱亦以清語唱之,蓋所以用於郊廟朝廷之禮者也。②

清廷之所以不放棄清語,主要就是擔心萬一將來要退歸寧古塔,而如果彼時不通清語,豈不絕了歸路,故反復強調清語的重要性,只是不明說因由而已。

但在另一些使臣的記載中,清王朝繁榮富強,正在走向鼎盛。如顯宗十三年(康熙十一年,1672)三月,謝恩兼冬至上使鄭致和、副使李晚榮返國覆命,顯宗問彼中形勢:

> (鄭致和)對曰:"人物衆盛,生息甚多。臣甲辰年奉命入去,至今八年之間,人民倍多,路上肩相磨,一行人相失,則不得跟尋矣。"晚榮曰:"臣明朝丙子及去辛卯年,皆以書狀往來。辛卯則比丙子殷盛,今則比辛卯又十倍殷盛。明朝則道上丐子甚多,數步之內,輒逢數人,而今則未得相逢,市肆亦甚富盛矣。"③

"胡國"不僅不亡,反而一年勝似一年,越來越走向繁榮。又肅宗三年(1677),前述孫萬雄在中右所記曰:

> 杏山以後,傍海以行,有山間之,或見或隱,及到此雲海茫茫,眼界開豁。朝飯于三官寺,川邊馬群蔽野,問之則乃清國之牧馬,而自廣寧以後,無野不然,物產之富,從可知也。④

正祖二年(1778)入燕的李德懋,記其所見舊遼東城曰:

---

① 〔朝〕《肅宗實錄》卷五一,肅宗三十八年(康熙五十一年,1712)二月二十七日庚辰條。
② 〔朝〕驪川君李增、金舜協〔原題金舜協〕:《燕行録》,《燕行録全集》,第38冊第366頁。
③ 〔朝〕《顯宗改修實錄》卷二五,顯宗十三年(康熙十一年,1672)三月二十五日辛未條。
④ 〔朝〕孫萬雄:《燕行日録》,《燕行録全集》,第28冊第336頁。

　　至舊遼東城,皆頹圮,只餘譙門虹霓,路如繩直,左右市肆,櫛比鱗次,怳惚玲瓏,無物不有,老少森立,拱手而觀,人皆秀俊,直亘五里。回想漢陽雲從街市,目瞠口喋,茫然自失。舌官曰若見盛京、山海關、通州、皇城諸處,繁華壯麗,愈往愈勝,見此一邊縣而傾倒乃爾耶! ①

此爲區區邊城店舍,已令李德懋驚詫不已。其又曰:

　　大抵遼野三里五里,村堡聯絡,煙火通望,雞犬相聞,無不墾之田,多使車之家,寓井田保甲之意,可謂全盛之國也。②

正祖十四年(乾隆五十五年,1790)夏秋間,進賀兼謝恩副使禮曹判書徐浩修記沿途所見曰:

　　自朝陽至此,山勢稍峻,而阜陵逶迤秀麗,處處開豁,民戶愈稠,而耕農益勤也。無數坪之不墾村,無數里之斷煙,想是熱河漸近而然。帝王所居,造化隨之,孰謂口外之荒漠也。大抵六臺以後,邑治都會,則商旅輻湊,市廛櫛比,水草豐饒,則馬牛羊駝,千百爲群,以漢滿蒙三國之生聚百餘年,不見兵革,而農賈畜牧,舉世無遺利,安得不殷富。蒙人最多,滿人次之,漢人又次之,而蒙俗質樸,尚有混沌未鑿底意,待人接物,純是誠歎,苟使賢者教導之,觀感變化,常勝於南方諸番。③

又憲宗十五年(道光二十九年,1849)秋冬間,隨告訃請諡兼承襲奏請使判中樞府事朴晦壽等入燕的黃道淵,記在東嶽廟換裝後入北京城曰:

　　使行具冠服乘太平車,一行人皆從後入城,城門扁以"朝陽",自朝陽至館十餘里,市廛棋布,樓臺星羅,便一黃金世界,古人仰觀天子宮闕之壯,與倉廩府庫城池囷囷之富且大,而後知天下之巨麗,可謂先獲我心也。④

純祖二十二年(道光二年 1822),以冬至兼謝恩行書狀官出使的徐有素,談到乾隆朝在圓明園大興土木時評論曰:

① 〔朝〕李德懋:《入燕記》上,《燕行錄全集》,第 57 册第 225 頁。
② 〔朝〕李德懋:《入燕記》上,《燕行錄全集》,第 57 册第 238 頁。
③ 〔朝〕徐浩修:《燕行紀》卷一《起鎮江至熱河》,《燕行錄全集》,第 50 册第 479—480 頁。
④ 〔朝〕黃道淵〔原題黃惠翁〕:《燕行日記》,《燕行錄全集日本所藏編》,第 2 册第 413 頁。

一園之中,別館樓亭,凡爲二百七十餘所,所在金碧眩耀,隔湖眺望,有若畫中。隋家江都宮闕,所謂迷樓者,亦如此否? 古之好土木之事者,其終鮮有不敗。夫熱河、西山之經營創建,必勞天下之力,竭天下之財,豈無下民之怨咨,臣庶之慼頻者乎? 然而四方無虞,五紀安享,天意人心,豈亦有古今之異歟? [①]

如此興師動衆,勞民傷財,却能安享太平,國無衰象,欣欣向榮,實非常理所能解,令徐有素大感困惑,難道真的是天意人心、古今有異麼!

6.同一人的記載,同樣矛盾糾結

如果説不同時期、不同人的記載,容有差異,毀譽難定,實屬平常。那麼,同一人記載同一事,也能毀譽參半,矛盾糾結,就很難用常理來解釋了。如英祖十九年(乾隆八年,1743),前往瀋陽的問安使趙顯命記曰:

遠野無一片閒土,秋穀蔽之,人民之盛可知也;皇帝今行,用賞銀四百萬兩,錦緞稱之,財用之足可知也;諸王大臣,平日居養必厚,而萬餘里驅馳,風餐露宿,而略無疲困色,馬雖瘦敗,一見鞭影,騰突如矢,士馬之精強可知也;自栅門至瀋陽八九百里之間,挾大道植柳,其直如弦,蓋聞通天下皆然云,法令之齊一可知也;宴時殿上肅然無聲,諸王自外入班,時刻差晚,遑遑疾走如不及,朝綱之嚴肅可知也。人民盛,財用足,士馬精強,法令齊一,朝綱嚴肅,自外面見之,可謂升平磐石之圖也。

然皇帝内興土木,外事盤遊,愎諫好勝,大小政令,專事要譽,其君要譽,故其臣以媚悦事之,諸王大臣皆是庸奴。皇帝四子,十五歲、八歲者,矮短不揚,人望不歸,五歲、四歲者,生死姑未卜,而皇帝同母弟和親王,亦眇小輕佻,其後事危凛甚矣。一日宮車晏出,天下事有不可勝憂者,而遠不過數十年耳。中原有事,海西之黄唐舡,江邊之偷山賊,有朝暮攔出之憂,而蒙古諸部中,烏珠穆伈最倔強,而去瀋陽爲四百里,乘時竊據,如反掌之易,若然,則天啓後水路之行將復有之,東人不可復安枕矣。[②]

又英祖三十一年(1755),冬至兼謝恩行書狀官兼司憲府執義李基敬記曰:

大抵中國之法,人各專一事(如專經亦然),故術無不精,且無遊食者,故自鬻其技,不以爲恥。至於業儒術者,亦爲販買等事,而人不卑賤,及登科第,雖賈兒牧豎,無窒礙於宦途。北京有鄭姓大商,常自詫其婿博命,方爲翰林編修云。此等事皆足以見大國之規模也。

---

① 〔朝〕徐有素:《燕行録》卷一六《燕都記聞》,《燕行録全集》,第84册第308頁。
② 〔朝〕趙顯命:《燕行日記》,《燕行録全集日本所藏編》,第1册第183頁。

但上下之分既不甚懸,而利之所在,無不交徵,故有"皇子鋪"之名,且浮靡成風,行商坐賈,皆有別號,老店殘壚,無不揭標。蓋聞此習其來已久,曾見皇朝小説,有一法司治盜,盜告以此乃德齋之事,所謂德齋即其徒黨中別號,聞者掩口云。①

以上兩例所記,或爲清朝皇室國政,或爲仕宦商貿,但都是先對清朝之政事法令,做一番褒稱,然後貶斥譏諷,最後仍歸結到宮廷內亂,民風不古,而國將不國,諸家《燕行録》中這種矛盾糾結與兩極評價的記載,無處不有,隨文可見。

7. 令人嫉恨的"胡國"與貧弱無序的"小中華"

燕行使跨過鴨緑江,通關經過柵門,即到鳳凰城。正祖四年(乾隆四十五年,1780),隨進賀兼謝恩使錦城尉朴明源出使的朴趾源,尚未入柵門,看到眼前的景象後曰:

復至柵外,望見柵內間閭皆高起五樑,苫艸覆蓋,而屋脊穹崇,門户整齊,街術平直,兩沿若引繩然,墙垣皆磚築,乘車及載車縱横,道中擺列器皿皆畫瓷,已見其制度,絶無邨野氣,往者洪友德保嘗言,大規模細心法,柵門天下之東盡頭,而猶尚如此,前道遊覽,忽然意沮,直欲自此徑還,不覺腹背沸烘,余猛省曰:此妒心也。余素性淡泊,慕美猜妒,本絶于中,今一涉他境,所見不過萬分之一,乃復浮妄若是,何也? 此直所見者小故耳。②

朴趾源在入柵後,又記當時所見曰:

周視鋪置,皆整飭端方,無一事苟且彌縫之法,無一物委頓雜亂之形,雖牛欄豚柵,莫不疎直有度,柴堆糞序,亦皆精麗如畫。嗟乎! 如此然後始可謂之利用矣,利用然後可以厚生,厚生然後正其德矣,不能利其用而能厚其生,鮮矣。既不足以自厚,則亦惡能正其德乎? ③

朴趾源初入柵門,即爲繁華富麗所震撼,遂心生嫉妒,又深以爲愧,而其"厚生利用"之説,正是在受此刺激之後提出的。在他之前出使的金昌業,記自白塔往新遼東所見曰:

路上車馬闐咽,而兩邊列肆,旗榜相映,百貨堆積,無非初見之物,左顧右眄,應接不眼,有似我國鄉客初到鍾街中。自此以往,瀋陽、通州、北京正陽門外,所謂極

---

① 〔朝〕李基敬:《木山稿》卷八《飲冰行程曆下》,第 307 頁。
② 〔朝〕朴趾源:《熱河日記》上,《燕行録全集》,第 55 册第 431—432 頁。
③ 〔朝〕朴趾源:《熱河日記》上,《燕行録全集》,第 55 册第 437 頁。

繁華處,其規模則不過如此,特有大小之異耳。①

又洪大容記豐潤縣城之情形曰:

    豐潤,小縣也。禁不甚嚴,東南角有樓二簷曰文昌宮,登之見內外女墙,其廣可馳十馬,鋪磚平潤如砥,倚女墙睨望西北,折方中矩,弦直中繩,如磋如削,無半點歪斜,華人作事每如此。小縣如此,知京城之雄麗,無可言矣。②

又姜浩溥記通州城曰:

    城周回不知爲幾里,而似大於我國都城,世謂燕京以北,比諸江南,極蕭條零星云,而尚如此云,益見中國之富,天下之大矣。③

清朝城鄉如此繁華富庶,燕行使也往往自覺或不自覺地將中國所見,與朝鮮相比較。如高宗六年(同治八年,1869)冬,隨冬至使禮曹判書李承輔出使的成仁浩,於十二月初六日,至遼東城。成氏記曰:

    其城郭之高峻,市肆之繁衍,物貨之輻輳,樓閣之玲瓏,真壯觀也。以吾東所見,不覺舌咋而目眩也。④

英祖十三年(乾隆二年,1737)秋冬間,陳奏兼奏請行書狀官兼司憲府執義李喆輔一行到瀋陽,李氏記曰:

    城內室廬之盛,市鋪之殷,民物之繁,大非沿路所見,而最是內外城制,整齊堅緻,觀此而乃知我國城築,真兒戲耳。⑤

純祖三十一年(道光十一年,1831)秋冬間,隨謝恩使判中樞府事洪奭周出使的韓弼教,在返程渡江後,大爲感歎曰:

---

① 〔朝〕金昌業:《老稼齋燕行日記》一,《燕行録全集》,第 32 册第 396 頁。
② 〔朝〕洪大容:《湛軒燕記》,《燕行録全集》,第 49 册第 149 頁。
③ 〔朝〕姜浩溥:《桑蓬録》卷六,《燕行録續集》,第 113 册第 259 頁。
④ 〔朝〕成仁浩:〔原題未詳〕《游燕録(燕行日記)》,《燕行録全集日本所藏編》,第 3 册第 158 頁。
⑤ 〔朝〕李喆輔:《丁巳燕行日記》,《燕行録全集》,第 37 册第 447—448 頁。

歸到鴨綠江，望見龍灣之山川人物，皆如吾之鄉里故舊，其喜可知。而但城郭閭閻，極蕭條荒涼，曾不及中原一小堡，倏覺寒心，始信觀海者之難爲水也。①

又英祖五年（雍正七年，1729），隨謝恩使驪川君李增出使的金舜協，於翌年正月十八日返國，記其感慨曰：

余於燕京，雖見其城郭及家舍之崇高宏傑，而日日入眼，還同尋常看之，及渡我境，始入於義州，城門則不過爲卑淺之墙，而不知其爲城。至於定州、黃州之城，皆若可超而踰越。今見京城，又不知其高，而閭閻亦無異於蓬門圭竇。今日而後回想燕京之宮闕城池民舍之公廨，有不可仰望比肩矣。②

又純祖十六年（嘉慶二十一年，1816）冬至兼謝恩行正使李肇源詩曰：

使乎今再來，風物較看前。生齒增夷夏，工商湊越燕。村新多大户，土闢盡良田。運氣方隆盛，誰言無百年。③

民豐物阜，百業繁盛，人丁興旺，六畜肥美，良田盡闢，百姓安居，無怪乎李德懋稱“全盛之國”，李肇源驚呼“運氣方隆盛，誰言無百年”了。

五、燕行使對“燕趙之士”及“真人”與“東南”人士的寄望與絕望

朝鮮君臣一方面寄望“胡無百年之運”，清廷自取滅亡；另一方面冀望有豪傑之士，揭竿而起，振臂一呼，天下群雄回應，攻而滅之。他們首先想到的是“燕趙之士”，如顯宗元年（順治十七年，1660），以冬至等三節年貢行副使入燕的姜栢年曰：

燕趙從前志士多，今無一介丈夫何。諸州猛將争投甲，四代元戎亦倒戈。楚士偏陵秦吏卒，周生空泣晉山河。淒涼古堞餘三户，撫劍沉吟爲咄嗟。④

到底有没有草間偷生以待時機的“燕趙之士”呢？直到正祖十五年（乾隆五十六年，1791），隨冬至等三節年貢兼謝恩行使團出使的金正中，在與中國人程嘉賢筆談時，還在找燕

---

① 〔朝〕韓弼教：《隨槎録》卷四《聞見雜識》，《燕行録續集》，第 131 册第 201 頁。
② 〔朝〕驪川君李增、金舜協〔原題金舜協〕：《燕行録》卷二，《燕行録全集》，第 38 册第 478 頁。
③ 〔朝〕李肇源：《黄梁吟》下《乾河》，《燕行録全集》，第 61 册第 417 頁。
④ 〔朝〕姜栢年：《燕京録·途中偶吟》《燕行録全集》，第 19 册第 432 頁。

趙悲歌之士。雙方對話曰:

> 余曰:"燕市古稱多慷慨悲歌之士,而吾未之見,足下居此久矣,見之而不吾告,何也?"少伯曰:"今聖明在上,復何有悲歌之士乎?勿復言。"①

金正中挑剔性的問話,被程嘉賢懟了回去,但燕行使對英雄豪傑的尋訪與寄望,却一直都在。如顯宗五年(康熙三年,1664)春夏間,謝恩兼陳奏使議政府右議政洪命夏詩曰:

> 中國封疆環九區,江南直北是燕都。關防表裏金湯固,梯航東西玉帛輸。今古忽從桑海變,衣冠還與語言殊。漢中消息君休問,天下英雄未必無。②

又肅宗十九年(康熙三十二年,1693)出使的冬至使判中樞府事柳命天詩曰:

> 紅雲影裏望神京,城郭衣冠觸眼驚。喻蜀非才慚使事,觀周太晚恨吾生。萬年枝上昏鴉集,十字街頭牧馬鳴。天道人心宵久否,金台從古有豪傑。③

又英祖四十四年(乾隆三十三年,1768)出使的李器之《送人赴燕》曰:

> 聞説胡皇鬢已斑,中原豪傑百年閒。車攻吉日今無望,儻有真人起草間。④

鬢斑的不止是"胡皇",還有企踵久待的朝鮮君臣呐!"志士於今空自老,騷人到此遂無詩。華兒莫問東韓使,白首重來長鬢絲"。⑤"真人"也應該老了,一趟趟往返遼路的使臣也老了,而胡運無疆,嚮着二百年邁進,天下英雄,究竟何在?直至哲宗九年(咸豐八年,1858),冬至兼謝恩行書狀官兼司憲府掌令金直淵,還在頑固地尋訪豪傑。其曰:

> 吾知夷虜之勢,方且潛銷暗爍,而英雄豪傑之徒,必有膺期而起者,第未知天下烏乎定也。然則乾隆時豐極而侈,已是將否之漸,明智之人,必有所先見矣。今其樓臺多圮不修,適足爲後人之鑒也歟!⑥

---

① 〔朝〕金正中:《燕行録》,《燕行録全集》,第 74 册第 203 頁。
② 〔朝〕洪命夏:《甲辰燕行録·次書狀韻》,《燕行録全集》,第 20 册第 405 頁。
③ 〔朝〕柳命天:《退堂集》卷三《燕行録·通州望皇京》,《影印標點韓國文集叢刊續》,第 40 册第 410 頁。
④ 〔朝〕李器之:《燕行詩·送人赴燕三首》其三,《燕行録全集》,第 37 册第 292—293 頁。
⑤ 〔朝〕洪良浩:《燕雲續詠·向瀋陽》,《燕行録全集》,第 41 册第 319 頁。
⑥ 〔朝〕金直淵:《燕槎日録》卷中,《燕行録全集日本所藏編》,第 3 册第 78 頁。

　　既然"筑鉛圖劍猶難試,燕市今無俠士風",[①]那麼,江南既是大明發迹起事之地,又是富庶繁盛之區,想來能保有文明之種,有真人隱於屠夫狗市之間,故燕行使懷想江南,遙望西湖,以寄其所托。如英祖四十年(乾隆二十九年,1764)春夏間,前往瀋陽的參覆使金種正,描述他所見所聞後曰:

　　　　蓋勤力役,恥遊食,固是胡人之所長,而生利之外,更不知有他,飲食寢處,相混犬豕,言語動作,全没模樣。上下無章,男女無別,穹廬本種,固宜其如此。而獨怪夫中華舊民,薰染臊羯,不但化其身,並與其心而化焉,可勝痛恨。豈以天下之大,百年之久,而英雄豪傑,不一作於其間乎? 雖或有循髮扼腕飲泣慷慨者,而天醉未醒,隻手難容,遂不能以自見耶? 抑天地東南,已有真人消息,而余未及聞知耶? 思之及此,髮爲之豎云。[②]

　　東南是否有"真人消息",既不能親到暗訪,又未聞點滴消息,令金氏著急憤恨到了"髮爲之豎"的程度! 又景宗即位年(康熙五十九年,1720),隨告訃兼請謚請承襲奏請使團入燕的李器之,曾對南北之人作過對比分析,最後充滿絕望地説道:

　　　　清人及北土人,身材皆長大,氣貌勁健;南方之人,多明朗清秀,而無武健者。蓋以北方勁健質樸之人,騎壯大胡馬,又兼以中原之機巧技擊,其勢固已難當。而即今江淮南,專事文字,家置萬卷書,評文論詩朱墨塗乙,寫畫作字,筆翰淋漓。凡北京所賣書册筆墨紙硯書畫綿緞器玩之屬,皆自南方來。文明巧麗如此,可知其萎弱,此後天下雖有事,南方兵力決不能抗北人,恐難再如元末明初也。[③]

　　清秀萎弱的江南,無法抗衡氣貌勁健的北方,希望如同朱元璋當年那樣自南方起事,"驅除韃虜,恢復中華",勢所難能。燕行使就這樣由希望到失望,再到絕望,年復一年地悲歎"天下英雄終恨少,我東皮幣尚須多",[④]"百年滿州運,豪傑太寥寥",[⑤]"興廢百年悲大國,寰區何日蕩胡氛"。[⑥]胡運熾盛,其奈我何!

---

① 〔朝〕吳道一:《燕槎録·曉頭以朝參赴闕憤惋口占》,《燕行録全集》,第 29 册第 96—97 頁。

② 〔朝〕金種正:《瀋陽日録》,《燕行録全集》,第 41 册第 222—223 頁。

③ 〔朝〕李器之:《一庵燕記》卷四,《燕行録續集》,第 111 册第 449—450 頁。

④ 〔朝〕金昌業:《燕行塤箎録·謹次草河先韻》,《燕行録全集》,第 34 册第 22 頁。

⑤ 〔朝〕吳瑗:《月谷燕行詩·宜叔見寄四律次韻答之》其二,《燕行録全集日本所藏編》,第 1 册第 208 頁。

⑥ 〔朝〕吳瑗:《月谷燕行詩·會寧嶺》,《燕行録全集日本所藏編》,001 / 209。案"氣"當爲"氛",方與上雲、群等協韻。

六、燕行使對反清復明方式的設計與臆想

前已述之,朝鮮王朝屢有北伐之思,但都只是鼓舞士氣,喊喊口號,自我慰藉而已。燕行使長年累月奔波在遼東路途,他們的觀察與思考,往往比深居廟堂的國王和未出國門的朝士,更具想象力也更有冒險性。

1.自海上搗腹心,由遼東下北京——燕行使對反清復明方式的臆想

如何大舉北伐,滅清復明。顯宗朝官至右議政的李浣曾言曰:

> 由遼野鼓行而進,則是謀非某所當聞也。若由海道出登萊,以搗中州之腹心,功可八九成,願爲之前驅以效死。嗚呼!審如是也,山東、江南忠義之士,翕然響應,群起而逐之,滿洲之衆,潰決分崩,可不血刃而下,其尚據皇極之尊哉?①

陸路經遼野,是死路一條,水路如果能夠登陸成功,山東、江南豪傑起而回應,裏應外合,可以消滅清朝。但問題是對於朝鮮君臣來說,誰敢橫刀立馬打過鴨綠江去,或者戰船直赴登萊?他們在心理上就很難跨越這一關。如前述姜浩溥行前,其庶從孫姜奎焕有贈序曰:

> 但吾聞黃河已清矣,旄頭已晦矣,百年之胡運已窮矣。其必有應期真人,已有天下三之二矣。若有燕趙慷慨之士,延子於遼西之路,要與之並驅中原,則子將何以對之?其能奮不顧身乎?可憂者一也。②

這真是個極其有趣的問題!假如真有所謂"燕趙慷慨之士"邀你共同起事,你有沒有此膽量?純祖元年(嘉慶六年,1801)出使的吳載紹,也曾提到類似的問題。其曰:

> 燕弧雖云善射,今觀其弓制冗長,小兒亦足以彎開,若我國之片箭,及六兩遠技,真蹲甲之才也。燕人善用鐵騎,至於步戰,則不百里而必蹶,若我國之終身習步角抵超距,則又慶忌之捷也。然而其所不及中國者有一焉,我國人膽不大,臨陣則唯有走耳。是故由前而以薩水、安市破隋唐之兵者,用其長也;由後而以南漢、江都受制於清人者,用其短也。今以城制推觀,則凡大國奢華,無乃皆此類耶?海外貧邦,初入燕市,每眩於金碧鞍馬,氣爲之先奪,如李宗城才見遼城,遽茫然自失曰:"華陽老人,浪費心力!"此非特不滿於尤翁春秋之義,蓋亦先視其巍巍然也。③

---

① 〔朝〕成海應:《研經齋全集》卷三一《風泉錄一·李貞翼甲冑記》,《影印標點韓國文集叢刊》,第274册第188頁。
② 〔朝〕姜奎焕:《賁需齋先生文集》卷五《送庶從祖養直之燕序》,《影印標點韓國文集叢刊續》,第75册第254頁。
③ 〔朝〕吳載紹:《燕行日記》,《燕行錄全集日本所藏編》,第1册第384頁。

吳載紹認爲,清兵的弓箭、步戰並不可怕,其所不可及的就是"我國人膽不大,臨陣則唯有走",而且看到清朝繁榮景象,氣爲之奪,哪裏還敢提及"北伐"？宋時烈輩提倡的"尊周大義",可謂是"浪費心力",徒呼口號而已。

但也有人認爲,打敗清兵並非没有可能。如肅宗十二年(康熙二十五年,1686)謝恩兼陳奏行書狀官吳道一,根據自己在遼東半島沿途對清朝軍力佈置與裝備情況的觀察,認爲清兵並不可怕,有機可乘,可以越過鴨緑江,强渡遼河,戰而勝之。其曰:

> 蓋自鳳凰城至山海關,一千數百餘里,每站雖各置千總一人,而瀋陽一處外,别無養兵儲糧城池防守之所,所謂設站置千總處,不過一大店落也。邊疆之疏虞極矣。蓋清人不但專意南方,不以我國爲慮,以弓馬馳突爲能事,至於關防城守等事,不甚致力,蓋其習俗然也。海邊諸站頗有儲置兵糧之處云,非直路,故不得目見其制置規畫,則不可詳知,而蓋以海賊爲慮云。……誠得精兵數萬,一渡遼河,則關以外千餘里,庶有長驅破竹之勢,而一任其據有神器,肆然稱帝,直欲發一慟也。[①]

又純祖三年(嘉慶八年,1803),以奏請謝恩兼冬至等三節年貢行書狀官身份入燕的洪奭周,曾有過豐富的聯想。其曰:

> 由燕京出正陽門,西南行七十里,而至良鄉縣,又南行三百六十里,而至河間府,此走齊、魯、吳、越道也;由良鄉縣,西南行五百九十里,而至真定縣,又西行五十里,而出井陘關,此走秦、晉、巴蜀道也;由真定縣,南行百里而至趙州,此走洛陽、梁、宋、荆楚道也;出崇文門或朝陽門,東南行二百五十里,而至天津府,此遵海以趨齊、魯道也;出宣武或西直門,西北行七十五里,而至昌平州,此入天壽山,拜皇明諸陵道也;出德勝門,東北行一百三十里,而至密雲縣,此出古北口,以逐匈奴道也。蓋余嘗游燕都,登蘆溝橋上,周視四達之衢,慨然太息,有周流八極之思,而知不可得也。姑書之於此。或曰:甚矣! 子之不能忘情於遊也。曰:否否! 有真天子作,不都秦洛則都江南,此余所以志也。[②]

洪氏如此詳細地列出自北京向東南西北的交通要道,是寄望有"真人"從這些路途殺向北京,自古北口驅逐"胡虜",以復大明,以復神京。

燕行使團中的軍官,實際多數爲文人而戎裝打扮。如純祖二十二年(1822),隨冬至兼謝恩副使吏曹判書金啓温出使的金學民,在義州時稱,"燕行在明,更點人馬,换著禿神軍服戰

---

① 〔朝〕吳道一:《丙寅燕行日乘》,《燕行録全集》,第 29 册第 163—165 頁。
② 〔朝〕洪奭周:《淵泉先生文集》卷二〇《書北遊録後》,《影印標點韓國文集叢刊》,第 293 册第 450—461 頁。

笠,行止輕捷,宛然有鐵衣從征之意"。[1]又純祖三十一年(1831),以打角身份隨其岳丈即謝恩使判中樞府事洪奭周出使的韓弼教,描述自己的裝扮曰:

> 初發龍灣,將渡鴨江,余乃頭戴烏紗戰笠(俗稱笠範巨的),頂飾鏤銀雲月雙懸錦貝耳錢編垂金花雀羽,身穿黑鱗紋狹袖衣,腰系藍禾紬長纏帶左右,佩手巾藥囊煙匣烏銅刀聚頭扇。裝身既畢,攬鏡自照,無官而宦巾,非武而戎裝,顧以迂疏之容,扮作赳桓之態,若非出塞之將軍,宛是臨陣之元戎。萬里在前,若將有廓掃塵氛之勢,自不覺好笑。[2]

身穿軍官戰服,隨團行走在遼東大地上,使他們產生了一種錯覺,感覺自己"宛然有鐵衣從征之意","將有廓掃塵氛之勢",更有甚者聯想極爲豐富,感覺自己儼然就是在征伐清朝的路上。如姜浩溥以副使軍官的身份,軍容軍裝,身佩寶劍,在行至高橋堡至塔山間時,感覺自己如將軍統帥,可能受到姜奎焕贈言的蠱惑,他突發奇想曰:

> 身著戎衣,乘駿馬,長驅大道,而前後車馬簇擁,絡繹向北京而馳,依然若成我孝廟遺志,驅千兵萬騎,已攘復遼東,蹴破瀋陽,今又往征燕京者然,雖設意妄想,而顧若爽快矣。[3]

姜浩溥日記中,類似奇幻怪誕的臆想,尚有不少。此不過狂徒措大,妄想癡心,而徒快意於心、逞强於口而已矣。

2.時日曷喪? 咒爾以亡

朝鮮君臣無日不在盼望清朝之覆亡,既然天道有虧,胡運難終;而豪傑不見,起事無望;朝鮮也萬無可能跨江渡海,直搗北京。那麼,能夠做到的就是無休無止的詛咒和持續不停的唱衰。《尚書·湯誓》謂"時日曷喪,吾及汝皆亡"。對於朝鮮君臣而言,既然打不過清朝,那就將其咒死,頗有"時日曷喪? 咒爾以亡"的意味在其中。

因此,在燕行使所撰使行録中,處處可見仇清咒罵之語。如姜浩溥自稱,"余之詩則不但不平語而已,殆甚於豕視犬詬,倘示諸虜目,則其不憤怒而裂眥也耶"。[4]姜氏之説,極具代表性,今觀其詩若"歲歲金繒走此路,何人慷慨請長纓",[5]"塵暗百年胡運盛,河清何日聖人

---

① 〔朝〕金學民:《薊程散考》,《燕行録全集日本所藏編》,第 1 册第 507 頁。
② 〔朝〕韓弼教:《隨槎録》卷四《聞見雜識》,《燕行録續集》,第 131 册第 162 頁。
③ 〔朝〕姜浩溥:《桑蓬録》卷三,《燕行録續集》,第 113 册第 52 頁。
④ 〔朝〕姜浩溥:《桑蓬録》卷五,《燕行録續集》,第 113 册第 238 頁。
⑤ 〔朝〕姜浩溥:《桑蓬録》卷——《龍灣》,《燕行録續集》,第 114 册第 187 頁。

生"，^①"羯狗腥塵今作窟，皇王文物已成灰"等，^②確實是對清朝視如仇寇，待如犬羊。又如肅宗十二年（康熙二十五年，1686），謝恩兼陳奏行書狀官吳道一詩曰：

明宮法殿總依然，觸目滄桑萬事遷。羃幕高張九級陛，霜蹄亂蹴八花磚。人心從古眷真主，胡運元來無百年。此理本明何久爽，吾將抆淚問高天。^③

又肅宗十六年（康熙二十九年，1690），冬至兼謝恩行副使徐文重詩曰：

拭玉西來恨不辰，漢儀淪没動然人。高風魯海欽輕世，清節凛祠仰潔身。屈指百年夷虜運，驚心六裹甲申春。怳然往事黄塵裏，矚望煤山攬涕頻。^④

又肅宗三十八年（1712）出使的金昌業詩曰：

隨人渡遼水，携劍向燕雲。俠窟悲無士，窮廬恥有君。百年猶左衽，四海尚同文。何日夷風變，中原脱鹿裙。^⑤

又肅宗三十九年，冬至等三節年貢使議政府左參贊趙泰采詩曰：

杳杳燕山路，蕭蕭駟馬行。冰過三大水，露宿九連城。左衽驚殊俗，同文憶大明。天心猶未厭，那復見河清。^⑥

又英祖八年（雍正十年，1732）進賀兼謝恩行正使李宜顯詩曰：

緬思十載前，銜命來薊幽。一來已苦顔，重到益堪羞。所遇盡異類，殆與禽獸伴。嗟吾生世晚，不見舊神州。
聞渠事征戰，大勢亦垂窮。胡虜無百年，此運何時終。中原豈久溷，天意本自公。河清不可俟，浩歎遡長風。^⑦

① 〔朝〕姜浩溥：《桑蓬録》卷一一《又疊明字》其一，《燕行録續集》，第 114 册第 189 頁。
② 〔朝〕姜浩溥：《桑蓬録》卷一一《狼子山途中偶吟》，《燕行録續集》，第 114 册第 192 頁。
③ 〔朝〕吳道一：《燕槎録·曉頭以朝參赴闕憤惋愧口占》，《燕行録全集》，第 29 册第 97 頁。
④ 〔朝〕徐文重：《燕行雜録·謝恩使行方留北京十芳園院因來使有下示一律一絶敬次》，《燕行録全集》，第 24 册第 334 頁。
⑤ 〔朝〕金昌業：《燕行塤箎録·次伯氏孤家子述懷韻》其一，《燕行録全集》，第 34 册第 27 頁。
⑥ 〔朝〕趙泰采：《癸巳燕行録·連山關》，《燕行録全集》，第 34 册第 167 頁。
⑦ 〔朝〕李宜顯：《壬子燕行詩·高橋堡感吟用身危適他州勉强終勞苦分韻》其五、其八，《燕行録全集》，第 35 册第 285—286 頁。

又英祖十二年(乾隆元年,1736),進賀兼謝恩行書狀官兼司憲府執義任玽詩曰:

胡運百年無許久,綿綿五世幸相傳。而今莫訒文明治,延促其如本在天。①

又英祖四十七年(乾隆三十六年,1771),謝恩兼冬至等三節年貢行副使吏曹判書趙榮順,沿途歌詩,無非咒罵之語。如:

雪意蒼茫歲色闌,星霜周復任跳丸。皇恩萬曆能忘易,河運千年更卜難。忽爾回頭雙闕迥,徒然極目五陵寒。孤懷俯仰增寥落,酒後悲歌響夕巒。②

短日方南至,長途又北馳。羈蹤千里遠,胡運百年遲。歲月看新曆,風泉感古詩。傷心皮幣使,非復大明時。③

召伯曾分邑,成皇又建都。梯航通萬國,鍾鼎列千廚。舊觀餘灰劫,殘山剩畫圖。百年居太僭,嗟爾建州奴。④

又純祖五年(嘉慶十年,1805)出使的進賀兼謝恩副使吏曹判書李始源詩曰:

午門領賞起侵晨,瑣瑣紋綾與片銀。越橐千金猶累操,忍將斯物污吾身。《遼野雜詠(其三十七)》

蕭梁尚佛古來無,莫救臺城再荷呼。塔廟于今崇飾壯,一胡寧有萬年圖。《燕中記實(其十六)》⑤

此類詩歌在諸家《燕行錄》中在在而有,處處可見。朝鮮君臣就這樣年復一年地做着各種預測與詛咒,長夜悠悠,視天夢夢,歎胡運之不終,恨昊天之不明,這令他們是何等的絕望與無奈吶!

七、解不開的"心魔"與現世的報應

總前所論,朝鮮燕行使對清朝的觀察與判斷,即使同一趟出使的使臣,其記述也往往是不同的甚至是相反的。這究竟是爲什麼呢? 我們下文繼續做進一步的探討。

① 〔朝〕任玽:《燕行錄·幼能有燕中十六詠……續成二十四首》其六,《燕行錄續集》,第115冊第285—181頁。
② 〔朝〕趙榮順:《退軒集》卷三《燕行拜表日次仲父悔軒公乙丑赴燕詩韻》,《影印標點韓國文集叢刊續》,第89冊第293頁。
③ 〔朝〕趙榮順:《退軒集》卷三《冬至》,《影印標點韓國文集叢刊續》,第89冊第204頁。
④ 〔朝〕趙榮順:《退軒集》卷三《又次仲父燕行集中韻》,《影印標點韓國文集叢刊續》,第89冊第297頁。
⑤ 〔朝〕李始源:《赴燕詩》,《燕行錄全集》,第68冊第410、422頁。

1.“尊周”的面子與解不開的“心魔”

對於朝鮮君臣而言,“宗周”既可固結人心,又可保“小中華”之顏面,而屈從“事大”只不過是行權從變而已。在入清之後,朝鮮國內極少使用清朝年號,多以“崇禎後某某年”紀年。如朴趾源《熱河日記》署以“崇禎後三庚子”,爲何如此? 他解釋曰:

> 曷爲後三庚子? 記行程陰晴,將年以係月日也;曷稱後? 崇禎紀元後也;曷三庚子? 崇禎紀元後三周庚子也;曷不稱崇禎? 將渡江,故諱之也;曷諱之? 江以外清人也,天下皆奉清正朔,故不敢稱崇禎也;曷私稱崇禎? 皇明中華也,吾初受命之上國也。崇禎十七年,毅宗烈皇帝殉社稷,明室亡,于今百三十餘年;曷至今稱之? 清人入主中國,而先王之制度,變而爲胡,環東土數千里,畫江而爲國,獨守先王之制度,是明室猶存於鴨水以東也,雖力不足以攘除戎狄,肅清中原以光復先王之舊,然皆能尊崇禎以存中國也。①

“尊崇禎以存中國”,朝鮮已經不是“小中華”而是“中華”“中國”,這種尊明仇清的觀念,直至清季而未改。如純祖元年(嘉慶六年,1801)秋冬間出使的吳載紹一行,在觀光國子監時曰:

> 北爲彝倫堂,有群儒講業,視其頭紅頂帽也,問其鄉蒙古滿州也。史稱匈奴遣子入學,何代無賢。嗚呼! 夫子大聖也,華夏蠻貊,殊塗同歸,夫安有偏私於其間哉! 然《春秋》大一統之法,只是尊中華攘夷狄而已,今也則尊夷狄攘中華而已,天意欲何爲也? 天意欲何爲也?②

此時已經是十八世紀初了,而吳載紹還因爲“尊華攘夷”秩序的顛倒而憤恨不已。又如高宗十四年(光緒三年,1877),謝恩兼歲幣行副使李容學歸國,君臣討論北京洋人“彌滿城內”的現狀,稱中國以冊子提醒朝鮮,應該加強武備等。事後仍有對話曰:

> 上曰:“武備我國貧而無力,可爲奈何! 冊子是何書耶?”上使:“臣忘未記其名,而有見之者,以爲我國已出者,故還送矣。”上曰:“漢人尚思明皇明云耶?”上使曰:“尚今憤鬱矣。”③

當時的中國與朝鮮,都受到西方列強的侵略,門户洞開,强敵環伺,在此國勢阽危之時,朝鮮君臣還在探討漢人是否“思明”,真如白晝夢囈,令我們今天讀來仍感慨莫名矣!

---

① 〔朝〕朴趾源:《熱河日記》上,《燕行録全集》,第55冊第414—415頁。
② 〔朝〕吳載紹:《燕行日記》,《燕行録全集日本所藏編》,第1冊第389頁。
③ 〔朝〕未詳:《燕薊紀略》,《燕行録全集》,第98冊第102—105頁。

清光緒八年(高宗十九年,1882),朝鮮都監營兵嘩變,史稱"壬午兵亂"。日本趁機啓釁,清廷派吳長慶往援護之,江蘇海門人周家禄以吳長慶幕僚身份入朝,駐紮日久,論及朝鮮局勢,極感憤鬱。他認爲清廷"所以爲朝鮮宗社計,無微不至。而君臣上下,坐享宴安,厝火積薪,開門揖盜,漸且惑於東西洋人之言,以自主爲名,欲背周而從楚。嘻! 國亡無日矣"。周氏又將明、清作對比曰:

> 朝鮮雖累受本朝敕封,而意不忘明。觀於遼瀋用兵,潛通信使;甲申改命,陰持兩端。國中增築城垣,與殷頑相應。史臣記載,指斥本朝,辭多悖慢,此猶可謂明社方屋,人心未定,桀犬吠堯,各爲其主也。乃至生者受封,歿者贈諡,恩禮之隆,外藩莫二。而彼中記載,於前明贈諡,則稱"皇朝贈諡某某";殆入本朝,則但冠本國之徽稱,不著中朝之諡法,此亦近於不臣矣。祆、昊之世,一則日纂《尊周彙編》,再則日奉《皇明實錄》;而於本朝,則或稱曰"唐",或稱曰"燕",或直稱"清人",以列祖列宗深仁厚澤,煦嫗而覆育之數百年,而其心未服。甚矣! 德化之難也。……
>
> 明萬曆間,朝鮮被倭寇前後七年,國幾亡,明以兵援之,糜餉數百萬,朝鮮君臣深感之,宮中築大報壇,歲歲報享。士大夫言癸巳、丁酉之役,稱明功德不去口。今光緒壬午之役,朝鮮五百年之宗社,危而復安,亡而復存,我功德遠過於明。我以明之待朝鮮者待朝鮮,則朝鮮亦當以報明者報我,受恩而不知感,豈人情也哉! [①]

然而可惜的是,隨着甲午戰爭的爆發,中國大敗而與日本簽訂《馬關條約》,朝鮮獨立,旋被日本吞併,清朝亦將爲民國所取代,昏昏麻木的上國與不思進取的屬國,兩個腐朽不堪的封建王朝間的遊戲,至此終告結束!

2.清末朝鮮人對中國駐朝士人與僑民的歧視與欺淩

前已述之,朝鮮人對清朝向無好感,但無論朝鮮半島與清朝的關係如何,與他們的世仇日本相較,還是要好得多,但在甲午戰爭中國戰敗之後,這種局面也爲之改觀。光緒八年(高宗十九年,1882),清廷派馬建忠、丁汝昌、吳長慶等帶兵前往朝鮮,並協助朝鮮與英、美、德簽訂商約。馬建忠在仁川,與朝鮮二品參事堂備官金景遂筆談,金氏等"詞氣桀黠,隱然有輕量中國之意,因責其應對失禮,立傳接伴官,飭質明備與馬回舟"。又稱"小示決裂,彼乃知中朝士大夫不可狎玩,嗣是景遂諸人及凡來自王京者,罔敢稍有褻越,兩使臣則又傴僂益恭云"。此可知時甲午戰事未起,朝鮮人已有輕藐中國之意。[②]

光緒十九年(1893)春,應英國駐朝鮮總領事禧在明(Walter C. Hillier)之邀,江蘇上元人許寅輝至漢城爲其處理文案兼翻譯。許氏是甲午戰爭的親歷者,他記載中日陸上戰爭稱,六

---

① 〔清〕周家禄:《朝鮮載記備編》卷二,清光緒二十五年吳保初刻本,第10—11頁。
② 〔清〕馬建忠著,王夢珂點校:《適可齋記行》卷四《東行初錄》,北京:中華書局,2013年,第142、144頁。

月,葉志超因牙山戰敗,逃往平壤,其"諜知平壤歌妓久冠全球,遂心醉之,日夜在中軍帳挾妓宴樂。營哨將弁尤而效之,明目張膽宿娟營中,無復以軍務爲意者。日人陰謀暗算,取遠勢作大包抄,著著爭先,險要盡失,而我軍猶在酣嬉酒夢中也"。[①]日軍攻平壤,葉志超委軍不顧,倉皇逃命,清軍傷亡慘重。又朝鮮金允植《續陰晴史》稱,據日軍電報,八月十七日,日軍克平壤,揭榜通衢,"我民憤清人之敗,至有裂破榜紙者云"。[②]此可知朝鮮民心,當時尚憤恨日寇,而期盼清軍勝利。

許寅輝又稱,甲午戰敗後,時日軍與朝鮮民衆,竊取華署物件,搶掠當鋪,無所不爲,詞訟之繁,日常十數起。又謂:

而日人之在韓者,益復趾高氣揚,俯視一切。當是時也,華民在韓,危如累卵,不獨日人欺侮,即韓官民亦鄙賤而揶揄之。其政府忽出新章數條,略謂中國商民在韓,難保盡屬善類,凡有形迹可疑者,均可隨時拘拿。於是無賴韓民藉端訛詐,挾嫌誣攀,日或數起。……

又自旅順失後,歐洲各國皆親日而疏華,即朝鮮婦孺,多有見華人而呼爲"清國狗"者,聞之殊堪痛恨。而日人見華人,則以手作刀勢,自斫其頸,蓋言華人皆作刀下之鬼也。[③]

甲午戰敗,大清帝國轟然崩塌,清朝在朝鮮人心目中的形象本就不好,至此更是一落千丈,戰後出現歧視與欺凌中國人的現象,就如同現世的報應,便是極其自然之事。

結語:"心中賊"與"霧裏花"叠加幻影下的異類觀察與兩極判斷

總前所論,"胡無百年運"之説,是自漢魏以來漢族政權與文人對少數民族政權,或者少數民族政權與其他少數民族政權間相互詛咒的巫讖之詞。既無顯證,更非鐵律。但受文天祥、朱元璋等人倡導的影響,朝鮮君臣將此語視如信史,冀望蒼天顯靈,促清速亡。當清朝跨越百年而逐漸走向"全盛之國"時,燕行使既不願認可,又百思不解,仍常掛嘴邊,念玆在玆,致使"胡無百年運",成爲朝鮮王朝在政治、外交與文化心態方面始終唱徹二百餘年的口號,更成爲仇清恨清的標誌性咒語讖言。

"北伐"是朝鮮王朝君臣經常議及的敏感話題,自孝宗主倡並得到金尚憲、宋時烈等"義理派"首庸的支持。孝宗駕崩後,逐漸由"北伐"轉爲"尊周",也就是"尊明",是否"尊周"

---

① 許寅輝撰,顧菊英整理:《客韓筆記》,北京:中華書局,2007 年,第 142 頁。
② 〔朝〕金允植:《續陰晴史》卷上,《沔陽行遣日記》甲午八月十七、十八日条,韓國學文獻研究所編:《金允植全集》本,首爾:亞細亞文化社影印石印本,1980 年。
③ 許寅輝撰,顧菊英整理:《客韓筆記》,第 147—148 頁。

成爲判定君臣與士民政治正確的風向標，並藉建立大報壇、萬東廟、大統廟與編纂《尊周彙編》等，形成全國性的政治氣候，在"尊明仇清"上達成了最大的共識，也就是清朝是"蠻貊之邦"和"夷狄之國"，而朝鮮是"小中華"甚至"中華"，出使中國也由明朝的"季札觀周"與"朝天謁聖"，而演變爲仗忠信而"行蠻貊之邦"。

當燕行使行走在遼東半島，穿梭於北京街巷時，他們帶着"小中華"自信的目光，來傲視與評判看到的事物。對於清王朝的記述與評價，從帝王大臣、宮室民間、朝政得失、滿漢關係、賦稅徭役、民情風俗、畜牧物産等，在使臣的筆下都不約而同地有着完全相反的判斷，難以做到客觀的記載與評介。在"心中賊"的作怪與指引下，他們的所聞所見必須爲此"心魔"服務，必然導致充滿偏見而缺乏實事求是的記載，最後只能是似是而非、矛盾糾結的"霧裏花"而已。

燕行使寄望有"燕趙悲歌之士"或"江南"奇士，能揭竿而起，攻滅清朝。在期望破滅後，他們通過自己的觀察與聯想，構畫出了由朝鮮出兵，或從海路、或從陸上進攻清朝的策略。他們也深知這只不過是憑虛臆想而已，他們所能做的就是仍用"豕視犬詬"之語，巫咒讖言之詞，以期"時日曷喪？咒爾以亡"。通俗地説就是：你還不死？我咒死你！

在十八世紀末期，隨着西方列強的侵入，作爲宗主國的清朝，既不能保護屬國朝鮮的安全，眼睜睜看着朝鮮落入日本之手，失去了挽回朝鮮人心的最後機會，而自家也幾爲列強瓜分，終至轟然倒塌。而朝鮮的仇清傳統開始彌漫至民間，在半島的華僑華人不僅受日本人的淩辱，也同時受朝鮮人的欺壓，後來演成對在韓華僑華人的欺淩，這既是清廷自大自負的惡果，更像是來世今生的報應。

而在上世紀的百年風雲中，先是中國與朝鮮成爲在西方國際關係下的平等之國，接着屢經戰亂，朝鮮半島一分爲二，至今仍未統一，中國與半島兩國的關係，也時見陰晴，常有波動。今日中、韓兩國從官方至民間，正經往來，極其熱絡，中韓都成爲對方最大的留學生輸出國與接納國，而民間交流尤其是青年之間的交流，却缺乏有意識的組織與往來，友誼固然成爲主調，但雙方相互間也多有不解與仇視，網絡間充滿着敵對詬詈之語。研究近千年燕行使對中國的觀察與評價，追源叙委，述古視今，值得"肉食者"與愛好和平的人士所借鑒與反思，從而吸取歷史教訓，把握今天得來不易的機會，並進而開創美好的未來！

（漆永祥，北京大學中國語言文學系、北京大學中國古文獻研究中心教授）

喧嘩躁動：朝鮮王朝後期"小中華"思想的權力焦慮與話語争論*

黄修志

［摘　要］　朝鮮王朝後期的"小中華"思想，集中反映了明清易代後朝鮮半島對中華文明的態度觀念和對東亞秩序變遷、國内統治危機的因應策略，經歷了曲折的話語演變。作爲朝鮮王朝的政治文化和身份認同，"小中華"思想有着複雜的静態構成；作爲王權合法性的邏輯裝置，"小中華"思想因内外時局變化而充滿動態運作；作爲改革自强的話語武器和興論符號，"小中華"思想又在不同政治集團或儒學群體中顯現不同争論。朝鮮後期"小中華"思想突出對清朝的憤恨，最本質的是君臣大義，最直接的是丙子國恥，最長遠的是華夷之辨，最核心的是王權危機，其中，王權危機是朝鮮後期"小中華"思想演變經緯中的軸心問題。

［關鍵詞］　朝鮮王朝後期　"小中華"思想　王權合法性

作爲一個生命力頑强的政權，朝鮮王朝並未隨着日本和後金（清）發動的四次戰争而崩潰，也未在明清易代的東亞變局下易姓，反而支撐着殘軀進入二十世紀，直到被日本吞併。這意味着朝鮮後期面對明亡清興，不僅在對外關係層面延續了實利主義的保國生存之道，也在内部權力及思想統治層面實現了有效運作和協調。目前國内外學界對朝鮮後期"小中華"思想多有争鳴與深論，[①] 却忽略了兩個問題：一是"小中華"作爲一種"神聖事物"或話語符號，是如何在朝鮮後期的不同階段中被改造、刻畫、雕琢出來以克服怎樣的内外危機？二是"小中華"作爲一種思想與權力的結合品，是怎樣在複雜的權力網絡中被推到文本之上，其背後又有着怎樣的争論？

---

* 本文是國家社科基金項目"朝鮮王朝'三十年危機'與東亞秩序轉型研究（1598—1627）"（21 CSS 018）和山東省泰山學者工程專項經費資助項目（tsqn 201812095）的階段性成果。

① 這方面的研究成果衆多，兹僅舉一些代表性專著。陳尚勝等：《朝鮮王朝（1392—1910）對華觀的演變：〈朝天録〉和〈燕行録〉初探》，濟南：山東人民出版社，1999年。孫衛國：《大明旗號與小中華意識：朝鮮王朝尊周思明問題研究（1637—1800）》，北京：商務印書館，2007年。〔韓〕河宇鳳著，〔日〕小幡倫裕譯：《朝鮮王朝時代の世界観と日本認識》，東京：明石書店，2008年。〔韓〕許泰玖：《조선후기 중화론과 역사인식》，首尔：Acanet，2009年。〔日〕夫馬進著，伍躍譯：《朝鮮燕行使與朝鮮通信使：使節視野中的中國·日本》，上海：上海古籍出版社，2010年。楊雨蕾：《燕行與中朝文化關係》，上海：上海辭書出版社，2011年。徐東日：《朝鮮朝使臣眼中的中國形象——以〈燕行録〉〈朝天録〉爲中心》，北京：中華書局，2011年。〔韓〕禹景燮：《조선중화주의의 성립과 동아시아》，首尔：Unistory，2013年。王元周：《小中華意識的嬗變：近代中韓關係的思想史研究》，北京：民族出版社，2013年。葛兆光：《想像異域：讀李朝朝鮮漢文燕行文獻札記》，北京：中華書局，2014年。〔韓〕裴佑晟：《조선과 중화：조선이 꿈꾸고 상상한 세계와 문명》，首尔：돌베개출판사，2014年。吴政緯：《眷眷明朝：朝鮮士人的中國論述與文化心態（1600—1800）》，臺北：秀威資訊，2015年。孫衛國：《從"尊明"到"奉清"：朝鮮王朝對清意識的嬗變（1627—1910）》，臺北：臺大出版中心，2018年。〔韓〕金永植：《중국과 조선, 그리고 중화：조선 후기 중국 인식의 전개와 중화 사상의 굴절》，首尔：Acanet，2018年。〔韓〕許泰玖：《丙子胡亂與禮，以及中華》，首尔：昭明出版，2019年。吴政緯：《從漢城到燕京：朝鮮使者眼中的東亞世界（1592—1780）》，上海：上海人民出版社，2020年。桂濤：《17—18世紀朝鮮士人眼中的清朝》，北京：中國社會科學出版社，2020年。

在筆者看來，朝鮮“小中華”思想有一個長時段的發展脈絡，它奠基於高麗前期，抬頭於高麗晚期，完善於朝鮮前期，轉型於朝鮮後期。學界多從華夷之辨的視角解釋朝鮮後期“小中華”思想，但若我們理解了這一長時段的發展脈絡和演變經緯，就會明確朝鮮後期“小中華”思想仍是在以往基礎上根據新的內外形勢而進行的調適。一方面，朝鮮後期受“小中華”思想的影響，很長一段時間對清朝心懷憤恨或芥蒂，最本質的是君臣大義，最直接的是丙子國恥，最長遠的是華夷之辨，最核心的是王權危機。另一方面，朝鮮後期“小中華”思想成爲一個充斥着衝突與張力的“場域”，不僅在不同階段存在不同形態，也在同一階段面臨衆聲喧嘩的爭論，就連紙上的話語表述也鎸刻着貌合神離的痕迹。

就像正祖時期兩位大臣討論清朝和朝鮮的政治言論差異，映照出朝鮮複雜的權力之網產生的“喧嘩躁動”。李鎮衡問：“蓋中國，天下之都會，人物之府庫，而雖朝聘會同，無喧嘩之聲。我國則無論大小事，全以喧聒爲事，此何故也？”李家煥答：“東方，自古素無紀綱，因成風俗，喧嘩躁動，久而不變矣。”[①]

一、易代之際朝鮮對明倫理的緊張與對清名分的確立

在朝鮮“小中華”的政治倫理中，君臣大義最爲重要，無論是朱子學高舉的春秋大義、尊周大義還是傳統的以小事大、華夷之辨，本質上都是君臣大義在不同層面的反映。朝鮮強調君臣大義，不僅在儀式上宣示朝鮮王權來源於明朝的冊封，朝鮮國王以王爵、藩國、諸侯身份加入明朝的宗法秩序，轉化成尊周思想，也在觀念上內化到朝鮮的性理學及政治文化、統治思想中，成爲理論基點，以維護內部政治秩序的穩定。壬辰戰爭中，明軍付出巨大代價驅逐日軍，再造藩邦，更令這一君臣大義超越了血盟情誼，凝結成感恩明朝意識。但在明朝滅亡前，朝鮮就已深深覺察到君臣大義面臨着嚴峻的現實考驗。

光海君對後金努爾哈赤採取羈縻政策，引起朝鮮內部的反對，朝鮮糾結於選擇“大義”還是“大勢”，備邊司認爲：

> 然而天下事，有大義焉，有大勢焉。所謂大義，綱常所系；所謂大勢，强弱之形。我國之於此賊，以義則父母之讎也，以勢則豺虎之暴也。豺虎雖暴，人子豈忍棄父母乎？此所以滿庭群議，宵以國斃，不忍負大義。[②]

仁祖三年，兵曹判書徐渻提醒仁祖做好後金圍困北京的思想準備：“我國之於天朝，有君臣、父子之恩義。若非皇恩，壬辰之恢復，未可期也。今奴賊猾夏，若或迫近皇城，則未知

① 《朝鮮正祖實錄》卷五，正祖二年二月乙巳。
② 《光海君日記》（重修本）卷五五，光海君十三年二月癸丑。

國家何以報答？"仁祖和備邊司認爲大義所在,況有再造之恩,必當赴援,配合毛文龍一起勤王。①

崇禎二年(1629),"己巳之變",皇太極率軍從喜峰口突破長城,突襲北京,明軍各路兵馬馳援,最終後金退軍,袁崇煥被凌遲處死。仁祖聽聞此情報後,未發一將一卒前去勤王助戰,大臣圍繞君臣父子名分及諸侯藩王之責爭論不已。李貴在經筵上認爲:"我國之於天朝,其義則君臣,其恩則父子也……而以君臣、父子大義言之,若聞君父被兵之報,則豈可諉以彼虜虛誇之言而不爲之動心乎？今日我國,縮手傍觀,寂無勤王之舉。日後天朝若有問罪之舉,則其將何辭以對？縱天朝憐我而不責,其於君臣分義何哉？"已爲禮曹判書的徐渻上札認爲"王室有難,諸侯奔救,古今之通義",副護軍申誡立上疏也認爲:"父母在難,其忍坐視而不爲之救乎？"②雖然朝鮮最終未能派軍勤王,但迫於倫理壓力,"我國之於天朝,義君臣而情父子也",只能在赴京進慰使團的方物中裝載兵器,象徵性地"一以爲臨陣助戰之用,一以示不忘讎敵之意"。③這既說明了君臣大義對朝鮮"小中華"思想及政治文化的深刻影響,又揭示了君臣大義在面對現實强敵時的無奈無力。

1636 年,皇太極準備稱帝,派遣英俄爾岱、馬福塔及部分蒙古人出使朝鮮商議勸進之事,洪翼漢以君臣大義痛斥後金,代表了朝鮮的主流輿論,他上疏稱"臣墮地之初,只聞有大明天子耳","我國素以禮義聞天下,稱之以'小中華',而列聖相承,事大一心,恪且勤矣。今乃服事胡虜,偷安僅存,縱延晷刻,其於祖宗何,其於天下何,其於後世何？"他主張"戮其使而取其書、函其首,奏聞于皇朝",太學生也請求"斬虜使、焚虜書,以明大義",大司諫鄭蘊認爲與朝鮮相比,蒙古"初叛中國,是父母之賊子也"。④在朝鮮輿論氛圍中,英俄爾岱發怒離開,大臣認爲"虜使發怒而去,我國終必被兵,當講備禦之道",於是仁祖號召全國八道"誓死同仇""各效策略""自願從征"。⑤在滿、漢、蒙古代表的勸進下,皇太極正式稱帝,改國號爲"清"。此年冬天,他御駕親征,發動丙子之役,一路摧枯拉朽,勢如破竹,將朝鮮君臣圍困在寒冷的南漢山城中。面對生存還是死亡的抉擇問題,⑥群臣展開各種爭論。領議政金瑬認爲生存比名分更重要:"當此急急之時,他事不暇,臣則只以奉聖上脱重圍爲急,蓋國家存,然後名分可議也,國亡則將何以議名分乎？"崔鳴吉認同"皇明是我父子之國",但勸説仁祖:"人君與匹夫不同,苟可以圖存,無所不用其極。"⑦面對崔鳴吉撰寫的國書,吏曹參判鄭蘊上札認爲"今若稱臣,則君臣之分已定矣。君臣之分已定,則將惟其命是從",痛斥崔鳴吉的"賣國之罪":"嗚呼！我國之於中朝,非如麗季之於金、元,父子之恩,其可忘乎；君臣之義,其可背

① 《朝鮮仁祖實録》卷一〇,仁祖三年十月庚寅。
② 《朝鮮仁祖實録》卷二二,仁祖八年二月癸丑、仁祖八年二月己卯、仁祖八年三月辛卯。
③ 《朝鮮仁祖實録》卷二二,仁祖八年三月丙午。
④ 《朝鮮仁祖實録》卷三二,仁祖十四年二月丙申、庚子、己亥。
⑤ 《朝鮮仁祖實録》卷三二,仁祖十四年二月甲辰、仁祖十四年三月丙午。
⑥ 黄修志:《朝鮮王朝的"哈姆雷特時刻"及對華觀念的"冰山性"》,《復旦學報(社會科學版)》2020 年第 3 期。
⑦ 《承政院日記》仁祖第 55 册,仁祖十五年一月三日;《朝鮮仁祖實録》卷三四,仁祖十五年一月癸卯、丙辰。

乎？"①

在大義與大勢、亡國與保國的天人交戰中，仁祖最終接受崔鳴吉等人的稱臣保國主張，出城投降，向皇太極行三跪九叩之禮，這一儀式標誌着朝鮮不得不從形式上放棄了與明朝維持了二百多年的君臣父子名分，並與清朝由丁卯之役約定的兄弟鄰國關係變成了君臣父子關係。皇太極對仁祖説："爾若悔過自新，不忘恩德，委身歸命，子孫世守信義，則當去明國之年號，絕明國之交往，獻納明國所與之誥命册印。"②其實高麗奉明爲正朔時，在領到明朝"册命及璽書"的同時，也將元朝的册封金印獻給明朝，皇太極也命令朝鮮歸還明朝册封朝鮮的誥命和印信，來證明朝鮮的權力從此來自清朝而非明朝，但朝鮮試圖以各種藉口拒絕，③鄭蘊認爲雖然"稱臣出降，君臣之分已定矣"，但"可争則争之可也"。④三田渡歸降時，皇太極在典禮上將仁祖安排在諸王之上，他認爲"朝鮮王雖迫於兵勢來歸，亦一國之王也"，"命近前，坐於左側，東坐西向，其次左側，則和碩親王、多羅郡王、多羅貝勒等"，⑤這體現了清朝一開始就基本依樣畫葫蘆般像明朝一樣將朝鮮國王納入到自己的宗法秩序和藩王體系中，在禮制上給予其親王世子的地位，昭示清朝與朝鮮結成新的君臣父子關係。隨後，清朝命朝鮮在三田渡樹立大清皇帝功德碑，作爲宗藩關係的實物表徵，⑥該碑既贊頌皇太極保全朝鮮宗室的恩德，又表達了對清朝結成君臣名分的忠心。

可以説，丙子之恥標誌着朝鮮精神世界和政治倫理的天崩地裂，成爲朝鮮後期政治生活中的一大陰影，對"小中華"思想的轉型産生了直接影響。從根本上説，朝鮮並非因爲華夷之辨而恥於稱臣"犬羊之輩"，畢竟傳統的事大主義尚可以消解這一困境，而是基於君臣大義而自毀禮義甘心淪爲無君無父、不忠不孝之邦。這不僅使朝鮮王權喪失了政治合法性的明朝源頭，還使朝鮮王權在道德倫理上喪失了臣民信任，引發統治危機。"明朝的追究和報復是次要因素，朝鮮君臣所在乎的是放棄大明義理意味着倫理道德的沉淪，這將導致歷史的評價及天下人民的譴責"。⑦

因此，丙子之役後出現兩種王權合法性危機：一是以斥和派金尚憲爲代表的大批士人辭官歸隱，崔鳴吉報告"今之朝士，相繼請暇，而不肯來仕，或有以此爲高致者"，憲府報告"經變之後，國綱不嚴，有識之人，亦多任意出去"；⑧二是朝鮮謀逆叛亂事件愈演愈烈，如貞明公主詛咒事件、李挺海事件、沈器遠事件、姜嬪詛咒事件、安益信事件等，堪稱朝鮮史上謀逆最密集的時期。受丙子之役、士林疏離、國内謀逆的多重折磨，仁祖始終處於驚魂未定之中，缺

---

① 《朝鮮仁祖實錄》卷三四，仁祖十五年一月己未。
② 《清太宗實錄》卷三三，崇德二年正月戊辰。
③ 〔韓〕許泰玖：《丙子胡亂與禮，以及中華》，第235—236頁。
④ 《朝鮮仁祖實錄》卷三四，仁祖十五年一月庚午。
⑤ 《清太宗實錄》卷三三，崇德二年正月庚午。
⑥ 王元崇：《入關前清政權對朝交涉及其正統觀念的形塑》，《中國歷史研究院集刊》2021年第2輯。
⑦ 〔韓〕許泰玖：《丙子胡亂與禮，以及中華》，第359頁。
⑧ 《朝鮮仁祖實錄》卷三四，仁祖十五年四月癸酉、丁丑。

乏安全感,在昭顯世子暴斃後,他又賜死世子嬪及世子的三位子嗣,最後在焦慮擔憂中去世,留下孝宗重新面對清朝這一巨大存在。

二、"復仇雪恥"虛像與宋時烈對"小中華"的改造

"復仇雪恥"這一話語是在朝鮮後期逐漸演變生成的。最初顯現的是"雪恥復仇"觀念,後經宋時烈的提倡,又強調"復仇"之義,而後又根據春秋大義和君臣名分演變成"復仇雪恥",並刺激催生了"北伐"觀念。但"復仇雪恥"從未得以踐行,只是王權伸張和士林改革的一種話語。在"胡無百年之運"觀念遭遇現實的挫敗後,"復仇雪恥"轉爲沉寂,讓位於"道統在東",強化了"周禮在魯"或"魯存周禮"的觀念。

丙子之役後,面對強敵壓迫與王權危機,與清朝結爲君臣名分的朝鮮將保國圖存視爲第一要事,雖然臣下有雪恥之心,但遭到仁祖王權集團的彈壓,在大臣建議下,仁祖下教於承政院曰:

> 今後文書中,俾勿用"薪膽"二字。①

仁祖一朝尚無大張旗鼓地宣揚"雪恥"觀念,但在暗地裏積壓着類似情緒。孝宗成爲世子後就有雪恥之心,在與宮僚經筵中討論漢文帝、漢武帝孰勝,他獨以爲漢武帝"不忘平城之憂,武帝勝"。②但"仁祖反正"後,孝宗面臨激烈的黨爭形勢,若反思這一複雜的黨爭情境,我們就可明確孝宗的"復仇雪恥"是在激烈的黨派鬥爭和強烈的王權危機中催生出來的,且經過了宋時烈的理論改造,充分説明"復仇雪恥"只是一種話語武器,注定不可能踐行,而北伐在一定程度上也是孝宗爲了凝聚人心、轉移國內矛盾及鞏固都城軍備力量以加強王權的一種政治策略,但若清朝得知這些異常舉動,就會刺破"北伐"虛像。親清派金自點倒臺後,洛黨成員向清朝密報孝宗動向,又恰逢孝宗以防禦日本爲由請求清朝准許朝鮮擴軍備戰,引起清朝的疑怒,導致了"六使詰責事件",對孝宗及義理派造成很大壓力,預示了北伐註定只是一場空夢。

朝鮮後期將尊周攘夷歸功於宋時烈:"先正臣宋時烈際遇孝廟,終蹈慘禍,而尊周攘夷,即時烈之功也。"③其實,尊周大義在朝鮮前期的"小中華"思想中就已具備,需要我們深入到宋時烈的歷史邏輯、儒學邏輯和政治邏輯中考察。

首先,在歷史邏輯上,宋時烈更認同宋朝而非明朝,認爲朝鮮繼承的是南宋朱子以來的道統。從十六世紀開始,隨着朝鮮性理學的成熟及士林政治的登場,"小中華"思想已然成

---

① 《朝鮮仁祖實錄》卷三四,仁祖十五年四月己丑。

② 《朝鮮孝宗實錄》附錄《孝宗大王志文》。

③ 《朝鮮英祖實錄》卷五一,英祖十六年二月丙申。

熟完善，即朝鮮已將中華視爲一種普遍文明，内化到自己的觀察評價中。禹景燮指出，我們需要區分觀念的“中華”與歷史實體的“中華”，朝鮮知識分子心目中的“中華”是超越血統和王朝的文化真理。[①]許泰玖指出，朝鮮心目中存在兩個“大明”，一個是作爲特定王朝的大明，一個是作爲普遍文明即中華文化象徵的“大明”。[②]宋時烈强調高麗鄭夢周開啓了朝鮮繼承朱子道統的歷程，而明儒則日益分裂荒唐。[③]不僅如此，他也嚴厲批評明朝的制度，認爲皇帝權力過大，明朝官僚作用與言論活動萎縮，宦官受到重用等。他認爲丙子之役後的朝鮮恰如南宋，自然更堅定了他對朱子的原教旨主義信念，極力推崇朱子，“微朱子，吾其被髮左衽矣”，[④]甚至將朱子視爲千秋知己，即以朝鮮朱子自喻，“知我者，其惟朱子乎？罪我者，其惟朱子乎？”按照這個邏輯，宋時烈認爲只有朝鮮繼承了宋朝的朱子道統，“竊聞中州人皆宗陸學，而我東獨宗朱子之學，可謂周禮在魯矣”，[⑤]尤其是明亡後，“惟我東方僻在一隅，故獨能爲冠帶之國，可謂周禮在魯矣”。[⑥]宋浚吉也抱有類似觀點，他對顯宗説，“明儒多尊尚陸學，故言論每欲壓倒朱子，我國則本來扶植程、朱正脈”，“中朝學問，不如我朝之盛”。[⑦]由此觀之，宋時烈等人所指的“周禮在魯”其實主要表達朝鮮繼承了朱子道統，“中華”也是以朱子學爲標準的文明價值，而非真的繼承了中國王朝的正統。

其次，在儒學邏輯上，宋時烈在雪恥基礎上强調復仇，表面上注重尊周大義和春秋大義，其實質仍是堅守以君臣大義爲中心的政治倫理。朝鮮最初對清朝“只有雪恥之義，而無復仇之道”，宋時烈認爲：

> 自我國言之，只有丙丁之恥，而元無可復之讎……然雪恥之事爲主，而復讎亦在其中……則復讎之義，爲主而重也。[⑧]

而且，在他看來，爲大明復仇的理論出發點應是春秋大義：“以爲春秋大義，夷狄而不得入於中國，禽獸而不得倫於人類，爲第一義。爲明復讎，爲第二義。”[⑨]而春秋大義的根本是什麼呢？宋時烈認爲“孔子之作《春秋》也，大義數十而尊周最大”，[⑩]無論是攘夷還是尊周，根本還是君臣大義和綱常倫理。朝鮮當時流行一種觀點，既然與清朝確立了新的君臣名分，就

---

① 〔韓〕禹景燮：《조선중화주의의 성립과 동아시아》，首爾：유니스토리，2013年，第33—34頁。
② 〔韓〕許泰玖：《丙子胡亂與禮，以及中華》，第358頁。
③ 〔朝〕宋時烈：《宋子大全》卷一五四《圃隱鄭先生神道碑銘並序》，《影印標點韓國文集叢刊》，首爾：民族文化推進會，1993年，第113册第307—308頁。按，注釋中文集等作品多爲朝鮮王朝時期作者所撰，不再一一標明國籍，下文不再説明。
④ 宋時烈：《宋子大全》卷五《己丑封事》，《影印標點韓國文集叢刊》，第108册第192頁。
⑤ 宋時烈：《宋子大全》卷一三一《雜録》，《影印標點韓國文集叢刊》，第112册第439頁。
⑥ 宋時烈：《宋子大全》卷一三八《皇輿考實序》，《影印標點韓國文集叢刊》，第112册第551頁。
⑦ 《朝鮮顯宗實録》卷一三，顯宗六年六月乙丑。
⑧ 崔慎：《鶴庵集》卷二《華陽聞見録》，《影印標點韓國文集叢刊》，首爾：民族文化推進會，1995年，第151册233頁。
⑨ 宋時烈：《宋子大全》附録卷一九《尹鳳九　江上語録》，《影印標點韓國文集叢刊》，第115册第590頁。
⑩ 宋時烈：《宋子大全》卷二七《上安隱峯》，《影印標點韓國文集叢刊》，第109册第12頁。

不必理會明朝滅亡和丙子之恥,"我已屈身於彼,名分已定,則弘光之弑,先朝之恥,有不可顧"。宋時烈予以堅決反駁,認爲這種言論若流行開來,朝鮮將淪爲禽獸之邦。^①

再次,在政治邏輯上,宋時烈强調復仇雪恥、周禮在魯的真正訴求是激勵國王尊重士林,振作改革,而非貿然北伐。宋時烈在《己丑封事》中提出"修政事以攘夷狄",將改革放在攘夷之上,他認爲清朝當然是君父之仇,但並不主張貿然北伐,否則只會自取其禍,因此他建議孝宗"蓄憾積怨,忍痛含冤",韜光養晦,待十年二十年後"視吾力之强弱,觀彼勢之盛衰",^②同時他勸告孝宗以正心爲主,以身作則,自然"國勢自强矣"。當時朝鮮"國勢不振,民生困悴,將至於危亡",宋浚吉也提出"欲外攘,則先内修;欲治兵,則先養民"。^③二宋都想通過"正君心"來重振社會綱紀,闡明儒教義理,實施仁政,通過"養民""養兵"來進行北伐,仍是繼承了李珥的思想。宋時烈反復激勵國王的"復仇雪恥""春秋大義""尊周大義""周禮在魯"等話,只是描繪了一個理想化、烏托邦式的"小中華",以此來鼓舞國王和士林:既然朝鮮要報仇雪恥,就必須振作自强,既然朝鮮乃中華道統繼承者,就更要以中華的標準來改革朝鮮。

由此觀之,朝鮮"小中華"思想在宋時烈的改造下,逐漸將復仇雪恥、尊周大義、春秋大義結合起來,在歷史邏輯上表達的是繼承朱子道統,在儒學邏輯上表達的是仍是君臣倫理,在政治邏輯上表達的是改革自强,實質上仍是延續了朝鮮十六世紀以來的士大夫政治主張,貫穿着士林階層對限制王權、伸張士權的政治主體意識,只不過根據現實危機的需要換了一種政治表達方式。這就説明,孝宗的"北伐"和宋時烈的"北伐"看似君臣相契,但實際上貌合神離、同床異夢,孝宗期待借助"北伐"旗號破解黨爭亂局,伸張王權,而宋時烈等士大夫則希冀借助"北伐"來激勵朝鮮改革自强,鞏固士林主體地位。所謂"復仇雪恥",既是一種從未實踐過的觀念,也是深陷於政治鬥爭中的一個口號,宋時烈最終被賜死説明當時鬥爭之慘烈。所謂"周禮在魯"並不代表主政的士林真的相信朝鮮繼承了中華正統,更多的是通過這種理想和信念來激勵君王和改革政治,更何況宋時烈堅決反擊的另一種與之相反的流行觀點,更反證了宋時烈的主張並未得到全體認同,尤其是相敵對的少論派人物譏斥尊周之義,"我國既已服事清國,而假託尊周之義,爲皇明復讐云者,無異改嫁之女爲舊夫復讐也,其誰信之?"^④

三、十八世紀朝鮮"小中華"的儀式化與爭論

十七世紀末,清朝並未像孝宗推測的那樣衰落下去,反而愈發强盛,朝鮮逐漸從"恢復中華"轉向"繼承中華"。在十八世紀後期英正時代,"繼承中華"意識得到强化,朝鮮編纂了

---

① 宋時烈:《宋子大全》卷五《己丑封事》,《影印標點韓國文集叢刊》,第 108 册第 199—201 頁。
② 宋時烈:《宋子大全》卷五《己丑封事》,《影印標點韓國文集叢刊》,第 108 册第 201 頁。
③ 《朝鮮孝宗實録》卷二〇,孝宗九年二月丁亥。
④ 宋時烈:《宋子大全》附録卷一九《記述雜録》,《影印標點韓國文集叢刊》,第 115 册第 578 頁。

大量史書以論證之。①但所謂"繼承中華"並非真的成爲中華，更多的是把中華作爲一種文明價值，繼承了"禮義"和"道統"。於是，從十八世紀開始，朝鮮在思想和政治上就出現了頗爲吊詭的一幕：一邊是積極與清朝展開各種政治、經濟、文化的交流往來，維護兩國之間的宗藩關係，一邊却是在國內開展各種"尊周思明"的活動。

1674 年，三藩之亂期間，尹鑴以"布衣"身份上奏顯宗，重提丙子之恥，建議朝鮮趁機北伐，②對此，顯宗"留中"不發。次年，剛即位的肅宗召見尹鑴，尹鑴圍繞北伐與大臣展開討論，而肅宗"但端拱以聽"，朝鮮最終按兵不動，朝鮮史臣譏諷這番君臣討論不切實際且裝模作樣。③其實，自肅宗朝開始，朝鮮的復仇雪恥觀念已大大淡化。1704 年（康熙四十三年），正值明亡六十周年，肅宗"寒心"慨歎：

> 今年紀愈久，世道愈下，復讎雪恥，固非朝夕所可期，而至於疏章間慷慨之言，
> 亦未有聞，已至于寖遠寖忘之域，予嘗慨然。今逢周甲，一倍感愴矣。④

領議政申琓以"人情久則易忘"回應道："非但世無慷慨之人，並與大義都忘之矣。不獨我國如此，中國亦然。"肅宗徵求"使之不忘之道"，左議政李畬認爲復仇雪恥也要看"時勢之難易，何可自畫"，事大本就是自强保國之道，何況以眼下朝鮮國勢而論，别説復仇了，"雖欲自保，亦恐未易"。於是，肅宗開始有了爲崇禎帝建廟的動議，也就是建造大報壇的來歷，但李畬認爲這更不切實際，"不惟拘於形勢，儀章、品式，實多難處之端"。⑤隨後，肅宗修建大報壇的想法遭遇空前的阻力，⑥不僅是因爲當時朝鮮普遍没有了復仇雪恥的觀念，也是由於肅宗時期白熱化的黨爭。

無論大報壇、萬東廟還是朝宗岩，其實構成了一個禮儀空間，實現歷史記憶和文化遺産的政治化。但若細究這三個禮儀空間誕生的歷史語境和政治生態，我們就可更理解它們所傳遞的真正信息。

首先，朝鮮修建它們的初衷是回應"使之不忘之道"，即防止人們忘記明朝之恩、丙子之恥、明朝之亡，而大臣對修建大報壇充滿爭論，恰恰證明了當時朝鮮人大多淡忘了復仇雪恥，不屑於朝鮮與明朝的君臣名分，或對祭祀明帝有着很深的分歧，思明情緒並非一個普遍觀念。

其次，從肅宗到英祖時期，朝鮮黨爭日益白熱化，可以左右國王及世子的生死，國王只能通過"換局""蕩平"來平衡黨爭，而王權主導的大報壇祭祀逐漸完善，在君臣名分和尊周大

---

① 〔韓〕許泰玖：《조선후기 중화론과 역사인식》，第 113—133、194—214 頁。

② 《朝鮮肅宗實録》卷二，肅宗元年一月己巳。

③ 《朝鮮肅宗實録》卷二，肅宗元年一月庚午。

④ 《朝鮮肅宗實録》卷三九，肅宗三十年一月庚戌。

⑤ 《朝鮮肅宗實録》卷三九，肅宗三十年一月庚戌。

⑥ 孫衛國：《大明旗號與小中華意識：朝鮮王朝尊周思明問題研究（1637—1800）》，第 122 頁。

義的旗幟下，它的象徵和功能已經從紀念明朝的"神聖事物"轉化爲對王室威嚴的"神聖叙事"了，王權需要借助祭祀大報壇這一神聖儀式來證明其神聖來源。由此，朝鮮王權和"小中華"都在祭祀大報壇的儀式中被神聖化了，政治秩序也在政治表演中被强化了。

再次，與王室營造的大報壇不同，朝宗岩、萬東廟是在宋時烈支持下修建的，代表了儒林尤其是以宋時烈爲首的老論派的觀念，大報壇其實是國王在與士林争奪尊周道德話語權的工具，①它的背後充滿了黨争色彩和王權意志。自大報壇建立後，英祖親祭的次數遠遠超過其他國王，大報壇已不僅是感恩、思念明朝的象徵，更是英祖强調君臣大義、鞏固王權秩序的渠道。英祖十一年（1735 年，雍正十三年），左議政徐命均"以日寒請寢皇壇親祭"，英祖直白答道：

> 予欲行臣禮於皇壇，使諸臣知君臣之義耳。②

當初朝鮮有報仇雪恥、恢復中原之想法，除了基於"小中華"思想中的君臣大義外，還源於一種似是而非的歷史觀念，即"胡無百年之運"。在此影響下，朝鮮無疑戴上了有色眼鏡，燕行使所帶來的各種情報都被解讀爲，也必須被解讀爲亡國之兆，自然而然也影響了燕行使赴華期間的書寫態度和觀察視角。根據康熙帝指示，穆克登勘定兩國邊界時對朝鮮多有退讓，③朝鮮君臣議論爲何清朝如此優禮，朝鮮大臣一廂情願地認爲清朝也在擔憂"胡無百年之運"，爲"早晚敗歸"寧古塔做準備，④由於這種深深的現實憂慮，"如何應對清朝崩潰之日所帶來的危機，相當長的時期内，成爲朝鮮人普遍關注的問題"。⑤英祖六年（1730 年，雍正八年），英祖反思"我國雖有雪恥之心，唇亡則齒豈不寒乎？清皇每顧護我國，我國玩愒以度矣"，清朝安定，朝鮮"如在無事之時，脱有北憂南警，將奈之何？"⑥乾隆中期，清朝入關早已過了百年，非但没有衰亡，反而更加强盛，"胡無百年之運"徹底破産，對此，英祖感歎"今則二甲已過，黃河不復清，予終爲不忠不孝之人矣"，"河清消息無望矣"，⑦説明他已徹底認清了清朝强大的現實，放棄了復仇雪恥的幻想。

其實，英正時期的士人已普遍忘記與明朝的君臣大義。當時有大臣問黃景源，祭祀崇禎這等典禮爲何不詢問衆人？黃景源的回答恰恰證明了思明在朝鮮政界也已是一個非主流的觀念："今諸公朝服搢笏，而立於殿陛之上，其心不忘明室者，蓋寡矣。景源何敢以大義詢於

---

① 參見〔韓〕桂勝範：《被停止的時間：朝鮮的大報壇與近代的門檻》，首爾：西江大學校出版部，2011 年。
② 《朝鮮英祖實録》卷四〇，英祖十一年三月辛未。
③ 李花子：《清代中朝邊界史探研——結合實地踏查的研究》，廣州：中山大學出版社，2019 年。
④ 《承政院日記》，肅宗三十八年二月二十七日庚辰，第 466 册第 120—121 頁。
⑤ 孫衛國：《朝鮮王朝對清觀之演變及其根源》，《廊坊師範學院學報（社會科學版）》2017 年第 3 期。
⑥ 《朝鮮英祖實録》卷二八，英祖六年十一月壬午。
⑦ 《朝鮮英祖實録》卷九一，英祖三十四年二月戊辰；《朝鮮英祖實録》卷一〇一，英祖三十九年四月己亥。

衆乎？雖詢之,孰能感服而稱善乎？"①安錫儆也指出,當時朝鮮流行一種"言者非一人,流傳非一時"的"邪論",這種"邪論"大致認爲明朝是朝鮮舊君,清朝是朝鮮新君,大明苛刻,清帝寬大,大明救朝鮮也是救自己。②

由此可見,朝鮮自肅宗以後的尊周大義和思明情感基本上是由王室和以宋時烈爲領袖的老論派儒者在提倡,"上焉而皇壇崇其報,下焉而華陽闡其義",③而兩者之間又有着話語權之間的競争。士林越淡忘尊周思明,王室及老論派就越通過各種舉措强調尊周思明和君臣父子倫理。姜智恩説："清朝的天下越是安穩堅固,朝鮮儒者就越發以朱子學'道統論'爲根據,並以繼承中華道統自任。"④而以中華道統自任的意識越强,王權可以證明其在義理和權力上的正當性,老論派則越可以堅定其在朝中的執政名分及推行改革的合理性。

丙子之役後,朝鮮無論在王權威嚴、政治理念還是社會結構上都受到巨大衝擊,如何看待明清兩個王朝,不僅關係到朝鮮的外交問題,還關係到今後國家要選擇一種怎樣的執政理念和道路方向,是全面擁抱大清,退出中華世界,還是維持君臣名分,保持禮法權威？對朝鮮來説,兩者都需要,因爲這是兩個層面的問題,可以並行不悖。如何解決這矛盾？爲此,朝鮮製造了兩個劇本,一個是"公開劇本",一個是"潛隱劇本"。⑤從内外層面來看,一個是以忠心事大爲主題、以清廷爲觀衆的公開劇本,一個是以尊周思明爲主題、以臣民爲觀衆的潛隱劇本。這決定了"小中華"中的某些内容趨向於儀式化,而一旦變成儀式,就必然滲入權力邏輯和政治利益,自然即會産生支配層的公開劇本和潛隱劇本,打着大義旗幟來維護政治權威和集團利益,也會産生被支配層的公開劇本和潛隱劇本,面上配合表演思明大戲,實質上早已不屑一顧,貌合神離。

四、朝鮮北學派對"小中華"思想的診斷與審視

朝鮮在經歷天崩地坼的明清易代後,對如何稱呼中國的問題異常敏感。不少學者注意到朝鮮後期對清朝充滿了各種鄙視,特別是二十多年來,隨着學界對"燕行録"文獻的廣泛開發,碎片化的研究更固化了人們對朝鮮使臣普遍蔑視清朝的印象。但是,朝鮮使臣的寫作在文本生成機制上存在幾個問題：首先,受"胡無百年之運"觀念的影響,鄙視、詛咒清朝已成爲表達"政治正確"的方式,尤其是使臣的報告須呈遞給政府和國王閲讀,不可避免受制

---

① 黄景源：《江漢集》卷六《答尹副學書》,首爾：梨花女子大學校韓國文化研究院,2015年,第120頁。
② 安錫儆：《雲橋集》遺集《擬大庭對策》,《影印標點韓國文集叢刊》,首爾：民族文化推進會,1999年,第233册第571頁。
③ 成大中：《青城集》卷七《明隱記》,《影印標點韓國文集叢刊》,首爾：民族文化推進會,2000年,第248册第477頁。
④ 〔韓〕姜智恩著,蔣薰誼譯：《被誤讀的儒學史：國家存亡關頭的思想,十七世紀朝鮮儒學新論》,臺北：聯經出版公司,2020年,第46頁。
⑤ 關於公開劇本、潛隱劇本,參見〔美〕詹姆斯·C.斯科特著,王佳鵬譯：《支配與抵抗藝術：潛隱劇本》,南京：南京大學出版社,2021年。

於"權力的毛細管作用",存在寫作的"自我壓抑"現象;^①其次,燕行文本存在不少陳陳相因的寫作方式,即形成了一種寫作套路或範本,互相抄襲現象和同質化寫作色彩比較嚴重,甚至還有不少造假和篡改現象;^②再次,使臣所鄙視的一些現象,其實大多是一種迥異於本國的日常感官體驗,如嗅覺上的腥膻,視覺上的辮髮、衣冠、儀式,聽覺上的滿語,充其量是一種異域體驗,並不能直接等同於朝鮮對清朝的政治心態。

朝鮮文人朴趾源曾比較明朝和清朝的本質區別,明朝乃"上國",清朝乃"大國":"何爲上國?曰中華也,吾先王列朝之所受命也……我力屈而服彼,則大國也。大國能以力而屈之,非吾所初受命之天子也。"^③這段話常被人解讀爲華夷之別,但從根源上説是倫理之分,也就是説,"上國"與"大國"之間的區別在於是否"受命",即明朝乃最初給予朝鮮生命的君父,而清朝不是。上下之分,乃君臣之分,而大小之分,乃國力之別。按照這個邏輯,朴趾源的另一番議論則順理成章:

> 皇明,中華也,吾初受命之上國也。……清人入主中國,而先王之制度變而爲胡。環東土數千里畫江而爲國,獨守先王之制度,是明明室猶存於鴨水以東也。^④

所謂"明室猶存",從表面上看是因爲華夷變遷,但從本質上來説應是宗法秩序和倫理體系下明朝皇室與朝鮮王室結成的君臣父子名分和宗藩關係,君父不在,朝鮮作爲藩王角色即明朝宗支,自然有資格認定"明室猶存"。

朴趾源仍延續了以往朝鮮儒者或大臣關於清朝角色的基本定位和政治底綫,但他作爲"北學派"領袖,認爲應該認清兩個事實:一、春秋大義,有攘有尊,有夷有夏,不可只强調攘夷,而忘了尊周,"若不能分別夷夏,有攘而無尊,則惡在其能春秋也";^⑤二、現實中的清朝與歷史上的中華是有區分的,不能對清朝完全鄙夷,因爲現實中的清朝畢竟保留了歷史上的中華,也就是有周的遺留,即"中華之遺法""固有之良法美制",^⑥更何況朝鮮自身風俗也並不完善。因此他認爲不可對清朝一概而論,主張"故今之人誠欲攘夷也,莫如盡學中華之遺法,先變我俗之椎魯"。^⑦要之,朴趾源"北學中國"的主張,落脚點仍是改革風俗及富國自强。

這意味着,即使朝鮮後期的不少儒者認爲"周禮在魯""道統在東",以"小中華"自居,但仍然清醒地認識到朝鮮並非純然華制,國力也較弱小,在改革自强方面仍有很大空間,於

---

① 王汎森:《權力的毛細管作用:清代的思想、學術與心態》,臺北:聯經出版事業公司,2013 年,第 393—500 頁。

② 漆永祥:《論"燕行録"創作編纂過程與史料真僞諸問題》,《歷史文獻研究·總第 43 輯》,揚州:廣陵書社,2019 年。漆永祥:《燕行録千種解題》,北京:北京大學出版社,2021 年,第 105—110 頁。

③ 朴趾源:《燕巖集》卷一三《熱河日記 行在雜録》,《影印標點韓國文集叢刊》,首爾:民族文化推進會,2000 年,第 252 册第 242 頁。

④ 朴趾源:《燕巖集》卷一一《熱河日記 渡江録》,《影印標點韓國文集叢刊》,第 252 册第 146 頁。

⑤ 朴趾源:《燕巖集》卷一七《課農小抄 諸穀名品》,《影印標點韓國文集叢刊》,第 252 册第 395—396 頁。

⑥ 朴趾源:《燕巖集》卷二《答李仲存書》,《影印標點韓國文集叢刊》,第 252 册第 45 頁。

⑦ 朴趾源:《燕巖集》卷一二《熱河日記 馹汛隨筆》,《影印標點韓國文集叢刊》,第 252 册第 177 頁。

是産生了不同的實現路徑。以宋時烈爲首的早期老論派將朱子學原教旨主義化，"非禮勿動"，堅持以嚴格的中華標準改革朝鮮禮俗，直到成爲真正的"小中華"。但以朴趾源、朴齊家爲代表的北學論者則將目光投向現實清朝，在老論派强大的政治輿論壓力下靈活地轉換話語表達，既指出清朝與中華的區分與聯繫，又將清朝可取之法稱之爲"中華之遺法""固有之良法美制"，以化解北學理論的政治立場問題。有學者指出，朝鮮四色黨争中，以李瀷爲代表的南人派、以柳壽垣等爲代表的少論派、長期執政的老論派共同影響了後來"北學派"的主張。①然而，學界往往關注"北學派"思想的内容及其影響，却不大重視"北學派"對朝鮮士人對華心理的診斷及對"小中華"思想的凝視。

第一，在資訊來源和情報分析上，朝鮮使臣的判斷多誇大其詞，不明根由。針對以往士人誇大清人不學朱子、道統獨在朝鮮的言論，朴趾源認爲清朝士人駁朱是發泄對清帝"陽尊而爲馭世之資"統治之術的怨氣，"故時借一二集注之誤，以泄百年煩寃之氣"，而朝鮮士人"不識此意，乍接中州之士，其草草立談，微涉朱子則瞠然駭聽，輒斥以象山之徒。歸語國人曰'中原陸學大盛，邪説不熄'，聽之者又不究本末"。他指出朝鮮士大夫"白地春秋，空談尊攘"，難道清朝文人没有此心嗎？但搜集情報的朝鮮譯官"樂其誕而自愚"，而朝鮮三使在京期間久處深館，聽到譯官談起一些清朝荒誕之事，"掀髯拊簒曰'胡無百年之運'，慨然有中流擊檝之想，其虚妄甚矣"。②

朴趾源尖鋭地指出，朝鮮使臣有"五妄"，即五種非禮或虚妄之處，而與之相對應的是，清朝"中州之士"有"三難"，即可貴之處：博涉經史，酬答如響；寬雅嫻禮，不失大國之體；畏法慎官，制度如一。而朝鮮使臣遇到清人，由於"未嫻辭令"，净挑敏感而忌諱的話題詢問，"或急於質難，徑談當世；或自誇衣冠，觀其愧服；或直問思漢，使人臆塞"。其實即使如洪大容這樣的北學人士，也不能免俗，他也故意觸及清人的禁忌話題，沾沾自喜地説朝鮮人"惟保存頭髮，爲大快樂"。當時潘庭筠和洪大容有一個關於朝鮮人爲何不穿錦衣的問答，對此，李德懋一針見血指出："東國非尚儉，全系貧耳。"③

第二，在文化心理和對華心態上，朝鮮士人多沾沾自喜，立場先行，思想僵化。洪大容在與杭州三士交流後，認爲此三人雖"斷髮胡服與滿洲無别"，但畢竟是"中華故家之裔"，且"傾心輸腸，呼兄稱弟"，反觀朝鮮人"雖闊袖大冠沾沾然自喜"，但仍是"海上之夷人"。④因此，他認爲"我東之慕效中國，忘其爲夷也久矣"，批評朝鮮士人"沾沾自喜，局於小知者。驟聞此等語，類多怫然包羞，不欲以甘心焉"，同時也批評朝鮮非但不能同情"神州厄運"，反而落井下石以中華自居，"欲乘虚正位，隱然以中華自居"。⑤朴齊家指出攘夷心態的影響下，"今

① 申佳霖：《18世紀前半朝鮮王朝的黨争格局與"北學中國"由緒》，《史林》2022年第1期。
② 朴趾源：《燕岩集》卷一四《熱河日記　口外異聞》，《影印標點韓國文集叢刊》，第252册第259、297頁。
③ 李德懋：《青莊館全書》卷六三《天涯知己書》，《影印標點韓國文集叢刊》，首爾：民族文化推進會，2000年，第259册第131—132頁。
④ 洪大容：《湛軒書》外集卷三《杭傳尺牘　乾净録後語》，《影印標點韓國文集叢刊》，第248册174頁。
⑤ 洪大容：《湛軒書》内集卷三《又答直齋書》，《影印標點韓國文集叢刊》，第248册第67頁。

人正以一胡字抹殺天下”，朝鮮士人刻意追求清朝負面消息，比如只要贊美清朝人物，“必怫然變色”，但若批評清朝亂象，“必大喜，傳說之不暇”。[①]

質言之，北學論對朝鮮對華觀的診斷和審視，一方面揭示了以往朝鮮對清朝的認識受制於狹窄的信息渠道及狹隘的文化心理，充滿着故意隱瞞或政治曲解，破除了朝鮮士人以中華自居的虛榮心，反映出當時朝鮮政治輿論的激烈鬥爭，另一方面也透露出有着更大國際視野的北學派，焦慮於朝鮮的故步自封，其思想主張的核心仍是以改革來達到保國自強。從這一點上來説，北學論談不上是對以往“小中華”思想的“反叛”，而是繼承了“事大尊周”的思想，在北學派對“尊攘”“夷夏”作了區分處理後，兩者並行不悖。更重要的是，這一定程度上迎合了朝鮮王權在“蕩平”政治上的思想需求，正祖感念清朝厚待，認爲“此與尊周大義元不相悖矣”，[②]這與北學思想其揆一也。

五、近代東亞變局與朝鮮“小中華”思想的攘夷轉向

朝鮮後期對中國的看法存在很大的張力和彈性空間，很難用一個清晰的脈絡來勾勒其變化的歷程。如金永植所言，朝鮮王朝對中國的看法是認識世界、文化、價值和自己身份的基礎，但朝鮮後期士人對中國的看法，非常複雜且不斷變化，有些相互矛盾，有些也有摩擦。[③]朝鮮後期的對華認識不僅在縱向上有很大的變化，也在橫向上，即同一時代也充滿着各種爭論。

雖然朝鮮在十七世紀就接觸了西學書籍及五大洲圖，但畢竟比較零散，直到十八世紀，朝鮮使臣將大量在北京接觸到的西學書籍和五大洲圖如利瑪竇《坤輿萬國全圖》傳到國內，引發了不少儒者的强烈反應。一部分儒者被西學地圖、地球説等地理知識所震撼，對傳統的以中華世界爲中心的地理觀和“小中華”思想產生了衝擊。還有一部分儒者堅決批評這些西方地理知識，主要“是由隨着天主教的擴散對傳統的社會秩序有危機感的、具有保守傾向的學者們提出的”，[④]也就是説大部分學者基於儒教及與清朝的宗藩關係，仍然堅持着“小中華”思想。但是，這些西學知識無疑使朝鮮部分儒者認識到，天下之大，中國並非中央王朝，西學也自成體系，這一方面解構了中國中心論，消釋了過去狹隘的華夷觀念，更加務實地看待兩國關係，另一方面也刺激了朝鮮的危機意識，增強了與清朝之間的共同體觀念，日漸警惕天主教及西學倫理對儒教正統及政治秩序的挑戰。

正祖去世後，朝鮮因天主教的廣泛傳播及時派、僻派的鬥爭，發生了“辛酉邪獄”“黃嗣永帛書”事件，“蕩平政治”“北學”運動也至此進入尾聲，“勢道政治”正式登場，外戚嚴密控

---

① 朴齊家：《貞蕤閣文集》卷一《謾筆》，《影印標點韓國文集叢刊》，首爾：民族文化推進會，2001年，第 261 冊第 609 頁。
② 李祘：《弘齋全書》卷一七五《日得録》，《影印標點韓國文集叢刊》，首爾：民族文化推進會，2001年，第 267 冊第 418 頁。
③ 〔韓〕金永植：《중국과 조선, 그리고 중화：조선 후기 중국 인식의 전개와 중화 사상의 굴절》，第 469 頁。
④ 〔韓〕安姝英：《朝鮮後期西方世界地圖的傳入與影響》，《世界歷史評論》2021年第 4 期。

制住朝鮮王權，成爲十九世紀朝鮮政治的基本特點。在“勢道政治”下，朝鮮“小中華”思想一度回到原先嚴屬的華夷之辨，只不過此時的“夷”更多是指洋夷，“詎意極西方陰沴之氣，闖入小中華禮義之邦”，①“小中華”與“極西方”勢不兩立。朝鮮對清朝的態度已大大改觀，多以“中國”“天下”稱呼清朝，以“皇上”“皇帝”代替原來的“清主”“胡皇”。哲宗時期，清朝發生了太平天國起義和第二次鴉片戰爭，對此，朝鮮政府緊密關注相關態勢，内心希望清朝早日平定叛亂和解除外患。②

　　儘管朝鮮政府希望清朝平定太平天國起義，但對部分儒者來説，清朝始終是夷狄，太平天國起義使他們看到了另一種華夷秩序的“回歸”。以李恒老、金平默、柳重教、柳麟錫爲代表的“華西學派”，一面繼承宋時烈以來的君臣大義和華夷觀念，仍視清朝爲夷狄，期待義主必興，一面將矛頭指向西方列强和日本，以“衛正斥邪”“尊華攘夷”爲口號抵制天主教及開化思想。自詡繼承朱子和宋時烈道統的李恒老（1792—1868），認爲若太平天國恢復衣冠文物，最終驅逐清朝和洋夷奪得政權，朝鮮應像鄭夢周舍元服明般，奉太平天國爲正朔：“使斯人掃清夷狄，君長天下，則我國當用圃隱之義，背北胡而向真主可也。”③

　　當然，朝鮮最終發現太平天國不僅没有恢復衣冠文物，反而是儒教綱常倫理的破壞者。與此同時，朝鮮在第二次鴉片戰争期間不只關注戰争走向，也更關切萬一清朝和西方列强講和之後，西方倫理對“小中華”的衝擊，“以其蔑倫悖常之術，欲爲傳染於四海者也”。④高宗即位後，大院君執政，敵視天主教。1866年，朝鮮又興起規模最大的“丙寅邪獄”，發佈“斥邪綸音”，處死8000多名天主教徒及9名法國傳教士，聲稱朝鮮“媲侔中華，遂稱天下文明之國”，但“耶蘇之禍，有甚於楊、墨，則聖人之道亦幾乎泯矣”。⑤受此事件刺激，法國發動“丙寅洋擾”，出動軍艦攻陷江華島，大院君刻下“洋夷侵犯，非戰則和，主和賣國”十二字，李恒老也被起用，主要是因爲他的“衛正斥邪”思想有利於爲大院君的斥和攘夷政策造勢。“雲揚號事件”後，1876年，執政的朝鮮閔妃集團準備與日本談判，引起大批儒生的强烈反對。柳麟錫聯合地方儒生上“斥洋疏”，崔益鉉學習當年趙憲持斧上疏，認爲日本實爲“洋賊”，“倭洋一體”：“彼雖托倭，其實洋賊。和事一成，邪學傳授，遍滿一國……今倭之來者，服洋服，用洋炮，乘洋舶，此倭洋一體之明證也。”⑥但迫於威勢，朝鮮最終與日本簽訂《日朝修好條規》（《江華條約》），從此，朝鮮逐漸陷入日本步步蠶食、最終鯨吞的計劃中。

　　當時清朝也面臨着日本侵略和俄國南侵的危機，尤其是在日本吞併琉球後，李鴻章提出“以夷制夷”的設想，建議朝鮮向列强開放，但遭到朝鮮政府的拒絶。1880年，清朝駐日參贊

① 《朝鮮純祖實錄》卷三，純祖元年十二月甲子。
② 黃修志：《19世紀朝鮮哲宗時期的王權運作與對華關係》，《世界歷史》2022年第2期。
③ 李恒老：《華西先生文集》附錄卷三《金平默録三》，《影印標點韓國文集叢刊》，首爾：民族文化推進會，2003年，第305冊第383頁。
④ 《承政院日記》，哲宗十一年十二月初十日，第2635冊。
⑤ 《朝鮮高宗實錄》卷三，高宗三年八月己丑。
⑥ 《朝鮮高宗實錄》卷一三，高宗十三年一月乙卯。

黄遵憲將撰寫的《朝鮮策略》贈給朝鮮赴日修信使金宏集,其親中、結日、聯美、防俄的主張得到朝鮮執政集團的支持,但遭到政界和學界的反對。嶺南儒生李晚孫等萬人聯疏大加鞭撻,認爲俄國、美國、日本"同一夷虜,難置厚薄於其間"。[①]其實,比起國家存亡,"衛正斥邪"派更警惕的是西洋倫理,李恒老認爲"西洋亂道最可憂,天地間一脈陽氣在吾東……國之存亡,猶是第二事"。[②]

對"華西學派"來説,尊周意味着世界只有一個中心和標準,那就是中國,朝鮮只能成爲依賴中國的"小中華","蓋中國,世界之一大宗,天地之一中心也","惟中國有建皇極,爲大一統……中國得爲大一統,世界定於一"。[③]高宗在日本慫恿下建立大韓帝國時,柳麟錫堅決反對高宗稱帝,他認爲:朝鮮尊周思明已三百多年,皇帝只能是中原大陸的稱號,朝鮮雖是中華文化繼承者,但畢竟只是偏邦,只需要等待大陸有新的君主出現,而且,若真貿然稱帝,若大陸有新君主,將如何面對?[④]因此,他認爲未來中國與朝鮮要建立一個儒教式的東方世界,即"大中華"與"小中華"融爲宗法一家的"華東"世界,他創作了諸多以"華東吟"爲題的詩歌。[⑤]

1912 年,清帝退位,中華民國成立,這本是朝鮮後期不少儒者念兹在兹的願望,但朝鮮半島早在 1910 年已被日本吞併淪爲殖民地。流亡中國的柳麟錫、金澤榮、金鼎奎、申圭植、申采浩等爲抗日復國,也寄望於中華民國總統袁世凱的支持。柳麟錫一方面歡喜於"中華復明於天地之間","敝邦爲大中華之小中華,視中國如支族之於宗家","惟中國敝邦,素稱大小中華而有同休戚也",寄望於中國幫助其復國;另一方面也批評中華民國並没有成爲實質上的中華,因爲中華民國採用了西洋的共和政治,而未光復帝統、典章、衣冠,只是"以洋退清","國名中華而去其實","攘清而崇洋",[⑥]"夫清猶有存倫綱之名,猶有尊聖賢之貌,猶有凡事體例,近中華之形。今西洋,一切相反,比清又落萬層也,以洋退清,其得有如齊之伐燕乎?"[⑦]

歷史進入 20 世紀,王朝和王權都已崩塌,支撐朝鮮王朝五百年的"小中華"思想也不再是侯國象徵,轉而成爲蘊含着"義"的民族象徵,[⑧]繼續爲近現代朝鮮半島的民族主義思潮提供養分。

① 《朝鮮高宗實録》卷一八,高宗十八年二月戊午。
② 柳重教:《省齋集》卷四三《華西先生語録》,春川:翰林大學校泰東古典研究所,2015 年,第 402 頁。
③ 柳麟錫:《毅庵集》卷五一《宇宙問答》,《影印標點韓國文集叢刊》,首爾:民族文化推進會,2004 年,第 339 册第 353、393—394 頁。
④ 柳麟錫:《毅庵集》卷六《答崔勉庵》,《影印標點韓國文集叢刊》,首爾:民族文化推進會,2004 年,第 337、338 册第166、353 頁。
⑤ 柳麟錫:《毅庵集》卷三《華東吟》,《影印標點韓國文集叢刊》,第 337 册第 109—110 頁。
⑥ 柳麟錫:《毅庵集》卷一二《與中華國袁總統》,《影印標點韓國文集叢刊》,第 337 册第 327—328 頁。
⑦ 柳麟錫:《毅庵集》卷三三《散言》,《影印標點韓國文集叢刊》,第 338 册第 385 頁。
⑧ 〔韓〕裴祐晟:《조선과 중화: 조선이 꿈꾸고 상상한 세계와 문명》,第 545 頁。

結　語

朝鮮王朝"小中華"思想不只是一種深刻的思想心態，也是一種堅實的身份認同和政治文化，對近代以來朝鮮半島的民族認同産生了一定影響。一方面，身份認同在同一時代的内涵功能是複雜的。民族認同不只是一種意識形態或政治鬥争的形式，也提供了一個强大的"歷史與命運共同體"，重塑了集體信仰，使個體獲得新生與尊嚴，因此人們需要借助象徵符號、儀式和典禮的力量。[①]另一方面，身份認同在不同時代也不斷變化，若審視任何一個群體，"身份認同不斷發展變化，因爲時代的改變，以及對内部事態、宗教覺醒或是外部壓力的回應"。[②]職是之故，朝鮮後期的"小中華"思想也是在橫向和縱向上都有不同的呈現，並與朝鮮王朝的王權危機、政治調整糾纏在一起。

首先，作爲王朝的政治文化和身份認同，"小中華"思想有其複雜的静態構成。朝鮮後期看似多變的"小中華"思想直接繼承了朝鮮前期已然完備的"小中華"思想，包括君臣大義、字小事大、華夷之辨等政治倫理，也包括慕華尊周、事大尊周、交鄰備邊等内涵層次。朝鮮後期的對清態度，無論是"復仇雪恥""春秋大義"還是"尊周大義""尊周思明"，都是由朝鮮與明朝早就結成的君臣大義的政治倫理所決定，如何延續與明朝的名分問題，已經超越了一個具體的歷史問題，而是上昇爲治國理念和政治原則，直接關係國内儒教倫理和政治秩序的穩固。而且，在朝鮮後期，明朝不僅是一個歷史上的王朝，還昇華爲一種具備普遍文明價值的中華標準。

其次，作爲王權合法性的邏輯裝置，"小中華"思想又因内外時局變化而充滿動態運作。"小中華"思想的背後包含着皇權、王權、士權、夷權等互相鬥争的權力邏輯，其中，王權作爲核心角色，如何在其他三種權力的環伺中實現突圍並鞏固其政治權威，對"小中華"思想産生深刻影響。這決定了朝鮮王權集團在對外政策上繼續沿用傳統的現實主義策略，靈活調整"小中華"思想中各種静態要素，既可强調君臣大義，將"尊周思明"儀式化，修建大報壇，上演各種思明劇本，與士林争奪道德話語權，又可沿用"以小事大"的保國政策，借助清朝皇權打擊士林及周邊威脅，還可講求華夷之辨，宣稱"胡無百年之運"，消解背叛大明君父、稱臣"犬羊之輩"的恥辱，加强北部邊防以免清朝敗退時危害朝鮮。

再次，作爲改革自强的話語武器和輿論符號，"小中華"思想又在不同政治集團或儒學群體中顯現不同争論。雖然朝鮮後期貌似以"中華正統"自居，但並不意味着朝鮮真的要成爲一個政治上的中華，更多地是以中華爲標準推進現實的政治改革。無論是老論派還是少論派或是後來的北學論者，其"小中華"思想都有不同傾向，但共同的目的都是爲了改革自强。

---

① 〔英〕安東尼・D.史密斯，王娟譯：《民族認同》，南京：譯林出版社，2018 年，第 195、196 頁。
② 〔加〕瑪格麗特・麥克米倫著，孫唯瀚譯：《歷史的運用與濫用》，桂林：廣西師範大學出版社，2021 年，第 79 頁。

所謂的"中華正統"在儒林階層更多的是老論派宋時烈提倡的"朱子道統"或"中華道統",在王室階層是明朝作爲大宗和君父消失、朝鮮作爲小宗和藩王存留的宗法倫理,但兩者都會在話語符號上突出華夷之辨以加强現實感。簡言之,"中華正統"其實來源於宗法秩序、朱子道統、華夷之辨三個方面。

朝鮮後期"小中華"思想不僅在橫向上有衆聲喧嘩的爭論,在縱向上也有漫長複雜的變遷。第一階段,仁祖時期,以丙子之役爲起點,朝鮮被迫絶明服清,雖引發士林激烈爭論,但朝鮮的重心是保國,還不敢提雪恥,這也刺激了士林與王權的疏離,加劇了王權合法性危機。第二階段,孝宗時期,孝宗即位前後有明顯的雪恥觀念,經宋時烈的改造,"復仇雪恥"風頭正健,但王權與士林同床異夢,孝宗以北伐來鞏固名分,打擊親清派以伸張王權,而宋時烈的訴求更强調"修内",推進華化改革。第三階段,肅宗時期,雖有人提出趁"三藩之亂"聯合各方勢力北伐,但迅即被否定,此時正值明亡六十周年,肅宗在爭論中修建大報壇以抵禦朝鮮普遍忘記明朝的現象。第四階段,英正時期,"胡無百年之運"破産,王權徹底放棄了"復仇雪恥"的幻想,一面開展各種"尊周思明"的儀式繼續維護王權威嚴,實施"蕩平政治"平衡黨爭,一面與清朝展開深入交流,刺激了北學論者反思和診斷,學習清朝繼續改革自强。第五階段,十九世紀,在"勢道政治"的壓制和内亂、西方的衝擊下,王權日益依靠清朝皇權獲取保護,已産生了明顯的尊清觀念,隨着"洋擾"及日本侵略的加劇,"衛正斥邪"思潮高漲,標誌着朝鮮攘夷的對象已主要轉變爲"倭洋",即日本和西方,"倭禍亦洋禍也"。[①]"小中華"最終潛入到近代朝鮮半島民族認同中。

（黄修志,鲁东大学文学院教授）

---

① 柳麟錫:《毅庵集》卷三三《散言》,《影印標點韓國文集叢刊》,第 338 册第 377 頁。

從"書籍之路"[①]到文化之路
——基於《文獻》雜誌有關域外文獻選題發文的思考

張燕嬰

[摘　要]《文獻》雜誌最近十年間（2013—2022）發表的全部論文所使用文獻存藏地的數據統計顯示，中國古文獻的域外藏本，正在成爲文獻學領域的重要研究對象。漢字文化圈内的"書籍之路"和往來于非漢字文化圈的"書籍之路"，自古以來都持續存在，并對中外文化的交流互鑒與變革重塑起到重要作用。書籍應當被理解爲歷史中的一股力量，而文化對於解釋書籍（文獻）問題具有相當高的有效性。應倡導從重現"書籍之路"并接軌"文化之路"的視角來從事關於域外存藏中國古文獻的研究。掌握"書籍之路"這把鑰匙，纔能解開傳統中國文化影響於漢字文化圈乃至世界的秘密，并在全球化的背景下深度説明中國文化的意義。

[關鍵詞]《文獻》雜誌　域外文獻　書籍之路　文化之路

　　朝鮮英祖四十四年（1768）二月初一日，冬至兼謝恩副使吏曹判書李心源以六兩銀購得《堯山堂紀》（100卷）一書，參考他此行還以同樣的價格購得130卷的《史記評林》，[②]可知他對於蔣著的必得之心。明人蔣一葵的《堯山堂外紀》，萬曆三十四年（1606）刊成，至遲在八年後的朝鮮光海君六年（萬曆四十二年）就已經傳入朝鮮，並被該國多種類型的漢文著作頻繁引用，在政治、學術、文學等多個維度對朝鮮讀者的認知產生影響。[③]應該正是該書當年的傳入以及被朝鮮著作反復稱引，激發了李心源濃厚的購書興趣。

　　這是一個比較有趣的中國文獻影響於域外文獻，而域外讀者又回到原文獻的生產國搜尋，延續這種影響的例子。其中既涉及"書籍之路"——《堯山堂外紀》因李心源的購買行爲流入朝鮮，亦有"文化之路"[④]若隱若現的存在。且相較於中國文獻在域内的流轉，跨越國境的傳播帶來更多文化交融的可能性；是以"書籍之路"與"文化之路"的研究視角，更適用於"域外文獻"的領域。

---

① "書籍之路"的提法，就筆者有限的閱讀而言，得自於王勇教授[《"絲綢之路"與"書籍之路"——試論東亞文化交流的獨特模式》，《浙江大學學報（人文社會科學版）》2003年第5期，第5—12頁。又王勇等：《中日"書籍之路"研究》，北京：北京圖書館出版社，2003年]。不過深究王勇教授文或書中的研究對象，實則並不局限於"書籍"（或曰書本）本身，而是内涵更爲豐富的"文獻"一詞的代稱。因此在下面的行文中，"書籍"和"文獻"兩詞會同時使用，而不做精細化的區分。

② 漆永祥：《燕行録千種解題》，北京：北京大學出版社，2021年，第847頁。

③ 王國彪：《〈堯山堂外紀〉在朝鮮的傳播與影響》，《文獻》2013年第4期。

④ 王國彪稱此書在朝鮮的傳播，"是當時中朝兩國文化交流繁榮局面的一個縮影"（《〈堯山堂外紀〉在朝鮮的傳播與影響》，《文獻》2013年第4期，第121頁）。

一、《文獻》雜誌十年來的相關發文統計

"一時代之學術,必有其新材料與新問題。"[①]追蹤本世紀以來文獻學研究的狀況,"域外漢籍"作爲一類"新材料"的價值清晰可見。[②]這一點,以《文獻》雜誌的發文情況[③]同樣可以獲得直觀的瞭解。

先對《文獻》雜誌最近十年所刊發的有關域外文獻研究論文作一簡單統計:

年份	篇數	欄目歸屬	文獻藏地(國家)	文章内容涉及的國家(地區或種族)
2013	20	出土文獻(金石、敦煌、黑水城)、文史新論、海外遺珍(含少數民族文獻)、藏書史、中外文化交流、目錄學、書札整理研究	俄羅斯、日本、英國、美國	越南、朝鮮、日本、美國
2014	19	出土文獻(漢簡、敦煌、吐魯番)、域外漢籍、中外文化交流、版本研究	日本、美國、越南、俄羅斯、朝鮮	
2015	13	出土文獻(敦煌、吐魯番)、海外漢籍、版本研究、稿抄本研究、名人書札	日本、荷蘭、法國	日本
2016	12	文史新探、海外遺珍、中外文化交流、藏書史	日本、美國、朝鮮	日本
2017	14	書札、題跋、藏書史、域外漢籍、中外文化交流、文史新探、四庫學	日本、加拿大、俄羅斯、美國、英國	歐洲
2018	12	書札、文史新探、版本研究、域外漢籍與中外交流	日本、英國	朝鮮、越南、琉球
2019	10	域外漢籍、出土文獻(敦煌)、藏書史、出版史	日本、韓國、德國	
2020	19	書籍與檔案、石刻文獻、少數民族文獻研究、域外漢籍	俄羅斯、美國、日本、英國、德國	粟特人、日本、歐洲
2021	14	出土文獻(甲骨、敦煌、吐魯番)、寫本文獻(書法類、日記、信札)、文學文獻研究、中外文化交流	加拿大、日本、英國、俄羅斯、韓國	日本、法國、歐洲、緬甸
2022	20	寫本文獻研究、四庫學、圖像文獻研究、目錄研究、少數民族文獻研究、《永樂大典》研究	日本、美國、俄羅斯、英國	日本、俄羅斯

表中的統計數據僅包括從篇名(和摘要[④])就可以看出使用的是典藏在域外的中國古文獻,而在研究中運用了域外藏本的還不在其中。即便如此,合計數已達到 153 篇,占最近十年發文總量的 15% 略多。

從使用的文獻類型來看,包括出土文獻類(甲骨、金石、竹簡、敦煌、吐魯番、黑水城),寫本文獻類(日記、信札、題跋、筆談、稿抄本、書法作品),檔案,圖像文獻。從研究方向看,分屬

---

① 陳寅恪:《陳垣〈敦煌劫餘錄〉序》,《陳寅恪文集之三·金明館叢稿二編》,上海:上海古籍出版社,1980 年,第 236 頁。
② "新材料"受重視的程度,可從近年來創辦的刊物(含集刊)獲知。如出土文獻類有《出土文獻》《出土文獻研究》《出土文獻綜合研究集刊》《出土文獻與古文字研究》等,域外漢籍則有《域外漢籍研究集刊》。
③ 筆者供職於《文獻》雜誌,對該刊的情況略熟於他刊,故選作觀察之樣本。
④ 《文獻》雜誌發文自 2015 年起有内容摘要,故早於此年發表的文章,僅據文章題名做判斷。

目錄學、版本學、出版史、藏書史、閱讀史、文化交流史。從學科分佈看,涉文學、歷史、少數民族語言、科技史。從中國文獻的語種看,有漢文、藏文、西夏文、東巴文、回鶻文等。如將"中學西書"①也包括在內的話,則還有拉丁文、法文、葡萄牙文、西班牙文、德文、荷蘭文、英文、俄文等多種"西方語言中國史料"。②從所使用文獻的收藏國(或涉及的國家)來看,包括日本、韓國、越南、緬甸、俄羅斯、英國、法國、德國、荷蘭、美國、加拿大等。

以上情況説明,隨着我國開放程度的不斷擴大,中國古文獻的域外藏本,正在成爲文獻學領域重要的研究對象。所有可運用國內藏本研究的文獻問題,同樣可引入並正在引入域外藏本予以展開。在"文獻"利用的壁壘被慢慢打開的同時,不同歷史時期中國書籍不斷"走出去"的路徑也變得更加清晰。不同國家的古人如何以具體的中國書籍爲節點建立起對中國的認知,如何將他們各自的文化與中國文化相對比或連接,進而提出他們的思考與判斷,這些歷史事實也變得可以觸及。

二、漢字文化圈内的"書籍之路"

在相當長的歷史時期裏,在主要以漢字爲書面表達與溝通工具的人群中(如中、日、朝、越、琉球等)生産與傳播的書籍,既是塑造中華文化的重要手段,也促成東亞文化圈的形成。這些漢籍,既包括在中國産生與生産的,也包括中國書籍流入各國後在當地"再生産"的,還包括中國以外各國人士用漢字創作的。③由於共同使用漢字,這些書籍使得不同國家間人群之"知識"分享成爲可能,並進而實現文化的交流。

《文獻》發表的文章中,使用了(我國以外的)漢字文化圈内國家存藏之中國古文獻的,最早當數西漢竹簡《論語》,出土於朝鮮平壤市樂浪區貞柏洞364號墓,總數有120枚左右。④由於墓中同時發現有幾件西漢元帝初元四年(公元前45)的户籍木牘,可大體推知該墓的建造時間。⑤由此看來,至晚在西漢時期,我國通往朝鮮半島的"書籍之路"就已在發揮作用。目前已知竹簡本《論語》有一定規模的存本,除了平壤本⑥之外,僅河北定州中山王墓和江西

---

① 張西平:《西文之中國文獻學初議》,《文獻》2014年第2期。
② 金國平、吳志良:《過十字門》之23《構建"西方語言中國史料學"之初議》,澳門:澳門成人教育學會出版,2004年,第282—284頁。
③ 詳參張伯偉:《導言:域外漢籍研究——一個嶄新的學術領域》,《東亞漢籍研究論集》,臺北:臺灣大學出版中心,2007年,第2頁。
④ 單承彬:《平壤出土西漢〈論語〉竹簡校勘記》,《文獻》2014年第4期,第33頁。
⑤ 從墓葬時間來看,該地區正屬於漢武帝開疆拓土後設置的樂浪郡管轄,則有相關文獻的出土,雖屬極珍稀的發現,倒也在情理之中。
⑥ 筆者所見研究該本的文章中最早的是李成市、尹龍九、金慶浩的《平壤貞柏洞364號墓出土竹簡〈論語〉》(《出土文獻研究》第10輯,北京:中華書局,2011年,第174—206頁)。該文末尾還提及"在韓國東南部的金海和中西部的仁川地區出土的有關《論語》的木簡"。可知《論語》簡在朝鮮半島已有多宗發現。

南昌海昏侯墓有出土,①更可見這條 "書籍之路" 意義之重大。有意思的是,日本文獻明確記録下書名的最早一批東傳漢籍,在識字類書籍之外,同樣有《論語》,走的也正是 "百濟國" 的這條路。②朝鮮半島的考古發現與日本古籍,以 "二重證據" 的方式佐證着這條跨山越海的 "書籍之路" 亘古存在。

出土資料顯示,日本人至晚在五世紀已經具有運用漢字的能力。③七世紀以來,以走海路爲主的遣隋使、遣唐使(僧)成爲日本從中國不斷輸入 "文籍" 或 "書籍" 的主力,④隨之形成了中日之間新的 "書籍之路"。成書於891年的《日本國見在書目録》著録的中國文獻總量,約相當於《隋書·經籍志》《舊唐書·經籍志》的一半,⑤可知當時的日本對於中國文獻的渴求與積極獲取(特別是如果考慮到該書目編於冷然院被焚之後)。這其中有大量的漢籍古寫本(及再抄本),至今仍在日本存藏,⑥是探究中國早期文獻狀態的必要憑藉。⑦雖然收藏於世界各地的敦煌、吐魯番出土古寫本也是呈現中文古籍早期面貌的研究材料,不過那些日藏古寫本上仍有可能携帶着它們在日本國特有的傳習痕迹,⑧這些都可能是揭開中日文化之分殊的綫索。

進入印本時代後,伴隨着更加先進的出版技術的傳播,漢籍在域外得到更爲有效的廣播。朝鮮半島生産的高麗本(如著名的朝鮮活字本)、日本翻刻的和刻本(比如著名的 "五山版" 甚至是由元末躲避戰亂的入日中國刻字工匠所刊刻)、越南刻印的安南本等,都加入到漢籍流播的行列,成爲重要的輔助力量。中國古籍由此獲得了更多的 "傳世" 機會與 "存世" 樣本。而中國古文獻向漢字文化圈内其他國家的流佈,也爲所在國提供了 "漢文化" 的滋養,進而激發新的文化創造,誕生出新的 "域外漢籍" 品種: 即域外人士的漢字著作。

在漢文化圈内,從書籍成品的傳播,到書籍出版方式的影響,再到中國以外的國家出現 "在地化" 的漢籍創作,其實質都是中國文化的物質化呈現,以及其他漢文化圈國家對於中國文化的吸收借鑒與改進拓展。

漢文字圈内其他國家所藏中國文獻的價值,自十世紀以來即已被國人認識到,從而出現

---

① 此外,安徽大學藏戰國簡中的《仲尼曰》也有可能是《論語》(有 8 條)的早期文本。王家咀戰國楚墓中也有擬題爲《孔子曰》的竹簡,部分内容可與今本《論語》對讀。

② 據《古事記》卷中的記載,是在四、五世紀之交的 "應神天皇" 時期。

③ 如埼玉縣行田市的稻荷山古墳出土鐵劍、熊本縣將田船山古墳出土台刀、和歌山縣橋本市隅田八梵宮出土青銅鏡上均有漢字銘文,時代均在五世紀。高倉洋彰則認爲三世紀時的彌生文化時期已有漢字(〔日〕高倉洋彰:《弥生人と漢字》,《考古学ジャーナル》第 440 卷,1999 年 1 月)。

④ 見〔後晉〕劉昫等:《舊唐書》卷一九九上《東夷列傳·日本》,北京: 中華書局,1975 年。

⑤ 孫猛:《日本國見在書目録詳考》"前言",上海:上海古籍出版社,2015 年,第 1、7 頁。

⑥ 阿部隆一編的《本邦現存漢籍古寫本類所在略目録》是查詢相關信息的重要工具書。

⑦ 張宗品:《裴注八十卷集解本〈史記〉篇目考——基於古寫本文獻的研究》,《文獻》2022 年第 3 期。

⑧ 高薇:《日藏白文無注古鈔〈文選〉研究的回顧與思考》,《文獻》2018 年第 4 期。

回流之勢。[①]清中期以來,隨着日藏珍貴漢籍陸續歸來,域外中國古文獻又成爲反哺母體的源源營養,在衆多學術領域展露身手。及至近現代,日本不斷崛起,更因"同文"的便利,成爲中國"看向世界"的窗口,甚至我國的"新文化運動"中也有不可忽視的日本要素。[②]

簡而言之,從中國古文獻在漢字文化圈內的"環流"情況來看,作爲精神資源的書籍,在傳播過程中所生成的意義,具有多種可能性。書籍(以及蘊含其中的知識)所具有的培育、激發、催生之功,使之具備"流通"的價值,並在所到之處焕發新的生機,産生不可估量的影響。

三、往來於非漢字文化圈的"書籍之路"

在我國歷史上,與漢文古文獻向外輸出同步,存在着一條向內輸入的"書籍之路"。首先就是隨佛教傳入我國的佛經,經過自漢至唐大規模的取經譯經活動,逐漸中國化,加入漢文書籍行列,成爲蔚爲大宗的"漢文藏經"(或"釋家類"書籍),對歷史上的中國之政治、文化、觀念、民情等均産生過巨大的影響,且已成功內化爲中國文化的一部分。其次有在我國西北地方出土的西來語種(如梵文、粟特文、突厥文、希伯來文、阿拉伯語、叙利亞語等)古文獻,反映出我國(特別是西北地方)自古以來就存在中西方文化匯聚交融的事實。有學者曾將15世紀前西域文獻所見的20餘種語言按漢藏語系、印歐語系、阿爾泰語系、閃–含語系加以分類羅列,並特別舉出雙語文獻24類,説明"幾乎所有西域的語言都與漢語發生過接觸"。這些接觸重塑了漢語,也使語言數量逐漸減少(即部分語言走向消亡)。[③]由此亦可見漢文化的生命力與影響力。復次則有明末清初以來近三百年間西方入華傳教士帶來的西文古文獻,以神學、傳記、教會史、歷史著作居多,亦有天文學、數學、力學、機械學等科學著作。它們是傳教士在華傳播西方思想文化(以宗教爲主)和科學技術的知識基礎,[④]也在一定程度上對中國人的知識系統産生過影響。[⑤]這些西來書籍幾乎不曾間斷地爲中國帶來不一樣的知識圖景,也使中國文化在適應、調整與重塑中不斷生長。

而通往非漢字文化圈的"書籍之路",既缺乏"同文"的便利,又存在路途更爲遥遠的障礙,難免起始時間略晚且延續性稍遜。比如,英藏、法藏、俄藏中國古文獻的大宗,是上世紀初纔出現在學術視野的敦煌、吐魯番、黑水城出土文獻。而這些文獻去往今收藏國家的歷程,

---

① 早期的文獻回流如楊億《談苑》記載吳越國錢氏花重金從日本抄回天台教籍(〔宋〕楊億口述,黃鑑筆錄,宋庠整理:《楊文公談苑》,上海:上海古籍出版社,1993年,第9頁),王勇對此事始末做過詳細的考察(《吳越國海外求書緣起考》,王勇等:《中日"書籍之路"研究》,第146—171頁)。又如宋代有多種《孝經》文獻(包括《孝經鄭氏注》)從高麗、日本傳歸(顧永新:《〈孝經鄭注〉回傳中國考》,《文獻》2004年第3期)。

② 劉嶽兵:《津田左右吉的論著及學術思想在中國的影響——以民國時期爲中心》,《文獻》2017年第2期。

③ 牛汝極:《西域語言接觸概説》,《中央民族大學學報(哲學社會科學版)》2000年第4期,第122—125頁。

④ 趙大瑩:《清中前期的東堂藏書》,《文獻》2020年第2期;柳若梅:《俄羅斯檔案館藏北堂西文書目考》,《文獻》2020年第2期。

⑤ 比如徐光啓、李天經等人主持編撰的《崇禎曆書》,是由在華耶穌會士和曆局官生共同參與完成的一部較爲全面的介紹西方數理天文學知識的著作(李亮:《日藏〈崇禎曆書〉抄本及其影響考論》,《文獻》2020年第5期,第144頁)。

則是中國歷史與文化中甚爲悲傷的一幕。與之類似的還有不少,如英國國家檔案館收藏的近代中文輿圖,係第二次鴉片戰爭期間英法聯軍所擄走的清代兩廣總督衙署官方文件;[①] 又如歐美圖書館或私人收藏的《永樂大典》,也都是八國聯軍攻陷北京時從翰林院劫走。[②] 這些中國古文獻,走的是完全不同於其在漢文化圈内的"書籍之路"。不過它們之被西方覬覦,或許仍是中華文化獨特魅力的另類注脚。

　　與在東亞文化圈内流播的漢籍自身便可向域外讀者帶去中國的知識不同,西方世界的讀者更多需要借助"晚明以後……來華的傳教士,做生意的西方各國東印度公司,駐華的外交官和漢學家"用各自母語所寫作的"研究中國的歷史文獻"或所翻譯的"中國古代的歷史典籍"來瞭解中國。[③] 這些被稱作"中學西書"的著作與書籍,是彼時西方認識中國的鑰匙,是今日治西方漢學的基礎,也是研究中國歷史的重要文獻。比如在 1655 年出版的衛匡國《中國新地圖集》中,作者已參考荷蘭人的實際地理測繪,對我國臺灣島的地理位置與島嶼形態作了較爲準確的描繪,並具體描述了該島的命名與風俗習慣等;[④] 這比準確描繪該島的中國地圖文獻的時間還要早。又比如聶仲遷在《韃靼統治下的中國歷史》以及《續編》中,對其所瞭解的順治、康熙朝政體結構和社會文化、風俗民情以及其所親歷的清初"欽天監曆獄"等的描述,都具有相當高的真實性。[⑤] 由於西方作者具有"跨文化(宗教)"的視角,他們的記述是輔助我們追究中國歷史真相的"異域之眼",也提醒我們對自身有所反思。這些著作[⑥]應該是更廣義的"中國古文獻"的組成部分,[⑦] 必得循着當年傳教士的脚步去追尋它們曾經走過的路。而這種跨文化的溝通能力與批評能力,正是繼承優秀傳統、超越客觀局限、實現偉大飛躍的助推力。

四、以"書籍之路"接軌"文化之路"

　　羅伯特·達恩頓提出,應當"把書籍理解爲歷史中的一股力量"。[⑧] 而書籍之所以能够成

---

① 賈富強、吳宏岐:《英藏近代中文輿圖注記標簽疑誤情況研究》,《文獻》2018 年第 6 期。

② 〔英〕何大偉(David Helliwell)撰,許海燕譯,〔德〕邵玉書(Joshua Seufert)、劉楠楠審校:《歐洲圖書館所藏〈永樂大典〉綜述》,《文獻》2016 年第 3 期。

③ 張西平:《西文之中國文獻學初議》,《文獻》2014 年第 2 期。

④ 楊雨蕾:《衛匡國〈中國新地圖集〉考論》,《文獻》2021 年第 6 期。

⑤ 解江紅:《耶穌會士聶仲遷及其〈韃靼統治下的中國歷史〉》,《文獻》2018 年第 4 期。

⑥ 上引張西平文稱"包括: 凡是由西方文字出版的關於中國的書籍、藏於西方檔案館尚未出版的關於中國的檔案、手稿、資料"。

⑦ "曾服務於明、清兩朝的西方傳教士或在各地傳教的普通教士以各種西方文字撰寫的數量不少的公私函件、傳教年報及專著,未能得到系統的發掘和利用。可以説,在檔案資料的利用上,西方學界與中國學界處於同一起跑線上。"(金國平、吳志良:《過十字門》之 23《構建"西方語言中國史料學"之初議》,第 283 頁)這些有關中國的史料,國人若不主動發現與研究,等待西方學者端出現成的來,恐不知其時日所在。

⑧ 〔美〕羅伯特·達恩頓著,葉桐、顧杭譯:《啓蒙運動的生意——〈百科全書〉出版史(1775—1800)》,北京: 生活·讀書·新知三聯書店,2005 年,第 2 頁。

爲“一股力量”，則與它承載的知識、傳遞的思想、代表的文化息息相關。

　　記得筆者剛工作不久曾經編輯過一篇叙録某少數民族若干史籍的文章，發現該民族文獻有大量描述民族遷徙路綫的内容。最初並不理解其中的緣由。後來受一位治民族史學者的點撥纔知曉，該民族的文化與“安土重遷”的農耕文化大爲迥異，是以造成其民族文獻具有那樣的内容特色。這説明，文化對於解釋文獻（書籍）問題的有效性。

　　因此關於域外存藏中國古文獻的研究，仍需要以下兩方面的努力：

　　一方面是依托目録學、版本學、校勘學、輯佚學等諸多文獻學研究的成果，來呈現文獻（書籍）生産、傳播過程中出現的種種歷史事實，即重現“書籍之路”：

　　由於文獻（書籍）是一切研究的基本材料，若文獻匱乏、史料短缺，則無法有效呈現歷史上異質文化間頻仍交流的盛況。因此相關文獻的目録[①]就是頂頂重要的入門工具。比如藉助前舉《日本國見在書目録》可以瞭解九世紀時已傳入日本的中國文獻，又比如江户時代抵達長崎的商船所載書籍的目録、賬簿等對於認識彼時兩國間書籍貿易的實況，[②]也是最直接的史料。這些目録或呈現特定藏品的面貌，[③]或顯示採選者的興趣所在。[④]它們的生成同樣體現歷史與文化的經緯。[⑤]

　　其次是基於版本溯源掌握文獻（書籍）跨國流動與再生産的關係。比如長澤規矩也曾以日本室町末期之前所刊行的漢籍，作爲調查當時漢籍輸入的有力綫索。[⑥]

　　而校勘學的成果或可幫助認識異質文化對於文本變動的影響，[⑦]從而知曉書籍曾以何處爲家。

　　輯佚的收穫則可再現最初創作的全貌與背後的動因，[⑧]幫助捕捉到那些同道（既有人也有書）的身影。僅以距今最近的清代而言，已有接近一半的清人詩文别集消失在歷史的長河中，[⑨]而其中某些詩人或創作能夠在“域外漢籍”中被永久定格，不禁讓人感歎這樣的“殊勝因緣”。

　　另一方面則需要予以一種更具整體性、綜合性、比較性特點的文化審視，即接軌“文化之

---

①　書目之外，還要重視藏印的價值（趙大瑩：《方寸存真：北堂書的藏書印與藏書簽》，《文獻》2016 年第 5 期）。而且相比於書目的“静態”呈現，藏印所揭示的遞藏關係，還能一定程度上復原書籍流播的路徑。

②　〔日〕大庭脩著，戚印平、王勇、王寶平譯：《江户時代中國典籍流播日本之研究》，杭州：浙江大學出版社，1998 年。

③　柳若梅：《俄羅斯檔案館藏北堂西文書目考》，《文獻》2020 年第 2 期。

④　王寶平：《康有爲〈日本書目志〉資料來源考》，《文獻》2013 年第 5 期。

⑤　以上兩文的研究分别顯示：前者再現 19 世紀上半葉天主教傳教士遭到清政府驅逐後，不得不將其部分藏書委托給俄國東正教使團存藏的歷史脈絡；後者暗藏着康有爲對振興之路的思考：通過譯書，借道日本，學習西方。

⑥　參〔日〕大庭脩著，戚印平、王勇、王寶平譯：《江户時代中國典籍流播日本之研究》，第 14 頁。

⑦　卞東波：《稀見五山版宋元詩僧文集五種叙録》，《文獻》2013 年第 3 期。

⑧　鄭幸：《〈默翁使集〉中所見越南使臣丁儒完與清代文人之交往》，《文獻》2013 年第 2 期；吴留營：《江户寫本〈使琉球贈言〉與康熙中期文壇》，《文獻》2021 年第 2 期。

⑨　據《清人著述總目》統計，清人詩文别集多達 68244 種，傳於世的有 36810 種（杜澤遜：《略論清代别集的學術價值——在〈清代詩文集彙編〉編纂出版總結會”上的發言》，《古籍新書報》2011 年 10 月 28 日第 110 期）。

路”：比如個别域外作家創作的漢籍會被誤認爲是“國産”，正是由於文化的相似度極高。[①]一些在“原産國”傳播未廣的書籍，到了“域外”反而獲得更多的傳抄或翻刻，這背後所體現的正是學術需要或文化傾向的差異。[②]書籍在自然地流播過程中能够一次又一次地超越國界(或突破語言障礙)，同樣隱含着先進文化巨大的輻射作用。[③]比如不同國度的人士借助書籍走進對方的精神世界，更多地瞭解與理解對方，再度生成有效播揚自身文化的構思或路徑。[④]

年内因爲參與央視《一饌千年》節目的製作，在與節目組的導演溝通時，我説了我的理解：節目的立意，顯然不應僅僅是復原出古人享用過的餐食飲品，而是在幫助我們理解祖先所經歷的生存實態，無論食材原料、烹飪手段、炊具食器、宴聚場所，無一不是特定歷史時代物質文明的符號與“密碼”；讀懂這些，就能無限接近我們的文化基因。

食物是全球化程度最高的商品之一(因而其中的若干纔會成爲全球性的期貨産品)，其中亦蕴含着“歷史”的、“文化”的要素。而書籍作爲人類的精神食糧，同樣既是物質産品(因此全球有各式各樣的圖書交易會)，更是文化載體，而且它的影響力是可持續的(就好比經、注、疏古籍的依次生成，不斷累積)。掌握“書籍之路”這把鑰匙，纔能解開傳統中國文化影響於漢字文化圈乃至世界的秘密，纔能在全球化的背景下深度説明中國文化的意義。

(張燕嬰，中國國家圖書館《文獻》雜誌編審)

---

① 王傳龍：《邊瑛〈玄對畫譜〉考辨》，《文獻》2022 年第 4 期。
② 瞿艷丹：《乾隆中後期〈七經孟子考文補遺〉的傳抄與閲讀》，《文獻》2021 年第 5 期。
③ 汪超：《日藏朝鮮刊五卷本〈歐蘇手簡〉考》，《文獻》2018 年第 5 期；李亮：《日藏〈崇禎曆書〉抄本及其影響考論》，《文獻》2020 年第 5 期。
④ 西方傳教士的漢籍收藏中，有大量的通俗文獻(如戲曲、小説、民俗畫等)，應與傳教士欲藉以瞭解中國受衆、擴大傳教效果有關。

閱讀《燕行録》的另一種視角：
1801年的冬至兼討邪陳奏使行與朝鮮後期的天主教會

李孟衡

[摘　要]　本文旨在以朝鮮史"辛酉迫害"之視角重新檢視1801年的冬至兼陳奏使行，並由該使行中朝鮮使臣與清人的對話、對皇帝上諭的解讀、以及嘉慶帝的補述等，反思燕行與朝鮮天主教會史相關問題之關係。這些問題包括朝鮮天主教會的起源論爭、朝鮮官方與教徒對清代禁教政策的誤解以及該誤解所造成的影響。藉由以上之討論，本文將指出，此次使行不僅確認了清鮮兩國在對天主教政策上的相似性，更暗示了"東亞"作爲一分析框架依舊有其必要性。

[關鍵詞]　燕行　陳奏　辛酉迫害　天主教　朝鮮天主教會

前言：一次特殊的使行

公元1801年（歲次辛酉）陰曆十月二十七日，準備擔當冬至使行大任的正使曹允大（1748—1813）、副使徐美修（1752—1809）、書狀官李基憲（1756—1819）等三人，在臨行前入闕拜別當時垂簾聽政的大王大妃、貞純王后金氏（1745—1805）。而金氏也在賜予三人暖帽之餘，對此次使行"下教諄諄"。[①]這一切似乎暗示此次使行對大王大妃、乃至於朝鮮一國，有着不言可喻的重要性。那麽，金氏究竟對三使下了何種慈教呢？《朝鮮純組實録》爲我們留下了寶貴的記録：

> 召見陳奏正使曹允大、副使徐美修、書狀官李基憲。大王大妃教曰：今番陳奏之事，以皆詳悉於奏文之中，而入去之後，皇上及禮部或有究問事，則三使臣須預相講確，善爲説辭以對。又或有意外執頉以問之事，則須以事勢不得不然之意，據理以對可也……[②]

顯然，此次使行最重要者在於"陳奏"。如引文中所言，倘若嘉慶皇帝與禮部官員對朝鮮的奏文内容有所不滿時，金氏囑咐三使務必小心措辭並據理以陳。而朝鮮所欲陳奏的内容，正是該年發生於朝鮮的大規模天主教迫害運動，史稱"辛酉迫害"或"辛酉邪獄"。而朝鮮之

---

① 〔朝〕李基憲：《燕行日記》，〔韓〕林基中編《燕行録全集》，首爾：東國大學校出版部，2001年，第65册第19頁。
② 《朝鮮純組實録》卷三，純組元年十月二十七日庚午。

所以決定向清廷稟告事件原委,其原因有二:一是該案中朝鮮當局處死了一名原籍蘇州府的清人神父周文謨(1752—1801),二是發現朝鮮天主教徒企圖聯絡北京天主堂的西洋傳教士來威脅、甚至顛覆當時的朝鮮政府以宣揚其信仰。爲了避免擅殺清人引起不必要的外交爭端,以及請求清朝協助逮捕尚未落網之朝鮮天主教人士,朝鮮官方決定在冬至使行時向清朝報告此事,並爲自己的決策辯護。

是以儘管此次使行的記錄中依舊充滿了對沿途景物的描寫、觀景的所感以及各式軼事奇聞,其最重要之内容,則在於朝鮮如何奏明天主教對該國之害、辛酉獄事、如何面對禮部官員乃至皇帝的回應等。即便相關内容在書狀官李基憲筆下的這份《燕行日記》中所占比例極低,[①]這些零碎的記錄仍有助於吾輩考察朝鮮後期的燕行對其國内天主教會成立之影響,並可據此進一步窺得清鮮關係在天主教東傳朝鮮、乃至於朝鮮國内政治中所扮演的角色。

《燕行錄》作爲朝鮮使節出使明清中國的使行記錄,其内容記述多與對當時中國之觀察有關,故被視爲是"從周邊看中國"的重要材料,也爲明清史研究、中朝關係史研究提供了新的史料。[②]是以中文學界學人也在這些燕行文獻的基礎上,展開大量的研究,並在朝鮮使臣的中國觀、文化心態、中朝關係、中朝文化交流等論題上,取得了重要研究成果。[③]但值得追問的問題是,《燕行錄》中是否也有可以豐富朝鮮史研究的記載?《燕行錄》是否能有助於解決朝鮮史領域中的爭議?以及《燕行錄》裏使臣與清朝士人的對話與交流是否對朝鮮國内的政治產生了影響或何種影響?本次 1801 年的使行記錄又是否能回應以上問題?

基於上述疑問,本文旨在以朝鮮史"辛酉迫害"之視角重新檢視 1801 年的冬至兼陳奏使行,並由該次使行中朝鮮使臣與清朝士人的對話、對皇帝上諭的解讀、嘉慶皇帝的補充説明等,反思燕行與朝鮮天主教會史相關問題之關係。這些問題包括朝鮮天主教會的起源論爭、朝鮮官方與教徒對清代禁教政策的錯誤認知以及這些誤解所造成的影響。藉由以上之討論,本文也將指出,此次使行不僅確認了清鮮兩國在對天主教政策上的相似性,更暗示了"東亞"作爲一分析框架依舊有其必要性。

除前言與結論外,本文將由四個小節所構成。第一小節介紹朝鮮官方反天主教運動之先河——珍山事件。第二小節將藉由使臣與清朝士人齊佩蓮談論金尚憲、李東郁兩位朝鮮人的對話,勾勒出朝鮮國内當下的政治氛圍。第三小節則聚焦於使臣向齊佩蓮探問當時中國國内天主教流行與否的對話,試圖藉此參與有關韓國天主教會起源論爭之討論。第四節

---

① 以頁數而論,在總共約 270 頁的《燕行日記》中,與"陳奏""西洋學""奏文"等有關之頁數,僅占 10 頁左右。

② 漆永祥:《"燕行錄學"芻議》,《東疆學刊》2019 年第 3 期,第 2—3 頁。

③ 相關論著甚豐,以下僅略舉數例以爲代表,如葛兆光:《想像異域:讀李朝朝鮮漢文燕行文獻札記》,北京:中華書局,2014 年;徐東日:《朝鮮朝使臣眼中的中國形象——以〈燕行錄〉〈朝天錄〉爲中心》,北京:中華書局,2011 年;孫衛國:《〈朝天錄〉與〈燕行錄〉——朝鮮使臣的中國使行紀録》,《中國典籍與文化》2002 年第 1 期,第 74—80 頁;王元周:《朝貢制度轉變的契機——基於 1873~1876 年間〈燕行錄〉的考察》,《復旦學報(社會科學版)》2018 年第 5 期,第 51—60 頁;楊雨蕾:《燕行與中朝文化關係》,上海:上海辭書出版社,2011 年;吳政緯:《眷眷明朝:朝鮮士人的中國論述與文化心態(1600—1800)》,臺北:秀威資訊,2015 年。

則由嘉慶皇帝對朝鮮之奏文所下之上諭、在經筵中的補述，譯官與禮部尚書紀昀的對話等，分析朝鮮對清朝之天主教政策之誤解，以及此一誤解所產生的影響與歷史意義。

一、珍山事件：朝鮮反教運動的序幕

在辛酉迫害的受害者與罹難者中，有不少達官顯貴與前朝要角，包含朝鮮後期知名學者丁若鏞（1762—1836），前工曹判書李家煥（1742—1801），以及正祖國王（李祘，1776—1800 在位）庶兄恩彦君李裀（1754—1801）及其妻宋氏（1753—1801）。其中丁、李二人爲正祖時期南人一派之代表人物，而恩彦君則是正祖在政變陰謀中欲保全之手足。[1]這一切使這場發生於正祖薨逝、新君初立之際的反教運動帶有强烈的權力鬥争色彩，[2]並對新生的朝鮮天主教會形成重大打擊。

然而，朝鮮一朝最初的天主教迫害，則始於 1791 年的珍山事件，或稱 "辛亥迫害"。此案發生於全羅道珍山郡，兩名兩班子弟尹持忠（Paul, 1759—1791）、權尚然（Jacobus, 1751—1791）因改信天主教而不立祖先神主。在前來祭拜的親友的逼迫下，他們宣稱已將木主燒毀，遂引起眾人撻伐與對天主教之敵視，進而震撼京城。此二人之行爲在重視儒教祭祖儀式與强調身分制度的朝鮮社會中，是窮凶惡極、無可饒恕之過，因此不論是與兩人家門所屬派系敵對之老論僻派，甚至是南人派領袖蔡濟恭（1720—1799）亦以爲有嚴懲之必要。在舉朝意見一致之下，兩人被處以極刑，以正邦憲。[3]而此次事件之後，朝鮮也開始加大掃蕩天主教之力度，在全國各地掀起獄事，也導致朝鮮教徒試圖由清、鮮國境地帶引入外國神父傳教的計劃被迫擱置。[4]

然而，各項取締與掃蕩行動對新生的朝鮮教會所造成的打擊有限。其主要之原因在於教會之骨幹並未夭折。包含朝鮮第一位在北京受洗的天主教徒李承薰（Peter, 1756—1801）、女性教會干部姜完淑（Columba, 1760—1801）、以及對普及教義有所貢獻之丁若鍾（Augustine, 1760—1801）等，皆幸免於難，並得以在 1791—1801 年之間繼續朝鮮境内的傳教事業。正因如此，纔有後來清人神父周文謨的成功入鮮，並引發了辛酉迫害與本次使行。而在珍山事件中保住一命的李承薰，則將在三使與清人的談話中，顯露出其重要性。

---

① 李裀之子常溪君李湛（1769—1786）曾在正祖初年被權臣洪國榮擁立爲新王嗣，但洪之政變失敗，李湛被處死，李裀全家也被流放。盡管如此，正祖仍保全了李裀性命，直至辛酉年邪獄大起時，李裀纔因夫人宋氏係天主教徒而受牽連喪命。有關李裀與正祖初年政治鬥争之詳情，見 Christopher Lovins, *King Chŏngjo: An Enlightened Despot in Early Modern Korea* (Albany: State University of New York Press, 2019), 52—58.

② 〔日〕小田省吾：《李朝의朋黨을略述하여 天主教 迫害에 이름》，收入〔韓〕韓國教會史研究所編譯，《韓國天主教會史論文選集 第 2 輯》，首爾：韓國教會史研究所，1977 年，第 185—186 頁。

③ 《朝鮮正祖實錄》卷三三，正祖十五年十一月八日己卯。

④ 〔葡〕湯士選（Alexandre de Gouveia）著，〔日〕山口正之譯：《朝鮮における天主教の成立》，收入氏著：《朝鮮西教史：朝鮮キリスト教の文化史的研究》，東京：雄山閣，1967 年，第 214 頁。

二、金尚憲與李東郁：對話中的朝鮮國内政治

辛酉年十二月十七日，當使團一行人通過山海關、范家莊時，有一名叫齊佩蓮的鄉貢進士求見。這名齊進士向三使通報姓名，自稱黃崖散人，並攜來了自己的詩集欲與三使交流。有趣的是，三使居然也聲稱從先前出使北京的使臣口中聽過黃崖散人，這使雙方一見如故，開始各種交流與閑聊，包含有關朝鮮與清的各種情報交換。

三使首先就關外見到士兵的調動問題向齊佩蓮發問。齊氏表示，這應該是因爲以劉之恊爲首的白蓮教勢力已遭受鎮壓，所以將原本從關外調往平叛的部隊遣回。[1]三使又接連打聽了目前白蓮教亂的發展情勢以及負責平亂的主要官員等資訊。至於齊佩蓮，在回答完朝鮮使臣的疑問後，也開始打聽起過去二十年内所見過的許多使臣，包括金載瓚、洪良浩、李在學、李東郁等。在被問到前三個名字時，三使在簡要回答金、洪兩人"無恙"與李在學"已故"後，便開始詢問齊的出身與家世，似乎不想就本國人物多有評論。[2]但當齊佩蓮問到李東郁這個名字時，朝鮮使臣的回答就更耐人尋味了：

> （齊）問：二大人貴姓？三大人貴姓？
>
> 上使曰：副行人姓徐，三行人姓李。俺姓知之麽？
>
> （齊）答：僕已知矣。李公東郁尚居官否？
>
> （上使）答：已故。俺們衣冠看得可駭不駭？
>
> （齊）答：各處制度，原難畫一。貴東衣冠頗有古風，中華則華靡鬥勝……[3]

由上述對話可以看出，相較於金、洪二人與李在學，正使曹允大似乎更不願意多談李東郁。因而在簡單回答李氏"已故"後，急忙把話題轉移到了朝鮮人最引以自豪的"衣冠"上。[4]如果説衣冠是朝鮮人眼中的政治正確、用以顯示其"無遜於中華"的鐵證的話，"李東郁"這個名字又何以政治不正確令朝鮮使臣須避而不談呢？

事實上，李東郁這個名字之所以敏感，是因爲他是上述朝鮮天主教徒李承薰的父親。1784 年李東郁奉命出使北京，李承薰亦隨父進京。李承薰不僅在旅途中取得了許多西洋學漢籍，甚至數度出入天主堂，並最終受洗成爲朝鮮的第一位天主教徒。[5]不僅如此，李承薰回國後便積極展開傳教事業，而與其有姻親、好友關係的丁若鏞、丁若鍾、權日身（ Francis

---

① 〔朝〕李基憲：《燕行日記》，第 100—101 頁。
② 〔朝〕李基憲：《燕行日記》，第 104 頁。
③ 〔朝〕李基憲：《燕行日記》，第 104—105 頁。
④ 關於朝鮮人對自身衣冠的自豪感以及其所反映出之文化心態與歷史意義，詳見葛兆光：《大明衣冠今何在》，《史學月刊》2005 年第 10 期，第 41—48 頁。
⑤ 〔葡〕湯士選著，〔日〕山口正之譯：《朝鮮における天主教の成立》，第 209—210 頁。

Xavier, 1742—1791）、權哲身（Ambrose, 1736—1801）等人，也都成爲天主教徒。[①]同時,李承薰也與北京天主堂維持通信,以報告朝鮮内部之教務情況。[②]在辛酉迫害時,除了李承薰被處以極刑外,李東郁也遭牽連而被追削其官爵。[③]凡此種種,皆顯示與李承薰等人相關之資訊,係屬本國禁忌,故曹允大等乃轉移話題,不願多談。這或許也與朝鮮後期的法律規定有關。《續大典》有言,凡入燕之人泄漏本國情事者,輕則杖一百徒三年,重則處絞。[④]即便如此,在避談李東郁之際,齊佩蓮與使臣們却圍繞着另一位朝鮮人展開了不少的討論。此人便是金尚憲。

金尚憲（1570—1652）字叔度,號清陰,是 1636 年丙子胡亂期間對清的主戰派。朝鮮降清後,清向朝鮮要求協同出兵攻明,金尚憲因反對而被清要求送入瀋陽問罪。其被執瀋陽多年,却始終不改抗清意志,故被視爲尊明反清、捍衛大義名分的代表人物。而雙方之所以談到金尚憲,是因爲齊佩蓮問到了曹允大等人朝鮮是否有金尚憲之文集傳世。雙方就此展開了以下對話:

（齊）仍曰：貴東名公金尚憲其後裔清陰先生、農巖先生有著作行世,不知是何幾種?

答：清陰即金公尚憲之號,非後裔也。農巖是清陰曾孫,而有集行于世間。

（齊問曰：）諱昌協、諱昌翕者孰是?

答：昌協即農巖,昌翕即其弟,號三淵,亦有集行世。

彼（齊）曰：清陰先生著作僕見過,風流藴結,兼有耿耿之氣。其曾孫金公聞名久矣,惜未見其集。

問：耿耿之氣果是何語?

（齊）答：耿耿者,忠義不没之氣也。

問：忠義二字果何指的?

答：僕在山東登州張孝廉家中見其遺集,在瀋陽不屈記事、詩甚好,惜不復記憶矣。

問：曾見全集否?

答：只見一册,剥落不堪讀,未審是全集否……[⑤]

---

① 這些經由李承薰影響而成爲天主教徒的朝鮮士大夫多數都在辛酉迫害中身亡。

② "罪人李承薰,隨其父東郁書狀官之行,往遊北京之天主堂,結交於西洋人,得其所贈書册而來,廣布傳染。及夫朝家禁令之後,作焚書之詩、闢異之文,外示革面,内實蠱惑。書札常通於洋人,姻婭族黨,咸被其毒……"見《朝鮮純祖實録》,卷二,純祖元年二月二十六日壬申。

③ 《朝鮮純祖實録》,卷二,純祖元年三月三日己卯。

④ 《續大典》卷五,刑典、禁制、赴燕人。

⑤ 〔朝〕李基憲：《燕行日記》,第 108—109 頁。

　　由上述對話可知,由於清朝進士齊佩蓮亦爲金尚憲之氣節所感動,朝鮮使臣不厭其煩地介紹金尚憲及其後裔之相關著作與資訊,甚至在刻意追問何謂耿耿之氣後,主動表示由於《清陰集》有二十册,齊氏所見應"恐是一斑"。[①]這種提供本國特定人物與其後代詳細資訊之舉動,與前述李東郁之例形成了强烈對比。而這一對比,暗示了金尚憲所代表的大義名分是朝鮮官方所推崇者,是朝鮮國内的政治正確。相較之下,蒐羅西洋"邪書"之李東郁父子,則是朝鮮國内政治上的禁忌,是應迴避之談論對象。

　　金尚憲本身的政治正確性也恰巧反映在辛酉迫害的一位受難者身上:金建淳。金建淳(Joseph,1776—1801)的來頭可非一般,因爲他是入繼金尚憲嫡系的奉祀孫。[②]然而,由於身爲天主教徒,他終究也難逃一死。不僅如此,在被處死後,他旋遭"罷養",喪失了金尚憲承重孫的身分,淪爲了老論一派的叛徒。[③]有趣的是,金建淳在篤信天主教之前,曾經私下謀議招兵買馬,試圖"造巨艦,繕甲兵,入大海中可都可郊之地,直搗彼國,以雪先恥"。[④]換言之,他原本還頗承先祖與先王遺志,打算厲兵秣馬以北伐清廷,爲朝鮮一雪丙、丁國恥。這一心態恰巧反映了金尚憲與朝鮮後期的國家意識形態:大義名分與綱常名教優先。[⑤]因此,當忠孝合一的典型金尚憲的子孫居然與"無君無父"的邪學天主徒交集時,這種矛盾就必須去除,以捍衛金尚憲之純潔性與朝鮮之國本。而使臣與齊佩蓮在談論朝鮮人物時所呈現的比例失衡之特性,也正好呼應了這一朝鮮國内特殊的政治風向。

三、"亦不以異端斥之否":朝鮮使臣的疑惑與試探

　　使臣與齊佩蓮的對話既然談到了衣冠與忠義之氣,自然也少不了言及當下的清代學術風氣。三使在齊佩蓮稱讚朝鮮"道學文章爲諸國之冠"後,順勢問到了朱子學與陽明學在當時中國的發展現況。使臣們好奇如果朱子學在中國是主流官學,却又不屛除陸王之學,是否"能無駁雜不正之患"。對此,齊氏則以爲陸王並非異端,因爲"黃老楊墨"纔是真正的異端。[⑥]這個回答似乎正中了曹允大等人的下懷,因爲他們馬上丢出了有關"異端"天主教在中國流行的疑問,並與齊佩蓮展開了以下對話:

---

① 〔朝〕李基憲:《燕行日記》,第 109 頁。
② 《朝鮮純祖實録》,卷二,純祖元年三月二十七日癸卯。
③ 《朝鮮純祖實録》,卷二,純祖元年三月二十七日癸卯。
④ 《朝鮮純祖實録》,卷二,純祖元年三月二十七日癸卯。
⑤ 有關朝鮮後期國家重視綱常名教優先於法制,見〔韓〕鄭肯植:〈법서의출판과보급으로본조선사회의법적성격〉,《서울대학교法學》48:4,頁118;關於朝鮮後期對孝的重視高過於忠之論述,詳見〔韓〕桂勝範:《모후의반역:광해군대 대비폐위논쟁과 효치국가의탄생》,고양:역사비평사,2021 年。
⑥ 〔朝〕李基憲:《燕行日記》,第 106 頁。有關朝鮮時代對陽明學之排斥原因,見〔日〕中純夫:《朝鮮陽明学の特質について》,《臺灣東亞文明研究學刊》第 5 卷,2008 年第 2 期,第 130—131 頁;〔韓〕吳性鍾:《朝鮮中期陽明學의 辨斥과 受容》,《歷史教育》46(1989),第 118—119 頁。

（使臣）問：近聞西洋人利瑪竇之學頗流布中國云。**此亦不以異端斥之否？**

（齊）答：西洋人有西洋之教，吾等儒者亦不願聞亦不願學也。

（使臣問：）却未見其學問間或有學習者否？

（齊）答：未聞學者。西洋不過能造憲書，故中華用此等人。何如貴東講仁、説義理、遵《家禮》，最爲好也。[1]

　　吾人無法斷定朝鮮使臣之所以先問陸王之學，再問天主教之流行，是否必定是有意爲之。但至少由上述的對話中可知，在曹允大等人眼中，清廷既然能容許"異端"陽明學發展，似乎也可接納天主教在其境内茁壯，不然無法解釋李承薰等人何以從北京購書、受洗，以致"邪教東傳"。有趣的是，齊佩蓮却回答無人學天主教，且儒者亦不願學，讓這個話題似乎得就此打住。於是身爲書狀官的李基憲開始跟齊氏討論有關韓愈之學與程朱之學間的關係，這纔讓對話得以繼續。[2]

　　朝鮮使臣會向齊佩蓮探聽有關天主教是否在中國流行其實並不令人意外。首先，此次使行的主要目的本就是陳奏朝鮮國内的"討邪顛末"，因此順道探問天主教在中國之情況亦屬自然。再者，辛酉獄事中的調查結果顯示，包含《天主實義》在内的漢譯天主教典籍已出現於多處，證明這波天主教之傳播與使行、購書等皆有關係。[3]不僅如此，朝鮮教徒爲向庶民階層推廣天主教，還開始將漢文教理書翻譯爲諺文，以利傳教之進行。其中代表人物爲丁若鍾。丁氏撰寫了第一部諺文的天主教問答集教理書《主教要旨》，爲傳教做出了重大貢獻。[4]目前的研究也表明，《主教要旨》應受《天主實義》影響頗深。[5]

　　對朝鮮官員而言，這些綫索都指向天主教在中國似乎已經大行；[6]而既然大行，則應有官方之支持。也是在此一脈絡下，三使纔產生了困惑以及對齊佩蓮的探問。換言之，對當時的朝鮮人而言，天主教之所以波及朝鮮，與該教在中國盛行有關，而且是從中國傳入朝鮮。三使對齊佩蓮的詢問某種程度上也呼應了這種想法。目前學界普遍以李承薰受洗爲朝鮮天主教會成立之時之原因也在於此。

　　然而，隸屬耶穌會教士的梅迪納（Juan Ruiz-de-Medina）神父却在一部著書中，以大量尚

---

[1]　〔朝〕李基憲：《燕行日記》，第106—107頁。

[2]　此時李基憲特別在日記中以雙行夾註寫到："此條與下一條是余問"。見〔朝〕李基憲：《燕行日記》，第107頁。

[3]　如在審訊中不堪重刑斃命的姜彝天（1769—1801）便稱，自己家中本有《天主實義》與《三山論學記》等書。迨珍山事件尹、權二人身死後，便將該書册等燒毀。見《辛酉邪獄罪人姜彝天等推案》，《推案及鞫案》，서울：亞細亞文化社，1978年，第25册第315頁。

[4]　在辛酉迫害中因帛書事件而被凌遲處死的黃嗣永便指出，丁氏此書使"愚婦幼童亦能開卷了然，無一疑晦處"。見《辛酉邪學罪人嗣永等推案》，《推案及鞫案》，第25册第753頁。

[5]　Cawley, Kevin N., *Religious and Philosophical Traditions of Korea* (Abingdon: Routledge, 2019), 102.

[6]　儘管此種認識與事實有一定差距，這一觀感却普遍存在朝鮮士人心中。如珍山事件隔年，朝鮮學者李元培（1745—1802）便在一份隨手記録中發表了對天主教蔓延朝鮮的感想，並藉此推斷"可知中國邪説之流行"。見〔朝〕李元培：《日録·壬子正月十九日》，《龜巖集》，卷一四，收入〔韓〕韓國古典翻譯院編：《韓國文集叢刊：續》，首爾：韓國古典翻譯院，第101册第249頁。

未爲人所利用的耶穌會檔案文件爲基礎,主張朝鮮天主教會的起源在十六世紀壬辰倭亂之後。梅迪納舉出了不少事例以證其説,包含所謂 1594 年朝鮮有 200 名朝鮮幼兒受洗、1624年時朝鮮已有許多人有基督信仰以及 1666 年一位船長指出朝鮮有許多基督徒與一座美麗的教堂等。[①]這些資料與主張挑戰了學界的既有認知,是以該書在韓國學界受到不少的質疑與批判。[②]其理由在於,朝鮮天主教日本起源説被認爲是日帝時期"殖民史觀"之延續,用以否認韓國具有自主走向現代化之可能性,故遭到韓國學界的大力聲討。[③]

其實透過朝鮮使臣與齊佩蓮之對話,吾人亦可參與朝鮮天主教會起源之討論。首先,如前文所述,至少由三使的詢問脈絡、朝鮮官方的審訊結果都顯示,這波朝鮮天主教的起源主要與中國有關,而非源自於壬辰倭亂與日本。此外,湯士選在向教會報告的信件中亦以李承薰爲第一位朝鮮天主教徒,並贈予其許多書籍。[④]這些記述與朝鮮掌握的情報相符。凡此種種,皆説明若以第一位天主徒受洗之時爲朝鮮教會之始而論,朝鮮之開教應始於 1784 年,而非更早。[⑤]由此可知,燕行録不只能"從周邊看中國",亦能有助於釐清韓國天主教會史上之重要爭議。

四、"其爲妄供無疑":嘉慶帝的回應與其歷史意義

但令朝鮮使臣困惑的還不止於此。曹允大把字斟句酌過後的辛酉迫害奏文[⑥]呈交給禮部後,很快在十二月二十六日就收到了來自嘉慶皇帝的上諭。嘉慶表示對朝鮮國内天主教滋蔓一事業已知悉,也對年幼即位的國王的處理感到滿意。但同時,他對朝鮮方的説法提出了以下糾正:

> 惟本内所稱邪黨金有山、黄沁、玉千禧每因朝京使行傳書洋人,潛受邪術等語,
> 此則非是。京師向有設西洋人住居之所,祇因洋人素通算學,令其推測躔度,在欽

① John Bridges S. J., Trans., Juan Ruiz-de-Medina S.J., *The Catholic Church in Korea: Its Origins 1566—1784* (Roma: Istituto Storico S.I., 1991), 76, 129, 146.

② 相關批判見〔韓〕윤민구:《한국천주교회의 기원》,서울시: 국학자료원,2002 年,第 502—503 頁;〔韓〕李元淳:《한국 천주교회 起源 諸説의 검토》,收入氏著:《韓國天主教會史研究(續)》,서울: 한국교회사연구소,2004 年,第 80—91 頁。

③ Jai-Keun Choi, *The origin of the Roman Catholic Church in Korea: An examination of popular and governmental responses to Catholic missions in the late Chosŏn dynasty* (Cheltenham: Hermit Kingdom Press, 2006), 2.

④ 〔葡〕湯士選著,〔日〕山口正之譯:《朝鮮における天主教の成立》,第 210 頁。

⑤ 如貝克(Don Baker)便指出,以第一位正式受洗於天主堂之朝鮮教徒而論,朝鮮的開教應始於李承薰之入燕。然而,洛斯(Pierre-Emmanuel Roux)則認爲,不能將朝鮮天主教的展開看作獨立事件,必須將其放在中韓關係與耶穌會傳教策略之脈絡下來理解。本文則由洛斯該文獲得許多啓發。詳見 Don Baker and Franklin Rausch, *Catholics and Anti-Catholicism in Chosŏn Korea* (Honolulu: University of Hawai'i Press, 2017), 65; Pierre-Emmanuel Roux, "The Catholic Experience of Chosŏn Envoys in Beijing: A Contact Zone and The Circulation of Religious Knowledge in The Eighteenth Century," Acta Koreana, 19:1, 37—38.

⑥ 有關該奏文之全文,見《朝鮮純祖實録》卷三,純祖元年十月二十七日庚午。

天監供職，而不准與外人交接。而該洋人航海來京，咸知奉公守法。百餘年來從無私行傳教之事，亦無被誘習教之人。該國王所稱邪黨金有山等來京傳教一節，**其爲妄供無疑**。自係該國匪徒潛向他處得受私書，輾轉流播。及事發之後，堅不吐實，因而捏爲此言，殊不可信。①

由上文可知，嘉慶帝並不認爲北京西洋堂内的傳教士有向外傳教的行迹，而且也否認在大清治下有人因而改信天主教。但事實上，嘉慶所言在一定程度上屬於違心之論。原因在於，至少在曹允大等人到訪的前一年，貴州就曾有人以天主教“大師長”之名義傳教、斂財而被捕。②而偵辦此案的地方大員甚至在奏摺中援引乾隆四十九年之諭旨，以“西洋人傳教惑衆，最爲人心之害”一語來強調此案之嚴重性，即便事在與北京有萬里之遥的貴州以及該案並無西洋人涉入。③考慮到貴州一案與乾隆四十九年諭旨之存在，嘉慶對待西洋人與天主教之態度實屬曖昧，也讓天主教在中國尚有發展空間。而正是這一空間給予了朝鮮人透過燕行而接觸、傳播天主教之機會，並且帶來了深刻影響。

首先，嘉慶等清代皇帝對天主堂與西洋人的包容使朝鮮人誤以爲天主教在中國已蓬勃發展。④如同前文所述，朝鮮士大夫在得知天主教係由北京進入該國後，皆感到相當詫異，並以爲“邪説”已流行於中國。此亦曹允大等人向齊佩蓮發問之原因。然而，更爲重要的是朝鮮天主教徒也因此誤以爲“聖教大行於中國”。⑤

帶有這種致命誤解的代表人物爲黃嗣永。黃嗣永（Alexius, 1775—1801）字德紹，曾中過進士，但在 1790 年皈依天主教後便熱衷於信仰與教務。辛酉獄起後，他在亡命途中，將朝鮮殉教者的列傳與復興教會的種種對策寫在一塊巾帛上，企圖通過黃沁（Thomas, 1756—1801）、玉千禧（John, 1767—1801）等曾經到過北京的教友，將這封求救信傳給北京天主堂的主教湯士選（Alexandre de Gouveia, 1751—1808）。這封信便是大名鼎鼎的“黃嗣永帛書”。⑥在帛書中，黃嗣永提出了幾項驚世駭俗的對策，其中之一如下：

　　本國方在危疑乖亂之際，無論某事，皇上有命，必不敢不從。乘此之時，教宗致書皇上曰：“吾欲傳教朝鮮，而聞其國屬在中朝，不通外國。故以此相請，願陛下另敕該國，使之容接西士。當教之以忠敬之道，盡忠於皇朝，以報陛下之德。”如是

---

① 〔朝〕李基憲：《燕行日記》，第 157—158 頁；《嘉慶帝起居注》，桂林：廣西師範大學出版社，2006 年，第 6 冊第 738 頁。

② 常明：《奏爲審明傳教惑衆首從各犯分別定擬恭摺奏聞事》，收入中國第一歷史檔案館編：《清中前期天主教在華活動檔案史料》，北京：中華書局，2003，第 2 冊第 815 頁。

③ 常明：《奏爲審明傳教惑衆首從各犯分別定擬恭摺奏聞事》，《清中前期天主教在華活動檔案史料》，第 2 冊第 814 頁。

④ 早在 1732 年出使的李宜顯（1669—1745）便困惑於雍正皇帝既然禁教，又何以容許天主堂之存在。Pierre-Emmanuel Roux, "The Catholic Experience of Chosŏn Envoys in Beijing," 23.

⑤ Pierre-Emmanuel Roux, "The Catholic Experience of Chosŏn Envoys in Beijing," 24—27.

⑥ 《黃嗣永帛書》有諸多版本流傳，其間差異涉及各種政治動機與黨派立場。關於各種版本之差異，見〔韓〕여진천：《황사영 백서 이본에 대한 비교 연구》，《교회사연구》28，서울：한국교회사연구소，2007 年，第 5—29 頁。

懇請,則皇上素知西士之忠謹,可望其允從。是所謂**挾天子以令諸侯**,聖教可以安行……①

從上述黄嗣永所提的計策中不難看出,他傾向相信清朝皇帝會因爲接納西洋人而接納天主教;並在這個基礎上,他認爲清朝皇帝有機會與羅馬教宗合作,用"挾天子以令諸侯"方式敕令朝鮮接受天主教。②這種異想天開的提議反映出朝鮮人並不清楚早在康熙年間清廷就因禮儀之爭對天主教產生敵意。進一步而論,在朝鮮不論是天主教徒還是反天主教人士,都認定天主教已盛行於中國。也正是此種認知,不僅讓黄嗣永本人被以謀反大逆的罪名凌遲處死,也讓朝鮮天主教會在十九世紀初受到了嚴重打擊。

而嘉慶帝的曖昧回答除了透漏出天主教在中國的傳教空間外,還影響了朝鮮在未來處置外國神父的方式:一律嚴懲、處死。如本文開頭所述,在此次使行前夕,朝鮮官方上至大王大妃,下至三使,都對清朝官員與嘉慶皇帝關於朝鮮擅自處死清人周文謨一事的反應嚴陣以待。然而,嘉慶的上諭從頭到尾都未曾提及周文謨三字。這不僅讓他們打消了呈上"官方刪減版"的黄嗣永帛書的念頭,也似乎暗示着周文謨的消失已得到皇帝的默許。③

而事實上,嘉慶那模棱兩可的上諭確實帶有種種暗示。在朝鮮使臣準備返國前夕的壬戌年一月二十九日,譯官金在和傳來了一項令人訝異的消息。金氏前往拜見禮部尚書紀昀,而紀昀對其説到:

> 前月禮部轉奏時,參聞筵説,則皇帝曰:"西洋之學流入紅毛國,今方大行,以至國不國,人不人。而中國則嚴斥之,故不得售其術矣。今聞又入朝鮮,而該國王沖年荏事,嚴加辦理,可想其明白也"云云。④

從紀昀的這番話可知,嘉慶對朝鮮嚴加鎮壓天主教的態度是贊許的。同時,皇帝也認爲必須要阻止天主教蔓延,否則將"國不國,人不人"。但這番回答似乎與上諭中指責朝鮮將天主教東傳之責歸咎於天主堂的説法有所矛盾。金在和也意識到了這點,因此追問紀昀爲何嘉慶在經筵中所説與上諭中所論有所差距。對此,紀昀則稱:

---

① 《辛酉邪學罪人嗣永等推案》,第 781—782 頁。
② "挾天子以令諸侯"或中國干涉其内政則是朝鮮君臣最深層之恐懼,因爲在十七世紀時,明、清兩朝大臣都曾有過"監護朝鮮"或"國王入朝"等提議。提出監護朝鮮者爲徐光啓,事在 1619 年;國王入朝説則發端於 1639 年。見《朝鮮光海君日記》,卷五一,十一年十月三日壬子;《朝鮮仁祖實録》,卷三九,仁祖十七年七月二日丁巳。
③ 關於朝鮮官方刪改過後的帛書内容與相關説明,見〔日〕山口正之:《黄嗣永帛書の研究: ローマ法王廳古文書館所藏》,京都: 全國書房,1946 年,第 49—63,134—136 頁;〔韓〕여진천:《황사영 백서 이본에 대한 비교 연구》,第 7—8,10 頁。
④ 〔朝〕李基憲:《燕行日記》,第 236—237 頁。

四海一家，莫非王臣。皇上雖**知其如此**，豈可偏斥之乎？所以混圖説去，不露
畦畛者，此也。大抵洋學之害，甚於佛學。佛學則猶知有君父，而洋學則並與君父
而不知，此豈不可畏者乎？你國之嚴斥剿絶，誠善矣，善矣。①

換言之，至少據紀昀所述，嘉慶帝其實對天主堂内的西洋人在暗地裏傳教一事心知肚
明；同時，嘉慶也認可了朝鮮對其境内天主教徒之處理方式，並暗示即便因而殃及大清子民，
也未有不妥，因爲天主教"不知君父"且其害"甚於佛學"。這一回答終於使曹允大等人鬆
了一口氣，也宣告他們完成了本次陳奏使行中最重要的任務。②是以在大王大妃金氏詢問此
番陳奏是否得體時，曹允大篤定地表示，因爲清朝認爲"周哥決非大國之人"，故"陳奏誠得
體"。③這一來自嘉慶皇帝的默許與背書，也讓朝鮮官方有了底氣，並在 1839 與 1866 年的兩
次迫害中，引周文謨之例處死巴黎外方傳教會之西洋神父，製造了多位韓國天主教會所敬重
的外籍殉教聖人。④

結論：燕行中的插曲與其影響

1801 年，曹允大等人的冬至使行由於牽涉該年發生於朝鮮的辛酉迫害與清人周文謨之
處決，而與一般的入燕使行有着本質上之差别。朝鮮大王大妃金氏也在使臣出發前千叮嚀
萬囑咐，以期此次朝鮮之説辭能平安過關。因此，本文以"辛酉迫害"的朝鮮史視角重新審
視該次使行書狀官李基憲所寫下之《燕行日記》，試圖探究該次使行的歷史意義及其影響，
並藉此反思朝鮮史與東亞史之相關議題。透過分析三使與清人齊佩蓮、官員紀昀之對話，以
及嘉慶帝之上諭、經筵談話與三使對上諭之理解，本文有以下五點結論：

第一，從使臣與清人的對話中，吾人可窺知朝鮮之政治風向。同時，這一政治風向也將
影響燕行記録之内容。如同在有關李東郁與金尚憲的對話中所見，朝鮮方不願多談李東郁，
因爲他牽涉了國内所禁之天主教以及此次使行之内容；然而，使臣却很願意討論金尚憲，因
爲金氏所代表的是朝鮮後期的政治正確，是忠孝與大義名分之典範，更是證明朝鮮"無遜於
中華"的象徵。由此可知，燕行記録中被放大與忽略的部分皆有其意義，吾輩在研究時須多
加留意，方能發現更多隱藏於其中之歷史事實。

---

① 〔朝〕李基憲：《燕行日記》，第 237 頁。
② 李基憲的態度也呼應了朝鮮使臣如釋重負之心情。他在記録完這段金在和轉述之對話後寫道："可知此處人之於洋學
亦畏而斥之也。"〔韓〕李基憲，《燕行日記》，第 238 頁。
③ 《朝鮮純祖實録》卷四，純祖二年四月十日庚戌。
④ 如在 1839 年己亥迫害中被捕的三位外籍神父，便被朝鮮官方以"依辛酉文謨用律"處以軍門梟首之刑。詳見《己亥邪
學謀叛罪人洋漢、進吉等推案》，《推案及鞫案》，서울：亞細亞文化社，1978 年，第 28 册第 309 頁；這些在被朝鮮處死後封
聖的外籍神父包括 Imbert、Maubant、Chastan（以上死於 1839 年）、Bernuex、DeBretenières、Dorie、Beaulieu、Daveluy、
Huin、Aumaître 等（以上死於 1866 年）。詳見 Chang-seok Thaddeus Kim, *Lives of 103 Martyr Saints of Korea* (Seoul : Catholic
Pub. House, 1985), 165—170.

　　第二,燕行記録亦可爲解決朝鮮史之争議問題提供參考。在使臣詢問齊佩蓮清朝究竟是否斥决天主教的對話與紀昀轉述之嘉慶帝之想法中,都透露了朝鮮天主教會之成立與燕行、購書、北京天主堂有關。由此,吾人可知所謂朝鮮教會起源於壬辰倭亂之説,不能在中韓兩國之史料中得到有利之證明。换言之,朝鮮天主教會始於李承薫入燕受洗説應較接近事實。就此而論,1801 年的燕行使與清人之對話除豐富了"從周邊看中國"的記録外,也提供了"從周邊看韓國"的契機。

　　第三,燕行爲中韓雙方帶來了文化交流、相互理解,但同時也造成了相互誤解。天主教之傳入朝鮮便是入燕使行之産物,但它也帶來了雙方對彼此的錯誤認知。譬如無論是朝鮮天主教徒或反教人士,都以爲天主教已大行於中國。其中,又以黄嗣永誤以爲可透過北京主教、教宗、清朝皇帝來逼使朝鮮開放宗教自由一事最具代表性。但這種錯誤推估也並非僅限於黄嗣永自身。朝鮮官方也同樣高估了清廷對天主教的接納度與對自身子民的保護程度,這纔會在是否處死周文謨以及處死周文謨後如何陳奏等問題上煞費苦心。事實上,以清朝官方反天主教之態度而論,即便將周文謨以傳教人犯送還鳳凰城,周氏也當獲得相當之懲罰,而朝鮮未必會遭到問罪。但在中韓關係,特别是清鮮關係的歷史背景下,朝鮮最終選擇了先斬後奏。

　　第四,朝鮮與清朝在反對天主教的理由與立場上相似。嘉慶帝在經筵上對朝鮮處理辛酉迫害的嘉許與對天主教"國不國,人不人"和"不知君父"的補充説明,都充分反映了其基於儒教立場的反天主教認識。而這些批評,也正是多數朝鮮士大夫對天主教敵視之原因。即便清朝不存在朝鮮般的身分制社會與黨争背景,兩者反教的思想基礎並無不同。

　　第五,十七世紀後依舊有東亞,而且此東亞是以儒教爲底蘊之東亞。由上述第四點結論可知,不論是十八世紀末還是十九世紀,當清朝與朝鮮遇見天主教與西方文明時,都持相對保守、抗拒之態度。而其根本之原因,則在於是否應祭拜祖先的禮儀論争。祭祖牽涉孝,而孝又與君臣父子之道相關,牽涉忠,是以否定祭祖便是否定儒教之根本。在此一基礎上,吾人可謂朝鮮與清朝在文化的根本上有其相似性,且儒教東亞與基督教西方之衝突難以避免。故所謂十七世紀後無東亞一説,實有待進一步之商榷。[①]

(李孟衡,美國哥倫比亞大學東亞語言與文化系博士候選人)

[①]　關於十七世紀後無東亞説,詳見葛兆光:《"明朝後無中國"——再談十七世紀以來中國、朝鮮與日本的相互認識》,《東アジア文化交涉研究.別册 1》(2008,大阪),第 17—24 頁;同氏著:《想像異域:讀李朝朝鮮漢文燕行文獻札記》,第 58—60 頁。

使行中的閲讀：以趙憲《朝天日記》與《東還封事》爲例

葉天成

[摘　要]　朝鮮士人趙憲於宣祖七年（萬曆二年，1574）作爲質正官出使明朝，有《朝天日記》；回國後基於使行經歷撰成兩封奏疏，即《東還封事》。使行途中，趙憲購書讀書、抄録邸報，在兩種燕行文獻裏留下了豐富的記録。趙憲從《皇明通紀》《孤樹裒談》中摘編明帝言行，以爲君鑒；夏言、戚繼光的文集與使臣的見聞共同建構了他們的中國印象；邸報提供了時政消息，也展現着行政機構運轉的景象。總之，閲讀書籍是燕行使節接觸、理解中國的重要方式。考察趙憲的閲讀活動，可深化對《朝天日記》與《東還封事》中明朝形象差異問題的認識。

[關鍵詞]　趙憲　東還封事　朝天日記　中華觀念

明清時期往來於中國與朝鮮之間的燕行使者，不僅負有外交使命與貿易任務，也往往是書籍的通道。使者沿途流連書肆，滿載而歸；抑或携書而來，分贈中國士人；以至於明清政府頒書、賜書等“書籍外交”的活動、朝鮮王國要求糾正官私史籍記載的“書籍辨誣”事件，以書籍爲中心的種種不同面嚮的問題，業已爲燕行文獻的研究者所注意。

書籍既在使行之中占據了重要的地位，那麼閲讀當與見聞一樣，構築着使者對中土的認知。出於這樣的旨趣，本文擬就明代燕行使趙憲的日記與奏疏展開討論，通過梳理《朝天日記》中閲讀文獻的相關記述，追溯《東還封事》所利用的資源，來觀察閲讀如何成爲一種理解中國的方式。

一、趙憲及其燕行文獻《朝天日記》與《東還封事》

趙憲（1544—1592），字汝式，號後栗、陶原，晚號重峰，生於京畿道金浦縣。明宗二十年（嘉靖四十四年，1565）入太學，明宗二十二年（隆慶元年，1567）中監試，任校書館副正字。宣祖七年（萬曆二年，1574）出使明朝。回國後歷任各曹郎官及外官，身涉黨爭，一度革職爲民。宣祖二十五年（萬曆二十年，1592）壬辰倭亂間，舉兵破賊于清州，同年戰死錦山。諡文烈。①其投筆從戎、爲國捐軀之壯烈行迹，使其在後世享有崇高聲譽。

趙憲著作，存世者有《重峰先生集》五卷附録一卷、《重峰先生文集》十三卷附録七卷、

---

① 關於趙憲的生平，參〔朝〕趙憲：《重峰先生文集》附録卷一《年譜》、卷二宋時烈《行狀》，以及漆永祥：《燕行録千種解題》（北京：北京大學出版社，2021年，第135—140頁）。如無特別説明，本文所引趙憲《朝天日記》與《東還封事》等文字，均來自於十三卷本《重峰先生文集》，《影印標點韓國文集叢刊》，首爾：民族文化推進會1988年據韓國首爾大學奎章閣藏本影印，第54册。

《重峰先生抗義新編》三卷附錄三卷、《重峰先生東還封事》一卷。此外,韓國國家圖書館藏有抄本《海東遺文》一部、抄本《重峰遺事》一部、趙憲書札一封。這些文獻之間的關係尚待目驗考實,而蓋以朝鮮英祖二十四年(1748)活字本《重峰先生文集》十三卷最爲完備。英祖十六年(1740),朝鮮國王召見趙憲五世孫趙煥,命其據家藏手稿在校書館印行趙憲文集,八年之後始竣。①編纂者將舊刊本文集及此前單行刊刻的《重峰先生抗義新編》《重峰先生東還封事》彙爲一編,并根據趙憲手稿進行增補、校勘,正文中誤字、缺字加以標注志疑,間出注釋,每卷後附考異。

趙憲於萬曆二年(1574)以慶賀神宗生辰即"聖節使"來華,同行者有正使朴希立、書狀官許篈等,趙憲本人任質正官。②趙氏《朝天日記》(下簡稱《日記》),今僅見於十三卷本《重峰先生文集》卷十至卷十二。據編者稱,《日記》"舊刊本無,今從手草補入";③趙煥在回答英祖提問時明確表示"《朝天日記》尚未刊行"。④但是,同書却有英祖十年(1734)閔鎮遠跋,稱《日記》"上取覽之,亟命湖西道臣刊行焉",⑤《年譜》中亦記該年刊《日記》事。按《朝鮮王朝實錄》英祖十年六月二十一日條載:

> 檢討官俞最基奏曰:"文烈公趙憲昔在萬曆甲戌充質正官朝天時,手寫《日記》一册,其下以《朝天録》附之,採録中朝典禮及沿途聞見頗詳。經壬丙之亂,而册猶在于其家,誠可貴也。今若刊行,可以寓《匪風》之思。"上命道臣刊進。⑥

《日記》究竟是否曾在英祖十年刊行? 筆者推測,雖有國王之命,《日記》的刊行仍因事中輟,不了了之。閔鎮遠跋文在當時業已寫成,只是彼年刊行未果,遂爲編者移至英祖二十四年刊成的十三卷本文集中。⑦

關於《日記》的體例,編者稱"此記有綱有目,目則本草以小注書之,而今并大書以便覽。綱則加匡於上下以別之"。讀《日記》中所謂"綱",即用短句概括下文所記事件,以點出當日重要記事。《朝天日記》前二卷爲日記,記事時間始自五月十一日,終於九月十四日;後一卷包括

---

① 據該本附録卷一《年譜》英祖十六年條。〔朝〕趙憲:《重峰先生文集·年譜》,《影印標點韓國文集叢刊》,第54册第468頁下欄。

② 此次出使的文獻記録,除趙憲《朝天日記》外尚有許篈《荷谷先生朝天記》。據二書初步勾勒使團一行的行程如下:萬曆二十一年五月十一日使團出發,六月十六日抵中國境内,八月四日抵京入玉河館,十七日入宫賀聖節,九月五日辭朝,十月十日返回朝鮮境内,在中國幾四月。今本趙憲《朝天日記》止於九月十四日,可能並非完帙。

③ 〔朝〕趙憲:《重峰先生文集·朝天日記》,第368頁下欄。

④ 〔朝〕趙憲:《重峰先生文集·年譜》,第468頁下欄。

⑤ 〔朝〕趙憲:《重峰先生文集·朝天日記》,第417上欄。

⑥ 引文參韓國國史編纂委員會"朝鮮王朝實錄"數據庫(http://sillok.history.go.kr/),下同。按,實録附徐命膺撰《行狀》所記略同。

⑦ 按,此前也有官員希望刊行日記未果。英祖十年,向國王提議刊行《朝天日記》的俞最基稱:"臣聞奉朝賀閔鎮遠昨年下往湖中時,趙文烈子孫以此日記示之,故謄出一本。而承旨鄭彦變爲忠清監司,時給物力於沃川郡,使之剞劂。而彦變旋遞,未及開刊云。"(《重峰先生文集·年譜》英祖十年條)

記録明朝政事的《中朝通報》、解釋各類名物的《質正録》以及 "禮部歷事監生姓名鄉里" 六則。

趙憲的《東還封事》，也與此次出使有關。"封事" 即奏疏，該書收録了趙憲歸國後所上的兩件奏疏，即《質正官回還後先上八條疏》與《擬上十六條疏》（下簡稱爲《八條疏》與《十六條疏》），冀從中國見聞出發，爲朝鮮改革劃策。按《朝鮮王朝實録》宣祖七年（萬曆二年，1574，即趙憲出使年）十一月一日條：

> 質正官趙憲，還自京師。憲諦視中朝文物之盛，意欲施措於東方，及其還也，草疏兩章，切於時務者八條；關於根本者十六條。……先上八條疏，上答曰："千百里風俗不同，若不揀風氣、習俗之殊，而強欲效行之，則徒爲驚駭之歸，而事有所不諧矣。" 由是，憲不復舉十六條。

《八條疏》上呈，全文又録於《朝鮮王朝實録》，《十六條疏》則未上。光海君十四年（天啓二年，1622），朝鮮士人安邦俊刊二疏爲單行本《東還封事》，跋稱：

> 積年搜訪，僅得遺文若干篇，類爲全集……而卷帙頗多，工役未易，姑撮其中請絶倭舉義時封事諸篇及傳信言行録，題曰《抗義新編》，刊行于世矣。今又以此兩疏別爲一書，名之曰《東還封事》。[1]

則《東還封事》刊于《抗義新編》之後，安氏欲刊趙憲全集未果而將兩書先行刊出。[2] 十三卷本《重峰先生文集》卷三、卷四收録兩疏，疏後載安邦俊天啓二年跋與趙匡漢崇禎甲申後五十九年（1702）跋。[3]

趙憲的兩篇奏疏，篇幅極長，"皆先引中朝制度，次及我朝時行之制，備論得失之故，而折衷於古義，以明當今之可行"。[4] 八條分別爲聖廟配享、內外庶官、貴賤衣冠、飲食宴飲、士夫揖讓、師生接禮、鄉閭習俗、軍師紀律；十六條分別爲格天之誠、追本之孝、陵寢之制、祭祀之禮、經筵之規、視朝之儀、聽言之道、取人之方、飲食之節、餼廩之稱、生息之繁、士卒之選、操練之勤、城池之固、黜陟之明、命令之嚴。內容涵蓋了政治、經濟、軍事等諸多方面。

《日記》記事詳贍，於禮制、稅法等較爲著意；趙憲篤信朱子的學術背景，使其處處留心中國士人對陽明學的看法。而爲學界關注更多的，則是《東還封事》與《日記》記載的分歧。在《東還封事》中，趙憲將明朝視爲朝鮮改革的榜樣，無論是《八條疏》還是《十六條疏》，無一不

---

① 〔朝〕趙憲：《重峰先生東還封事》，韓國精神文化研究院藏朝鮮刻本（綫上資源），第54頁b。
② 按，五卷本《重峰先生集》卷四列有《甲戌疏》，但有目無文，下注 "即《東還封事》，見《抗義新編》" 〔〔朝〕趙憲：《重峰先生集》卷四，韓國精神文化研究院藏朝鮮刻本（綫上資源），第5頁a〕。則五卷本文集當刊於《東還封事》之後。
③ 按，《朝鮮王朝實録》、單行本《東還封事》及十三卷本《重峰先生文集》所收奏疏文字略有出入，本文徵引的是《文集》收録的版本。
④ 《朝鮮王朝實録》宣祖七年十一月一日條。

美言明朝,指斥本國;而《日記》則有不少對沿途所見秕政惡官的記録,不乏犀利的批評。這一顯著差異,夫馬進在其《朝鮮燕行使與朝鮮通信使》中闢專章論述;中韓兩國學者也就此進行了很多探討。①本文亦希望從閱讀角度出發,爲此貢獻一些見解。

二、購書與讀書:《十六條疏》中明帝事迹的來源

相較於《八條疏》,未呈上的《十六條疏》篇幅更長,并且援引了不少嘉、萬之前的明帝言行事迹。結合《日記》中的購書記録,筆者認爲趙憲對這些時代較遠的史事的引録,來自於其購自使途的《皇明通紀》與《孤樹裒談》二書。

在此,有必要先對燕行使購書的情況稍作考察。縱觀有明一代,儘管偶有限制,使團的購書行爲總體上并未受到太多約束。從制度上看,外國使臣不得購買史書,萬曆《明會典》卷一〇八《禮部·主客清吏司·朝貢四·朝貢通例》:

> 嘉靖二十七年題准……各處夷人朝貢領賞之後,許於會同館開市三日或五日。……禁戢收買史書及玄、黄、紫、皂、大花、西番蓮段疋,并一應違禁器物。②

這條購書禁令,及其未被嚴格實施的事實,燕行使多瞭然於心。許篈《荷谷先生朝天記》六月七日記稱:

> 盖本國人貨買多禁物,如黄紫色段、《史記》等册,皆中朝不許出境者,故序班持此恐嚇。③

序班以此要挾使團、索取方物,而許篈終不以爲意,則其效力不言而喻。使團出發回國時,禮部也并未查驗包裹。趙憲《日記》八月三十日記云:

> 兵部郎中與提督主事例坐于堂中驗點一行行裝,通事以下列包于庭以待之。郎中至門不入,止取其數而觀之,飲于提督廳而去。④

---

① 見〔日〕夫馬進著,伍躍譯:《朝鮮燕行使與朝鮮通信使》第五章《1574 年朝鮮燕行使對"中華"國的批判》,北京:商務印書館,2020 年,第 143—167 頁;楊昕:《朝鮮朝使臣趙憲對明代中國的想象與塑造》,《東疆學刊》2019 年第 3 期,第 28—32 頁;蒲亞如:《論〈東還封事〉和〈朝天日記〉中的明朝形象及趙憲的改革思想》,延邊大學碩士學位論文,2017 年;張安榮:《『東還封事』에서본『朝天日記』의특성연구》,《退溪學論叢》第 25 輯,2015 年,第 141—162 頁。
② 〔明〕申時行等修,〔明〕趙用賢等纂:《大明會典》,《續修四庫全書》,上海:上海古籍出版社 2002 年據明萬曆刻本影印,第 791 册第 111 頁上欄。
③ 〔朝〕許篈:《荷谷集·荷谷先生朝天記》,《影印標點韓國文集叢刊》,首爾:民族文化推進會 1988 年據韓國國立中央圖書館藏本影印,第 58 册第 412 頁上欄。
④ 〔朝〕趙憲:《重峰先生文集·朝天日記》,第 384 頁上欄。

檢《日記》，趙憲此次出使所購書籍，有《性理大全》、《大學衍義補》（七月六日購於廣寧）、《儀禮經傳》、《春秋集傳》（七月二十五日購於永平）、《皇明通紀》（八月三日購於潞河）、《參同契》、《孤樹裒談》（九月十日購於薊州）七種，見而未購者不計。這些書册大多以方物貿得，且無一書購自北京，或因玉河館門禁較嚴，不得隨意外出，赴往書肆。

趙憲在《十六條疏》中條列明帝言行時，并未注出自己從何處得知此事。不過結合以上梳理，經過比勘，有理由相信這些文字抄自《皇明通紀》與《孤樹裒談》。《皇明通紀》即《皇明資治通紀》，嘉靖時陳建纂編年體史書，記太祖至武宗事，是明代風行一時的私修國史，續修本衆多，在明朝與朝鮮都產生了不小的影響。[①]《孤樹裒談》是李默所輯筆記，雜採諸書，内容多與帝王行迹相關。《十六條疏》與兩書文字的聯係，如下表所示：[②]

《十六條疏》	《皇明通紀》
格天之誠 昔者太祖高皇帝一月不雨，則日減膳素食，謂近臣曰："予以天旱故，率諸宫中皆素食，使知民力艱難。往時軍中所需蔬茹醝醬，皆出太官供給，今皆以内官爲之，懼其煩擾於民也。"既而大雨……	啓運録·至正二十七年 六月，久不雨。上日減膳素食，謂近臣吳去疾等曰："予以天旱故，率諸宫中皆素食，使知民力艱難。往時軍中所需蔬茹醝醬，皆出大官供給，今皆以内官爲之，懼其煩憂於民也。"既而大雨。……
追本之孝 臣伏聞太祖皇帝嘗遇仁祖忌日，詣廟祭畢，退御便殿，泣下不止。謂侍臣曰："往者吾父以十月六日亡，兄以九日亡，母以二十二日亡，一月之間，三喪相継，人生值此，其何以堪！終天之痛，念之罔極。"愈嗚咽不勝。左右皆泣下，不能仰視。	啓運録·至正二十七年 四月，仁祖忌日，上詣廟祭畢，退便殿，泣下不止，已而謂起居注曰："往者吾父以是月六日亡，兄以九日亡，母以二十二日亡。一月之間，三喪相繼。人生值此，其何以堪！終天之痛，念之罔及。"愈嗚咽不勝。左右皆泣，不能仰視。
飲食之節 太祖高皇帝召宿衛武臣，謂之曰："朕與爾等起布衣，歷戰陣十五六年，乃得成功。朕今爲天子，卿等亦任顯榮，居富貴，非偶然也。當四方豪傑并起，互相攻奪，危亦甚矣。然每出師，必戒將士毋焚民居，此心簡在上臨，故有今日……"	啓運録·洪武元年 又一日朝罷，上召宿衛武臣，諭之曰："朕與爾等起布衣，歷戰陣十五六年，乃得成功。朕今爲天子，卿等亦任顯榮，居富貴，非偶然也。當四方豪傑并起，互相攻奪，危亦甚矣。然每出師，必戒將士毋焚民居，此心簡在上帝，故有今日……"
《十六條疏》	《孤樹裒談》
追本之孝 臣又聞英宗皇帝謂大學士李賢曰："朕五更二鼓早起，雖有足疾，必行拜天之禮；畢，省奏章，剖決訖，朝服謁奉先殿，八廟皆拜，出則視朝。"	卷七 又曰："朕負荷天下之重，五更二鼓起齋潔，具服拜天，畢，省奏章；剖決訖，復且（具）服謁奉先殿行礼；畢，視朝。循此定規定時，不敢有愒。……" （英宗曰：……）"朕一日之間，五鼓初起拜天，雖或足疾不能起，亦跪拜之。拜畢，司礼監奏本一一自看，朝廟行拜礼，八廟皆然。"

① 關於該書在朝鮮的流傳，參孫衛國：《〈皇明通紀〉及其續補諸書對朝鮮之影響》，《中國史研究》2009 年第 2 期，第 157—176 頁。該文認爲《皇明通紀》至遲在 1570 年就已傳入朝鮮。考慮到出使時間及對此書的徵引僅見于更晚完成的《十六條疏》，趙憲更可能是在中國而非朝鮮讀到《皇明通紀》。
② 引文參考〔明〕陳建著，錢茂偉點校：《皇明通紀》，北京：中華書局，2008 年；〔明〕李默輯：《孤樹裒談》，《四庫全書存目叢書》子部，濟南：齊魯書社 1997 年據中國科學院圖書館藏明刻本影印，第 240 册。

續表

陵寢之所 高皇帝止之曰："此墳墓皆吾家舊隣里,不必外徙。"遂許春秋聽民祭掃,出入不禁云。	卷二 高皇帝云："此墳墓皆吾家舊隣里,不必外徙。"至今墳在陵域者,春秋祭掃,听民出入不禁。
取人之方 仁宗皇帝範銀爲方寸印四枚,刻"繩愆糾繆"四字,分賜蹇義、夏原吉、楊士奇、金幼孜等,曰:"朕有過舉,卿但具疏,用此封疏識進來。"③	卷四 仁宗嗣位,一切政議與者三四人,而蹇、夏二公寵眷最盛。楊文貞公撰蹇忠定公墓誌載當時所賜師傅之臣銀章各一,曰"繩愆糾繆"。蹇首被賜,上謂之曰:"朕有過舉,卿但具疏,用此封疏識進來。"夏忠靖公墓誌亦言之。楊文敏墓誌云:上命範銀爲方寸印四枚,以賜師傅。公與金幼孜同受其一,其文云云。是知蹇、夏、楊、金四人是已。

不難發現,雖然没有大幅改易文字,趙憲有着微妙的取擇。《皇明通紀》中的明帝形象未必盡皆淵源有自,多少有宣揚德化、樹立政範的傾向,提供了一個在政治權力和道德標準上具有優越性的帝王榜樣。有趣的是,對這樣一部以紀事爲主的史書,趙憲却傾向於採録言談而非事迹,將明太祖的長篇大論不嫌冗費地抄録,這或許是想營造口傳心授的體驗,是爲勸説朝鮮國王而採用的撰述策略。《孤樹裒談》雜鈔諸書,裒爲談助;趙憲對其摘録節編,裁剪枝冗,使之變爲鮮明的仁政事例。

趙憲搜羅書册齎回朝鮮,没有束之高閣,而是仔細研讀,將其作爲撰寫奏疏的素材。另一方面,藉由趙憲的記録,亦得以稍稍瞭解晚明地方書籍流通的景象:華北與遼東的地域城市雖然歷來不被視爲文獻刊刻傳播的中心,但絶非閉塞無書之地;關於本朝史事的書籍在市面流通,反映著時人的興趣。

三、所見、所聞、所讀:夏言《桂洲集》與戚繼光文帖

《皇明通紀》與《孤樹裒談》的例子,展現了趙憲如何利用自己購買的書籍爲朝鮮君主樹立儀範。那麼,閱讀是否能與使臣在使行途中的所見所聞發生聯係? 這是本章希望討論的問題。

七月二十五日,使團一行留宿永平府七家嶺驛。可能在此地道遇書賈,許篈見嚴嵩《南宫奏議》,録出《薛文清從祀覆議》;④趙憲則購得《儀禮經傳》、《春秋集傳》,并讀到了夏言的《桂洲集》:

【始見桂洲集】嘉靖朝閣老夏言之集也。暫見表疏,仰審中朝禮接儒臣,凡郊廟
有事,如例祀及薦新之類,例以酒胙分于大臣,至於羹菹之餘,莫不頒之。言亦事事

---

③ 按此事亦見《皇明通紀·仁宗昭皇帝紀》永樂二十二年九月條,但《皇明通紀》記四人爲蹇義、楊士奇、楊榮、金幼孜;且無"範銀爲方寸"等文。趙憲此條紀事當仍源自《孤樹裒談》。

④ 〔朝〕許篈:《荷谷集·荷谷先生朝天記》,第440頁上欄。

上表以謝，禮意兩至，而嘉靖卒不免聽嚴嵩之讒以斬夏言。嗚呼！言既勇退，則再赴于尚書之命者，何歟？命也乎！①

夏言文集的早期刻本傳世不多，今存明忠禮書院本《桂洲先生奏議》卷十三至卷十五專輯"紀恩賜""紀恩類"之章奏，如《謝賜祭告奉先殿酒果脯醢》云云，趙憲所見或許就是這類文字。不過，他發出的感慨非關君臣禮制，而在於夏言因讒見殺的命運。趙憲如何知悉此事？他的日記中沒有説明，但《荷谷先生朝天記》記載了不久前許篈與使團成員洪純彥的一次閑話：

> 洪純彥來言……談中朝舊事，因及夏言、嚴嵩等被禍之由。夏言，世宗皇帝寵臣也，不次陞用，位居首相，最承恩遇。嚴嵩繼爲世宗所幸，擢禮部尚書，權勢既相軋，嵩謀欲去言。時西蕃扣陝西四川塞來降，或以爲不可受，言以彼既慕義歸款，理難逆拒，遂受而處之。嵩陰囑四川巡按御史，誣言潛納外夷重賂，受其僞降。世宗大怒，命下言錦衣衛獄，痛加栲掠於午門外，言氣至委頓，乃命兩人綁其手足，以杖貫其中，荷之而行。言不勝其苦，誣服，即斬之。②

夏言曾任禮部尚書，與嘉靖間來華的朝鮮使節有過直接交往。而其爲嚴嵩羅織，實死于河套之議，洪純彥所述或爲流言。趙憲未必參與了這次閑談，但"中朝舊事"無疑是他們一路上津津樂道的話題。入京後觀覽天壇之時，趙憲聽聞了夏言對建築的改動意見；後來又在使館中與人談及夏言與霍韜的軼事。③當使臣親身走進中國，從前耳熟能詳的名臣終於出現在眼前的書册中，自有今人難以體驗的感觸。

對趙憲等人而言，夏言與嚴嵩已成前朝舊事，總兵戚繼光則給使團留下了更爲直接的印象。萬曆初年，戚繼光在薊州、永平一帶防禦韃靼軍隊，這也正是燕行使赴京的必經之路。在永平府朱大寶家，趙憲見到了戚繼光的文集：

> 【見戚總兵文帖】景晦以府總兵官戚繼光三文帖來示：出師時祭海岳隍纛等神文，及祭戰亡將士及曾爲麾下而立功之人之文，及記其師臨難善處之辭也。忠誠甚篤，文字兼美，真間世名將也。山東登州人。薊州人曰：戚公曾任南方邊帥，時適有倭寇，與戰之時，戚公以其子爲偏將而失律，仗義斬之，卒勝于敵，與岳公無異。今

---

① 〔朝〕趙憲：《重峰先生文集·朝天日記》，第 366 頁下欄。
② 〔朝〕許篈：《荷谷集·荷谷先生朝天記》，第 410 頁下欄。按，核趙、許兩家日記，使團此時尚在朝鮮宣川郡林畔館駐留。
③ 見《日記》八月二十五日條"聞嘉靖朝夏言言……今爲宮不可。乃改築圜丘于宮南一里許"；又《日記》八月二十九日條"聞……夏言與霍韜相響事"。

鎮北方,善謀善禦,有急必援,虜不敢近。^①

這三封文貼名《止止堂稿》,趙憲簡略提到的内容仍可在今本《止止堂集》中覓得。^②而在返程路上,使團遇到了戚繼光的軍隊,

> 【憩于白澗鋪南村見兵車數十】車上有樓可容四人者二,有樓而懸鼓者二,一面板隔如防牌者數十,蓋將列于水口城絶之處以防胡也,俱駕于驢或騾也。步卒數千,擔荷軍器以行,問之則曰:達子四十萬,彌漫于石門寨長城之外,故戚總兵中軍將倪善將二萬眾以赴之。軍不掠途人,驢不飼田禾,非中國政令之嚴,曷臻是哉!^③

過永平朱宅,復聞軍中消息:

> 元凱入城聞聲息,達虜哈剌等欲於月望間起營,將入于義院、喜峰等口。聞戚總兵在三屯營,如有虛報,則輒殺夜不收。故大賊臨城,而絶無虛僞之言,邊徼寂然。美叔見戚公文稿而言曰:"如許好將,那裏得來。以此而刊頒于東國,則甚善云。"余勸退而買之。^④

趙憲一方面在行中收集情報,觀察明朝的軍制與邊防,對烽火臺、戰車、城壕、兵營等等都加以詳載,見證着北敵侵擾之下,將領與軍隊如何籌劃應對;另一方面,通過戚氏文集與當地人的言談,他瞭解到這位操持忠正、精於用兵的將領,生發出"世間名將"的感嘆。趙憲回國後上《八條疏》中的"軍師紀律"一條,即依據戚氏治軍事迹寫成,"軍不掠途人,驢不飼田禾"的紀律,仗義斬子、嚴禁虛報之事例,都被列入奏疏。此外,驛中許、趙二人希望將文帖刊于朝鮮;趙憲復不嫌繁冗地在奏疏裏概括文稿的内容,盛贊戚氏"忠誠懇切""品式備具",將三帖獻上,願"儒臣作傳,而并印其文",使將領"有感慕而興起"。^⑤如果説城防武備是"技"之優勝,那麼將領的品格、軍隊的素質則是"道"之高明。趙憲通過閱讀對後者有了更深的認識,亦冀借書籍將之傳播於朝鮮,激勵後人,這種對書籍作用的體察與利用頗可注意。

---

① 〔朝〕趙憲:《重峰先生文集·朝天日記》,第 366 頁上欄。按,戚繼光斬子事許篈記於九月十八日日記中,爲薊州人趙鸚所述。
② 按,趙憲《朝天日記》未載書名,《八條疏》内以小字注出"止止堂稿"。許篈同日所記略同。
③ 〔朝〕趙憲:《重峰先生文集·朝天日記》,第 388 頁下欄。
④ 〔朝〕趙憲:《重峰先生文集·朝天日記》,第 391 頁上欄。按,夜不收是一類專職探偵諜報的兵種;美叔,許篈字。
⑤ 〔朝〕趙憲:《重峰先生文集·質正官回還後先上八條疏》,第 197 頁下欄。

四、紙上帝國：《中朝通報》與邸報的流佈

《日記》第三卷的《中朝通報》，是對明代政治事件的輯録。《重峰先生文集》的編者稱："本草以通報録於逐日之首，而混雜不便於觀閲，故折之作别編。"除開書末編次紊亂的三條記録，[①]《中朝通報》收録的文件始自六月一日，終於八月三十日。

所謂"通報"，當指邸報。"通報"并非中國史籍中習見的邸報異稱，許篈八月七日記得"通報"事云：

> 白元凱得全章通報二卷來示。起六月初一日，止今月初四日，且載逐日彈駁銓注辭謝奏請等各項題本，但卷中只録題本首詞及聖旨而已，其事之始末則不得詳知。[②]

從《中朝通報》來看，所謂"通報"，就内容而言，收載發往中央政府的題奏公文；就形制而言，逐日著録，且"只録題本首詞及聖旨"。這與明代的邸報是吻合的。[③]

如上引許篈的描述，即使是對於身爲外交人員的燕行使而言，邸報的獲取也并不困難。[④]明代其他使臣的燕行録中尚有不少閲讀邸報的記載，兹不贅舉。不過，使臣大多更關注宫廷要聞及軍事、外交情報，如《中朝通報》逐日謄録邸報的情況并不多見，這或與趙憲本人借鑒中朝，籌劃改革的意圖有關。對讀《中朝通報》與《東還封事》，可以發現來自邸報的時政信息，多爲《東還封事》所資取。例如：

> 十六條疏·格天之誠
>
> 臣伏見通報，皇上憫念畿内亢旱，築壇宫中，竭誠露禱，通行諸司一體省戒，中外人心無不感悦云。

---

① 現存《朝天日記》之《中朝通報》按日期先後編次，但八月三十日之後復有八月初三、初六、二十五日三條。初三日條記"受賞於皇極門前，時衍聖公孔缺立于尚書之上"云云。核趙憲《朝天日記》及許篈《荷谷先生朝天記》，於皇極門受賞在九月初三日，此條爲誤摘，且將九月誤寫爲八月。初六日條記曾子後人曾繼祖爲曾袞冒襲爵位上書事及禮部回覆，按此事在《明實録》萬曆元年八月二日條。二十五日條記孟彦璞乞賜誥命事，暫未考得。

② 〔朝〕許篈：《荷谷集·荷谷先生朝天記》，第449頁下欄。

③ 明人著作中關於抄寫、閲讀、引用邸報等等的記録俯拾即是，但直接描述邸報格式者極少，蓋習焉不察，所留存的明代邸報原件更是鳳毛麟角。現存文獻中較多保留了邸報原貌的，可參臺灣"中央圖書館"藏抄本《萬曆邸鈔》。

④ 陳彝秋《從"朝天録"看明代中後期玉河館的管理與運行》對燕行使獲取邸報情況的考察表明，在明代，邸報可以通過多樣且便利的途徑抵達使節手中（《韓國研究》第12輯，北京：社會科學文獻出版社，2014年，第255—309頁）；漆永祥《論"燕行録"創作編纂過程與史料真僞諸問題》討論了邸報對於燕行使搜集情報的作用，亦提到向使臣提供邸報可能是一項慣例（《歷史文獻研究·總第43輯》，揚州：廣陵書社，2019年，第6—40頁）。此外，使團有時也能在中國境内獲得朝鮮王朝的邸報，如許篈《荷谷先生朝天記》記十月一日在首山嶺道遇李趯，"閲八月朝報"，得知吴健的死訊。李趯、吴健，皆朝鮮人。

中朝通報·八月十四日

江西巡按御［史］凌雲翼奏南昌、新建、進賢、豐城……春雨彌月，洪流決堤。……臣伏念水旱災傷，所不能無，而修德應天，明君所不敢懈。頃者，皇上俯念畿內亢旱，築壇宮中，竭誠露禱，通行諸司一體省戒，中外人心無不仰頌。猶願皇上……以憂念畿輔之心推之以及天下，則災異可弭，和氣可回，太平可致矣。①

趙憲自御史凌雲翼的奏本知曉神宗曾爲京畿旱災祈禱，不過原奏本非爲稱頌萬曆而上，而是向朝廷彙報江西洪災，希望神宗亦能爲之祈天。又如：

十六條疏·黜陟之明

臣竊聞皇朝於黜幽陟明之政務從其實，以直隸巡按王湘、山東巡撫傅希摯之題本，而見他道撫按之題本，則其於舉賢劾邪，惜才引不及之事，莫不處之得當，而吏部以是覆奏施行。

中朝通報·八月二十三日

山東巡撫傅希摯薦舉方面官員，訪得……以上諸臣切爲藩臬之良，所當薦揚者也。……又訪得……此二臣者，振奮無繇，任未及期，贓私未甚狼藉，所當容令致仕者也。……奉聖旨：吏部知道。②

趙憲舉出兩位地方官員題本，稱明朝"舉賢劾邪"，"莫不處之得當"。事實上，考核地方官員，按例給出評價和處置，本就是明代撫按的職責所在。至於他們是否真的"處之得當"，盡職盡責，則未必如此。趙憲所見沿途官員的貪腐惡行，也證實了這一機制并非完美，甚至是失效的。黜陟官員的制度之外，趙憲還留意到明朝中央機構處理政務的流程，即上題本後"吏部以是覆奏施行"，顯然也是從閱讀邸報中獲得的知識。更爲系統的表述，見於《東還封事》的另外一處：

十六條疏·聽言之道

臣於皇上納諫之事，雖未詳聞，而伏見通報，六科給事中及十三道撫按御史日有奏疏，例下該部使之詳議，該部覆奏則詢于閣老，無不施行，是則天下之事一付于朝廷之公論，而帝不敢以一毫私意容於其間。③

趙憲冠以"聽言之道"，認爲明朝天下之事"一付于朝廷之公論"而"帝不敢以一毫私意

---

① 〔朝〕趙憲：《重峰先生文集·擬上十六條疏》，第 201 頁上欄；《重峰先生文集·朝天日記》，第 401 頁下欄。
② 〔朝〕趙憲：《重峰先生文集·擬上十六條疏》，第 220 頁上欄；《重峰先生文集·朝天日記》，第 407 頁下欄。
③ 〔朝〕趙憲：《重峰先生文集·擬上十六條疏》，第 206 頁下欄。

容於其間”，與權力運行的實際狀況不符。他於萬曆初年出使，神宗尚幼而張居正主政，產生如此印象不難理解。但是，他對六科、御史上奏疏，至六部議，再至内閣處理，這樣一套成熟完備、層次井然的政務處理體系的觀察，却是大體不錯的。由此可見，對於一個朝鮮使臣而言，邸報不僅記録了具體的時政信息，更展現着明朝行政機構運轉的景象。這是很難通過其他途徑産生切身體會的。

結　語

除以上所述，趙憲還獲得了兩册《縉紳便覽》，他對明代官員銓選制度的細節描述，如擬補時吏部“擬二望以進”、授官改官時“多用近境人物”，很可能來自於此；在永平府讀《唐書》，抄出《陸贄傳》傳文中的“按吏之規”；在沿途的官衙祠廟、大小城鎮訪碑讀榜……總之，趙憲的燕行録呈現了廣闊的文獻世界。

閱讀是趙憲理解中國的重要方式。史書備録明朝的百年往事，邸報將遼闊疆域上的紛繁政務彙爲一紙，燕行使得以超越有限的時間與空間，盡可能地探索這個龐大的帝國。書籍呼應着朝鮮士人已有的知識，又與其旅途中的聞見相交織，共同構成了他們的中國體驗。文獻之爲知識與信息的孔道，對燕行使而言有獨特且不可或缺的意義。

對閱讀的考察，可以爲趙憲在《朝天日記》與《東還封事》對明朝形象的不同記録提供一種觀察的視角。二書的差異乃至矛盾，前人已有深入研究，這裏僅舉一例説明：

> 朝天日記·六月二十五日
>
> 純彦曰：這地亦有巡按，何不往訴乎？
>
> 遼人曰：名爲御史而實則愛錢，公然受賂，略無所忌，同是一條藤。
>
> 十六條疏·生息之繁
>
> 故雖間有守令之貪鄙者，不敢越法以侵民，或以非道取民，則巡按、巡撫即以提問而劾罷。故守令畏撫按之威，百姓安朝廷之法，所以能人繁而地闢也。①

在與遼東本地人的交談中，趙憲得知巡按御史并没有起到監督官吏的作用，反而同流合污，收取賄賂；但他在《十六條疏》中仍視之爲行之有效的監察手段。《東還封事》回避了趙憲知曉的真實情況，將中國理想化，使之成爲朝鮮王朝的學習對象。對讀《東還封事》與《朝天日記》，這種有意的修飾與加工爲數不少，個中意圖正如夫馬進所論，中國以古代的經典文本作爲政治革新的資源；而朝鮮不僅與中國共享着儒家經典，中國本身也成爲了一種政治資

---

① 〔朝〕趙憲：《重峰先生文集·朝天日記》，第357頁上欄；《重峰先生文集·擬上十六條疏》，第213頁下欄。

源，"爲了批評朝鮮的政治現狀，最有效的方法是將中國作爲一個完整的烏托邦提出"。[①]

夫馬進將燕行使眼中中國的現實視爲一種與儒家經典并駕齊驅的"文本"，這一隱喻性的解讀恰與本文的論題形成對照。本文試圖説明的是，"中國的現實"不僅來自於使臣的見聞，也來自於使臣的閲讀，而通過文字被感知的中國，與現實有着天然的距離。燕行使們看到的也許是千瘡百孔、民生凋敝的土地，讀到的却是昇謫有道、法度嚴明的官場，是明君屢出、德化天下的帝統。就趙憲的例子而言，文獻中的中國豐富着他的認知，也更具理想化的色彩，幫助他塑造出了"一個完整的烏托邦"。

在動身西行之前，讀書——無論是經史典籍、方志圖書，還是文集小説，乃至前人的燕行日記——是燕行使瞭解中國的主要途徑。使行途中，他們比較着中國與朝鮮，也比較着書中的中國與真實的中國。回國後，他們的又往往將自己的見聞刊於紙墨，在下一批赴往中國的車馬間展開書頁，娓娓道來。因此，燕行之路也是知識與書籍的環流，值得進行更多的探索。

（葉天成，北京大學中文系博士研究生）

---

① 〔日〕夫馬進著，伍躍譯：《朝鮮燕行使與朝鮮通信使》，第 182 頁。

日本藏三體石經考述

孟凡港

［摘　要］　日本藏有五方三體石經殘石，皆民國時期出土於洛陽太學舊址，其中兩方藏於書道博物館，一方藏於有鄰館，一方藏於京都國立博物館，還有一方下落不明。日藏三體石經保存了《尚書》與《春秋》的古文經本，反映了漢魏時期的經學發展演變，具有極高的文獻學價值。本文考述其名目、存況及收藏源流，並就經文校理與經碑復原加以嘗試。

［關鍵詞］　日本藏　三體石經　校理　復原

漢魏之交，古文經學已漸盛行，曹魏正始年間將古文經《尚書》《春秋》與《左傳》[①]書刻於石，分別使用古文、小篆、隸書三種字體，故稱“三體（字）石經”，又名“魏石經”“正始石經”等。三體石經命途多舛，歷經晉末戰火及北朝時期的廢毀分用與遷轉移運，至貞觀初秘書監魏徵收集殘存石經之時，“十不存一”。[②]嗣後千年，三體石經茫昧無聞，直至光緒二十一年（1895）洛陽龍虎灘《尚書·君奭》殘石的發現，再受學界關注。之後，洛陽太學舊址陸續有殘石出土，爲羅振玉、徐鴻寶、馬衡、白堅、黃立猷、周進等諸家收藏，亦有流散日本者。對於新出三體石經殘石，學界有不少著錄與考證成果，如王國維《魏正始石經殘石考》、羅振玉《魏正始石經殘石跋》、白堅《魏正始三體石經五碑殘石記》、孫海波《魏三字石經集録》、馬衡《集拓新出漢魏石經殘字》、陳乃乾《魏正始石經殘字》、吕振端《魏三體石經殘字集證》、趙立偉《魏三體石經古文輯證》等，或編録拓本，推導復原，或釋讀文字，考校經文，取得豐碩成果。對於日本藏三體石經殘石，學界亦有編録與考校，但仍存不足：其一，編録不全。孫海波《魏三字石經集録》可謂三體石經研究資料之集大成者，日藏三體石經《君奭》《多方》編入其中，而《立政》《召誥》以及以上四石背面《春秋》僖公與宣公部分闕而未載。吕振端《魏三體石經殘字集證》爲三體石經殘石集録與研究的後起總結之作，然而仍闕載日藏《召誥》《立政》以及《春秋》僖公二年至五年、宣公七年至十年。其二，學界所刊拓本多爲剪開本，失去原石輪廓形狀，難以據此復原經碑，如孫海波《魏三字石經集録》、顧頡剛與顧廷龍《尚書文字合編》等皆是。其三，各書僅編録拓本，而於原石及其存況、收藏源流等多未交待。其四，對於日藏三體石經殘石經文，缺乏系統整理與考校。鑒於此，2017—2018年，筆者專門赴日本東京、京都等地考察，獲得日藏三體石經的相關資料，茲考述其名目、存況、收藏源流等，並就經文校理與經碑復原加以嘗試。

---

① 　王國維認爲三體石經《左傳》僅刻“魯隱公元年至魯莊公中葉”部分，參見王國維《觀堂集林》卷二○《魏石經考二》，載《王國維遺書》第3冊，上海：商務印書館1940年影印本。
② 　〔唐〕魏徵等：《隋書》卷三二《經籍一》，北京：中華書局，1973年，第947頁。

一、日本藏三體石經概述

根據筆者實地調查及學界相關著録信息,可知日本藏有五方三體石經殘石,皆民國時期出土於洛陽太學舊址,其中兩方藏於東京書道博物館,一方藏於京都有鄰館,一方藏於京都國立博物館,還有一方下落不明。

(一)書道博物館藏三體石經殘石

書道博物館藏有兩方三體石經殘石。殘石一,爲原碑的下半段,高五十四厘米,寬四十三點五厘米,厚十八厘米。[1] 殘石兩面刻:一面爲《尚書·君奭》,十五行,每行每體四至七字,共計九十字;另一面爲《春秋》僖公廿三年至廿八年,十四行,每行每體五至七字,共計八十四字。《尚書·君奭》處於原碑右側邊緣部分,《春秋·僖公》處於原碑左側邊緣部分。

殘石二,爲原碑的上半段,高六十五厘米,寬三十九點五厘米,厚十六點五厘米。[2] 殘石兩面刻:一面爲《尚書·立政》,十四行,每行每體五至七字,共計八十一字;另一面爲《春秋》僖公二年至五年,十三行,每行每體四至六字,共計七十二字。《尚書·立政》處於原碑右側邊緣部分,《春秋·僖公》處於原碑左側邊緣部分。

書道博物館藏兩方三體石經殘石,最早見録於白堅《魏正始三體石經五碑殘石記》。白堅(1883—?),字堅甫,別號石居,四川西充人,民國時期著名金石書畫收藏家。白氏早年

殘石一《尚書·君奭》
(《魏正始三體石經五碑殘石記》)

殘石一《春秋·僖公》
(《魏正始三體石經五碑殘石記》)

① 〔日〕台東区立書道博物館:《台東区立書道博物館図録·作品解説》第 118 號"三體石経殘石(第三石)",2015 年。
② 〔日〕台東区立書道博物館:《台東区立書道博物館図録·作品解説》第 119 號"三體石経殘石(第五石)",2015 年。

殘石二《尚書·立政》　　　　　　　　　殘石二《春秋·僖公》
（《魏正始三體石經五碑殘石記》）　　　　（《魏正始三體石經五碑殘石記》）

留學日本，畢業於早稻田大學政治科，後任北京"國務院"簡任書記、段祺瑞政府秘書廳編譯主任，1938年任偽"臨時政府"內政部秘書。[①]因留日背景及廣泛的中日人脉關係，白氏在1926年至1937年間常往來於中日兩國之間，從事金石書畫的收集、鑑賞與轉售活動。他收藏有數方漢魏石經殘石，並著有《魏正始三體石經五碑殘石記》《讀漢魏石經記》《漢石經殘石集》《石居獲古錄》等。其中，《魏正始三體石經五碑殘石記》初刊於一九三六年（鉛印本），收錄了一九二二年以來洛陽太學舊址出土的五方大塊三體石經殘石，按照《尚書》經文順序分別命名爲第一、二、三、四、五石，縮印圖版並據以排列經文，拓片雖縮小很多，但保存了殘石原貌，便於復原參考。後白氏又得一方兩面刻有經碑序號的殘石，故而次年刊行第二版，新增所獲殘石兩面拓本及《獲三體石經尚書第廿一碑春秋第八碑殘石記》一篇。由白氏記載可知，第五石爲其藏品，而其他四種皆其所得拓本。如白氏謂第三石："嘗於上海觀摩此石而得其拓本，聞今此石歸日本中村不折家。"[②]謂第四石："亦嘗於滬睹此石而得其拓本，聞此石今歸日本藤井有鄰館。"[③]謂第五石："此石今存西充白氏與石居。"[④]後來，第三石、第四石與第五石皆流入日本，第三石與第五石爲中村不折購得，現藏書道博物館。中村不折仍依照白堅編號，將其命名爲"三體石經殘石第三石"與"三體石經殘石第五石"，並誤認二石皆原爲

① 〔日〕橋川時雄：《中國文化界人物總鑑》，北京：中華法令編印館，1940年，第48頁。陳玉堂：《中國近現代人物名號大辭典》，杭州：浙江古籍出版社，1993年，第118頁。
② 白堅：《魏正始三體石經五碑殘石記》第二版，白氏與石居1937年鉛印本，第11頁。
③ 白堅：《魏正始三體石經五碑殘石記》，第14頁。
④ 白堅：《魏正始三體石經五碑殘石記》，第17頁。

白堅藏品。第四石則現藏京都有鄰館。本文將“三體石經殘石第三石”命名爲“殘石一”，“三體石經殘石第五石”命名爲“殘石二”。

（二）有鄰館藏三體石經殘石

有鄰館藏一方三體石經殘石，高八十二點五厘米，寬四十二點八厘米，厚十七厘米。[①] 殘石兩面刻：一面刻《尚書·多方》，十五行，每行每體七至九字，共計一百一十三字；另一面刻《春秋》僖公十三年至十六年，十四行，除首行殘存一字外，其他每行每體六至九字，共計一百零八字。《尚書·多方》處於原碑上部右側邊緣部分，《春秋·僖公》處於原碑上部左側邊緣部分。

有鄰館藏三體石經殘石，即白堅《魏正始三體石經五碑殘石記》第四石，白氏曾於上海

《尚書·多方》（《有鄰館精華》）　　　　《春秋·僖公》（《有鄰館精華》）

見到此石並得其拓本，後流入日本，爲有鄰館收藏。羅振玉在《石交録》中曾談到一方三體石經殘石流入有鄰館：“近年《君奭》石最下截一石復出，由蜀人某售諸日本京都藤井氏。”[②] 實際上，有鄰館所藏三體石經殘石爲《多方》，而非《君奭》，羅氏所言有誤；抑或謂書道博物館藏第三石，所刻正爲《君奭》，而將其藏所誤爲京都有鄰館。無論是指有鄰館藏石，還是謂書道博物館藏石，“蜀人”必指白堅無疑。

---

① 〔日〕有鄰館：《有鄰館精華·作品解説》第 35 號《正始石經》，東京：大塚巧藝社，1996 年。

② 羅振玉：《石交録》卷一，《貞松老人遺稿》本，1941 年。

（三）京都國立博物館藏三體石經殘石

京都國立博物館藏一方三體石經殘石，一九七六年六月從日本國內藏家手中購買入藏，館藏編號爲"J甲303"，高七十六厘米，寬四十三厘米，厚十七點一厘米。[①]殘石兩面刻：一面刻《尚書·召誥》，十五行，每行每體三至八字，共計一百一十四字；另一面刻《春秋》宣公七年至十年，十四行，每行每體二至九字，共計一百零三字。《尚書·召誥》處於原碑上部右側邊緣部分；《春秋·宣公》處於原碑上部左側邊緣部分。近有趙振華《談日本京都國立博物館藏魏石經殘石》[②]一文，復原該碑兩面經文並研討新見古文。

《尚書·召誥》
（《京都國立博物館藏品図版目録·考古編》）

《春秋·宣公》
（《京都國立博物館藏品図版目録·考古編》）

（四）下落不明的三體石經殘石

白堅在《魏正始三體石經五碑殘石記》中記載了其1936年游歷日本期間所見三方三體石經殘石之事，稱："歲在丙子十一月四日夕，游於日本大阪淺野竹石山房，得魏正始三體石經二片，縮寫其真如左。"[③]"丙子"，即民國二十五年（1936）。據所載圖版來看，一爲《尚書》第廿一石下半殘塊，存《尚書·君奭》三十四字，另一爲《春秋》第八石，存僖公廿八年經文十九字。此石正爲黃縣丁氏所得殘石的後半。白氏從淺野竹石山房購回此石，運至四川，解

① 〔日〕京都國立博物館：《京都國立博物館藏品図版目録·考古編》，1983年，第165頁。
② 趙振華：《談日本京都國立博物館藏魏石經殘石》，《洛陽考古》2020年第2期。
③ 白堅：《魏正始三體石經五碑殘石記·獲三體石經尚書第廿一碑春秋第八碑殘石記》，第21頁。

放後又運回北京,現藏故宮博物院。^①同在此次游歷日本期間,白堅在京都河合尚雅堂見到另外一方三體石經殘石,云:"去歲秋,游日本京都,於河合尚雅堂見此殘石之上半截十五行。'有若閡天'之'天',古文及小篆皆作'天'。河合氏云此殘石合肥李氏家物,拓本不得與。"^②白氏所見之石,當爲書道博物館殘石一的上半截,一面爲《尚書·君奭》十五行,背面當爲《春秋·僖公》,行數未知。河合氏所藏三體石經殘石,後不知所終,當仍在日本。

二、日本藏三體石經經文校理

依據原石與拓本,對日本藏三體石經加以録文並校理。録文保持用字原樣,每行末加"｜",以示原石行款;對於殘泐文字,若能確斷字數,用等量"□"加以標示,若不能確斷,則用小號字體"上闕"或"下闕"標示。録文之後,參校各本,異文一一出校。《尚書》經文的校理,參校石經本兩種:一是漢石經,今據馬衡《漢石經集存》(科學出版社 1957 年);二是唐石經,今據西安碑林博物館藏石,並參考上海圖書館藏拓。寫本六種:一是敦煌莫高窟所出唐寫本,簡稱"敦煌本",其中《尚書·君奭》據法國國家圖書館藏 Pelliot chinois Touen-houang 2748 寫本,今據《法藏敦煌西域文獻》影印本(上海古籍出版社 2001 年),《尚書·立政》與《尚書·多方》據大英博物館藏 Stein 2074 寫本,今據《英藏敦煌文獻》影印本(四川人民出版社 1990 年);二是九條道秀公舊藏日本寫本,簡稱"九條本",今據昭和十七年(1942)《京都帝國大學文學部影印舊鈔本》第十集影印本;三是内野皎亭舊藏影寫日本元亨二年(1322)沙門素慶刻本,簡稱"内野本",今據日本昭和十四年(1939)東方文化研究所影印本;四是足利學校遺迹圖書館藏日本室町時期寫本,簡稱"足利本";五是上海圖書館藏日本影寫天正六年(1578)秀圓題記本,簡稱"上圖本(影天正本)";六是上海圖書館藏日本寫本,每半葉八行,行大字二十,簡稱"上圖本(八行本)"。刻本有六:一是李盛鐸舊藏南宋坊刻本,簡稱"李盛鐸舊藏宋刻本",今據《中華再造善本》影印本;二是元代福建刊、明正德修補重印《附釋音尚書注疏》,簡稱"元刊明修十行本",今據《中華再造善本》影印本;三是明萬曆北監《十三經注疏》本,簡稱"北監本",今據天津圖書館藏萬曆刻本;四是明崇禎毛晉汲古閣《十三經注疏》本,簡稱"毛本",今據東京大學東洋文化研究所藏本;五是清乾隆武英殿《十三經注疏》本,簡稱"殿本",今據《武英殿十三經注疏》影印本(齊魯書社 2019 年);六是清嘉慶阮元校刻《十三經注疏》本,今據《十三經注疏》影印本(中華書局 1980 年)。《春秋》經文的校理,參校本主要有五:一是唐石經之《春秋左氏傳》《春秋公羊傳》與《春秋穀梁傳》,今據西安碑林博物館藏石,並參考上海圖書館藏拓;二是明萬曆北監《十三經注疏》本《春秋左傳注疏》《春秋公羊傳注疏》與《春秋穀梁傳注疏》,今據天津圖書館藏萬曆刻本;三是

---

① 馬子雲、施安昌:《碑帖鑒定》,桂林:廣西師範大學出版社,1993 年,第 96 頁。
② 白堅:《魏正始三體石經五碑殘石記·闕疑記》,第 24 頁。

明崇禎毛晉汲古閣《十三經注疏》本《春秋左傳注疏》《春秋公羊傳注疏》與《春秋穀梁傳注疏》，今據東京大學東洋文化研究所藏本；四是清乾隆武英殿《十三經注疏》本《春秋左傳注疏》《春秋公羊傳注疏》與《春秋穀梁傳注疏》，今據《武英殿十三經注疏》影印本（齊魯書社2019年）；五是清嘉慶阮元校刻《十三經注疏》本《春秋左傳正義》《春秋公羊傳注疏》與《春秋穀梁傳注疏》，今據《十三經注疏》影印本（中華書局1980年）。

（一）書道博物館藏三體石經殘石一

1.《尚書·君奭》

上阙君奭[1]，在昔上下阙」上阙躬[2]。惟文王尚克下阙」上阙天，有若散宜生下阙」上阙來，兹迪彝教，文下阙」上阙智[3]天畏[4]，乃惟時昭下阙」上阙殷命哉。武王惟下阙」上阙畏[5]，咸劉厥敵。惟下阙」上阙予小子[6]，若游大下阙」上阙誕無[7]我責，收罔下阙」上阙弞[8]曰其有[9]能俗[10]下阙」上阙圛[11]惟休，亦大惟下阙」上阙前人敷乃心[12]，乃下阙」上阙亶。乘兹大命，惟下阙」上阙朕兄[13]保奭。其[14]女下阙」上阙畏[15]。予不[16]兄[17]惟若下阙」

【校記】

［1］“君奭”，敦煌本作“君”。

［2］“躬”，敦煌本、内野本、上圖本（八行本）作“身”。《説文解字》卷七下《吕部》：“躳，身也。从身从吕。躬，躳或从弓。”“躳”同“躬”，“躬”與“身”義同。

［3］“智”，唐石經、敦煌本、内野本、足利本、上圖本（影天正本）、上圖本（八行本）等皆作“知”。“智”“知”通用，爲古書通例。下同。

［4］“畏”，阮元校刻《十三經注疏》本作“威”。山井鼎、物觀《七經孟子考文補遺》：“迪知天威，古本威作畏。”盧文弨《群書拾補》：“迪知天威，古本威作畏。”阮元《十三經注疏校勘記》（文選樓本）：“迪知天威，古本威作畏。”唐石經、敦煌本、九條本作“威”，内野本、足利本、上圖本（影天正本）、上圖本（八行本）作“畏”。段玉裁《古文尚書撰異》：“古畏、威通用。畏之曰畏，可畏亦曰畏。”

［5］“畏”，阮元校刻《十三經注疏》本作“威”。《七經孟子考文補遺》：“誕將天威，古本作誕畏天畏。”《群書拾補》：“誕將天威，古本作誕畏天畏。”《十三經注疏校勘記》：“誕將天威，古本作誕將天畏。”唐石經、敦煌本作“威”，九條本、内野本、足利本、上圖本（影天正本）、上圖本（八行本）作“畏”。

［6］“子”後，敦煌所出衛包改字之前《尚書》寫本及其他流傳於日本的唐寫本《尚書》均有“旦”字，與今本同。

［7］“無”，三體石經古文作“亡”，篆、隸作“無”。九條本、内野本、足利本、上圖本（影天正本）、上圖本（八行本）作“亡”。無，明母魚部；亡，明母陽部，二字聲近可通。

［8］“弞”，唐石經、上圖本（影天正本）、足利本、阮元校刻《十三經注疏》本作“矧”。《説文解字》卷五下《矢部》：“弞，況也，詞也，从矢，引省聲。从矢，取詞之所之如矢也。”段注云：“《尚書》多用弞字，俗作矧。”可知，“弞”乃“矧”本字。

［9］“其有”，九條本作“丌又”。《説文解字》卷五上《丌部》：“丌，下基也，薦物之丌，象形。凡丌之屬皆从丌。讀若箕同。”段注“丌”字曰：“古多用爲今渠之切之其。”《集韻》：“其，古作丌、亓。”可知，“丌”“亓”爲“其”古字。下同。

［10］“俗”，唐石經、敦煌本、九條本、内野本、上圖本（影天正本）、上圖本（八行本）、阮元校刻《十三經注

疏》本皆作"格"。《方言》卷一:"佫,至也。邠、唐、冀、兖之間曰假,或曰佫。"郭璞注:"佫,古格字。"《詩·大雅·抑》:"神之格思。"《毛傳》:"格,至也。"陳奐傳疏:"格即佫之假借字。"

［11］"畺",唐石經、足利本、上圖本(影天正本)及阮元校刻《十三經注疏》本皆作"疆"。《説文解字》卷一三下《田部》:"疆,畺或从土,彊聲。"段注曰:"今則疆行而畺廢矣。惟《周禮》有畺。""畺"爲"疆"古字。

［12］"乃心"二字,内野本脱。

［13］"兄",三体石經中的古文、篆書與隸書分別作"🀄""🀄""兄"。阮元校刻《十三經注疏》本作"允"。漢石經、唐石經、敦煌本、九條本、内野本、足利本、上圖本(影天正本)、上圖本(八行本)亦作"允"。隸變階段"厶""口"形近常常相混,故三體石經"允"字古文受隸書字形的影響皆訛作"兄"。下同。

［14］"其",九條本作"亓"。

［15］"畏",唐石經、足利本、上圖本(影天正本)及阮元校刻《十三經注疏》本皆作"威"。

［16］"不",敦煌本、九條本、内野本、上圖本(八行本)作"弗"。"不"與"弗"語音相近,用法相通,早期寫本"弗",後來多被改寫成"不"。如今本《尚書·君陳》"若不克見",上博簡、郭店簡《禮記·緇衣》作"如其弗克見"。不過,"弗"字後世也有使用。

［17］"兄",漢石經、唐石經、敦煌本、九條本、足利本、上圖本(影天正本)、上圖本(八行本)、阮元校刻《十三經注疏》本皆作"允"。

2.《春秋》僖公二十三年至二十八年

上阙十有一月,杞子下阙」上阙秋七月。冬,天王下阙」上阙春王正月丙午下阙」上阙宋蕩伯姬來逆下阙」上阙于頓,葬衛文公下阙」上阙于洮。廿有六[1]下阙」上阙盟于向。齊人侵下阙」上阙伐我北鄙,衛人下阙」上阙以襄[2]子歸。冬,楚下阙」上阙至自伐齊。廿[3]下阙」上阙矦昭卒。秋八月下阙」上阙杞。冬,楚人、陳矦下阙」上阙戍,公會諸矦盟于下阙」上阙伐衛。公子買戍衛下阙」

【校記】

［1］"廿有六",唐石經三傳同,其他諸本皆作"二十有六"。

［2］"襄",諸本《春秋公羊傳注疏》皆作"隗"。

［3］"廿"字後殘缺,據上文"廿有六"推斷,兹當作"有七"。唐石經三傳亦作"廿有七"。諸本《春秋左傳注疏(正義)》與《春秋穀梁傳注疏》皆作"二十有七",諸本《春秋公羊傳注疏》皆作"二十七"。

(二)書道博物館藏三體石經殘石二

1.《尚書·立政》

上阙乃事,宅乃牧,宅乃下阙」上阙宅人,兹乃三宅下阙」上阙德罔[1]後。亦越[2]成下阙」上阙克即宅,曰三有[3]下阙」上阙在商邑,用協[4]下阙」上阙在受德瞀[5],惟下阙」上阙德之人[6],同于下阙」上阙奄[7]甸萬姓。亦下阙」上阙俊[8]心,以敬事下阙」上阙作三事。虎賁、綴衣下阙」上阙都小伯[9]、藝人、表臣下阙」上阙馬、司空、亞旅。夷微下阙」上阙乃克立兹常[10]事。司[11]下阙」上阙庶言下阙慎[12]下阙」

【校記】

［1］“罔”，内野本、上圖本（八行本）作“亡”。“罔”與“亡”同音，義亦相通。

［2］“越”，上圖本（八行本）作“粤”。粤、越古均爲匣母月部字，聲同可通。王引之《經傳釋詞》卷二：“《爾雅》曰‘粤，于也’，又曰‘粤，於也’，字亦作越。《夏小正》‘越有小旱’，《傳》曰‘越，于也。’”《經典釋文》卷三《尚書音義上·盤庚上》：“越本又作粤，音曰于也。”《説文解字》卷二《走部》：“越，度也。從走戉聲。”段注云：“度也。與辵部逯字音義同。《周頌》‘對越在天’。箋云：‘越，於也。此假借越爲粤也。’《尚書》有越無粤。《大誥》《文侯之命》越字，魏三體石經作粤。”

［3］“有”，敦煌本、九條本、内野本、上圖本（八行本）皆無。

［4］“協”，内野本、足利本、上圖本（影天正本）、上圖本（八行本）作“叶”。《玉篇》：“叶，胡牒切，合也，古文協。”

［5］“暋”，敦煌本、九條本作“忞”。“忞”，古同“暋”。

［6］“人”，敦煌本無。

［7］“奄”，敦煌本、九條本、内野本、上圖本（八行本）作“弇”，上圖本（影天正本）“奄”字誤倒置於“甸萬姓”後。《説文解字》卷一〇下《大部》：“奄，覆也。大有餘也。又，欠也。從大從申。申，展也。”段注云：“《釋言》曰：荒，奄也。弇，同也。弇，葢也。古奄、弇同用。”

［8］“俊”，《群書拾補》：“‘灼見三有俊心’。俊，石經作㑺。”不知盧氏所言爲何石經，三體石經作㑺。敦煌本、九條本、内野本、足利本、上圖本（影天正本）、上圖本（八行本）作“畯”。

［9］“伯”，敦煌本、九條本作“栢”。

［10］“常”，上圖本（影天正本）誤作“掌”，且脱“事”字。

［11］“司”，敦煌本、九條本、内野本、上圖本（八行本）無。

［12］“慎”，敦煌本、九條本、内野本、上圖本（八行本）作“睿”。“睿”，古文“愼”字。段注“睿”曰：“古文。寮字從此。《釋文·序録》稱‘睿徽五典’，是陸氏所據《堯典》作睿。自衛包改作慎，開寶中乃於《尚書音義》中删之。”

2.《春秋》僖公二年至五年

上闕巳，葬我小君下闕」上闕公、江人、黄人盟于下闕」上闕春王正月，不雨。夏下闕」上闕矦、宋公、江人、黄人下闕」上闕鄭。四年春下闕」上闕許男、曹伯侵下闕」上闕楚屈完來盟下闕」上闕江人、黄人伐下闕」上闕二月，公孫兹[1]下闕」上闕侵陳。五年春下闕」上闕子。夏，公孫兹[2]下闕」上闕許男、曹伯會王下闕」上闕伯逃歸不盟。楚下闕」

【校記】

［1］“兹”，唐石經《春秋公羊傳》、諸本《春秋公羊傳注疏》皆作“慈”。唐石經《春秋左氏傳》《春秋穀梁傳》以及諸本《春秋左傳注疏（正義）》與《春秋穀梁傳注疏》皆作“兹”。公孫兹，姬姓，叔孫氏，名兹，諡戴，魯桓公之孫、叔牙之子，史稱叔孫戴伯。

［2］同上。

（三）有鄰館藏三體石經殘石

1.《尚書·多方》

民主。慎[1]厥[2]麗乃勸；厥[3]民下闕」德慎[4]罰，亦克用勸。要囚下闕」辜，亦克用勸。今至于爾下闕」烏虖[5]！王若曰：誥告[6]爾下闕」有[7]殷，乃惟爾辟[8]，以爾下闕」惟有[9]夏[10]，圖厥[11]政,不[12]集下闕」爾商後王,逸厥逸[13],圖下闕」罔念作狂,惟狂克念下闕」作民主,罔可念聽。天下闕」天,惟爾多方,罔堪[14]顧下闕」德,惟典[15]神天。天惟下闕」今[16]我曷敢[17]多誥,我下闕」之于爾多方。爾曷下闕」尚宅爾宅,畋爾田[18]下闕」上闕静,爾下闕」

【校記】

[1]“慎”,敦煌本、九條本、内野本、上圖本(八行本)作“昚”。

[2]“厥”,足利本、上圖本(影天正本)作“其”。“厥”,義同“其”。段注曰:“《釋言》曰:‘厥,其也。’此假借也,假借盛行而本義廢矣。”

[3]“厥”,足利本、上圖本(影天正本)作“其”。

[4]“慎”,敦煌本、九條本、上圖本(八行本)作“昚”。

[5]“烏虖”,唐石經、足利本、上圖本(影天正本)、明萬曆北監本作“嗚呼”,敦煌本、九條本作“烏虖”。“烏虖”爲“嗚呼”的古本寫法,如《禹鼎》:“烏虖哀哉! 用天降大喪於下國。”後世典籍一般寫作“嗚呼”,如《史記·屈原賈生列傳》:“嗚呼哀哉! 逢時不詳。”

[6]“告”,敦煌本、阮元校刻《十三經注疏》本皆無。

[7]“有”,九條本作“又”。“有”附於名詞“殷”前,相當於詞綴,無實際意義。以“又”通“有”。

[8]“辟”,上圖本(八行本)訛作“侵”。

[9]“有”,敦煌本、九條本作“又”。

[10]“夏”,上圖本(八行本)脱。

[11]“厥”,足利本、上圖本(影天正本)作“其”。

[12]“不”,敦煌本、九條本、内野本、上圖本(八行本)作“弗”。

[13]“逸厥逸”,“厥”,上圖本(影天正本)作“其”。《七經孟子考文補遺》:“‘乃惟爾商後王,逸厥逸’。古本下‘逸’作‘偷’。下文‘爾乃惟逸’同。謹按,古本後人皆改作逸。”《群書拾補》:“‘乃惟爾商後王,逸厥逸’,‘逸厥逸’,古本作‘逸其偷’。後文‘爾乃惟逸惟頗’,‘逸’亦本作‘偷’。後改從今本。”阮元《十三經注疏校勘記》(文選樓本):“‘乃惟爾商後王,逸厥逸’。下‘逸’字,古本作‘偷’。下‘尔乃惟逸’同。後皆改作‘逸’。”前一“逸”,内野本、上圖本(八行本)作“佾”。後一“逸”,足利本、上圖本(影天正本)作“偷”,内野本、上圖本(八行本)作“佾”。

[14]“堪”,九條本作“戡”。《説文解字》卷一三下《土部》:“堪,地突也。从土甚聲。”段注曰:“古假戡、戬爲之。”

[15]“典”,李盛鐸舊藏宋刻本作“其”,元刊明修十行本作“興”,九條本作“筴”。

[16]“今”,足利本誤作“佘”。“佘”,即“尔”的異體字。

[17]“敢”,九條本誤作“教”。

[18]“田”,敦煌本作“佃”。《説文解字》卷八上《人部》:“佃,中也。从人田聲。”段注曰:“《玉篇》曰‘作田’。今義非古義也。許支部自有畋字,不必用佃爲之。許所説者,相傳古義。”

2.《春秋》僖公十三年至十六年

上闕有下闕」上闕齊侯、宋公、陳侯、衛下闕」雩。冬,公子友如齊下闕」月,季姬及鄫[1]子遇于下闕」鹿崩,狄侵鄭。冬,蔡侯下闕」如齊,楚人伐徐。三月下闕」許男、曹伯盟于牡丘[2]下闕」之大夫救徐。夏五月下闕」屬。八月,螽[3]。九月,公至下闕」伯之廟。冬,宋人伐曹。楚下闕」戎,晉侯及秦伯戰于韓下闕」月戊申[4],隕[5]石于宋五。是下闕」申,公子季友卒。夏四月下闕」

公孫兹[6]卒。冬十有二月下闕」

【校記】

[1]"鄫"，唐石經《春秋穀梁傳》及諸本《春秋穀梁傳注疏》皆作"繒"。何休注云："時莒女嫁爲繒後夫人，夫人無男有女，還嫁之於莒，有外孫。鄫子愛後夫人而無子，欲立其外孫，主書者善之。"《說文解字》卷一三上《糸部》釋"繒"云："帛也，从糸曾聲。"兹假爲"鄫"，乃指鄫國。《說文解字》卷六下《邑部》釋"鄫"云："姒姓國。在東海。从邑曾聲。"段注曰："許書無姒字，漢碑姒作似。《左傳》：'衛成公命祀夏后相，甯武子不可。曰：杞鄫何事。'《國語》韋注曰：'杞、繒二國姒姓，夏禹之後。'《前志》曰：'東海郡，繒故國，禹後。'《後志》曰：'琅邪國繒，故屬東海。'今山東兖州府嶧縣東八十里有故鄫城。按，國名之字，《左傳》作鄫，《國語》作繒，《公羊》作鄫，《穀梁》作繒。《左》釋文於鄫首見處云'亦作繒'。據許則國名從邑也。漢縣名從糸。"《經典釋文》云："'繒'本作'鄫'。"

[2]"丘"，北監本《春秋公羊傳注疏》與毛本《春秋公羊傳注疏》皆誤作"兵"。

[3]"螽"，唐石經《春秋公羊傳》及諸本《春秋公羊傳注疏》作"蟓"。《經典釋文》云："螽，本亦作蟓。"《說文解字》卷一三下《蚰部》"螽"作"蟲"，云："蟲，蝗也。蟓，蟲或从虫衆聲。"

[4]"戊申"之後，唐石經三傳以及諸本《春秋左傳注疏（正義）》《春秋公羊傳注疏》與《春秋穀梁傳注疏》皆有"朔"字，知此處石經奪一字。

[5]"霣"，《周禮正義》引作"賈"。"賈"，假借爲"霣"。唐石經《春秋公羊傳》、諸本《春秋公羊傳注疏》亦作"賈"。《說文解字》卷十一下《雨部》："霣，雨也。齊人謂靁爲霣。从雨員聲。"段注云："《公羊傳》'星霣如雨'，假爲'隕'字。"

[6]"兹"，唐石經《春秋公羊傳》、諸本《春秋公羊傳注疏》皆作"慈"。

（四）京都國立博物館藏三體石經殘石

1.《尚書·召誥》

後，用顧畏于民嵒。王下闕」作大邑，其[1]自時配皇下闕」厥有[2]成命治民，今休。下闕」御[3]事，節性惟日其邁下闕」不[4]監于有夏，亦不可下闕」天命惟有歷[5]年，我不下闕」隊[6]厥命。我不敢智[7]，有下闕」不其延，惟不敬厥德下闕」亦惟兹二國[8]命，嗣[9]若下闕」在[10]厥初生，自貽[11]哲命下闕」今我[12]初服，宅新邑，肆下闕」天永命。其惟王勿以[13]下闕」民若有功。其惟王位下闕」越[14]王顯。上下勤卹[15]，其下闕」勿替下闕」

【校記】

[1]"其"，九條本、足利本、上圖本（影天正本）皆作"開"，下同。"亓"爲"其"古字，"亓"與"開"形近，故各本誤作"開"。

[2]《召誥》篇中"有"，九條本皆作"又"。"又"通"有"。

[3]"御"，九條本誤作"卸"。

[4]"不"，九條本、內野本、足利本、上圖本（影天正本）、上圖本（八行本）作"弗"，《召誥》篇中其他"不"亦如此。

[5]"歷"，九條本誤作"麻"。

[6]"隊"，唐石經、九條本、內野本、足利本、上圖本（八行本）、阮元校刻《十三經注疏》本《尚書正義》皆作"墜"。《集韻》："墜，直類切。《爾雅》'落也'。或作隊、碌、磁。"《說文解字》卷十四《𨸏部》："隊，從高隊也。从𨸏㒸聲。徒對切。"段注曰："隊、墜正俗字。古書多作隊。今則墜行而隊廢矣。"可見，"隊"通"隧"，而"隊"

又用作"墜"。

[7]"智",漢石經、唐石經、内野本、足利本、上圖本(影天正本)、上圖本(八行本)、阮元校刻《十三經注疏》本《尚書正義》皆作"知曰"。九條本作"智曰"。"智""知"通用,爲古書通例。

[8]"國",九條本作"或",内野本、上圖本(八行本)作"或"。

[9]"嗣",九條本、内野本、足利本、上圖本(影天正本)、上圖本(八行本)作"孠",古同"嗣"。

[10]"在",九條本作"弗"。

[11]"賄",九條本誤作"台"。

[12]"我",内野本無。

[13]"以",九條本、足利本、上圖本(影天正本)、上圖本(八行本)作"㠯",《召誥》篇中其他"以"字皆同。内野本無。"㠯"爲"以"本字。

[14]"越",内野本、足利本、上圖本(影天正本)作"粵"。

[15]"卹",唐石經、内野本、足利本、上圖本(影天正本)、上圖本(八行本)、阮元校刻《十三經注疏》本《尚書正義》皆作"恤"。《説文解字》卷五上《血部》:"卹,憂也。从血卩聲。一曰鮮少也。"《説文解字》卷十下《心部》:"恤,憂也。收也。从心血聲。辛聿切。"段注云:"恤與卹音義皆同。"

2.《春秋》宣公七年至十年

公、衛下闕」月,公子遂如齊下闕」于垂。壬午,猶繹,萬下闕」狄伐秦。楚人滅舒蓼[1]下闕」月己丑葬我小君敬[2]下闕」城平陽。楚師伐陳下闕」齊。夏,仲孫蔑如京師下闕」卒。九月[3],晉矦、宋公、衛下闕」衛[4]師伐陳。辛酉,晉矦下闕」鄭卒。宋人圍滕。楚子下闕」大夫洩[5]冶。十年春下闕」西田。夏四月丙辰,日下闕」出奔衛。公如齊。五月下闕」君平國。六月,宋師伐下闕」

【校記】

[1]"蓼",唐石經《春秋穀梁傳》、諸本《春秋穀梁傳注疏》皆作"鄝"。《經典釋文》卷二二《春秋穀梁音義·宣公八年》"舒鄝"條云:"音了,本又作蓼,國名。"二字同从翏声,古通用。

[2]"敬",唐石經《春秋公羊傳》《春秋穀梁傳》以及諸本《春秋公羊傳注疏》《春秋穀梁傳注疏》皆作"頃"。《春秋穀梁傳注疏》疏:"案文十八年注云'宣母敬嬴',此云頃熊者,一人有兩號故也。"清李富孫《春秋三傳異文釋》卷四云:"敬、頃音相近。"

[3]"九月"與"晉矦"之間,唐石經《春秋左氏傳》尚有"公會"二字。

[4]"衛",唐石經《春秋》三傳及諸本《春秋左傳注疏(正義)》《春秋公羊傳注疏》《春秋穀梁傳注疏》皆作"帥"。《説文解字》卷二下《行部》:"衛,將衛也。从行率聲。"段注曰:"衛,導也,循也。今之率字。率行而衛廢矣。率者,捕鳥畢也。將帥字,古袛作將衛,帥行而衛又廢矣。"

[5]"洩",諸本《春秋公羊傳注疏》《春秋穀梁傳注疏》皆作"泄"。《玉篇》:"洩,同泄。"二字古代通用。

三、日本藏三體石經殘石復原

自清末民國以來,伴隨着三體石經的不斷出土,學界在殘石彙聚與碑圖復原方面取得豐碩成果,以王國維、孫海波、吕振端最具代表,然而皆因未能充分採據日藏三體石經殘石資料,故而所得結論存有疏誤。

　　王國維在三體石經早期研究中影響最大,其考定石經碑數並復原部分碑圖。對於三體石經的碑數,文獻記載不一,有《西征記》"三十五碑"、《洛陽伽藍記》"二十五碑"與《水經注》"四十八碑"等三種説法。①王國維據黄縣丁氏所藏殘石以定三體石經每行字數,又由每行字數推定每碑行數,復以《太平御覽》引《洛陽記》所載碑數及諸經字數參互求之以定三體石經經數,認爲《西征記》所記三十五碑較爲可信。②"三十五碑"説得到學界普遍認同。王氏還據見存殘石、拓本而撰成十二碑圖,《尚書》九圖,《春秋》三圖,收於《魏正始石經殘石考》中。③王氏碑圖十分有限,未能將全部三十五碑加以推導,即使所做推導,從日藏殘石來看,亦存有疏誤之處。例如,若依王氏碑圖,《尚書·多方》自篇首"惟五月丁亥王來自奄"至"以至于帝"處於碑圖七,餘篇處於碑圖八,然而這與有鄰館藏《多方》殘石並不完全相符。有鄰館《多方》殘石經文自"民主慎厥麗乃勸"至"(爾乃迪屢不)靜爾",可知"民主慎厥麗乃勸厥民刑用勸以至于帝"與其後的經文同處一碑之中,並非分刻二碑,也就是説王氏碑圖將《多方》二碑的經文分界搞錯。又如,依王氏碑圖,《尚書·立政》自篇首"周公若曰"至"謀面用"處於碑圖八,餘篇處於碑圖九,這與書道博物館藏《立政》殘石不符。書道博物館藏《立政》殘石經文自"乃事宅乃牧"至"庶言(庶獄庶)慎"。可知,王氏碑圖《立政》二碑的經文分界亦誤,"乃事宅乃牧宅乃準兹惟后矣謀面用"與其後的經文同處一石,而非分刻二碑。另外,京都國立博物館藏三體石經《尚書·召誥》及《春秋》宣公七年至十年、書道博物館藏三體石經《春秋》僖公二年至五年與僖公廿三年至廿八年、有鄰館藏三體石經《春秋》僖公十三年至十六年,王氏碑圖並未採録,這與其早逝而未見後出新材料有關。

　　孫海波彙集諸家所藏三體石經殘石拓本,撰成《魏三字石經集録》,於1937年刊行,考證源流,推排碑圖,考釋古文。孫氏對《尚書》與《春秋》經文的序列關係有所探討,云:"余於丙子之春日,獲見刊刻碑數之殘石拓本二紙,適爲一石表裏所刊之字,一面爲《書·君奭》篇之經文,刊號曰第廿一,他面爲《春秋·宣公》經文,刊號曰第八,因就此排其碑圖,適得二十八石之數。"④孫氏認爲三體直行排列之碑當爲二十八枚,適容《尚書》《春秋》二經無疑,至於《左傳》當爲正始或稍後補刻。他還部分推導出三體石經《尚書》—《春秋》碑圖,《尚書》與《春秋》互爲表裏,《尚書》經文刊號第一石即爲《春秋》經文刊號第廿八石,《尚書》經文刊號第廿八石即爲《春秋》經文刊號第一石。⑤依據孫氏碑圖,《君奭》刻於《尚書》第廿一、廿二碑,自"周公若曰"至"今汝永念"處於第廿一碑,自"則有固命"至"往敬用治"處於第廿二碑。書道博物館藏《君奭》殘石自"君奭,在昔上"至"予不兄惟若",依孫氏碑圖,當處

① 〔北宋〕李昉等:《太平御覽》卷五八九《文部五·碑》,北京:中華書局,1960年,第2654頁。〔魏〕楊衒之撰,周祖謨校釋:《洛陽伽藍記》卷三《城南·報德寺》,北京:中華書局,1963年,第106頁;〔北魏〕酈道元著,陳橋驛校證:《水經注校證》卷一六《穀水》,北京:中華書局,2013年,第385頁。
② 王國維:《觀堂集林》卷二〇《魏石經考二》,載《王國維遺書》第3冊。
③ 王國維:《魏正始石經殘石考·碑圖》,載《王國維遺書》第9冊。
④ 孫海波:《魏三字石經集録》之二《源流》,北平:北平大業印書局,1937年,第4頁。孫氏所謂《尚書·君奭》對面爲《春秋·宣公》有誤,從書道博物館藏石來看,應是《春秋·僖公》。
⑤ 孫海波:《魏三字石經集録》之三《碑圖》,第2—10頁。

於《尚書》第廿二碑,對面則爲《春秋》第七碑,所刻經文自僖公十六年"鄭伯、^①許男、邢侯、曹伯於淮"至僖公二十八年"公子買戌衛,不卒"。查書道博物館藏《君奭》對面所刻《春秋》經文,自僖公二十三年"十有一月,杞子"至僖公二十八年"公子買戌衛,(不卒)",正處於《春秋》第七碑,同時從石面來看,末行之後再無刻字痕迹,左側邊緣亦無殘斷,此殘石當爲該碑最左側部分。可見,孫氏推排無誤。依據孫氏碑圖,《立政》處於《尚書》第廿三、廿四碑,自"周公若曰"至"拜手稽"處於第廿三碑,餘篇處於第廿四碑。書道博物館藏《立政》殘石自"乃事宅乃牧"至"庶言(庶獄庶)慎",依孫氏碑圖,當處於《尚書》第廿四碑,其對面當處於《春秋》第五碑,經文自莊公二十七年"公會齊侯於城濮"至僖公元年"九月公敗邾師於偃冬十"。而實際上,書道博物館殘石《春秋》乃自僖公二年"葬我小君"至僖公五年"(鄭)伯逃歸不盟",這與孫氏碑圖不符,該經文當處於《春秋》第六碑,而孫氏碑圖《春秋》第六碑爲空,可知其當年推排之時遇到困阻。日藏三體石經殘石拓本爲《魏三字石經集錄》收錄者,僅書道博物館藏《尚書·君奭》一面與有鄰館藏《尚書·多方》一面,其他均未收錄,正因孫氏未能見到,故將同石兩面的《尚書》與《春秋》經文對應關係搞錯。

三體石經碑圖復原具有總結性的成果,當屬呂振端《魏三體石經殘字集證》。呂氏彙集諸家之長,復原了三體石經全部三十五碑圖,其中《尚書》—《春秋》二十八碑,《左傳》七碑,其於碑序與篇第的推導較以往更爲準確,但遺憾的是,亦因未能完全採據日藏三體石經殘石資料,致使個別經碑復原存有偏差。書道博物館藏《尚書·君奭》—《春秋》僖公廿三年至廿八年殘石與有鄰館藏《尚書·多方》—《春秋》僖公十三年至十六年殘石,呂氏《魏三體石經殘字集證》有錄,其碑圖推導無誤,《君奭》處於《尚書》第廿二碑,《多方》處於《尚書》第廿三碑,僖公十三年至十六年處於《春秋》第六碑,僖公廿三年至廿八年處於《春秋》第七碑。日藏三體石經殘石爲呂書闕錄者,除京都河合尚雅堂藏石下落不明外,尚有書道博物館藏《尚書·立政》—《春秋》僖公二年至五年殘石與京都國立博物館藏《尚書·召誥》—《春秋》宣公七年至十年殘石,呂氏對二碑的復原與經文推排有誤。《尚書·立政》—《春秋》僖公二年至五年殘石,《立政》面經文,呂氏推排於《尚書》第廿四碑,^②前四列無誤,第五列僅排十九字,比常規少一字,且列內空二字格,致使第六列與前五列的同一橫行文字對應出現差錯。如呂氏碑圖第六列第七行文字爲"其",而原碑實爲"在"。或許呂氏在此後經文推排中遇到問題,故而第六列排了二十一字,使得第七列至第十二列的橫行文字對應關係得以修正。第十三列又誤,如呂氏碑圖第七行爲"常",原石實爲"立"。僖公二年至五年經文,呂氏推排於《春秋》第五與第六碑,但從日藏殘石來看,經文實處同一碑中,呂氏碑圖有誤。京都國立博物館藏《尚書·召誥》—《春秋》宣公七年至十年殘石,《召誥》面經文,呂氏推排於《尚書》第十八碑,^③前五列推導無誤,第六列呂氏碑圖爲"服天命惟有歷年我不敢知曰不其延惟

① "伯",孫氏誤作"大"。參見孫海波:《魏三字石經集錄》之三《碑圖》,第 8 頁。
② 呂振端:《魏三體石經殘字集證》,臺北:學海出版社,1981 年,第 316 頁。
③ 呂振端:《魏三體石經殘字集證》,第 310 頁。

不敬厥德"，而原碑實爲"天命惟有歷年我不下闕"，此後各列皆誤。宣公七年至十年經文，呂氏推排於《春秋》第十一碑，①經文推排亦存問題。如第十八列，呂氏爲"公子遂如齊至黃乃復辛巳有事於大廟仲遂卒於"，而原碑實爲"月公子遂如齊下闕"，此後各列皆誤。京都國立博物館藏三體石經殘石，已有趙振華《談日本京都國立博物館藏魏石經殘石》復原該碑兩面經文，下面筆者僅對呂氏碑圖有誤的書道博物館與有鄰館藏石再加復原。

書道博物館與有鄰館藏《尚書》面皆爲原碑右部邊緣，所刻經文爲篇章相連的《君奭》《多方》與《立政》。《君奭》殘石始於"上闕君奭在昔上下闕"，《多方》殘石始於"民主慎厥麗乃勸厥民下闕"，《立政》殘石始於"上闕乃事宅乃牧宅乃下闕"，按照每行每體二十字排列，自"上闕君奭在昔上下闕"至"民主慎厥麗乃勸厥民下闕"以及自"民主慎厥麗乃勸厥民"至"上闕乃事宅乃牧宅乃下闕"間的經文皆三十三行，也就是，每碑刻經文三十三行。《君奭》與《多方》殘石，呂氏碑圖無誤，而《立政》殘石部分有誤，筆者加以推排，黑體字爲殘石經文，保持用字原樣。

宅乃事宅乃牧宅乃準兹惟后矣謀面用
丕訓德則乃宅人兹乃三宅無義民桀德惟乃弗作
往任是惟暴德罔後亦越成湯陟丕釐上帝之耿命
乃用三有宅克即宅曰三有俊克即俊嚴惟丕式克
用三宅三俊其在商邑用協于厥邑其在四方用丕
式見德嗚呼其在受德暋惟羞刑暴德之人同于厥
邦乃惟庶習逸德之人同于厥政帝欽罰之乃伻我
有夏式商受命奄甸萬姓亦越文王武王克知三有
宅心灼見三有俊心以敬事上帝立民長伯立政任
人準夫牧作三事虎賁綴衣趣馬小尹左右攜僕百
司庶府大都小伯藝人表臣百司太史尹伯庶常吉
士司徒司馬司空亞旅夷微盧烝三亳阪尹文王惟
克厥宅心乃克立兹常事司牧人以克俊有德文王
罔攸兼于庶言庶獄庶慎惟有司之牧夫是訓用違
庶獄庶慎文王罔敢知于兹亦越武王率惟敉功不
敢替厥義德率惟謀從容德以並受此丕丕基嗚呼
孺子王矣繼自今我其立政立事準人牧夫我其克
灼知厥若丕乃俾亂相我受民和我庶獄庶慎時則
勿有間之自一話一言我則末惟成德之彥以乂我
受民嗚呼予旦已受人之徽言咸告孺子王矣繼自
今文子文孫其勿誤于庶獄庶慎惟正是乂之自古
商人亦越我周文王立政立事牧夫準人則克宅之
克由繹之兹乃俾乂國則罔有立政用憸人不訓于
德是罔顯在厥世繼自今立政其勿以憸人其惟吉
士用勱相我國家今文子文孫孺子王矣其勿誤于
庶獄惟有司之牧夫其克詰爾戎兵以陟禹之迹方
行天下至于海表罔有不服以覲文王之耿光以揚
武王之大烈嗚呼繼自今後王立政其惟克用常人
周公若曰太史司寇蘇公式敬爾由獄以長我王國
兹式有慎以列用中罰
費誓
公曰嗟人無譁聽命徂兹淮夷徐戎並興善敹乃甲
胄敿乃干無敢不弔備乃弓矢鍛乃戈矛礪乃鋒刃
無敢不善今惟淫舍牿牛馬杜乃擭敜乃穽無敢傷

《尚書》第廿四碑：《立政》與《費誓》②

書道博物館與有鄰館藏石《春秋》面皆爲原碑左部邊緣，所刻皆僖公年經文。書道博物館殘石一止於僖公廿八年"上闕公子買戍衛下闕"，殘石二止於僖公五年"上闕伯逃歸不盟下闕"；有鄰館殘石止於僖公十六年"公孫兹卒冬十有二月下闕"。按照每行每體二十字排列僖公五年至僖公二十八年經文，共六十四行，也就是說需要二碑，每碑刻經文三十二行。《春秋》僖公廿三年至廿八年殘石，呂氏碑圖無誤，而《春秋》僖公二年至五年與僖公十三至十六年有誤，筆者推排如下：

① 呂振端：《魏三體石經殘字集證》，第331頁。
② 漢石經、魏石經與唐石經《尚書》的篇第不盡相同，《立政》篇後，漢石經與唐石經爲《顧命》，而魏石經爲《費誓》，參見呂振端《魏三體石經殘字集證》，第56頁。

秋有蜚冬十有二月紀叔姬卒城諸及防　卅年春王正月夏次于成秋七月齊人降鄟八月癸亥葬紀叔姬九月庚午朔日有食之鼓用牲于社冬公及齊侯遇于魯濟齊人伐山戎　夏四月薛伯卒築臺于郎　臺于薛　遇于梁丘秋七月癸巳公子牙卒八月癸亥公薨于路寢冬十月己未子般卒公子慶父如齊狄伐邢

閔公第四

元年春王正月齊人救邢夏六月辛酉葬我君莊公秋八月公及齊侯盟于落姑季子來歸冬齊仲孫來　二年春王正月齊遷陽夏五月乙酉吉禘于莊公秋八月辛丑公薨九月夫人姜氏孫于邾公子慶父出奔莒冬齊高子來盟十有二月狄入衛鄭棄其師

僖公第五

元年春王正月齊師宋師曹師次于聶北救邢夏六月邢遷于夷儀齊師宋師曹師城邢秋七月戊辰夫人姜氏薨于夷齊人以歸楚人伐鄭八月公會齊侯宋公鄭伯曹伯邾人于檉九月公敗邾師于偃冬十月壬午公子友帥師敗莒師于酈獲莒挐十有二月丁巳夫人氏之喪至自齊　二年春王正月城楚丘　夏五月辛巳葬我小君哀姜虞師晉師滅下陽秋九月齊侯宋公江人黃人盟于貫冬十月不雨楚人侵鄭　三年春王正月不雨夏四月不雨徐人取舒六月雨秋齊侯宋公江人黃人會于陽穀冬公子友如齊涖盟楚人伐鄭　四年春王正月公會齊侯宋公陳侯衛侯鄭伯許男曹伯侵蔡蔡潰遂伐楚次于陘夏許男新臣卒楚屈完來盟于師盟于召陵齊人執陳轅濤塗秋及江人黃人伐陳八月公至自伐楚葬許穆公冬十有二月公孫茲帥師會齊人宋人衛人鄭人許人曹人侵陳　五年春晉侯殺其世子申生杞伯姬來朝其子夏公孫茲如牟公及齊侯宋公陳侯衛侯鄭伯許男曹伯會王世子于首止秋八月諸侯盟于首止鄭伯逃歸不盟楚人滅弦弦子奔黃九

《春秋》第五碑：莊公廿九年—僖公五年

月戊申朔日有食之冬晉人執虞公　六年春王正月夏公會齊侯宋公陳侯衛侯曹伯伐鄭圍新城秋楚人圍許諸侯遂救許公至自伐鄭　七年春齊人伐鄭夏小邾子來朝鄭殺其大夫申侯秋七月公會齊侯宋公陳世子款鄭世子華盟于寧母曹伯班卒公子友如齊冬葬曹昭公　八年春王正月公會王人齊侯宋公衛侯許男曹伯陳世子款盟于洮鄭伯乞盟夏狄伐晉秋七月禘于大廟用致夫人冬十有二月丁未天王崩　九年春王三月丁丑宋公御說卒夏公會宰周公齊侯宋子衛侯鄭伯許男曹伯于葵丘秋七月乙酉伯姬卒九月戊辰諸侯盟于葵丘甲子晉侯佹諸卒冬晉里奚克殺其君之子奚齊十年春王正月公如齊狄滅溫溫子奔衛晉里克殺其君卓及其大夫荀息夏齊侯許男伐北戎晉殺其大夫里克秋七月冬大雨雪　十有一年春晉殺其大夫平鄭父及夫人姜氏會齊侯　十有二年春王三月庚午有食之夏楚人滅黃秋七月冬十有二月丁丑陳侯杵臼卒　十有三年春狄侵衛夏四月葬陳宣公公會齊侯宋公陳侯衛侯鄭伯許男曹伯于鹹秋九月大雩冬公子友如齊　十有四年春諸侯城緣陵夏六月季姬及鄫子遇于防使鄫子來朝秋八月辛卯沙鹿崩狄侵鄭冬蔡侯肸卒　十有五年春王正月公如齊楚人伐徐三月公會齊侯宋公陳侯衛侯鄭伯許男曹伯盟于牡丘遂次于匡公孫敖帥師及諸侯之大夫救徐夏五月日有食之秋七月齊師曹師伐厲八月螽九月公至自會季姬歸于鄫己卯晦震夷伯之廟冬宋人伐曹楚人敗徐于婁林十有一月壬戌晉侯及秦伯戰于韓獲晉侯　十有六年春王正月戊申朔隕石于宋五是月六鷁退飛過宋都三月壬申公子季友卒夏四月丙申鄫季姬卒秋七月甲子公孫茲卒冬十有二月公會齊侯宋公陳侯衛侯鄭

《春秋》第六碑：僖公五年—僖公十六年

結　語

三體石經自清末、民國以來陸續出土，流散海内外。其中，日本藏有五方三體石經殘石，保存了《尚書》與《春秋》的古文經本，反映了漢魏時期的經學發展演變，具有極高的文獻學價值。今天，我們校勘群經文字，研究漢魏經學，應該充分利用包括日藏在内的三體石經殘石，集證殘字，綴合考訂，推排復原，不僅可目睹古文經本原貌，而且有助於全面了解新出文獻與傳世經本的差異，並可由此窺探漢魏經學的側面以及先秦、秦漢文本流傳中的錯訛。總之，日藏三體石經殘石爲梳理經文、復原經碑增添了可靠的新材料，其學術價值極大，值得我們高度重視。

（孟凡港，曲阜師範大學歷史學院副教授）

《安大簡二·仲尼曰》間詁

袁　强

[摘　要]《仲尼曰》"鉤産"讀爲"駒産",皆是駿馬,指代所拉的車。"顛於鉤産"即"從馬車上顛仆"。"敚不敚"即"説不説(言不言)"。參照"君不君","説不説(言不言)"即不遵禮法而胡言,必定招來侮辱。"仲尼之尚誖也""僕快周極"當作一句讀,即"仲尼之斷訴(訟)也,僕儓周極",是説孔夫子審理訴訟時征詢的對象遍及身份低賤的僕儓等人。簡文以勾號爲限,分爲兩個部分,前一部分是孔子的"言",後一部分只有一章,是孔子的"行"。簡文的主題是"言行",與"言"相比,孔子更注重"行"。據簡文内容,此篇命名爲《言行》或許更合適。

[關鍵詞]　安大簡　論語　仲尼　言行

　　《安大簡二·仲尼曰》是一篇記録孔子言行的歷史文獻,内容與《論語》《孔子家語》《孔叢子》《説苑》《法言》等有着密切聯繫。自簡文刊布以來,該篇引起學術界廣泛的關注。筆者研讀此篇,間有所釋。錯漏之處,望祈方家指正。

一

仲尼曰:"顛於鉤産,吾所不果援者,唯心弗知而色爲知之者乎!"

　　"鉤"當讀爲"駒"。《説文》:"鉤,曲也。從金從句,句亦聲。""駒,馬二歲曰駒。從馬句聲。""馬二歲"是駒的本義。"駒"也可指良馬。《爾雅·釋畜》:"玄駒,裹驂。"郭璞注:"玄駒,小馬,别名裹驂耳。或曰此即騕裹,古之良馬名。"又《釋畜》:"前足皆白,騱;後足皆白,翑。"《釋文》:"騱,音奚。郭又音雞。舍人本作'雞'。翑,郭音朐,又音矩。舍人本作'狗'。"《玉篇》:"騧,音朐,馬後足皆白,亦作翑。"(《龍龕手鑒》作"左足白",誤。《釋畜》:"前左白,踦。後左白,翑。")《説文》:"翑,羽曲也。從羽句聲。"段注:"古音在四部,讀如鉤。"《玉篇》:"驔騠,駿馬屬。"與"騱"相比較,"後足皆白"之"翑"也可指"駿馬屬"。只是今本之"翑"、舍人本之"狗"皆是借字,其本字不可知。從音理來講,此處也可借用"駒"字。"駒"之"良馬"義或許從此處來。

　　簡文"鉤産",整理者指爲"用於攻城之器械和戰馬",又説:"或釋'爰'爲'家','鉤'讀爲'厚'。"[1]整理者釋"産"爲"戰馬"頗具啓發性。按:"鉤産"即"駒産"。産,俗作"驏"。"駒産"皆爲良馬,可指代良馬拉的車。《史記·封禪書》:"加車一乘,駵駒四。"《左傳》:"屈

<hr>

[1]　黄德寬、徐在國:《安徽大學藏戰國竹簡二》,上海:中西書局,2022年,第51頁。

産之乘。"杜預注:"屈地生良馬。""遉(顛)"見簡二,《論語·里仁》作"顛沛",正平本馬融注:"顛沛,僵仆也。"《説文》:"僵,偃也。"《楚辭·九章·思美人》:"車既覆而馬顛兮。"王逸注:"君國傾側,任小人也。車以喻君,馬以喻臣。言車覆者,君國危也。馬顛仆者,所任非人。"

"爰",整理者讀爲"援",是正確的。《説文》:"援,引也。從手,爰聲。"《莊子·讓王》:"王子搜援綏登車。"《説苑·尊賢》:"文侯援綏下車。"《大戴禮記·曾子制言上》:"是故人之相與也,譬如舟車然,相濟達也。己先則援之,彼先則推之。"《管子·四稱》:"遷損善士,捕援貨人,入則乘等,出則黨騈。"房玄齡注:"其所捕追援引者,唯財貨之人。""援"有牽引義,引申有拯救義。《孟子·離婁》:"嫂溺援之以手","天下溺援之以道"。趙岐《章指》説:"言權時之義,嫂溺援手。君子大行,拯世以道,道之指也。"

簡文"知"字可參考《論語·爲政》中的一段話。其文云:

> 子曰:"由,誨女知之乎! 知之爲知之,不知爲不知,是知也。"

邢昺疏云:

> 此章明知也。"由,誨汝知之乎"者,孔子以子路性剛,好以不知爲知,故此抑之,呼其名曰:"由,我今教誨汝爲知之乎! "此皆語辭。"知之爲知之,不知爲不知,是知也"者,此誨辭也。言汝實知之事則爲知之,實不知之事則爲不知,此是真知也。若其知之,反隱曰不知;及不知,妄言我知,皆非知也。①

"色"即《論語·顏淵》"夫聞者,色取仁而行違,居之不疑"之"色"。馬融曰:"佞人假仁者之色,行之則違,安居其僞,而不自疑者也。"楊伯峻譯爲:"至於聞,表面上似乎愛好仁德,實際行爲却不如此,可是自己竟以仁人自居而不加疑惑。"②

簡文可試譯爲:仲尼説:"從馬車上顛仆,我却不能援救的,就是那些内心裏無知,表面上却裝作什麼都知道的人。"

二

仲尼曰:"敚不敚,亙=(恆恆)灻(悔)。"
簡文當讀爲:仲尼曰:"説不説,恆恆悔。"

① 〔清〕阮元校刻:《十三經注疏》,北京:中華書局,2009 年,第 5348 頁。
② 楊伯峻:《論語譯注》,北京:中華書局,2009 年,第 128 頁。

敓，整理者讀爲"奪"，訓爲"彊取""奪取"。① 劉信芳等先生讀爲"説"。②《説文》："敓，彊取也。從攴，兑聲。""説，説釋也。從言、兑。一曰：談説。""從言、兑"，宋刻本、孫星衍本、陳昌治本皆無"聲"字，段注補之。段注云："《儿部》曰'兑，説也'，本《周易》。此從言、兑會意，兑亦聲。"敓、説皆從"兑"聲，敓讀爲説，從音理上講得通。《清華簡三·傅説之命》"説"簡文寫作"敓"。③ 段注又云："説釋即悦懌。説、悦，釋、懌皆古今字。許書無'悦懌'二字也。説釋者，開解之意，故爲喜悦。《采部》曰：'釋，解也。'"《論語》中"悦懌"之義常見。如：

> 子使漆雕開仕。對曰："吾斯之未能信。"子説。（《公冶長》）
> 冉求曰："非不説子之道，力不足也。"（《雍也》）
> 子見南子，子路不説。（《雍也》）

從《仲尼曰》通篇討論"言""行"來看，簡文似與"悦懌"之義無涉。簡文當是與"談説"義有關。《釋名》："説，述也，宣述人意也。"《玉篇》："説，言也。""説"既可指説話的動作，也可指所説的話，皆可用"言"來替換。《論語·八佾》："成事不説。"包氏曰："事已成，不可復解説也。"《論語·陽貨》："道聽而塗説。"馬融曰："聞之於道路則傳而説之。"《大戴禮記·曾子立事》："不説人之過。"盧辯注："説，解説也。"阮元云："説，述也。謂不揚人之過。"王聘珍解詁："説，言也。"王氏又引《八佾》"成事不説"爲證。《戰國策·秦策二》："王不聞夫管與之説乎？"高誘注："説，言也。"《淮南子·脩務訓》："故爲道者必託之於神農、黄帝而後能入説。"高誘注："説，言也。"簡文"説不説"即"言不言"。類似文例可參看揚雄《法言·淵騫》中描述李仲元的一段話。其文曰：

> （揚雄）曰："仲元，世之師也。見其貌者，肅如也；聞其言者，愀如也；觀其行者，穆如也。鄲聞以德詘人矣，未聞以德詘於人也。仲元，畏人也。"或曰："育、賁。"曰："育、賁也，人畏其力，而侮其德。""請條。"曰："非正不視，非正不聽，非正不言，非正不行。夫能正其視聽言行者，昔吾先師之所畏也。如視不視，聽不聽，言不言，行不行，雖有育、賁，其猶侮諸。"④

從這段文字來看，整理者將"敚"讀爲"侮"是正確的。讀爲"悔"等説法皆是錯誤的。⑤ 互，，

---

① 黄德寬、徐在國：《安徽大學藏戰國竹簡二》，第 51 頁。
② 劉信芳：《安大簡〈仲尼之耑訴〉釋讀（四則）》，http://www.bsm.org.cn/?chujian/8791.html，2022 年 9 月 12 日。
③ 李學勤：《清華大學藏戰國竹簡（叁）》，上海：中西書局，2012 年，第 122 頁。
④〔漢〕揚雄：《法言》，北京：國家圖書館出版社，2019 年，第 306—308 頁。
⑤ 劉信芳：《安大簡〈仲尼之耑訴〉釋讀（四則）》，http://www.bsm.org.cn/?chujian/8791.html，2022 年 9 月 12 日。

整理者讀爲"恆恆"是正確的。①重文號屬誤添等説法，是以不誤爲誤。②"説不説（言不言），恆恆侮"，三字句，句式整齊，富有節奏感，且疊用"恆"字具有强調的作用。與"説不説（言不言）"類似的句式見於《論語·顔淵》。其文曰：

> 齊景公問政於孔子。孔子對曰："君君，臣臣，父父，子子。"公曰："善哉！信如君不君，臣不臣，父不父，子不子，雖有粟，吾豈得而食諸？"

"君君，臣臣，父父，子子"，皇侃説：

> 言爲風政之法，當使君行君德，故云"君君"也。君德，謂惠也。臣當行臣禮，故云"臣臣"也。臣禮，謂忠也。父爲父法，故云"父父"也。父法，謂慈也。子爲子道，故云"子子"也。子道，謂孝也。③

邢昺説：

> 言政者正也。若君不失君道，乃至子不失子道，尊卑有序，上下不失，而後國家正也。④

據此，"君不君，臣不臣，父不父，子不子"可以疏解爲：君不行君德，臣不行臣禮，父不爲父法，子不爲子道，尊卑無序，上下失禮。"君不君，臣不臣，父不父，子不子"的反面是"君君，臣臣，父父，子子"。"説不説（言不言）"的反面是"非正不言"。《論語·顔淵》：

> 顔淵問仁。子曰："克己復禮爲仁。一日克己復禮，天下歸仁焉。爲仁由己，而由人乎哉？"顔淵曰："請問其目。"子曰："非禮勿視，非禮勿聽，非禮勿言，非禮勿動。"

《漢書·揚雄傳》："人時有問雄者，常用法應之，譔以爲十三卷，象《論語》，號曰《法言》。"《法言·淵騫》篇模仿《論語·顔淵》篇的痕迹十分明顯，就連對話的格式也相同。"非正不言"即"非禮勿言"。言何以得其正？遵禮乃得其正，乃可言也。"説不説（言不言）"乃不遵禮而胡説（言），必定招來侮辱。《左傳·僖公二十四年》富辰諫周襄王説"耳不聽五聲之

---

① 黄德寬、徐在國：《安徽大學藏戰國竹簡二》，第 51 頁。
② 整理者認爲"侮人"連讀，勾號應在"人"字下。劉信芳認爲重文符號疑屬誤衍。按：二説皆不確。"人"字屬抄寫者誤書，劉信芳指出其加點不成字。用校勘術語來講，即"人"涉上"侮"字而誤。抄寫者本欲書"中"字豎筆，因上一字"𠆤（侮）"最後兩筆即"人"字，故誤書爲"人"。誤書，故點去，不應算在正文中。
③ 〔南朝梁〕皇侃：《論語義疏》，北京：北京大學出版社，2019 年，第 1227—1228 頁。
④ 〔清〕阮元校刻：《十三經注疏》，第 5438 頁。

和爲聾,目不別五色之章爲昧,心不則德義之經爲頑,<u>口不道忠信之言爲嚚</u>,狄皆則之,四姦具矣","棄德崇姦,禍之大者也"。《清華簡三·傅説之命(中)》:"且惟口起戎出好。"《墨子·尚同》引《術令》(孫詒讓指出即《説命》)曰:"唯口出好興戎。"《禮記·緇衣》引作"惟口起羞"。清華簡整理者將"好"讀爲"羞",並引《緇衣》鄭玄注:"羞,猶辱也。……惟口起辱,當慎言也。"①

三

仲尼之耑諑也。僕快周恆(極)。

此當作一句讀,即:仲尼之斷訴(訟)也,僕儈周恆(極)。

"耑"當讀爲"斷"。《説文》:"斷,截也。从斤,从𢇍。𢇍,古文絶。𠜷,古文斷,从𠧢。𠧢,古文叀字。𠜷,亦古文。"楚簡"斷"字字形多與《説文》古文同,從"叀"。②張儒、劉毓慶《漢字通用聲素研究》用大量例證證明"耑通叀",③兹不贅。耑(端/元)、斷(定/元)、𢇍(從/月)、叀(照/元),聲韻皆相近。

"諑",劉信芳讀爲"訴"。④《説文》:"諑,告也。從言,厈聲。謞,諑或從言朔。愬,諑或從朔心。"厈、朔皆從屰聲。《玉篇》:"諑,訟也,告訴冤枉也。"《周禮·士師》:"察獄訟之辭,以詔司寇斷獄弊訟,致邦令。"賈公彦疏:"獄訟辭訴,各有司存。"

"僕",整理者字形分析正確。⑤從二"臣",即《説文》或體"僕"的繁寫,當讀如本字。《説文》:"僕,給事者也。"指身份低賤者。《詩·小雅·正月》:"民之無辜,並其臣僕。"鄭玄箋:"人之尊卑有十等,僕第九。"

"快"當讀爲"儈"。《詩·小雅·斯干》"噲噲其正",鄭箋:"噲噲,猶快快也。"《公羊傳·昭公二十七年》釋文:"邾婁快,本又作'噲',苦夬反。"《一切經音義》卷第三引《三蒼》"噲,亦快字也"。《詩·檜風·隰有萇楚》釋文:"狯,古快反。本亦作'獪',古外反。"儈、噲、獪皆從"會"得聲。"儈"亦可直接用"會"表示。《漢書·貨殖傳》"節駔儈",《史記·貨殖列傳》作"會",裴駰《集解》引《漢書音義》:"會,亦是儈也。"快、狯從"夬"得聲。會、夬上古音屬月部。《説文》新附有"儈"字,釋爲"合市也"。"儈"亦指身份低賤的人。《吕氏春秋·孟夏紀·尊師》:"段干木,晉國之大駔也,學於子夏。"高誘注:"駔,僧人也。"畢沅曰:"注'僧'疑與'儈'通。"《淮南子·氾論訓》:"段干木,晉國之大駔也,而爲文侯師。"高誘注:"駔,驕佀。一曰:駔,市儈也。言魏國之大會也。"《吕氏春秋》將段干木等六人稱爲"刑戮死辱之人",

---

① 李學勤:《清華大學藏戰國竹簡(叁)》,第127頁。
② 季旭昇:《説文新證》,臺北:藝文印書館,2014年,第935頁。
③ 張儒、劉毓慶:《漢字通用聲素研究》,太原:山西古籍出版社,2002年,第678—679頁。
④ 劉信芳:《安大簡〈仲尼之耑訴〉釋讀(四則)》,http://www.bsm.org.cn/?chujian/8791.html,2022年9月12日。
⑤ 黃德寬、徐在國:《安徽大學藏戰國竹簡二》,第52頁。

可見段干木的身份是十分低微的。

整理者釋“周”爲“徧”，釋“極”爲“至”，①皆可取。

簡文可試譯爲：孔子審理訴訟時，（征詢的對象）遍至（身份低賤的）僕僧。

簡文内容可與傳世文獻相對照。《論語·顏淵》：“子曰：‘聽訟，吾猶人也。必也使無訟乎！’”包曰：“與人等。”劉寶楠《正義》説：

> 言聽訟吾與人同，無異能異法也。《史記·孔子世家》云：“孔子在位聽訟，文辭有可與人共者，弗獨有也。”是“與人等”可知。②

《左傳》《荀子》《孟子》《史記》等傳世典籍中皆説孔子爲魯司寇。聽訟是司寇的職責之一。《説苑·至公》：

> 孔子爲魯司寇，聽獄必師斷，敦敦然皆立。然後君子進曰：某子以爲何若，某子以爲云云。又曰：某子以爲何若，某子曰云云，辯矣。然後君子幾當從某子云云乎？以君子之知，豈必待某子之云云然後知所以斷獄哉？君子之敬讓也。文辭有可與人共之者，君子不獨有也。③

《春秋繁露》中也有類似的話：

> 據法聽訟，無有所阿，孔子是也。爲魯司寇，斷獄屯屯，與衆共之，不敢自專。是死者不恨，生者不怨，百工維時，以成器械。器械既成，以給司農。④

“師斷”就是“衆斷”，就是充分聽取衆人的意見。簡文“僕僧周極”即“周極僕僧”的倒裝，就是説孔夫子在審理訴訟的時候，征詢的對象十分廣泛，遍及身份低賤的僕僧等人。

整理者認爲“仲尼之耑諝”是“對以上全篇簡文的總的説明”。“僕快周恆”是“對‘仲尼之耑語’的評價或贊美”。⑤侯乃峰釋“諝”爲“訐”，讀“耑訐”爲“短諫”，即“簡短的規諫之語”。⑥劉信芳認爲“仲尼之耑訴”乃簡文自有之篇題。⑦“僕快周恆”，侯乃峰認爲“僕”或“僕快”是此人身份，“周恆”爲其人之名氏。劉信芳指出“僕”乃謙稱，快姓，名周恆。我

① 黄德寬、徐在國：《安徽大學藏戰國竹簡二》，第 52 頁。

② 〔清〕劉寶楠：《論語正義》，北京：中華書局，1990 年，第 503 頁。

③ 向宗魯：《説苑校證》，北京：中華書局，1987 年，第 362 頁。

④ 〔清〕蘇輿：《春秋繁露義證》，北京：中華書局，1992 年，第 365—366 頁。

⑤ 黄德寬、徐在國：《安徽大學藏戰國竹簡二》，第 52 頁。

⑥ 侯乃峰：《讀安大簡（二）〈仲尼曰〉札記》，http://www.fdgwz.org.cn/Web/Show/10939，2022 年 8 月 20 日。

⑦ 劉信芳：《安大簡〈仲尼之耑訴〉釋讀（四則）》，http://www.bsm.org.cn/?chujian/8791.html，2022 年 9 月 12 日。

們不同意這些觀點。順便説一下,此篇的勾號與《曹沫之陣》的勾號有明顯的區別。《曹沫之陣》小勾號之下還有一個大勾號,表示行文已結束。大勾號後面的文字筆畫細且十分淺淡。《仲尼曰》"僕快周恆"前面應該是爲規避編繩而留白。雖然這四個字筆迹有點淡,但大小和正文没有區别,應該是屬於最後一章的内容。因此,我們將這兩句簡文作一句讀,釋爲獨立的一章。

四

細繹《仲尼曰》簡文,我們發現此文並不是孔子語録的簡單抄綴,而是一篇經過精心設計,構思巧妙、主題明確、結構嚴謹的文章。文章的主題就是"言行"。

經過我們的重新釋讀,全部簡文共有二十五章。從結構來看,簡文以勾號爲界,可以分爲兩個部分。勾號前是第一部分,主要記録孔子的"言"。勾號後是第二部分,主要記録孔子的"行"。此雖然只有一章,但是極爲重要,可以説有"畫龍點睛"之妙。

簡文第一部分的二十四個章節之間皆用短橫分章,不用勾號。其中有二十三個章節是直接以"仲尼曰"開頭。第十八章因行文需要,有簡單的叙述文字,"仲尼曰"在章内。孔子論述的主題也是"言"和"行"。與"言"相比,孔子更注重"行"。孔子論説的方式有三種:一是直接叙説,給出結論。簡文大多數章節都是如此。如第一章:"仲尼曰:華繁而實厚,天;言多而行不足,人。"第二章:"仲尼曰:於人不信其所貴,而信其所踐。"二是叙説"前言往行"足可模範後世者。如第五章:"仲尼曰:直哉,史魚! 邦有道,如矢;邦亡道,如矢。"第六章:"仲尼曰:伊言嗇,而禹言絲,以治天下,未聞多言而仁者。"第十六章:"仲尼曰:管仲善,善哉,老訖。"第二十章:"仲尼曰:見善如弗及,見不善如襲。董以避難静居,以成其志。伯夷、叔齊死於首陽,手足不弇,必夫人之謂乎?"三是對顔回的表揚。簡文有兩章内容直接跟顔回有關,皆是孔子對其的贊揚。第九章:"仲尼曰:回,汝幸,如有過,人不董汝,汝能自改。賜,汝不幸,如有過,人弗疾也。"第十九章:"仲尼曰:一簞食,一勺漿,人不勝其憂,己不勝其樂,吾不如回也。"根據簡文内容,參照《論語》的篇名,此篇文獻命名爲《言行》也許更合適。

最後,我們再將簡文與《論語》章數作一對比,主要參考何晏《論語集解》的分章。簡文共 25 章,前 24 章皆是孔子語録。《論語》中比較純粹地記録孔子語録的篇章有《爲政》(24 章)、《八佾》(26 章)、《里仁》(26 章)[①]、《先進》(24 章)、《顔淵》(24 章)、《陽貨》(24 章)。簡文章數與這些篇目接近。

綜上,我們認爲簡文不是簡單的抄綴,而是主題明確、結構嚴謹的獨立篇章。

（袁强,南京師範大學文學院博士研究生）

---

① 按:《里仁》最後一章是"子游曰"。

讀《左傳》劄記三則*

王少帥

[摘 要] 《左傳》記言記行，以事解經，多事件過程的記錄，這是其解經的特色。因人事懸隔，所記史實間有歧義，引起爭論。今以研讀所及，從字詞辨析、史實考訂、行文邏輯等方面撰成劄記三則，《左傳》僖公四年“吾又不樂”應釋爲“我又不能使君安樂”；《左傳》文公六年“先蔑將下軍”雖有清華簡《繫年》作參考，但並不能否定《左傳》記載，“先蔑將下軍”與史實相合；《左傳》文公十五年“魯人以爲敏”是贊揚之辭而非諷刺之意。

[關鍵詞] 吾又不樂　先蔑將下軍　魯人以爲敏　左傳

一

《左傳》僖公四年：“或謂大子：‘子辭，君必辯焉。’大子曰：‘君非姬氏，居不安，食不飽。我辭，姬必有罪。君老矣，吾又不樂。’”杜注：“吾自理，則姬死，姬死則君必不樂，不樂爲由吾也。”① 竹添光鴻注：“言君老矣，吾已不樂。特以有姬氏，幸君居爲之安，食爲之飽，今吾自理而姬氏獲罪，則君之侍養有闕，君不得安飽，吾又添一不樂也。又者，又老矣二字。”② 楊伯峻注：“太子之意蓋謂我若聲辯，驪姬必死，而君又老矣，失去驪姬，必不樂。君不樂，吾亦不能樂也。”③ 趙生群教授注：“謂君既不樂，己亦將不樂。”④

《左傳》“吾又不樂”應釋爲“我又不能使君安樂”，⑤ 而非己不樂。杜預認爲驪姬若死，則君因我不樂，即我使君不樂，此注無誤。楊樹達雖疑杜注，然仍釋爲“己不能令君樂”，⑥ 吳闓生注爲“言己不能娛親”，⑦ 均同杜注。竹添光鴻認爲“吾又不樂”之“又”字是針對“老矣”而來，“君老”爲太子不樂之一；“驪姬獲罪，君不安飽”，此不樂之二，即“又不樂”，這兩點都是説申生不樂。然竹添光鴻對“又”字理解不確。究其實，此處是君不樂，而非申生不樂，即我又不能像驪姬那樣能使君安樂，説的是君如何，而非己如何，將“又”字落實到太子之口，

* 本文是國家社科基金冷門絶學項目“基於出土文獻的《詩經》文本用字研究”（19 VJX 123）的階段性成果。
① 〔清〕阮元校刻：《春秋左傳正義》卷一二，《十三經注疏》，北京：中華書局 2009 年影印嘉慶二十年本，第 3893 頁下欄。
② 〔晉〕杜預集解，〔日〕竹添光鴻會箋，《左傳會箋》卷五，新北：廣文書局，1968 年，第 1 册第 22 頁。
③ 楊伯峻：《春秋左傳注》，北京：中華書局，2016 年，第 2 册第 326 頁。
④ 趙生群：《春秋左傳新注》，西安：陝西人民出版社，2008 年，第 162 頁。
⑤ 黃群建主編：《古代詞義例話》，北京：中國三峽出版社，1995 年，第 159—160 頁。
⑥ 楊樹達：《積微居讀書記》，上海：上海古籍出版社，2013 年，第 36 頁。
⑦ 吳闓生撰，白兆麟校點：《左傳微》，黃山：黃山書社，2014 年，第 82 頁。

就與前面驪姬使君安樂的事照應起來了，"又"的含義在此，而非機械的次數多少。楊伯峻列舉《穀梁傳》《禮記》《史記》對此事的記載，但並未與《左傳》對比，因此他的注解看似順暢，實已離題。故有必要將同類記載辨析清楚。

《穀梁傳》僖公十年：世子之傅里克謂世子曰："入自明！入自明則可以生，不入自明則不可以生。"世子曰："吾君已老矣，已昏矣。吾若此而入自明，則麗姬必死，麗姬死，則吾君不安。所以使吾君不安者，吾不若自死，吾寧自殺以安吾君，以重耳爲寄矣。"①

《禮記·檀弓上》載：晉獻公將殺其世子申生。公子重耳謂之曰："子蓋言子之志於公乎？"世子曰："不可。君安驪姬，是我傷公之心也。"孔疏云：《左傳》云：大子曰："君非姬氏，居不安，食不飽。君老矣，吾又不樂。"謂我若自理，驪姬必誅。姬死之後，公無復歡樂，故此云"是我傷公之心"。②

《史記·晉世家》載：或謂太子曰："爲此藥者乃驪姬也，太子何不自辭明之？"太子曰："吾君老矣，非驪姬，寢不安，食不甘，即辭之，君且怒之，不可。'"③

《說苑·立節》載："晉驪姬譖太子申生於獻公，獻公將殺之。公子重耳謂申生曰：'爲此者非子之罪也，子胡不進辭？辭之必免於罪。'申生曰：'不可。我辭之，驪姬必有罪矣。吾君老矣，微驪姬，寢不安席，食不甘味，如何使吾君以恨終哉？'"④

從以上文意可知，《穀梁傳》"使吾君不安者"，《禮記》"君安驪姬，是我傷公之心也"，《史記》"君且怒之"，《說苑》"使吾君以恨終"，均指公如何，即君"不安""傷心""怒""恨"等，而非太子申生。從修辭角度來看，《左傳》"君老矣，吾又不樂"簡省了賓語，完整應作"吾又不樂之"，即"我又不能使君安樂"。從詞類活用的情況看，"樂"字爲形容詞使動用法，"不樂之"就是"使他不高興"。《穀梁傳》"使吾君不安者"，《說苑》"使吾君以恨終"等即可證明這一點。此外，《史記·樂書》載："嘽緩慢易繁文簡節之音作，而民康樂。"張守節《正義》："樂，安也。"⑤《淮南子·泛論訓》載："百姓安之。"高誘注："安，樂也。"⑥《大戴禮記·曾子事父母》載："故父母安之。"王聘珍注："安，樂也。"⑦安、樂一致，因此《穀梁》《檀弓》都用"安"字，《左傳》"吾又不樂"即與《穀梁》"不安"、《禮記》"君安驪姬"一致。

最後，楊伯峻將"又"理解爲"亦"，即"也"的意思後，遂有"君不樂，吾亦不能樂"的推斷。據《集韻·昔韻》："亦，又也。"二字有相通之處，但在用"又"的語句中，一般不能理解爲"亦"，即亦可釋爲又，"又"不能徑作"亦"來理解，因主語不同，二者尚有區別。

---

① 〔清〕阮元校刻：《春秋穀梁傳注疏》卷八，《十三經注疏》，北京：中華書局 2009 年影印嘉慶二十年本，第 5201 頁。
② 〔清〕阮元校刻：《禮記正義》卷六，《十三經注疏》，北京：中華書局 2009 年影印嘉慶二十年本，第 2764—2765 頁。
③ 〔漢〕司馬遷撰，〔南朝宋〕裴駰集解、〔唐〕司馬貞索隱、〔唐〕張守節正義，趙生群等修訂：《史記》卷三九，北京：中華書局，2014 年，第 5 冊第 1988 頁。
④ 〔漢〕劉向撰，向宗魯校證：《說苑校證》，北京：中華書局，1987 年，第 81 頁。
⑤ 〔漢〕司馬遷撰，〔南朝宋〕裴駰集解、〔唐〕司馬貞索隱、〔唐〕張守節正義，趙生群等修訂：《史記》卷二四，第 4 冊第 1434 頁。
⑥ 〔漢〕高誘：《淮南子注》，上海：上海書店，1986 年，第 211 頁。
⑦ 〔清〕王聘珍撰，王文錦點校：《大戴禮記解詁》，北京：中華書局，1983 年，第 86 頁。

二

《春秋》文公六年：“八月乙亥，晉侯驩卒。”①文公七年：“夏四月，……戊子，晉人及秦人戰於令狐。晉先蔑奔秦。”杜預注：“晉諱背先蔑，而夜薄秦帥，以戰告。不言出，在外奔。”②

《左傳》文公六年：“八月，乙亥，晉襄公卒。靈公少，晉人以難故，欲立長君。趙孟曰：‘立公子雍。……使先蔑、士會如秦，逆公子雍。’”③文公七年：“秦康公送公子雍於晉。……宣子與諸大夫……乃背先蔑而立靈公，以御秦師。箕鄭居守。趙盾將中軍，先克佐之；荀林父佐上軍；先蔑將下軍，先都佐之。步招御戎，戎津爲右。及堇陰，……戊子，敗秦師於令狐，至於刳首。己丑，先蔑奔秦，士會從之。”杜預注：“先蔑、士會逆公子雍前還晉，晉人始以逆雍出軍。卒然變計，立靈公，故車右戎御猶在職。”④

學者對《左傳》的記載頗有疑義。如宋代呂大圭、晁補之，清人于鬯，今人傅隸樸等，都對先蔑逆公子雍、將下軍有所懷疑。因爲先蔑赴秦迎公子雍，又如何能在拒秦之戰中將下軍？杜預認爲先蔑已提前回晉，即未與公子雍一同返晉。那爲何又棄晉奔秦呢？先蔑赴秦是魯文公六年八月，秦軍送歸公子雍是次年三月末，前後半年多時間。秦晉令狐之役，晉四月初一敗秦，初二先蔑即奔秦。送歸之遲，逃亡之速，時間相差懸殊。若先蔑將下軍，那他是否知道“令狐之役”是拒納公子雍的行動？敗秦後，作爲勝利一方的將領，爲何逃入前一日尚在抵抗的秦國？《左傳》敘述先蔑前後角色的轉換，讓人費解。隨着清華簡《繫年》的整理出版，學界對這個問題有了新的解讀。清華簡《繫年》第九、十章記載如下：

> “晉襄公卒，靈公高幼，大夫聚謀，曰：‘君幼，未可奉承接也，毋乃不能邦，猷求強君。’乃命左行蔑與隨會召襄公之弟雍也於秦。襄夫人聞之，乃抱靈公以號於廷……大夫閔，乃皆背之，曰：‘我莫命召之。’乃立靈公，焉葬襄公。”⑤“秦康公率師以送雍子，晉人起師敗之於堇陰，左行蔑、隨會不敢歸，遂奔秦。”⑥

清華大學出土文獻讀書會據《繫年》認爲：“《繫年》可證《左傳》之失。”“《左傳》云晉御秦師，‘先蔑將下軍’，杜預强爲彌縫，謂先蔑‘逆公子雍前還晉’，故仍在軍中，則下‘己丑，先蔑奔秦’是從軍中奔秦。據《繫年》簡文，是晉人背公子雍，先蔑、隨會在秦不敢歸，即奔秦。

① 〔清〕阮元校刻：《春秋左傳正義》卷一九上，《十三經注疏》，第 4001 頁。
② 〔清〕阮元校刻：《春秋左傳正義》卷一九上，《十三經注疏》，第 4005 頁。
③ 〔清〕阮元校刻：《春秋左傳正義》卷一九上，《十三經注疏》，第 4004 頁。
④ 〔清〕阮元校刻：《春秋左傳正義》卷一九上，《十三經注疏》，第 4006 頁。
⑤ 孫飛燕：《〈繫年〉春秋部分校釋》，《清華簡〈繫年〉初探》，上海：中西書局，2015 年，第 22 頁。
⑥ 孫飛燕：《〈繫年〉春秋部分校釋》，《清華簡〈繫年〉初探》，第 23 頁。

《繫年》是。"①

綜合經傳及《繫年》記載，先蔑"赴秦""奔秦"都沒問題。問題是對"先蔑將下軍"的真實性有疑問。讀書會認爲《繫年》可證《左傳》之失，即《左傳》不當有"先蔑將下軍"這件事，且"晉人背公子雍"才是合理的。從清華簡《繫年》記載來看，讀書會的意見值得商榷。②

第一，《繫年》與《左傳》是異本共存的關係。《繫年》和《左傳》記載相同的事件中，《繫年》絕大部分簡略，《左傳》則相對詳實，關於靈公即位前後的記載即是。所以《繫年》未載晉軍部署，無"先蔑將下軍"，就不能斷然認爲《左傳》有誤。

第二，《繫年》載"大夫閔，乃皆背之"，並未記載"背'某某'而立靈公"。由於讀書會默認先蔑在秦，不可能背先蔑，故認爲"晉人背公子雍"爲是。其實不妥。因爲《左傳》明確記載"背先蔑而立靈公"，各版本無異文。此處記載確實不易理解，因此《史記·晉世家》就記載爲："乃背所迎而立太子夷皋，是爲靈公。"③楊伯峻注云："先蔑爲迎立之正使，終又以此奔秦，故云'背先蔑'。"④其解釋較爲牽強。背先蔑是背着赴秦未回的先蔑，還是背着已在國內的先蔑？若在國外，"背先蔑而立靈公"和下文"先蔑將下軍"不就矛盾了嗎？前人懷疑即在此。但這恰恰是《左傳》字句精妙之處，由於"背先蔑"，所以先蔑不知靈公之立，這裏的"不知"，不是在秦不知國內變動，而是在晉不知靈公之立，如果在秦，何須背先蔑？也只有在晉繾有下文"將下軍"的部署。我們仔細分析《繫年》"皆背之"三字，指諸大夫皆背某人，此人不是趙盾，也不是遠在秦國的公子雍，而只能是受命辦理迎公子雍的先蔑。《左傳》載："乃背先蔑而立靈公，以御秦師。"背先蔑、立靈公、御秦師三件事關聯密切，行動緊湊，立靈公是故意背着先蔑的密謀，先蔑尚不知情。杜預注："卒然變計，立靈公，故車右戎御猶在職。"此說不確，孔穎達對此已有駁正。抵御秦軍的將佐部署齊全，"箕鄭居守。趙盾將中軍，先克佐之；荀林父佐上軍；先蔑將下軍，⑤先都佐之。步招御戎，戎津爲右。"由於箕鄭留守，故上軍無主帥。面對晉軍的"潛師夜起"，這時先蔑應該明白過來，出兵非是迎接而是抵御，於是繾有迅速奔秦之舉，這就是《穀梁傳》所釋的"輟戰而奔秦"。⑥杜預注也提示我們："晉諱背先蔑，而夜薄秦帥，以戰告。"因此，《左傳》"背先蔑而立靈公"無誤。

第三，讀書會認爲"先蔑、隨會在秦不敢歸，即奔秦"。《繫年》載"左行蔑、隨會不敢歸，遂奔秦"，二人不敢歸，不是讀書會認爲的"二人在秦不敢歸"，"在秦"二字實屬蛇足，極易讓人疑惑，因爲本來就在秦，如何奔秦？《春秋》云："晉先蔑奔秦。"杜預注"不言出，在外

① 清華大學出土文獻讀書會：《〈清華大學藏戰國竹簡（貳）〉研讀劄記（二）》，"復旦大學出土文獻與古文字研究中心"網站，2011 年 12 月 31 日。

② 王紅亮：《清華簡〈繫年〉與〈春秋〉三〈傳〉載先蔑史事新證》，《殷都學刊》，2021 年第 1 期，第 22—30 頁。

③ 〔漢〕司馬遷撰、〔南朝宋〕裴駰集解、〔唐〕司馬貞索隱、〔唐〕張守節正義，趙生群等修訂：《史記》卷三九，第 5 冊第 2017 頁。

④ 楊伯峻：《春秋左傳注》，第 2 冊第 611 頁。

⑤ 于鬯認爲："恐此將下軍者實先僕，非先蔑也。先僕將下軍即於上下文義悉無害。蓋即由上下文言先蔑，故僕誤爲蔑耳。"于氏之說無據，不足信。〔清〕于鬯：《香草校書》，北京：中華書局，1984 年，下冊第 778 頁。

⑥ 〔清〕阮元校刻：《春秋穀梁傳注疏》卷一〇，《十三經注疏》，第 5223 頁。

奔"，《公羊傳》云"何以不言出，遂在外也"，[①]即從外奔逃，此説有理。但與"出奔某地"不同，如"王子朝奔楚""公孫敖如京師，奔莒"等。先蔑見形勢不對，不敢歸晉，應是從戰場，即"軍中"直接奔秦。讀書會增字解經，理解有偏差。

第四，《左傳》在先蔑奔秦後，有一段插叙文字，晉荀林父曾勸阻先蔑赴秦迎公子雍，荀林父曰："夫人、大子猶在，而外求君，此必不行。子以疾辭，若何？不然，將及。攝卿以往可也，何必子？"外求國君，禍患將及，即是對先蔑的提醒，先蔑不聽，最終赴秦迎接。從外求公子雍這件事本身來看，趙盾所爲並不光明正大，而先蔑奉命迎接也不名正言順。從晉靈公角度看，先蔑是亂臣；從公子雍角度説，先蔑是忠臣。先蔑赴秦見公子雍時肯定已交談妥當，孰料國内已立新君，趙盾失信於己，自己則失信於公子雍，且晉軍以"潛師夜起"的方式襲擊送歸公子雍的隊伍，由於秦康公"多與之徒衛"而並非是作戰之兵車，多方不利，故而敗北。趙盾、先蔑二人肯定會生嫌隙，況且趙盾背着先蔑立靈公，先蔑應屬於公子雍一黨，奔秦也就不足爲怪了。

唐陸淳《三傳得失議》載："予觀《左氏傳》，自周、晉、齊、宋、楚、鄭等國之事最詳，晉則每一出師，具列將佐。"[②]這次抵御秦軍也同樣有將佐部署，"先蔑將下軍"是講得通的。我們認爲《左傳》記載没有問題，杜注先蔑逆公子雍前還晉也無誤。容易讓人疑惑的是，背先蔑立靈公與將下軍是矛盾的，其實"背先蔑"就是解釋這個矛盾的關鍵，而不是想當然地認爲是背公子雍，公子雍就在秦，顯然無需背。荀林父面對先蔑奔秦，"及亡，荀伯盡送其帑及其器用財賄於秦"。先蔑是這次政變的受害者，奔秦之後難免受到秦的指摘，而荀林父則賄秦以便先蔑安身。

另外，就先蔑將下軍，之後迅速奔秦，我們還可以探究深層的原因。在先蔑奔秦之前，晉國政權變動頻繁。《左傳》僖公二十八年"晉侯作三行以御狄，荀林父將中行，屠擊將右行，先蔑將左行"，[③]這就是《繫年》"左行蔑"稱呼的由來。僖公三十一年罷"三行"而興"五軍"。由於五軍十卿中有八人相繼去世，晉又恢復了三軍舊制，於是有《左傳》文公八年的記載："夷之蒐，晉侯將登箕鄭父、先都，而使士縠、梁益耳將中軍。先克曰：'狐、趙之勳，不可廢也。'從之。"[④]襄公同意先克建議，改變任命，即《左傳》文公六年所載："春，晉蒐於夷，舍二軍。使狐射姑將中軍，趙盾佐之。陽處父至自温，改蒐於董，易中軍。"[⑤]襄公命賈季將中軍，趙盾佐之，而陽處父矯令改易，最終趙盾將中軍，而賈季爲中軍佐。賈季因不滿改易，且與趙盾在嗣君問題上有分歧，於是殺陽處父而奔狄，故先克繼任中軍佐，即服虔云："箕鄭將上軍，林父佐也。先蔑將下軍，先都佐也。改蒐於董，趙盾將中軍，射姑奔狄，先克代佐中軍耳。"[⑥]此即文公七年"令狐之役"的將佐部署："箕鄭居守。趙盾將中軍，先克佐之；荀林父佐上軍；先蔑

---

① 〔清〕阮元校刻：《春秋公羊傳注疏》卷一三，《十三經注疏》，北京：中華書局 2009 年影印嘉慶二十年本，第 4926 頁。
② 〔唐〕陸淳：《三傳得失議》，《春秋集傳纂例》卷一，《叢書集成新編》本，臺北：新文豐出版社，1986 年，第 108 册第 256 頁。
③ 〔清〕阮元校刻：《春秋左傳正義》卷一六，《十三經注疏》，第 3966 頁。
④ 〔清〕阮元校刻：《春秋左傳正義》卷一九上，《十三經注疏》，第 4009 頁。
⑤ 〔清〕阮元校刻：《春秋左傳正義》卷一九上，《十三經注疏》，第 4002 頁。
⑥ 〔清〕阮元校刻：《春秋左傳正義》卷一九上，《十三經注疏》，第 4002 頁。

將下軍,先都佐之。步招御戎,戎津爲右。"①經過一系列的將佐變換,趙盾成爲執政正卿,專主國柄,大夫見殺,異姓世卿出奔,晉國卿大夫之間鬥争激烈。同時,趙盾執政尚未穩固,六卿之間的協同也是此時晉國政治的特點。先蔑被任命將佐,是趙盾有意爲之,也是形勢使然。趙盾在立嗣問題上,出爾反爾,排斥異己,斷然否定賈季立公子樂的建議,並派人殺公子樂於由陳返晉的途中。賈季奔狄,趙盾使"臾駢送其(賈季)帑",②明知臾駢和賈季有仇,趙盾借刀殺人,用意甚明,除去賈季(狐氏)等政敵。然而臾駢深明大義,不以"寵報私怨",而是"盡具其帑,與其器用財賄,親帥扞之,送致諸竟"。③

通過上述分析,我們很容易看出晉國六卿異姓之間的争鬥,以及執政之卿與公族之間的争奪,即使是先氏一族,也存在相互傾軋。在"令狐之役"中先克、先蔑、先都屬先氏,由於先克建議襄公改授任命,於是箕鄭父、先都、士縠、梁益耳作亂殺先克。先蔑奔秦,趙盾立公子雍卻又食言是直接綫索,而背後卿大夫之間的派系鬥争,趙盾對異姓世卿的驅逐纔是關鍵原因。如童書業所説:"晉以三軍或六軍之帥爲卿,卿族多爲異姓、異氏,强横殊甚,晉之失霸及終於分裂,職此之故。"④後來,趙盾曾討論是否召回奔秦的士會、奔狄的賈季,並未提及先蔑和公子雍,可見二人對晉國已構不成威脅,"先蔑的奔秦而不得歸,正是君權與卿權鬥争的犧牲品,而之後晉靈公被弑也説明當時卿權與君權鬥争中卿權一度占了上風。"⑤姬姓公族與世卿之臣雙方的争奪不斷,《侯馬盟書》所載趙鞅主持的盟誓就是卿大夫之間權力争奪的體現,這種争奪直至三家分晉。

三

《春秋》文公十五年載:"三月宋司馬華孫來盟。"《左傳》云:"三月,宋華耦來盟,其官皆從之。書曰'宋司馬華孫',貴之也。公與之宴,辭曰:'君之先臣督得罪於宋殤公,名在諸侯之策。臣承其祀,其敢辱君?請承命於亞旅。'魯人以爲敏。"杜預注:"無故揚其先祖之罪,是不敏。魯人以爲敏,明君子所不與也。"孔疏認爲:魯人,魯鈍之人。⑥

杜注、孔疏魯鈍之人的説法不確,應作魯國之人解,前人已有定論。問題是爲何杜預、孔穎達會有如此誤解?華耦來盟,經書"宋司馬華孫",既書其官,又書其氏,故傳云"貴之"。所以"貴之",原因有二:第一,"其官皆從之",孔疏認爲"率其屬官備禮盡儀",因此貴之。第二,不與魯公同宴,而請與上大夫同食,懂禮知儀。綜合以上兩點,纔有"魯人以爲敏"的

---

① 〔清〕阮元校刻:《春秋左傳正義》卷一九上,《十三經注疏》,第4006頁。
② 〔清〕阮元校刻:《春秋左傳正義》卷一九上,《十三經注疏》,第4004頁。
③ 〔清〕阮元校刻:《春秋左傳正義》卷一九上,《十三經注疏》,第4005頁。
④ 童書業:《春秋左傳研究》,上海:上海人民出版社,2019年,第311頁。
⑤ 李沁芳:《春秋晉國先氏之興廢》,《牡丹江師範學院學報》2021年第1期,第69頁。
⑥ 〔清〕阮元校刻:《春秋左傳正義》卷一九下,《十三經注疏》,第4026頁。

誇贊。《左傳》襄公十四年"有臣不敏"，杜注："敏，達也。"孔疏云："不敏，不達於禮也。"①可見，魯國人認爲華耦懂禮而誇贊他。

杜預只注意華耦所説"督得罪於宋殤公"，而認爲他"無故揚其先祖之罪"，殊不知這裏重點是辭謝不與魯公同宴。《左傳》襄公二十年："衛寧惠子疾，召悼子曰：'吾得罪於君，悔而無及也。名藏在諸侯之策，曰："孫林父、寧殖出其君。"君入，則掩之。若能掩之，則吾子也。若不能，猶有鬼神，吾有餒而已，不來食矣。'"②寧惠子弑君，名在諸侯之策，至死不忘。因爲"古之仕者，於所臣之人，書己名於策，以明繫屬之也。拜則屈膝而委身體於地，以明敬奉之也。名繫於彼所事之君，則不可以貳心"。③策名委質，繫其所屬，更何況弑君之人名。華耦先人督弑君，被書於諸侯之策，亦恥辱之事。因書諸侯之策，故人盡皆知，華耦不能遮掩其過，於是以"君之先臣督得罪於宋殤公"推辭，君前臣名，尊敬魯公，又以"得罪"委婉作答："不敢辱没您，請與大夫同食。"因此，衆人不但不會怪罪華耦，還會爲他的坦誠知禮而贊揚。《左傳》成公九年"尊君，敏也"，④即是此意。杜注經文"三月宋司馬華孫來盟"云："華孫奉使鄰國，能臨事制宜。"此解與傳文要傳達的意思一致。《左傳》僖公三十三年："齊國莊子來聘，自郊勞至於贈賄，禮成而加之以敏。"杜注："敏，審當於事。"⑤華耦來盟之談吐，即是審當於事、臨事制宜，其外交風采可見一斑。陳壽祺指出"三傳"之失云："《左氏》之失者，……以華耦爲敏。"⑥華督之罪，並未禍及子孫，《春秋》貴華耦出使來盟；華督之失，並不妨礙華耦尊君知禮，時人不以根惡而棄枝葉，魯人不因華督之過而責華耦，故而有"魯人以爲敏"的贊譽。《左傳·襄公二十八年》祁奚爲救因欒盈之難受牽連的叔向，向范宣子陳辭曰："鯀殛而禹興；伊尹放大甲而相之，卒無怨色；管、蔡爲戮，周公右王。"杜預注"鯀殛而禹興"云："言不以父罪廢其子。"⑦又《左傳·文公六年》臾駢引用前代記載云："敵惠敵怨，不在後嗣。"杜注："敵猶對也，若及子孫則爲非對，非對則爲遷怒。"此即"父子不相及""君臣不相怨""兄弟不相同"之謂也。⑧陳氏論《左傳》之失，未觸及當時認知的根本而產生誤解，故不能成立。

（王少帥，山東大學文學院博士研究生）

---

① 〔清〕阮元校刻：《春秋左傳正義》卷三二，《十三經注疏》，第 4249 頁。
② 〔清〕阮元校刻：《春秋左傳正義》卷三四，《十三經注疏》，第 4277 頁。
③ 〔清〕阮元校刻：《春秋左傳正義》卷一五，《十三經注疏》，第 3939 頁。
④ 〔清〕阮元校刻：《春秋左傳正義》卷二六，《十三經注疏》，第 4137 頁。
⑤ 〔清〕阮元校刻：《春秋左傳正義》卷一七，《十三經注疏》，第 3979 頁。
⑥ 〔清〕陳壽祺：《答高雨農舍人書》，《左海文集》，見《清代詩文集彙編》，上海古籍出版社，2010 年，第 499 册第 199 頁下欄。
⑦ 〔清〕阮元校刻：《春秋左傳正義》卷三四，《十三經注疏》，第 4280 頁。
⑧ 楊伯峻：《春秋左傳注》，第 4 册第 1168 頁。類似記載如：《左傳·僖公十三年》："秦伯曰：'其君是惡，其民何罪。'秦於是乎輸粟於晉。"可見，國君有罪，民不與君同。再有《左傳·昭公六年》："夏，季孫宿如晉，拜莒田也。晉侯享之，有加籩。武子退，使行人告曰：'小國之事大國也，苟免於討，不敢求貺。得貺不過三獻。今豆有加，下臣弗堪，無乃戾也？'韓宣子曰：'寡君以爲驩也。'對曰：'寡君猶未敢，況下臣，君之隸也，敢聞加貺？'固請徹加，而後卒事。晉人以爲知禮，重其好貨。"《左傳·昭公二十年》："在《康誥》曰：'父子兄弟，罪不相及。'"

林堯叟《左傳句讀直解》域外影響探析

朱秋虹

[摘　要]　南宋林堯叟基於前賢舊注，爬梳載籍，析其理奧，抉其義蘊，著《左傳句讀直解》。該書以其便於習讀，廣爲翻刻，流傳海外，影響深遠。朝鮮世宗二十二年下令集賢殿編修《春秋經傳集解》，取林堯叟《左傳句讀直解》補杜預原書之缺。後該書回傳中國，對《左傳杜林合注》本的誕生產生重要影響。江户初期，林書由朝入日，《七經孟子考文》《左傳輯釋》《左氏會箋》等疏解經傳之作均見參採，爲德川日本儒學的繁榮發揮了積極作用。明末清初，西方漢學漸成體系，林書作爲《左傳》重要注本受到關注，高本漢《左傳注釋》據《左傳杜林合注》所載，多有參詳林説之處，足見林著影響範圍之廣。

[關鍵詞]　林堯叟　左傳句讀直解　東傳　西方漢學

　　林堯叟《左傳句讀直解》是宋代《左傳》學名作，語言風格通俗曉暢，備受時人推崇，自宋元以降傳刻不輟，形成《春秋經左氏傳句解》（以下簡稱《句解》）與《音注全文春秋括例始末左傳句讀直解》（以下簡稱《直解》）兩個系統，流傳海外，刊刻不斷。《句解》系統下可見朝鮮世宗十三年（1431）覆刻十四行本，《直解》系統下可見朝鮮世宗十三年（1431）錦山元版覆刻本、朝鮮端宗二年（1454）錦山郡金連枝刻本、朝鮮中宗至明宗年間（1506—1567）癸未字覆刻本、朝鮮仁祖十三年（1635）揚州回籠寺癸未字覆刻本、朝鮮仁祖二十四年（1646）揚州回籠寺修繕本、日本寬文元年（1661）上村次郎右衛門刻本、日本寬文十三年（1673）上村次郎同版後印本、日本大坂志多森善兵衛寬政五年（1793）音注評林本等，現藏於國内外多家圖書館、博物院中，傳世數量遠超林著之本土刻本。朝鮮、日本一方面對舶來的漢籍加以翻印摹刻，一方面基於本土學術孵化出符合時代需求的新作品。此類再生文獻後又回傳至中國，收穫新的關注與互動，構建出海内外漢籍交流的回環。

　　有關《左傳句讀直解》海外刊本的情況，學界已有研究。于昊甬對朝鮮半島與日本等地的域外刻本、寫本進行了初步梳理；韓國諾約漢（노요한）對韓國圖書館館藏林書情況以及部分跋語進行了簡單叙述，亦提及其在集賢殿受命編《春秋經傳集解》中起到的作用。[①]然二氏對林書在海外産生的廣泛影響關注不够充分，亦未提及林書之於西方漢學繁榮所起的重要作用。本文以前賢研究爲基礎，臚舉基於林書誕生的域外文獻，探究其回傳中國後與後代

---

①　于昊甬：《林堯叟〈春秋經左氏傳句解〉研究》，華東師範大學碩士學位論文，上海，2021年。노요한(2020).고려말－조선초 경부 經部 중국서적의 수입과 간행에 대하여.한문고전연구.《漢文古典研究》2020年第40輯，第195—242頁。

漢籍之間的關聯,揭櫫林書在《春秋》《左傳》學史上不可或缺的價值。

一、推動朝鮮儒學發展

《左傳句讀直解》何時傳入朝鮮尚無定論,諾約漢(노요한)以爲朝鮮太宗四年(1403)朝廷已見《音注全文春秋括例始末左傳句讀直解》一書,[①]但印少歲久,學者多不可得。[②]據朝鮮世宗十三年(1431)錦山元版覆刻本《音注全文春秋括例始末左傳句讀直解》書末所附金致明跋:

> 《春秋》,記事之書,識時事非《左傳》不能也,即胡氏所謂按左氏者是已。此書國無板刊,或有家藏者,皆中朝書肆來也,安能人得而觀之哉?學《春秋》之患恒在於斯。歲庚戌夏藝文館大提學申公槩觀察全羅,余參佐幕。公一日語余曰:"今諸道未刊者,唯《左傳》耳。吾家有一本,擬將刊印以惠學者,何如?"余從而贊之。閏十二月移牒錦山,令他郡鳩材募工,工皆僧無業者也,知郡許君安石實幹其事。功未半,辛亥二月公入爲大司憲,判漢城徐公選繼來,應事周密,督之益力焉,至五月告訖。嗚呼!數君子之於漢學可謂力勤而惠廣矣。余悉事之首末,於是乎書。宣德六年辛亥五月日都事金致明跋。[③]

及朝鮮世宗十三年(1431)覆元本《春秋經左氏傳句解》書末所附朱邵跋:

> 惟我東方,文教大行,經史悉備,獨《左氏傳》未見刊行,治《春秋》者,無以爲按。歲辛亥監司曹相致、都事安君質,旁求善本,得參議朴公賁家藏,囑予董事,自仲秋至仲冬而告成。吁!曹相之贊文教、開承學,豈不偉歟?知郡事朱邵敬跋,宣德六年十一月日清道開板。[④]

可知早期朝鮮所見《左傳》多爲家藏本,蓋由書賈自中國販入,非國民均可觀瞻,《春秋》之學庶難推廣。全羅道觀察使申槩(1374—1446)私藏林著《直解》系統一部,慶尚道觀察黜陟使曹致、都事安質求得參議朴賁家藏林著《句解》系統一部,均以時諸道未刊者唯《左傳》一書爲憾,欲行其書以惠學者。前者歷時六個月,終由觀察使徐選(1367—1433)完成。後者

---

① 노요한: 고려말−조선초 경부 經部 중국서적의 수입과 간행에 대하여,第 212 頁。
② 李塏跋:"我太宗大王朝所印鑄字本,字大便於觀覽,而印少歲久,學者病未得焉。癸酉夏,上令集賢殿校一衰,刊其訛誤,遂命全羅道都觀察使臣金連枝鋟梓于錦山郡,以廣其傳。"參見《音注全文春秋括例始末左傳句讀直解》卷末,朝鮮端宗二年(1454)錦山郡金連枝刻本,日本國立公文書館藏。
③ 《音注全文春秋括例始末左傳句讀直解》書末,朝鮮世宗十三年(1431)錦山元版覆刻本,日本國立公文書館藏。
④ 《春秋經左氏傳句解》書末,朝鮮世宗十三年(1431)覆刻十四行本,韓國海印寺藏。

由清道知郡事朱邵負責,歷時四個月,出版時間略晚,刊行之旨並無二致。

(一)朝鮮集賢殿受命編《春秋經傳集解》

林書在朝鮮刊印頗豐,自世宗十三年(1431)覆元本以下,亦見朝鮮端宗二年(1454)錦山郡金連枝刻本、朝鮮中宗至明宗年間(1506—1567)癸未字覆刻本、朝鮮仁祖十三年(1635)揚州回籠寺癸未字覆刻本、朝鮮仁祖二十四年(1646)揚州回籠寺修繕本等多個版本傳世,藏於多國圖書館、博物院中,數量甚夥。日本寬文元年(1661)上村次郎右衛門刻本即翻刻自朝鮮端宗二年(1454)錦山郡金連枝刻本,可見朝鮮覆刻、翻刻林書影響力之大。

除林著單行本廣爲流傳以外,朝鮮世宗二十二年(1440)下令集賢殿編修《春秋經傳集解》(以下簡稱"集賢殿《集解》本"),即以杜預原書宏深精簡有餘,周密詳實不足,林堯叟、朱申句解恰補其缺,裒輯諸説,新修其書,以便覽閲。該本合三十卷,十五册,卷首附《春秋左氏傳序》,正文卷首題"春秋經傳集解卷之一",次行記"諸家注音訓附"。已知主要有朝鮮世宗二十四年(1442)初鑄甲寅字本、朝鮮肅宗年間(1674—1720)金屬活字(戊申字)本、朝鮮正祖元年至哲宗八年間(1777—1857)刻本三種。

1.朝鮮世宗二十四年(1442)初鑄甲寅字本

朝鮮世宗二十四年(1442)初鑄甲寅字本,半頁十行,行十八字,小字雙行同,四周雙邊,白口,雙順黑魚尾,開本37.8cm×21.7cm,半框26.4cm×16.9cm,有界,卷尾載權近癸未字鑄字跋、卞季良庚子字鑄字跋及金鑌甲寅字鑄字跋,記"正統七年九月日印出"。[①]

高麗大學晚松文庫藏一部,鈐有"高麗大學校藏書"朱文方印,每卷首頁右下方框内鈐有"龜鶴亭"白文長方印,此亭似爲賀節使柏岩金玏(1540—1616)所建,位於慶尚道榮州。[②]

韓國國立中央圖書館一山文庫藏一部,鈐有"弘益人間"朱文方印、"清芬室"朱文圓印,二者均爲李仁榮藏書印。李仁榮(1911—?),字鶴山,全州人,其所著《清芬室書目》是"韓國目録學史上最早的、最清楚的真正意義上的目録學書籍",[③]於韓國現代文獻學具有里程

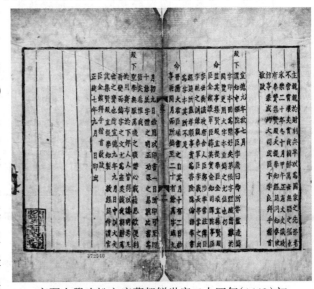

高麗大學晚松文庫藏朝鮮世宗二十四年(1442)初鑄甲寅字本《春秋經傳集解》

---

① 《春秋經傳集解》卷尾,朝鮮世宗二十四年(1442)初鑄甲寅字本,高麗大學晚松文庫藏。
② 노요한:고려말－조선초 경부 經部 중국서적의 수입과 간행에 대하여,第208頁。
③ 〔韓〕朴鈗:《〈清芬室書目〉與李仁榮的版本學》,《域外漢籍研究集刊》2014年第2期,第205頁。

碑意義。①

2. 朝鮮肅宗年間（1674—1720）金屬活字（戊申字）本

朝鮮肅宗年間（1674—1720）金屬活字（戊申字）本，半頁十行，行十七字，小字雙行同，四周單邊，白口，雙對花魚尾，版心題"左傳"，附記卷數、頁次，開本 33.2 cm × 20.8 cm，半框 24.9 cm × 16.7 cm。

韓國成均館大學藏一部，番號不詳，影印收錄於《域外漢籍珍本文庫·第二輯·經部》的第十冊、第十一冊。

3. 朝鮮正祖元年至哲宗八年間（1777—1857）刻本

朝鮮正祖元年至哲宗八年間（1777—1857）刻本，臺灣"中央圖書館"藏一部。②

以上諸版除行款信息不同，間有異體字外，內容上亦見異文，但總體差別不大。據朝鮮肅宗年間（1674—1720）金屬活字（戊申字）本，《春秋左氏傳序》後載有跋文：

> 《春秋左氏傳》注釋非一家，杜預《集解》精要而或失之簡，林堯叟、朱申《句解》纖悉而頗傷於繁，必須參考，始會歸趣。歲庚申夏五月上命集賢殿裒輯數家之說，合成一書，以杜本爲主，林、朱則刪繁撮要，特加"附注"二字，入于逐節之下。又採陸德明《釋文》，林、朱飜音，名曰"音訓"，以附其後。若乃年上經、傳兩字皆用陰字，與夫年書甲子節加圈點，實倣林、朱之例。至於十二公年首列國紀年，本出林注，今依《大全》，不標姓氏，以划其煩。凡此規模，皆稟宸斷，於是文辭曉析，節目分明，不費考較，而便於覽閱，誠有補於後學云。③

可見集賢殿《集解》本與杜書名同實異。內容上，該本以杜預《春秋經傳集解》爲基，參以林堯叟《左傳句讀直解》、朱申《音點春秋左傳詳節句解》二書，以"附注"二字爲引，擇林、朱部分釋文，列於杜注之下。音注部分又採陸德明《經典釋文》，以"音訓"二字爲引，列於注文最末。體例上，多倣林書，承其圈句號、陰文之例，庶便讀覽。至於十二公年首所列國紀年，集賢殿諸編者雖辨明其出自林氏，但《春秋大全》已有定式，爲"刪繁撮要"，故依其而錄之。

經統計，集賢殿《集解》本所擇附注以林說爲主，略取朱解，二者所佔比重並不相當。以卷十爲例，卷載宣公元年至宣公十一年經、傳、注文，正文出注合三百七十一條，含"附註"者九十四條，④其中記"林曰"八十四條，"朱曰"九條，林注佔比僅次於杜注，可見集賢殿《集

---

① 〔韓〕朴文烈：《清芬室書目考(1)—특히 鶴山의 古書의 刊年 推定과 그 基準을 中心으로》，《圖書館研究》제 22 권 제 3 호，1981 年，第 2—26 頁；박문열：《清芬室書目考(2)—특히 鶴山의 古書의 刊年 推定과 그 基準을 中心으로》，《圖書館研究》제 22 권 제 4 호，1981 年，第 30—48 頁。

② 《中國所藏高麗古籍綜錄》載"《春秋經傳集解》三十卷，朝鮮集賢殿受命編，朝鮮正祖元年至哲宗八年間（1777 至 1857）刻本，臺中"。參見黃建國、金初升主編：《中國所藏高麗古籍綜錄》，上海：漢語大詞典出版社，1998 年，第 13 頁。

③ 《春秋經傳集解·序》，《域外漢籍珍本文庫·第二輯·經部》，重慶：西南師範大學出版社、北京：人民出版社，第 10 冊第 429 頁。

④ 宣公九年《傳》文"公曰：'吾能改矣。'公告二子，二子請殺之，公弗禁，遂殺洩冶"下出"附注：禁，居鳩反，又音金。""附注"疑似當作"音訓"。

解》本主體上是以林書補益杜著，以便釋讀。

（二）朝鮮《春秋經傳集解》與閔氏輯本

明萬曆二十二年（1594）吳興閔光德、閔夢得所輯《春秋左傳杜林合注》本（以下簡稱"閔氏輯本"）與是本編修旨趣、輯注體例十分相似。已知集賢殿《集解》本早於閔氏輯本成書一百五十餘年，閔氏編纂之初是否參詳該書，從二者採擇內容或可窺一斑。今比勘《春秋經傳集解》《左傳句讀直解》、集賢殿《集解》本與《春秋左傳杜林合注》四書，以文公八年經、傳、注文爲例，製表如下①：

經、傳文		《春秋經傳集解》	《左傳句讀直解》	朝鮮集賢殿受命編《春秋經傳集解》	閔氏輯本
					壬寅。
	八年		壬寅。	壬寅。	
	春，王正月。				
	夏四月。		襄王崩，子頃王立。		林：襄王崩，子頃王立。
	秋八月戊申，天王崩。	壬午，月五日。		壬午，月五日。	
	冬十月壬午，公子遂會晉趙盾，盟于衡雍。		衡雍，鄭地。雍，去聲。		杜：壬午，月五日。林：衡雍，鄭地。○雍，於用反。
經文	乙酉，公子遂會雒戎，盟于暴。	乙酉，月八日也。暴，鄭地。公子遂不受命而盟，宜去族，善其解國患，故稱公子以貴之。	暴，鄭地。雒，音洛。	乙酉，月八日也。暴，鄭地。公子遂不受命而盟，宜去族，善其解國患，故稱公子以貴之。	杜：乙酉，月八日也。暴，鄭地。公子遂不受命而盟，宜去族，善其解國患，故稱公子以貴之。○"會雒戎"本或作"伊雒之戎"，此後人妄取傳文加耳。雒，音洛。
	公孫敖如京師，不至而復。丙戌，奔莒。	不言出，受命而出，自外行。	不言出，受命而出，自外行。	不言出，受命而出，自外行。	不言出，受命而出，自外行。
	螽。	無傳。爲災故書。	無傳。爲災故書。	無傳。爲災故書。	無傳。爲災故書。
	宋人殺其大夫司馬，宋司城來奔。	司馬死不舍節，司城奉身而退，故皆書官而不名，貴之。	公子卬也。蕩意諸也。卬、意諸皆昭公之黨。	司馬死不舍節，司城奉身而退，故皆書官而不名，貴之。	杜：司馬死不舍節，司城奉身而退，故皆書官而不名，貴之。

---

① 《春秋經傳集解》相關內容摘自〔晉〕杜預：《春秋經傳集解》卷八，上海：上海古籍出版社，1988年，第462—465頁。《左傳句讀直解》相關內容摘自臺灣"中央圖書館"藏十行本《春秋經左氏傳句解》卷一八第十一葉A面至第十二葉A面。朝鮮集賢殿受命編《春秋經傳集解》相關內容摘自《域外漢籍珍本文庫·第二輯·經部》，第10冊第570—571頁。《左傳杜林合注》相關內容摘自美國哈佛大學燕京圖書館藏閔氏輯《春秋左傳杜林合注》五十卷本卷一六第六葉A面至第七葉A面。

續表

經、傳文		《春秋經傳集解》	《左傳句讀直解》	朝鮮集賢殿受命編《春秋經傳集解》	閔氏輯本
傳文	八年春，晉侯使解揚歸匡、戚之田于衛，	匡本衛邑，中屬鄭。孔達伐不能克，今晉令鄭還衛，及取戚田，皆見元年。	解揚，晉大夫。匡本衛邑，中屬鄭。孔達伐不能克，今晉令鄭還衛。及取戚田，皆見元年。解，音蟹。	匡本衛邑，中屬鄭。孔達伐不能克，今晉令鄭還衛。及取戚田，皆見元年。【附注】林曰：解揚，晉大夫。【音訓】[注]中，丁仲反。令，力呈反。見，賢遍反。	林：解揚，晉大夫。杜：匡本衛邑，中屬鄭。孔達伐不能克，今晉令鄭還衛。及取戚田，皆見元年。○解，音蟹。
	且復致公婿池之封，	公婿池，晉君女婿。又取衛地以封之，今並還衛也。申，鄭地。傳言趙盾所以能相幼主而盟諸侯。	公婿池，晉君女婿。又取衛地以封之，今併致之，以還衛也。復，去聲。壻，音細，俗作婿。	公婿池，晉君女婿。又取衛地以封之，今並還衛也。申，鄭地。傳言趙盾所以能相幼主而盟諸侯。【附注】林曰：申、虎牢皆鄭邑，蓋此地皆公婿池之封也。【音訓】復，扶又反。壻，音細，俗作婿。[注]相，息亮反。	杜：公婿池，晉君女婿。又取衛地以封之，今並還衛也。申，鄭地。傳言趙盾所以能相幼主而盟諸侯。○復，扶又反。壻，音細，俗作婿。竟，音境。
	自申至于虎牢之竟。		申、虎牢皆鄭邑，蓋此地皆公婿池之封也。		
	夏，秦人伐晉，	令狐役在七年。	有鐘鼓曰伐。	令狐役在七年。	令狐役在七年。
	取武城，		晉邑		
	以報令狐之役。		令狐役在七年。		
	秋，襄王崩。	爲公孫敖如周弔傳。	爲公孫敖如周弔傳。	爲公孫敖如周弔傳。	爲公孫敖如周弔傳。
	晉人以扈之盟來討。	前年盟扈，公後至。	前年盟扈，魯後至，故來治其罪。	前年盟扈，公後至。	杜：前年盟扈，公後至。
	冬，襄仲會晉趙孟，盟于衡雍，	伊、雒之戎將伐魯，公子遂不及復君，故專命與之盟。	襄仲，即公子遂。趙孟，即趙盾。	【附注】林曰：以扈盟，後至，故盟衡雍以報之。	林：以扈盟，後至，故盟衡雍以報之。
	報扈之盟也，		以扈盟，後至，故盟衡雍以報之。		
	遂會伊、雒之戎。		伊、雒之戎將伐魯，公子遂不及復君，故專命與之盟。	伊、雒之戎將伐魯，公子遂不及復君，故專命與之盟。	伊、雒之戎將伐魯，公子遂不及復君，故專命與之盟。
	書曰"公子遂"，	珍，貴也。大夫出竟，有可以安社稷、利國家者，專之可。	經書。	珍，貴也。大夫出竟，有可以安社稷、利國家者，專之可。	珍，貴也。大夫出竟，有可以安社稷、利國家者，專之可。
	珍之也。		珍，貴也。大夫出竟，有可以安社稷、利國家者，專之可也。		

續表

經、傳文		《春秋經傳集解》	《左傳句讀直解》	朝鮮集賢殿受命編《春秋經傳集解》	閔氏輯本
傳文	穆伯如周弔喪，不至，以幣奔莒，從己氏焉。	己氏，莒女。	弔襄王之喪。不至京師。以弔周之幣奔莒。從前年還莒之女。己，紀。	己氏，莒女。	杜：己氏，莒氏。林：以弔周之幣奔莒，從前年還莒之女。
	宋襄夫人，襄王之姊也，昭公不禮焉。	昭公適祖母。	宋襄公夫人，周襄王之女兄，宋昭公之適祖母也。不禮事其祖母。	昭公嫡祖母。	杜：昭公適祖母。
	夫人因戴氏之族，	華、樂、皇皆戴族。	夫人，即宋襄夫人。華、樂、皇皆戴族也。	華、樂、皇皆戴族。	杜：華、樂、皇皆戴族。
	以殺襄公之孫孔叔、公孫鍾離及大司馬公子卬，皆昭公之黨也。 司馬握節以死，	節，國之符信也。握之以死，示不廢命。	三子皆昭公黨。 司馬，即公子卬。節，國之符信也。握之以死，示不廢命。	節，國之符信也。握之以死，示不廢命。	節，國之符信也。握之以死，示不廢命。
	故書以官。		釋經書司馬。		
	司城蕩意諸來奔，效節於府人而出。	效，猶致也。意諸，公子蕩之孫。	意諸，公子蕩之孫，皆昭公黨。○詳見十六年。	效，猶致也。意諸，公子蕩之孫。	杜：效，猶致也。意諸，公子蕩之孫。○效，戶教反。
	公以其官逆之，皆復之，亦書以官，皆貴之也。	卿違從大夫，公賢其效節，故以本官逆之，請宋而復之，司城官屬悉來奔，故言皆復。	卿違從大夫之位，公賢其效節，故以本官逆之。請宋而復之，司城官屬悉來奔，故言皆復之。經書司城。皆以司馬、司城為可貴也。	卿違從大夫，公賢其效節，故以本官逆之，請宋而復之，司城官屬悉來奔，故言皆復。	卿違從大夫，公賢效其節，故以本官逆之，請宋而復之，司城官屬悉來奔，故言皆復。
	夷之蒐，晉侯將登箕鄭父、先都，	登之于上軍也。夷蒐在六年。	在六年。 晉襄公將升一子於上軍將佐。	登之于上軍也。夷蒐六年。	杜：登之于上軍也。夷蒐在六年。

續表

經、傳文		《春秋經傳集解》	《左傳句讀直解》	朝鮮集賢殿受命編《春秋經傳集解》	閔氏輯本
傳文	而使士縠、梁益耳將中軍。	士縠,本司空。	而使二子爲中軍將佐。將,去聲。	士縠,本司空。【附注】林曰:使二子爲中軍將佐。	杜:士縠,本司空。○縠,户本反。將,子匠反。
	先克曰:		先克諫晉襄公。	狐偃、趙衰有從亡之勳。【附注】林曰:六年以狐射姑、趙盾爲中軍將佐。【音訓】[注]從,才用反。	狐偃、趙衰有從亡之勳。
	"狐、趙之勳,	狐偃、趙衰有從亡之勳。	狐偃、趙衰有從亡之勳。		
	不可廢也。"		言其子孫不可廢。		
	從之。		六年以狐射姑、趙盾爲中軍將佐。		林:六年以狐射姑、趙盾爲中軍將佐。
	先克奪蒯得田于菫陰。	七年,晉禦秦師于菫陰,以軍事奪其田也。先克,中軍佐。	先克,中軍佐,七年禦秦師于菫陰,以軍事奪蒯得田野。蒯,音快。菫,音謹。	七年,晉禦秦師于菫陰,以軍事奪其田也。先克,中軍佐。	杜:七年,晉禦秦師于菫陰,以軍事奪其田也。先克,中軍佐。○蒯,苦聵反。
	故箕鄭父、先都、士縠、梁益耳、蒯得作亂。	爲明年殺先克張本。	傳著五人作亂之由,爲明年殺先克張本。	爲明年殺先克張本。	林:傳著五人作亂之由,爲明年殺先克張本。

　　據上表可知:其一,閔氏輯本與集賢殿《集解》本以林氏一句一解繁複,並依杜預"隨題入注"。其二,閔氏輯本與集賢殿《集解》對杜、林二注的揀擇十分接近,不僅反映在出注條目,更見諸摘録内容。以《左傳·文公八年》"冬,襄仲會晉趙孟,盟于衡雍,報扈之盟也,遂會伊、雒之戎"注文爲例:杜注簡明,僅於"伊、雒之戎"下出注。林注詳盡,"衡雍""報扈之盟也""伊、雒之戎"下均有注,以解襄仲、趙孟其人,盟于衡雍之原,以及會戎之因。二合注本皆省去林氏姓名互見之言,擇其解"盟衡雍"之句,出注條目與内容完全一致,僅見集賢殿《集解》本以"附註""林曰"爲引,而閔氏輯本直出姓氏之别。同時,相較於前者,後者對林書擇録更多,對杜、林二人注文的劃分亦更明晰。其三,集賢殿《集解》本與閔氏輯本均採陸德明《經典釋文》音義,或與陸書自唐宋以降廣受雅重,時人音注多取其書相關,後者所出音注更爲周密。

　　此外,二書卷首凡例言:

　　集賢殿《集解》本:至於十二公年首列國紀年,本出林注,今依《大全》,不標姓氏,以划其煩。①

　　閔氏輯本:一、王侯世系及伯國之卿,關王伯、夷夏之重輕者,杜注舊本不載,今遵唐翁括例備列于十二公之始。一、《諸侯興廢》《春秋提要》依《大全》録之,俾閔

① 《春秋經傳集解·序》,《域外漢籍珍本文庫·第二輯·經部》,第 10 册第 429 頁。

者挈綱挈領，一展卷可知其概云。[①]

據上文，《春秋大全》取法《左傳句讀直解》多有誤失，閔氏輯本雖言其"遵唐翁括例備列于十二公之始"，實存在與《春秋大全》一致之異文，如隱公元年卷首"秦"下注：

> 《左傳句讀直解》：襄公卒，文公立，文公四十四年是爲隱公元年，又六世至穆公任好。穆公立四年，迎婦于晉，是爲穆姬。其歲，齊桓公伐楚，至召陵。
> 《春秋大全》：襄公卒，文公立，文公四十四年是爲隱公元年，又六世至穆公任好。十五年，魯僖公十五年始見《春秋》。
> 閔氏輯本：襄公卒，文公立，文公四十四年是爲隱公元年，又六世至穆公任好。十五年，魯僖公十五年始見《春秋》。

可見《春秋大全》作爲明代科舉取士之教科書，風行海内，集賢殿《集解》本與閔氏輯本均有參輯。

統觀上述諸條，集賢殿《集解》本與閔氏輯本二者内容、體例、史料來源均頗爲相近，或存在閔光德輯合《春秋左傳杜林合注》之際已得見集賢殿《集解》本之可能。由於相關證據尚不充足，此處僅作猜想，以待後證。

二、促進日本儒學繁榮

林書流入日本較朝鮮當晚，現可考日本最早刊行的《音注全文春秋括例始末左傳句讀直解》爲寬文元年（1661）上村次郎右衛門刻本，其底本是朝鮮端宗二年（1454）錦山刊本。《經籍訪古志》載林書《直解》本，一爲宣德六年（1431，即朝鮮世宗十三年）錦山元版覆刻本，一爲朝鮮國大字刊本，即朝鮮端宗二年錦山刊本，另有朝鮮國刊本《春秋胡氏傳》，附"林堯叟音注括例始末"，非林著單行本，未見本土刻本原本或殘卷之記載。[②]且今日本國立公文書館、静嘉堂文庫所藏十四行本《句解》及十二行本《直解》，溯其源均不早於明治時代，可見林著在東傳過程中應是由朝入日，時間約在德川初期。

江户時代（1603—1867）日本《春秋》《左傳》學研究頗爲繁榮，湧現出林羅山、伊藤仁齋、荻生徂徠、山井鼎、中井履軒、安井衡等諸多儒學大家，《春秋經傳通解》《春秋集注講義》《春秋考》《七經孟子考文》《春秋左傳雕題》《左傳輯釋》等疏解經傳之作亦層見疊出，推促

---

① 《春秋左傳杜林合注》凡例，明萬曆二十二年（1594）吴興閔夢得、閔光德輯本，美國哈佛大學燕京圖書館藏，第二葉B面。
② 〔日〕澁江全善、〔日〕森立之等撰，杜澤遜、班龍門點校：《經籍訪古志》，上海：上海古籍出版社，2017年，第43頁、第45頁。

了德川日本儒學的繁榮,亦爲明治維新奠定了牢固的思想基礎。[①]這些作品中不乏引據《左傳句讀直解》之處,是江户時代林書風行日本之明證。

(一)山井鼎《七經孟子考文》

山井鼎(1690—1728),[②]本姓大神氏,名鼎,又名重鼎,字君彝,號昆侖,通稱善六,日本紀州(今和歌山縣)人,日本江户時代古學派學者,師從伊藤東涯、荻生徂徠等,篤志經籍,發足利之所藏,考異補闕,作《七經孟子考文》(以下簡稱“《考文》”)。吉川幸次郎言:“昆侖先生爲近代校疏之祖,惠延後學,名播異域,蓋皇朝儒者之業,能衣被海内外者,殆莫先生若也。”[③]該書後經物觀補遺,成《七經孟子考文補遺》(以下簡稱“《考文補遺》”),在中日學界影響頗巨。

《考文》蒐集衆本,校讎經文。據《考文補遺》凡例,山井鼎參校二十五本中即見“林堯叟《左傳直解》”,[④]引徵林書,考輯異文,補流佈本之闕,正古本之誤。《春秋正經全文左傳增注句解》卷首載黄裳題記曰:“日本山井鼎《考文》亦每引以證足立本,即所謂‘林直解’者,是益見書之舊本爲可取云云。”[⑤]瞿艷丹亦言其:“大量參考了林堯叟注《左傳直解》,即批注中所記‘林堯叟句解本作’‘林云’者,皆可説明崑崙的閲讀、學問譜系。”[⑥]據考,《考文》全書引據林解共二十九條,以“林堯叟《直解》云”爲引者凡二條,如定公四年:

> 考異:“殷民六族”宋板“民”作“氏”,正、嘉二本同。“殷民七族”放此。謹按:作“殷民”似是,林堯叟《直解》云:殷之遺民六族。[⑦]

以“林唐翁《直解》”爲引者凡一條,見莊公二十一年:

> 考異:林唐翁《直解》傳“王巡虢守”作“王巡守虢”。[⑧]

以“林《直解》”爲引者凡二十六條,佔比最多,如僖公三十年:

① 張德恒:《江户之前春秋左傳學文獻流傳日本考》,《蘭州大學學報》2017 年 03 期,第 142 頁。
② 山井鼎卒年問題較爲複雜,目前學界尚無定論,此處多詳顧永新《〈七經孟子考文補遺〉考述》一文,取本城問亭《山井昆侖事略》之説,以爲山井三十九歲卒。參見顧永新:《〈七經孟子考文補遺〉考述》,《北京大學學報》2002 年 01 輯,第 85 頁。
③ 〔日〕吉川幸次郎:《東方文化研究所善本提要》,《吉川幸次郎全集》第 17 卷,東京:筑摩書坊,1969 年,第 565—570 頁。轉引自瞿艷丹:《山井鼎〈七經孟子考文〉成書考》,《中國典籍與文化論叢》2017 年第 19 輯,第 205 頁。
④ 〔日〕山鼎井撰,〔日〕物觀補遺:《七經孟子考文補遺·凡例》,北京:國家圖書館出版社,2016 年,第 9 頁下欄。
⑤ 《春秋正經全文左傳增注句解》卷首,元刻本,上海圖書館藏。
⑥ 瞿艷丹:《山井鼎〈七經孟子考文〉成書考》,《中國典籍與文化論叢·第十九輯》,南京:鳳凰出版社,2018 年,第 230 頁。
⑦ 〔日〕山鼎井撰,〔日〕物觀補遺:《七經孟子考文補遺》卷一〇六,北京:國家國書館出版社,2016 年,第 409 頁上欄。
⑧ 〔日〕山鼎井撰,〔日〕物觀補遺:《七經孟子考文補遺》卷六一,第 318 頁下欄。

考異：足利本傳"焉用亡鄭以倍鄰"，"倍"作"陪"，永懷堂、林《直解》同，注放此。①

未見以"林云"爲引者，《考文》中此二字多出自"《字林》云"條目，是徵引字書以釋語詞，非出自林書。

山井鼎援引林書，不僅用以找補經、傳文本，於注疏處亦見勞績。如宣公九年：

考異：足利本注"謀齊也"作"謀齊、陳"，永懷堂同。謹按：林《直解》云："謀齊、陳之不睦。"二本爲是。②

足立學所藏宋版杜預《經傳集解》本注傳"討不睦也"曰"謀齊、陳"，永懷堂本同，山鼎井以"其二本同者必從之爲是矣"，③舉林注意在補充説明，以作旁證。又如宣公十一年：

"善其得禮"，"得"作"復"，宋板、正、嘉同。謹按：永懷堂、萬曆、崇禎本作"得禮"，林《直解》亦作"復禮"。④

杜注《傳》"書有禮也"曰"善其復禮"，宋版《經傳集解》、明正德刊《十三經注疏》、明嘉靖刊《十三經注疏》皆同，而永懷堂《經傳集解》本、明萬曆刊《十三經注疏》、明崇禎年終汲古閣刊《十三經注疏》均作"善其得禮"，此具列之，是"莫能識其孰可者兩存，以廣異聞也"。⑤

此外，山井鼎所見林書非本土刊本，而是《直解》系統下朝鮮端宗二年錦山刊本或據其翻刻之寬文元年上村次郎右衛門刻本。據上文，《考文》記林唐翁《直解》傳"王巡虢守"作"王巡守虢"，⑥今檢臺灣"中央圖書館"藏元刊十行本《句解》、臺灣"中央圖書館"藏元刊清乾隆間鄒奕孝鈔補十行本《句解》、日本國立公文書館藏元刊十四行本《句解》、臺灣"故宮博物院"藏元刊配補元建刊音注全文直解十四行本《句解》、日本靜嘉堂文庫藏元翻宋版十二行本《直解》、中國國家圖書館藏元刻明修十三行本《直解》六部本土刻本，及日本國立公文書館藏朝鮮世宗十三年錦山元版覆刻本《直解》、日本國立公文書館藏朝鮮端宗二年錦山刊本《直解》、日本國立公文書館藏日本寬文元年上村次郎右衛門刻本《直解》三部海外刊

① 〔日〕山鼎井撰，〔日〕物觀補遺：《七經孟子考文補遺》卷六九，第333頁下欄。
② 〔日〕山鼎井撰，〔日〕物觀補遺：《七經孟子考文補遺》卷七四，第345頁上欄。
③ 〔日〕山鼎井撰，〔日〕物觀補遺：《七經孟子考文補遺》卷五三，第300頁下欄。
④ 〔日〕山鼎井撰，〔日〕物觀補遺：《七經孟子考文補遺》卷七四，第345頁上欄。
⑤ 〔日〕山鼎井撰，〔日〕物觀補遺：《七經孟子考文補遺·凡例》，第7頁上欄。
⑥ 〔日〕山鼎井撰，〔日〕物觀補遺：《七經孟子考文補遺》卷六一，第318頁下欄。

本,①僅朝鮮端宗二年錦山刊本及日本寬文元年上村次郎右衛門刻本如此,其餘諸本均作"王巡虢守",蓋此誤殆始於朝鮮端宗二年錦山刊本,日本寬文元年上村次郎右衛門刻本襲之,山井鼎據所見之文記異,實林書於此並無舛失。此亦可證江戶時代日本確無林書本土刊單行本,《左傳句讀直解》在東傳的過程中由朝入日,爲日本學者所重。

清乾隆二十六年(1761),翟灝(？—1788)向杭州飛鴻堂汪啓淑借得《考文補遺》,以之爲比勘通行本、校正異文的重要參校本,作《四書考異》,後《考文補遺》被收入《四庫全書》,其底本即汪啓淑家呈送本,四庫館臣言其"是亦足釋千古之疑",②可見對其學術價值之認可。③盧文弨《〈七經孟子考文補遺〉題辭》:"此皆中國舊有之本,遺亡已久,而彼國尚相傳,寶守弗替,今又流入中國,讀者當倍加珍惜……此書卒不可棄置也。"④阮元《刻七經孟子考文並補遺序》:"山井鼎所稱'宋本',往往與漢、晉古籍及《釋文》別本、岳珂諸本合,所稱'古本'及'足立本',以校諸本,竟爲唐以前別行之本。物茂卿《序》所稱唐以前王、段、吉、備諸氏所齎來古博士之書,誠非妄語。故經文之存于今者,唐《開成石經》、陸元朗《釋文》、孔沖遠《正義》三本爲最古,此本經雖不全,然可備唐本之遺……我國家文教振興,遠邁千載,七閣所儲書籍甲于漢唐,海外軼書亦加甄録,此書其一也。"⑤《考文》保存了大量古本、宋槧本異文資料,回傳中國,爲本土輯佚、校勘經文傳注提供了可靠的版本依據,成爲研究日本儒學發展史及中日學術交流史最爲直接的資料,增益了漢文化圈各國間的了解與互動。

(二)安井衡《左傳輯釋》

安井衡(1799—1876),字仲平,號息軒,日本日向(今宮崎縣)人,幕府昌平黌教授,篤信好古,鑽研經史,尤攻漢唐注疏之學,成果豐碩,著有《讀書餘適》《管子纂詁》《左傳輯釋》《論語集說》等,被譽爲"江戶時期考證學集大成者"。《左傳輯釋》(以下簡稱"《輯釋》")爲其晚年所作,刊刻於日本明治四年(1871),深受清代考據學影響,其凡例言:

> 劉炫而下,駁杜而是者,收而不論。其涉疑互,及其義非而言足以惑人,則載而辨之,餘皆從芟落……清人精於考證,每逢疑義,博引廣證,動數百千言,實事求是,固不得不然,但此篇主蒐輯,致卷帙浩大,讀者反惑,今摘其要,義通則止,避煩也。⑥

---

① 另有《直解》海外刊本若干,其中朝鮮中宗至明宗年間(1506—1567)癸未字覆刻本即覆刻自朝鮮端宗二年(1454)錦山郡金連枝刻本,日本寬文十三年(1673)上村次郎同版後印本與寬文元年(1661)上村次郎右衛門刻本同版,日本大阪志多森善兵衛寬政五年(1793)音注評林本刊刻時間晚於山井鼎卒年,故不在參校之列。

② 〔清〕紀昀等纂:《武英殿本四庫全書總目》卷三三,北京:國家圖書館出版社,2019 年,第 10 冊第 233 頁。

③ 顧永新:《〈七經孟子考文補遺〉考述》,《北京大學學報》2002 年 01 期,第 88 頁。

④ 〔清〕盧文弨:《抱經堂文集》二,王雲五主編:《叢書集成初編》,上海:商務印書館,1935 年,第 2500 冊第 89—90 頁。

⑤ 〔清〕阮元:《揅經室集》一,王雲五主編:《叢書集成初編》,上海:商務印書館,1935 年,第 2197 冊第 37—39 頁。

⑥ 〔日〕安井衡:《左傳輯釋·凡例》,日本明治四年(1871)刊本,日本早稻田大學藏,第一葉 A 面至 B 面。

清初樸學大興，治《春秋》者多崇先秦諸儒及漢儒之説，排杜之風漸盛，在此思潮的影響下，安井衡訓釋不主一家，《輯釋》雖以杜預《春秋經傳集解》爲據，却能博引旁徵，探賾考實，意旨補釋杜注，填其疏漏，正其誤失。同時，由於清儒徵引紛繁，致使疏文體量龐大，殊煩閲覽，安井衡於衆説取捨更爲精簡，往往揀擇指要，以發己案。

川田剛《左傳輯釋序》言：

> 自漢迄明，注《左氏》者不下數十百家，前杜者有賈、服，而散佚不傳。後杜者劉好異，而孔則墨守言。其他林、趙、傅、陸，一是一非，得失參半。至清儒則號爲長於考據，精如顧氏，博如惠氏，詳如沈氏，穿鑿如王氏，辨難攻擊如毛氏，規違補遺不爲不多矣。[1]

川田氏所列諸家均見著《輯釋》，其中“林”即林堯叟。

安井衡頻引林説，《輯釋》中多見“林堯叟云”“林堯叟注云”云云，然其出處多爲明儒、清儒著述，而非《左傳句讀直解》原書。如隱公九年傳“乃可以逞”，《輯釋》出注如下：

> 乃可以逞。逞，解也。林堯叟曰：逞，快也。[2]

據上文，陸粲《左傳附注》此處據林氏所言“乃可以快志於戎”析出“逞”之語義，言“林堯叟曰：逞，快也，言可以快志於戎”，[3]而安井衡又據《左傳附注》輯録，略去解義之語。

又如僖公二十一年傳“臧文仲曰：‘非旱備也。脩城郭，貶食省用，務穡勸分’”，《輯釋》出注如下：

> 臧文仲曰：“非旱備也。貶食省用，務穡勸分。”穡，儉也。勸分有無相濟。陸粲云：“既言省用矣，不應重言務儉。林堯叟謂：以稼穡爲務，如漢貸民種食之類者是也。《外傳》：‘茂穡勸分。’韋注亦云：‘茂，勉稼穡。’”阮元云：“《論衡·明雩篇》李善注《册魏公九錫文》並作‘務’‘嗇’。”衡案：陸説是也。但杜訓“儉”者，舊本作“嗇”也，疏亦云：“務爲儉嗇。”若傳作“穡”，不當“儉穡”連言，明唐初本猶作“嗇”也，其作“穡”者，蓋自開成後經始矣。[4]

安井衡以韋昭、林堯叟、陸粲、阮元等人之説，推測“儉穡”“稼穡”之“穡”於唐石經前俱作“嗇”字，開成以後方改作“穡”。其中林、韋之言據《左傳附注》引，又補以阮元十三經校

---

① 〔日〕安井衡：《左傳輯釋·川田剛序》，第一葉B面至第二葉A面。
② 〔日〕安井衡：《左傳輯釋》卷一，第四十六葉A面。
③ 〔明〕陸粲：《左傳附注》卷一，《景印文淵閣四庫全書》，臺北：臺灣商務印書館，1986年，第167册第685頁。
④ 〔日〕安井衡：《左傳輯釋》卷六，第十一葉B面至第十二葉A面。

勘記部分内容,根據文本歷史性演變情況,對異文進行考釋。

安井衡𧾷精於文字考訂與訓詁,博採諸家,廣録明、清兩代《春秋》學發覆之作,又能於衆說中秉守求真之學風,折衷異同,擇善而從,對後世影響頗深。《左傳句讀直解》諸條亦隨《輯釋》流傳,廣爲後學沿用。較爲顯著者如日本江户後期著名漢學家竹添光鴻,其以日本金澤文庫古鈔卷子本《春秋經傳集解》爲基礎,疏證匯釋,考獻徵文,作《左氏會箋》,多引《輯釋》之說,間見林氏之言。上文"務穡勸分"例,《左氏會箋》出注如下:

> 貶食省用,務穡勸分。穡,儉也。勸分,有無相濟也。箋曰:《曲禮》歲凶年,穀不登,君膳不祭肺,馬不食穀,馳道不除,祭事不縣,大夫不食粱,士飲酒不樂,此"貶食省用"之義也。務穡,謂以稼穡爲務也,如漢貸種借牛之類是也。《晉語》"茂穡勸分",韋注亦云:"茂,勉稼穡。"古"穡""嗇"字通,故杜訓爲儉。然上文既言省用矣,不應重言務儉,杜誤。勸分者,君之倉廩不足遍周于饑民,故有儲積者,勸之令分施也。[①]

竹添光鴻此條照《輯釋》所載"林堯叟謂:以稼穡爲務,如漢貸民種食之類者是也",隱去林氏之名,實則全録其說。此類例證在全書中並非偶見,林氏名雖未顯,《左傳句讀直解》之學術價值却在無形中得到認可,見其"有功於左氏"並非泛論。

三、裨益西方漢學研究

林書東傳,對世宗時期之朝鮮、江户時代之日本,產生了舉足輕重的影響,諸多彙編、考校之作應運而生,共同助益東亞漢學繁榮。相較而言,漢籍西傳的時間雖早,但西方漢學真正具備成爲一門學科的條件,却是在明末清初之際。西方漢學經歷"遊記漢學"階段、"傳教士漢學"階段、"專業漢學"階段,最終得以創立。[②]

近代以來,西方《左傳》研究大概分爲兩類,其一即《左傳》的西語譯本,可見英國理雅各(Jame Legge,1815—1897)、美國華兹生(Burton Watson,1925—?)等英語譯本,法國顧賽芬(Séraphin Couvreur,1835—1919)等法語、拉丁語譯本,俄國柳鮑夫·德米特里耶夫娜·波兹涅耶娃(Любовь Дмитриевна Позднеева,1908—1974)等俄語譯本,德國鮑吾剛(Woldgang Bauer,1930—1997)等德語譯本,匈牙利杜克義(Tökei Ference,1930—?)等匈牙利語譯本。其二爲文本研究,涉及《左傳》作者、成書年代、與《國語》的關係、史學價值、文學價值、語言學特徵,以及《左傳》注釋、評點研究等,對國内學界拓展《左傳》研究的廣度與深度具備重要啓發價值。[③]

---

① 〔日〕竹添光鴻注:《左氏會箋》,成都:巴蜀書社,2008年,第514頁。
② 張西平:《西方漢學的奠基人羅明堅》,《歷史研究》2001年第3期,第101頁。
③ 李秀英、馮秋香:《〈左傳〉在西方的譯介與研究綜述》,《英語研究》2007年第4期,第67—73頁。

林書作爲《左傳》重要注本,不僅在西方時見館藏與著録,同時亦受到漢學家的關注與重視。瑞典作爲西方漢學的重鎮,具有悠久的傳統與精深的研究,高本漢(1889—1978)致力於漢語音韻、訓詁、方言文字研究,將歐洲比較語言學的構擬古形式運用到漢語體系,爲漢語音韻學擬音構建了一套合適的方法與便利的工具,著有《中國音韻學研究》《漢語語音與漢語文字》《詩經研究》《古漢語辭典》等。^①其文 "Glosses on the Tso-chuan" 通過札記的方式,承古訓之泛浩摩蒼,舉證、考辨歷代《左傳》注釋著述中存在歧異的語詞凡 800 條,爲瑞典漢學形成完整的研究體系提供了有效指導,開西方漢學研究自文本譯介轉向文本釋義之風氣。該文原刊於瑞典遠東博物館館刊 Bulletin of the Museum of Far Eastern Antiquities 1969 年第41 期及 1970 年第 42 期,^②後由中國臺灣大學陳舜政翻譯,作《左傳注釋》一書。

高本漢訓釋《左傳》與中國傳統考據學有所不同,其在吸納、借鑒前人古注的基礎上,通過運用現代語言學的知識與方法,重新審視《左傳》訓詁研究。表現在出注形式上,"一般首先列出《左傳》杜注或宋林堯叟之注,其次列出清代乾嘉學者或國外學者的觀點(如日本學者竹添光鴻、英國傳教士理雅各與法國學者顧偉的譯作),最後出示自己的見解。"^③高本漢根據材料時代的早晚、出現頻次的多寡,以及是否在平行史料中可得以印證等評定各家學説是否可信,林堯叟《左傳句讀直解》作爲重要參佐材料,多有見引。如:莊公十年傳文 "衣食所安",《左傳注釋》校札如下:

(一)林堯叟是把 "安" 字照字面去講(林云:"衣食二者,雖吾身之所安……")。所以,這句話的意思就是説 "衣與食是我所從得到安適之物"(謂我的安適乃是從衣與食得來)。

(二)俞樾以爲:"安" 的意思是 "善"。那麼這句話就是説:"衣、食是我所覺得好的。"他引《國語》的一句話爲佐證。《國語·晉語》一云:"君父之所安。"韋昭注云:"安猶善也。"所以《晉語》這句話的意思就是説:"(孝、敬、忠、貞)都是您,我的父親,所覺得美好的。"

其實,"安" 字本没有 "善" 的意思;韋昭的注解不過是一種自由的譯述而已。《晉語》那句話應該是:"您,我的君與父,所喜歡(=覺得安適-滿意)的是孝、敬、忠、貞。"比較起來,(一)説的解釋最爲簡明,而且 "安" 的這種用法,也是古書之中常見的。^④

---

① 陳建初、吳澤順主編:《中國語言學人名大辭典》,長沙:嶽麓書社,1997 年,第 761 頁。

② Bernhard Karlgren. "Glosses on the Tso-chuan." Bulletin of the Museum of Far Eastern Antiquities. 41(1969):1—157; Bernhard Karlgren. "Glosses on the Tso-chuan 2." Bulletin of the Museum of Far Eastern Antiquities. 42(1970):273—295.

③ 羅軍鳳:《論高本漢〈左傳注釋〉對乾嘉漢學的跨越》,《華中學術》2020 年第 4 期,第 242 頁。

④ 〔瑞典〕高本漢(Bernhard Johannes Karlgren)編著,陳舜政譯:《高本漢左傳注釋》,臺北:"國立" 編譯館中華叢書編審委員會,1972 年,第 41 頁。

高氏臚舉林堯叟、俞樾、韋昭三人注語,以《國語》印證《左傳》,見古書中"安"多作"適"解,"善"義並不常見,以示林説可信度更高。

又如僖公二十八年傳文"請與君之士戲",《左傳注釋》校札如下:

> (一)林堯叟云:"以戰爲戲,可見子玉輕用民命。"如此,這句話就是説:"我請求與您的戰士們玩耍玩耍。"這是一種禮貌的輕慢之詞。
>
> (二)惠棟引了朱國楨的説法以爲:"戲"(*Xia)字《説文》把它解釋爲"兵"(武器)。在此地當動詞用,意思是:"以兵見。"所以,這話就是説:"我請求與您的戰士們一起來動用武器。"但是,在先秦的任何文獻當中,絕找不着"戲"可以訓爲"兵"的例證。而《太平御覽》引《説文》此條並不是"戲,兵也",而是"戲,弄也"。"弄"就是"玩弄","戲弄",正是"戲"的意思。今本《説文》的"兵"字,顯然是"弄"字之誤,因爲兩者形體很近似。
>
> (三)王引之云:"今案:戲,角力也。(《國語》)《晉語》(九):'少室周爲趙簡子右。聞牛談有力,請與之戲,弗勝,致右焉。'韋注曰:'戲,角力也。'戰有勝負,角力亦有戰負,故比戰於戲。"如王氏之説那樣講,其結果還是與(一)説相同,因爲"角力"何嘗不是一種"玩耍"的"戲"呢? ①

高氏訓詁不僅重視先秦文籍實例,亦講求語詞與上下文之關係,根據語境和行文語氣,其以爲此"戲"字當作輕慢之意,而非朱國禎、惠棟所言之"兵"。

高本漢釋讀《左傳》析纖甄微,深探竟討,享譽甚隆,然其考釋亦有局限之處。董同龢言:"高氏不輕言假借。前人説某字是某字的假借字時,他必定用現代的古音知識來看那兩個字古代確否同音(包括聲母和韻母的每一個部分)。如是,再來看古書裏面有没有同樣確實可靠的例證。然而,即使音也全同,例證也有,只要照字講還有法子講通,他仍然不去相信那是假借字。"②據以上諸例可知,高本漢不主字書,反對音聲通假,以爲清代學者"過於尊崇《爾雅》《説文》等古字典的定義,而忽略了許多字在古籍中應用的實例",③若非其字義於先秦文獻中可得鑒明,字書僅爲"孤證",不免落入矯枉過正之樊籬。

《左傳注釋》所録林注當取自《左傳杜林合注》,如上文"衣食所安"例,《左傳句讀直解》出注如下:

> 衣食所安。衣食二者,雖吾身之所安。④

① 〔瑞典〕高本漢(Bernhard Johannes Karlgren)編著,陳舜政譯:《高本漢左傳注釋》,第 134—135 頁。
② 〔瑞典〕高本漢著,董同龢譯:《高本漢詩經注釋》譯序,上海:中西書局,2012 年,第 4 頁。
③ 〔瑞典〕高本漢著,董同龢譯:《高本漢詩經注釋》譯序,第 2 頁。
④ 《春秋經左氏傳句解》卷五,元刊十行本,臺灣"中央圖書館"藏,第十一葉 A 面。

而《左傳杜林合注》出注如下：

> 劌曰："肉食者鄙，未能遠謀。"乃入見，問："何以戰？"公曰："衣食所安，弗敢專也，必以分人。"林："衣食二者，雖吾身之所安，弗敢自專其有，必以分與人之凍餒者。"①

合注本由於編排體例的緣故，多依杜預《春秋經傳集解》隨題入注，將林注一句一解予以併合，故"吾身之所安"后仍有數語，是釋下"弗敢專也，必以分人"之文。高氏所云"林云：'衣食二者，雖吾身之所安……'"，是未詳林氏句解起訖，故以省略號代之。

又如襄公十四年傳"蠲其大德"，《左傳句讀直解》出注如下：

> 惠公蠲其大德。晉惠公明其存亡繼絕之大德。②

《左傳杜林合注》出注如下：

> 與將執女，對曰："昔秦人負恃其眾，貪於土地，逐我諸戎，惠公蠲其大德。"杜："蠲，明也。"林："明其存亡繼絕之大德。"③

《左傳注釋》校札節錄如下：

> （一）林堯叟解釋此句説："明其存亡繼絕之大德。"這表示林氏以爲杜注所説的"明"有"明朗化""展示"的意思。因此理雅各Legge便把這句話譯爲"顯示出他偉大的德意"。但是"蠲"字這樣却没有例證來支持它。④

合注本爲縮減體量，輯録時省去林注"惠公"爲"晉惠公"以補明句子主語之言，高氏亦同，且所録林説未見有超出合注本擇採範圍之處，綜合來看，高氏雖頻引林説，實未親見林書。

結語： 南宋林堯叟博採諸家之言，掇菁擷華，研覈發論，承古注舊説之法，啓殊別創發之式，著《左傳句讀直解》。該書以其便於習讀，自宋元以降傳刻不輟，流傳海外，影響深遠。林書東傳時間較西傳爲先，現可溯最早見著於海外者，即朝鮮太宗四年（1403）朝廷所見《音注

---

① 《春秋左傳杜林合注》卷五，明萬曆二十二年（1594）吳興閔夢得、閔光德輯本，第十二葉A面。
② 《春秋經左氏傳句解》卷三五，元刊十行本，臺灣"中央圖書館"藏，第六葉A面。
③ 《春秋左傳杜林合注》卷二七，明萬曆二十二年（1594）吳興閔夢得、閔光德輯本，第十三葉A面。
④ 〔瑞典〕高本漢（Bernhard Johannes Karlgren）編著，陳舜政譯：《高本漢左傳注釋》，第424頁。

全文春秋括例始末左傳句讀直解》本。朝鮮世宗二十二年（1440）下令集賢殿編修《春秋經傳集解》，取林堯叟《左傳句讀直解》補杜預原書之缺，是以林解爲杜注之輔翼，促進朝鮮《左傳》學注釋研究，推動朝鮮儒學發展。後該書回傳中國，對《左傳杜林合注》本的誕生產生重要影響。江户初期，林書由朝入日，《七經孟子考文》《左傳輯釋》《左氏會箋》等疏解經傳扛鼎之作均見參採，這些著述既爲德川日本儒學的繁榮發揮了積極作用，又以其保有大量古本、宋槧本異文資料，爲中國本土文獻的輯佚、校勘工作提供了依據，成爲研究日本儒學發展史及中日學術交流史最爲直接的資料，共同增益漢文化圈各國間的了解與互動。明末清初，西方漢學漸成體系，林書作爲《左傳》重要注本受到廣泛的關注與重視，高本漢《左傳注釋》據《左傳杜林合注》所載，多有參詳林説之處，林書對西方漢學研究的推進發揮了不可忽視的作用。

（朱秋虹，南京師範大學文學院古典文獻專業博士研究生）

《逸周書·芮良夫》成篇年代考

王文意

[摘　要]　《逸周書·芮良夫》的成篇年代歷來存在西周、東周的歧説。歷史文獻的斷代具有複雜性,《芮良夫》的成篇年代可從詞句、思想兩個系統來考察。從詞句層面考察,《芮良夫》中有大量的東周元素;從思想層面尤其是君民關係層面考察,《芮良夫》篇作者對君民關係的理解更接近東周時人。綜合得出結論,《芮良夫》是一篇東周文獻。

[關鍵詞]　逸周書　芮良夫　文獻學

　　《逸周書》按四部歸"別史",其中各篇價值參差不齊,有《皇門》《商誓》這樣可與《尚書》周初諸誥詰詘的西周誥體文獻,也有《殷祝》這樣荒誕不經的野史小説。《逸周書》中文獻學價值、史學價值最高的篇目,毫無疑問是被斷代爲西周的篇目。從學術史上看,有公認的西周篇目,也有模糊於西、東周之間的有分歧的篇目。《芮良夫》就是這樣一篇有分歧的篇目。本文從成篇年代觀點綜説、斷代方法、詞句系統、思想系統四個層面討論《芮良夫》的成篇年代。①

一、《芮良夫》成篇年代觀點綜説

　　按史事年代,《芮良夫》屬西周晚期屬王時期。《周書序》:"芮伯稽古作訓,納王于善,暨執政小臣,咸省厥躬,作《芮良夫》。"②芮伯是芮國國君,作訓對象是周厲王。

　　各家對《芮良夫》成篇年代的看法,大致可分爲五類。

　　第一類,明確認可《芮良夫》就是西周文獻。

　　李學勤:"現在看來,《世俘》《商誓》《皇門》《嘗麥》《祭公》《芮良夫》等篇,均可信爲西周作品。"③周寶宏:"今本《逸周書》祇有《克殷》《世俘》《皇門》《商誓》《祭公》《度邑》《芮良夫》等幾篇是被公認的西周文獻,可以和《尚書·周書》相比。"④羅家湘:"從寫作時代看,《世俘》《商誓》《皇門》《嘗麥》《祭公》《芮良夫》等史書是西周作品。"⑤牛鴻恩:"多數研究者

---

① 本文的《芮良夫》正文及孔注一律引自盧文弨抱經堂本,不再一一出注。〔晉〕孔晁注,〔清〕盧文弨校:《逸周書》卷九,宋志英、晁嶽佩選編:《〈逸周書〉研究文獻輯刊》,北京:國家圖書館出版社2015年影印清乾隆五十一年餘姚盧氏抱經堂本,第1册第313—317頁。
② 〔晉〕孔晁注,〔清〕盧文弨校:《逸周書》卷十,宋志英、晁嶽佩選編:《〈逸周書〉研究文獻輯刊》,第1册第352頁。
③ 黃懷信、張懋鎔、田旭東撰,黃懷信修訂,李學勤審定:《逸周書彙校集注》序言,上海:上海古籍出版社,2007年,第3頁。
④ 周寶宏:《〈逸周書〉考釋》,北京:社會科學文獻出版社,2001年,第8頁。
⑤ 羅家湘:《〈逸周書〉研究》緒論,上海:上海古籍出版社,2006年,第1頁。

認爲,《世俘》《克殷》《商誓》《度邑》《皇門》《作雒》《祭公》《嘗麥》《芮良夫》九篇,多是原始材料,非常寶貴,自是出於史官,其中僅《作雒》《克殷》《嘗麥》有後人增飾。"① 李學勤、周寶宏、羅家湘、牛鴻恩的觀點很明確,《芮良夫》就是西周文獻。尤其牛鴻恩,更强調《芮良夫》未經後人增飾。

第二類,基本認可《芮良夫》是西周文獻,但持謹慎態度。

黃沛榮認爲"時代較早的篇章"有《克殷》《世俘》《商誓》《祭公》《芮良夫》五篇。② 黃懷信:"現存五十九篇之中,屬於或基本屬於西周作品者,有《世俘》《商誓》《度邑》《皇門》《嘗麥》《祭公》《芮良夫》等七篇。"③ 何忠禮:"《度邑》《皇門》《祭公》《芮良夫》《作雒》亦基本屬西周文獻,有與甲骨文、金文所載相合者,史料價值頗高。"④ 黃沛榮、黃懷信、何忠禮使用了"時代較早""基本"等謹慎的説法,但他們也基本認可《芮良夫》的西周文獻性質。

第三類,充分肯定《芮良夫》的文獻學價值、史學價值,間接承認其西周文獻性質。

唐大沛:"《商誓》《度邑》《皇門》《嘗麥》《祭公》《芮良夫》,與今文《尚書》二十八篇悉同軌轍。"⑤ 朱右曾:"《克殷》篇所叙,非親見者不能,《商誓》《度邑》《皇門》《芮良夫》諸篇,大奻今文《尚書》,非僞古文所能仿佛。"⑥ 清之學者以文氣論,認爲《芮良夫》與今文《尚書》是同一類型的文獻。這是對《芮良夫》文獻價值的肯定,祇是在成篇年代上未點明"西周"。蔣善國:"只有《克殷解》《大聚解》《世俘解》《商誓解》《度邑解》《作雒解》《皇門解》《王會解》《祭公解》《芮良夫解》十篇可以與《尚書·大誥》諸篇有同等的價值。"⑦ 蔣善國以價值論,未確指《芮良夫》是西周作品,但肯定了它的價值與西周文獻同等。

第四類,認爲《芮良夫》是經東周時人修改增飾的西周文獻。

楊寬:"這篇諫詞(指《芮良夫》),可能有後人增飾的地方,但基本上是可信的。"⑧ 張懷通:"很可能製作於西周時代而語言文字有明顯戰國時代特徵。"⑨ 李薇:"《逸周書·芮良夫》的撰成時代不晚於西周時期,春秋戰國時期有所增改,而且改動幅度較大。"⑩ 楊寬、張懷通、李薇認爲《芮良夫》在東周時期被修改增飾過,但同時也認可它有西周原始版本。

第五類,基本認可《芮良夫》是東周文獻。

① 牛鴻恩:《新譯逸周書》,臺北:三民書局,2015 年,第 4 頁。
② 參見黃沛榮:《周書研究》目錄頁,"國立臺灣大學"中國文學研究所博士學位論文,臺北,1976 年。
③ 黃懷信:《〈逸周書〉源流考辨》,西安:西北大學出版社,1992 年,第 125 頁。另參黃懷信:《逸周書校補注譯》前言,西安:三秦出版社,2006 年,第 63 頁。
④ 何忠禮:《中國古代史史料學》,上海:上海古籍出版社,2012 年,第 30—31 頁。
⑤ 〔清〕唐大沛:《逸周書分編句釋》,宋志英、晁嶽佩選編:《〈逸周書〉研究文獻輯刊》,北京:國家圖書館出版社 2015 年影印清道光十六年著者手定底稿本,第 7 冊第 4 頁。
⑥ 〔清〕朱右曾:《逸周書集訓校釋》,宋志英、晁嶽佩選編:《〈逸周書〉研究文獻輯刊》,北京:國家圖書館出版社 2015 年影印清光緒十四年南菁書院刻《皇清經解續編》本,第 8 冊第 10 頁。
⑦ 蔣善國:《尚書綜述》,上海:上海古籍出版社,1988 年,第 440 頁。
⑧ 楊寬:《西周史》,上海:上海人民出版社,2016 年,下冊第 924 頁。
⑨ 張懷通:《〈逸周書〉新研》,北京:中華書局,2013 年,第 234 頁。
⑩ 李薇:《基於詞彙史的〈逸周書〉三篇之傳世及出土本撰成時代考》,西南大學碩士學位論文,重慶,2018 年,第 147 頁。

周玉秀:"《芮良夫》《嘗麥》兩篇的寫定時代可能稍晚些,其中用了第一人稱代詞'余'字,説明它們可能與《尚書》逸篇無關;《芮良夫》中有 1 例疑問代詞'安';《嘗麥》中有 1 例句末語氣詞'也',這都是春秋以後的語言特徵。"[①]周玉秀的結論源自對"《逸周書》各篇的人稱代詞、句末語氣詞、特殊詞序、押韻情況及修辭方法的分析",[②]相比於清人所説文氣層面的"悉同軌轍""大姒今文《尚書》",其客觀性和説服力要强一些。周玉秀使用了"寫定時代"一詞,即不排除《芮良夫》基於西周材料的可能,但即便如此,《芮良夫》主體工作的完成也在東周。不過需補充强調的是,"第一人稱代詞'余'"不能被視作東周元素,共王時器師詢鼎:"更(唯)余小子肇盟(淑)先王德。"[③]"余小子"寫作 [圖], [④]此字釋讀爲"余"没有疑問。至於《芮良夫》與《尚書》逸篇是否有關,則不影響其斷代。

二、文獻斷代的複雜性及《芮良夫》的斷代方法

文獻斷代是一個很複雜的問題,考證《芮良夫》的成篇年代,也不是"就是西周文獻"和"就是東周文獻"的二元對立。先秦文獻往往成於衆手,而且從有原始記録到最終寫定需經歷漫長的時間。在文獻流傳過程中,會出現各種原因造成的殘渙、脱損,後人會在此基礎上修補,補入的内容難免會摻雜後代元素。從"篇"到"書",文獻還要經歷後代學者的整理、篩選、修訂,其中被認爲没有價值或不符合當時官方意識形態的篇章段落會被刪改。關於文獻的流變,李零做過形象的比喻:"戰國秦漢的古書好像氣體,種類和篇卷構成同後世差距很大;隋唐古書好像液體,雖然還不太穩定,但種類和構成漸趨統一;宋以來的古書則是固體,一切定形,變化多屬謄寫或翻刻之誤。"[⑤]《芮良夫》屬典型的"氣體"時代的作品,若西周確有《芮良夫》,西周時的《芮良夫》與今之版本應有較大差異。

周玉秀已從語言學角度對《逸周書》各篇做過非常詳細的解剖,《芮良夫》中存在"疑問代詞'安'"這一"春秋以後的語言特徵",是客觀事實。但是,這只能證明《芮良夫》經過了東周時人的修改加工,並不能證明《芮良夫》就是東周作品。趙逵夫談過古籍文獻的"株連法":"一部書中有一篇是後人附益或偽造,整部書便被定爲偽書;一篇文章中有幾部分或幾段是整理者誤將其他文獻編入,或傳抄中誤將注文、評語抄入其中(自然也不排除個別好事之徒自我作古、添加文字的可能),便將全書、全文判爲偽書、擬托,這實際上是一種株連。"[⑥]憑藉"疑問代詞'安'"就否定《芮良夫》的西周文獻性質,顯然是一種"株連"。如果充分考

---

① 周玉秀:《〈逸周書〉的語言特點及其文獻學價值》,北京:中華書局,2005 年,第 272 頁。
② 周玉秀:《〈逸周書〉的語言特點及其文獻學價值》,第 271 頁。
③ 吴鎮烽編著:《商周青銅器銘文暨圖像集成》卷五,上海:上海古籍出版社,2012 年,第 381 頁。
④ 吴鎮烽編著:《商周青銅器銘文暨圖像集成》卷五,第 381 頁。
⑤ 李零:《簡帛古書與學術源流》,北京:生活·讀書·新知三聯書店,2020 年,第 194 頁。
⑥ 趙逵夫:《序一》,周玉秀:《〈逸周書〉的語言特點及其文獻學價值》,第 6 頁。

慮"株連"的問題,那麼從語言學層面憑藉幾個詞斷代的可靠性就要大打折扣。

具體如何斷代,還要依文獻自身特點而定。東周以降的經典,可以考察它被相近時期其他文獻引用的情況。對於史事年代爲西周晚期的《芮良夫》來説,這種方法只能用來版本校勘,並不能用於斷代。《芮良夫》的斷代,可基於對以下三個系統的考察:

第一,考察《芮良夫》所在文獻系統。李學勤在考證文獻真偽的問題上説過:"比如有十篇,裏面有一篇證明是真的,其餘九篇不知道真不真,那至少證明一篇是真的,就使其它幾篇是真的的可能性提高;相反也是如此,如果證明十篇裏面有一篇是假的,那麼其它各篇是假的可能性也會加大。"[1]最典型的例子如清華簡最早整理出來的一批文獻《周武王有疾周公所自以代王之志》《程寤》《保訓》[2]《皇門》等,有的屬於《尚書》,有的屬於《逸周書》。這意味着,"我們對《逸周書》裏面若干篇的估價,還應該提高"。[3]對《芮良夫》來説,它所在的文獻系統就是《逸周書》,那麼它的時代下限就不可能晚於劉向編定《逸周書》的西漢晚期,並且大概率不會晚於戰國晚期。

第二,考察《芮良夫》的字詞、句式系統。[4]如《逸周書》中常見的"一、二、三、四""一曰、二曰、三曰、四曰"[5]序數詞,屬於典型的東周句式,一旦大量出現,就可直接排除該篇是西周文獻的可能。再比如連續的四字句,如非詩歌,也可斷定爲東周文獻,如《芮良夫》最後一段:"我聞曰:以言取人,人飾其言;以行取人,人竭其行。飾言無庸,竭行有成。惟爾小子,飾言事王,寔蕃有徒。王貌受之,終弗獲用,面相誣蒙,及爾顛覆。爾自謂有餘,予謂爾弗足。敬思以德,備乃禍難。難至而悔,悔將安及,無曰予爲,惟爾之禍。"其東周特徵一眼可辨,不僅有連續的四字句,還有排比、對仗,周玉秀所言"安"字也在這一段中。至於文本的其他部分,我們只需微觀考察詞句的搭配情況,並將它們與可靠的西周文獻[6]比對,也就可剔選出其時代屬性。

第三,考察《芮良夫》的思想系統。思想可分三個層面,首先是通篇的思想;其次是具體句段的思想;最後是具體思想概念在語境中的功能,如"德""道"等。三個層面也可綜合考察。本文從"君民關係"這一處切入,比較西周、東周不同時期人對君民關係的理解。對一篇文獻來説,詞句系統是它的皮毛,思想系統則是它的骨肉。皮毛可附,骨肉難改。一旦發現某種後世思想大面積存在,就可基本排除該文獻有早期版本的可能性。

總結來説,斷代《芮良夫》需從三個系統入手:文獻系統、詞句系統、思想系統。文獻系

① 李學勤:《清華簡與〈尚書〉〈逸周書〉的研究》,《史學史研究》2011年第2期,第106頁。
② 《保訓》就是《逸周書》佚篇《秦陰》。參見王文意:《〈程寤〉〈保訓〉視野下的〈逸周書〉文王佚篇研究》,吳琦主編:《華大史學論壇》第7輯,武漢:湖北人民出版社,2021年,第2頁。
③ 李學勤:《清華簡與〈尚書〉〈逸周書〉的研究》,《史學史研究》2011年第2期,第108頁。
④ 周玉秀的"安"只能證明《芮良夫》經過東周人的手筆。至於是東周修改增飾西周,還是東周原創,需進一步考證。
⑤ 《大武》:"一,酌之以仁,二,懷之以樂,三,旁聚封人,四,設圍以信。"《寶典》:"一曰定,二曰正,三曰靜,四曰敬。"〔晉〕孔晁注,〔清〕盧文弨校:《逸周書》卷二一三,宋志英、晁嶽佩選編:《〈逸周書〉研究文獻輯刊》,第1冊第59、103頁。
⑥ 按從嚴原則,本文認可的西周"書"類傳世文獻只限於以下範圍:《大誥》《康誥》《酒誥》《梓材》《召誥》《洛誥》《多士》《無逸》《君奭》《多方》《立政》《顧命》《呂刑》《克殷》《世俘》《商誓》《度邑》《皇門》《祭公》。本劉起釪觀點,參見陳高華、陳智超:《中國古代史史料學》,北京:中華書局,2016年,第50頁。

統斷代是定性的斷代,其結論可一言以概之,即上文所説《芮良夫》的成篇大概率不會晚於戰國。《芮良夫》目前只有傳世本,並無《金縢》《皇門》《祭公》那樣的簡本對照組,所以《芮良夫》所在文獻系統並不複雜,根據已有系統我們也無法得出更多的結論。接下來兩節,我們將分別從詞句、思想兩個角度考察《芮良夫》的成篇年代。兩周金文、戰國簡、學界公認成篇於西周或東周的傳世文獻,都會成爲重要的參考標準。齟齬之時,金文優先。

三、從詞句系統看《芮良夫》的成篇年代

在上文中,我們已通過連續的四字句,並輔以周玉秀所言"疑問代詞'安'",明確了《芮良夫》最後一段的東周屬性。本節將在此基礎上繼續考察其詞句系統的年代特徵。

(一)予小臣良夫、以予小臣良夫、余未知王之所定

"予小臣""余小臣""予小子""予沖子""予沖人""予幼沖人"皆不見於《銘圖》《銘續》《銘三》《集成》《彙編》。[①]"余小子"的西周用例有師虎鼎(共王)、[②]胡鐘(厲王)、[③]叔向父禹簋(西周晚期)、[④]毛公鼎(西周晚期)[⑤]等;東周用例有秦公鎛甲(春秋早期)、[⑥]叔尸鎛(春秋晚期)[⑦]等。"予小子""予小臣"等用法在《尚書》中十分常見,[⑧]却不見於西周金文;與此同時,"余小子"不見於《尚書》。這説明《尚書》的"予"是後世統一修訂的產物,並非西周原貌。《芮良夫》的"余"要麼是未經修訂的西周原貌,要麼是後世元素。然而,《芮良夫》"予小臣良夫"的"予"明顯不是西周原貌。一篇之中,部分被修訂,部分未被修訂,似乎不合情理。合理的解釋是,"予""余"都是修訂年代及之後的產物,"余"只是沿用了早期用法而已。由金文用例可知,修訂年代必不在西周。因此,《芮良夫》"予""余"的寫定年代必不能早於春秋早期。考慮到孔子"删書"等因素,寫定年代大概率不會早於春秋晚期。

---

① 下稱《銘圖》等,即《商周青銅器銘文暨圖像集成》《商周青銅器銘文暨圖像集成續編》(吳鎮烽編著:《商周青銅器銘文暨圖像集成續編》,上海:上海古籍出版社,2016 年)、《商周青銅器銘文暨圖像集成三編》(吳鎮烽編著:《商周青銅器銘文暨圖像集成三編》,上海:上海古籍出版社,2020 年)、《殷周金文集成》[中國社會科學院考古研究所編:《殷周金文集成》(修訂增補本),北京:中華書局,2007 年]、《新收殷周青銅器銘文暨器影彙編》(鍾柏生、陳昭容、黃銘崇、袁國華編:《新收殷周青銅器銘文暨器影彙編》,臺北:藝文印書館,2006 年)。
② 吳鎮烽編著:《商周青銅器銘文暨圖像集成》卷五,第 381 頁。
③ 吳鎮烽編著:《商周青銅器銘文暨圖像集成》卷二九,第 142 頁。
④ 吳鎮烽編著:《商周青銅器銘文暨圖像集成》卷一一,第 382 頁。
⑤ 吳鎮烽編著:《商周青銅器銘文暨圖像集成》卷五,第 471 頁。
⑥ 吳鎮烽編著:《商周青銅器銘文暨圖像集成》卷二九,第 377 頁。
⑦ 中國社會科學院考古研究所編:《殷周金文集成》(修訂增補本),第 1 冊第 342、789—790 頁。
⑧ 如《大誥》:"越予小子考翼。"《召誥》:"予小臣敢以王之讎民。"《洛誥》:"以予小子揚文武烈。"《君奭》:"在今予小子旦。"顧頡剛、劉起釪:《尚書校釋譯論》,北京:中華書局,2005 年,第 3 冊第 1271、1444、1468、1554 頁。

（二）商紂不道

詳查《銘圖》等，未見西周金文將帝辛稱作"受（紂）"的用例。"受（紂）"見於戰國簡，如上博簡《容成氏》42："湯王天下三十又一世而受作。"[①]清華簡《子犯子餘》："則桀及受（紂）。"[②]《尚書》西周各篇之"受"多指"受命"，只有一處指向"紂"，即《立政》："其在受德暋。"[③]《逸周書》西周各篇也只有一處，即《克殷》："殷末孫受。"[④]"受"出現在《立政》《克殷》中，情況應與"予小子"之"予"相似，乃後世修訂的產物。值得注意的是，《芮良夫》的用法比《立政》《克殷》還要晚，因爲其文本作"商紂不道"，而非"商受不道"。在《尚書》西周各篇中，"紂"皆寫作"受"，但是《逸周書》西周各篇除《克殷》"殷末孫受"外，其餘皆寫作"紂"或"辛"。如《世俘》："征伐商王紂。"[⑤]《商誓》："今在商紂，昏憂天下。"[⑥]《克殷》："商辛奔內。"[⑦]《克殷》的"殷末孫受"乃"尹逸策曰"的内容，按文獻形成的一般規律，策的寫成應早於該篇的其他部分。所以，"受"是一種較早的用法。如果按《克殷》《世俘》《商誓》皆一個文獻系統來看，"受"的用法必早於"紂"，後者是在"受"的基礎上修訂的產物。如此看來，《芮良夫》"商紂不道"的寫定時間與上文"予""余"的情況相同：必不早於春秋早期，且大概率不早於春秋晚期。

（三）厥道、厥德、厥求

"厥道""厥德"在《尚書》西周各篇中有多處用例，如《顧命》："皇天用訓厥道。"[⑧]《召誥》："惟不敬厥德。"[⑨]《多士》："惟天不畀，不明厥德。"[⑩]然而，《尚書》《逸周書》西周各篇皆無"厥求"。詳查《銘圖》等，在西周金文中也沒有"厥求"這種用法，只有"求厥"，如楚公逆鐘（西周晚期）："楚公逆出，求乓（厥）用祀四方首。"[⑪]甚至，《尚書》中也只有一處以"求"爲名詞，即《康誥》："用康乂民作求。"[⑫]但"求"乃"逑"之通，與《芮良夫》之"求"完全不同。《詩經·大雅·下武》："王配于京，世德作求。"[⑬]"求"同《關雎》"逑"，"匹也"。[⑭]除此之外，《尚書》其他的"求"全是動詞。《芮良夫》"並得厥求"孔注："各得其求。"《芮良夫》的"求"很明確，

---

① 馬承源：《上海博物館藏戰國楚竹書》二，上海：上海古籍出版社，2002 年，第 283 頁。
② 清華大學出土文獻研究與保護中心編，李學勤主編：《清華大學藏戰國竹簡》柒，上海：中西書局，2017 年，下冊第 93 頁。
③ 顧頡剛、劉起釪：《尚書校釋譯論》，第 4 冊 1666 頁。
④ 〔晉〕孔晁注，〔清〕盧文弨校：《逸周書》卷四，宋志英、晁嶽佩：《〈逸周書〉研究文獻輯刊》，第 1 冊第 123 頁。
⑤ 〔晉〕孔晁注，〔清〕盧文弨校：《逸周書》卷四，宋志英、晁嶽佩：《〈逸周書〉研究文獻輯刊》，第 1 冊第 139 頁。
⑥ 〔晉〕孔晁注，〔清〕盧文弨校：《逸周書》卷五，宋志英、晁嶽佩：《〈逸周書〉研究文獻輯刊》，第 1 冊第 150 頁。
⑦ 〔晉〕孔晁注，〔清〕盧文弨校：《逸周書》卷四，宋志英、晁嶽佩：《〈逸周書〉研究文獻輯刊》，第 1 冊第 120 頁。
⑧ 顧頡剛、劉起釪：《尚書校釋譯論》，第 4 冊 1839 頁。
⑨ 顧頡剛、劉起釪：《尚書校釋譯論》，第 3 冊 1441 頁。
⑩ 顧頡剛、劉起釪：《尚書校釋譯論》，第 3 冊 1513 頁。
⑪ 鐘柏生、陳昭容、黃銘崇、袁國華編：《新收殷周青銅器銘文暨器影彙編》，第 654 頁。
⑫ 顧頡剛、劉起釪：《尚書校釋譯論》，第 3 冊 1348 頁。
⑬ 〔清〕方玉潤撰，李先耕點校：《詩經原始》，北京：中華書局，1986 年，下冊第 498 頁。
⑭ 〔清〕方玉潤撰，李先耕點校：《詩經原始》，上冊第 74 頁。

就是"所求的東西"，詞性爲名詞。以"求"爲名詞，在後世有例，如上博簡《容成氏》29："無求不得。"①綜合以上考察，我們可基本確定"厥求"就是東周筆法。至於東周"厥求"和西周"厥道""厥德"爲何同時出現，筆者認爲應解釋爲西周筆法的遺存或東周時人故意擬古的產物。

本節先後考察了三組詞句：予小臣良夫、以予小臣良夫、余未知王之所定；商紂不道；厥道、厥德、厥求。通過考察，我們發現這三組詞句都涉及東周筆法。再加上周玉秀所言"疑問代詞'安'"，《芮良夫》已至少有四組東周筆法。此外，我們還在上文通過連續的四字句明確了《芮良夫》最後一段的東周屬性。雖然本節在考察詞句系統時依然採用的是舉隅的方法，而非逐句分析，但相比於周玉秀的孤例"安"而言，已至少可以證明《芮良夫》中的東周元素不是零星、個別，而是大面積存在。

至此，我們可推斷《芮良夫》的成篇年代應是以下兩種情況之一：第一，全部寫成於東周，是百分百的東周文獻。第二，曾經存在西周的原始版本，但今人所見版本經過了東周人大幅度地修改加工，尤其最後一段是東周人後加上去的。

四、從思想系統看《芮良夫》的成篇年代——以君民關係爲例

在本節中，我們將通過考察《芮良夫》作者對君民關係的理解來鑒定其成篇年代。

上古社會的發展經歷了由無階級向有階級演進的過程，"禮"就是階級分化的產物。不同時期的君民關係處在不同的"禮"的秩序中。夏商時期的君民關係可概括爲兩點：第一，"用民"，即君王把民衆當作工具，是用來"用"的，《尚書·湯誓》："我后不恤我衆，舍我穡事而割正夏。"②清華簡《尹誥》："亦惟厥衆，非民亡與守邑。"③在這裏，"民"屬於戰爭資源。第二，"蓄民"，即把民衆當作牲口，是需要通過軟硬兼施來使之服從的。《盤庚》："乃祖乃父乃斷棄汝，不救乃死。"④當然，這些文獻多爲後世補述，並非當時所作，但從這些樸素的語言中，我們能感受到與後世不同的君民關係。

到了西周，"用民""蓄民"思想依然普遍存在，前者如"我其遹省先王受民受疆土"⑤（大盂鼎）等，後者如"我周有常刑"⑥（《祭公》）等。但是，周人在夏商的基礎上又多了保民、畏民的思想。第一，"保民"，《康誥》："用保乂民。"⑦"用康保民。"⑧《無逸》："懷保小民。"⑨第二，"畏民"，指的是畏懼民衆的力量、在意民衆的態度。《酒誥》："誕惟民怨，庶群自酒，腥聞在上，

① 馬承源：《上海博物館藏戰國楚竹書》二，第 273 頁。
② 顧頡剛、劉起釪：《尚書校釋譯論》，第 2 冊第 881 頁。
③ 清華大學出土文獻研究與保護中心編，李學勤主編：《清華大學藏戰國竹簡》壹，上海：中西書局，2010 年，下冊第 133 頁。
④ 顧頡剛、劉起釪：《尚書校釋譯論》，第 2 冊第 914 頁。
⑤ 中國社會科學院考古研究所編：《殷周金文集成》（修訂增補本），第 2 冊第 1517 頁。
⑥ 〔晉〕孔晁注，〔清〕盧文弨校：《逸周書》卷八，宋志英、晁嶽佩選編：《〈逸周書〉研究文獻輯刊》，第 1 冊第 295 頁。
⑦ 顧頡剛、劉起釪：《尚書校釋譯論》，第 3 冊第 1309 頁。
⑧ 顧頡剛、劉起釪：《尚書校釋譯論》，第 3 冊第 1309—1310 頁。
⑨ 顧頡剛、劉起釪：《尚書校釋譯論》，第 3 冊第 1538 頁。

故天降喪于殷。"①"天非虐,惟民自速辜。"②《無逸》:"治民祗懼,不敢荒寧。"③略作比較,可知《芮良夫》"民將弗堪""下民胥怨"表達的都是與此相同的"畏民"思想。

除此之外,西周時期也有"民主"思想,《多方》:"誕作民主,罔可念聽。"④但這裏的民主指的是作民的主人。《芮良夫》:"天子惟民父母。"作民的主人與作民的父母有相似之處,但不能完全等同。《洪範》:"天子作民父母。"⑤《洪範》的句式與《芮良夫》一致,但可惜《洪範》並非被認定的西周文獻。一般認爲,《洪範》成篇於東周。⑥西周時期有没有"作民父母"的思想,筆者認爲是有的,關鍵是如何看待"父母"與"子女"的關係。《左傳·襄公十四年》:"養民如子,蓋之如天,容之如地;民奉其君,愛之如父母,仰之如日月,敬之如神明,畏之如雷霆。"⑦可見,直至春秋時期,君民關係依然是"子"對"父母"的順從。如果是這樣的相處模式,"君"也不失爲"民之父母"。然而,《芮良夫》中的"天子惟民父母"並非旨在要求民眾順從天子。《芮良夫》:"天子惟民父母,致厥道,無遠不服;無道,左右臣妾乃違。民歸于德,德則民戴,否則民讎。"孔注:"無道無德,政違畔也。"《芮良夫》中提倡的君民關係並非順從與被順從的關係,而是一種相互關係。君有道,則民眾擁戴;君無道,則民眾視之如讎寇。同時,"德"成了衡量一個君王是否能被民眾擁戴的重要標準。《孟子·離婁下》:"君之視臣如手足,則臣視君如腹心;君之視臣如犬馬,則臣視君如國人;君之視臣如土芥,則臣視君如寇讎。"⑧孟子的思想與《芮良夫》"德則民戴,否則民讎"如出一轍。

《芮良夫》:"后除民害,不惟民害,害民乃非后,惟其讎。后作類,后弗類,民不知后,惟其怨。民至億兆,后一而已,寡不敵眾,后其危哉。"與此思想相似的是《荀子·王制》:"庶人安政,然後君子安位。《傳》曰:'君者,舟也;庶人者,水也。水則載舟,水則覆舟。'"⑨這是把民眾視作君王實施統治的基礎,一旦民眾視君王爲讎寇,就會以不可逆的大勢推翻君王。君舟民水的思想是對西周"畏民"思想的繼承,但兩者又有着質的不同。"畏民"思想指的是"民"可以作爲懲罰君王的雷霆手段,在君王昏庸時剥奪他的天命,意在警戒君王要保民、敬民,不能肆意妄爲。晁福林:"西周時期雖然也大講惠民、保民,但總體不出治民的圈子。"⑩"畏

---

① 顧頡剛、劉起釪:《尚書校釋譯論》,第 3 册第 1407—1408 頁。
② 顧頡剛、劉起釪:《尚書校釋譯論》,第 3 册第 1408 頁。
③ 顧頡剛、劉起釪:《尚書校釋譯論》,第 3 册第 1532 頁。
④ 顧頡剛、劉起釪:《尚書校釋譯論》,第 4 册第 1611 頁。
⑤ 顧頡剛、劉起釪:《尚書校釋譯論》,第 3 册第 1163 頁。
⑥ 劉起釪:"《洪範》原稿由商代傳至周,經過了加工,到春秋前期已基本寫定成爲今日所見的本子。"顧頡剛、劉起釪:《尚書校釋譯論》,第 3 册第 1218 頁。屈萬里:"本篇之著成,蓋約當戰國初葉至中葉時也。"屈萬里著,李偉泰、周鳳五校:《尚書集釋》,上海:中西書局,2014 年,第 117 頁。程水金:"其最後定型之時代相對較晚。"程水金:《尚書釋讀》,北京:人民文學出版社,2020 年,上册第 417 頁。按:《洪範》中有大量的序數詞,與《逸周書》東周篇目形式相似,故其爲東周所作明矣。
⑦ 楊伯峻編著:《春秋左傳注》,北京:中華書局,2016 年,第 4 册第 1117 頁。
⑧ 楊伯峻譯注:《孟子譯注》,北京:中華書局,2010 年,第 171 頁。
⑨ 梁啓雄:《荀子簡釋》,北京:中華書局,1983 年,第 102 頁。
⑩ 晁福林:《"君民同構":孔子政治哲學的一個重要命題——上博簡和郭店簡〈緇衣〉篇的啓示》,《哲學研究》2012 年第 10 期,第 53 頁。

民”思想的落脚點還是爲了“治”，本質是把“民”看作“物”，相當於工具。正確使用工具，工具就會爲你服務；不正確使用工具，工具就要傷人。君舟民水思想則不同，君舟民水把“民”看作“人”，他可以自主選擇擁護你還是反對你。《芮良夫》“民至億兆，后一而已，寡不敵衆，后其危哉”把后（即“君”）和民放在了完全平等的位置上，后是一個人，民也是一個人，億兆民就是億兆個人。一人與億兆人對抗，於是“寡不敵衆”。《芮良夫》中的“后”是一個凡人，不是“天之子”，不因其身份的特殊而高於普通的“民”。如果説《荀子》的載舟覆舟還保留了一絲“物”性的話，那麼《芮良夫》的“民至億兆，后一而已”則是人本主義的覺醒。

將時間軸從孟荀時代往前推，《論語·顏淵》孔子曰：“民無信不立。”[①]孔子已把“民”視作可以取信的“人”，而非牲畜。孔子的“民”是可以講道理、可以感化的，而非只能威脅恐嚇。西周文獻常見的“我周有常刑”就是一種威脅恐嚇。《芮良夫》“無遠不服”“德則民戴”強調的也是道德感化。《禮記·緇衣》：“子曰：民以君爲心，君以民爲體。”[②]孔子的君民一體思想強調了君民的不可分割性，但同時也以“心”“體”之别凸顯了君的尊貴。相比於“民至億兆，后一而已”，顯然孔子的思想屬於較早期的形態。

綜上可知，《芮良夫》中對君民關係的理解應屬於戰國中後期的思想，並非西周時人所能書寫。

結語：先秦文獻的斷代具有複雜性，鮮有可參考的同時期引用，基本只能從自身文本入手。基於文本本身，然後選取可靠的對照組，我們就可以大致判斷篇中的各處細節分别屬於西周元素還是東周元素。先秦文獻具有成於衆手的特點，我們在斷代時尤其要注意區分百分百的東周文獻和經東周人修改加工的西周文獻。西周文獻經東周人增飾後，便帶有了東周元素，我們切不能因個别東周元素的存在就武斷認定某篇隸屬東周。本文從詞句和思想兩個系統入手，對《逸周書·芮良夫》進行了解剖：通過對“予小臣良夫、以予小臣良夫、余未知王之所定；商紂不道；厥道、厥德、厥求”三組詞句的考察，我們發現《芮良夫》中的東周元素並非個例，而是大面積存在；通過對《芮良夫》中君民關係的考察，我們發現《芮良夫》作者對君民關係的理解更接近孟子、荀子時期，而非西周時期。再配合周玉秀所言“安”和《芮良夫》最後一段明顯的東周四字句，我們可得出最終結論：《芮良夫》全部寫成於東周，是百分百的東周文獻。

（王文意，南京師範大學文學院博士研究生）

---

① 楊伯峻譯注：《論語譯注》，北京：中華書局，2009 年，第 124 頁。
② 〔漢〕鄭玄注，〔唐〕孔穎達疏：《禮記正義》卷五五《緇衣》，《十三經注疏》，北京：中華書局 2009 年影印阮刻本，第 3 册第 3581 頁上欄。

惠棟校勘《逸周書》及其所據宋本鈎沉*

安小蘭

［摘　要］　自盧文弨《逸周書》校本問世後，惠棟舊校日漸衰微，今已不可見。其利用宋本校閲《逸周書》的記録，今人也多僅識盧校本"讎校所據舊本並校人姓名"所記及書中所引。檢閲清至近現代目録學著作、筆記等文獻資料，發現惠校本自清代中後期至建國初期皆流布於世，時人有所研習，20 世紀 50 年代之後失於記載。惠氏利用宋本校勘《逸周書》的情況，其所著《周易本義辯證》《惠氏讀〈説文〉記》及黄丕烈《蕘圃藏書題識》、傅增湘《藏園群書題記》等書中亦有記載，孫詒讓《周書斠補》、姚範《援鶉堂筆記》等書中也多有引用。惠氏所見元印宋刻本《序》位於卷末，非宋嘉定十五年丁黼刻本。

［關鍵詞］　惠棟　宋本《逸周書》　校勘

　　清代，《逸周書》研究一掃兩千年來的沉寂，成果豐碩，蔚爲大觀。惠棟、沈彤、謝墉、段玉裁、梁玉繩等人均有校注。但自盧文弨集明清衆本和清十一家之説校《逸周書》後，惠棟等前人舊校漸行式微，今均已佚。惠棟作爲清代首屈一指的大學者，精於校勘，長於考訂。錢大昕《惠先生棟傳》謂其"自幼篤志向學，家多藏書，日夜講誦。……雅愛典籍，得一善本，傾囊弗惜。或借讀手鈔，校勘精審，於古書之真偽，瞭然若辨黑白"。[1]其校注《逸周書》獨樹一幟，自成規式，利用宋本校勘更是他人所未能及。宋本《逸周書》今不復見，惠氏校本也未流傳下來。本文遍檢相關文獻，考究惠校本流布情況以及其所見宋本與元至正本之間的文字異同，從而嘗試判斷惠氏所據宋本與元至正本的關係。

一、惠棟校本的流布情況

　　惠校本具體刊刻時間已不可考，但該書自面世以來流播較廣，後人多有傳閲研習。乾隆年間進士姚範《援鶉堂筆記》廣爲徵引，方東樹曰："今存先生所傳惠氏原校以備參攷。"[2]清中後期藏書家黄丕烈《蕘圃藏書題識》於宋人筆記《賓退録》條下曰："此校宋本《賓退録》出於王蓮涇家，余藏之有年矣。此書雖有新刻，未敢取信。續又得我法齋舊鈔本，因此已校宋，不敢取證。頃鮑渌飲以是書毛鈔本屬其子歸余，中途爲捷足者得之。同得者尚有毛鈔周

---

*　本文是國家社科重大項目"出土文獻與上古文學關係研究"（20&ZD264）的階段性成果。

[1]　〔清〕錢大昕：《潛研堂文集》卷三十九《惠先生棟傳》，清光緒十年長沙龍氏家塾重刻嘉定錢氏《潛研堂全書》本，第 1 頁。

[2]　〔清〕姚範：《援鶉堂筆記》卷三十五，清道光姚瑩刻本，第 1 頁 a。

公謹《蘋洲漁笛譜》、沈冠雲臨惠氏父子校閲本《逸周書》，共十番。"①指出惠校本在文人學士間輾轉傳鈔庋藏。《薈圃藏書題識續録》"汲冢周書十卷（原注：校元本）"條下黄丕烈亦曰："余所藏元刻《周書》失去黄玠②序，故壽階借校時未録。余藏本已於去冬歸琴川友人家，惟惠松崖先生手校本矣，偶過坊閒見此本，遂携歸。而適又見一元刊有序本，遂手補於卷端。案：是刻原有序，壽翁未省而復補之。又'丁黼'上衍'徐'字，蓋東徐地名也。"③指出惠氏手校本曾流傳於書坊之中。清末孫詒讓《周書斠補序》："世所傳録惠氏定宇校本，略記宋槧異文，雖多譌互，猶可推故書軼迹。"④書中多有參酌，證明清末惠校本依舊流傳於世。清末民初德化著名藏書家李盛鐸收有惠棟手校本，傅增湘《藏園群書題記·校逸周書跋》中説："頃從德化師遺書中假得吴琯《古今逸史》全帙，其中《逸周書》十卷乃惠定宇手校。"⑤《藏園群書題記·審閲德化李氏藏書説帖》於"名校本"下亦曰："此類萃集歷代名家手迹，尤爲典籍菁華。有明人手校者，種類較少；有清代經師手校者，如惠定宇、張皋文、孫淵如、焦理堂、王引之諸人；有名家手校者，如何義門、王西莊、盧抱經、顧千里、黄蕘圃、嚴久能、嚴鐵橋、吴兔牀諸人。"⑥張舜徽《愛晚廬隨筆·學林脞録》卷三"逸周書"條下記載著名藏書家徐行可迻録惠校："余籀繹是書，前後校讀數過。隨校隨失，竟無留本。後税駕武昌，復從徐氏桐風廎假觀是書校注之書多種，重加温尋。計有王念孫《雜志》、盧文弨校本、莊述祖《尚書記》、何秋濤《王會篇箋釋》、丁宗洛《管箋》、陳逢衡《補注》、孫詒讓《斠補》、俞樾《平議》、于鬯《校記》、劉師培《補正》、陳漢章《後案》，以及徐氏迻録惠棟、陶方琦批識本，與其家藏董文涣手批本，昕夕究覽，嘗欲撰爲《周書集校》而未果成，僅録存《小箋》一卷。"⑦張氏1946年9月至1949年8月任蘭州大學和西北師範學院中文系教授，49年年底前往武昌任教於中原大學，後隨學校併入華中大學（今華中師範大學前身）。又徐行可卒於1959年，因此張舜徽"後税駕武昌，復從徐氏桐風廎假觀是書校注之書多種，重加温尋"的時間應當在1950年至1959年之間。

綜合以上信息，我們發現雖然乾隆間盧文弨校本已經刊刻，但惠校本並沒有即此亡佚，而是從清代中後期至建國初期一直有流傳，20世紀50年代之後失於記載。

二、惠棟參校宋本《逸周書》的記載

惠棟親眼目睹宋本《逸周書》的記録，除盧文弨校本《逸周書》所記外，還見於惠棟其他著述和後人相關文獻中。

---

① 〔清〕黄丕烈撰，繆荃孫輯：《薈圃藏書題識》，民國八年刻本，第39頁b。
② 當作黄玠。
③ 〔清〕黄丕烈撰，王大隆輯：《薈圃藏書題識續録》，民國二十二年刻本，第10頁b。
④ 〔清〕孫詒讓：《周書斠補·書序》，清光緒二十二年刻本，第1頁a。
⑤ 傅增湘：《藏園群書題記》，上海：上海古籍出版社，1989年，第141頁。
⑥ 傅增湘：《藏園群書題記》，第1096頁。
⑦ 張舜徽：《愛晚廬隨筆》，武漢：華中師範大學出版社，2005年，第71頁。

惠棟明確表示曾目睹宋本《逸周書》的記録見於其所著《周易本義辯證》一書中。該書卷五"序卦傳"條下"古人一書皆有序,《易·序卦》《詩·小序》《書百篇序》《周禮·序官》皆序也。《儀禮》非全書,《禮記》漢人所綴集,故皆無序。《逸周書·序》附于卷後"自注曰:"余見宋本如此,新刻輒移其次。"①證明他不僅見過宋本《逸周書》,而且所見本《序》位於卷末。《惠氏讀〈説文〉記》"曩"下曰:"《逸周書》曰:'曩疑沮事。'棟案:'曩疑沮事'見《周書·文酌篇》'極有七事'之一,今《周書》'曩'誤'聚',宋刻亦然。宋人不識字,賴《説文》校正。今宋本《説文》亦闕此字,唯《玉篇》載之,先君拈入'曩'字,從《玉篇》增也。"②亦可爲證。

其他書中關於惠棟參校宋本《逸周書》的記録多見於目録學著作、著述序跋及其他相關文獻。王鳴盛《尚書後辨·武成》"惟一月壬辰,旁死魄。越翼日癸巳,王朝步自周,于征伐商"條下注曰:"'丙辰旁生魄'仍當作'壬辰旁死魄','丁巳'當作'癸巳',傳寫之誤耳。晉孔晁作注時已誤,晁亦疑其太速,故注丁巳爲渡孟津之日,但云'王乃步自于周',安得爲渡孟津?當爲誤字。'庶祀馘于國周廟',亦當移'國'字在'庶'下,《周書》與《武成》固合也。"又注曰:"沈彤、惠棟徧求宋本以校《逸周書》,亦不能改此誤字,知其誤已久。"③孫詒讓《周書斠補序》云:"此書(筆者按:指《逸周書》)舊多闕誤,近代盧氏紹弓校本、朱氏亮甫《集訓》芟薙蓁薉,世推爲善册。余嘗以高續古《史略》、黄東發《日鈔》勘之,知宋時傳本實較今爲善。世所傳録惠氏定宇校本,略記宋槧異文,雖多譌互,猶可推故書轍迹。"④皆證明惠氏確有根據宋本校勘《逸周書》之舉。傅增湘《藏園群書題記·校逸周書跋》中説:"頃從德化師遺書中假得吴琯《古今逸史》全帙,其中《逸周書》十卷乃惠定宇手校,卷末記有'借元印宋刻校對'一行,是近代校此書者惟紅豆得覯宋刻耳。余因取程氏《漢魏叢書》本手自移校一過,惟原校所用爲吴琯本,與程刻頗有差異,大抵改正吴本訛誤之字,檢視程本,乃多不誤,可知程刻於宋本爲近也。"⑤

據以上諸書記載可知,惠棟參校宋本《逸周書》的記録在惠氏其他著述和後人相關文獻中多有反映,其所見宋本《逸周書》爲《序》位於卷末的元印宋刻本。

三、惠棟所見宋本内容的保存情况

惠棟所見宋本和惠校本今皆不可見,其所見宋本《逸周書》文本内容散見於盧文弨、孫詒讓、姚範等人引用惠校條目之中。

盧文弨校勘參用了惠校本,盧氏云:"惠曾見宋本並雜取他書相參攷,今書中稱'惠云'

---

① 〔清〕惠棟:《周易本義辯證》卷五,清常熟蔣氏省吾堂刻《省吾堂四種》本,第 27 頁 b。
② 〔清〕惠棟撰,〔清〕江聲參補:《惠氏讀〈説文〉記》卷六,清嘉慶十一至十七年虞山張氏刻《借月山房彙鈔》增修本,第 2 頁。
③ 〔清〕王鳴盛:《尚書後辨》,《尚書後案》附,北京:北京大學出版社,2012 年,第 770 頁。
④ 〔清〕孫詒讓:《周書斠補·書序》,第 1 頁 a。
⑤ 傅增湘:《藏園群書題記》,第 141 頁。

者是也。"①但是與《周書斠補》《援鶉堂筆記》中所引相比勘，我們發現盧氏也存在直接採用宋本內容的情況，而所引"惠云"多爲字詞訓釋條目。盧校共收錄宋本校例 16 條：

1.《文酌解》："頻祿質潰。" 盧注："'潰'字依宋本，俗閒本作'漬'。"

2.《文酌解》："急哉急哉。" 盧注："宋本重'急哉'，別本不重。"

3.《柔武解》："奄有天下。" 盧注："奄，宋本作'掩'。"

4.《克殷解》："毛叔鄭奉明水。" 盧注："毛叔，宋本與《史記》正同，作'毛伯'者誤。"

5.《大匡解》第三十七："東隅之侯咸受賜于王，王乃旅之，以上東隅。"孔晁注："東隅，自殷以東。旅，謁。各使陳其政事者也。" 盧注："注'各'字宋本作'名'，似非是。"

6.《大匡解》第三十七："大匡封攝。" 盧注："正文'封'字舊本作'**𡙇**'，不成字，今從宋、元本。"

7.《大聚解》："教芌與樹藝比長。" 盧注："'芌'本或作'芧'，今從宋、元本。"

8.《商誓解》："在商先誓王。" 盧注："俗本'王'作'正'，今從宋本、元本。"

9.《五權解》："疑德無舉士。" 盧注："宋本、元本此句'無'字作方圍，後來本乃有'無'字。"

10.《五權解》："物庶則爵乃不和。" 盧注："惠於'乃'字旁校云：'宋作攋。'"

11.《成開解》："產足不窮，家懷思終。主爲之宗，德以撫衆，衆和乃同。" 盧注："'不'字本脫，趙據文意補。'撫'舊作'輔'，又'衆'字不重，惠據宋本改增。"

12.《作雒解》："郭方七十里。" 盧注："宋本作'七十二里'，《前編》作'十七里'。"

13.《大戒解》："行惠於小，小乃不攝。" 盧注："次'小'字從宋、元本，俗閒本作'衆'。"

14.《大戒解》："連官集乘，同憂若一，謀有不行。予惟重告爾。" 盧注："'予'字從宋本，俗閒本作'兹'。"

15.《時訓解》："鷙鳥厲疾。" 盧注："宋本無'疾'字。案：下但云'鷙鳥不厲'，則上句亦本無'疾'字，宋本是也。"

16.《武紀解》："不知困達之謀。" 盧注："惠云：'謀，宋本作"謨"，古通用。'"

孫詒讓《周書斠補》對盧文弨、朱右曾、王念孫、莊述祖校釋內容多有審辨，拾遺補缺，後

---

① 〔晉〕孔晁注，〔清〕盧文弨校：《逸周書》，宋志英、晁岳佩選編：《〈逸周書〉研究文獻輯刊》第 1 册，北京：國家圖書館出版社 2015 影印清乾隆五十一年餘姚盧氏抱經堂刻本，第 28 頁。

出轉精。其《序》中明確説："盧本亦據惠校,顧采之未盡。朱本於盧校之善者復不盡從之,而所補闕文,多采丁宗洛《管箋》,則又大都馮肊增羼,絶無義據。蓋此書流傳二千餘年,不知幾更迻寫,俗陋書史率付之不校。即校矣,而求專家通學如盧、朱者,固百不一遘。今讀《酆謀》(今本並誤謀)《商誓》《作雒》諸篇,則盧、朱兩校,亦皆不能無妄改之失。然則此書之創痏眯目,斷趹不屬,甯足異乎! 余昔讀此書,頗涉讎勘,略有發正,輒付掌録,覬以思誤之適,自資省覽,不足爲盧、朱兩家拾遺補闕也。"[①]鑒於此,孫文中多處使用"盧未從""盧校失載"等語。該書收録宋本校勘4條,均不見於盧校本:

1.《糴匡解》:"舍用振穹。"孫注:"孔云:'舍用常以振民也。'盧云:'"穹"與"窮"同。'惠云:'穹,空也。義見《韓詩》。宋本作"窮"。'"

2.《酆謀解》:"維王三祀,王在酆,謀言告聞。"孫注:"惠云:'"謀"宋本作"講",非(盧校未采)。'"

3.《時訓解》:"蟄蟲咸俯。"孫注:"盧云:'《御覽》"俯"並作"附"。'惠云:'宋本"附"。'(盧失載)案:據此,則宋本與《御覽》同。"

4.《時訓解》:"鳴鳥猶鳴。" 孫注:"惠云:'宋本作"鵑鳥猶鳴"。'案:此亦當作'鵑鳥',宋本譌。"

傅增湘先生也指出盧氏於惠校並未悉數採納,惠氏所記宋本之長多有疏漏,其《校逸周書跋》曰:"抱經薈萃諸家,精心探討,疏滯析疑,犁然悉當,於是書要有鴻功。惟於惠校之善者未能悉爲甄採,要亦千慮之一失耳。"[②]"如明本《文酌解》'七陶八冶歸竈'注'言竈善則陶冶長',宋本作'歸竈善'。《糴匡解》'舍用振穹',宋本作'窮'。《大匡解》注'亦相敕也',宋本作'相救'。《酆謀解》注'神不德之',宋本作'聽之'。《大聚解》'王親存之',注'在察也',宋本作'存也';'資喪比服',注'比服,供喪服也',宋本作'袒喪服'。凡此諸字,皆以宋本爲長,而盧本沿用明本,未加改正。又如《酆謀解》'三施資',注'旅資以思也',盧校言'疑當作"施資以惠也"',不知宋本正作'以惠也'。《武順解》'一卒居前曰開',注'間有豎',盧校謂'當作"開猶啓"',不知宋本正作'開猶啓'也。至若《小開解》'大人杚維公,公杚維卿',盧校據《後漢書》注補'公公杚維'四字,今宋本原有此四字。《王會解》'卜盧以紈牛,紈牛者',盧校據《初學記》補'紈牛'二字,今宋本固原作'紈牛'。"[③]文中所例宋本異文去其重復計8條。

《援鶉堂筆記》是清代乾隆時期學者姚範的主要學術著作,該書"凡經史百家,爬梳剔

① 〔清〕孫詒讓:《周書斠補·書序》,第1頁。
② 傅增湘:《藏園群書題記》,第142頁。
③ 傅增湘:《藏園群書題記》,第141頁。

抉，條貫出之，雜録遺聞，皆資考鏡，其著述殆可與王厚齋比"。①但由於姚氏"每讀書輒著所
見於卷端"，②"詞繁者裁短幅紙書之，無慮數千百條"③的學術習慣，以及"第自求通貫，不希
著述"④的學術態度，致使該書經姚鼐、姚瑩、方東樹幾代人，歷時幾十年搜羅整理纔得以面
世。其參用惠棟、沈彤二家之説校勘《逸周書》時間早、條目多，惜後人多不識。方東樹整理
時案曰："《逸周書》向無善本，最稱難讀。盧抱經學士聚二十家本總校精刻，在乾隆丙午，歲
月遠在先生（姚範）之後。先生此所校止據沈果堂、惠定宇二家，於盧所據二十家内元明八家
本亦均未及，固不若盧本精博。特盧本雖取二十家，亦據惠説爲多，但詳略互有不同，今存先
生所傳惠氏原校以備參攷。又先生所自校語不可辨，大約不標某案皆惠氏校也。"⑤《援鶉堂
筆記》所録 351 條《逸周書》文本中宋本異文 20 條，去其重復共 8 條：

　　1.《命訓解》："民禄則于善。" 姚注："惠云：'于，宋本作"干"。'"

　　2.《糴匡解》："大馴鍾絶，服美義淫。"孔晁注："六副。" 姚注："宋本'大
馴'。"

　　3.《武稱解》："窮寇不恪。" 姚注："宋本'格'。"

　　4.《文傳解》："戒之哉。" 姚注："宋本及《御覽》二十五卷引'戒'上有'國
無兼年之食，遇天饑，百姓非其有也'。"

　　5.《寤敬解》："以三不足戒。" 姚注："三，宋本'王'。"

　　6.《大聚解》："教芋與樹藝比長，立職與田疇皆通。"孔晁注："根衍田茅比長之
職也。" 姚注："宋本'田'作'曰'，'也'作'通'。"

　　7.《王會解》："康民以秸。" 姚注："宋作'秨'。"

　　8.《王會解》："白州比閭。比閭者，其華若羽，伐其木以爲車，終行不敗。"孔晁
注："白州，東南蠻，與白民接也。" 姚注："下從宋本增'水中可居者洲洲中出此珍
也'十二字。"

　　以上諸本相互參照、互爲補充，共得惠氏所見宋本原文 36 條，這爲我們了解宋代《逸周
書》文本情況提供了彌足珍貴的資料，對研究《逸周書》文本亦良有裨益。

---

① 〔清〕姚範：《援鶉堂筆記·序》，清道光姚瑩刻本，第 1 頁 a。
② 王鍾翰點校：《清史列傳》卷七十二《文苑傳三》，北京：中華書局，1987 年，第 5920 頁。
③ 王鍾翰點校：《清史列傳》卷七十二《文苑傳三》，第 5921 頁。
④ 〔清〕姚範：《援鶉堂筆記·目録》，第 2 頁 b。
⑤ 〔清〕姚範：《援鶉堂筆記》卷三十五，第 1 頁 a。

四、惠棟據宋本校《逸周書》之得失

得益於見過宋本《逸周書》這一得天獨厚的條件,惠棟於《逸周書》研究的貢獻實不可没。首先,其所保存的宋本異文條目對《逸周書》文本研究大有裨益。例如《文傳解》"《夏箴》曰:'小人無兼年之食,遇天饑,妻子非其有也;大夫無兼年之食,遇天饑,臣妾輿馬非其有也。'"宋本下有"國無兼年之食,遇天饑,百姓非其有也"十五字,而今傳諸本皆無。然《群書治要》卷八、《太平御覽》卷三十五、卷五八八、《玉海》卷三十一並有此句,説明宋本尚未脱佚,惠氏校勘讓我們看到了《文傳解》的原貌。

其次,宋代作爲《逸周書》抄本向刻本發展的過渡時期,加之唐末戰亂導致書籍散失亡佚嚴重,文字殘缺漫漶,通過惠校所記,我們還能看到宋本的不足以及後人重刊時增益改訂的工作,明晰版本流傳中的繼承與變異。例如《五權解》"疑德無舉士"一句,宋本、元本"無"字作方圍,後來諸本乃有"無"字。根據上下文"疑家無授衆""質士無遠齊",此處當亦爲"無"字。我們能看到宋本《五權解》的脱佚及後人訂補的情況,亦得益於惠氏校記。

惠氏校勘尚有美中不足之處。首先,宋代《逸周書》版本複雜,北宋歐陽修編撰《新唐書·藝文志》載有"汲冢周書十卷本"與"孔晁注八卷本"兩種。宋嘉定十五年丁黼爲此書作序,自述有李燾本和陳正卿本。陳振孫《直齋書録解題》中指出《逸周書》有《序》在卷末與《序》散在諸篇二種形式。而惠棟利用宋本校勘時僅在卷末附有"借元印宋刻校對"一行記録,未能進一步説明其所見宋本《逸周書》行款、字體、裝訂、版本淵源等相關信息,實屬遺憾。傅增湘《校逸周書跋》中就指出:"至惠氏校勘,頗嫌疏略。此書宋刻最爲罕祕,其書藏於誰氏,刻梓屬於何時,字體版式,行格邊闌,凡此數端,咸關考據,乃卷尾略綴數字,餘皆闕而不書,使吾輩今日開卷茫然,於版刻源流無所取證,亦良足惜矣。"[1]

其次,惠氏部分校勘未注明出處及校改緣由,後人讀來不知所然。惠棟在利用宋本校勘時,多直言"宋作某""宋本作某",但也有大量的"某改某"之類校注不嚴謹之處,孫詒讓《周書斠補》中多次使用"或據宋本""疑據宋本""惠疑據宋本"之詞,即説明這點。如:

1.《大聚解》:"稱賢使能官有材而□歸之。" 孫注:"惠校本闕處補'士'字。案:或據宋本。"

2.《王會解》:"樓煩以星施,星施者珥旄。" 孫注:"惠校'旄'改'羽'。案:惠疑據宋本,亦通。"

3.《祭公解》:"丕維周之基,丕維后稷之受命。" 孫案:"'基丕維'三字,惠校作'開基'二字,疑據宋本。"

---

① 傅增湘:《藏園群書題記》,第 142 頁。

這種措辭含糊不清，缺少嚴謹規範的校勘表述，雖然材料衆多，但是出處不明，後人不敢輕易使用、妄下結論。究其原委，蓋惠氏校語不確所致。

五、惠校所據宋本《逸周書》溯源

如上所述，惠氏利用宋本校勘時未詳細記録其版本信息，我們只能從隻言片語中得知該本爲元印宋刻，《序》位於卷末。黃丕烈認爲“《逸周書》以元至正本爲最古，惠所云宋本即是本也”。①但仔細考察，我們發現惠棟所見宋本並非嘉定十五年丁黼刻本，也就是説它不是元至正十四年嘉興路學宫刊本，應當另有他本。

宋嘉定十五年丁黼刻本今已失傳，唯丁氏所作序保留在後世傳本中。關於該本的刊刻，丁云：“予始得本於李巽巖家，脱誤爲甚。繼得陳正卿本，用相參校，脩補頗多。其間數篇，尚有不可句讀；脱文衍字，亦有不容强解者。姑且刻之，俟求善本。”②元至正本刻於至正甲午年，根據現有文獻記載，該本有今國家圖書館藏本和日本静嘉堂文庫藏本二種。日本静嘉堂文庫藏本今不易見，傅增湘《藏園群書經眼録》記載該本有陸心源跋，謂至正中劉廷幹取嘉定本覆刊於嘉興學宫。③國圖藏本無陸跋，前有黃玠序曰：“郡太守劉公廷幹好古尤至，出先世所藏，命刻板學宫。”④吳壽暘《拜經樓藏書題跋記》“逸周書”條下嘉慶十年陳鱣簡莊跋云：“宋嘉定十五年東徐丁黼所刻《周書》已不可得見，元至正十四年海岱劉貞重刊有四明黃玠序。”⑤此本首頁依次鈐有“北京圖書館藏”“鐵琴銅劍樓”“吳元恭氏”“吳興沈瀹”印。瞿鏞《鐵琴銅劍樓藏書目録》“别史類”於“汲冢周書十卷（原注：元刊本）”條下曰：“晉孔晁注，此書在宋時有李文簡、陳正卿藏本，東徐丁黼校刻於嘉定十五年，有李燾跋及黼序。元至正甲午四明黃玠復序而刻之，即此本也。其《程寤》《秦陰》《九政》《九開》《劉法》《文開》《保開》《八繁》《箕子》《耆德》《月令》十一篇已亡，中有闕文闕字，蓋宋時已斷爛不全矣。（原注：卷首有吳元恭氏及吳興沈瀹二朱記）。”⑥傅增湘得見此本，其《藏園群書經眼録》曰：“常熟瞿氏藏書，乙卯八月見於罟里。”⑦正與上述記載相合。將以上輯録的惠棟所見宋本36條異文與國圖所藏元至正本比對，其中9條有異：

1.《文酌解》：“七陶八冶歸竈。”孔晁注：“言竈善則陶冶長。” 宋本孔注作“歸

① 黃懷信：《〈逸周書〉源流考辨》，西安：西北大學出版社，1992年，第130頁。
② 〔晉〕孔晁注：《元本汲冢周書》，北京：國家圖書館出版社2017年影印國家圖書館藏元至正十四年嘉興路儒學刻本，第208頁。
③ 傅增湘：《藏園群書經眼録》卷四，北京：中華書局，1983年，第271頁。
④ 〔晉〕孔晁注：《元本汲冢周書》，第5—6頁。
⑤ 〔清〕吳壽暘輯：《拜經樓藏書題跋記》，清吳氏《拜經樓叢書》本，第31頁a。
⑥ 〔清〕瞿鏞：《鐵琴銅劍樓藏書目録》卷九，清光緒常熟瞿氏家塾刻本，第20頁a。
⑦ 傅增湘：《藏園群書經眼録》卷四，第271頁。

竈善"，元至正本作"言竈善"。

2.《文傳解》："戒之哉。" 宋本"戒"上有"國無兼年之食，遇天饑，百姓非其有也"，元至正本無此句。

3.《柔武解》："奄有天下。" 宋本作"掩"，元至正本作"奄"。

4.《大匡解》第三十七："東隅之侯咸受賜于王，王乃旅之，以上東隅。"孔晁注："東隅，自殷以東。旅，謁。各使陳其政事者也。" 盧注："注'各'字宋本作'名'，似非是。" 元至正本作"各"。

5.《大聚解》："教芊與樹藝比長，立職與田疇皆通。"孔晁注："根衍田茅比長之職也。" 宋本"田"作"曰"，"也"作"通"。元至正本作"田"。

6.《作雒解》："郭方七十里。" 宋本作"七十二里"，元至正本作"七百里"。

7.《時訓解》："鳴鳥猶鳴。" 宋本作"鴶鳥猶鳴"，元至正本作"鴶鳥□□"。

8.《王會解》："卜盧以紈牛，紈牛者，牛之小者也。" 宋本作"紈牛"，元至正本作"卜盧以牛，牛者，牛之小者也"，無"紈"字。

9.《武紀解》："不知困達之謀。" 宋本作"諆"，元至正本作"謀"。

元至正本源自丁黼刻本，但惠棟所見宋本與元至正本有如上不同，說明它與宋嘉定十五年丁黼刻本不是同一種本子。又《左傳·昭公十六年》"習實爲常"，惠棟《左傳補注》引《周書》曰："習實爲常，□美惡一也。"[1]今傳元至正本、明程榮《漢魏叢書》本、明趙標《三代遺書》本、明吳琯《古今逸史》本、清汪士漢《秘書二十一種》本、清王謨《增訂漢魏叢書》本《常訓解》皆有"民生而有習有常。以習爲常，以常爲慎，民若生于中。習常爲常"，不僅"習實爲常"作"習常爲常"，而且無"□美惡一也"句，亦可證惠氏所見另有他本。

（安小蘭，西北大學文學院博士研究生）

---

① 〔清〕惠棟：《春秋左傳補注》卷五，清道光九年廣東學海堂刻咸豐十一年補刻《皇清經解》本，第14頁b。

《喪服》中的出母、嫁母之服*

朱明數

[摘　要]《喪服》“出妻之子爲母”,是子爲其生母之服,非所生則不服。除爲父後者爲出母無服外,出母改適與否,父在、父没與否,均不影響子爲出母之服。而出母爲子之服,亦因血緣而有服,故經文不言“報”。“父卒繼母嫁從爲之服報”,鄭玄、王肅句讀不同,解説亦異。推衍鄭説者更以“非父所絶”作爲子爲嫁母服的依據,將父卒後生母改嫁與繼母改嫁視作一類,以分別出母、嫁母的界限。但是更被普遍接受的是王肅之説。由王肅之説推之,“從,爲之服”特據繼母而言,從乎寄寓則有服,有服斯有報。若父卒而生母改嫁,無論寄寓與否,母子間皆以血緣而有服,爲父後者同樣不服。

[關鍵詞] 喪服　出母　嫁母　喪禮

《喪服》所記載的母子之服,有子爲適母、庶母、繼母、慈母等數種,而其中尤爲複雜者,乃是爲出母、嫁母之服。[①]子爲出母、嫁母之服本於《喪服》“不杖期”章“出妻之子爲母”,以及“父卒,繼母嫁,從,爲之服。報”兩條經文。[②]但自漢以來,出母、嫁母之服便往往在學者的論述之中出現交叉與重疊。又因爲此兩種喪服涉及血緣與宗族,情感與制度之間的對立與平衡,故而尤其爲六朝禮家所關注。現有研究也多聚焦在魏晉時期。張焕君《情理交融:喪服制度與魏晉南北朝社會》以及鄭雅如《情感與制度:魏晉時代的母子關係》都有專章對出母、嫁母、繼母等相關問題進行深入的討論。他們指出,由於魏晉南北朝動蕩的社會背景,議者對出母、嫁母、繼母等服制的討論,都强調“恩義相及”“以情制服”。[③]“母子的情感恩義,雖然屢屢被父系制度貶抑爲‘私情’,但所謂‘母子至親’‘母以子貴’依然是魏晉時人所重視的‘人情’。”[④]張焕君、鄭雅如的研究内容豐富,準確展現了魏晉時期對此話題討論的基本格局。

但魏晉學者對經義的複雜辨析與闡發,不僅與當時的社會環境有關,也與此話題在經學内部的錯綜糾纏有關。經義的分歧正成爲當時學者撿擇立論、各出己見的前提。因而,除了

---

* 本文是武漢大學自主科研項目(人文社會科學)“當塗夏氏《喪服》學整理與研究”(413000022)的階段性成果,得到“中央高校基本科研業務費專項資金”資助。

① 本文中“嫁母”一詞,所指較爲寬泛,包括父卒生母改嫁、父卒繼母改嫁等多種情況。若不需特作分别之處,徑稱“出母”“嫁母”,於有需要之處則隨文稱舉,以避繁複。

② 〔漢〕鄭玄注,〔唐〕賈公彦疏:《儀禮注疏》卷三十,北京:中華書局2009年影印《十三經注疏》本,第2390頁上欄。“父卒繼母嫁”條之句讀依王肅義。

③ 張焕君:《情理交融:喪服制度與魏晉南北朝社會》,北京:商務印書館,2020年,第294頁。

④ 鄭雅如:《情感與制度:魏晉時代的母子關係》,南京:鳳凰出版社,2021年,第97頁。

從歷史的角度梳理學者論説,把握其時代特質外,從經學的角度分析争議的焦點,溯源學者論説的經義基礎,或亦有助於加深對問題的理解,爲長期以來的争議問題提供解決方案。

一、身份的糾纏和交錯

討論出母、嫁母之服,自然需要明確二者所指。從歷代學者的論説來看,他們對出母、嫁母的認識頗爲複雜。略舉數家言之:

> 漢石渠議,問:"父卒母嫁,爲之何服?"蕭太傅云:"當服周。爲父後則不服。"韋玄成以爲:"父没則母無出義。王者不爲無義制禮。若服周,則是子貶母也,故不制服也。"宣帝詔曰:"婦人不養舅姑,不奉祭祀,下不慈子,是自絶也。故聖人不爲制服,明子無出母之義。玄成議是也。"①

蕭太傅之論當是據《喪服》"出妻之子爲母"之服,以定"父卒母嫁"之服,故以爲除爲父後者外,子皆當有期服。而韋玄成却以爲,"父卒母嫁"不得比照出母。他以爲只有被父所絶纔有"出母"之稱,而今父卒,母雖改嫁,子亦不得以出母視之,否則便是以子貶母。這裏值得注意的是,韋玄成並未引及經文"父卒繼母嫁"條以作比附,而是以爲"父卒母嫁"無制服之理。可見在韋玄成的觀念中,親生母改嫁與繼母改嫁當有所分别。宣帝則側重强調"理無再適"的觀念,以爲父卒母嫁,則母自絶於父、自絶於子,故貶之無服。不過,宣帝之説後世學者多不認同,因爲出母同樣是"不養舅姑,不奉祭祀,下不慈子",可是子爲出母却有服。所以劉宋庾蔚之乾脆就將父卒改嫁的生母與出母等同起來對待:"母子至親,本無絶道,禮所(謂)'親者屬'也。出母得罪於父,猶追服周;若父卒母嫁而反不服,則是子自絶其母,豈天理邪!宜與出母同制。"②

既然論及"父卒母嫁",那"父在母嫁"即父在而出母改嫁的情況也在學者的討論之中。清儒胡培翬即提出:"《大戴禮》云:'有所取,無所歸,不去。'是古之出妻者大都使之歸還本宗而已,非出之使適他族也。"③他以爲婦人有從一之義,即便被出也應該是還歸本族,不得輕易改嫁。在胡氏看來,父可以出母,而亦可命出母復歸。出而未改嫁則猶有復歸的可能,一旦改嫁,則與父族完全斷絶,是以出母改嫁之服與出母未改嫁之服當有不同。不過,鄭珍却不認同胡氏之説:"母得罪於父,父出之。父與母絶矣。其嫁與不嫁,父皆不與知矣,惟知其

---

① 〔唐〕杜佑撰,王文錦等點校:《通典》卷八九,禮四九,北京:中華書局,2016 年,第 2440 頁。

② 〔唐〕杜佑撰,王文錦等點校:《通典》卷八九,禮四九,第 2438—2439 頁。

③ 〔清〕胡培翬著,張文、徐道穩、殷嬰寧校點:《儀禮正義》卷二二,《儒藏》"精華編",北京:北京大學出版社,2016 年,第 48 册第 1036—1037 頁。

出而已。"①在他看來,出母本就包括出而改嫁和出而未嫁,不必再生分別。

問題的複雜性由以上諸説已可見一斑。僅就親生母子間而言,以上諸説便提出了幾種有代表性的出母、嫁母關係模型(見圖1):

圖1　出母嫁母關係示意圖

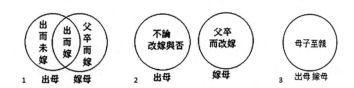

第一種分別出而改嫁與出而未嫁,將被出改嫁之母與嫁母歸爲一類。第二種以父所絶與不絶爲區分出母、嫁母的標准。第三種以母子血緣聯繫統括出母、嫁母,以爲兩者並無差別。在此基礎上疊加對繼母服的討論,分析父在、父没之别,討論爲父後者如何服喪,問題就變得更加複雜了。更兼學者個人的立場、傾向有異,要知其所以然,判斷其是非,就有賴於對經文的徹底分析。

二、"親者屬"與出母之服

先從相對而言簡單一些的出母之服入手。《喪服》不杖章"出妻之子爲母",《服傳》解釋云:"出妻之子爲母期,則爲外祖父母無服。《傳》曰:'絶族無施服,親者屬。'出妻之子爲父後者,則爲出母無服。《傳》曰:'與尊者爲一體,不敢服其私親也。'"鄭玄注"親者屬"云:"母子至親,無絶道。"《服傳》對此子爲出母之服給出了限定與補充。母爲父所出,則必然與父族絶,可是子仍能爲母服喪,這便是"親者屬"的緣故。如鄭玄所言"親者屬"強調的正是母子之間的親生血緣關係。後世學者更是進一步發明此意。徐邈、雷次宗指出,從經文書法之例來看,"出妻之子爲母"這一表述非常精當。他們提出,若經文不強調母子的親生關係,可徑稱"出母"或"父之出妻",不必特言"之子"。可"若但言出母,嫌妾子亦服,故言'出妻之子'",明非所生不服也,②"不直言爲出母,嫌妾子及前妻之子爲之服,子無出母之義,故繼夫而言"。③這就將子爲出母之服,嚴格限定在親生母子之間。徐、雷之論合於經傳之意,其説亦是禮學家的共識。

不過,將出母之服限定在親生母子之間,就引出了父在、父没時是否有別的討論。

依據《喪服》,父在之時,士爲其生母只能有齊衰杖期之服,父没之後方得齊衰三年。而

---

① 〔清〕鄭珍:《儀禮私箋》卷四,《續修四庫全書》,上海:上海古籍出版社 2002 年影印華東師大圖書館藏清同治五年唐鄂生刻本,第 93 册第 294 頁下欄。

② 〔唐〕杜佑撰,王文錦等點校:《通典》卷九四,禮五四,第 2532 頁。

③ 〔唐〕杜佑撰,王文錦等點校:《通典》卷八九,禮四九,第 2437 頁。

今"出妻之子爲母"，經文、《服傳》皆未言有父在、父没之别，則父在之時子亦得爲出母服齊衰杖期之服。這樣一來，父在子爲出母之服，同於父在爲母，出母"絶族"的狀態就不能在服制上得到明確體現。

是以，兩晉禮學大家賀循便提出："父在爲母，厭尊，故屈而從期。出母服不減者，以本既降，義無再厭故也。"①在賀循看來，子爲母本應服三年之服，以父在，故降而爲期，是厭于尊而不得伸。而此時，母若再因被出而降，便是"再降"，可是賀循以爲"義無再厭"，所以父在子爲出母之服較之父在爲母雖有降等之理，而並無降等之實，故同於父在爲母。

賀循此説問題頗多，②但其在出母之服中分别父在、父没的觀點却頗有響應者。清初時高愈云："出妻之子爲母期，蓋指父没言之。父没本應爲母齊衰三年，因其出也故降爲期，不敢欺其死父也。若父在而出母没也，其惟心喪乎？"③胡培翬認同高愈之説，並進一步指出："父在爲母期，以父服至期而除，子不敢過之，亦服期而止。豈出母父所不服者，而子敢服之於父側乎？然則爲母期者以父在而屈，爲出母期者必父没乃伸。"④高、胡二人以爲，夫爲妻僅服齊衰杖期之服，當服喪期滿，父已除喪，子不得不除，故亦只能以齊衰杖期之服服其母，而不得伸三年。以此類推，夫爲出妻無服，此時，子同樣應該爲父所壓，也就不能爲出母服喪。是以父在，子爲出母無服，父没，子爲出母方得有齊衰杖期之服，這就與父在爲母之服有别，"絶族"之義得以落實。

但是，高愈、胡培翬的論説是錯誤的。其錯誤在於誤用"父之所不服，子亦不敢服"之説，因而未能把握子服出母的根本原因。

"父之所不服，子亦不敢服"本諸《喪服傳》。⑤《喪服》之《記》言："公子爲其母，練冠，麻，麻衣縓緣。爲其妻縓冠，葛絰帶，麻衣縓緣。皆既葬除之。"《傳》："何以不在五服之中也？君之所不服，子亦不敢服也。君之所爲服，子亦不敢不服也。"此處之"君"是諸侯以上之君，諸侯尊，爲其妾無服。公子爲父尊所厭，亦不能遂服其母，故有"父之所不服，子亦不敢服"也。與此類似，見諸《喪服》經傳者尚有"父之所不降，母亦不敢降也"、⑥"父之所不降，子亦不敢

---

① 〔唐〕杜佑撰，王文錦等點校：《通典》卷八九，禮四九，第 2440 頁。
② 賀循是將父在爲母理解爲"厭降"，將出母之服理解爲"出降"，故有"義無再厭"之説。但他對降服的理解是錯誤的。所謂"厭降"僅關涉公子（尊厭）、大夫之庶子（尊厭）、公之昆弟（餘尊之所厭）。父在爲母不是降服，而是不得加尊，以本服服之。
③ 〔清〕胡培翬著，張文、徐道穩、殷嬰寧校點：《儀禮正義》卷二二，第 1036 頁上欄，引高愈説。
④ 〔清〕胡培翬著，張文、徐道穩、殷嬰寧校點：《儀禮正義》卷二二，第 1036 頁下欄。
⑤ "父之所不服，子亦不敢服"之義，亦見諸《禮記》孔穎達疏所引《喪服條例》。《喪服小記》云："夫降其庶子，其孫不降其父。大夫不主士之喪。"疏文云："大夫降其庶子，故嫌其庶子不爲大夫者，服其大功也。而《喪服條例》云：'父之所不服，其子亦不敢服'，故大夫不服其妾，故妾子爲母大功也。今嫌既降其子，亦厭其孫，故此明雖降庶子，而不厭降其孫矣。"但此段《正義》雖引《喪服條例》，却顯然並非無條件接納此説。大夫以尊不服其妾，若據"父之所不服，其子亦不敢服"言之，則妾之子爲父所壓，亦不得爲其母服喪。但事實上，《喪服》載大夫妾所生之子，得爲其母服大功之喪，顯然有異於"父之所不服，其子亦不敢服"，是以《正義》並未全信《喪服條例》，而僅是據《條例》言妾子需從父降服其母而已。
⑥ "齊衰三年"章"母爲長子"《傳》文。〔漢〕鄭玄注，〔唐〕賈公彦疏：《儀禮注疏》卷三十，第 2388 頁下欄。

降也”①等表述。

但稍作分析便可發現,上述經文多與“厭降”有關,則《傳》文所言“所不服、不敢服”等,特有爲之論,而非一種普遍、無限定的“凡例”。在這些例子中,只有當父爲某一對象本有服而降(絶)服,纔會引起子爲同一對象的服制變化。若父於某一對象本無服,則子爲此同一對象之服固不必受父服與否的約束。曹元弼對此有一定的認識,他説:“夫父所不服,子亦不服者,謂從乎父而降也。父本有服而不服之,故子亦本有服而不敢服之。義統於父也。”②若父於某對象本就無服,子服與否,便不受父之影響,是以“禮爲從母小功,舅、舅之子、從母昆弟、妻之父母緦,皆子一人之服,於父無與,不聞以父所不服而子服之爲嫌”。③

由此可知,夫爲妻有杖期之服,是本服。妻一旦被出,則族屬斷絶,夫爲此絶族之人已然無所謂本服,也就更談不上有降服、絶服了。父爲之無服,子故不受父之影響,不必拘“父之所不服,子亦不敢服”之説。

曹元弼更進一步闡發“親者屬”之義:“出妻之子所以爲母期者,以子與母骨肉相連屬,身體髮膚所從受,有萬不能已之情。故夫可絶其妻,而子不可絶其母。”④他將子爲出母服的依據完全係於“親者屬”上。“蓋夫婦有離合之義,故妻有過可出,而夫不爲之服,妻既絶於夫,亦不復爲夫服。母子無中斬之情,故母雖出而子仍爲之服,母亦仍爲子服,在子視其母固曰吾母也,在母視其子亦曰吾子也。”⑤“親者屬”體現的乃是親生母子之間天然存在的血緣聯繫,它並不會隨着母族、父族之間關係的變化而有所改變。所以無論母被出與不出,父在與父没,母子“親者屬”皆不變異。

進而,父在爲母齊衰杖期、父在爲出母齊衰杖期,看似長短相同,但制服理據却不同:

> 曰:“然則與父在爲母不出者何以異乎?”曰:“父在爲母期,降也。屈於父也。出妻之子爲母期,不絶也,屬乎子也。至親以期斷,服既專屬乎子,則知有服其母而已,無容異也。”曰:“然則父没何以不伸三年也?”曰:“三年者,加隆之服也。父卒爲母三年,尊得伸也。母既出,非復家之所尊,且期者本屈於父之服,故不容有異。三年則幾與父並尊,母既出,不敢復以尊服服之。子統乎父也,尊服不敢加,親服無可絶也。出母爲長子亦不三年,以己與廟絶,不復加隆于祖禰之正體,服其親服而

---

① “齊衰不杖期”章“大夫之適子爲妻”“大夫之庶子爲適昆弟”“大夫之子爲世父母、叔父母、子昆弟、昆弟之子、姑姊妹、女子子無主者,爲大夫命婦者。唯子不報”三條經文之《傳》,及大功章“公之庶昆弟、大夫之庶子,爲母、妻、昆弟”之《傳》。見〔漢〕鄭玄注,〔唐〕賈公彥疏:《儀禮注疏》卷三十,第 2391 頁下欄,第 2392 頁下欄,第 2401 頁上欄,第 2413 頁上欄。
② 〔清〕曹元弼:《禮經校釋》卷十四,《續修四庫全書》,上海:上海古籍出版社 2002 年影印清光緒十八年刻後印本,第 94 册第 388 頁上欄。
③ 〔清〕曹元弼:《禮經校釋》卷十四,《續修四庫全書》,第 94 册第 388 頁上欄。
④ 〔清〕曹元弼:《禮經校釋》卷十四,《續修四庫全書》,第 94 册第 387 頁上下欄。
⑤ 〔清〕曹元弼:《禮經校釋》卷十四,《續修四庫全書》,第 94 册第 387 頁下欄。

已。"①

除"父在爲母期,降也"這一表述似可斟酌外,曹氏之説可謂深明經旨。父在爲母齊衰杖期,乃是因尊無二上,故不得爲母加尊,僅以本服服之。爲出母齊衰杖期,乃是本諸母子不可絶之血緣,故以本服服之。兩者雖服期相同,但背後的理由並不相同。其實,父在,適子、庶子爲嫡母皆有服,而爲出母則僅親生且非父後之子有服,此中之差異當已可體現出"絶族"之義。

明乎母子間不可斷絶的血緣之親是子爲出母服的依據,那麼前述"父在母嫁"即再嫁之出母服的問題便可輕鬆解决。

前引胡培翬所論,爲再適之出母無服之説,並非其一人之見,而可能是有所繼承的。明儒吕坤便以爲:"出母而嫁,兩相絶也。出母不嫁,爲父守也。夫死而嫁,忘我父也。繼母而嫁,情又遠矣。而皆杖期,不無等乎? 制禮者宜等焉。"②清初之吴紱、蔡德晉亦從吕坤之説。及至乾嘉,褚寅亮等仍以爲,子爲出母之服"謂未再嫁者耳,嫁則已絶於子"。③

但顯然,母子血緣上的聯繫既然不因爲父所絶而有所改易,也就並不會因出母之再適而變化。且父之于出母,正如晉博士劉喜所論,母被出之後"則他人矣,去就出處,各從所執,豈復矯(按:指矯公智)父所得制乎?"④由此言之,出母之服但據"親者屬"而生,不必分出而未嫁與被出改嫁,亦毋庸分别父在、父没也。

三、"爲父後者不服"與嫁母服的争議

除了以"親者屬"解釋子爲出母之服外,《服傳》還特别限定"爲父後者不服"。然則何謂"爲父後者"? 是否嫡妻所生之長子便是爲父後者呢? 從經文條例來看,恐怕並不如此。夏燮在《五服釋例》之中詳爲歸納,以爲:

> 今以經《傳》所見"爲後"之文,參以鄭君之注,凡"爲父後者"皆据父卒而言,義例分明。而苟其尚在,則必于"傳重"及"爲後"之上加一"將"字,明其當傳重而尚未傳重,當爲後而尚未爲後也。父卒,而後正其"爲父後者"之名,所後之人卒,而後正其"爲人後者"之名。⑤

① 〔清〕曹元弼:《禮經校釋》卷十四,《續修四庫全書》,第 94 册第 387 頁下欄—388 頁上欄。
② 〔清〕黄以周撰,王文錦點校:《禮書通故》第九《喪服通故》,北京:中華書局,2007 年,第 312 頁。引吕坤説。
③ 〔清〕褚寅亮:《儀禮管見》卷中,《續修四庫全書》,上海:上海古籍出版社 2002 年影印清乾隆刻本,第 88 册第 438 頁下欄。
④ 〔唐〕杜佑撰,王文錦等點校:《通典》卷九四,禮五四,第 2537 頁。
⑤ 〔清〕夏燮:《五服釋例》卷二,《續修四庫全書》,上海:上海古籍出版社 2002 年影印清同治刻本,第 95 册第 424 頁下欄。

而張錫恭亦以爲:

> 凡言爲父後者皆主父卒而立文,而父在之時,雖適長子不得稱"爲父後"也。所以然者,《喪服小記》云:"爲父後者爲出母無服。"無服也者,喪者不祭故也。注云:"適子正體於上,當祭祀也。"按注以"當祭祀"爲言,則亦據父卒者。若父在,則主祭者父也,何病於喪者之不祭,而己不服出母耶? 惟父卒而己主祭,故不敢服出母之私,而廢尊者之祭也。①

夏燮、張錫恭的解釋可謂確論。凡所謂"爲父後者"皆指父卒後之承重者言,因此也就不一定特指嫡妻之長子。②《傳》文解釋"爲父後者無服"之故云:"與尊者爲一體,不敢服其私親也。"③父卒之後,己身承重則有祖先祭祀之重任,而吉凶不相干,是以若服出母之喪,則必廢父族之祭,故爲父後者當自我抑制,不服爲"私親"之出母。此外,"不敢服其私親"之語亦見於"緦麻"章"庶子爲父後者爲其母"之《傳》,謂之"私親"從側面亦顯示出此服專係母子二人,而與父族無涉也。

至此,出母服的相關問題已經得到較爲明確的解釋:《喪服》"出妻之子爲母",是子爲其生母之服,非所生則不服。除爲父後者爲出母無服外,出母改適與否,父在、父没與否,均不影響子爲出母之服。而出母爲子之服,同樣因"親者屬"而有服,此乃本服,非報服,故經文不言"報"。④

爲父後者爲出母無服,經傳明白無疑義。可是"父卒,繼母嫁,從,爲之服。報"。《服傳》云:"何以期也? 貴終也。"並無"爲父後者不服"的限定。這一差異,就引發出對嫁母(包括生母、繼母而言)服理據的複雜討論。

魏嘉平元年,魏郡太守鍾毓以出母無主後爲理由迎還出母並爲服。鍾毓爲父後,依據《傳》文,並不得爲出母服。但學者論及此事,觀點却頗有異同。成洽以爲鍾毓雖爲父後,但當服出母,他提出:"出母之與嫁母俱絕族,今爲嫁母服,不爲出母服,其不然乎! 經證若斯其謬耳。"⑤吳商反駁成洽之説,提出:"出母無服,此由尊父之命。嫁母,父不命出,何得同出母乎? ……而今欲以出母同於嫁母,違廢父命,豈人子所行?"⑥

言"嫁母,父不命出",可知此"嫁母"乃是父卒而後改嫁之生母。因此,成洽、吳商兩人

---

① 〔清〕張錫恭撰,吳飛點校:《喪服鄭氏學》卷五,上海:上海書店出版社,2017年,第342頁。

② "爲人後者"也同樣如此,只有所後之人卒,纔有爲人後者之稱。清代學者經過長期的討論纔逐漸確定了這一點。張錫恭"必于'傳重'及'爲後'之上加一'將'字"之論,能够有效解釋爲人後禮中的不少爭論。從經義的角度來看,預爲立後之説是不合理的。是以清代學者至少在經學層面於立後之限定是隨着經學研究的深入而日益嚴格的。

③ 〔漢〕鄭玄注,〔唐〕賈公彦疏:《儀禮注疏》卷三十,第2390頁上欄。

④ 據《服傳》之意言之,凡有先施後報、主客尊卑之别者,方有"報服"。此母子是據至親以期斷,以本服服之,故無所謂"報"。

⑤ 〔唐〕杜佑撰,王文錦等點校:《通典》卷九四,禮五四,第2533頁。

⑥ 〔唐〕杜佑撰,王文錦等點校:《通典》卷九四,禮五四,第2533頁。

實際上是暗用《喪服》"繼母如母"之文,以"父卒,繼母嫁"之服比例父卒生母改嫁之服,再進一步與出母之服相對比。成洽以爲,既然《傳》文不言爲父後者不服嫁母,則當有服。可是,他指出,無論是被出還是改嫁,母與子已絕族。若爲父後者爲嫁母有服,而爲出母無服,這就有些輕重失當。所以成洽不惜違背經傳,謂其"若斯其謬"也要堅持爲父後者爲出母亦有服。吳商雖亦以爲父後者爲嫁母有服爲前提,但是他指出,出母是父命之出,爲父所絕,而父卒母嫁,此母並非爲父所絕。在吳商看來,父之所絕與非父所絕就是爲人後者爲出母、嫁母服與不服之因。

吳商之論,已經觸及對嫁母服理據的探討。與其所説相似,袁准、譙周、淳于睿也以爲爲父後者爲嫁母有服。[1]但庾蔚之論及此事,便以爲"爲父後不服出母,爲廢祭也。母嫁而迎還,是子之私情。至於嫡子,不可廢祭。鍾毓率情而制服,非禮意也。禮云繼母'從,爲之服',非父後者也"。[2]"繼嫁則與宗廟絕,爲父後者安可以祖嗣而服之乎?"[3]可見,爲父後者不爲改嫁之母服喪,也有支持者。

吳商非父所絕故服嫁母之説,與庾蔚之子因私情而服嫁母之説,實皆衍生自鄭玄、王肅對"父卒繼母嫁"經文的不同解讀。正如劉宋時崔凱所言:

> "父卒繼母嫁從爲之服報"鄭玄云"嘗爲母子,貴終其恩也",不別嫡庶。按王肅云:"隨嫁乃爲之服,若不隨則不服。"此二議,時人惑焉。[4]

惑在何處呢? 鄭玄對此經文的理解爲"父卒,繼母嫁,從爲之服,報",以爲子爲此父卒改嫁之繼母之服源於曾經的"母子之恩",今繼母雖出嫁,但子感念舊恩,仍爲之服喪。學者本鄭玄此論而推之,繼母、繼子之間尚"貴終其恩",那麼生母與親子或當亦然。是以父卒生母改嫁與父卒繼母改嫁,皆當"從爲之服",實不用再做分別。而繼母之恩又源於父命,故而吳商有嫁母"父不命出"之言,而譙周亦以爲:"父卒母嫁,非父所絕,爲之服周可也。"[5]這樣,經過學者的闡釋,"從爲之服"就有兩方面的理由,其一是恩,其一是父命,而究其實此恩更本於父命。這樣的話,此改嫁之母(兼包生母、繼母)就不單純是子的私親,故爲父後者亦當爲之有服。

而王肅則讀爲"父卒,繼母嫁,從,爲之服"。所謂"從"便是要隨此繼母改嫁,繼母撫養此子。如此則子方爲此繼母服喪。依據王肅之説,則子爲此繼母之服純粹係於繼母的養育之恩,與父無涉,這當然就是子的私親,是以爲父後者不得有服。"從,爲之服"當然有生母、

---

[1] 〔唐〕杜佑撰,王文錦等點校:《通典》卷九四,禮五四,第 2533 頁。三人之説並不全同,但皆以爲父後者於嫁母有服。
[2] 〔唐〕杜佑撰,王文錦等點校:《通典》卷九四,禮五四,第 2533—2534 頁。
[3] 〔唐〕杜佑撰,王文錦等點校:《通典》卷九四,禮五四,第 2535 頁。
[4] 引用崔凱之説,語句順序略作調理,以使條理更爲順暢。〔唐〕杜佑撰,王文錦等點校:《通典》卷九四,禮五四,第 2535 頁。
[5] 〔唐〕杜佑撰,王文錦等點校:《通典》卷九四,禮五四,第 2534—2535 頁。

繼母的差別,不過崔凱無暇深究,因爲鄭、王的差異已經使他足够疑惑了。

崔凱較爲傾向於王肅之説:"《傳》云:'與尊者爲體,不敢服其私親',此不獨爲出母言,爲繼母發。繼母嫁已隨,則爲之服,則是私也。爲父後者,亦不敢服也。"①這很明顯將從乎寄育作爲子爲父卒改嫁之繼母有服的關鍵,且將此視作母子間的私恩,故爲父後者不服。但是,崔氏又不能完全拋棄鄭玄之説:

> 凱以爲"出妻之子爲母"及"父卒,繼母嫁,從爲之服,報",此皆爲庶子耳,爲父後者皆不服也。

> 凱以爲齊縗三年章"繼母如母",則當終始與母同,不得"隨嫁乃服,不隨則不服",如此者不成如母。爲父後者則不服,庶子皆服也。②

崔凱"繼母嫁已隨,則爲之服"之論,顯然本之王肅。但其謂庶子爲改嫁繼母,"則當終始與母同"云云,實際上轉又從鄭玄"從爲之服"以見"貴終其恩"之説,謂庶子即便不隨繼母改嫁,亦當爲之有服。這樣一種雜糅鄭、王的論説,表現出崔凱已經認識到鄭、王之説明顯不同,而又想調和二家,故不得已而提出經文所言專據庶子立論的錯誤觀點。③

四、"從爲之服"的進一步推闡

層層推進之後,不難發現,解決嫁母服問題的關鍵是要處理鄭、王的分歧,提供更爲周遍、詳密的解釋模型。

從歷代經學研究的實際情況來看,鄭玄"從爲之服"説響應者寥寥。但晚清學者張錫恭却持守鄭説甚堅,並試圖更進一步推衍鄭説,使之更爲邃密:

> 此節言"出妻之子",下節言"父卒母嫁",初以爲出與嫁分節,究其實,以出與父卒分節也。出者,父所絶者也,惟所生者爲服,母子至親無絶道也,故經云"出妻之子"。其嫁者同也,不必更言既出而嫁也。父卒而嫁者,非父所絶也,非所生者亦服,以非父所絶,不惟所生者之私親也。經故言繼母,繼母爲服而因母可知也,而庶子爲適母可推也。④

張錫恭以爲,出母是父之所絶,故子服出母,僅因母子有血緣聯繫,是以非所生則不服。

---

① 〔唐〕杜佑撰,王文錦等點校:《通典》卷九四,禮五四,第 2535 頁。
② 〔唐〕杜佑撰,王文錦等點校:《通典》卷九四,禮五四,第 2535 頁。
③ 前已言及,爲出母之服並不局限在庶子爲其母之上,崔説此處有誤。
④ 〔清〕張錫恭撰,吳飛點校:《喪服鄭氏學》卷五,第 341—342 頁。

爲父後者以不得因私親廢祭祀之故,所以不服出母。此外,子爲出母之服別無限制,不必以再適未適、父卒父没而妄生分別。至於父卒母嫁,無論改嫁者是生母還是繼母,皆非父所絶,故不爲子之私親,是以非其所生者亦當有服,而爲父後者亦服之而不嫌。"庶子爲適母可推也"之論,則更是進一步拓展及於父卒適母改嫁的情形:適母非父所絶,庶子亦爲之有服。經過張氏的解讀,嫁母與出母之服的界限似乎是較爲明晰了。

可是,若進一步深究,張氏以"非父所絶也"論定嫁母之服,不分別生母與繼母的做法,也會面臨問題。

東晉博士孫綽在論及"父卒,繼母還前親子家,繼子爲服"的特殊案例時,便指出"非父所絶"説的問題:

> 繼母喪父如禮,服竟之後,不還私家,踰歲歷年,循養無二,母恩不衰。適見親子,專自任意,無所關報,私隨其志,絶亡夫,背繼子,違三從正義,亦爲大矣。今母雖不母,子何緣得計去留輕重而降之哉!夫五服有名,不可謬施。施之爲出,出義不全;施之於嫁,嫁義不成。欲降服周,於禮何居?名在夫籍,私歸親子,喪柩南北,禮律私法,訂其可知,便決降服。許令制周,頗在可怪。[1]

孫綽之論雖針對繼母還歸其前夫之家的特殊案例而發,但其實指出了嫁母"非父所絶"説在尊父之外隱含的子無責母之義。以無責母之義,則父卒之後,其母(無論是生母、繼母)即便是"絶亡夫,背繼子,違三從正義",子都不能加以貶責,因爲"嘗爲母子,貴終其恩""何緣得計去留輕重而降之哉"。可是,就經文來看,一個顯然的差別是:父卒之後,繼母"如母",則子當爲繼母服齊衰三年;一旦繼母改嫁,則子僅有齊衰杖期之服,輕重有別。同樣是"非父所絶"而有此輕重差異的原因何在呢?這是"非父所絶"説不宜解釋的問題。

同時,張錫恭言子爲嫁母之服不限於親生母子,更以爲"庶子爲適母可推也",則子爲改嫁之庶母是否亦得以名服三月緦麻?又或庶子爲父後者爲其改嫁之生母何服呢?對"非父所絶"説的批評或許過於苛求,但從思路上來看,張錫恭於出母之服強化了子與生母之間的血緣聯繫,於嫁母之服則又以"非父所絶"淡化子與生母之間的血緣聯繫,終究給人以不切當之感。張氏對鄭玄的株守大概有些太絶對了吧。

反倒是王肅"從,爲之服"之説得到了更爲廣泛的響應,並且在學者的討論之中日益邃密。王肅"從,爲之服"之説實可衍生兩種解釋。

其一,據"繼母如母"之例,以"從,爲之服"兼包改嫁之生母、繼母之服。不過,此説的缺陷較爲明顯。首先,若將子爲嫁母之服全係諸從乎寄寓之恩,可推知:父卒,生母改嫁而己不從,固當無服。於是,子爲出母有齊衰杖期之服,而爲嫁母不從不服,固可推出貶"嫁"甚

---

① 〔唐〕杜佑撰,王文錦等點校:《通典》卷九四,禮五四,第 2538—2539 頁。

于"出",這樣則于出母服之中,勢必又不得不分別出而不嫁與出而改嫁兩等,這就又使出母、嫁母之服相混淆,使《傳》"親者屬"之義不彰。①

其二,則將"從,爲之服"限定在繼母上,生母改嫁不在此例之中。

晉河南從事史糜遺便言及此意:"夫禮緣人情而爲之制,雖以義督親,然實以恩斷。按'繼母如母'謂其在父之室,事之猶母,見育猶子,故同之所生……繼母出自他族,與己無名,徒以配父,有母之尊,親撫養己,故亦喪之如母。及其出也,既不終養育之恩,有棄爲母之名,若不從而見育,則不服亦其宜矣。"②皇密亦以爲"且經稱繼母如母者,蓋謂配父之義,恩與母同。故孝子之心不敢殊也。《傳》云'繼母何以如母',明其不同也"。③史糜遺、皇密是將"繼母如母"理解爲繼母在父室之例,一旦"父卒,繼母嫁"則不能"如母"矣。此二人皆已注意到,父卒,繼母改嫁與生母改嫁,其實有一個重要的分別,那就是生母無論改嫁與否,其與親子之間的血緣聯繫是不會改變的。所以,"從,爲之服"在他們看來,不過就是爲改嫁繼母之服的特例,並不能據"繼母如母"之言以兼改嫁生母之服。基於此種觀點,清儒更是從經義上做進一步的推闡。

當塗夏燮以爲:

> 今但就禮言禮,出母有服,繼母之嫁者有服,則己之嫁母不容無服。然爲父後者,爲出母無服,則嫁母與繼母之嫁者,亦皆無服。唯繼母之嫁,當如王肅之説,從則有服,不從則無服。若己母之嫁者,則當援"親者屬"之例,雖不從亦有服。然則己之嫁母固一一與出母之例同,故其有服無服之差,經傳不再見也。④

就連同樣極爲尊鄭的曹元弼,也不得不接受王肅之説:

> 從字句。……從乃爲之服,則不從者不服,以非親者屬也。繼母本因配父而爲之如母,今既自絕於父則路人耳,何服之有?鄭義蓋如此,肅竊之,後人又誤以馬融説解鄭注,非也。
>
> 注曰:"嘗爲母子,貴終其恩","嘗"當爲"尚",聲之誤也。從者尚爲母子,則不從者非母子明矣。此繼母之與因母異者。⑤

曹氏之説實是以王肅之義改造鄭玄之説。經過夏燮、曹元弼的論述,出母、嫁母之服的

---

① 胡培翬便持此説。也正因爲如此,胡氏纔會分出母不嫁與出母改嫁兩類。其誤以辨見上。〔清〕胡培翬著,張文、徐道穩、殷嬰寧校點:《儀禮正義》卷二十二,第 1039 頁下欄—1040 頁上欄。
② 〔唐〕杜佑撰,王文錦等點校:《通典》卷九四,禮五四,第 2536 頁。
③ 〔唐〕杜佑撰,王文錦等點校:《通典》卷八九,禮四九,第 2438 頁。
④ 〔清〕夏燮:《五服釋例》卷二《嫁母服例》,《續修四庫全書》,第 95 册第 418 頁下欄。
⑤ 〔清〕曹元弼:《禮經校釋》卷十四,《續修四庫全書》,第 94 册第 389 頁上欄。

理據同樣變得清晰明確。出母、改嫁之生母雖然族屬改易,但是母子血緣之聯繫不曾斷絕,是以有齊衰杖期之服,爲父後者不服,非所生者不服。繼母與子則無有血緣之親,故改嫁繼母之服以撫育之恩爲憑,從則爲之服,不從則不服。將出母、改嫁之生母同歸在"親者屬"的原則之下,強化了母子之間血緣聯繫的作用。從與經文的契合程度來看,並没有明顯的矛盾,從實踐的角度來看,自魏晉以降之禮典、律令,亦多將出母與改嫁之生母歸爲一類。以此觀之,此説或是較優之解。①

結　語

經由層層分析,《喪服》中子爲出母、嫁母之服的問題基本得到解決。出母之服,當專據親生母子言,非所生則不服。除爲父後者爲出母無服外,出母改適與否,父在、父没與否,均不影響子爲母之服。而出母爲子之服,亦以血緣之親而有服,故不必言"報",且即使子爲父後,爲出母無服,出母亦當服子。

嫁母之服的爭議與鄭玄、王肅對"從爲之服"的解讀密切相關。雖有張錫恭等極力迴護鄭玄之説,堅持以"非父所絶"作爲子爲嫁母有服的核心依據,但終究不若王肅之説更切合於經文、情理。後世學者更在王肅説的基礎上進一步加以細化推闡,分别父卒改嫁之生母與繼母爲兩類,將子爲改嫁生母有服的依據與"親者屬"的血緣聯繫綁定起來,而將從乎寄寓處理爲子爲改嫁繼母有服的前提,從則有服,有服則有報。論斷頗爲明確,出母、嫁母之服也各有理據,不再彼此糾纏。

在此過程中,學者們的具體論説雖有優劣疏密之别,論述也往往並非純爲解經而發,但其解説和辯難,勾勒出經文間的補充與制約關係,既揭示了問題的癥結,又提供了解題的思路,仍是是極爲重要的經學資源。而在把握經義的基礎上回顧學者的論説,對理解其立場、側重,理解其所處的時空背景也當不無助益。

(朱明數,武漢大學中國傳統文化研究中心講師)

---

① 必須指出的是,"親者屬"觀念在強化血緣聯繫的同時,反而淡化了對親生母子之間養育之恩的強調。一旦以"親者屬"作爲子爲夫族改嫁之生母有服之理據,則生母棄幼弱而不能減,撫稚子而不能加矣。此外,爲父後者是否爲改嫁繼母服喪,仍然有討論的空間。但大的關鍵問題已經能够得到較爲合理的解釋了。蓋經學構想總是一種理想化的模型,不可能完美解決所有的問題。

元十行本《附釋音禮記注疏》探賾[*]

井　超

[摘　要]　元十行本《附釋音禮記注疏》歷元至明,至少經過了明初、正德六年、正德十二年、嘉靖三年、嘉靖重校修五次修版,目前所存各時期印本至少有十五部,其中兩部值得特別重視。上海圖書館藏本殘存卷二十五第一至十頁,皆元刻版頁,版面清晰,爲較早印本,與明代修版頁相比,文字訛誤較少。日本靜嘉堂文庫藏六十三卷本,經阮元、歸安陸氏遞藏,是阮元校刻《禮記注疏》所據底本,極爲重要。元十行本《十三經注疏》流傳情況極其複雜,各經目前存世版本數量不一,印成時代有異,對後世版本產生的影響也有不同,應逐經進行深入全面研究。

[關鍵詞]　附釋音禮記注疏　元十行本　阮刻本　版本研究

　　南宋福建地區書坊刊刻的十行本儒家經典,創造性地將經、注、疏、釋文四者合刻,有效地整合漢唐以來逐漸成型、集大成式的經典訓釋文本,省去讀者翻檢之苦,一躍成爲主流文本形式,影響千年。元代泰定(1324—1328)前後,以宋十行本翻刻而成的元十行本,雖無首創之功,但却有着承上啓下的重要地位。^①元十行本諸經版片,自明初至正德、嘉靖,或修補版面,或抽換版片,或整體重刻,遞相修補,盡力維持,直至元版頁被替換殆盡,難以爲繼,纔真正結束它作爲流行文本的歷史使命,被嘉靖間李元陽、江以達刊刻的《十三經注疏》所取代。嗣後流行的明國子監本、毛晉汲古閣本,以及清武英殿本、四庫本,雖是輾轉翻刻、抄録,究其根本,乃是承襲元十行本。至於清代成就較高的阮元刻本《十三經注疏》,主要據元十行本刊刻。衹不過,元十行本歷經多次不同規模的修治,刷印出的版本文字各異,複雜多變,後世翻刻者取用不同時期刷印版本爲底本,呈現的面貌就有所不同。

　　當今的版本研究,藉助古籍數字化,逐漸往細密化方向發展。就元十行本《十三經注疏》研究而言,單純以"元十行本"或者"元刻明修十行本"籠統指代這一系統的版本,不加以細緻區別,顯然已不符合今天的研究趨勢。張麗娟、郭立暄、王鍔、楊新勛、杜以恒、張學謙等先

---

*　本文是國家社科基金青年項目"阮元刊刻《十三經注疏》研究"(20 CZW 010)、教育部哲學社會科學後期資助項目"《玉藻》注疏長編與研究"(18 JHQ 032)的階段性成果。

①　元十行本刊刻之初,並未匯刻"十三經",明正德間修印,纔將"十三經"匯刻。程蘇東先生稱,正德本《十三經注疏》修補、匯印皆在福州府學,"至少正德四年以前,學界雖然已有'十三經注疏'之名,但事實上尚未有匯印本'十三經注疏'問世",詳見程蘇東:《"元刻明修本"〈十三經注疏〉修補匯印地點考辨》,《文獻》2013年第2期,第22—36頁。

生對元十行本不同時期修版做了大量研究,①取得了很好的成果。這些研究綜合利用古籍原本以及影印本、圖録或者數字化文本,盡可能細緻梳理元十行本的校修情況。然因資料難以獲取、元十行本體量龐大等原因,各經用力不均,尚有一些問題值得研究。

筆者對現存元十行本《附釋音禮記注疏》進行調查,發現中國國家博物館、北京市文物局、軍事科學院、浙江圖書館、臺灣"國家圖書館"、日本静嘉堂文庫藏有全本,上海圖書館、南京圖書館、臺灣"國家圖書館"、江西樂平市圖書館、蘇州大學圖書館各藏有殘本一部,北京大學圖書館、湖南師範大學圖書館各藏有殘本兩部。除上海圖書館本外,其餘皆元刊明修本。②綜合來看,元十行本《附釋音禮記注疏》在明代至少經歷了明初、正德六年、正德十二年、嘉靖三年、嘉靖重校修五次修版。對這些版本進行綜合分析,上海圖書館藏本、日本静嘉堂文庫藏本值得特別揭示。

一、上圖藏《附釋音禮記注疏》殘葉爲元刻早期印本

上海圖書館藏《附釋音禮記注疏》殘本(索書號: 758486,簡稱"上圖本"),存卷二十五第一至十頁,皆爲元刻版頁。板框 13.7 × 18.8 cm,白口,左右雙邊,順魚尾,上魚尾上記大小字數、下刻"記充二十五",下魚尾下記頁碼,版心底部記刻工姓名"伯",③有耳,内刻"郊特牲"三字。

---

① 郭立暄:《元刻〈孝經注疏〉及其翻刻本》,《版本目録學研究》第 2 輯,北京:國家圖書館出版社,2010 年,第 307—313 頁;張麗娟:《關於宋元刻十行注疏本》,《文獻》2011 年第 4 期,第 11—31 頁;張麗娟:《元十行本〈監本附音春秋穀梁注疏〉印本考》,《中國典籍與文化》2017 年第 1 期,第 4—8 頁;張麗娟:《國圖藏元刻十行本〈附釋音春秋左傳注疏〉》,《國學季刊》2018 年第 3 期,第 1—9 頁;王鍔:《元十行本〈附釋音禮記注疏〉的缺陷》,《文獻》2018 年第 5 期,第 59—73 頁;李猛元:《元十行本〈附釋音禮記注疏〉研究》,南京師範大學碩士學位論文,南京,2018 年;楊新勛:《元十行本〈十三經注疏〉明修叢考——以〈論語注疏解經〉爲中心》,《南京師範大學文學院學報》2019 年第 1 期,第 171—181 頁;杜以恒:《臺灣圖書館藏元刊明修十行本〈周易兼義〉僞迹舉證》,《山東圖書館學刊》2019 年第 5 期,第 114—117 頁;張學謙:《元明時代的福州與十行本注疏之刊修》,《歷史文獻研究·總第 45 輯》,揚州:廣陵書社,2020 年,第 34—41 頁;杜以恒:《元刊明修十行本〈周易兼義〉墨丁考——兼論十行本明代修版得失及其影響》,《經學文獻研究集刊·第 24 輯》,上海:上海書店出版社,2020 年,第 259—278 頁;張麗娟:《記新發現的宋十行本〈監本附音春秋公羊注疏〉零葉——兼記重慶圖書館藏元刻元印十行本〈公羊〉》,《中國典籍與文化》2020 年第 4 期,第 9—16 頁;杜以恒:《楊復〈儀禮圖〉元刊本考》,《中國典籍與文化》2022 年第 1 期,第 67—78 頁;張麗娟:《元十行本注疏今存印本略説》,未刊稿。

② 筆者目驗者有北京市文物局本、上海圖書館本、南京圖書館本、浙江圖書館本、江西樂平市圖書館本、日本静嘉堂文庫本,以及湖南師範大學圖書館、臺灣"國家圖書館"藏本各兩部,除湖南師範大學圖書館慨允查閱原本外,其餘皆依據電子本研究。北京大學圖書館藏一部請杜以恒先生代爲查驗,另一部則未見,幸在張麗娟先生《元十行本注疏今存印本略説》一文對二本有揭示。上海圖書館藏本爲元刊早期印本;樂平市圖書館藏殘本五十卷,爲明初修印本及嘉靖三年修印本相配而成,與其他各本相比,此本保存了大量的原版頁及明初修印的面貌;浙江圖書館藏本、静嘉堂文庫藏本、南京圖書館藏殘本皆爲明正德十二年補版印本,然有刷印先後之别;北京市文物局藏本、臺灣"國家圖書館"藏全本和殘本爲明嘉靖重校修印本。據張麗娟先生研究,北京大學圖書館藏殘本(索書號 LSB/8989)爲明正德末嘉靖初補版印本,北京大學圖書館藏另一部(索書號 LSB/84)爲明嘉靖重校修印本。湖南師範大學藏元刻明修本《附釋音禮記注疏》,《第四批國家珍貴古籍名録圖録》著録號爲 09922,鑒定爲元刻明修本,存三十五卷。實際上,該館存有兩部元刻明修十行本《附釋音禮記注疏》:一部存十二冊,卷六至十、十八至二十四、二十九至四十六、五十一至五十四,共三十四卷,版心有正德六年、正德十二年年號,乃元刻明正德十二年修補印本;一部存兩冊,分別是卷首及卷一、卷二、卷五、卷六,共計四卷,與北京市文物局藏本對比,知其乃元刻明嘉靖重校修本。

③ 上圖本第一頁刻工處殘缺,樂平本此頁亦爲原刻版頁,刻工姓名"伯"。

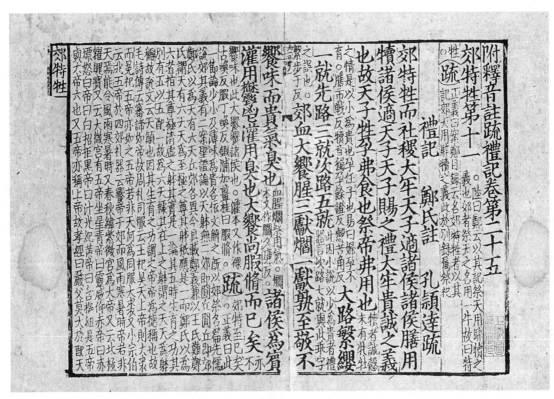

圖一：上圖本卷二五首頁

　　將上圖本殘葉與樂平市圖書館藏本（簡稱“樂平本”）、日本静嘉堂文庫藏本（簡稱“静嘉堂本”）、《中華再造善本》影印北京市文物局藏本（簡稱“再造本”）進行對比。樂平本第一至三頁、第五頁、第九頁、第十頁爲元刻版頁，第四頁當是正德十二年補版頁，第六至八頁爲明初補版頁。静嘉堂本第一至三頁、第九至十頁爲原版頁，第四頁當是正德十二年補版頁，第五頁爲正德六年補版頁，第六至八頁爲明初補版頁。再造本第四至八頁補版時間與静嘉堂本一致，而第一至三頁、第十頁爲明嘉靖重校修補版頁，版心皆題有“府舒校”；第九頁爲補刻頁，與原版頁相比，版心無大小字數，無刻工姓名，而順魚尾、上魚尾下刻“記疏二十五”、下魚尾下刻頁數的形式與原版頁相似，當是明正德十二年以後所刻。由上圖本至再造本，原版頁從十頁逐漸減至六頁、五頁，最後一頁不存。上圖本全部版頁均系元代原版，是存世元十行《附釋音禮記注疏》中少見的未補修印本，加之字迹清晰，版面清朗無斷版，又屬未補修印本中刷印較早者，彌足珍貴。

表一：上圖藏《附釋音禮記注疏》卷二五殘葉與其他版本刊刻時代對照表

卷二五頁次	上圖本	樂平本	静嘉堂本	再造本
一	元版頁	元版頁	元板頁	嘉靖重校修版頁
二	元版頁	元版頁	元版頁	嘉靖重校修版頁
三	元版頁	元版頁	元版頁	嘉靖重校修版頁
四	元版頁	正德十二年補版頁	正德十二年補版頁	正德十二年補版頁

續表

卷二五頁次	上圖本	樂平本	静嘉堂本	再造本
五	元版頁	元版頁	正德六年補版頁	正德六年補版頁
六	元版頁	明初補版頁	明初補版頁	明初補版頁
七	元版頁	明初補版頁	明初補版頁	明初補版頁
八	元版頁	明初補版頁	明初補版頁	明初補版頁
九	元版頁	元版頁	元版頁	正德十二年後補版頁
十	元版頁	元版頁	元版頁	嘉靖重校修版頁

上圖本的文本質量如何？我們選取第一頁、第四至六頁，將上圖本與樂平本、静嘉堂本、再造本進行對比。

第一頁 A 面第八行釋文 "膳,市戰反" 之 "市"，樂平本、静嘉堂本同，再造本誤作 "而"。第一頁 B 面第一行釋文 "爓,本又作'胭'" 之 "胭"，樂平本、静嘉堂本同，再造本誤作 "爓"。第一頁 B 面第六行疏文 "指其尊極清虛之骵" 之 "清"，樂平本、静嘉堂本同，再造本誤作 "青"。第一頁 B 面第九行疏文 "大微宮有五帝坐星" 之 "星"，樂平本同，静嘉堂本模糊不清，再造本誤作 "尾"，乃形近而訛。第一頁 B 面第十行疏文 "黑帝曰汁光紀" 之 "汁光"，樂平本、静嘉堂本模糊不清，再造本 "汁" 字空闕，"光" 誤作 "大"。

第四頁 A 面第一行疏文 "二獻也" 之 "二"，樂平本、静嘉堂本、再造本皆誤作 "三"。A 面第三行疏文 "其尸酢王以清酒" 之 "清"，樂平本、静嘉堂本、再造本皆誤作 "渚"。A 面第四行疏文 "唯燔柴升煙一降神而已" 之 "燔"，樂平本、静嘉堂本、再造本皆誤作 "藩"。A 面第六行疏文 "皇氏以圓丘之癸" 之 "癸"，樂平本、静嘉堂本、再造本作 "祭"，是。B 面第三行疏文 "能氏云四時迎氣" 之 "能"，樂平本、静嘉堂本、再造本作 "熊"，是。B 面第四行疏文 "然此郊特牲以下" 之 "郊"，再造本同，樂平本、静嘉堂本作墨釘。B 面第六行疏文 "帝牛不古" 之 "古"，樂平本、静嘉堂本、再造本作 "吉"，是。B 面第八行疏文 "分牲體供二處所用" 之 "牲"，樂平本、静嘉堂本、再造本皆誤作 "特"。B 面第九行疏文 "后稷貶於天有羊豕" 之 "天"，再造本同，樂平本、静嘉堂本誤作 "大"。B 面第十行疏文 "釁積共其羊牲" 之 "牲"，樂平本、静嘉堂本、再造本皆誤作 "性"。

第五頁 A 面第一行疏文 "凡小祭祀奉牛牲" 之 "牛"，樂平本、再造本同，静嘉堂本誤作 "生"。A 面第四行疏文 "帝牛稷牛其牲雖異" 之下 "牛" 字，樂平本、再造本同，静嘉堂本誤作 "皆"。A 面第四行疏文 "與天同色也" 之 "同" "也"，樂平本、再造本同，静嘉堂本空闕。A 面第七行疏文 "凡特祀之牲則用牲" 之 "特" 及下 "牲" 字，樂平本、静嘉堂本、再造本皆同，當作 "時" "牷"。A 面第八行疏文 "凡外望毁事用龍可也" 之 "龍"，樂平本同，静嘉堂本、再造本誤作 "有"。A 面第八行疏文 "或用牝" 之 "牝"，樂平本、再造本同，静嘉堂本誤作 "牲"。A 面第八行疏文 "凡特祀之牲則用牲" 之 "特" 及下 "牲" 字，樂平本、静嘉堂本、再造本皆同，當作 "時" "牷"。B 面第八行疏文 "皇氏云此直云大牢" 之 "皇"，樂平本、再造本同，静嘉堂本誤作 "墨"。B 面第八行疏文 "揔包饔餼飱積之等" 之 "飱"，樂平本同，静嘉堂本作 "飱"，再造本誤作“食”。B面第九行疏文“釋郊所以用特牲”之“郊”，樂平本同，静嘉堂本、再造本誤作“菜”。

第六頁A面第五行疏文“故止一就也”之“一”，樂平本、静嘉堂本、再造本皆誤作“二”。第六頁B面第二行疏文“用血是貴血而不重味”之“重”，樂平本、静嘉堂本空闕，再造本誤作“貴”。第六頁B面第十行疏文“雖設大牢之饌”之“饌”，樂平本、静嘉堂本作墨釘，再造本誤作“禮”。

以上所述，爲便觀覽，特制下表：

表二：上圖藏《附釋音禮記注疏》卷二五部分頁面與其他版本文字對校表

出處	上圖本	樂平本	静嘉堂本	再造本	正誤判斷
1/a/8/釋	“膳，市戰反”之“市”	市	市	而	“市”是
1/b/1/釋	“爓，本又作腍”之“腍”	腍	腍	爓	“腍”是
1/b/6/疏	“指其尊極清虚之骵”之“清”	清	清	青	“清”是
1/b/9/疏	“大微宮有五帝坐星”之“星”	星	模糊	尾	“星”是
1/b/10/疏	“黑帝曰汁光紀”之“汁光”	模糊	模糊	□大	“汁光”是
4/a/1/疏	“二獻也”之“二”	三	三	三	“二”是
4/a/3/疏	“其尸酢王以清酒”之“清”	渚	渚	渚	“清”是
4/a/4/疏	“唯燔柴升煙一降神而已”之“燔”	藩	藩	藩	“燔”是
4/a/6/疏	“皇氏以圜丘之癸”之“癸”	祭	祭	祭	“祭”是
4/b/3/疏	“能氏云四時迎氣”之“能”	熊	熊	熊	“熊”是
4/b/4/疏	“然此郊特牲以下”之“郊”	墨釘	墨釘	郊	“郊”是
4/b/6/疏	“帝牛不古”之“古”	吉	吉	吉	“吉”是
4/b/8/疏	“分牲體供二處所用”之“牲”	特	特	特	“牲”是
4/b/9/疏	“后稷貶於天有羊豕”之“天”	大	大	天	“天”是
4/b/10/疏	“靃積共其羊牲”之“牲”	性	性	性	“牲”是
5/a/1/疏	“凡小祭祀奉牛牲”之“牛”	牛	生	牛	“牛”是
5/a/4/疏	“帝牛稷牛其牲雖異”之下“牛”	牛	皆	牛	“牛”是
5/a/4/疏	“與天同色也”之“同”“也”	同、也	空闕	同、也	“同也”是
5/a/7/疏	“凡特祀之牲則用牲”之“特”及下“牲”字	特、牲	特、牲	特、牲	皆非，當作“時”“牷”
5/a/8/疏	“凡外望毀事用龙可也”之“龙”	龙	有	有	“龙”是
5/a/8/疏	“或用牝”之“牝”	牝	牲	牝	“牝”是
5/b/8/疏	“皇氏云此直云大牢”之“皇”	皇	墨	皇	“皇”是
5/b/8/疏	“揔包饗饋飡積之等”之“飡”	飡	飡	食	“飡”是
5/b/9/疏	“釋郊所以用特牲”之“郊”	郊	菜	菜	“郊”是
6/a/5/疏	“故止一就也”之“一”	二	二	二	“一”是
6/b/2/疏	“用血是貴血而不重味”之“重”	空闕	空闕	貴	“重”是
6/b/10/疏	“雖設大牢之饌”之“饌”	墨釘	墨釘	禮	“饌”是

以上四頁，基本反映了原版頁與明初補版頁、明正德六年補版頁、明正德十二年補版頁、

明嘉靖重校修補版頁的差異。第一頁上圖本、樂平本、静嘉堂本皆原版頁,再造本乃嘉靖重校修補版頁,四者相比,再造本產生了六個字的闕誤。第四頁上圖本爲原版頁,樂平本、静嘉堂本、再造本皆爲正德十二年補版頁,四者相比,上圖本是而樂平本、静嘉堂本、再造本非或墨釘的有六個字,上圖本、再造本是而樂平本、静嘉堂本非或作墨釘的有兩個字,説明再造本對正德十二補版頁進行了修版,上圖本非而樂平本、静嘉堂本、再造本是的有三個字。第五頁上圖本、樂平本爲原版頁,静嘉堂本、再造本爲正德六年補版頁,四者相比,上圖本、樂平本是而静嘉堂本、再造本非的有一個字,上圖本、樂平本、再造本是而静嘉堂本闕誤的有六個字,説明再造本對正德六年補版頁進行了修改,所改多是,上圖本、樂平本、再造本、静嘉堂本皆非的有兩個字。第六頁上圖本爲原版頁,樂平本、静嘉堂本、再造本皆爲明初補版頁,上圖本是而樂平本、静嘉堂本、再造本非的有一個字,上圖本是而樂平本、静嘉堂本空闕或者墨釘的有兩個字,再造本所補兩字皆非。

綜合來看,《附釋音禮記注疏》卷二十五第一頁、第四至六頁四頁上圖本存在五處訛誤,樂平本存在十三處闕誤,静嘉堂本存在二十一處闕誤,再造本存在十八處闕誤,原版頁的質量遠遠高於明代的修版頁,這一現象值得重視。[①]

二、静嘉堂藏《附釋音禮記注疏》爲阮刻本底本

《中華再造善本》刊布北京市文物局本之後,學界研究元十行本、研究阮元校刻《十三經注疏》的底本,往往以之爲主要依據。然而在研究過程中,我們逐漸發現,阮元校刻所據的元十行本,與再造本有較大的距離,我們無法靠再造本印證阮元之説。因此,逐經尋找阮刻本底本或者與其同批次的印本,是研究阮元校刻《十三經注疏》的當務之急。[②]

日本静嘉堂文庫藏元刻明修十行本《附釋音禮記注疏》六十三卷,鈐有"歸安陸樹聲叔桐父印"印,乃陸氏舊藏。特別值得注意的是,此本卷五十一首頁鈐有"元賞""文選樓"印,説明曾藏於阮元文選樓。此本經金鑲玉重裝,殘缺頁面經過修復、補抄。經與再造本對照,可知此本有正德六年、正德十二年補版,但是幾乎所有補版頁版心年號皆被修去,而版心的刻工等信息基本未作處理,作僞之迹顯然,殆出重裝者之手。其中,卷二十三第二十三頁"正德十二年"年號尚存,卷二十七第四頁版心有"正"字,此皆作僞者未及處理者。

静嘉堂本有阮元藏書印,此本是否就是阮元校勘《禮記注疏》所據底本呢? 此本的抄配在何時呢? 我們可以從阮元《禮記注疏校勘記》中找到答案。

---

① 根據郭立暄、杜以恒、張麗娟等先生研究,元十行本《十三經注疏》中,《周易兼義》《附釋音尚書注疏》《儀禮》《旁通圖》《附釋音春秋左傳注疏》《監本附音春秋公羊注疏》《孝經注疏》《爾雅注疏》有未修補印本存在。詳張麗娟:《元十行本注疏今存印本略説》,未刊稿。

② 楊新勛先生較早關注此問題,他在《元十行本〈十三經注疏〉明修叢考——以〈論語注疏解經〉爲中心》一文中指出:"清阮元撰《論語注疏校勘記》和刊刻《論語注疏解經》所依據的十行本是臺灣'國圖'所藏的元刻明正德修補本或類似此本者,其原文訛誤與此有關。"《南京師範大學文學院學報》2019 年第 1 期,第 171—181 頁。

圖二：静嘉堂本卷五一第一頁A面

圖三：静嘉堂本卷二三第二三頁A面

《禮記注疏校勘記》分爲出文和校記，絶大多數的出文，都是以底本文字爲準，但是也有例外。而校記中稱"此本"者，皆是底本文字。下面，我們以《禮記注疏》卷十二爲例，考察校勘記所言底本與静嘉堂本、再造本的關係。

首先，我們先對静嘉堂本《禮記注疏》卷十二版頁原版、補版、抄配等情況進行梳理，製表如下：

表三：静嘉堂、再造本《禮記注疏》卷十二版頁情況對照表

頁次	静嘉堂本			再造本		
	版次	版心	刻工	版次	版心	刻工
一	原版	記大小字數	模糊	補版	侯吉劉校；張重校	余添進刊
二	原版	記大小字數	模糊	補版	侯吉劉校；林重校	余添進刊
三	抄配			補版		長
四	補版		象三	補版		象三
五	原版	記大小字數	模糊	原版	記大小字數	模糊
六	原版	記大小字數	模糊	補版	侯吉劉校；林重校	余添進刊
七	原版	記大小字數	模糊	補版	侯吉劉校	江四刊
八	補版		余富	補版	正德十二年	余富
九	原版	記大小字數	模糊	補版	侯吉劉校；張重校	余天礼刊
十	原版	記大小字數	模糊	補版	侯吉劉校；張重校	江盛刊
十一	補版		旋	補版		旋
十二	補版			補版	正德十二年	

續表

頁次	静嘉堂本			再造本		
十三	補版		蔡福貴	補版	正德十二年	蔡福貴
十四	原版	記大小字數	模糊	原版	記大小字數	模糊
十五	原版	記大小字數	模糊	原版	記大小字數	模糊
十六	原版	記大小字數	模糊	原版	記大小字數	模糊
十七	原版	記大小字數	模糊	原版		
十八	原版	記大小字數	模糊	原版		模糊
十九	原版	記大小字數	模糊	原版		模糊
二十	補版		蔡福貴	補版	正德十二年	蔡福貴
二一	原版	記大小字數	模糊	補版	侯吉劉校；張重校	
二二	原版	記大小字數	模糊	補版	侯吉劉校；林重校	江盛刊
二三	原版	記大小字數	模糊	補版	侯吉劉校；張重校	江盛刊
二四	原版	記大小字數	模糊	補版	侯吉劉校；張重校	王良富
二五	補版			補版		
二六	原版	記大小字數	模糊	補版	侯吉劉校；張重校	江田刊
二七	原版	記大小字數	模糊	補版	侯吉劉校；張重校	詹蓬頭
二八	原版	記大小字數	模糊	補版	侯吉劉校；張重校	詹蓬頭
二九	原版	記大小字數	模糊	原版	記大小字數	

　　静嘉堂本《禮記注疏》卷十二共計二十九頁，除第三頁抄配外，有二十一頁原版頁，七頁補版頁。再造本《禮記注疏》卷十二共計二十九頁，有八頁原版頁，二十一頁補版頁。二者共同的原版頁爲第五、第十四至十九頁、第二十九頁，共同的補版頁爲第四、八、十一、十二、十三、二十頁，乃明正德十二年補版，另外還有第二十五頁，乃明代補版，時間不晚於正德十二年。再造本《禮記注疏》第三頁爲正德十二年補版，第一、二、六、七、九、十、二十一、二十二、二十三、二十四、二十六、二十七、二十八頁爲嘉靖重校修補版頁。

　　《禮記注疏校勘記》卷十二中明確指出底本文字的校勘記總共有八十條，我們將其與静嘉堂本、再造本進行對校，發現有的底本文字與兩本一致，有的不一致。底本文字與兩本皆一致者共三十八條，對我們判斷底本爲何本意義不大。底本文字與兩本不一致者，則值得一一探討。

　　1. 朱中鼻寸：閩、監、毛本作“朱”，此本“朱”誤“未”。[①]

　　案：“朱”，静嘉堂本、再造本同。此句位於第三頁 A 面之右上角，静嘉堂本爲抄配，再造本爲正德十二年補版，阮校底本與二者皆不一致。

---

① 下文所列四十二條校勘記，皆出於清阮元《禮記注疏校勘記》卷十二，《江蘇文庫·文獻編》影印華東師範大學圖書館藏《十三經注疏校勘記》本，第 5 册第 553—561 頁。

2.遠郊上公五十里：閩、監、毛本作“上”，此本“上”誤“止”。

案：“上”，静嘉堂本、再造本同。此句位於第三頁B面，静嘉堂本爲抄配，再造本爲正德十二年補版，阮校底本與二者皆不一致。

3.是政教治理之事：閩、監、毛本作“政”，此本“政”誤“故”。

案：“政”，再造本同，静嘉堂本作“故”，與阮校底本合。此句位於第四頁A面之右下角，静嘉堂本、再造本皆爲正德十二年補版，說明再造本進行了修版。

4.亦比類正禮而爲之：閩、監、毛本作“比”，此本“比”誤“此”。

案：“比”，再造本同，静嘉堂本作“此”，與阮校底本合。此句位於第四頁B面。再造本修版。

5.天子四時田獵皆得圍：閩、監、毛本如此，此本“皆得圍”三字模糊。

案：“皆得圍”，再造本同，静嘉堂本模糊，與阮校底本合。此句位於第六頁B面。静嘉堂本爲原版頁，再造本爲嘉靖重校修補版頁。

6.兩義皆通：閩、監、毛本作“兩”，此本“兩”誤“面”。

案：“兩”，再造本同，静嘉堂本作“面”，與阮校底本合。此句位於第九頁A面。

7.物被殘暴則虛耗：閩、監、毛本作“虛”，衞氏《集說》同。此本“虛”誤“靈”。

案：“虛”，再造本同，静嘉堂本作“靈”，與阮校底本合。此句位於第十頁A面。

8.次三百七十四歲陰九：閩、監、毛本作“次”，此本“次”誤“欠”。

案：“次”，再造本同，静嘉堂本作“欠”，與阮校底本合。此句位於第十頁A面。

9.次四百八十歲有陽九：閩、監、毛本作“有”，此本“有”誤“言”。

案：“有”，再造本同，静嘉堂本作“言”，與阮校底本合。此句位於第十頁A面。

10.我先君簡公在楚：閩、監、毛本作“先”，此本“先”誤“死”。

案：“先”，再造本同，静嘉堂本作“死”，與阮校底本合。此句位於第十一頁B面，二本皆爲正德十二年補版，再造本修版。

11.故知爲窆也：閩、監、毛本作“知”，此本“知”字闕。

案：“知”，再造本同，静嘉堂本作墨釘，與阮校底本合。此句位於第十二頁B面。

12.按異義公羊說：閩、監、毛本作“異”，此本“異”字闕。

案：“異”，再造本同，静嘉堂本作墨釘，與阮校底本合。此句位於第十二頁B面。

13.則在廟未發之時：閩、監、毛本作“廟”，衞氏集說同。此本“廟”字闕。

案：“廟”，再造本同，静嘉堂本作墨釘，與阮校底本合。此句位於第十二頁B面，二本皆爲正德十二年補版，再造本修版。

14.謂除服之後吉祭之時：閩、監、毛本如此，衞氏《集說》同。此本“除”誤“際”，“吉”誤“告”。

案：“除”，再造本同，静嘉堂本作“際”；“吉”，静嘉堂本、再造本作“告”。静嘉堂本與阮校底本合。此句位於第十三頁A面，二本皆爲正德十二年補版，再造本修版，改正一處。

15.禘一犆一祫：閩、監、毛本作“祫”，《石經》同，岳本同，嘉靖本同，衞氏《集說》同。

此本"祫"誤"洽"。

案："祫"，再造本同，静嘉堂本作"洽"，與阮校底本合。此句位於第十八頁 B 面。二本皆爲原版頁，再造本修版。

16.丁卯大事于大廟：閩、監、毛本作"大廟"，此本誤"天廟"。

案："大"，再造本同，静嘉堂本作"天"，與阮校底本合。此句位於第十八頁 B 面。二本皆爲原版頁，再造本修版。

17.以此相推況可知：閩、監、毛本作"況"，此本"況"作"兄"。

案："況"，再造本同，静嘉堂本作"兄"，與阮校底本合。此句位於第二十頁 A 面，二本皆爲正德十二年補版，再造本修版。

18.故王肅論引賈逵説：閩、監、毛本作"逵"，此本"逵"誤"逵"。

案："逵"，再造本同，静嘉堂本作"逵"，與阮校底本合。此句位於第二十頁 A 面，二本皆爲正德十二年補版，再造本修版。

19.欲見先時祭：惠棟校宋本作"欲"，此本"欲"字模糊，閩、監、毛本"欲"作"此"。

案："欲"，静嘉堂本模糊，與阮校底本合。再造本作"此"。此句位於第二一頁 A 面。静嘉堂本爲原版頁，再造本爲嘉靖重校修補版頁。

20.法不作禘：惠棟校宋本作"作禘"，此本"作禘"二字模糊，閩、監、毛本作"重禘"。按："重"字非也。

案："作禘"，静嘉堂本模糊，與阮校底本合。再造本作"重禘"。此句位於第二一頁 A 面。

21.所謂羔豚而祭：閩、監、毛本作"豚"，岳本同，嘉靖本同，衛氏《集説》同。此本"豚"字闕。

案："豚"，再造本同，静嘉堂本模糊，即阮校所謂"闕"。此句位於第二一頁 A 面。

22.庶人無故不食珍：閩、監、毛本作"珍"，《石經》同，岳本同，嘉靖本同，衛氏《集説》同。此本"珍"誤"殄"。

案："珍"，再造本同，静嘉堂本作"殄"，與阮校底本合。此句位於第二一頁 B 面。

23.故禮記明堂位云：惠棟校宋本作"位"，此本"位"誤"泣"，閩、監、毛本改"泣"爲"注"，亦非。

案："位"，静嘉堂本作"泣"，與阮校底本合。再造本作"注"，閩、監、毛本之誤，殆源於此本。此句位於第二一頁 B 面。

24.此夏殷法：閩、監、毛本作"殷"，衛氏《集説》同。此本"殷"誤"於"。

案："殷"，再造本同，静嘉堂本作"於"，與阮校底本合。此句位於第二十三頁 B 面，静嘉堂本爲原版頁、再造本爲嘉靖重校修補版頁。

25.猶須譏禁：閩、監、毛本作"猶"，此本"猶"誤"酒"。

案："猶"，再造本同，静嘉堂本作"酒"，與阮校底本合。此句位於第二十三頁 B 面。

26.獺祭魚：閩、監、毛本作"獺"，此本"獺"誤"税"。

案："獺"，再造本同，静嘉堂本作"税"，與阮校底本合。此句位於第二十三頁B面。

27. 治公田美惡取於此：閩、監、毛本作"美"，此本"美"字模糊。

案："美"，再造本同，静嘉堂本模糊，與阮校底本合。此句位於第二十三頁B面。

28. 税夫無公田：惠棟校宋本作"夫"，衛氏《集説》同。此本"夫"字殘闕，閩本同。監、毛本"夫"作"去"，誤。

案："夫"，再造本同，静嘉堂本作"夫"，即所謂殘闕，與阮校底本合。此句位於第二十四頁A面。

29. 以春秋宣十五年云：閩、監、毛本作"宣"，衛氏《集説》同。此本"宣"誤"享"。

案："宣"，再造本同，静嘉堂本作"享"，與阮校底本合。此句位於第二十四頁A面。

30. 以此田上中下：閩、監、毛本作"此"，衛氏《集説》同。此本"此"誤"世"。

案："此"，再造本同，静嘉堂本作"世"，與阮校底本合。此句位於第二十四頁B面。

31. 邦國亦異外内耳：閩、監、毛本如此，衛氏《集説》同。此本"國亦"誤"邱齊"。

案："國亦"，再造本同，静嘉堂本作"丘齊"，校勘記之"邱"字當爲避諱寫法，故此條亦與阮校底本合。此句位於第二十四頁B面。

32. 大貉小貉：閩、監本如此，此本二"貉"字模糊，毛本誤"大貉小貉"。

案：二"貉"字，再造本同，静嘉堂本模糊，與阮校底本合。此句位於第二十四頁B面。

33. 言沮地：閩、監、毛本如此，此本"沮地"誤"祖也"。

案："沮地"，再造本同，静嘉堂本作"祖也"，與阮校底本合。此句位於第二十六頁A面，

圖四：静嘉堂本卷十二第二七頁A面　　　　圖五：再造本卷十二第二七頁A面

静嘉堂本爲原版頁、再造本爲嘉靖重校修補版頁。

34.則用力難重：閩、監、毛本作"難"，此本"難"誤"雖"。

案："難"，再造本同，静嘉堂本作"雖"，與阮校底本合。此句位於第二十六頁A面。

35.按遺人云：閩、監、毛本作"遺"，此本"遺"誤"貴"。

案："遺"，再造本同，静嘉堂本缺泐作"貴"，與阮校底本合。此句位於第二十六頁A面。

36.凡國野之道：惠棟校宋本作"野"，衛氏《集説》同。此本"野"誤"則"，閩、監、毛本"野"誤"家"。

案："野"，静嘉堂本作"則"，與阮校底本合。再造本作"家"。此句位於第二十六頁A面。

37.老者食少：閩、監、毛本作"者"，衛氏《集説》同。此本"者"誤"之"。

案："者"，再造本同，静嘉堂本作"之"，與阮校底本合。此句位於第二十六頁A面。

38.此一節論中國及四夷：閩、監、毛本如此。此本"中"字誤移入下行，此下六行行末一字遞移至七行"水性則信""則"誤"經"而止，閩、監、毛本不誤。

案：阮校底本所言文字錯亂，静嘉堂本正同，再造本已改正。此句位於第二十七頁A面。静嘉堂本爲原版頁，然有修版，修版位置位於A面，涉及倒數第五行最下邊左側一字，及倒數一至四行最下邊的八個字，所補之字發生了錯位，致使相應釋文及疏文內容出錯。再造本爲嘉靖重校修版，已改正。

39.各須順其性氣材藝：閩、監、毛本作"藝"，衛氏《集説》同。此本"藝"作"埶"。

案："藝"，静嘉堂本作"埶"，與阮校底本合。再造本作"蓺"。此句位於第二十七頁A面。

40.從此以下至北方曰譯：惠棟校宋本作"從"，此本"從"誤"後"，閩、監、毛本"後"改"自"。

案："從"，静嘉堂本作"後"，與阮校底本合。再造本作"自"。此句位於第二十七頁B面。

41.雖不火食：閩、監、毛本作"雖"，此本"雖"誤"如"。

案："雖"，再造本同，静嘉堂本作"如"，與阮校底本合。此句位於第二十七頁B面。

42.林木又少：閩、監、毛本作"木"，此本"木"誤"本"。

案："木"，再造本同，静嘉堂本作"本"，與阮校底本合。此句位於第二十八頁A面。

以上所列，第一至二條，静嘉堂本爲抄配頁，再造本爲正德十二年補版頁，校勘記所言底本文字與二者皆不符。第三至四條、第十至十四條、第十七條、第十八條，静嘉堂本與再造本皆爲正德十二年補版頁，但校勘記所言底本文字與静嘉堂本同而與再造本不同，説明再造本對正德十二年補版頁進行過修版。第十五、十六條，静嘉堂本與再造本皆爲原版頁，但校勘記所言底本文字與静嘉堂本同而與再造本不同，説明再造本對原版頁進行過修版。第五至九條、第十九至四十二條，静嘉堂本爲原版頁，再造本爲嘉靖重校修版頁，但校勘記所言底本文字與静嘉堂本同而與再造本不同。再造本嘉靖重校修補，有換版，也有對原版、正德十二年版的補版，這些版頁的文字與《禮記注疏校勘記》卷十二所謂"此本"文字有較大的出入，阮校底本絕非嘉靖重校修印本。静嘉堂本雖爲原版，但也進行部分補版，以第三十八條最爲典型。《禮記注疏校勘記》卷十二明確言及底本文字的 80 條校勘記，静嘉堂本除第三頁抄配頁所涉及的 2 條有出入外，其他都一一符合。

第三頁抄配頁已改正阮元所校版頁的訛誤，闕頁時間當在阮元校勘《禮記注疏》之後。静嘉堂本存在爲數不少的抄配頁，卷一第二十四頁、卷二第二頁、卷十第二十七頁、卷十一第十六頁、卷十二第三頁、卷十九第二十一頁、卷二十一第十一頁、卷二十六第四頁、卷二十九第二十頁、卷三十第七頁、卷三十第九頁、卷三十一第十四頁、卷三十七第二十一頁、卷四十八第七頁、卷五十三第十七頁、卷五十六第十五至十七頁、卷五十七第七頁、卷五十九第六頁、卷六十第十七、十八頁、卷六十二第十頁皆抄配，共計二十三頁。這些抄配版頁，有的是在阮元校勘之前就闕頁，有的是在阮元校勘之後纔闕頁的。而這些抄配頁字體風格一致，行格版式也相同，當爲一次性抄配。這些抄配頁中類似第三頁這樣與《禮記注疏校勘記》所言底本不合者不少，因此，静嘉堂本抄配時間在阮元校勘《禮記注疏》之後。

綜合來看，日本静嘉堂文庫所藏元刻明修十行本《禮記注疏》，鈐有"元賞""文選樓"印章，是阮元舊藏元刻明修本十一經之一、阮元校刻《禮記注疏》所據底本，彌足珍貴。

三、結語

唐宋以降，我國圖書的出版與傳播主要依靠雕版印刷。雕造的木板容易磨損、開裂、蛀蝕，不能長久保存、使用，需要修補、替換甚至是重刊，因此古籍版本情況極其複雜，古籍每刷印一次，都會呈現出不同的面貌。郭立暄先生撰寫《中國古籍原刻翻刻與初印後印研究》正基於此。

元十行本《附釋音禮記注疏》歷元至明，兩百年間不斷被刷印，同時也不斷被修補，根據目前存下來的版本來看，至少經過了明初、正德六年、正德十二年、嘉靖三年、嘉靖重校修五次修版。評判元十行本的優劣，應將原版和補版區別開來。上海圖書館藏本殘存卷二十五第一至十頁，皆元刻版頁，版面清晰，爲較早印本，與明修版頁相比，文字訛誤較少，而明代修版的文字質量需要特別予以關注。對於刊刻較早、版本情況複雜的書，如"三朝本"等應當進行逐頁研究，尋找其變化脈絡，研究其對後世版本的不同影響。阮元校刻《禮記注疏》所據底本可以確定爲静嘉堂文庫藏元刻明正德十二年補修印本，[①]此本經阮元、歸安陸氏遞藏，其中闕頁，皆在阮元校勘《禮記注疏》之後經人抄配。古籍的流通，充滿了偶然和缺憾，後世翻刻，往往依形就勢，別無可擇。阮元校刻《十三經注疏》，依據的主要是明中葉補修刷印的元十行本，屬元十行本中刷印較晚、錯訛較多之本，質量有限。

（井超，南京師範大學文學院副教授）

---

① 該觀點在王鍔等《明清〈禮記〉校刻研究》（未刊稿）筆者所寫第十章《清阮刻本〈禮記注疏〉》中亦有討論。

論清道光立本齋本、稽古樓本《儀禮》的獨特價值

杜以恒

[摘　要]　立本齋本《儀禮》以黃丕烈影宋嚴州本爲底本,參考嚴本所附黃丕烈《校録》校改了影宋嚴州本大量訛誤,新增訛誤極少,經注文準確率已超越影宋嚴州本,位居存世《儀禮》刊本之首。稽古樓本《儀禮》是自明毛氏汲古閣刻清代補修後印本《儀禮注疏》抽編經、注、釋文而成,據盧文弨《儀禮注疏詳校》校改了不少底本訛誤,但又新增不少訛誤,文本質量不高。然而稽古樓本附有經過删改的簡明釋文,卷首單刻《儀禮目録》,並按照儀節對經注文進行合併,又專門標注不同儀節的名稱,在可讀性上勝於影宋嚴州本、立本齋本。典籍刊本有善本、讀本之别,二者在編刻宗旨、版刻風格、流行階層上存在較大差别,對立本齋本、稽古樓本等讀本的研究有助於增強學界對學術史、文化史及經典通俗化的認識。

[關鍵詞]　儀禮　立本齋本　稽古樓本　嚴州本　讀本

　　《十三經》中大部分經書均有宋刻本傳世,唯《儀禮》一經無一帙宋槧存世,今人只能藉助清黃丕烈影刻宋嚴州本略窺宋刻《儀禮》經注本之概貌。黃丕烈影宋嚴州本刊行於清嘉慶二十年(1815),在問世之後迅速成爲備受推崇的《儀禮》第一善本,以黃丕烈影宋嚴州本爲基礎編刻的張敦仁本、阮元本《儀禮注疏》則代替明萬曆北監本、明崇禎毛氏汲古閣本成爲通行注疏本。可以説,黃丕烈影宋嚴州本在清代中葉至今的《儀禮》版本傳刻系統中居於核心地位。

　　黃丕烈影宋嚴州本受到世人高度關注,然而影宋嚴州本却並不是清代唯一的《儀禮》經注本。就在影宋嚴州本刊行後不久,清道光年間密集出現了立本齋本、稽古樓本兩種全新的《儀禮》經注本。影宋嚴州本之精善,世人皆知。立本齋本、稽古樓本緊隨影宋嚴州本之後行世,無疑説明它們極有可能具有超越影宋嚴州本的獨特價值。可惜的是,立本齋本、稽古樓本被影宋嚴州本的光芒掩蓋,除少數古今書目粗略著録外,[①]幾乎無人問津。

　　筆者在撰寫博士論文《〈儀禮〉版本研究》時,曾抽取阮本《儀禮注疏》卷一、卷十六、卷十七三卷進行匯校,發現立本齋本、稽古樓本確有勝於影宋嚴州本之處,是兩個特點鮮明而

---

① 清人莫友芝《邵亭知見傳本書目》、丁丙《八千卷樓書目》、李慈銘《越縵堂書目》、張之洞《書目答問》曾著録稽古樓刻全套巾箱本《十三經》,王鍔先生《三禮研究論著提要》及《鄭玄〈儀禮注〉版本考辨》同時在梳理《儀禮》經注本時專列立本齋本、稽古樓本,詳備程度勝於清人。惜王鍔先生大著及專論撰作時間甚早,僅就書目著録簡要記述二本書名卷數、行款版式、印本存藏,似未見原書。詳參〔清〕莫友芝撰,張劍、張燕嬰整理:《邵亭知見傳本書目》,《莫友芝全集》北京:中華書局,2017 年,第 4 册第 62 頁;〔清〕丁丙:《善本書室藏書志》,《續修四庫全書》,上海:上海古籍出版社,2002 年,第 927 册第 177 頁;〔清〕李慈銘著,張桂麗箋證:《越縵堂書目箋證》,北京:中華書局,2013 年,第 14 頁;〔清〕張之洞著,范希曾補正:《書目答問補正》,揚州:廣陵書社,2007 年,第 3 頁;王鍔:《三禮研究論著提要》,蘭州:甘肅教育出版社,2001 年,第 132 頁;王鍔:《鄭玄〈儀禮注〉版本考辨》,《圖書與情報》1995 年第 3 期,第 56 頁。

又風格迥異的版本，因撰專文辨析其獨特價值，並在此基礎上簡要探討古代典籍刊本中善本、讀本之異同。

一、立本齋本、稽古樓本《儀禮》刊行考略

（一）清道光十四年安徽旌德朱琳立本齋刻經注本《儀禮》十七卷

據"全國古籍普查登記基本數據庫"、《中國古籍總目》及各館書目，可知中國國家圖書館、北京大學圖書館、南京圖書館、湖南圖書館、陝西省圖書館、揚州市圖書館、吉林市圖書館、萍鄉市圖書館等機構藏有清道光立本齋本《儀禮》十七卷，其中國圖本（善本書號A01930）已於官網公佈書影，便於使用，本文討論即以國圖本爲據。

立本齋本半葉九行，行十七字，小字雙行同。白口，左右雙邊，單黑魚尾。版心上刻書名"儀禮"，中刻卷葉，下刻"立本齋"三字。各卷首行頂格題"儀禮卷第幾"，次行頂格題篇題篇次，下刻"鄭玄注"三字，第三行頂格刻正文。正文經、注連刻，不分節，不附釋文。卷前有賈公彥《儀禮序》，此外全書無序跋。

清道光時立本齋多刻經學文獻，如道光五年（1825）刻宋朱熹《四書便蒙》十九卷、明梅鷟《尚書考異》五卷，道光六年刻宋朱熹《周易本義》四卷，道光七年刻《毛詩故訓傳》三十卷《鄭氏詩譜》一卷，道光八年刻宋蔡沈《書經集傳》。[①] 這些經學書籍具有較爲統一的形式，

圖1　國圖藏立本齋本《儀禮》卷一首葉

圖2　國圖藏立本齋本《尚書考異》內封面

---

① 以上立本齋本信息來自"全國古籍普查登記基本數據庫"（http://202.96.31.78/xlsworkbench/publish）及孔夫子舊書網（https://www.kongfz.com/）。

其中較明顯的是正文版心下刻"立本齋"三字，且書前有風格較爲統一的内封面。如中國國家圖書館藏有立本齋本《尚書考異》（善本書號 17026）版心下刻"立本齋"三字，書前内封面右上題"道光乙酉"，中刻"尚書考異"，左下刻"立本齋刊"；又如孔夫子舊書網售賣之立本齋本《周易本義》，①版心下刻"立本齋"三字，書前内封面右上題"道光丙戌"，中刻"監本易經"，左下刻"立本齋藏板"；再如孔夫子舊書網售賣之立本齋本《毛詩故訓傳》，②版心下刻"立本齋"三字，書前内封面右上題"道光丁亥"，中刻"毛詩傳箋"，左下刻"立本齋藏板"。《中國古籍總目》、全國古籍普查登記基本數據庫等館藏書目、數據庫著録之道光立本齋本，當皆是據内封面右上所刻具體年份確定刊刻時間。然立本齋本内封面或有遺失，如中國國家圖書館藏《毛詩故訓傳》（善本書號 17027）無内封面，孔網售賣本則有。今國圖藏立本齋本《儀禮》與國圖立本齋本《毛詩故訓傳》一樣，俱無内封面。《東北地區古籍綫裝書聯合目録》《中國古籍總目》等書目及古籍普查數據庫等則明確著録立本齋本《儀禮》刊刻時間爲清道光十四年（1834），③蓋據國圖本之外有内封面之本判定。

國圖藏立本齋本《尚書考異》末附跋文一篇，署"道光五年夏五月旌陽後學朱琳謹跋"，下有木記"朱琳之印""字球仲號懦夫"。孔網售賣之立本齋本《周易本義》書末則有木記"安徽寧國府旌德縣文山立本齋""後學朱琳字球仲號懦夫謹刊"。由此可知立本齋所在地爲安徽寧國府旌德縣文山，主人爲旌德人朱琳，字球仲，號懦夫。

立本齋本刊行之後，成爲較爲通行的《儀禮》經注讀本，莫友芝之姪莫棠民國二年（1913）追憶少時學習《儀禮》之事，曾云"童年受《儀禮》，用旌德立本齋本"，④可見立本齋本在清代中後期亦有一定影響。

（二）清道光江西星子于允良稽古樓刻經注本《儀禮》十七卷

據普查數據庫、各大書目可知，中國國家圖書館、首都圖書館、上海圖書館、天津圖書館等衆多機構藏有稽古樓本《儀禮》十七卷，天津圖書館藏本（索書號 P21996）已於國圖官網公佈書影，便於檢覽，本文即以天圖本爲準。

稽古樓本《儀禮》屬稽古樓刻《袖珍十三經註》之一。稽古樓本《周易》前有整套《袖珍十三經註》封面，封面右上刻"汲古閣原本"五字，中刻"袖珍十三經註"六字，左下刻"稽古樓藏板"五字，左上則以墨筆書"清同治十二年"六字。稽古樓本《儀禮》半葉八行，行十七字，中字單行、小字雙行，亦十七字。白口，左右雙邊，單黑魚尾。版心上頂格大字刻書名"儀

---

① 由孔夫子舊書網"大觀通寶的書攤"售賣，鏈接：https://book.kongfz.com/251216/3300701216/，鏈接時間 2022 年 11 月 25 日。

② 由孔夫子舊書網"善本齋"售賣，鏈接：https://book.kongfz.com/525721/4437086817/，鏈接時間 2022 年 11 月 25 日。售賣書影中内封面圖片清晰度有限，承蒙店主"曉裳齋"賜示清晰圖片，特此致謝。

③ 遼寧省圖書館、吉林省圖書館、黑龍江省圖書館編：《東北地區古籍綫裝書聯合目録》，瀋陽：遼海出版社，2003 年，第 99 頁；中國古籍總目編纂委員會編：《中國古籍總目·經部》，北京：中華書局，2012 年，第 448 頁。

④ 見劉承幹《嘉業堂叢書》本《儀禮疏》卷前民國二年（1913）莫棠題記。

禮"，"儀禮"之下小字靠右刻卷數，中以小字靠右刻篇名及葉數，下以大字刻"稽古樓"三字。各卷首行頂格題"儀禮卷之幾"，次行中刻"漢鄭氏註"四字，第三行空一格刻篇名篇次，第四行頂格刻正文。正文中經文大字單行、注文中字單行、釋文及分節語小字雙行。卷前有內封面一葉，右上刻"漢鄭氏註"，中刻"儀禮"，左下刻"稽古樓梓"。內封面後有鄭玄《儀禮目錄》五葉。全書無序跋。

圖 3　稽古樓本《袖珍十三經註》及《儀禮》封面

稽古樓本《袖珍十三經註》原書並無序跋、刊刻年月、編校者姓名等刊刻信息，然該本刊刻情況曾見清人著錄。張之洞《書目答問》云："稽古樓單注巾箱本十三經。星子于氏刻本。皆古注，《論語》並刻朱注，《毛詩》間採孔疏。"[1]丁氏《善本書室藏書志》云："于允良，星子人，曾刻稽古樓巾箱本十三經者。"[2]可知稽古樓本是江西星子（今江西廬山市）于允良所

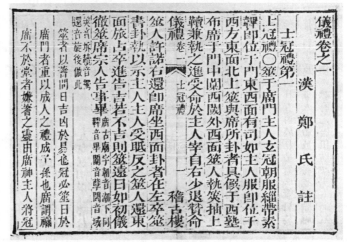

圖 4　稽古樓本《儀禮》卷一首葉

刻。但稽古樓本的刊刻時間則不甚明確。稽古樓本《袖珍十三經註》封面左上題"清同治十二年"六字，然係墨筆補寫，並非原版所有。且從相關史料來看，稽古樓本絕非同治十二年所刻。清光緒《香山縣志》著錄黃培芳《禮記鄭註翼》十二卷，並錄其自序，其中云"後得稽古樓所刻鄭註，最爲簡淨，携之篋笥，時時肄業"，[3]可見黃培芳曾獲得稽古樓本《禮記》。而光緒《香山縣志》黃培芳傳云"咸豐丁巳（咸豐七年，1857 年），年八十，重遊泮水，卒年八十二"，[4]可知黃培芳於咸豐九年（1859）去世。則稽古樓本《袖珍十三經註》刊刻當在咸豐九

① 〔清〕張之洞著，范希曾補正：《書目答問補正》，第 3 頁。原書"于氏"誤作"干氏"，今正。

② 〔清〕丁丙：《善本書室藏書志》，《續修四庫全書》，第 927 冊第 177 頁。

③ 〔清〕陳澧：《（光緒）香山縣志》卷二十一《藝文》，中國國家圖書館藏清光緒五年（1879）刻本（索書號地 330.91/39），第 7 頁 a。

④ 〔清〕陳澧：《（光緒）香山縣志》卷十五《列傳》，第 14 頁 b。

年以前,不可能是同治十二年。又《中國古籍總目》著録兩種《袖珍十三經註》,均是"清萬青銓校",一本是"清同治十二年稽古樓刻本",另一種則是日本早稻田大學藏"清咸豐二年稽古樓刻芋栗園印本"。[①]從著録來看早稻田本似是一部刷印於咸豐二年的後印本,則稽古樓本原本刊刻時間可能在咸豐二年以前。又孫殿起《琉璃廠書肆三記》云"富文堂饒氏,乃道咸間所開設……所印書有稽古樓袖珍本《十三經古注》……板存江西書行文昌館內,館址在富文堂後身"。[②]由此可知道光、咸豐間開設的江西富文堂曾得到稽古樓本《袖珍十三經註》書版並加以印行。綜合這些零星記載,我們認爲稽古樓本《袖珍十三經註》當刊刻於清道光年間,校者可能是萬青銓。今所見天津圖書館藏本版面頗多漫漶不清之處,明顯是後印本,而其封面墨筆所寫"清同治十二年"可能就是這個印本的具體刷印時間。《中國古籍總目》等書目、收藏機構將國內收藏的衆多稽古樓本十三經刊刻年代定爲同治十二年,有失妥當。

稽古樓本《十三經》在當今學界不受重視,但在清代中後期仍受到不少學者的褒揚,如前揭黃培芳云:"稽古樓所刻鄭註,最爲簡净。"又如清人鄭文焯云:"稽古樓巾箱本《十三經》,星子于氏原刻。自來經部袖珍本,惟五經而已。此高齋連床之樂,誠自慚非周璆、徐孺一流,安得長懸之榻。大蹇朋來,能無悲歎?"[③]可見稽古樓本《十三經》在清代中後期亦有一定影響。

二、立本齋本、稽古樓本《儀禮》底本考

(一)立本齋本、稽古樓本從屬的《儀禮》版本系統

立本齋本、稽古樓本《儀禮》無序跋,亦無其他史料記載其底本,因此只能以校勘考定其淵源。立本齋本、稽古樓本刊刻於清道光年間,此時可供參考的《儀禮》版本已有很多,但衆本經、注文字均不出宋嚴州本、明陳鳳梧本兩大系統。宋嚴州本系統是南宋嚴州本及其衍生版本組成的版本系統,其中道光以前包括經注文的版本有南宋嚴州本、明嘉靖東吳徐本、明萬曆崇禎間鍾人傑本、清乾隆河子龍本、清嘉慶張敦仁本、清嘉慶阮元本。明陳鳳梧本系統是明中期陳鳳梧編刻的經注本、注疏本及其衍生版本組成的版本系統,而陳鳳梧經注本是自朱熹《儀禮經傳通解》抽編經注文而成,陳鳳梧注疏本則在陳鳳梧經注本基礎上加入疏文。[④]由於源頭不同,陳鳳梧本系統文字與嚴州本系統有較大差異。陳鳳梧本系統中道光以前包括經注文的版本有明正德陳鳳梧經注本、明嘉靖陳鳳梧注疏本、明嘉靖汪文盛本、明嘉靖聞

① 中國古籍總目編纂委員會編:《中國古籍總目·經部》,第 5 頁。
② 孫殿起:《琉璃廠書肆三記》,孫殿起輯:《琉璃廠小志》,北京:北京古籍出版社,1982 年,第 108 頁。
③ 趙一生、王翼奇:《香書軒秘藏名人書翰》,杭州:浙江古籍出版社,2005 年,第 521—522 頁。
④ 明代陳鳳梧編刻經注本、注疏本詳情可參廖明飛:《〈儀禮〉注疏合刻考》,《文史》2014 年第 1 輯,第 185—207 頁。

人詮本、明嘉靖李元陽本、明萬曆北監本、明崇禎毛氏汲古閣本、明崇禎永懷堂本、清乾隆武英殿本、清乾隆四庫本。筆者通校阮本《儀禮注疏》卷一、卷十六、卷十七，發現兩大系統文字出現差異時，立本齋本經注文多與宋嚴州本系統一致，稽古樓本經注文則多與陳鳳梧本系統一致，茲列立本齋本、稽古樓本與兩大系統典型異文對比表：

表 1 立本齋本、稽古樓本與嚴州本、陳鳳梧本系統異文對比表

序號	篇目	經注	宋嚴州本系統	明陳鳳梧本系統	立本齋本	稽古樓本
1	士冠禮	注	筮必朝服者，尊蓍龜之道。	筮必朝服，尊蓍龜之道也。	同嚴本系統	同陳本系統
2			素韠，白韋韠	素韠，白韋韠也	同嚴本系統	同陳本系統
3			所自辟除府史以下，今時卒吏及假吏是也。	所自辟除府史以下也，今時卒吏及假吏皆是也。	同嚴本系統	同陳本系統
4			闑，門橛	闑，門橜也	同嚴本系統	同陳本系統
5			有司主三《易》者	有司主三《易》者也	同嚴本系統	同陳本系統
6			宰，有司主政教者	宰，有司主政教者也	同嚴本系統	同陳本系統
7			宗人，有司主禮者	宗人，有司主禮者也	同嚴本系統	同陳本系統
8			禮辭，一辭而許	禮辭，一辭而許也	同嚴本系統	同陳本系統
9	大射儀	注	沽洗所以脩絜百物	姑洗所以脩絜百物	同嚴本系統	同陳本系統
10			先擊朔鼙應之	先擊朔鼙應鼙應之	同嚴本系統	同陳本系統
11			大史在干侯東北	大夫在干侯東北	同嚴本系統	同陳本系統
12			爲有侯，入庭深也	爲有侯，故入庭深也	同嚴本系統	同陳本系統
13		經	主人卒洗，賓揖升。	主人卒洗，賓揖乃升。	同嚴本系統	同陳本系統
14		注	賓每先升，尊也。	賓每先升，揖之。	同嚴本系統	同陳本系統
15			不崇酒，辟正主也	不崇酒，辟正君也	同嚴本系統	不崇酒，辟正君
16			象觚，觚有象骨飾者也	象觚，觚有象骨飾也	同嚴本系統	同陳本系統
17			主於射，畧於此樂	主於射，畧於此樂也	同嚴本系統	同陳本系統
18			下不輒拜，禮殺也	下不就拜，禮也	同嚴本系統	同陳本系統
19			事在射，臣之意	亦自貶於君	同嚴本系統	同陳本系統
20			主於射，畧於此樂	主於射，畧於此樂也	同嚴本系統	同陳本系統
21			再言獲也	等言獲也	同嚴本系統	同陳本系統
22			其出也，一一上射出	其出也，一上射出	同嚴本系統	同陳本系統

此外，陳鳳梧本系統《大射儀》篇注疏文存在大段連續脫文，共脫注文"卿後大夫"至"席自房來"74字，稽古樓本74字全脫而立本齋本則不脫。通過這些典型異文可知立本齋本、稽古樓本雖均誕生於清道光年間，但卻分別從屬於宋嚴州本、明陳鳳梧本兩大《儀禮》版本系統。

(二)立本齋本之底本

宋嚴州本系統中版本衆多,要確定立本齋本底本究竟是哪個版本,還要從嚴州本系統內部異文入手,不斷縮小排查範圍。阮本《大射儀》注文:

其篇**亡**,其義未聞。

宋本《儀禮經傳通解》、元本《儀禮圖》、聚珍本《儀禮集釋》、陳鳳梧經注本、陳鳳梧注疏本、汪文盛本、聞人詮本、李元陽本、北監本、毛本、永懷堂本、殿本、河子龍本、四庫本、張敦仁本與阮本同,影宋嚴州本、徐本、鍾人傑本、立本齋本"亡"誤作"工"。立本齋本與影宋嚴州本、徐本、鍾人傑本有同誤之字,而該處誤字嚴州本系統中河子龍本、張敦仁本、阮元本已經改正,則立本齋本的底本當是影宋嚴州本、徐本、鍾人傑本三者之一。

各本卷題、署名、篇題的形式差異亦可提示立本齋本之來源。以卷一《士冠禮》爲例,立本齋本卷題、署名、篇題全部集中於前兩行,而開成石經、陳鳳梧經注本、鍾人傑本、河子龍本、陳鳳梧注疏本、汪文盛本、聞人詮本、李元陽本、監本、毛本、殿本、庫本佔用三行,永懷堂本佔用四行,唯影宋嚴州本、徐本與立本齋本佔用兩行,且格式均爲首行頂格題"儀禮卷第一",次行頂格題"士冠禮第一",下題"鄭氏注"。這似乎説明立本齋本的底本很可能是影宋嚴州本、徐本中的一本。

影宋嚴州本兩處明顯的錯誤,則可最終幫助我們確定立本齋本之底本。阮本《儀禮·大射儀》經文:

射者非**其**侯,中之不獲。

開成石經、宋本《通解》、元本《儀禮圖》、陳鳳梧經注本、陳鳳梧注疏本、汪文盛本、聞人詮本、李元陽本、北監本、毛氏汲古閣本、永懷堂本、武英殿本、四庫本、張敦仁本、嘉業堂本與阮本同,影宋嚴州本、立本齋本"其"字誤作"其其"二字,徐氏本、鍾人傑本、河子龍本"其"下有一墨丁。

阮本《儀禮·大射儀》注文:

今文錫或作**緆**。

宋本《通解》、聚珍本《集釋》、陳鳳梧經注本、陳鳳梧注疏本、汪文盛本、聞人詮本、李元陽本、徐本、北監本、鍾本、河子龍本、毛氏汲古閣本、永懷堂本、武英殿本、四庫本、張敦仁本、嘉業堂本"緆"字與阮本同,影宋嚴州本、立本齋本"緆"誤作"錫"。

二例之中唯影宋嚴州本與立本齋本同誤，衆本皆不誤，可以確知立本齋本底本是影宋嚴州本。影宋嚴州本素以精善著稱，且刊刻於嘉慶二十年（1815），距立本齋本刊刻僅十九年，不難獲取。立本齋本選擇影宋嚴州本作爲底本，是符合情理的。

（三）稽古樓本之底本

稽古樓本底本之考定，亦須更加細密的校勘。陳鳳梧本系統版本衆多，但諸本間異文亦不在少。通過大量校勘可以發現稽古樓本多有與毛氏汲古閣本同誤之處，如《大射儀》注文"於是時，大樂正還北面立于其南""作，使也""大夫耦則視參中""參侯、干侯，徒負侯居乏""揖，推之""并矢於弣""其邪制躬舌之角者爲維"，衆本皆不誤，唯毛本、稽古樓本"於"誤"云"、"使"誤"始"、"視"誤"射"、"干"誤"于"、"之"誤"也"、"弣"誤"跗"、"躬"誤"射"，可見稽古樓本《儀禮》的底本就是陳鳳梧本系統中的毛氏汲古閣本。

不過，稽古樓本《儀禮》所用毛本並非筆者通校所用東京大學東洋文化研究所藏本。東大東洋所藏毛本漫漶較少、字形完整，是原版早期印本。中國國家圖書館收藏的一部經周錫瓚批校的毛本《儀禮註疏》（善本書號10642）版面則較爲漫漶、文字筆畫多有殘損，屬補修後印本。經過校勘，我們發現稽古樓本的有些錯誤不見於東大東洋所初刻本，却見於國圖藏後印本。如《大射儀》注"賔欲以次序勸諸臣酒"，包括東大本在內的諸本均無異文，唯國圖藏後印毛本、稽古樓本"賔"誤"實"；《大射儀》注"公則釋獲，優君也"，包括東大本在內的諸本均無異文，唯國圖藏後印毛本、稽古樓本"則"誤"而"。這説明稽古樓本《儀禮》所用底本是與國圖本批次相同的毛本修版後印本，而非原刻本。理清稽古樓本的底本問題，便可明白稽古樓本《袖珍十三經註》封面右上所刻"汲古閣原本"的真正含義，即稽古樓本《袖珍十三經註》之文字源出毛氏汲古閣本《十三經註疏》。

三、立本齋本、稽古樓本《儀禮》編校考

立本齋本、稽古樓本進行了不少編校工作，並非簡單沿襲底本文字。通過揭示二本編校工作之得失，頗能窺見二本編刻者的編刻宗旨，亦能認識到二本的獨特價值。

（一）立本齋本編校考

立本齋本在底本基礎上所作編校工作，可分爲改變行款、校改底本文字兩項。

影宋嚴州本雖文字準確、刊刻精美，然半葉十四行，大字行二十四至二十七字不等，小字則行三十一至三十二字不等，可謂細行密字。立本齋本則半葉九行，無論大字小字均行十七字，版面舒朗整飭，更適合閲讀批注。不過，立本齋本所刻諸多經學文獻大多是半葉九行，立本齋本《儀禮》行款的改變不是針對《儀禮》的專門考慮，很難説是有意爲之的改進。

立本齋本真正值得稱道的編校工作，是校改底本文字。影宋嚴州本文字精善，但亦偶有

訛誤,立本齋本則多予校正。筆者所校阮本卷一、十六、十七中共涉及影宋嚴州本錯誤八處,分別是《大射儀》經文"射者非其侯"之"其"誤衍作"其其"二字,注文"宰,於天子冢宰"之"冢"誤"家"、"作大事,則掌以君命戒於百官"之"戒"誤"成"、"主人,宰夫也"之"夫"誤"大"、"司馬,政官,主射禮"之"官"誤"宫"、"今文於爲于"之"于"誤"干"、"簫,弓末"之"末"誤"未"、"其篇亡,其義未聞"之"亡"誤"工",除"其"衍作"其其"、"亡"誤"工"外,其餘六處誤字立本齋本均已改正。而三卷之中,立本齋本新增訛誤僅有一例,即阮本《大射儀》注:

> 殊戒公、卿、大夫與士,**辨**貴賤也。

宋本《通解》、元本《儀禮圖》、聚珍本《集釋》、影宋嚴州本、陳鳳梧經注本、陳鳳梧注疏本、汪文盛本、聞人詮本、李元陽本、徐本、鍾人傑本、北監本、毛本、永懷堂本、殿本、河子龍本、四庫本、張敦仁本與阮本同,唯立本齋本"辨"誤作"辯"。"辨""辯"形近,此立本齋本獨誤當是謄抄、刊刻之失。

黃丕烈影宋嚴州本是清代除嚴州本原本外最好的《儀禮》經注本,立本齋本以影宋嚴州本爲底本,從根本上決定了其文本的可靠性。對於影宋嚴州本存在的少量訛誤,立本齋本校改大半,同時新增訛誤極少,可見立本齋本編校之精。而立本齋本高質量編校工作的客觀結果,就是立本齋本的文字正確率超過了影宋嚴州本,成爲傳世《儀禮》版本、經解中正確率最高的經注文本。光緒十九年(1893)廣西桂垣書局(廣西官書局)刊刻官本《儀禮》時,因立本齋本質量較高,將其選做底本之一,其書前《凡例》云:"嚴、徐二本,無從訪購。今所存者,嚴本則賴有黃氏士禮居仿刻本,徐本則賴有朱氏立本齋刊本,足資校正,特用爲底本,閒參以各本之善者。"[1]桂垣書局雖誤將立本齋本底本定爲徐本,但官書局將立本齋本與影宋嚴州本一併用作官刻《儀禮》經注本之底本,可見立本齋本之精善已得到廣泛認可。

需要指出的是,立本齋本校改的六處文字訛誤均已被黃丕烈發現,但黃丕烈爲了維持宋刻原貌,影刻時並不改字,僅出校記説明。如"官"誤"宫",影宋嚴州本仍作"宫",但書末所附黃丕烈《嚴本儀禮鄭氏注校録》云:

> 宋本"宫"作"官",案:"官"譌爲"宫",形涉而誤。[2]

立本齋本所改六處文字訛誤均已被《校録》指出,這使我們不得不懷疑立本齋本的文字

---

① 〔清〕佚名:《儀禮·凡例》,北京師範大學圖書館藏清光緒十九年(1893)廣西桂垣書局刻《儀禮》十七卷卷前,第 1 頁 a。桂垣書局本是清代可考最晚的《儀禮》經注本,屬清廷官刻本,該本學界尚未展開專門研究。爲免繁冗,桂垣書局本留待另文討論。

② 〔清〕黃丕烈:《嚴本儀禮鄭氏注校録》,杭州:浙江古籍出版社 2016 年影印黃丕烈覆宋嚴州本《儀禮鄭注》,第 291 頁。

校改與《校録》有密切聯繫。筆者通檢《校録》及對應的影宋嚴州本、立本齋本文字，發現立本齋本所改影宋嚴州本訛誤絕大多數已被《校録》明確指出，而《校録》明確指出的錯誤，立本齋本却没有盡改。前文所述筆者所校三卷中立本齋本未能改正的"其"衍作"其其"、"亡"誤"工"，便是《校録》已指出但立本齋本未改之例。

當然，即便立本齋本正確校改的大部分文字均已見於《校録》，我們亦不能斷定立本齋本是據《校録》進行校改的，從理論上來説立本齋本亦可能參校其他《儀禮》版本校改文字。然而從立本齋本的文字面貌來看，其校改幾乎不可能是據其他版本參校而來。《儀禮》版本分宋嚴州本、陳鳳梧本兩大系統，二者來源不同，文字多有差異。若立本齋本以陳本系統版本校改影宋嚴州本，則立本齋本中一定會出現陳本系統獨有的異文，猶如嚴本系統中的徐本曾據陳鳳梧注疏本校改，導致徐本中出現了不少陳本系統元素。[1]但是在大規模校勘中，我們並未發現立本齋本文字存在陳本系統元素。至於嚴本系統內徐本、鍾人傑本等版本，本身就沿襲了大量嚴州本固有錯誤，立本齋本根本不可能根據嚴本系統內部版本進行如此精準的校改。因此，立本齋本校改的主要依據只能是附刻於影宋嚴州本之後的《校録》。

立本齋本並未全部改正《校録》明確指出的影宋嚴州本訛誤，可能只是在研讀《校録》時偶有疏漏所致，如《校録》《鄉射禮》部分中辨析注文"起由中西就左獲"之"西"誤"東"、"反注如大射"之"反"誤"及"、"羃言還當上耦西面"之"西"誤"酉"、"遥號命之可也"之"命"誤"令"的條目幾乎相連，刻於相鄰三行之中，立本齋本均未改正，但這四條校記前後諸多校記所指影宋嚴州本訛誤立本齋本基本全部改正，此處當是立本齋本校改者在利用《校録》時偶然跳行，產生遺漏。

（二）稽古樓本編校考

稽古樓本《儀禮》是經注附釋文本，其底本毛本則是附釋文的注疏本。然而稽古樓本在刪除疏文之餘，還在毛本基礎上進行了深度編校，使得稽古樓本的文本面貌與其底本有了很大區別。稽古樓本的編校工作可歸結爲抽編《儀禮目録》、合併相鄰經注文、大幅刪改釋文、劃分《儀禮》儀節、校改文字五個方面。

1.抽編《儀禮目録》

毛本於各篇篇題篇次之下引録涉及本篇的鄭玄《儀禮目録》文字，以中字刻之，刊刻形式與正文中鄭玄注文一致。然而《儀禮目録》雖然與《儀禮注》同出鄭玄之手，但畢竟不是注文，這樣處理有失妥當。稽古樓本將毛本各篇篇首所附《儀禮目録》抽出，集中編爲獨立的《儀禮目録》，置於全書之首。

2.合併相鄰經注文

稽古樓本在自毛本《儀禮註疏》抽編經注釋文時，對部分經注文進行了合併重編。如《儀

---

① 廖明飛：《徐本〈儀禮〉及其傳刻本綜考》，《中國典籍與文化》2013 年第 4 期，第 62—63 頁。

禮·士冠禮》篇首自"士冠禮筮于廟門"至"宗人告事畢"爲第一個儀節"筮日",毛本《儀禮註疏》分爲"士冠禮筮于廟門""主人玄冠、朝服、緇帶、素韠,即位于門東,西面"等 14 個内容單元,每個單元内依次羅列經文、經文釋文、注文、注文釋文、疏文。而稽古樓本《儀禮》則將這 14 個内容單元進行了合併,將所有經文以大字集中刻於前,將所有釋文以雙行小字集中刻於經文之下,又另起一行,空一格,以中字將所有注文集中刊刻。如此一來,内容相近的經、注文合爲一段、連行而下,方便閱讀。

3.大幅删改釋文

稽古樓本《儀禮》雖是附釋文的經注本,但其釋文在毛本所附釋文基礎上進行了大幅删改,其删改工作可歸納爲 5 個方面:

(1)删除所有注文釋文。稽古樓本僅經文有釋文,所有注文均不附釋文。

(2)删省大部分經文釋文。毛本《儀禮註疏》經文釋文絶大多數被稽古樓本删省,存者寥寥無幾,如毛本《士冠禮》"筮於廟門"釋文作"筮,市例反。廟,古廟字",稽古樓本僅保留"廟,古廟字"四字。

(3)據敖繼公《儀禮集説》增入部分釋文。稽古樓本部分經文釋文僅見於敖繼公《集説》,如《大射儀》經文"興,順羽,且左還",此處朱熹《通解》、楊復《儀禮圖》以及明代陳鳳梧經注本、陳鳳梧注疏本、汪文盛本、聞人詮本、李元陽本、北監本、毛本、永懷堂本無釋文,唯陸德明《經典釋文》有釋文"左還,音患,注下放此,一音環",敖繼公《儀禮集説》有釋文"還,音旋,下並同",而稽古樓本此處釋文則作"還,音旋,下竝同",除"竝"字字形不同外,其餘内容與《集説》全同。類似例證尚多,如卷一"朝服""素韠"、卷十六"膳尊兩甒在南"、卷十七"大夫辯受酬""僕人師相少師""興,右還""還視侯中""釋弓,説決""而后下射射,拾發""遂命三耦各與其耦拾取矢"句之釋文,立本齋本均與《集説》獨同,可知是據《集説》增補。

(4)新作釋文。稽古樓本部分經文釋文不見於之前任何一部經解或版本,當是編纂時新作,如《大射儀》經文"參見鵠於干"之"干"字,稽古樓本以前諸本、諸書均無釋文,唯稽古樓本有釋文"干,五旦反"。

(5)改造釋文。稽古樓本傾向於將原有釋文反切改爲直音或四聲,如《大射儀》經文"見鵠於參"之"見",稽古樓本以前包括毛本在内的諸書、諸本釋文均作"賢遍反",唯稽古樓本作"音現"。又如《大射儀》經文"中,離維綱"之"中",稽古樓本以前包括毛本在内的諸書、諸本釋文均作"丁仲反",唯稽古樓本作"去聲"。

總之,稽古樓本大幅删省釋文,少量保留、增補、新作、改造的釋文亦傾向於採用直音、四聲等簡易注音法。

4.劃分《儀禮》儀節

《儀禮》共十七篇,主要載録周代典禮,而典禮的基本組成單位就是儀節,劃分諸篇儀節是讀懂《儀禮》的必由之路。完整的儀節劃分,至少應包括經文範圍和儀節名稱兩部分。所謂經文範圍，即儀節所屬經文之起止；所謂儀節名稱，即儀節之命名。較爲完整的《儀禮》儀節劃分大多見於《儀禮》經解之中，如唐賈公彥《儀禮疏》、宋朱熹《儀禮經傳通解》、宋楊復《儀禮圖》、元敖繼公《儀禮集説》、清張爾岐《儀禮鄭注句讀》、清胡培翬《儀禮正義》等經解，均有明確的儀節範圍和儀節名稱。歷代《儀禮》版本中也有儀節劃分，但僅標示經文範圍而無儀節名稱，如武威漢簡、熹平石經《儀禮》均以"●"區隔不同儀節，陳鳳梧經注本、陳鳳梧注疏本、武英殿本等刊本則以"○"區隔不同儀節，這些分節是不完整的，效用有限。稽古樓本則在每個儀節末以雙行小字標示節名，其通行格式爲"以上序……之事"，如《士冠禮》第一個儀節"筮日"，稽古樓本即於"筮日"節最後一句注文之末以雙行小字刻"以上序筮日之事"。稽古樓本此舉與朱熹《通解》類似，簡明地標示了所有《儀禮》儀節的範圍和名稱，是歷代《儀禮》版本中唯一具備完整儀節劃分的版本。

《儀禮》稽古樓本部分儀節的節名與前人有雷同之處，明顯是承襲前人之説，如《士冠禮》經文"前期三日，筮賓，如求日之儀。乃宿賓。賓如主人服，出門左，西面再拜。主人東面答拜。乃宿賓。賓許，主人再拜，賓答拜。主人退，賓拜送。宿贊冠者一人，亦如之"，歷代《儀禮》經解對此段經文的儀節劃分不盡相同。唐賈公彥《儀禮疏》、宋楊復《儀禮圖》、明郝敬《儀禮節解》、清姚際恒《儀禮通論》、王文清《儀禮分節句讀》、吳廷華《儀禮章句》將這段經文劃爲一節，不再細分，而宋朱熹《儀禮經傳通解》、元敖繼公《儀禮集説》、清張爾岐《儀禮鄭注句讀》、江永《禮書綱目》、姜兆錫《儀禮經傳內編》、王士讓《儀禮紃解》、蔡德晉《禮經本義》、《欽定儀禮義疏》、盛世佐《儀禮集編》、胡培翬《儀禮正義》、秦蕙田《五禮通考》、稽古樓本《儀禮》則將本段經文中"前期三日，筮賓，如求日之儀"及其餘經文各分爲一節。兩節之中，第一節諸家經解均命名爲"筮賓"，但第二節的命名則有差異。朱熹、敖繼公、江永、姜兆錫、王士讓、蔡德晉、《義疏》、盛世佐、秦蕙田將第二節命名爲"宿賓"，姜兆錫將第二節命名爲"宿賓若贊"，而張爾岐、胡培翬、稽古樓本則將第二節命名爲"宿賓宿贊冠者"。此處《儀禮》分節，稽古樓本明顯參考了張爾岐、胡培翬之説。類似例證尚有稽古樓本《士昏禮》"婦至成禮"節等等。

稽古樓本有些儀節明顯參用賈公彥《儀禮疏》，如《士昏禮》"期，初昏"至"實四爵合卺"，歷代《儀禮》經解大多將其分爲一節，但命名不同，賈公彥命名爲"夫家欲迎婦之時，豫陳同牢之饌"，朱熹、楊復、敖繼公、姚際恒、江永、蔡德晉、王士讓、王文清、《義疏》、盛世佐命名爲"陳器饌"，郝敬命名爲"將昏而陳設之儀"，張爾岐、楊大堉命名爲"將親迎預陳饌"，①吳廷華命名爲"男氏陳設之節"，秦蕙田命名爲"將親迎陳器饌"，而稽古樓本此節名爲"夫家欲迎婦豫陳鼎饌"，明顯是自賈公彥節名略加删改而來。類似例證尚有稽古樓本《士冠禮》"主人與賓著服就位"節、《士昏禮》"舅姑禮婦"節、《大射儀》"射前戒百官及張侯設樂"節等等。

---

① 《儀禮正義》《士昏禮》篇爲楊大堉所補，今從其實。另楊大堉節名中"預"作"豫"，其義同，不另舉。

　　稽古樓本儀節劃分雖有參酌賈公彥、張爾岐、胡培翬之處,但其分節總體是新作的。稽古樓本有大量儀節與之前任何一家分節均不同,就是其分節創造性的鮮明體現。如稽古樓本《士冠禮》"冠庶子""母不在受脯"二節與之前節名均不同,稽古樓本《士昏禮》最後三個儀節"總叙昏禮之辭""孤子昏""壻見女氏"在分節範圍、儀節命名上與之前衆多分節均有明顯差異。

　　與前代分節相比,稽古樓本《儀禮》分節最鮮明的特點是追求簡要,即減少儀節數量,並使儀節節名盡量平實易懂。

　　需要指出的是,上文所列四種編纂工作在《儀禮》各篇中並非均匀用力,其具體表現是越靠前的篇目編纂加工程度越深。如《士冠禮》篇,稽古樓本删改《釋文》幅度較大、經注文合併較多、儀節劃分較爲細密,然而此後諸篇類似編纂工作則越來越少,令人頗有"靡不有初,鮮克有終"之歎。

5.校改文字

　　稽古樓本《儀禮》對補修後印毛本中的文字訛誤進行了校改,今將阮本卷一、十六、十七所及稽古樓本校改之處製爲一表:

表 2　阮本卷一、十六、十七所及稽古樓本校改底本訛誤之例

序號	篇目	阮本卷數	經注	原刻毛本、補修毛本	稽古樓本
1	士冠禮	一	注	肩革带博三寸	二
2	大射儀	十六	注	《鄉射記》曰:"主人俎,脅、脅、臂、肺也。"	脊
3	大射儀	十七	注	賓進以臣道也,君受虚爵	就
4	大射儀	十七	經	主人洗酬,升,實散	觚
5	大射儀	十七	經	擯者升大夫,乃夫皆升就席	大
6	大射儀	十七	注	弣,弓杷也	把
7	大射儀	十七	經	上射降二等,下射少右,從之	三
8	大射儀	十七	注	《鄉射記》曰:乃設幅于中庭	楅
9	大射儀	十七	經	若矢不備	卒,若矢
10	大射儀	十七	經	司射東面于大夫之西北	比
11	大射儀	十七	注	以左手在弓表,有手從裏取之	右
12	大射儀	十七	經	司射作揖如初,一耦揖升如初	射
13	大射儀	十七	注	爲矢至侯不著而還	謂

　　上述稽古樓本校改之例,盧文弨《儀禮注疏詳校》均已揭示毛本之失。從《儀禮》其餘諸篇來看,《詳校》已辨之毛本訛誤稽古樓本亦多校改。由此觀之,稽古樓本在校改文字之時當以盧文弨《詳校》爲主要依據。

　　稽古樓本雖然依據《詳校》校改了不少底本訛誤,但亦有妄改之處,如《大射儀》注"未

薦者，臣也"，"未"字毛本以前諸本均不誤，毛本作"木"，不合經義，是形近致誤，國圖藏補修後印毛本亦沿原版之誤，稽古樓本則將"木"字臆改作"不"字，錯上加錯，十分輕率。此外，稽古樓本《儀禮》自補修後印毛本抽編經、注時，還産生了少量新增訛誤，筆者在校勘中共發現六處，均見於《大射儀》注文，分別是補修後印毛本"《射義》曰：諸侯之射也"，稽古樓本"義"誤"儀"；"大夫在于侯東北"，"干"誤"千"；"不崇酒，辟正主也"，脱"也"字；"與後酌者交於西楹北"，"與"誤"興"；"亦以君在阼"，"阼"誤"作"；"猶，守故之辭"，"守"誤"有"。就筆者所校阮本卷一、十六、十七而論，稽古樓本正確校改文字 13 處，錯改 1 處，新增訛誤 6 處，其文字校改質量不高，遠不如立本齋本。

綜觀稽古樓本幾項主要編校工作，可知稽古樓本的編校宗旨是提供一個内容簡要、分節清晰、文字準確的《儀禮》讀本。稽古樓本在編纂時以便於閲讀爲核心追求，維護舊本面貌則不在考量之列。在這樣的編纂思路影響下，稽古樓本成爲成爲歷代《儀禮》刊本中唯一一個合併經注文、附帶完整《儀禮》分節的版本，在歷代《儀禮》經注本中形式最爲特別。

結　論

立本齋本、稽古樓本《儀禮》均編刻於清道光年間，但二者在文本來源、文本結構、編校宗旨、版本價值等方面截然不同。

立本齋本源出嚴州本系統，以黄丕烈影宋嚴州本爲底本，參考影宋嚴州本所附黄丕烈《嚴本儀禮鄭氏注校録》校改了影宋嚴州本大量訛誤，同時新增訛誤極少，文字校改質量極高，其經注文準確率已超越影宋嚴州本，位居存世《儀禮》刊本之首。當然，立本齋本在利用《校録》時不無疏漏，是美中不足。

稽古樓本源出陳鳳梧本系統，是自明崇禎毛氏汲古閣刻清代補修後印本《儀禮注疏》抽編經、注、釋文而成，而毛本屬於歷代《儀禮》刊本中質量較差之本，其補修後印本質量則又等而下之。從文本來源來看，稽古樓本《儀禮》存在先天不足。雖然稽古樓本依據盧文弨《儀禮注疏詳校》校改了不少底本訛誤，但又新增了不少訛誤，且存在妄改之舉，其文本質量較底本提升有限。然而稽古樓本附有經過删改的簡明釋文，卷首單獨附有《儀禮目録》，並按照儀節對經注文進行合併，又專門標注不同儀節的名稱。這些形式上的重大創新，使得稽古樓本簡明易讀、别具一格。

總的來看，影宋嚴州本勝在存宋刻之舊，立本齋本勝在文字之精，稽古樓本則勝在簡明易讀。影宋嚴州本的綜合價值雖然遠高於立本齋本、稽古樓本，但立本齋本、稽古樓本這兩個後出之本的獨特價值亦不應忽視。

值得注意的是，影宋嚴州本與立本齋本、稽古樓本在社會各層面的影響力或有不同，其背後反映出典籍善本與讀本的差異。影宋嚴州本是清人所能獲取的最好《儀禮》版本，當然受到推崇。但影宋嚴州本的首要目的是保存宋嚴州本原貌，明知有錯亦不輕改，這種高標準的影宋刻本校刊成本極高，其售價並非一般讀書人所能承受。且影宋嚴州本延續了嚴州本原本細行密字的版式，閱讀起來甚爲不便。這些因素使得黄丕烈影宋嚴州本很難成爲清代通行的《儀禮》讀本，只能作爲善本進入公藏、私藏，其地位類似於今日之《中華再造善本》。而立本齋本、稽古樓本則使用匠體字刊行，文本結構、版式行款皆舒朗整飭，且分别在文字準確度、文本結構上實現了對影宋嚴州本的超越，在刊行成本、可讀性上取得了優勢，成爲普通士子、學者的讀本，前揭莫棠、黄培芳、鄭文焯等人對二本褒揚之語便是明證，其地位類似於今日中華、上古等古籍社推出的古籍整理本。

　善本與讀本的受衆不同，流行在社會的上、下兩個層面，這決定了其編刻宗旨、版刻風格存在較大差異。學界普遍重視典籍善本，對讀本關注較少。然而讀本大多具有獨特價值，且在經典通俗化中發揮重要作用，往往可以爲我們研究學術史、文化史甚至現代古籍整理提供有益參考，值得深入研究。

（杜以恒，北京大學中文系博雅博士後）

《孟子音義》清代諸刻本版本源流及相關問題考略

李峻岫

[摘　要]　本文通過對孫奭《孟子音義》清代傳世諸刻本與毛抄本進行細緻的異文比勘和統計分析,梳理、考辨各本的源流關係,揭示其文本特徵及質量優劣,認爲粵雅堂本一定程度上保留其所出汪喜孫藏影宋抄本的原貌,通過分析粵本異文,可知汪藏本是不同於毛、黃本的另一影宋抄本;許瀚本校刻精研,吸收參考阮元等校勘成果,是一個相對質量較高的版本;抱經堂本並非盧文弨親手校定之本,而是以通志堂本爲底本,參考盧校等重新刊刻而成;孔繼涵本與韓岱雲本文本差異明顯,二者直接的版本來源應非同一本,孔本校刻質量不及韓本;通志堂本確實源自李開先藏宋蜀大字本。希望藉此爲深入整理和研究該書提供參考,同時也爲重新審視清代《孟子》及《音義》研究的流衍發展提供借鑒。

[關鍵詞]　孟子音義　版本　源流　校勘

北宋大中祥符年間孫奭所撰《孟子音義》,是一部依仿《經典釋文》體例,對東漢趙岐《孟子注》進行注音亦兼釋義、校勘的音釋之作。該書宋代曾有刊刻,但至明末清初已流傳不廣,鮮爲人知。伴隨着重視古注舊本之風的興起,清代出現了一些《孟子音義》的影抄、影刻宋本以及校刻本。其中影抄、影刻宋本,現存有清初毛扆影宋抄本(下文簡稱"毛抄本")、清宮天禄琳瑯藏影宋抄本(下文簡稱"天禄本")、嘉慶間黄丕烈影刻錢曾述古堂影宋抄本(下文簡稱"黄本")等。筆者曾對此三部影宋本的面貌特徵、文字異同及源流關係等撰專文探討。[①]其他抄本又有乾隆間《四庫全書》本(下文簡稱"四庫本")、朱邦衡手校抄本等。校刻本有康熙間《通志堂經解》本(下文簡稱"通志堂本")、乾隆間孔繼涵《微波榭叢書》本(下文簡稱"孔本")、韓岱雲刻本(下文簡稱"韓本")、龍城書院《抱經堂叢書》刻本(下文簡稱"抱經堂本")、道光間許瀚校刻甘泉汪氏藏影宋本(下文簡稱"許本")、咸豐間《粵雅堂叢書》本(下文簡稱"粵本")等。[②]

諸校刻本溯其源頭,皆直接或間接出自宋本,但因所出底本之文字互有參差,校刻時對異文的去取、校改程度不一,其源流關係較爲複雜,刊刻質量亦隨之而有差别。雖然前人已有相關研究,但仍有很多問題含混不明,有待深入全面地探討和釐清,如粵本出自汪氏所藏影宋抄本,其獨有之異文究竟是汪氏等抄校所致,還是其底本原有,通過粵本可否對汪藏影

---

①　參見拙作:《〈孟子音義〉影宋抄本考校——兼論宋蜀刻大字本之刊刻質量及文獻價值》,《儒家典籍與思想研究》第14輯,北京:北京大學出版社,2022年,第72—102頁。

②　感謝南京師範大學楊新勛教授、陳丹琪女史代爲查閲南京圖書館相關資料。

宋抄本的面貌有進一步認識;許本明確標明"校景宋本",其與影宋本的關係以及校刻質量究竟如何;抱經堂本是否爲盧文弨親手校定之本,其與南圖藏盧文弨校孔本《音義》的關係如何;孔本、韓本皆號稱出自戴震,其來源是否一致,二本的異同關係如何;通志堂本是否如清人所説,出自宋蜀大字本等等。本文擬通過對《音義》各本進行細緻的異文比勘和統計分析,梳理、考辨各本的源流關係,揭示其文本特徵及質量優劣,進而澄清、解答前述問題,也藉此爲今後深入整理和研究該書提供參考。

本文將毛抄本與通志堂本、孔本、韓本、四庫本、①抱經堂本、許本、粵本之異文對勘列表,附於文末,以見諸本之異同。毛抄本文字闕誤者列爲表一,凡 87 條;毛抄本是,諸本文字與之相異(多爲錯訛,個別兩通)者列爲表二,凡 112 條。②如此處理之緣由是,所存諸本中毛抄本產生最早,雖然後來諸本並非直接出於毛抄本,但其祖出之本皆當爲與毛抄本同源的宋本或影宋本,故以毛抄本爲據與諸本對勘,並加以比較、分析,可藉以推見諸本與宋本文字之繼承、異同關係,從而對各本的源流及文本優劣、校刻質量有更爲深入、全面的認識。③用以參校者有元旴郡翻刻宋廖瑩中世綵堂本《孟子》(簡稱旴郡本)及日本覆宋本《音注孟子》(簡稱《音注》本)。④二者皆爲附釋音本,所錄《音義》雖不全,但能反映宋元古本舊貌,故作爲參校。所據趙注《孟子》文本,如無特別説明,皆據《古逸叢書》影印宋蜀大字本《孟子》。此外,清人在《音義》方面有數種校勘成果,如阮元《孟子音義校勘記》(簡稱"阮校")、⑤繆荃孫《孟子音義札記》(簡稱"繆校")、⑥《粵雅堂叢書》本汪喜孫、曾冕士校(簡稱"汪校""曾校")、⑦王振聲《孟子音義校記》(簡稱"王校")、⑧蔣仁榮《孟子音義考證》(簡稱《考證》)等,⑨本文亦加以吸收和借鑒。以上參校文獻除正文引用外,酌情列入備注,以供讀者參考。

粵本雖然晚出,但因其底本出自源流較早的汪氏藏影宋抄本,藉由考校、分析粵本,可追溯探究汪藏本的文本面貌及特徵;許本與粵本底本同源,明乎汪藏本文本特徵,進而也能對

---

① 本文所利用之四庫本係影印文淵閣《四庫全書》本。四庫本屬抄本,本不在本文所論諸刻本之列,因其與通志堂本關係密切,爲便於分析討論,今亦一併列入。

② 爲避免繁冗,避諱之異同未計入;己、已、巳版刻混用字之異同未計入。"突突""汱汱""述述"等少末點的不規範書寫亦不計入。

③ 關於毛抄本、黄本及天禄本三部影宋本之異同,經筆者勘研究,黄本與毛抄本之間差別甚小,黄本據錢曾述古堂藏影宋抄本影刻,而錢本很可能即源於毛扆藏本;天禄本與毛抄本、黄本相校,雖異文稍多,但經筆者校析,天禄本異文當係抄寫過程中校改所致,該本當與毛、黄二本同源。(參見拙作:《〈孟子音義〉影宋抄本考校——兼論宋蜀刻大字本之刊刻質量及文獻價值》,《儒家典籍與思想研究》第 14 輯,第 89 頁)故三本之間異文差別在此可忽略不計,徑以毛抄本爲據。

④ 元旴郡翻刻宋廖瑩中世綵堂本《孟子》,《天禄琳瑯叢書》,民國二十年故宮博物院影印;《音注孟子》,《吉石盦叢書二集》,民國五至六年影印日德富氏成簣堂藏本。

⑤ 〔清〕阮元:《孟子音義校勘記》,《十三經注疏校勘記》,《續修四庫全書》第 183 冊,上海:上海古籍出版社 2002 年影印南圖藏清嘉慶阮氏文選樓刻本。阮元另有《孟子注疏校勘記》,引用時則注明書名,以示區分。

⑥ 〔清〕繆荃孫:《孟子音義札記》,《繆荃孫全集·雜著》,南京:鳳凰出版社,2014 年。

⑦ 〔宋〕孫奭:《孟子音義》,《叢書集成新編》第 39 冊,臺北:新文豐出版公司 1985 年影印清咸豐十年《粵雅堂叢書》本。

⑧ 〔清〕王振聲:《孟子音義校記》,《孟子文獻集成》卷一九五,濟南:山東人民出版社 2020 年影印《王文村遺著》本。

⑨ 〔清〕蔣仁榮:《孟子音義考證》,〔清〕王先謙:《清經解續編》第 13 冊,南京:鳳凰出版社,2005 年。

許本的校刻源流與質量做出相對公允、明晰的評價,因此本文先論析粵本,次論及許本。抱經堂本也有與粵本底本(即汪藏本)共通的異文,故結合南圖所藏盧校本之校改,進而對抱經堂本的源流情況進行梳理判定。復次對孔本、韓本的來源及異同情況加以比較分析。最後則對前人已經大體認定的通志堂本(附及四庫本)的來源情況,藉由本次的校勘統計提供一個佐證。

一、粵本

粵本,即《粵雅堂叢書》刊本,據其刊刻者伍崇曜咸豐庚申(1860)跋,該本是曾釗(字冕士)藏本,曾氏"在都門時從汪孟慈部郎假得手校影宋抄本,影抄而覆校之"。①汪喜孫(1786—1848),字孟慈,號荀叔,揚州學者汪中之子。可知粵本所據乃是汪喜孫手校影宋抄本的曾氏影抄本。汪氏、曾氏二人都曾據孔本校勘,並批校其上,曾氏弟子潘繼李(字緒卿)受伍氏囑托將二人校語整理録出,逐條繫於每篇之後,又另取通志堂本、黃本校勘,並撰校語附後。②據此可知粵本出自汪喜孫所藏影宋抄本。許本牌記稱"甘泉汪氏問禮堂藏本",來源與粵本相同(許本情況詳後文),惟粵本又經曾氏一道影抄,但追溯其源,許、粵二本所出應是同一影宋本。③

汪喜孫藏影宋抄本原本已不知所蹤,其來源及詳情現存文獻中尚未考見明確記載。④伍氏跋稱曾氏《孟子音義》影抄本"後附《孝經釋文》亦仍存,並付剞劂",⑤今《粵雅堂叢書》本《孟子音義》後確實附刻了《孝經音義》,由此可推知,汪藏影宋抄本應該是《孟子音義》與《孝經音義》的合抄本。明代前期即有《孝經》《論語》《孟子》三種音義合裝本,明《文淵閣書目》卷三著録有"《孝經論孟音義》一部一冊闕",⑥不知汪藏影宋抄本是否依據此類合裝本而來。汪喜孫自撰年譜中嘗引嘉慶二十年(1815)王念孫《答書》,其中有"尊箸《宋本論語釋文校勘記》……皆致確"云云,⑦可知喜孫早年曾校過"宋本"《論語釋文》,嘉慶二十年時已撰成《校勘記》,其校勘工作當在校《孟子音義》之前。惜史料匱乏,此"宋本"《論語釋

① 〔清〕伍崇曜:《孟子音義》跋,〔宋〕孫奭:《孟子音義》,《叢書集成新編》,第39册第195頁。
② 參見伍崇曜《孟子音義》跋,〔宋〕孫奭:《孟子音義》,《叢書集成新編》,第39册第195頁。
③ 顧永新、王耐剛二位學者均已指出許本、粵本二本同源,參見顧永新:《經學文獻的衍生和通俗化》,北京:北京大學出版社,2015年,上册第306頁;王耐剛:《孟子趙注流衍與研究》,北京大學博士論文,北京,2014年,第177頁。
④ 盧文弨《抱經堂文集》中曾提及從汪中處借得汪氏從何煌校本轉録的《孟子章指》,但未提及《音義》。王耐剛《孟子趙注流衍與研究》有論及(第176頁注)。又,汪喜孫為其父所撰年譜成於嘉慶二十五年,當時已稱先君所録《孟子章指》"今亦不存"(〔清〕汪喜孫:《容甫先生年譜》乾隆四十一年丙申條,《汪喜孫著作集》下,臺北:臺灣"中央研究院"中國文哲研究所,2003年,第1108頁)。
⑤ 〔清〕伍崇曜:《孟子音義》跋,〔宋〕孫奭:《孟子音義》,《叢書集成新編》,第39册第195頁。
⑥ 〔明〕楊士奇:《文淵閣書目》,《宋元明清書目題跋叢刊》,北京:中華書局,2006年,第4册第34頁。
⑦ 〔清〕汪喜孫:《汪荀叔自撰年譜》嘉慶二十年乙亥條,《汪喜孫著作集》下,臺北:臺灣"中央研究院"中國文哲研究所,2003年,第1192頁。王念孫此語亦見於《汪孟慈文集》稿本識語,參見《高郵二王合集·甲編 王念孫文集》,上海:上海古籍出版社,2019年,第114頁。

文》是何來源,與汪藏影宋抄本《孟子音義》《孝經音義》是否來自同一合裝本,尚不能定讞。

　　細審粵本每章後附汪氏、曾氏和潘氏校語,粵本的校改大都有校記標明,如《梁惠王上》《下》《公孫丑下》《滕文公上》四篇篇首"凡×章",汪校均注明據微波榭本補,可知這四處"凡×章"是汪藏影抄本原本缺脱,汪氏校勘時補之;其他汪校認爲底本誤,微波榭本正確的,只是注明"當從"或"從之",實際並未改字。又,伍氏跋云,"原影宋抄本仍避宋諱缺筆,亦仍之"。[①]今按粵本確實保留部分宋諱,如"畜""穀""慎"等字缺末筆(並非全部,有些未避諱),"殷""桓""構"等字則不避。相較之下,影宋本外的其他諸本則基本不避宋諱。[②]由此可知,粵本在刊刻時對底本改動較少,一定程度上保留了其所據影抄影宋抄本的原貌。因此,汪藏影宋抄本雖然已佚,但通過對粵本的考校可以間接窺知其面貌。

　　粵本表一中與毛抄本同誤的異文 23 條(表一粵本標"同"者),約佔 26%;異文正確者 63 條(除上述 23 條及第 69 條不全同於毛抄本的譌文),佔 72%。表二中與毛抄本相同者 67 條(表二粵本標"同"者),佔 60%。由此可以推知,粵本與毛抄本異文差別明顯,且存在不少新的訛誤及脱漏。王耐剛指出,汪校據微波榭本補《梁惠王上》"凡七章"字,而士禮居本並不缺此三字,可見汪氏所藏影抄本與士禮居本不是同一本。[③]筆者覈諸毛抄本,同樣不缺此三字。那麽粵本與毛、黃本等影宋本的種種不同,究竟是曾氏等人抄録或伍氏刊刻所致,還是所據汪藏本即如此? 表二中粵本的獨有異文共 26 條,其中絶大多數爲粵本訛誤。26 條異文中,15 條有汪校(8、17、31、35、37、41、47、56、70、78、79、83、94、102、104),7 條有曾校(44、58、61、64、67、87、104),1 條二校兼有(74),3 條没有校語(24、84、110)。有汪、曾二校,尤其是汪校的 23 條異文當是汪氏所藏影宋抄本原有的,而非後來抄録或刊刻所致。其中大都是一些形近而誤的訛字,如"井"誤作"并","籍"誤作"藉","郎"誤作"即","丈"誤作"文","曰"誤作"田","尼"誤作"足","父"誤作"文","僻"誤作"避","謂"誤作"諸","名"誤作"各","失"誤作"夫","巾"誤作"中","刑"誤作"利","洽"誤作"治","贍"誤作"瞻","過"誤作"遇","典"誤作"興","隅"誤作"偶","充"誤作"克",等等。再如表二第 23 條"師"誤作"帥",第 76 條"贅"誤作"字",第 81 條"曰"誤作"日",第 109 條"甚"誤作"音",第 111 條"反"誤作"切",皆有汪校或曾校,許本與之同誤,蓋皆沿襲所據底本之誤。

　　儘管粵本有上述誤字,但其底本價值却不應因此而抹殺。細勘文字,其中亦頗有勝於毛抄本處。如表一第 3 條"下子小切",毛抄本及他本皆誤作"下",唯許本、粵本作"丁"。汪校云:"微波榭本'丁'誤作'下'。"可知汪藏影宋抄本即作"丁"。繆荃孫《孟子音義札記》云:"侯氏康據景北宋鈔本作'丁子小切',謹按全書體例,出兩字有音釋者,下一字則言'下'以别之,若兩字中惟下字須音則不言'下',此條唯'勖'字有音,不必言'下'也,當從宋

① 〔清〕伍崇曜:《孟子音義》跋,〔宋〕孫奭:《孟子音義》,《叢書集成新編》,第 39 册第 195 頁。
② 除影宋本、粵本外,其他清代諸本僅"玹""眩""玄"等字缺末筆避諱,此當爲避清玄燁帝諱,非宋諱。
③ 王耐剛:《孟子趙注流衍與研究》,第 176 頁。

　　　　　　　　　　　　　　　　－ · 190 · －

本。"①所言甚是。繆氏所云作"丁"者是嘉、道間侯康所據"景北宋鈔本",雖不知其影宋本來源,但此處侯康所據影宋本及許、粵本所出之汪藏本皆作"丁",可能出自不同於毛抄本的另一影宋本系列。②又如表一第35條《滕文公上》"倍蓰"條,毛抄本作"倍謂半倍而益之","倍謂"顯誤,粵本及抱經堂本、許本作"蓰謂"是。汪校曰:"微波榭本'蓰謂'誤作'倍謂'。"亦可證"蓰謂"爲汪藏影宋抄本原有文字。第76條《盡心上》"放與"條,"子與"之"子"毛抄本及諸本皆形訛作"予",獨粵本及許本作"子"是。

粵本與毛本相校,亦有一些兩通的異文。如表二第6條"趙氏"下粵本及抱經堂本、許本皆重"玹"字,粵本有曾校曰:"玹,微波榭本不重。"第72條《萬章下》"不橈"之"橈",毛抄本及諸本作"橈",粵本及抱經堂本、許本作"撓",蜀大字本、《音注》本《孟子》同作"撓"。第105條《盡心下》"有殍"條,"皮表切,張音孚","孚"字許、粵本作"莩",粵本汪校曰:"莩,微波榭本作'孚'。"毛抄本及諸本皆作"孚",盱郡本、《音注》本亦作"孚"。按《廣韻·三十小》,"殍""莩"同音平表切,"殍,餓死,又音孚;莩,上同,又音孚";《十虞》"殍,餓死",與"莩""孚"同音芳無切,可見"殍""莩"既同音平表切,又皆有芳無切之"孚"音。此處毛抄本、通志堂等諸本及盱郡、《音注》二本皆作"孚",疑近孫注原貌。但許、粵本所對應的汪藏影宋抄本作"莩",似應代表了另一異文系統。

以上諸例,不論是粵本之誤字,或是其優勝、兩通文字,皆可證粵本所據汪藏影宋抄本與毛抄本、黃本等不同,其異文當另有淵源。又,今存毛抄本是《孝經》《論語》《孟子》三種音義之合裝本,③汪藏本則爲《孟子》《孝經》二種音義合抄本,僅就形式而言,似與毛抄本接近。但經筆者對勘二本之《孝經音義》部分,二者異文比例較高,且有些文字差別明顯,並非形近異文,此亦能佐證二影宋本非同一本的結論。

同時,粵本也有部分與毛抄本相同的優勝文字或獨特異文,顯示出其底本與毛抄本或黃本等影宋本具有同源性。表二第2、5、49、89條爲粵本獨與毛抄本同是者,此四條僅第2條無汪、曾校。試舉兩例如下:

1.表二第49條《滕文公下》"辟"條,"音壁"之"壁",諸本皆作"劈",惟粵本同毛抄本作"壁",汪校曰"微波榭本作'音劈'"。按盱郡本、《音注》本皆作"壁",當作"壁"是。

2.表二第89條,《盡心上》"樂莫"條,諸本皆作"樂道",惟粵本與毛抄本同作"樂堯"。按《孟子》原文,"古之賢王好善而忘勢"章,"樂堯"前後文皆有"樂道"一詞,《音義》此處雖是依前後順序列舉本卷"樂"字相關語詞,但實際並未一一盡列,故"樂堯"可能即是《音

---

① 〔清〕繆荃孫:《孟子音義札記》,《繆荃孫全集·雜著》,第438頁。
② 此處天禄本亦作"丁"。雖然天禄本與毛抄本有一些文字差異,但筆者通過版刻特徵、異文分布等分析認爲,其異文應當是抄寫時有意校改或無意疏誤所致,其所出底本當與毛抄本相同或同源。參見拙作:《〈孟子音義〉影宋抄本考校——兼論宋蜀刻大字本之刊刻質量及文獻價值》,《儒家典籍與思想研究》第14輯,第89頁。
③ 筆者研究認爲,毛抄本《孟子音義》原本應附於影宋抄本《孟子》之後,三種音義合裝本未必即是毛抄本之最初裝幀形態,而是後之藏家重新改裝的結果。參見拙作:《〈孟子音義〉影宋抄本考校——兼論宋蜀刻大字本之刊刻質量及文獻價值》,《儒家典籍與思想研究》第14輯,第79—80頁。

義》原文。

粤本又有 9 條同於毛抄本之優勝處,許本亦同之。包括表二第 4、13、40、52、57、59、66、71、107 條,此 9 條除第 4、40 條外,皆有汪校或曾校。試舉三例如下:

1.表二第 4 條,《孟子題辭》"趙生"條,毛抄本及許、粤本作"生",通、孔、韓、四庫、抱經堂本作"注"。《音注》本作"生",而《孟子注疏》正義包括八行本、阮本等衆本皆引作"注",疑通、孔諸本據注疏本改。孫奭《音義》乃以趙注本爲據,注疏本於孫奭身後晚出,爲托名孫奭之僞作,① 且正義引趙注及章指時多所删節改易,故不應以注疏本爲據。此處當作"生"爲是。

2.表二第 52 條,《離婁上》"惡死"條,毛抄本"下惡醉、所惡皆同"之"所惡",許、粤本同,通、孔、韓、四庫、抱經堂諸本作"喻惡"。"惡醉"見於本篇"孟子曰三代之得天下也以仁"章"是由惡醉而强酒","所惡"見於其後"孟子曰桀紂之失天下也"章"所惡勿施爾也"。"喻惡"二字則不見於經注本《孟子》及八行本《孟子注疏》。而元刻明修本、閩、監、毛本及阮刻本《孟子注疏》,"是由惡醉而强酒"下趙注文末較經注本及八行本衍"喻惡亡而樂不仁也"句,可知通、孔等諸本作"喻惡"乃據晚出之注疏本誤校改。

3.表二第 57 條,《離婁下》,毛抄本作"三十三章",許、粤本同,通、孔、韓、四庫、抱經堂諸本皆作"三十二章"。按,阮刻本《孟子注疏》"離婁章句下"篇題下小字注曰"凡三十二章",阮校云:"《音義》、閩、監、毛三本同。按此當作'三十三章',僞疏不數'人有不爲也'一章,故較少一章。《音義》本亦作'三十二',當是後人据注疏本改。"② 按,趙注《孟子》本卷實爲三十三章,《音注》本篇題下亦題作"三十三章"。而《孟子注疏》從八行本始,至後之十行諸本皆已作"三十二章",可見此誤實始於僞疏。阮元所據《音義》係通志堂本,誤作"三十二",其因當如阮元所言,係注疏本誤改。而毛抄本並許、粤本《音義》保留宋本原貌,甚爲難得。

粤本又有獨與毛抄本同誤者,包括表一第 9、12、27、29、31、57、64、81 諸條(除第 64 條外皆有汪校)。又,表一第 13、55 條(第 55 條有汪校),許、粤本獨與毛抄本同誤。其中猶可注意者爲表一第 81 條,《盡心下》"皆樂"條"下樂工……皆同",諸本中僅粤本同毛抄本作"工",通、孔、韓、四庫、抱經堂本作"其",許本作"五"。曾校曰:"當作'樂音'。'工'乃'音'之殘文,'其'乃'音'之誤。"按《孟子》趙注,該條"皆樂"出自《盡心下》"孟子曰民爲貴"章注"天下丘民皆樂其政",通志堂諸本作"其",是又將"皆樂"之"樂"與下"其"字連屬,遂致一"樂"字而重出,殊不合體例,屬誤校改。"皆樂"下一"樂"字,覈諸趙注原文,當出自"孟子曰口之於味也"章注"耳之樂音聲"。該文經注本諸本皆作"樂音聲",八行本、阮本等注疏本則改作"樂五音",當依經注本作"音"爲是。許本作"五",蓋據注疏本誤改。毛抄

---

① 參看拙作:《〈孟子〉疏作僞問題考論》,《中國典籍與文化》2014 年第 2 期,第 64—72 頁。
② 〔清〕阮元:《孟子注疏校勘記》卷八上,《十三經注疏校勘記》,《續修四庫全書》,第 183 册第 508 頁。

本及粵本作"工",則如曾氏所云,或爲殘泐所致。粵本未似他本誤改,猶能保留部分宋本原貌。另外,表一第 11、21、22 三條,即《梁惠王下》《公孫丑下》《滕文公上》三篇篇首的"凡 × 章",據汪校可知,汪藏本原本也是同毛抄本一樣缺脱。以上所舉諸條中大多有汪校或曾校,可證粵本所據影宋抄本與毛抄本確有不少共通的异文。

綜合以上粵本異文情況,可以推知,粵本所據底本,即汪藏影宋抄本,大概是不同於毛、黄本的另一影宋抄本,或來自其他舊本及校抄本,但汪藏本與毛、黄本之間應具有同源性。與毛抄本相校,汪藏影宋抄本既有部分相同的優勝文字和誤字,也有不少特異性的、勝於毛抄本或者兩通的異文。而粵本獨有的一些顯而易見的訛字,大都有汪氏和曾氏校語,推測並非曾氏抄録或伍氏刊刻致誤,可能是入藏汪氏之前更早的傳抄疏誤所致。

二、許本

許本題名"校景宋本孟子音義",内封牌記曰"甘泉汪氏問禮堂藏本　道光廿三年日照許翰刻置孟氏三遷書院"。"問禮堂",即是江蘇甘泉汪喜孫(字孟慈)的書室名。許瀚(1797—1867),字印林,山東日照人,師承高郵二王,爲道咸間著名考據學家。其與汪喜孫訂交約在道光六年(1826),以學問相磋,常互借書籍,相交近二十年。道光二十年,因汪喜孫、何凌漢等人引薦,赴濟寧主講漁山書院。道光二十三年,許、汪二人始因校刻《説文解字義證》事而反目。[①]《孟子音義》係許瀚在濟寧主漁山書院時,借汪氏藏影宋本校刻而成,刊行時間當在道光二十三年二人交惡之前。[②]

許本據汪喜孫藏影宋抄本校刻而成,其來源與粵本相同。版式依仿宋本,半頁十行、左右雙邊,與毛抄本同;每行大字二十,小字雙行同,又與毛抄本大字十八,小字雙行二十五稍有差别。字體雖然與毛抄本等影宋本不同,但仍係模仿宋代之手寫行楷,而不同於孔、韓、抱經堂本及粵本等採用清代版刻習見的宋體字,可視爲仿宋本。

雖然許本與粵本源出一本,但許本與粵本的文字差異顯著:表一中粵本與毛本同誤,許本校改是正的有 15 條(4、7、9、12、27、29、31、34、43、49、57、64、67、70、78);表二中上文提及的 23 條粵本底本原有的形近誤字,許本皆已校改。説明許本對汪藏影宋本做了諸多校改,正其疏誤。同時也保留了汪藏影宋本的諸多文字優勝處,如前文所列粵本與毛抄本相同的 9 條優勝文字,以及其他優於毛抄本或兩通的異文,許本大都與之相同。與毛抄本相校,表一許本與毛抄本同誤的異文僅 7 條(8、13、36、39、46、50、55),約佔 8%,異文正確者 78 條(除上述 7 條及第 69、81 兩條不同於毛抄本的訛文),佔 90%;表二與毛抄本同是者 90 條(表二許本標"同"者),約佔 80%。可見許本的校刻質量較之毛抄本、粵本等諸本都有明顯提升。

---

① 參見曹漢華編著《增廣許瀚年譜》(北京:九州出版社,2011 年)相關繫年。

② 據崔巍整理《許瀚日記》,道光二十四年五月二十九日,許瀚"送伊魁墨、《孟子音義》"(石家莊:河北教育出版社,2001 年,第 217 頁)。可見刊刻《孟子音義》次年,許瀚曾將《孟子音義》贈與友人。

　　許本有獨與毛抄本相同的正確異文。如表二第 60 條,《離婁下》"逄蒙"條之"逄",毛抄本及許本作"逄",其他諸本皆作"逢"。"逄""逢"之别,唐顔師古《匡謬正俗》、宋洪适《隸釋》早有校議,清人辨之更明。如錢大昕云:"《莊子·山木篇》'雖羿、蓬蒙不能眄睨',即《孟子》之逄蒙也。後世聲韻之學行,妄生分别,以'鼓逢逢'讀重唇入東韻,'相逢'字讀輕唇入鍾韻,又别造一'逄'字,轉爲薄江切,訓人姓,改逄蒙、逄丑父之'逄'爲'逢'以實之,則真大謬矣。洪氏《隸釋》引司馬相如云:'烏獲、逄蒙之巧。'王褒云:'逄門子,彎烏號。'《藝文志》亦作逄門,即逄蒙也。……洪説是也。漢魏以前未有'逢'字,其爲六朝人妄造無疑。"①阮元《校勘記》云:"按逄字从夆,逄蒙、逄伯陵、逄丑父、逄公皆薄紅反,東轉爲江,乃薄江反。……宋人《廣韻》改字作逢,薄江切,殊謬。《孟子音義》同謬,不可不正。逄蒙,古書作蠭蒙,則其字不當从夆可知矣。"②蔣仁榮《考證》云:"此六朝以後之字,非古人所有,斷不可從。……案《説文》《玉篇》有逄無逢字,顔元孫《干禄字書·東韻》云'逢,俗逄字'。"③據上述清人考證可知,漢魏之前只有"逄"字,六朝以後因音變而别造"逢"字以區分逄姓之"逄"。《孟子》蜀大字本、盱郡本、《音注》本皆作"逄蒙",可證《孟子》本作"逄"。孫氏《音義》詞頭係摘録趙注本《孟子》,亦應作"逄"。其下釋云"丁、張並薄江切,從夆,夆下江切",引録唐代丁、張二人音注,正反映了唐代已慣用後起之"逢"字區别逄姓,改"逄"爲"逢"。通志堂本等清代諸本蓋因見詞頭"逄"與其下音注"從夆"不符,遂誤改詞頭"逄"爲"逢"字。許本獨能保留古本原貌,殊爲難能。至於阮説"《孟子音義》同謬"云云,蓋因未見《音義》宋刻、毛抄等作"逄"之本。

　　毛抄本等影宋本及他本皆誤者,許本亦獨能糾正之,如:

　　表一第 78 條,《盡心下》毛抄本"凡三十七章"之"七",孔本作"九",許本作"八",其他諸本皆同毛抄本作"七"。按《音注》本,本篇題作"凡三十八章",與趙注《孟子》實際分章合,許本所改是。阮校即云:"七、九並非,當作八。"④又《孟子注疏》八行本至十行諸本本篇皆題作"凡三十九章",阮校曰:"案此當作'三十八章'。疏亦數至三十八章,又云'凡此三十九章',舛錯殊甚。"⑤由此可推知,孔本《音義》誤作"九"亦當源自僞疏。據《許瀚日記》收録之《燕臺買書記》記載,許瀚蓋於道光十五年購得阮元主持編纂的《十三經校勘記》,⑥推測其校刻《孟子音義》時應作了參考。

　　許本校刻之精確,與其晚出且能吸收前人校勘成果不無關係。上文已論及許本參考阮校。另有學者根據《許瀚日記》指出,許瀚購置過《抱經堂叢書》,内有《孟子音義》二卷,故

① 〔清〕錢大昕:《十駕齋養新録》卷五《古無輕唇音》,南京:江蘇古籍出版社,2000 年,第 103—104 頁。
② 〔清〕阮元:《孟子注疏校勘記》卷八下,《十三經注疏校勘記》,第 511 頁。
③ 〔清〕蔣仁榮:《孟子音義考證》二,〔清〕王先謙:《清經解續編》,第 13 册第 6749 頁。
④ 〔清〕阮元:《孟子音義校勘記》卷下,《十三經注疏校勘記》,第 546 頁。
⑤ 〔清〕阮元:《孟子注疏校勘記》卷十四上,《十三經注疏校勘記》,第 537 頁。
⑥ 《錫朋録下》附録二,崔巍整理:《許瀚日記》,第 48 頁。道光十五年係筆者據前後條目及崔巍先生案語推斷,曹漢華編著《增廣許瀚年譜》也繫於道光十五年(第 99 頁),可知在許氏校刻《孟子音義》之前。

許氏或許參校過抱經堂本。①從異文校勘來看,除去同出一源的粵本,許本與其他諸本中共有異文較多者當屬抱經堂本及韓本。獨與抱經堂本同者有表一第 7、70、74 條,獨與韓本同者有表一第 34、43 條以及表二第 77 條,獨與韓本、抱經堂本同者有表二第 7 條,獨與孔、韓本同者有表一第 4、69 條,獨與孔、韓、抱經堂本同者有表一第 67 條。以上十條除表一第 67、74 條外,其他異文阮校中皆曾列舉諸本情況,而阮校未列舉的韓本校改是正的其他獨有異文,許本則沒有吸收。由此可以推知,許本的校改應當主要參考了阮校及抱經堂本。

當然,許本也有個別誤改、漏改之處。如:

表一第 50 條,《離婁下》"畎夷"條"始犬切"之"始"字,韓本作"姑",毛抄本及許本、粵本等諸本皆作"始"。繆荃孫《札記》云:"《説文》'畎' 即 '〈' 之篆文,'〈' 徐音姑泫切。《廣均》二十七銑'畎' 姑泫切,《釋文》《尚書音義》'畎' 公犬反。'公''姑' 同聲,'泫''犬' 同均,此作'始',誤。"②今國圖藏許本有王國維校語,末有其跋文,亦指出此處許本漏改:"惟卷下 '畎夷始犬切' 當作 '姑犬切',古讀 '畎夷' 字如 '卷舒' 之 '卷','畎夷' 即 '昆夷' 之轉,猶如 '袞冕' 字亦爲 '卷' 也。"

表一第 81 條,《盡心下》"皆樂"條,毛抄本"下樂工……皆同","工"字粵本同,通、孔、韓、四庫、抱經堂本皆作"其",惟許本作"五"。前文粵本一節已指出,當依《孟子》經注本作"音"爲是。毛抄本及粵本作"工",或爲殘泐所致,尚保留部分原貌。許本作"五",應是據注疏本"樂五音"誤改。

表二第 76 條,《萬章下》"傳質"條,"質"字"丁讀如贄","贄"字許本及抱經堂本、粵本作"字"。按旴郡本、《音注》本皆作"贄",且覈諸《孟子音義》體例,有"如字"而無"讀如字",③故作"字"者誤。

表二第 89 條,《盡心上》"樂堯"條,毛抄本"樂堯"之"堯",粵本同,許本及他本皆改作"道"。依前文粵本一節所論,"樂堯"可能即是《音義》原文,作"道"當誤。

表二第 111 條,《盡心下》"子率"條"所類反","反"字許本及韓本、抱經堂本、粵本作"切",通、孔、四庫本同毛抄本作"反"。類此者還有表二第 16、26、68、91 諸條,皆爲毛抄本作"反",許本、粵本、抱經堂本及他本作"切"。按,反切後綴用語的轉變,學界一般認爲,唐代及之前的反切作"某某反",大約在中晚唐"某某切"才開始出現。《孟子音義》撰作並刊

① 李愛國:《孫奭〈孟子音義〉版本考述》,《古籍整理研究學刊》2021 年第 4 期,第 38 頁。不過李文未述及許瀚購得《抱經堂叢書》之時間,尚有未備。按此條記錄見崔巍整理《許瀚日記》之《涉江采珍錄》,據崔巍《校注例言》,《涉江采珍錄》爲許瀚道光十一二年在杭州學署校文時所寫(崔巍整理:《許瀚日記·校注例言》,第 3 頁),故許氏購得此叢書時間約在校刻《孟子音義》十年前。
② 〔清〕繆荃孫:《孟子音義札記》,《繆荃孫全集·雜著》,第 441 頁。
③ 李愛國《〈孟子音義〉校正》指出:"按照《音義》音注體例,若是 '如字',通常無 '讀' 字,直接寫 '丁如字'。"(《湖北社會科學》2009 年第 1 期,第 133 頁。)

行於北宋初年大中祥符年間,正處於改"反"爲"切"的演變時期,[①]故其反切注音全書以"某某切"爲主。而毛抄本殘存的作"反"的少量例證,可能反映的正是孫書之原貌,即孫書中仍有部分對舊有注音格式"某某反"的沿用,屬於改而未盡者。這種交叉使用的情況應當更接近於反切後綴演變過程中的歷史真實。許本及粵本、抱經堂本等諸本這幾處"反"字都一律作"切"字,反而泯滅了孫書之原貌。又,第 111 條粵本有曾校曰:"微波榭本'切'誤'反'。"其他四條雖無汪、曾校,但許本、粵本皆同作"切"字,應當都是沿襲了汪藏影宋本之誤。再如表二第 23 條許本"師"誤作"帥",第 81 條"曰"誤作"日",第 109 條"甚"誤作"音"等,粵本與許本同誤,且粵本皆有汪校或曾校,應當亦是許本沿襲汪藏影宋本之誤而未改者。

　　總體上來看,許本在諸校刻本中去取合理,校刻精研,是一個相對質量較高的版本。故當日王國維校此本後跋云:"影宋本誤字,此本俱已改正……此書除士禮居本外,僅有此刻可正黃本之誤,可謂家塾善本矣。"[②]認爲此本在諸本中獨能糾正影宋本(士禮居本,亦即黃本)之誤。許瀚上承高郵二王,精於金石文字、音韻訓詁之學,時人評價其校勘宋元明本書籍,"精審不減黃丕烈、顧廣圻"。[③]且許氏在《孟子》文獻研究上多有考索,撰寫過《孟子韻》[④]《孟子佚文考》《孟母仉氏考》等,[⑤]加之校訂《音義》時又吸收參考了阮元等前賢時彥的校勘成果,故其校刻本能後出專精,其佳善良有以也。

三、抱經堂本

　　盧文弨(1717—1796),字紹弓,號磯漁、檠齋,晚號弓父,人稱抱經先生。精於校勘,一生致力於校訂古籍。盧氏輯校的《抱經堂叢書》中收錄《孟子音義》二卷,附於《經典釋文攷證》之後。內封署"抱經堂校刊",但具體刊刻時間不詳。其前之《經典釋文攷證》內封刊有"孫宣公《孟子音義》、宋元憲公《國語補音》嗣出　常州龍城書院開雕"字樣,可知《孟子音義》爲後來補刻,與《釋文攷證》並非同出。而盧校本《經典釋文攷證》刊刻於乾隆五十六年(1791),[⑥]因此《孟子音義》的刊刻時間上限當在這之後。顧永新先生指出,《抱經堂叢書》今存世版本有十七種本和十八種本兩種,其中僅十八種本有《孟子音義》,[⑦]此亦可證《孟子音

① 韓丹、黄笑山《也談改"反"爲"切"——以〈文選〉諸版本音注術語的演變爲切入點》一文指出,反切後綴大規模地改"反"爲"切"始於北宋國子監本,即太宗雍熙三年(986)徐鉉校定《説文解字》與之後一系列官方書籍的印刻。(《漢語史學報》第 22 輯,上海:上海教育出版社,2020 年,第 1—14 頁。)
② 王國維:《孟子音義》跋,〔宋〕孫奭:《孟子音義》卷下,清道光二十三年許瀚校刻本(國家圖書館藏,善 A 02024),第 9 頁 b。
③ 趙爾巽:《清史稿》卷四八七《儒林傳二》,民國十七年鉛印本,第 29 頁 a。
④ 收錄於《許印林先生遺稿》,《山東文獻集成》第 1 輯,濟南:山東大學出版社 2006 年影印清光緒十四年敬齋鈔本,第 44 册第 664—674 頁。
⑤ 袁行雲:《許瀚年譜》,濟南:齊魯書社,1983 年,第 344 頁。
⑥ 〔清〕盧文弨:《重雕經典釋文緣起》,《抱經堂文集》卷二,北京:中華書局,1990 年,第 25 頁。
⑦ 參見顧永新:《經學文獻的衍生和通俗化》,上册第 301—302 頁。

義》確爲補刻。除《孟子音義》外,《叢書》中的十七種書都有各自明確的刊刻時間,最早的幾種刻於乾隆四十九年,最晚的《龍城札記》刻於嘉慶元年(1796)。《龍城札記》據其目錄末錢馥識語,乃刊刻於嘉慶元年七月,時盧文弨已去世。《孟子音義》既爲十七種之外的補刻之書,似當爲最晚收入《叢書》者,則其刊刻時間或在嘉慶元年之後,亦即盧氏去世之後。補刻時其主事之人爲誰,囿於史料,難以確知。光緒乙亥(1875),成都吳棠主持翻雕了抱經堂本《經典釋文》及《孟子音義》,繆荃孫任校字之役,並撰寫《孟子音義札記》附刊於後。

又,今存盧文弨批校孔繼涵本《孟子趙注》及《音義》,僅存卷八至卷十四及《音義》二卷,藏南京圖書館。原爲丁氏八千卷樓收藏,有丁丙手跋浮簽,題曰"孟子趙氏注十四卷 盧抱經校微波榭刊宋本",中云:"迄休寧戴震授曲阜孔繼涵、安邱刘(筆者按:當爲"韓"字誤。)岱雲鋟梓,錢塘周嘉猷有序。此本復爲盧文弨、孫志祖再校,可謂善而又善。有'盧文弨''弓父手校''志祖校過'諸印。"[1]丁氏以韓本配前六卷,第七卷則影寫孔本以足之。卷八之後有盧文弨校及跋,亦有孫志祖校語。根據此數卷卷末盧氏校跋,可知盧氏在晉陽三立書院時,曾先後於乾隆壬寅(1782)九月和癸卯二月校閱孔本《孟子》及《音義》。[2]又據該本《孟子音義上》卷末識語"二月望後患嗽,遂腸脱,呻吟甚苦,昨用五棓子、生礬,患處乃可小坐,略閱此卷……二十一日弓父書",及《音義下》卷末識語"乾隆癸卯二月二十四日盧弓父閱",可知盧氏在乾隆四十八年二月下旬校閱了孔本《孟子音義》。當時既患重疾,想來校閱《音義》時應體力不濟,是以校改之處並不多。

儘管清人大都徑以"盧文弨抱經堂本"或"盧本"稱謂抱經堂本,[3]但所謂抱經堂本是否是盧文弨親手校定之本,南圖藏盧校本與抱經堂本之間是何關係,目前學界尚未釐清。盧文弨確曾校過《孟子注疏》及《章指》,《抱經堂文集》中有《孟子注疏校本書後》及《孟子章指序》可以佐證,而關於校《孟子音義》或校刻抱經堂本《音義》則沒有盧氏相關序跋或文章提及。顧永新先生認爲:"龍城書院刻本《音義》並無盧氏序跋或別集中的片言隻語以爲證明;而且,通行的十七種本並不包含《音義》。所以,我們認爲,《孟子音義》恐非盧文弨手自校刊,或許龍城書院有人將前揭南京圖書館藏本之類的盧氏手校本《音義》錄出,托名於盧氏,附在《經典釋文》之後,以湊足全部'十三經'音義。"[4]王耐剛則根據南圖盧校本的各卷題跋,傾向於認爲抱經堂本爲盧氏所校,且大概使用了孔本作爲工作底本。[5]

南圖藏盧校本《音義》是否是抱經堂本的底本,二者之間的關係如何? 欲解答此疑問,

---

[1] 該浮簽後半文字與丁丙《善本書室藏書志》卷四"孟子趙氏注十四卷"條相同,而前半文字"前有岐自題辭"云云則與《藏書志》"孟子趙氏注十四卷"前條"孟子注疏解經十四卷"部分文字相同,參諸石祥《八千卷樓書事新考》中編第一章關於《丁志》編纂過程之考論(上海:中西書局,2021年,第141—213頁),該浮簽實爲丁丙《藏書志》之初稿。

[2] 各卷語除見於原本外,還可參見趙鴻謙:《陶風樓藏盧抱經校本述要》,《江蘇省立國學圖書館第五年刊》,1932年,第10—11頁;趙鴻謙:《盧抱經先生手校本拾遺》,臺北:"中華"叢書委員會,1958年,第6—7頁。

[3] 阮元在《孟子音義校勘記》中取"盧文弨抱經堂本"校通志堂本;繆荃孫所作《札記》中亦稱"取盧本《孟子音義》刻之"(〔清〕繆荃孫:《孟子音義札記》,《繆荃孫全集·雜著》,第443頁)。

[4] 顧永新:《經學文獻的衍生和通俗化》,上冊第302頁。

[5] 王耐剛:《〈孟子〉趙注流衍研究》,第175頁。

則惟有比勘版刻實物和深入分析文本才能解決。今觀南圖藏盧校孔本《音義》,盧校概以朱筆呈現,其校語形式有如下數種:於正文當字旁標三角標記或畫綫,天頭校語,於正文當字上做描改,於當字旁或上下補改文字。其中後兩種是對孔本文字有明確校改意見的,這類校改一共 26 處。——將此 26 處文字核對抱經堂本,可知抱經堂本同於盧校的改動共有 17 處,其餘 9 處則不同於盧校。

抱經堂本同於盧校的 17 處中有 12 處詳見本文後附兩個表格,備注中皆已標注"盧校改"或"盧校增"。餘下 5 條不見於表格者,屬於校正孔本字形不規範的情況,一一羅列如下:

1.《孟子音義序》,孔本"刊"字,盧校、抱經堂本作"刊";

2.《孟子音義序》,孔本"糹"字,盧校、抱經堂本作"參";

3.《孟子音義序》,孔本"釆"字,盧校、抱經堂本作"采"。

4.《滕文公上》"籠西"條,孔本"乗"字,盧校、抱經堂本作"舀"。

5.《萬章下》"挾長"條,孔本"恊"字,盧校、抱經堂本作"協"。

又,抱經堂本不同於盧校的 9 處,羅列如下:

1.《孟子音義序》孔本"總"字,盧校改作"揔"(毛抄本同),抱經堂本作"緫"(通志堂本同)。

2.《孟子音義序》"謹上"下,盧校補"進"字,抱經堂本及孔本等諸本皆無此字。

3.《公孫丑下》"爲兵"條,盧校在"爲我"上增"自爲"二字,"下爲"改作"爲王"。抱經堂本及孔本等諸本皆未增改。

4.《離婁上》"惡得"條,孔本"烏可已"之"烏",盧校改"惡"字(韓、許、粵本同),是。抱經堂本作"烏"(通、孔、四庫本同)。

5.《離婁下》孔本"凡三十二章",盧校改"二"作"三"(毛抄本、許、粵本同),是,詳前文粵本一節。抱經堂本作"二"(通、孔、韓、四庫本同)。

6.《萬章下》孔本"凡七章",盧校改"七"作"九"(毛抄本、許、粵本同),是。抱經堂本作"七"(通、孔、韓、四庫本同)。

7.《告子下》"匹雛"條,孔本"丁作疋雛",盧校改"疋"作"尐",抱經堂本及孔本等諸本皆作"疋"。按,此係盧校誤改,應是下一"疋"字作"尐"。

8.《盡心上》"柚樺"條,孔本"醋"字,盧校改爲"酢",眉批"酢乃古醋字"。抱經堂本及孔本等諸本皆作"醋"。

9.《盡心下》孔本"凡三十九章",盧校改"九"作"八"(許本同),是,詳前許本一節。抱經堂本作"七"(毛抄本、通、韓、粵本同)。

由以上不同處可以看出,抱經堂本並沒有完全採納盧校的校改成果。尤其是第 1 條和第 9 條,抱經堂本既不同於盧校,又不同於孔本,説明抱經堂本別有所據。而且這兩條僅通志堂本皆與抱經堂本文字相同,推測抱經堂本或參據了通志堂本。至於盧校的依據,從 26 處盧氏所作校改與其他早於盧校的諸本(毛抄本、通志堂本、孔本、韓本、四庫本)比勘的結果來看,上述 9 條中第 1、5、6 條獨與毛抄本同,第 4 條獨與韓本同,表一第 63 條、表二第 111 條獨與韓本同,表二第 69 條獨與通志堂本同,且有一些獨特的不同於諸本的校改之處,推測盧校或參考了影宋本、韓本、通志堂本等,同時部分運用了理校。

那麼抱經堂本究竟以何本爲底本,則惟有通過異文比勘分析才能得出相對確鑿的結論。經比勘、統計,表一與表二凡 199 條中,抱經堂本與他本異文同者,毛抄本有 82 條,通志堂本 157 條,孔本 136 條,韓本 143 條,四庫本 152 條,許本 156 條,粵本 122 條,可見諸本中除後出的許本外,抱經堂本與通志堂本相同文字最多。表二孔本獨誤的 17 條(18、29、30、36、39、42、43、48、54、73、75、82、90、95、96、98、99)中,①有 5 條係盧校已校改、抱經堂本同改,其餘 12 條盧校未改,抱經堂本亦未遵從孔本,亦即這 17 條抱經堂本皆不與孔本同。結合前述抱經堂本沒有完全採納盧校的情況,可知無論是盧校孔本還是單純的孔本,均非抱經堂本的底本。而抱經堂本與通志堂本文字相同處在諸本中最多,前述未遵從盧校及孔本的兩個例證(第 1 條和第 9 條)中,又僅通志堂本皆與抱經堂本相同。另外,《公孫丑上》"函音含"至"不中張仲切"五條,抱經堂本全部脫漏,核諸通志堂本,這五條恰好佔據書版一整行,而毛抄本及其他諸本則分佈於兩行上。此適足以印證抱經堂本正是以通志堂本爲底本,蓋手民刻版時因疏漏錯行而導致整行文字脫漏。由此我們可以斷定,抱經堂本是以通志堂本爲底本而校改刊刻的,同時擇取吸收了部分盧校。

抱經堂本有獨與粵本相同、不同於其他本的多處異文(或僅許本同於粵本),值得引起關注。如表一第 35 條 "倍" 作 "菳";表二第 6 條重 "玹" 字,第 12 條脫 "皆" 字,第 72 條 "橈" 作 "撓",第 76 條 "贊" 誤作 "字",第 86 條 "睨" 誤作 "睍"(以上表一第 35 條,表二第 6、76 條粵本有汪、曾校)。此類與粵本共通的異文和脫誤,顯示出抱經堂本或許參考過與粵本底本即汪藏影抄宋本相同或相近的版本。又如表一第 23 條 "筧" 作 "莧",第 52 條 "乃" 作 "難",第 68 條 "穆" 作 "繆",抱經堂本不獨與許本、粵本相同,亦與韓本同,那麼這三條有沒有可能是抱經堂本參照韓本所做的校改?將韓、抱二本相比勘,可知韓本獨有的一些正確異文抱經堂本並未採納。如表一第 34、36、43、50 條,四者韓本皆是,但抱經堂本並未從之。僅表二第 7 條韓本改 "勧" 作 "勷",抱經堂本與之相同。又,上述三條抱經堂本與韓、許、粵本同者,粵本皆有汪、曾校,依前文所論,應是粵本底本即汪藏影抄宋本所具有的異文。據此推測,抱經堂本參校與汪藏影宋抄本相同或相近之本的可能性更大。

綜上可知,抱經堂本既非盧文弨手校之本,亦未直接採據盧校之孔本,而是以通志堂本爲底本,參考吸收部分盧校及影宋本等衆本異文,重新刊刻而成的一個版本。

---

① 第 18 條孔、韓本皆誤,但係不同誤字。

四、孔本、韓本

孔本、韓本皆刊刻於清乾隆年間,先後刊刻於乾隆三十八年和四十六年。二本均係《孟子趙氏注》十四卷附刻孫奭《孟子音義》兩卷,版式、行款相同。前人一般認爲二者底本來源一致,皆爲戴震校録本。如阮元《孟子注疏校勘記序》稱,"休寧戴震授曲阜孔繼涵、安邱韓岱雲錄版"。①但韓本晚於孔本八年,並不知孔刻在先。關於二本的具體來源,從其各自的跋文來看,記述亦不同。根據孔本乾隆三十七年戴震跋及三十八年孔繼涵跋,可知孔本來自戴震校本,而戴校本是依據毛扆、何煌兩種校本及毛扆影抄章丘李氏藏宋蜀大字本之《篇叙》,參訂彙校而成。毛校本"稱引小宋本、元本、抄本,又有宋本,又或稱廖氏本,而逐卷之末多記從吳文定抄本一校",何校本則參據的是元盱郡重刊廖本。②韓本據乾隆四十六年韓岱雲跋,其底本是戴震從四庫館藏抄録的副本而交付益都李文藻(號南澗)者,而戴抄本依據的可能是毛扆影抄梁清標(字玉立)藏宋刊本。另外,韓本刊行之前,由李文藻之弟李文濤以及楊峒、段松苓等人"重加雠校,訂其闕訛"。③顧永新先生認爲,韓跋對其底本的交待存在矛盾之處,而韓本的另外一篇周嘉猷跋,對於版本來源的叙述則更加籠統。④雖然孔、韓二本皆來自戴震,但至少從各自跋語來看,其來源不盡相同,且文獻記述有含混矛盾之處。二者均是參校衆本、重構而成的新刻本,其來源構成較爲複雜。

當然,以上所引戴震等人所述孔、韓二本的來源情況,主要是就其主體部分《孟子趙氏注》而言,至於其後所附《音義》的版本情況則更加語焉不詳。要考察二本《音義》的來源及關係,則非分析、比勘異文不可。表一 87 條中,孔、韓本相同者 67 條,包括二本皆同毛抄本者 5 條(3、7、35、70、76),不同毛抄本者 62 條(1、2、4、6、9、10、11、12、13、14、15、16、17、18、19、20、21、22、24、25、26、27、29、30、32、37、38、38、41、42、44、46、47、51、53、54、55、56、57、58、59、60、61、62、63、65、66、67、69、71、74、75、77、79、80、81、82、83、84、85、86、87);孔、韓本不同者 20 條,包括二本一同毛抄本一不同毛抄本者 16 條(5、8、23、28、34、35、39、43、45、48、49、50、52、68、72、78),皆不同毛抄本者 4 條(31、33、63、73)。表二 112 條中,除去孔、韓本外,他本的獨有異文 34 條(即四庫本、抱經堂本、粵本獨有的誤字、脱文:8、10、17、22、24、25、27、31、37、38、41、44、47、50、53、56、58、61、64、67、70、78、79、80、83、84、87、93、94、102、103、104、106、110),餘下 78 條中孔、韓本相同者 34 條,包括二本皆同毛抄本者 11 條(6、12、23、69、72、76、81、86、105、108、109),不同毛抄本者 23 條(3、4、5、13、14、16、19、26、32、40、49、

---

① 〔清〕阮元:《孟子注疏校勘記序》,《十三經注疏校勘記》,第 469 頁。
② 〔清〕戴震:《孟子趙注》附《孟子音義》跋,〔漢〕趙岐、〔宋〕孫奭:《孟子趙注》附《音義》卷下,清乾隆三十八年孔氏刻《微波榭叢書》本,第 8 頁 b。
③ 〔清〕周嘉猷:《孟子趙注》附《孟子音義》跋,《音注孟子》(外二種),《日本五山版漢籍叢刊》第 1 輯,北京:北京大學出版社 2018 年影印日本斯道文庫藏清周嘉猷、韓岱雲等刻本,下册 1579 頁。
④ 參見顧永新:《經學文獻的衍生和通俗化》,上册第 298 頁。

52、55、57、59、60、66、68、71、89、92、101、107）；孔、韓本不同者44條,包括二本一同毛抄本一不同毛抄本者42條(1、7、9、11、15、20、21、22、29、30、33、34、35、36、39、42、43、45、46、48、51、54、62、63、65、73、74、75、77、82、85、88、90、91、95、96、97、98、99、111、111、112),皆不同毛抄本者2條(2、18)。二表合計,165條中孔、韓本不同者64條,約佔39%。可見孔、韓本存在一定比例的異文,其文本差異是比較明顯的。雖然上溯二者的祖本皆應是宋本,且均號稱出自戴震,但二者直接的版本來源應非同一本。

表一87條中,孔本與毛抄本同誤者19條(表一孔本標"同"者),佔22%,韓本僅8條(表一韓本標"同"者),佔9%;異文正確者孔本65條(上述19條及第39、69、81條諸本皆誤者除外),佔75%,韓本77條(上述8條及第69、81條諸本皆誤者除外),佔89%。表二78條中,孔本與毛抄本同是者有27條(表二孔本標"同"者,孔、韓本外他本的獨有異文34條除外),佔35%;韓本有37條(表二韓本標"同"者,孔、韓本外他本的獨有異文34條除外),佔47%。雖然二本並非直接出自毛抄本,但通過與毛抄本脫誤及正確文字的比較統計,可以看出,孔本、韓本與直接出自宋本之毛抄本文本差異明顯,既有大量是正影宋本之異文,也有不少新的訛誤和脫文。這應與二者文本來源複雜,出自輾轉之校抄本有關。比較而言,孔本的誤字脫文較韓本爲多,其校刻質量不及韓本。而韓本更是有多處勝於其前諸本的獨有異文,如表一第34條韓本於"廢切"上補"魚"字,第36條"一作"下增"萐"字,第43條改"帶"作"滯",第50條改"始"作"姑"。又如表二第7條改"勤"作"勳",第46條改"嘽"作"謹",第65條改"音勳"作"勳同",皆異於衆本,阮校皆以韓本爲是。韓本又有幾處異文獨與粵本相同,[①]包括表一第23條"筧"作"莧",45條"烏"作"惡",第52條"乃"作"難",第68條"穆"作"繆",表二第111條"反"作"切",且以上五條除第45條外粵本皆有汪、曾校,可知是粵本底本(汪藏影宋抄本)原有之異文,故推測韓本所據底本或者韓本校刻時可能參考過與汪藏影宋抄本相同或相近之本。同時也應看到,還有不少粵本的獨有異文,韓本並不與之相同,因此,這種參考應當也是有限的。

五、通志堂本、四庫本

《通志堂經解》刊刻於康熙年間,[②]通志堂本是清代最早出現的《孟子音義》校刻本。關於其底本來源,翁方綱校訂《通志堂經解目録》中未及。學者一般據清人朱學勤《四庫簡明目録》標注,認爲其出自李中麓藏宋本。[③]李開先(號中麓)藏宋蜀大字本,亦即毛扆影抄所出之本。清何焯《跋孟子音義》云:"《篇叙》自世綵堂以下諸刻皆闕,毛丈斧季爲東海司寇

---

① 如下幾條抱經堂本或許本亦同,但刊刻時間皆晚於韓本,故此處不予討論。
② 關於《通志堂經解》的刊刻時間,一般認爲始於康熙十二年(1673),完成於十九年,但近年有研究認爲其完成時間爲康熙三十年。參見楊國彭:《通志堂經解刊刻問題新探》,《中國典籍與文化》2019年第2期。
③ 參見王耐剛:《孟子趙注流衍與研究》,第173頁;顧永新:《經學文獻的衍生和通俗化》,上冊第294頁。

購得章邱李中麓少卿所藏北宋本乃有之,余又傳於毛氏也。"① 按,東海司寇即徐乾學,據何氏跋,則毛扆所購李開先藏《孟子音義》後被徐乾學所得。② 如是,則徐乾學刻印《通志堂經解》時依據此宋本亦在情理之中。不過今存徐乾學《傳是樓宋元版書目》中並未著録此本,《傳是樓書目》中則著録"《孝經釋文》一卷附《論語》《孟子音義》一本",③ 爲三經之《釋文》(《音義》)合刻本,亦不似李開先藏本。④ 孫楷第先生嘗考辨何焯所校李開先藏元刊雜劇及舊抄本雜劇不見於徐乾學書目,指出:"今行《傳是樓書目》劉喜海所目爲定本者,據《傳硯齋叢書》本《傳是樓宋元板書目》卷首所附徐衡與吳丙湘書,知亦非定本。然則此二書不見於毛、徐二家書目,尚未可云二家無其書。"⑤ 其論甚是。另,通志堂本的行款不同於毛抄本等影宋本,字體是康熙時流行的寫刻字體,避諱只避"玄""眩"諸字,此係避清玄燁帝諱,非宋諱,故前人將該本與黃本並稱爲"覆宋本"⑥ 之説法實有不確。

至於四庫本之底本來源,未見明確記載,《四庫總目》云其爲"兩江總督採進本"。⑦ 四庫本系統的各閣本有時會存在底本不同的情況,關係較爲複雜。就文淵閣本《孟子音義》而言,很可能出自通志堂本。顧永新先生指出,《四庫採進書目·兩江第一次書目》著録《孟子音義》二卷,"雖未注明版本,但據其前後所著録之書推斷,當爲《通志堂經解》本"。⑧《四庫採進書目》《孟子音義》前後著録書目與《通志堂經解》所收書書目、次序相同,其論當是。

表一 87 條中,通志堂本與毛抄本同誤者凡 26 條(表一通志堂本標"同"者),約佔 30%;異文正確者 59 條(除上述 26 條及第 39、81 條諸本皆誤者),約佔 68%。四庫本與毛抄本同誤者凡 24 條(表一四庫本標"同"者),約佔 28%;異文正確者 61 條(除上述 24 條及第 39、81 條諸本皆誤者),約佔 70%。表二 112 條中,通志堂本與毛抄本同是者凡 83 條(表二通志堂本標"同"者),約佔 74%;四庫本與毛抄本同是者 81 條(表二四庫本標"同"者),約佔 72%。由此可推知,通志堂本、四庫本大概改正了影宋本或宋本約 2/3 的明顯訛誤,同時也在校刻或抄寫中產生一些新的錯訛。在清代諸本中,除了其他影宋抄本或影刻本,通志堂本相對來説是最爲接近毛抄本文字原貌的。毛抄本中的形近及版刻誤字,通志堂本仍襲最多。如"氾"誤作"汜"、"盲"誤作"肓",僅通志堂本仍其誤,其他諸本皆已改正;"卻"誤作"郤",

---

① 〔清〕何焯:《義門先生集》卷九,清道光三十年刻本,第 2 頁 a。

② 潘天禎先生認爲何焯所言"爲東海司寇購得"云云"蓋微言也",實際爲徐乾學豪奪而去。(見氏著:《潘天禎文集》下編《毛扆書跋零拾》,上海:上海科學技術文獻出版社,2002 年,第 286 頁。)

③ 〔清〕徐乾學:《傳是樓書目》"經部·孝經"類,清道光七年劉氏味經書屋抄本,第 60 頁 a;又,清陸香圃三間草堂抄本,第 48 頁 b。後"孟子"類又著録"《孟子音義》二卷陸德明 附《孝經》後"(清道光七年劉氏味經書屋抄本,第 65 頁 a;清陸香圃三間草堂抄本,第 52 頁 b),當爲同一本。

④ 李開先藏本當爲《孟子》趙注本附《音義》的形式。參見顧永新:《經學文獻的衍生和通俗化》,上册第 292 頁。拙作《〈孟子音義〉影宋抄本考校——兼論宋蜀刻大字本之刊刻質量及文獻價值》對此亦有考論。

⑤ 孫楷第:《也是園古今雜劇考》,北京:中華書局,2021 年,第 138 頁。

⑥ 中國科學院圖書館整理:《續修四庫全書總目提要 經部》"孟子音義二卷附札記一卷"(倫明撰),北京:中華書局,1993 年,第 920 頁。

⑦ 〔清〕永瑢等:《四庫全書總目》卷三五《經部四書類一·孟子音義》,北京:中華書局,1965 年,第 291 頁。

⑧ 顧永新:《經學文獻的衍生和通俗化》,上册第 294 頁。

僅通志堂本、四庫本仍其誤;"棘"誤作"棘"四處,僅通志堂本、四庫本及孔本仍其誤。又如表一第 69 條"訑訑"條毛抄本多處字誤,雖然其他諸本異文亦不盡是,但皆有不同程度的校改,唯獨通志堂本、四庫本完全因襲。當然,對毛抄本的正確異文,通志堂本也有部分承襲。如毛抄本五處反切後綴作"反"字者(表二第 16、26、68、91、111 條),通志堂本有三條因襲毛抄本,是衆本中因襲最多者,其他諸本則多改作"切"字。毛抄本即據李開先藏宋蜀大字本影抄,因此,通過以上異文統計分析,可以印證朱學勤所説,通志堂本確實源於李開先藏宋蜀大字本。而四庫本亦應出自通志堂本,二者異文相似度很高。

結　語

以上主要對《孟子音義》現存主要版本,亦即清代幾部校刻本與毛抄本進行異文比勘和統計分析,藉此考察諸本的源流關係、文本特徵及刊刻質量。本文的結論可歸納爲如下幾點:

一、粵本在刊刻時對底本改動較少,一定程度上保留了其所出汪藏影宋抄本的原貌。分析粵本異文可知,汪藏本是不同於毛、黄本的另一影宋抄本,或來自其他舊本及校抄本,但汪藏本與毛、黄本之間應具有同源性。與毛抄本相校,汪藏影宋抄本既有部分相同的優勝文字和誤字,也有不少特異性的、勝於毛抄本或者兩通的異文。而粵本獨有的一些顯而易見的訛字,大都有汪氏和曾氏校語,推測並非曾氏抄録或伍氏刊刻致誤,可能是入藏汪氏之前更早的傳抄疏誤所致。二、許本在諸本中晚出而校刻精研,吸收參考阮校等前人校勘成果,對汪藏影宋本做了諸多校改,正其疏誤,成爲諸本中質量相對較高的版本。三、抱經堂本並非盧文弨親手校定之本,亦未直接採據盧氏所校之孔本,而是以通志堂本爲底本,參考盧校及影宋本等衆本異文,重新刊刻而成的一個版本。四、孔本與韓本文本差異明顯,雖然二者均號稱出於戴震,但二者直接的版本來源應非同一本,且來源複雜。比較而言,孔本的誤字脱文較韓本爲多,其校刻質量不及韓本。五、除影宋抄本及影刻本外,通志堂本在清代諸本中相對而言最爲接近毛抄本文字原貌,清人源於李開先藏宋蜀大字本之説當是。四庫本亦應出自通志堂本,二者異文相似度較高。

通過比勘異文,分析諸本源流關係,判定文本質量,還可以啓發我們從學術史層面對清代《孟子》及《音義》研究的流衍發展有更清晰的認識。《孟子音義》宋本在明清之際的發現、流傳以及輾轉抄録、履次校刻,與清代《孟子》相關研究的發展關係密切。[①]清代中前期的許多學者已認識到疏文之僞及對趙岐章指之删節改易,如編寫於乾隆時期的《四庫全書總目》指出,《音義》中的一些條目之所以不見於"今本注文",[②]是因爲"僞正義删改其文,非復趙

---

① 顧永新《〈孟子音義〉〈正義〉辨——以學術史的考察爲中心》一文對此有專題探討,參看氏著:《經學文獻的衍生和通俗化》,上册第 270—313 頁。

② 《四庫總目》所列"今本注文"中所無的六十九條,係出自趙岐《章句》之章指和《篇叙》。按《總目》上下文,"今本注文"係指《孟子注疏》本之注文而言。蓋四庫館臣所據爲《孟子注疏》本,而僞疏本無《篇叙》,且割裂章指。

岐原書，故與《音義》不相應"，且肯定《音義》之價值，"可以證趙岐注之舊，並可以證孫奭疏之僞"。[①]通志堂本、孔本、韓本、四庫本、抱經堂本皆直接或間接出自宋本，體現了其時對《孟子》古本舊注的重視，其刊刻對於《音義》在清代的流傳推廣起了很大作用。但遺憾的是，上述諸本在校勘實踐中尚不能充分認識到《孟子》經注本與注疏本版本系統之間的源流差異，遂誤據晚出之注疏本校改《音義》。即便是同時刊刻了經注本《孟子》的孔本、韓本，在校改《音義》時仍囿於前人習見，未能自覺利用經注本有所糾正。至嘉慶年間，阮元等人校刻《十三經注疏》並編撰《校勘記》，以經注本《孟子》及《音義》校注疏本，對僞疏之改竄以及經注本與注疏本兩個版本系統的差異有了更深入和全面的認識，對《音義》亦採集衆本，單獨撰寫《校勘記》，可謂集大成之作。但阮校未能利用宋刻或影宋本《音義》，是其缺憾。許本採用汪藏影宋抄本作底本，一方面保留影宋本的文字優勝處，一方面借鑒參考阮校等前人校勘成果，故能後出轉精，但許本仍有個別處誤用注疏本改底本，或因襲底本之訛，是其未能完全突破前人局限。粵本最爲晚出，但因對底本改動較少，且有先後三位整理者的校記，反而更多保留了其所出汪藏影宋本的原貌，雖不乏亥豕之誤，但仍具有重要的校勘價值。可以說，清代不同時期學者對《孟子》經注本、注疏本及《音義》版本源流的認識，所秉持校刻觀念、原則的差異，及其所獲見利用的版本範圍，直接影響到《音義》諸本最後呈現的版本面貌和文字質量。清人對於《孟子》僞孫疏的揭示，對於經注本及《音義》文本價值的發掘，及其校刻實踐中的具體成就和局限，無疑將會爲我們進一步深入、準確地整理、研究《孟子》趙注及《音義》提供有益的參考。

---

① 〔清〕永瑢等：《四庫全書總目》卷三五《經部・四書類一・孟子音義》，第 292 頁。

表一

序號	篇目	條目	毛抄本	通志堂本	孔本	韓本	四庫本	抱經堂本	許本	粵本	備注
1	孟子題辭	錆錯	車釒	釭	釭	釭	釭	釭	釭	釭	
2		衿	衿	衿	衿	衿	衿	衿	衿	衿	
3	梁惠王上	心劘	下子小切	同	同	同	同	丁	丁	丁	
4		集糅	此條在"王好"條下	同	改置"亦樂"條上	改置"亦樂"條上	同	同	改置"亦樂"條上	同	
5		嘔	音糠	同	同	糠	同	糠	糠	糠	
6		不瞀	不瞀	瞀	瞀	瞀	瞀	瞀	瞀	瞀	盧校改。
7		於物	丁本作仍	同	同	同	同	切	切	同	
8		剌人	剌	剌	剌	剌	剌	剌	剌	剌	
9		便嬖	婢氏切	條	條	條	條	條	條	同	盱郡本《音注》本"便"字皆作"婢條"切,作"條"是。
10		鬪鬩	罪與	鼎	鼎	鼎	鼎	鼎	鼎	鼎	《孟子》無"罪與"文,作"鼎"是。
11	梁惠王下	凡十六章	脫	有	有	有	有	有	有	有	汪校:《孟子》"罪與"文,作"鼎。"
12		其相	下相亡同	土	土	土	土	士	土	末	按《孟子》文,當作"士"。
13		畜君	下子畜同	下注子畜同	下注子畜同	下注子畜同	下注子畜同	下注子畜同	同	同	
14		鴍夋	工可力	切	切	切	切	切	切	切	
15		魯鬨	閧鬪,鬥	閧、鬪、鬥	閧、鬪、鬥	閧、鬪、鬥	閧、鬪、鬥	閧、鬪、鬥	閧、鬪、鬥	閧、鬪、鬥	
16	公孫丑上	大過	章表	末	末	末	末	末	末	末	
17		氓	氓,……音昬音盲	皆	皆	皆	皆	皆	皆	皆	
18		函	音舍	含	宮	宮	含	宮	含	宮	《音注》本作"宮",是。
19								此條脫漏			
20		相楊課程	相楊課程	相楊課程	相楊課程	相楊課程	相楊課程	相楊課程	相楊課程	相楊課程	

續表

序號	篇目	條目	毛抄本	通志堂本	孔本	韓本	四庫本	抱經堂本	許本	粵本	備注
21	公孫丑下	凡十四章	脫	有	有	有	有	有	有	有	汪校:"據微波樹本補。"
22	滕文公上	凡五章	脫	有	有	有	有	有	有	有	汪校:"據微波樹本補。"
23		覿	古筧切	同	同	覓	同	覓	覓	覓	《廣韻》覿字有"古筧切"音,覓,覿均屬禰韻,而覓屬錫韻。阮校云:"孔本,作'覓'。案,從竹非也。"今按旴郡本,《音注》本皆作"古筧"。又,《離婁上》"爾",《離婁下》"瞷夫",《音義》皆注作"古筧切"。
24		瞑眩憒亂	瞑或作慎,即音顛	慎	慎	慎	慎	慎	慎	慎	
25		廥	音義與粼同	粼	粼	粼	粼	粼	粼	粼	
26		督趣	督	督	督	督	督	督	督	督	
27		紾綯	下音挑	桃	桃	桃	桃	桃	桃	同	綯、桃,《廣韻》皆屬豪韻;挑,《廣韻》屬蕭韻。旴郡本,《音注》本作桃。
28		嘔其乘屋	音㽮	㽮	同	㽮	同	㽮	㽮	㽮	
29		肸肸	丁作肸,許乙切	肸	肸	肸	肸	肸	肸	同	"丁作肸"之"肸"與此條詞頭雷同,當誤。《廣韻》肸一音"許乙切"。肸為肸之俗字,疑本當作肸。
30		搆屢	褊	褊	褊	褊	褊	褊	褊	褊	
31		贏路	字亦作贏	贏	贏	德	贏	贏	贏	同	阮校:"孔本,盧本作贏是也。"
32		汜濫	汜濫	汜	汜	汜	汜	汜	汜	汜	
33		鳴鴂	毛詩作□	鴂	鴂	鴂	鴂	鴂	鴂	鴂	
34		懲艾	丁廢切	同	同	"廢"上有"魚"字	同	同	"廢"上有"魚"字	同	阮校:"魚字當有。"繆校:"《廣韻》二十廢:艾,魚肺切。當從韓本。"

續表

序號	篇目	條目	毛抄本	通志堂本	孔本	韓本	四庫本	抱經堂本	許本	粵本	備註
35	滕文公下	倍蓰	倍謂半倍而益之	同	同	同	同	蓰	蓰	蓰	
36		倍蓰	一作五倍曰蓰	同	同	"作"下有"蓰"字。	同	同	同	蓰	
37		籠霤	楚洽切	洽	洽	洽	洽	洽	洽	洽	雷，《廣韻》"楚洽切"。《音注》本作"洽"。
38		簞食	比章	此	此	此	此	此	此	此	
39		嚌也	音鬐	躋	躋	同	躋	躋	同	同	諸本皆誤。阮校："考《玉篇·齒部》：'齌，荒貫切，呼也，與映同。'然則丁云按《玉篇》作齌，轉爲音躋。"今映本應作齌，與《玉篇》同，"嚌"字注曰"荒貫切，與映本應作齌，毛本等訛作躋，四庫諸本又訛作躋。
40		矒	矒	矒	矒	矒	矒	矒	矒	矒	
41	離婁上	氾	氾	同	氾	氾	氾	氾	氾	氾	
42		已頻顣	頻亦作顰	顣	顣	顣	顰顣同	顣	顣	顣	
43		流於彘	丁音帶	同	同	滞	同	同	滞	同	阮校："作滞是也。"
44		瘦	瘦	廋	廋	廋	廋	廋	廋	廋	
45		惡得	烏可已也	同	同	惡	同	同	惡	惡	
46		晢	晢	同	晢	晢	同	同	同	同	此處蜀大字本作晢（表二第108條《盡心下》，蜀大字本作晰）。曾晢之晢，本從白。晢爲後起省訛分化之字。《說文解字》："晢，人色白也。從白。"段注："今字皆省作晢，非也。"《正字通》："按以白者爲省之晢，從日者爲明辨之晢，二字義各異也。"

續表

序號	篇目	條目	毛抄本	通志堂本	孔本	韓本	四庫本	抱經堂本	許本	粵本	備注
47		興適	丁音讁	讁	讁	讁	讁	讁	讁	讁	
48		嘔見	音穅	同	同	穅	同	穅	穅	穅	
49	離婁下	底	底	底	同	底	底	底	底	同	阮校:"當作底。"蜀大字本,叶鄩本作"底",《音注》本作"底"。
50		駚夷	始犬切	同	同	姑	同	同	同	同	
51		橋杌	撟	橋	橋	橋	橋	橋	橋	橋	
52		何難	下……其難、赴乃、死難皆同	同	同	難	同	難	難	難	
53		我由	丁云田與嬬義同	由	由	由	由	由	由	由	
54		瞷夫	瞷	瞷	瞷	瞷	瞷	瞷	瞷	瞷	
55		蚤	蚤	在下"蹙"字條下	在下"蹙"字條下	在下"蹙"字條下	在下"蹙"字條下	在下"蹙"字條下	難	由	
56	萬章上	不見	比章	此	此	此	此	此	此	此	
57		浚	浚	在上"搚"字條上	在上"搚"字條上	在上"搚"字條上	在上"搚"字條上	在上"搚"字條上	在上"搚"字條上	同	
58		瘫	瘫	癏	癏	癏	癏	癏	癏	癏	
59		好事	卷末	末	末	末	末	末	末	末	
60	萬章下	不與	音豫	豫	豫	豫	豫	豫	豫	豫	
61		接淅	浙,丁張並先歷切	淅	淅	淅	淅	淅	淅	淅	
62		顏般	☐(音字殘)	音	音	音	音	音	音	音	

續表

序號	篇目	條目	毛抄本	通志堂本	孔本	韓本	四庫本	抱經堂本	許本	粵本	備注
63	告子上	卻之	卻	同	劫	卻	同	卻	卻	卻	盧校改。
64		搏之	丁作博	搏	搏	搏	搏	搏	搏	同	
65		有恬亡之	悔各利害	吝	吝	吝	吝	吝	吝	吝	
66	告子下	揣	初	初	初	初	初	初	初	初	
67		匹雛	疋小也	同	心	心	同	心	心	同	
68		繆公	下注秦繆同	同	同	繆	同	繆	繆	繆	
69		詑詑	字作詑者……詑……詑本皆作詑……借讀為詑	同	字作詑者，詑詑，同，同	字作詑者，詑詑，同，同	同	字作詑不，同，同，同	字作詑者，詑詑，同，同	同，同，同，借讀為詑	諸本皆音訛。粵本曾校曰："微波榭本'字作詑者'，詑詑音怡，'借讀為詑'，四詑字皆作詑。按《說文》有詑(即詑字之變)，無詑，故微波榭本改作詑耳。今考《說文》'詑，欺也'，丁音他，又引《說文》為諉，若作詑，孫破作詑，惟諸本作詑，孫似是諸本作詑，故張'吐禾切'，丁音他，又引《說文》為諉，則《說文》所無，不應先引《說文》'字作詑者，音怡'云'字作詑者，音怡，矣。云'字作詑者，音不音善言之詑不同。趙注云'詑詑，自足其智不喜善言之貌，與注'明與吐禾切之詑不同。詑詑者，自足其智不喜善言之詑，不合注意，當借讀為詑，音怡'也。詞音明了如此，乃欲引《說文》之義以繩之，非孫氏之舊。今按：曾校作'詑詑'，此條大字作'詑詑'，'諸本皆音所言近是'，依諸本皆音作'詑'，其他四字作'詑'。
70		醬	醬	同	同	同	同	此條在下"曾益"條下	此條在下"曾益"條下	同	

續表

序號	篇目	條目	毛抄本	通志堂本	孔本	韓本	四庫本	抱經堂本	許本	粵本	備註
71	盡心上	嘔見	土吏切	去	去	去	去	去	去	去	吁郡本、《音注》本皆作"去"。嘔，《廣韻》"去吏切"。
72		嘔其	音棘	同	同	棘	同	棘	棘	棘	
73		曤曤	"曤曤"及注文"曤"	曤	曤	曤	曤	曤	曤	曤	曤爲本字。《說文解字》："从日皋聲。"又，《玉篇》作"曤"。段注："俗从白作曤。"曤，《正字通》："俗字。"曤亦爲俗字。
74		緼袍袾	緼袍袾	緼袍袾，袾	緼袍袾，袾	緼袍袾，袾	緼袍袾，袾	緼緥，綵	緼緥，綵	緼袍袾，袾	
75		博	博物志	博	博	博	博	博	博	博	
76		放與	下禁與子與皆同。	同	同	同	同	同	子	子	按《盡心上》"孟子自范之齊"章，當作"子"。
77		督	督	督	督	督	督	督	督	督	
78	盡心下	凡三十七章	凡三十七章 凡三十七章	同	九	同	同	同	八	同	
79		袗衣	二"袗"字	袗	袗	袗	袗	袗	袗	袗	
80		袗畫	袗	袗	袗	袗	袗	袗	袗	袗	
81		皆樂	樂工	其	其	其	其	其	五	同	
82		劃炙	炙	炙	炙	炙	炙	炙	炙	炙	
83		兩馬	以目久遠	日	日	日	日	日	日	日	
84		補	補各切	補	補	補	補	補	補	補	
85		橫輿	下摜泰同。	橫	橫	橫	橫	橫	橫	橫	
86		椓題	爾雅暴日桶。	桶	桶	桶	桶	桶	桶	桶	
87		炙	炙	炙	炙	炙	炙	炙	炙	炙	

表二

序號	篇目	條目	毛抄本	通志堂本	孔本	韓本	四庫本	抱經堂本	許本	粵本	備注
1	孟子音義序		龍圖	同	同	龍圖閣	無銜名	同	同	同	
2			辭	辭	辭	脫	無銜名	辭	辭	同	
3			揔	總	總	總	總	總	總	總	
4	孟子題辭	趙氏	趙生	注	注	注	注	注	同	同	
5			三"岐"字	岐	岐	岐	岐	岐	岐	同	
6			玲	同	同	同	同	玲玲	玲玲	玲玲	
7		心剗	剗	同	同	剗	同	剗	剗	同	阮校:"从刀之字訓絕,从力之字訓勞,依《說文》當作剝,即剝之異字。繆校引錢大昕,王念孫說,認為"此字不必改從刀"。
8		漂	撫照切	同	同	同	同	同	同	貼	
9		章別	彼列切	後	後	同	後	同	同	同	
10	梁惠王上	數口	丁色主切	同	同	同	反	同	同	同	
11		鐘與	鐘與	同	鐘	同	鐘	同	同	同	
12	梁惠王下	墓見	皆同	同	同	同	同	脫	脫	脫	阮校:"無皆字與全書體例不合。"
13		執樂	樂其事皆同	字	字	字	字	字	同	同	按:"樂其事"見於《音義》文例。按諸"某某同"或"某某同"者皆無"字"字,故作"事"字是。
14		書曰天降下民至越厥志	丁曰	同	云	云	同	同	同	同	
15			詳略	同	同	計	同	同	同	同	

續表

序號	篇目	條目	毛抄本	通志堂本	孔本	韓本	四庫本	抱經堂本	許本	粤本	備注
16	公孫丑上	放	方住反	同	切	切	同	切	切	切	
17		春省	息井切	同	同	同	同	同	同	并	盧校改。
18		懸	吐得切	同	他	土	同	同	同	同	盧校改。
19		慍	於問切	同	于	于	同	同	同	同	王校曰："作於是也。于屬喻母,於屬影母。慍是影母字,于、慍不同母。"
20		橈	奴効切	同	同	效	同	同	同	同	
21		百行	下孟切	丁	丁	同	同	同	同	同	
22		吾不惴焉	也	同	同	同	同	同	同	同	
23		之帥	本亦作師	帥	同	同	同	貌	帥	帥	
24		閆眼	眼	同	同	同	同	同	同	眼	
25		徹	直列切	同	同	同	同	同	同	同	
26		羞惡	丁烏故反	切	切	切	切	切	切	切	
27		函	"函"條	同	同	同	同	脱此條至"不中"五條	同	同	
28	公孫丑下	德也	摸本切	同	同	摸	同	同	同	同	
29		造朝	七到切	同	倒	同	同	同	同	同	
30		驩	因刃切	同	因	同	同	同	同	同	
31		藉道	本亦作籍	同	同	同	同	同	同	藉	
32		更也	也	同	脱	脱	同	同	同	同	盧校增。
33	滕文公上	慶	音義	同	同	脱	脱	同	同	同	
34		盼盼	匹莧切	四	四	四	四	四	四	同	

續表

序號	篇目	條目	毛抄本	通志堂本	孔本	韓本	四庫本	抱經堂本	許本	粵本	備注
35		捆屨	做	同	同	捄	同	同	同	假	
36		餱	餭	同	殠	同	同	同	同	同	
37		巔路	郎果切	同	同	同	同	同	同	卽	
38		瀹濟漯	渫	同	同	同	同	淫	同	同	
39		曰	誤	同	誤也	同	同	同	同	同	
40		不與焉	丁音豫	下	下	下	下	下	同	文	
41		强	其丈切	同	同	同	同	同	同	同	
42		倍蓰	又音灑	同	麗	讙	同	同	同	同	
43		蠅蚋姑	蚋	同	蚋	同	同	同	同	同	
44	滕文公下	志曰	曰	同	同	同	同	同	同	田	
45		謾	與謾同	同	同	漫	同	同	同	同	
46		嚁也	嚁	喻	喻	讙	同	同	同	同	
47		駃騠	張尼切	同	同	同	同	同	同	足	
48			讀之乃便	同	使	同	同	同	同	同	
49		辟	音壁	劈	劈	劈	劈	劈	劈	同	
50	離婁上	凡二十八章	凡二十八章	同	同	同	脫	同	同	同	
51		族	族	同	同	簇	簇	族	同	同	
52		惡死	所惡	喻	喻	喻	喻	喻	同	同	
53		裸	裸	同	同	同	同	裸	同	同	
54		以濯	丁作濯	同	下	同	同	同	同	同	盧校改。
55		眊	音眊	耄	耄	耄	耄	耄	耄	耄	

續表

序號	篇目	條目	毛抄本	通志堂本	孔本	韓本	四庫本	抱經堂本	許本	粵本	備注
56	離婁下	啜	"啜"儳	同	同	同	同	同	同	脫此條	
57		凡三十三章	凡三十三章	二三	二三	二三	二三	二二	同	同	《音注》本作"三十三",是。
58		禮焉	爲焉	同	同	同	同	同	同	文	
59		田菜	有菜	采	采	采	采	采	同	同	
60		逢蒙	逢	逢	逢	逢	逢	逢	同	逄	
61		邪辟	音辟	同	同	同	同	同	同	同	盧校改。
62		柸	音杯	桮	桮	桮	桮	桮	同	同	
63		惰懈	音懈	解	解	同	同	同	同	諸	盧校改。
64		施從	謂	同	同	同	同	同	同	同	
65	萬章上	勖	音勛	同	同	勛	同	同	同	同	
66		得養	余亮切	餘	餘	餘	餘	餘	同	同	
67		横逆	所戛切	同	同	同	同	同	同	同	
68		施澤	胡孟反	同	切	切	切	切	切	切	
69		轟轟	轟轟	踽踽	踽踽	同	同	踽踽	同	同	
70		好名	好名	同	同	同	同	同	同	同	
71	萬章下	凡九章	凡九章	七	七	七	七	七	七	各	阮校:"七當作九。"
72		不横	横	同	同	同	同	撓	撓	撓	盧校改。
73		卻之	卻字	同	卻	同	同	同	同	同	
74		將比	眦失切	同	同	先	同	志	同	夫	阮校:"案'失'是也。'先'與'失'形相近,'眦志切'因下文而致誤。"
75		委積	於僞切	同	于	同	同	同	同	同	

續表

序號	篇目	條目	毛抄本	通志堂本	孔本	韓本	四庫本	抱經堂本	許本	粵本	備注
76		傳質	讀如贄	同	同	同	同	字	字	字	
77		如底	底	底	底	底	底	底	同	底	
78	告子上	伊尹有莘	所巾切	同	同	同	同	同	同	中	
79		有梏亡之	刑其身	同	同	同	同	躍	同	利	
80		蹙爾	嗺	同	同	同	同	同	日	同	
81	告子下	曰於	曰	同	歛	同	同	同	同	日	
82		掊克	斂	同	同	同	同	同	同	同	
83		歜	所洽切	同	同	同	同	同	同	冶	
84		長君	丁又如字	同	同	同	同	同	同	又	
85		雨雪	于付切	同	同	字	同	同	同	同	
86		見睍	睍	同	同	同	同	睨	同	睨	
87		周之	數瞻也	同	同	同	同	瞻	同	瞻	
88	盡心上	行與	下孟切	丁	丁	同	同	同	同	同	
89		樂莫	樂葬	道	道	道	道	道	道	同	
90		惡見	下同	同	句	同	同	同	同	同	盧校改。
91		嚚囂	五高反	切	切	同	切	切	切	切	
92		才知	術知	智	智	智	智	智	同	同	
93		飲然	所然	同	同	同	同	缺然	同	同	
94		所過者化 所存者神	所過人者	同	脫	同	同	同	同	遇	
95		緹縿	說文云	同	縫	同	同	同	同	同	
96			縿者	同	綖	同	同	同	同	同	

續表

序號	篇目	條目	毛抄本	通志堂本	孔本	韓本	四庫本	抱經堂本	許本	粤本	備注
97		疢	丑刃切	刃	刃	同	同	同	同	同	
98		睟然見	下音現	同	見	同	同	同	同	同	盧校改。
99		輕施	始致切	同	於	同	同	同	同	同	
100		靭	丁音刃	刃	刃	同	同	同	同	同	
101	盡心下	取馬	取	趣	趣	趣	趣	趣	趣	趣	《音注》本及《孟子注疏》阮校引宋本作"取馬"。
102		珍	徒典切	同	同	同	同	同	同	興	
103		依隈	隅	同	同	同	同	同	同	偶	
104		罃	涓荄切	同	同	同	同	同	同	兑	
105		有浮	張音孚	同	同	同	同	同	孚	孚	
106		餂之	之	同	同	同	同	脱	同	同	
107		㩻題	題頭也	脱	脱	脱	脱	脱	同	同	
108		晢	晢	同	同	同	晢	同	晢	同	
109		蹝蹝	勒甚切	同	同	同	同	同	音	音	
110		汙世	烏故切	同	同	同	同	同	同	路	
111		子率	所類反	同	同	切	同	切	切	切	盧校改。
112		然而無有乎爾則亦有乎爾	則亦有乎爾	同	同	脱	同	同	同	同	

（李峻岫，北京大學《儒藏》編纂與研究中心副研究員）

《建炎以來繫年要録》地理類訛誤訂補

陳豫韜

[摘　要]《建炎以來繫年要録》是南宋著名歷史學家李心傳所編撰的一部編年體史籍,作爲研究兩宋之際歷史以及宋、金關係史的基本史書,此書歷來被視爲歷史學者案頭必備之作。然而,此書在明代以前流傳諸本皆已亡盡,今存版本都源自四庫館臣自《永樂大典》所輯出者,故書中不唯文字訛誤頗多,且多經館臣篡改。近年以來,中華書局及上海古籍出版社接連出版了胡坤、辛更儒的兩種點校本,終於使得此書面貌得以改觀。然而,由於此書之繁浩卷帙,因此仍存在較多訛誤,其中尤以各種關於歷史地理之訛誤爲甚。

[關鍵詞]　建炎以來系年要録　點校本　地理類訛誤　考訂

　　李心傳所撰《建炎以來繫年要録》二百卷,是通記南宋高宗一朝三十六年的編年體史書。此書綱目嚴整,網羅丰贍,考證精當,是研究宋史乃至宋、金關係史的必備之書。此書自成書以來傳世甚稀,宋、元傳本皆已亡佚,明永樂年間,此書被抄入《永樂大典》,清修《四庫全書》時復將此書移録,故今日所能見到的《繫年要録》,便都是源自《四庫全書》所移録的版本。近世以來,此書整理成果頗爲豐碩,二〇一三年,中華書局出版了胡坤先生的點校本(以下簡稱"中華本"),收録在《中國史學基本典籍叢刊》中。二〇一八年,上海古籍出版社又在《南宋及南宋都城臨安研究系列叢書》中另外推出了辛更儒先生的一個點校本(以下簡稱"上古本")。兩種點校本的出現,使得此書得以便於讀者使用的面貌呈現,自然是嘉惠學林的益事。然而,由於今本《繫年要録》最早是由四庫館臣從《永樂大典》中輯出的,其中館臣所造成的訛誤或篡改,可以憑各閣及之後流傳諸本的版本對校實現訂正,但此書在《大典》前或因《大典》本身所造成的訛誤,則很難以通過對校法實現解決。筆者在研究的過程中,就主要通過本校、他校法勘得此書未經發明之訛誤達數百餘條,其中關於歷史地理的訛誤尤甚。今不揣譾陋,擇筆者所見歷史地理之訛五十則,以冀商討,並敬請學界專家批評指正。

　　1.《建炎以來繫年要録》卷三(建炎元年三月二日)"壬辰"條:"工部侍郎何昌言……昌言,新塗人。"(中華本第 1 册第 73 頁,[①]上古本第 1 册第 66 頁[②])

　　按:"新塗"當作"新淦",形近而誤。[③]《宋史·地理志》不載"新塗"地名。考宋人曾敏

---

① 〔宋〕李心傳撰,胡坤點校:《建炎以來繫年要録》,北京:中華書局,2013 年,第 1 册第 73 頁。(下文所引中華本均此版)

② 〔宋〕李心傳撰,辛更儒點校:《建炎以來繫年要録》,上海:上海古籍出版社,2018 年,第 1 册第 66 頁。(下文所引上古本均此版)

③ 《建炎以來繫年要録》卷一六五(紹興二十三年十月五日)"庚申"條"臨江軍新塗縣"同此誤,不别出。

行《獨醒雜誌》卷八載:"何忠孺昌言,新淦人,紹聖四年進士第一。"[①]又《江西通志》卷四九《選舉》亦載紹聖四年榜:"何昌言,新淦人。"[②]新淦,宋屬臨江軍,即今江西省吉安市新干縣。當據改。

2.《建炎以來繫年要錄》卷四(建炎元年四月二十二日)"辛巳"條:"通直郎、知安陸縣陳規爲朝奉大夫、直龍圖閣、知安德府。"(中華本第 1 冊第 124 頁,上古本第 1 冊 112 頁)

按:"安德府"當作"德安府"。宋有"德安府",屬荊湖北路,而並無"安德府",此當涉上"安陸縣"誤倒。考《宋史》卷八八《地理志四》載:"德安府……縣五:安陸、應城、孝感、應山、雲夢。"[③]又《繫年要錄》卷九(建炎元年九月二十一日)"戊申"條載:"李孝義、張世引步騎數萬襲德安府,詐稱來受詔。守臣陳規登城……"當據乙。

3.《建炎以來繫年要錄》卷一五(建炎二年四月十四日)"丁卯"條:"自二帝北狩,兩河州郡,外無應援,内絶糧儲,悉爲金所取。惟中山、慶源、保、莫、祈、洺、冀、磁、相、絳久而陷之。"(中華本第 1 冊第 363 頁,上古本第 1 冊第 324 頁。)

按:"祈"當作"祁"。宋無祈州,河東、河北路有"忻州""祁州",而時"忻州"久已陷落。心傳此節蓋出自歸正人張匯所著之《金虜節要》,考《三朝北盟會編》卷一一一引《金虜節要》載此事作:"兩河州郡,外無應援,内復自亂,於是爲賊乘,而取之如俯拾遺物。惟中山、慶源、保、莫、祁、洺、冀、磁、相、絳,久而陷之。"[④]當據改。

4.《建炎以來繫年要錄》卷一九(建炎三年正月二十七日)"丙午"條注文:"呂中《大事記》曰:'金之犯兩淮也,不惟楚州之朱琳,泰州之曾班……'"(中華本第 1 冊第 450 頁,上古本第 1 冊第 399 頁。)

按:小注"秦州"當作"泰州",形近而誤。秦州在秦鳳路,不屬兩淮。考《皇宋中興兩朝聖政》卷四引呂中《大事記》此段正作"泰州"。[⑤]又《繫年要錄》卷二〇(建炎三年二月八日)"丁巳"條亦作:"金人犯泰州,守臣朝請大夫曾班以城降,時金人自揚州分兵而來……"當據改。

5.《建炎以來繫年要錄》卷二〇(建炎三年二月末):"初,慶元府陷,將兵百餘人奪門得出,及渡河,惟有輔逵、韓京數人而已。"(中華本第 1 冊第 475 頁,上古本第 2 冊 422 頁。)

按:"慶元府"當作"慶源府",音近而誤。慶源府,屬河北西路,而慶元府據《宋史》卷八八《地理志四》記載:"慶元府,本明州……紹熙五年,以寧宗潛邸,升爲府。"[⑥]則此時並無"慶元府"而只有"明州"。況建炎三年二月金軍尚未過江,遠未至明州,考《三朝北盟會編》

① 〔宋〕曾敏行撰,朱傑人標校:《獨醒雜誌》,上海:上海古籍出版社,1986 年,第 74 頁。
② 〔清〕謝旻等編:《江西通志》,《景印文淵閣四庫全書》,臺北:臺灣商務印書館,2008 年,第 514 冊第 593 頁。
③ 〔元〕脫脫等:《宋史》,北京:中華書局,1977 年,第 7 冊第 2194 頁。
④ 〔宋〕徐夢莘:《三朝北盟會編》,上海:上海古籍出版社,1987 年,第 815 頁。
⑤ 〔宋〕佚名:《皇宋中興兩朝聖政》,《宛委別藏》本。
⑥ 〔元〕脫脫等:《宋史》,第 7 冊第 2175 頁。

卷一二三載此事:"輔逵,慶源府將兵也,慶源府陷,逵與韓京將兵百餘,奪門得出。"①又卷二六:"(宣和七年十二月)二十五日壬戌,斡离不陷慶源府。"②當據改。

6.《建炎以來繫年要錄》卷二九(建炎三年十一月七日)"辛亥"條:"江東南路轉運司言:'近旨江州、建康府守臣並帶制置使……'"(中華本第 2 冊第 670 頁,上古本第 2 冊第 592 頁)

按:"江東南路"當作"江南東路"。宋代江南分東、西路,不存在"江東南路"之行政區劃,此顯誤。考《宋會要輯稿》職官四〇之三載此事正作"江南東路轉運司"。③當據改。

7.《建炎以來繫年要錄》卷三一(建炎四年二月二十一日)"甲午"條:"鼎州人鍾相作亂……鼎州之武陵、桃源、辰陽、沅江,澧州之澧陽、安鄉、石門、慈利,荊南之枝江、松滋、公安、石首,潭州之益陽、寧鄉、湘陰、江化……凡十九縣,皆爲盜區矣。"(中華本第 2 冊第 722 頁,上古本第 2 冊第 634 頁)

按:"江化"當作"安化",涉上文而誤。據《宋史》卷八八《地理志四》記載,④潭州下並無"江化縣",唯有"安化""善化"二縣。又考《三朝北盟會編》卷一三七載此事正作:"潭州之益陽、寧鄉、湘陰、安化。"⑤則應以"安化"爲是。當據改。

8.《建炎以來繫年要錄》卷三七(建炎四年九月二十日)"己未"條:"是日,金均房安撫使王彦及桑仲戰於平麗縣之長沙平,敗之。"(中華本第 2 冊第 836 頁,上古本第 2 冊第 730 頁)

按:"平麗縣"當作"平利縣"。宋無"平麗縣",此戰據《三朝北盟會編》卷一四二記載發生在金州。⑥考《宋史》卷八五《地理志一》載金州下有"平利"縣,⑦《舊唐書》卷三九《地理志二》金州下亦載:"平利,後周於平利川置吉陽縣,隋改爲安吉。武德元年,改爲平利。"⑧然考《宋史》卷二六《高宗本紀三》⑨及《三朝北盟會編》卷一四二等書記載此事,則皆作"平麗縣",疑或當時露布之誤乎?可出校辨明。

9.《建炎以來繫年要錄》卷四一(紹興元年正月十七日)"乙卯"條:"直龍圖閣、鼎澧鎮撫使、兼知鼎州程昌寓依前知鼎州,主管湖西安撫司公事。時鼎之諸縣大半爲賊所據,賦入絕少,米貴,斗直二千,而養蔡兵頗衆……昌寓聞於朝,不俟報,即取辰、沅、邵、全、泗州諸司錢以贍軍。"(中華本第 2 冊第 894 頁,上古本第 2 冊第 779 頁)

按:"泗州"當作"四州"。南宋紹興元年,以鼎、澧、辰、沅、靖、邵、全州、武岡軍爲荊湖西

---

① 〔宋〕徐夢莘:《三朝北盟會編》,第 899 頁。

② 〔宋〕徐夢莘:《三朝北盟會編》,第 193 頁。

③ 〔清〕徐松輯,劉琳、刁忠民等點校:《宋會要輯稿》,上海:上海古籍出版社,2014 年,第 7 冊第 3988 頁。

④ 〔元〕脱脱等:《宋史》,第 7 冊第 2199 頁。

⑤ 〔宋〕徐夢莘:《三朝北盟會編》,第 996 頁。

⑥ 〔宋〕徐夢莘:《三朝北盟會編》,第 1033 頁。

⑦ 〔元〕脱脱等:《宋史》,第 7 冊第 2113 頁。

⑧ 〔後晉〕劉昫:《舊唐書》,北京:中華書局,1975 年,第 5 冊第 1540 頁。

⑨ 〔元〕脱脱等:《宋史》,第 2 冊第 482 頁。

路,其轄境主要在今湖南省。而泗州屬淮南東路,在今安徽省泗洪、盱眙一帶。泗州地里距鼎州甚遠,且不屬程昌寓管轄,此必有誤。考《三朝北盟會編》卷一四五載此事,則言:"即檄辰、沅、邵、全四州,取撥諸司物以給軍食矣。"①當據改。

10.《建炎以來繫年要錄》卷四七(紹興元年九月二十一日)"甲寅"條:"直顯謨閣、江東轉運副使曾紆爲直寶文閣。"心傳自注:"紆係黨籍餘官第九十八人,建中太僕寺主簿,袁州編管。"(中華本第 3 冊第 992 頁,上古本第 2 冊第 871 頁)

按:注文"袁州"當作"永州"。考《宋會要輯稿》選舉三四之四載此事云:"(紹興元年)九月二十一日,詔直顯謨閣、江南東路轉運副使曾紆直寶文閣。以紆自言:'崇寧初,蔡京用事,父布首被貶責,父子同入黨籍,紆送永州編管。乞優贈父,以辨是非之實。"②此曾紆自言,必不誤。另楊仲良《皇宋通鑑長編紀事本末》卷一二二、③《宋會要輯稿》職官六八之七④亦載曾紆責永州編管。又汪藻《浮溪集》卷二八有曾紆《墓誌》,載其行實甚詳云:"竄永州,入元祐黨籍,會赦移和州,又會赦復承奉郎、監潭州南嶽廟。文蕭公歿,執喪以孝聞。服除,調監南京、河南稅,改簽書寧國軍節度判官。"⑤亦作永州。當據改。

11.《建炎以來繫年要錄》卷四七(紹興元年九月二十五日)"戊午"條:"徽猷閣直學士、知潭州綦崈禮言:'本州新經楊勍侵擾之後……'"(中華本第 3 冊第 996 頁,上古本第 2 冊第 875 頁)

按:"潭州"當作"漳州"。建炎楊勍之亂在浙江、福建一帶,史不載其至荆南潭州。考《宋史》卷三七八《綦崈禮傳》載其"以徽猷閣直學士知漳州"。⑥而《繫年要錄》卷三八(建炎四年十月十八日)"丁亥"條亦載:"尚書吏部侍郎、兼權直學士院綦崈禮充徽猷閣直學士、知漳州。"又卷五一(紹興二年二月五日)"丁卯"條載:"徽猷閣直學士、知漳州綦崈禮試禮部侍郎。"則此時綦崈禮乃知漳州無疑。當據改。

12.《建炎以來繫年要錄》卷五〇(紹興元年十二月二日)"乙丑"條:"降授朝奉大夫、主管臨安府洞霄宮曾班除名勒停,雷州編管。以右司諫方孟卿論其在秦州植旂降敵,上書'秦州已投拜大金國'八字。"(中華本第 3 冊第 1034 頁,上古本第 3 冊第 908 頁)

按:"秦州"當作"泰州",下同。《宋史》卷二五《高宗本紀二》載:"(建炎三年二月)丁巳,金人犯泰州,守臣曾班以城降。"⑦《三朝北盟會編》卷一二一載:"知泰州軍州事曾班叛附於金人。"⑧又《繫年要錄》卷二〇(建炎三年二月八日)"丁巳"條亦載:"金人犯泰州,守臣朝

① 〔宋〕徐夢莘:《三朝北盟會編》,第 1056 頁。
② 〔清〕徐松輯,劉琳、刁忠民等點校:《宋會要輯稿》,第 10 冊第 5908 頁。
③ 〔宋〕楊仲良撰:《皇宋通鑑長編紀事本末》,《宛委別藏》本。
④ 〔清〕徐松輯,劉琳、刁忠民等點校:《宋會要輯稿》,第 8 冊第 4876 頁。
⑤ 〔宋〕汪藻:《浮溪集》,《四部叢刊初編》本。
⑥ 〔元〕脫脫等:《宋史》,第 33 冊第 11680 頁。
⑦ 〔元〕脫脫等:《宋史》,第 2 冊第 460 頁。
⑧ 〔宋〕徐夢莘:《三朝北盟會編》,第 887 頁。

請大夫曾班以城降,時金人自揚州分兵而來⋯⋯"若言自揚州分兵犯秦州,則必無是理。當據改。

13.《建炎以來繫年要録》卷五三(紹興二年四月二十六日)"丁亥"條:"右武大夫、忠州防禦使、知秦州張榮進秩一等。"(中華本第 3 册第 1092 頁,上古本第 3 册第 964 頁)

按:"秦州"當作"泰州"。《宋史》卷二六《高宗本紀三》載:"金人攻張榮縮頭湖水砦,榮擊敗之,來告捷,劉光世以榮知泰州。"①《繫年要録》卷四三(紹興元年三月十五日)"壬子"條亦載:"張榮在通州,以地勢不利,乃引舟入縮頭湖,作水寨以守。金右監軍昌在泰州,謀久駐之計。至是,以舟師犯榮水寨。榮亦出數十舟載兵迎敵⋯⋯榮自京東來,未嘗承王命,遂無路告捷。聞光世在鎮江,乃遣人願聽節制,且上其功。光世大喜,以榮知泰州。"張榮既願聽鎮江劉光世節制,則後所知爲泰州無疑。當據改。

14.《建炎以來繫年要録》卷五五(紹興二年六月二十六日)"乙卯"條:"是日,福建江湖宣撫司前軍統制官解元、後軍統制官程振以所部入潭州,屯於子城之内,新知福州李宏稱疾不出。"(中華本第 3 册第 1134 頁,上古本第 3 册第 1003 頁)

按:"福州"當作"復州"。《宋史》卷二六《高宗本紀三》載有"知復州李宏"。②《繫年要録》卷四三(紹興元年三月八日)"乙巳"條:"李宏爲武功大夫、貴州團練使,知復州⋯⋯朝廷聞成、宏在郢、復間,因就命之。"又卷五五(紹興二年六月一日)"庚寅"條:"新知復州李宏引兵入潭州,執湖東招撫使馬友殺之。"皆作"復州"。且宏既在"郢、復之間",則作"福州"其誤明甚。當據改。

15.《建炎以來繫年要録》卷六三(紹興三年二月十日)"丙申"條:"乾化縣土兵作亂。先是,閤門祇候劉瑾以禦寇之勞,就知縣事。瑾日縱土兵剽掠,人甚苦之⋯⋯"(中華本第 3 册第 1239 頁,上古本第 3 册第 1100 頁)

按:"乾化縣"當作"虔化縣"。宋無"乾化縣",唯江南西路虔州下有"虔化縣"。考《宋會要輯稿》兵一〇之二八載:"(紹興元年)八月十八日,李敦仁與弟世忠復結集徒黨侵入虔化縣,劉僅殺獲逆黨李突三等,收復本縣。劉僅轉三官,除閤門祇候、權知虔化縣事。"③又考《繫年要録》卷四六(紹興元年八月十八日)"壬午"條:"成忠郎、虔化縣巡檢、權縣事劉僅爲秉義郎、閤門祇候。李敦仁破虔化縣,僅擊去之,郡守上其功,故有是命。"又卷五〇(紹興元年十二月十一日)"甲戌"條:"李敦仁復犯虔化縣。閤門祇候、權縣事劉僅與戰,爲所敗。"當據改。

16.《建炎以來繫年要録》卷六五(紹興三年五月二十五日)"己卯"條:"湖南宣諭薛徽言上左承議郎、通判永州劉延年,祁陽令張登治狀⋯⋯延年,敞從子也。"心傳自注:"敞,青

---

① 〔元〕脱脱等:《宋史》,第 2 册第 487 頁。
② 〔元〕脱脱等:《宋史》,第 2 册第 490 頁。
③ 〔清〕徐松輯,劉琳、刁忠民等點校:《宋會要輯稿》,第 14 册第 8809 頁。

江人。"(中華本第 3 册第 1282 頁,上古本第 3 册第 1139 頁)

按:注文"青江"當作"清江"。歐陽修《居士集》卷三五《集賢院學士劉公墓志銘》:"公諱敞,字仲原,父姓劉氏,世爲吉州臨江人。"①《宋史》卷三一九《劉敞傳》謂其爲"臨江新喻人"。②考《宋史》卷八八《地理志四》載江南西路臨江軍下有"清江縣",無"青江縣",又考《太平寰宇記》卷一〇六《江南西道》載清江縣云:"本吉州蕭灘鎮,僞唐昇元年中以其地當要衝,升爲清江縣,以大江清流爲名。"③則此地名當作"清江"無疑。考陳振孫《直齋書録解題》卷四著録《三劉漢書標注》即作"侍讀學士清江劉敞"。④當據改。

17.《建炎以來繫年要録》卷六八(紹興三年九月十五日)"丙寅"條:"(岳)飛言:'本路兵久不訓習,乞留五千人屯洪州,二千人屯虔州、西安軍。'"(中華本第 3 册第 1333 頁,上古本第 3 册第 1183 頁)

按:"西安軍"當作"南安軍"。宋無"西安軍",虔州旁有南安軍,即以原虔州大庾縣置。《宋史》卷八八《地理志四》載:"南安軍,同下州。淳化元年,以虔州大庾縣建爲軍。"⑤當據改。

18.《建炎以來繫年要録》卷七一(紹興三年十二月十五日)"乙未"條:"鎮江建康府江東宣撫使韓世忠遣幹辦公事聞人武子來奏事。"(中華本第 3 册第 1376 頁,上古本第 3 册第 1224 頁)

按:"江東"當作"淮東"。韓世忠紹興二年任江南東、西路宣撫使,三年三月即改任淮南。見《宋史》卷三六四《韓世忠傳》:"(紹興二年)九月,爲江南東、西路宣撫使,置司建康。三年三月,進開府儀同三司,充淮南東、西路宣撫使,置司泗州。"⑥《繫年要録》卷六三(紹興三年三月二十七日)"壬午"條:"江南東、西路宣撫使韓世忠開府儀同三司,充淮南東路宣撫使,泗州置司。"後又加"建康""鎮江"二府。《繫年要録》卷六八(紹興三年九月二十四日)"乙亥"條載此事:"江東宣撫使劉光世爲江東、淮西宣撫使,置司池州;淮南東路宣撫使韓世忠爲建康、鎮江府、淮南東路宣撫使,置司鎮江府。"故此時韓世忠當作淮東宣撫使,而江東宣撫使爲劉光世。如《繫年要録》卷七四(紹興四年三月二十五日)"乙亥"條即作:"鎮江、建康府、淮南東路宣撫使韓世忠……"當據改。

19.《建炎以來繫年要録》卷八〇(紹興四年九月四日)"庚戌"條:"於是知鄂州程千秋遣準備使喚李寶入周倫寨招安。"(中華本第 4 册第 1505 頁,上古本第 4 册第 1340 頁)

按:"鄂州"當作"岳州"。此時鄂州守爲劉洪道。洪道自紹興二年爲鄂州守,見《繫年要録》卷五一(紹興二年二月二十七日)"己丑"條:"以徽猷閣待制、新知宣州劉洪道爲徽猷

① 〔宋〕歐陽修撰,洪本健校箋:《歐陽修詩文集校箋》,上海:上海古籍出版社,2009 年,第 926 頁。
② 〔元〕脱脱等:《宋史》,第 30 册第 10383 頁。
③ 〔宋〕樂史撰,王文楚等點校:《太平寰宇記》,北京:中華書局,2007 年,第 2121 頁。
④ 〔宋〕陳振孫撰,徐小蠻、顧美華點校:《直齋書録解題》,上海:上海古籍出版社,1987 年,第 106 頁。
⑤ 〔元〕脱脱等:《宋史》,第 7 册第 2191 頁。
⑥ 〔元〕脱脱等:《宋史》,第 32 册第 11363 頁。

閣直學士,知鄂州。"至紹興五年時仍在任,見《繫年要錄》卷九二(紹興五年八月九日)"庚戌"條:"徽猷閣直學士、知鄂州、荆湖北路安撫使劉洪道進職二等。"而程千秋據《繫年要錄》七五(紹興四年四月十九日)"戊戌"條:"持服前左朝散郎、充秘閣修撰程千秋起復知岳州。時湖賊未平,朝廷求可守岳陽者,會千秋方持母喪,乃有是命。"又卷八二(紹興四年十一月二十六日)"辛未"條載:"起復秘閣修撰、知岳州程千秋移知鼎州。"考《宋會要輯稿》兵一〇之三六載此事作:"(紹興四年)九月三日,知岳州程千秋遣准備使喚李寶入賊寨,招安僞周七太尉等。"①可見應作"岳州"。當據改。

20.《建炎以來繫年要錄》卷八二(紹興四年十一月十二日)"丁巳"條:"武德感德軍節度使、開府儀同三司、淮南東路宣撫使韓世忠。"(中華本第 4 冊第 1555 頁,上古本第 4 冊第1384 頁)

按:"武德"當作"武成"。宋無"武德軍",此當涉下"感德軍"而誤。考《宋史》卷三六四《韓世忠傳》載:"拜檢校少師、武成感德軍節度使、神武左軍都統制。"②《繫年要錄》卷三六(建炎四年八月七日)"丁丑"條亦云:"神武左軍都統制韓世忠遷檢校少師,易鎮武成感德。"又卷八四(紹興五年正月十八日)"壬戌"條:"武成感德軍節度使、開府儀同三司、充鎮江建康府淮南東路宣撫使韓世忠爲少保。"當據改。

21.《建炎以來繫年要錄》卷八二(紹興四年十一月二十一日)"丙寅"條:"河東忠義軍將趙雲嘗出軍與敵戰,至是敵執其父福及母張氏以招之,且許雲平陽府路副總管,雲不願,遂殺福,囚張氏於絳州……雲因擊曲垣縣,復取其母。"(中華本第 4 冊第 1560 頁,上古本第 4冊第 1388 頁)

按:"曲垣縣"當作"垣曲縣"。宋無"曲垣縣",絳州下有"垣曲縣",見《宋史》卷八六《地理志二》。③此縣今尤存,屬山西省運城市。考《宋會要輯稿》儀制一〇之三三載此事:"趙雲母加封,以雲言與金虜戰,虜囚其母於絳州垣曲縣獄。"④當據乙。

22.《建炎以來繫年要錄》卷八五(紹興五年二月十三日)"丁亥"條:"武泰軍承宣使、同統制關外軍馬楊政。"(中華本第 4 冊第 1617 頁,上古本第 4 冊第 1438 頁)

按:"武泰軍"當作"武康軍","康"字殘則似"泰"。楊政由觀察陞承宣在紹興四年末,見《繫年要錄》卷八三(紹興四年十二月二十九日)"癸卯"條:"明州觀察使、同統制關外軍馬楊政爲武康軍承宣使。"卷一三〇(紹興九年七月十四日)"壬辰"條、卷一三四(紹興十年三月二十四日)"己亥"條所載皆然。紹興十年,楊政由承宣陞節度,見《繫年要錄》卷一三六(紹興十年閏六月十四日)"丙戌"條:"武康軍承宣使、知興元府、兼川陝宣撫使司都統制楊政……郭浩並爲節度使……政武當軍。"則政此時當作"武康軍承宣使"。考之他書,如《宋

---

① 〔清〕徐松輯,劉琳、刁忠民等點校:《宋會要輯稿》,第 14 冊第 8815 頁。
② 〔元〕脱脱等:《宋史》,第 32 冊第 11362 頁。
③ 〔元〕脱脱等:《宋史》,第 7 冊第 2132 頁。
④ 〔清〕徐松輯,劉琳、刁忠民等點校:《宋會要輯稿》,第 4 冊第 2520 頁。

史》卷三六七《楊政傳》云：“（紹興）九年……進武康軍承宣使。”①又《三朝北盟會編》卷一六七紹興五年閏二月一日下亦載：“楊政……以神龍［龍神］衛四廂都指揮使、武康軍承宣使爲涇原路安撫使。”②當據改。

23.《建炎以來繫年要錄》卷九〇（紹興五年六月三日）“乙巳”條注文：“七年七月丙寅，汀州武寧縣展磨勘一年。”（中華本第 4 册第 1732 頁，上古本第 4 册第 1542 頁）

按：注文“武寧縣”當爲“武平縣”，汀州下無“武寧縣”，有“武平縣”。考《宋會要輯稿》刑法六之六六載此事作：“（紹興）七年，汀州武平縣四十人，死損二人……汀州武平縣當職官展一年磨勘。”③當據改。

24.《建炎以來繫年要錄》卷九五（紹興五年十一月十七日）“丙戌”條：“别路漕臣郭大中言於玠曰……”（中華本第 4 册第 1818 頁，上古本第 4 册第 1622 頁）

按：“别路漕臣”當作“利路漕臣”，“别”“利”形近而誤。利州路稱“利路”，史甚常見。考《繫年要錄》卷八〇（紹興四年九月十一日）“丁巳”條曰：“郭大中爲利州路轉運副使。”則郭大中此時蓋任利州路轉運副使。而吳玠此時任川、陝宣撫副使，利州路屬其管轄，似不當稱之爲“别路”。又考《皇宋中興兩朝聖政》卷一八、④《宋史全文》卷一九中⑤載此事皆作“利路漕臣郭大中言於玠”。則“别”爲訛字無疑。當據改。

25.《建炎以來繫年要錄》卷九六（紹興五年十二月一日）“己亥”條：“檢校少保、鎮寧鎮信等軍節度使、神武後軍都統制、荆湖南北襄陽府路蘄黄州制置使岳飛遷招討使。”（中華本第 4 册第 1829 頁，上古本第 4 册第 1631 頁）

按：“鎮寧鎮信”當作“鎮寧崇信”，涉上文而誤。宋無“鎮信軍”，考《宋史》卷三六五《岳飛傳》記載：“（紹興）五年，入覲，封母國夫人；授飛鎮寧崇信軍節度使。”⑥《繫年要錄》卷八五（紹興五年二月二日）“丙子”條亦載：“岳飛爲鎮寧崇信軍節度使。”又卷九九（紹興六年三月二日）“己巳”條：“檢校少保鎮寧崇信軍節度使、湖北京西南路招討使岳飛。”當據改。

26.《建炎以來繫年要錄》卷一〇九（紹興七年二月十四日）“丙午”條：“川陝宣撫副使吳玠初置銀會子於河池。”心傳自注：“玠元額四萬七千五百緡，行於魚關及階、成、岷、鳳、秦等州。”（中華本第 5 册第 2044 頁，上古本第 5 册第 1829 頁）

按：注文“魚闕”當爲“魚關”。魚闕，文獻無考。李心傳《建炎以來朝野雜記》甲集卷一六“關外銀會子”條載此事云：“初，但行於魚關及階、成、岷、鳳、興、文六州。”⑦與此不同。魚關是南宋時期劍門關外重要的軍事關卡，在今甘肅省徽縣。考《徽縣志》卷一“古迹”條下：

---

① 〔元〕脱脱等：《宋史》，第 33 册第 11444 頁。
② 〔宋〕徐夢莘：《三朝北盟會編》，第 1205 頁。
③ 〔清〕徐松輯，劉琳、刁忠民等點校：《宋會要輯稿》，第 14 册第 8566 頁。
④ 〔宋〕佚名：《皇宋中興兩朝聖政》，《宛委别藏》本。
⑤ 〔宋〕佚名撰，汪聖鐸點校：《宋史全文》，北京：中華書局，2016 年，第 5 册 1432 頁。
⑥ 〔元〕脱脱等：《宋史》，第 33 册第 11383 頁。
⑦ 〔宋〕李心傳撰，徐規點校：《建炎以來朝野雜記》，北京：中華書局，2000 年，第 367 頁。

"魚關,鐵山西南麓。唐置魚關驛,爲蜀口要隘。宋曰'虞關',設轉運使於此。"①《繫年要錄》本書亦多載此地,如卷一九二(紹興三十一年九月二十一日)"庚寅"條:"自魚關至大散關,不過三百里……自魚關至鳳州,百八十里。"當據改。

27.《建炎以來繫年要錄》卷一〇九(紹興七年三月十四日)"丙子"條:"直寶文閣、知鼎州張嶲陞直龍圖閣,知處州。先是,山寇周十隆等未平,直徽猷閣孫佑以選爲守。"(中華本第5冊第2052頁,上古本第5冊第1838頁)

按:"處州"當作"虔州",形近而誤。處州在今浙江省麗水市,虔州在今江西省贛州市。而周十隆時在虔州一帶活動,見《繫年要錄》卷七九(紹興四年八月二十二日)"己亥"條:"虔州興國縣南木寨周十隆等千六百人奉德音出降。"孫佑時亦爲虔州守,見《繫年要錄》卷一〇一(紹興六年五月十三日)"庚辰"條:"直秘閣、主管台州崇道觀孫佑陞直徽猷閣,知虔州。"又《繫年要錄》卷一一二(紹興七年七月五日)"乙丑"條:"直龍圖閣、知虔州張嶲條上措置盜賊事件。"當據改。

28.《建炎以來繫年要錄》卷一一八(紹興八年二月十日)"丙寅"條:"(胡安國)嘗曰:'四海神交,惟君曼一人。'君曼者,清河劉弈也。"(中華本第5冊第2199頁,上古本第5冊第1978頁)

按:"清河"當作"河清"。考胡安國子胡寅《斐然集》卷二五《先公行狀》載:"河清劉奕君曼……情義最篤者也。"②又胡安國《春秋傳》言:"臣昔嘗謂河南劉弈曰……"③考宋代清河縣在恩州,屬河北路,不得稱"河南",而河清縣正在河南府。當據乙。

29.《建炎以來繫年要錄》卷一二〇(紹興八年六月十二日)"丙寅"條:"左承議郎、新兩浙東路提點刑獄公事蕭振試宗正少卿。"(中華本第5冊第2236頁,上古本第5冊第2011頁)

按:"兩浙東路"當作"兩浙西路"。《宋史》卷三八〇《蕭振傳》云:"遂除提點浙西刑獄,尋召爲宗正少卿。"④與此不同。考《繫年要錄》卷一一七(紹興七年十一月五日)"癸巳"條載:"監察御史蕭振提點兩浙西路刑獄公事。"亦作"浙西"。此時浙東憲臣當爲謝祖信,祖信任期自七年正月至九年二月,見《繫年要錄》卷一〇八(紹興七年正月十三日)"乙亥"條:"直秘閣、新知吉州謝祖信提點兩浙東路刑獄公事。"卷一二六(紹興九年二月二日)"癸丑"條:"直秘閣、兩浙東路提點刑獄公事謝祖信試太常少卿。"當據改。

30.《建炎以來繫年要錄》卷一二〇(紹興八年六月二十三日)"丙子"條:"左奉議郎馮時行特轉一官。時行知丹陵縣……"(中華本第5冊第2244頁,上古本第5冊第2019頁)

按:"丹陵縣"當作"丹稜縣"。宋中無"丹陵縣",而《宋史》卷八九《地理志五》載成都

---

① 〔清〕張伯魁纂修:《徽縣志》,《中國方志叢書》影印嘉慶十四年刊本。
② 〔宋〕胡寅撰,容肇祖點校:《斐然集》,北京:中華書局,1993年,第558頁。
③ 〔宋〕胡安國撰,王麗梅校點:《春秋傳》,長沙:岳麓書社,2011年,第118頁。
④ 〔元〕脫脫等:《宋史》,第33冊第11726頁。

府路眉州下有"丹稜"縣。① 考馮時行《縉雲文集》卷四《楊隱父墓表》云："紹興乙卯、丙辰間,某嘗令丹稜。"② 此縣今仍存,屬四川省眉州市,寫作"丹棱縣"。"棱"同"稜"。當據改。

31.《建炎以來繫年要錄》卷一二一(紹興八年七月六日)"庚寅"條:"御史中丞常同充顯謨閣直學士,知潮州。"(中華本第 5 册第 2256 頁,上古本第 5 册第 2028 頁)

按:"潮州"當作"湖州",形近而誤。考《中興紀事本末》卷四五、③《中興小紀》卷二五④ 載此事皆作"湖州"。《繫年要錄》卷一二七(紹興九年三月六日)"丙申[戌]"條亦載:"顯謨閣直學士,知湖州常同。"又《嘉泰吳興志》卷一四"郡守題名"亦載:"常同,紹興八年七月二十七日以顯謨閣直學士、左朝請郎到任。"⑤ 則應爲"湖州"甚明。當據改。

32.《建炎以來繫年要錄》卷一二一(紹興八年八月二十九日)"壬午"條:"詔右宣義郎李良輔已差主管台州崇道觀指揮勿行。"心傳自注:"王明清《揮麈後錄》:'李良輔者,憸人也。元符末,在永州主岐陽簿。'"(中華本第 5 册第 2266 頁,上古本第 5 册第 2038 頁)

按:注文"岐陽"當爲"祁陽",音近而誤。考胡寅《斐然集》卷二五《先公行狀》載;"(崇寧五年)公得永州布衣鄧璋、王繪應詔……零陵縣主簿李良輔方以贓被劾,乃逃竄,訴於朝。"⑥ 亦載此人在永州。永州在宋屬荆湖南路,《宋史》卷八八《地理志四》載其下有"祁陽縣",⑦ 以其地在祁山之陽故名。而岐山則在陝西鳳翔府,唐貞觀七年曾在其地置岐陽縣,後廢縣併入岐山、扶風二縣。宋代無"岐陽"建置,故知其必誤。然考王明清《揮麈後錄》卷七,其原文亦作"岐陽",⑧ 則此非李心傳之誤,乃原書之誤矣。以其事涉地理事實,應出校辨明。

33.《建炎以來系年要錄》卷一二六(紹興九年二月十二日)"癸亥"條:"御史中丞勾龍如淵、起居郎施庭臣並罷。如淵與庭臣因私忿交争,奏庭臣嘗有指斥語,上惡其告訐……其後檜擬如淵知瑞寧府。上曰:'此人用心不端。'遂已。"(中華本第 5 册第 2383 頁,上古本第 5 册第 2137 頁)

按:"瑞寧府"當作"遂寧府"。宋無"瑞寧府",此必有誤。考《宋史》卷三八〇《勾龍如淵傳》載此事作:"其後檜擬如淵知遂寧府。"⑨ 又《中興小紀》卷二六、⑩《皇宋中興兩朝聖政》卷二五⑪ 所載亦同。當據改。

34.《建炎以來繫年要錄》卷一三七(紹興十年九月一日)"壬寅"條:"時淮西宣撫副使

① 〔元〕脫脫等:《宋史》,第 7 册第 2211 頁。
② 〔宋〕馮時行:《縉雲文集》,《景印文淵閣四庫全書》,第 1138 册第 883 頁。
③ 〔宋〕佚名:《皇朝中興紀事本末》卷四五,國圖藏清鈔本。
④ 〔宋〕熊克:《中興小紀》卷二五,《廣雅叢書》本。
⑤ 〔宋〕談鑰:《嘉泰吳興志》,《中國方志叢書》影印《吳興先哲遺書》本。
⑥ 〔宋〕胡寅撰,容肇祖點校:《斐然集》,第 520 頁。
⑦ 〔元〕脫脫等:《宋史》,第 7 册第 2199 頁。
⑧ 〔宋〕王明清:《揮麈錄》,中華書局,1961 年,第 172 頁。
⑨ 〔元〕脫脫等:《宋史》,第 33 册第 11720 頁。
⑩ 〔宋〕熊克:《中興小紀》,《廣雅叢書》本。
⑪ 〔宋〕佚名:《皇宋中興兩朝聖政》,《宛委别藏》本。

楊沂中還師鎮江府。"（中華本第 6 册第 2587 頁,上古本第 6 册第 2322 頁。）

按:"淮西"當作"淮北"。時淮西宣撫使爲張俊,無副使。《宋史》卷三六七《楊存中傳》（楊沂中紹興十二年賜名"存中"）載:"(紹興)十年,金人叛盟取河南,命存中爲淮北宣撫副使。"①《十朝綱要》卷二三亦載:"(紹興十年七月)癸丑,楊沂中爲淮北宣撫副使。"②又《繫年要錄》本書卷一三七(紹興十年七月十二日)"癸丑"條亦載:"楊沂中爲淮北宣撫副使。"此後如卷一三九(紹興十一年正月二十九日)"己巳"條、卷一三九(紹興十一年二月十八日)"丁亥"條、卷一三九(紹興十一年三月五日)"甲辰"條等皆作"淮北宣撫副使楊沂中"。當據改。

35.《建炎以來繫年要錄》卷一三九(紹興十一年二月四日)"癸酉"條:"初,都元帥宗弼既入合肥,建寧府諜者回報:'金人已犯含山縣,漸犯歷陽。'……(葉)夢得曰:'敵已過含山縣,萬一和州爲金人所得,长江不可保矣。'"（中華本第 6 册第 2614 頁,上古本第 6 册第 2348 頁。）

按:"建寧府"當作"建康府"。建寧府時屬福建路,在今福建省建甌市。時宋金兩軍在淮西一帶交兵,恐無自福建建寧府遣間諜之理。中華本將此句斷爲:"都元帥宗弼既入合肥、建寧府,諜者回報……"時金人並未過江,顯誤。考《中興戰功錄》載此事作:"初,虜都元帥兀术既入合肥,建康府諜者回報:'虜人已犯含山縣,漸犯歷陽。'"③又《三朝北盟會編》卷二〇五亦載此事作:"建康府探者回報:'金人已寇含山縣,漸犯和州。'"④此條記事應是涉上文二月三日"壬申"條"田祐恭陞領奉寧軍承宣使"一句而致誤。當據改。

36.《建炎以來繫年要錄》卷一三九(紹興十一年二月七日)"丙子"條:"是日,淮東宣撫司都統制王德遇金人鎮國大將軍韓常於含山縣東,敗之。"（中華本第 6 册第 2615 頁,上古本第 6 册第 2349 頁。）

按:"淮東"當作"淮西"。是時淮東宣撫使乃韓世忠,而王德屬淮西宣撫使張俊麾下。《宋史》卷三六八《王德傳》載:"(紹興)八年,命隸張俊,名其軍曰'銳勝'。"⑤《三朝北盟會編》卷二〇五載:"(紹興十一年二月)十日已卯,張俊軍統制王德渡江,先入和州。"⑥《繫年要錄》本書卷一三九(紹興十一年二月四日)"癸酉"條亦載:"淮西宣撫司都統制王德渡江,屯和州。"又卷一三九(紹興十一年二月十八日)"丁亥"條:"淮西宣撫司都統制王德、統制官田師中、張子蓋及金人戰於柘皋鎮。"當據改。

37.《建炎以來繫年要錄》卷一五一(紹興十四年二月二十八日)"己酉"條:"資政殿學士、新知紹興府樓炤過闕,入見,即日除簽書樞密院事、兼權參知政事。"（中華本第 6 册第

① 〔元〕脱脱等:《宋史》,第 33 册第 11436 頁。
② 〔宋〕李埴:《皇宋十朝綱要》卷二三,《六經刊叢書》本。
③ 〔宋〕李壁:《中興戰功錄》,藕香零拾本。
④ 〔宋〕徐夢莘:《三朝北盟會編》,第 1475 頁。
⑤ 〔元〕脱脱等:《宋史》,第 33 册第 11449 頁。
⑥ 〔宋〕徐夢莘:《三朝北盟會編》,第 1475 頁。

2849 頁,上古本第 6 册第 2571 頁)

按:"紹興府"當作"建康府"。考《繫年要録》卷一四六(紹興十二年九月六日)"乙未"條:"端明殿學士樓炤陞資政殿學士,知紹興府。"則紹興十四年恐不得言"新知紹興府"。又《繫年要録》卷一五一(紹興十四年二月二日)"癸未"條載:"判建康府、兼行宫留守、信安郡王孟忠厚與資政殿學士、知紹興府樓炤兩易。"則此時樓炤當是"新知建康府"。又熊克《中興小紀》卷三一亦載此事在紹興十四年二月,其文正作:"以資政殿學士,新知建康府樓炤爲僉書樞密院事。"[①]但"紹興"與"建康"不易誤,本條上下文亦無"紹興府"字樣,未知是否撰者李心傳之誤。可出校辨明之。

38.《建炎以來繫年要録》卷一五二(紹興十四年九月十三日)"辛酉"條:"詔分利州爲東、西兩路……(鄭)剛中請以興元府、利、閬、洋、巴、劍、天安軍七郡爲東路,治興元府。"(中華本第 6 册第 2874 頁,上古本第 6 册第 2595 頁)

按:"天安軍"當作"大安軍"。宋無"天安軍"。考《宋史》卷三七〇《鄭剛中傳》載此事作"剛中請分利州爲東、西路,以興元府、利、閬、洋、巴、劍州、大安軍七郡爲東路,治興元"。[②]又考《宋史》卷八九《地理志五》,利州路下正有"大安軍"。當據改。

39.《建炎以來繫年要録》卷一五二(紹興十四年十二月十三日)"己丑"條:"左朝奉郎、知資州楊樸獻《禮部韻括遺》,詔遷一官。樸,資陽人也。"(中華本第 6 册第 2883 頁,上古本第 6 册第 2604 頁)

按:"資州"當作"榮州"。楊樸既爲資陽人,似不應不避本貫。考《宋會要輯稿》崇儒五之三四載此事作:"十四年十二月十三日,左朝奉郎、知榮州楊樸進《禮部韻括遺》,詔轉一官。"[③]又《繫年要録》卷一六二(紹興二十一年五月十五日)"甲寅"條:"右朝奉大夫楊樸知榮州還,論……"則應以"榮州"爲是。"資州"似是下涉"資陽"所誤。當據改。

40.《建炎以來繫年要録》卷一五三(紹興十五年四月二十六日)"辛丑"條:"左從政郎、新和政縣令湯思退。"(中華本第 6 册第 2896 頁,上古本第 6 册第 2617 頁)

按:"和政縣"當作"政和縣"。宋無"和政縣",考《宋史》卷三七一《湯思退傳》曰:"紹興十五年,以右從政郎授建州政和縣令。"[④]又考《宋史》卷八九《地理志五》福建路建州下正有"政和縣"。[⑤]此縣今存,屬福建省南平市。當據乙。

41.《建炎以來繫年要録》卷一五三(紹興十五年九月六日)"己酉"條:"(張)振,河内人,敵陷兩河,振聚衆得百餘人,由喜兒灣渡河,直趨襄陽,詣鎮撫使桑仲……李横代爲鎮撫使,與振有隙。振乃走板江,歸於解潛。"心傳自注云:"張振事,以趙甡之《遺史》附入。"(中

① 〔宋〕熊克:《中興小紀》卷三一,《廣雅叢書》本。
② 〔元〕脱脱等:《宋史》,第 33 册第 11513 頁。
③ 〔清〕徐松輯,劉琳、刁忠民等點校:《宋會要輯稿》,第 5 册第 2854 頁。
④ 〔元〕脱脱等:《宋史》,第 33 册第 11529 頁。
⑤ 〔元〕脱脱等:《宋史》,第 7 册第 2208 頁。

華本第 6 册第 2910 頁；上古本第 6 册第 2632 頁。）

按："板江"當作"枝江"，形近而誤。考《三朝北盟會編》卷二三九録趙甡之《中興遺史》載此事，其文作："李横繼爲鎮撫使，待振如仲。後横與振有疑隙，乃走枝江，歸於荆南等州鎮撫使解潛。"①與此不同。李横任鎮撫使，見《繫年要録》卷五五（紹興二年六月十二日）"辛丑"條："李横爲襄陽府郢州鎮撫使。"解潛任荆南鎮撫使，見《繫年要録》卷三四（建炎四年六月十日）"庚辰"條："解潛爲荆南府、歸、峽州、荆門、公安軍鎮撫使。"其卸任，見《繫年要録》卷八八（紹興五年四月四日）"丁未"條："召荆南鎮撫使解潛赴行在。"則張振歸解潛，當在紹興二年六月後，五年四月前，而荆南時正寄治於枝江，見《繫年要録》卷八七（紹興五年三月九日）"壬午"條："秘書省正字李公懋入對言：'荆南自孔彦舟、鍾相之亂，移治枝江，今六年矣……'"以行程考之，自襄陽至荆南，文獻中並無記載作"板江"之地名者，而"枝江"則爲荆南寄治處，應以"枝江"爲是。當據改。

42.《建炎以來繫年要録》卷一五七（紹興十八年五月二十八日）"乙酉"條："龍圖閣直學士、知静州張宗元提舉江州太平興國宮。"（中華本第 7 册第 2988 頁，上古本第 6 册第 2709 頁。）

按："静州"或當作"静江府"。宋無"静州"。考《繫年要録》卷一五六（紹興十七年八月十二日）"癸卯"條載："（趙）鼎在吉陽三年，故吏門人皆不敢通問，廣西經略使張宗元時遣使渡海，以醪酒饋之。"《宋史》卷九〇《地理志六》："静江府……兼本路經略、安撫使。"②又考《（雍正）廣西通志》卷五一"知静江府"下亦載："張宗元，方城人，紹興十二年以寶文閣直學士任。方滋，紹興十八年任。"③則張宗元是時當知静江府。又《繫年要録》本條上二十七日"甲申"條載："右朝請郎、廣南西路轉運判官方滋直秘閣、知静江府。"則或是張宗元上書乞祠，故命方滋補静江府之闕。可出校論之。

43.《建炎以來繫年要録》卷一五九（紹興十九年三月十七日）"己亥"條："德慶軍承宣使、提舉萬壽觀韋謙爲建寧軍節度使，慶遠軍承宣使、提舉萬壽觀韋讜爲重慶軍節度使。"（中華本第 7 册第 3012 頁，上古本第 7 册第 2732 頁。）

按："重慶軍節度使"或當作"崇慶軍節度使"。此時尚無"重慶"地名。《宋史》卷三六《光宗本紀》："（淳熙十六年）八月甲午，升恭州爲重慶府。"④又《宋史》卷八九《地理志五》："重慶府，下，本恭州，巴郡，軍事。舊爲渝州。崇寧元年，改恭州，後以高［光］宗潛藩，升爲府。"⑤則"重慶"升府後似亦未立節度軍號，文獻中除此例外亦不見別有任"重慶軍節度使"者，此必有誤。考時有"崇慶軍節度"，《武林舊事》卷九"高宗幸張府節次略"條載："建寧

① 〔宋〕徐夢莘：《三朝北盟會編》，第 1716 頁。
② 〔元〕脱脱等：《宋史》，第 7 册第 2239 頁。
③ 〔清〕金鉷等：《廣西通志》，《景印文淵閣四庫全書》，第 566 册第 472 頁。
④ 〔元〕脱脱等：《宋史》，第 3 册第 697 頁。
⑤ 〔元〕脱脱等：《宋史》，第 7 册第 2228 頁。

軍節度使、提舉萬壽觀韋謙，崇慶軍節度使、提舉萬壽觀韋。"①後者脱一字，似即韋讜，可出校論之。

44.《建炎以來繫年要録》卷一六一（紹興二十年八月一日）"甲辰"條："降授左朝散郎、南安軍居住孫近移處州。"（中華本第 7 册第 3054 頁，上古本第 7 册第 2774 頁。）

按："處州"當作"虔州"。此事《宋史》卷三〇《高宗本紀七》作："八月甲辰朔，量移張浚永州，孫近虔州。"②又《繫年要録》卷一六四（紹興二十三年二月二十四日）"癸未"條載："方贛之亂也（虔州此時已改名作贛州），本州居住人降授左朝散郎、提舉江州太平興國宫孫近走吉州避之。"自注："（孫近）二十年八月，又移虔州。"可見作"處州"必誤。當據改。

45.《建炎以來繫年要録》卷一六五（紹興二十三年十二月三日）"丁巳"條："左朝請郎陳孝則知英州還，奏：'本州宜安縣税務，月額止於十千……'"（中華本第 7 册第 3145 頁，上古本第 7 册第 2863 頁。）

按："宜安縣"當作"宜安鎮"。考英州下有真陽、涵光二縣，無宜安縣。又考《宋會要輯稿》食貨一七之四一載此事謂："（紹興）二十三年十二月，前知英州陳孝則言：'州郡……且英州管下有宜安鎮税務，每月課額止於十千，而監官請俸兩倍，望行下本路相度，將宜安鎮税務廢罷。'"③當據改。

46.《建炎以來繫年要録》卷一八二（紹興二十九年閏六月十九日）"辛未"條："左司諫何溥言：'制官必正其名，然後責有所歸……鄱陽永年、永豐兩監，當諸路鼓鑄之半……'"（中華本第 8 册第 3512 頁，上古本第 8 册第 3226 頁。）

按："永年"當作"永平"。宋無"永年監"。考《宋會要輯稿》職官四三之一五三載此事曰："左司諫何溥言：'鄱陽之坑冶，永平、永豐兩監當諸路鼓鑄之半。'"④《宋史》卷三七三《洪遵傳》載此事曰："（紹興）二十九年……論者欲復鄱陽永平、永豐兩監鼓鑄。"⑤又考《宋史》卷八八《地理志四》"饒州"下載："鄱陽郡……監一：永平。"⑥當據改。

47.《建炎以來繫年要録》卷一八三（紹興二十九年九月二十八日）"戊申"條："四川茶馬司言：'昨來差殿前馬步兩軍自就宕冒、峯鐵兩場取馬。'"（中華本第 8 册第 3534 頁，上古本第 8 册第 3248 頁。）

按："宕冒"當作"宕昌"。見《繫年要録》卷一七三（紹興二十六年六月三日）"癸酉"條："御前諸軍都統制、知興州吴璘言：'紹興十一年得旨，令宕昌寨歲所市西馬十分之二給本軍。'"卷一七九（紹興二十八年四月十九日）"戊申"條："領殿前都指揮使職事楊存中言：'四川茶馬司買馬官，所買馬率多駑下，乞令本司所差取馬統領官往宕昌寨監視買馬。'"。此

① 〔宋〕周密：《武林舊事》卷九，《武林掌故叢編》本。
② 〔元〕脱脱等：《宋史》，第 2 册第 572 頁。
③ 〔清〕徐松輯，劉琳、刁忠民等點校：《宋會要輯稿》，第 11 册第 6368 頁。
④ 〔清〕徐松輯，劉琳、刁忠民等點校：《宋會要輯稿》，第 7 册第 4187 頁。
⑤ 〔元〕脱脱等：《宋史》，第 33 册第 11566 頁。
⑥ 〔元〕脱脱等：《宋史》，第 7 册第 2187 頁。

地今仍存,爲甘肅省隴南市宕昌縣。當據改。

48.《建炎以來繫年要録》卷一八五(紹興三十年四月二十五日)"壬申"條:"廣德軍上供米,自西安一二日而可至湖州。"(中華本第 8 册第 3575 頁,上古本第 8 册第 3289 頁。)

按:"西安"當作"四安"。西安縣在衢州,而自廣德軍至湖州,顯然不過衢州。中華、上古兩點校本依四庫本作"西安",顯誤。應依廣雅本改作"四安",四安即今湖州市長興縣泗安鎮。當據改。

49.《建炎以來繫年要録》卷一九三(紹興三十一年十月二十五日)"甲子"條:"趙撙下平興縣。"(中華本第 8 册第 3771 頁,上古本第 8 册第 3477 頁。)

按:"平興縣"當作"平輿縣",形近而誤。史不載宋、金行政區劃有名"平興縣"者,知其必誤。考《繫年要録》卷一九三(紹興三十一年十月二十一日)"庚申"條載:"趙撙破褒信縣。"卷一九三(紹興三十一年十月二十三日)"壬戌"條載:"趙撙至新蔡縣,金人所命令佐率衆迎敵,撙一鼓破之。"則趙撙此時當在蔡州。又考《金史》卷二五《地理志中》^①及《宋史》卷八五《地理志一》^②"蔡州"條下皆有"平輿縣"。此地名至今仍存,即今河南省駐馬店市平輿縣。當據改。

50.《建炎以來繫年要録》卷一九七(紹興三十二年二月三日)"庚子"條:"興州前軍同統領惠逢復河州。先是,四川宣撫使吳璘命逢襲取熙河,逢間道出臨洮……鈐轄榮某皆會至會通關掩擊之……(惠逢)即令儒林郎吕某權州事,與博軍願留者數十百人,因出屯會通關。"(中華本第 8 册第 3870 頁,上古本第 8 册第 3561 頁。)

按:"會通關"當作"通會關",下同。考《宋史》卷八七《地理志三》:"河州……縣一:寧河……關一:通會。"^③《金史》卷二六《地理志下》:"河州……寨三:南川、通會關、定羌城。"^④李燾《續資治通鑑長編》卷二五二:"置南山堡、通會關於河州。"^⑤又本條心傳附有注文稱:"此以員興宗《西陲筆略》、費士戣《蜀口用兵録》參修。"而員興宗《西陲筆略》今存其《九華集》卷二四中,其書載此事作:"博軍願留者數十百人,因出屯殺馬關。"注云:"一名通會。"^⑥又《繫年要録》本書卷一九八(紹興三十二年閏二月六日)"癸酉"條亦載:"宣撫使命惠逢、李進等會蕃漢兵援河州……河州已陷,逢屯通會,進屯臨洮。"可見本條兩處"會通"關爲倒文無疑。當據乙。

作爲一部研究宋、金史的基本史籍,《建炎以來繫年要録》中所保存的歷史史料長期以來

① 〔元〕脱脱等:《金史》,北京:中華書局,1975 年,第 2 册第 596 頁。
② 〔元〕脱脱等:《宋史》,第 7 册第 2116 頁。
③ 〔元〕脱脱等:《宋史》,第 7 册第 2163 頁。
④ 〔元〕脱脱等:《金史》,第 2 册第 655 頁。
⑤ 〔宋〕李燾撰,上海師範大學古籍整理研究所、華東師範大學古籍整理研究所點校:《續資治通鑑長編》,北京:中華書局,2004 年,第 10 册第 6178 頁。
⑥ 〔宋〕員興宗:《九華集》,《景印文淵閣四庫全書》,第 1158 册第 209 頁。

被學者們廣泛徵引使用，具有很强的不可替代性。若放任其文字訛誤而不校理，則不唯其史料本身價值受到影響，也難免産生訛以滋訛之患。本文所舉訛誤五十則皆屬歷史地理之基本事實，是學術研究中應當首先正本清源的對象。因此，對這一類訛誤的勘謬訂正，當然有着非常重要的意義。近世以來，南宋高宗一朝可以稱得上是宋史研究的“熱點”階段，而李心傳《建炎以來繫年要録》既爲高宗朝史料之最重要者，對其進行相關整理工作也越來越受到學者的重視，中華書局、上海古籍出版社所分別推出的兩種點校本便是此種趨勢的顯證。然而從目前的情況看來，由於此書的卷帙本身過於繁浩，且點校者主要依靠的校勘手法爲對校法，故其中所遺訛誤尚多，有待進一步發現與整理，學界宜在現有基礎之上推出修訂本，使得此書能以更爲精善之面貌呈現。同時，兩種《建炎以來繫年要録》點校本的例子還爲今後從事《四庫全書》輯《永樂大典》文獻的整理者提供了一點經驗，即應在對校法的基礎上盡可能多地參考相關文獻，以本校、他校法作爲另外的重要手段，方可得出精益求精的成果。

（陳豫韜，貴州財經大學文學院講師）

史彌大及《史子朴語》考論[*]

范俊坡　張　升

[摘　要]　史彌大是史浩的長子,曾任禮部侍郎,著述甚豐,但大多亡佚。《史子朴語》是史彌大的語録集,由其門人編纂而成,現存七卷,反映了史彌大的學術、政治等思想。但此書流傳不廣,罕爲人所知。本文考證了史彌大的生平事迹和著作存佚,以及《史子朴語》的成書、版本、内容等,釐清了以往對史彌大卒年和《世家》等認識的誤區。《史子朴語》一書可以爲四明史氏家族和宋代思想學術研究提供新的材料,有助於復原《永樂大典》部分卷次。

[關鍵詞]　四明史氏　史彌大　史子朴語　永樂大典

　　四明史氏是南宋時期重要的仕宦家族,先後有史浩、史彌遠、史嵩之三人出任丞相,更有多人在朝中擔任要職。清人全祖望指出:"史氏一門宰相三人,執政二人,視執政恩數大臣三人,侍從二人,卿監四人,其餘不能悉數也。"[①]因其家族成員身高位顯,對南宋政局變動和歷史演進産生了至關重要的影響。職是之故,四明史氏家族是政治史、家族史、地方史研究的重要議題,相關研究成果層出不窮。[②]

　　戴仁柱(Richard Davis)《丞相世家:南宋四明史氏家族研究》(簡稱戴書)和夏令偉《南宋四明史氏家族研究》(簡稱夏書)是這一領域的集大成者。戴書以時間爲綫索,梳理了史氏家族的發軔、興盛與衰落,側重於史氏家族的政治史方面。夏書則分門别類,從歷史、政治、文學、文獻等四個領域論述了史氏家族的情況。但兩書的關注重點都是史浩和史彌遠,對史彌大著墨不多。尤其是夏書,在《緒論》中對史氏家族人物進行劃分時,其中"道德型人物"

---

*　本文是國家社科基金特别委托項目"《永樂大典》綜合研究、復原"(21@ZH046)的階段性成果。

①　〔清〕全祖望:《甬上族望表》卷上《西湖史氏》,朱鑄禹匯校集注:《全祖望集匯校集注》,上海:上海古籍出版社,2021年,第6册第2643頁。

②　關於四明史氏家族的研究成果可以分爲群體研究和個案研究。群體研究是對整個史氏家族的研究,主要有:〔美〕戴仁柱(Richard Davis)*Court and Family in Sung China, 960-1279: Bureaucratic Success and Kinship Fortunes for the Shih of Ming-Chou* (Durban:Duke University Press, 1986。中譯本作《丞相世家:南宋四明史氏家族研究》,劉廣豐、惠冬譯,北京:中華書局,2014年)、蔡罕《宋代四明史氏墓葬遺迹》(載〔日〕井上徹、〔日〕遠藤隆俊編:《宋—明宗族の研究》,東京:汲古書院,2005年)、葉偉華《南宋四明史氏家族研究》(華南師範大學碩士學位論文,廣州,2007年)、陳恩黎《四明史氏家族》(寧波:寧波出版社,2010年)、〔日〕小林晃《南宋四明史氏の斜陽——南宋後期政治史の一斷面》(載〔日〕三木聰編:《宋—清代の政治と社會》,東京:汲古書院,2017年)、夏令偉《南宋四明史氏家族研究》(北京:科學出版社,2018年)等。個案研究是對某一家族成員的研究,主要對象是史浩和史彌遠。這方面成果有:蔣義斌《史浩研究——兼論南宋孝宗朝政局及學術》(新北:花木蘭文化出版社,2009年)、史美珩《是奸相還是能臣——史彌遠歷史真相研究》(太原:山西人民出版社,2010年)、喬東山《南宋名臣史浩研究》(河北大學碩士學位論文,保定,2012年)、蔡美超《史彌遠的政治世界:南宋晚期的政治生態與權力形態的嬗變(1208—1259)》(復旦大學碩士學位論文,上海,2014年)、陳良中《史浩〈尚書講義〉思想研究》(《歷史文獻研究》2014年第1期)等。林林總總,兹不贅舉。可參見夏令偉:《四十年來南宋四明史氏家族研究綜述》,《中共寧波市委黨校學報》2007年第5期。

之"潛心學術與有功儒林者"，僅以史浩與史蒙卿爲代表，而無史彌大；[①]在梳理現存史氏家族的所有著作與相關文獻時，認爲"流傳至今的僅有史浩的《鄮峰真隱漫録》《尚書講義》及史彌寧的《友林乙稿》三種"，並未提及《史子朴語》。[②]

　　無論是群體研究還是個案研究，史彌大都沒有引起足夠的關注。其原因固然是其職位較低，未對南宋政局產生太大影響。而更關鍵的則因其著述大多亡佚，流傳不廣，以致後世學者無由考見其思想。但正如戴仁柱所言："史彌大特別有趣，因爲事實證明，他是史浩的兒子中學術成就最大的一個。"[③]因此，研究四明史氏家族與宋代學術思想史，史彌大絶不應被忽視。筆者有幸發現史彌大的著作《史子朴語》（亦稱《朴語》），故不揣譾陋，對史彌大的相關史實和《朴語》的基本情況略作考述，以就教於方家。

一、史彌大及其著述考

　　史彌大，字方叔，號朴夫，史浩的長子。現存史料中，有關史彌大的記載不多。作爲官修正史的《宋史》不立傳，地方誌所記則失之簡略，其他史書的記載較爲散亂。衆所周知，相比於傳世文獻，家族文獻具有獨特的價值。史氏家族文獻保存較爲完善，其中《史氏祖宗畫像、傳記及題跋》爲我們瞭解史氏家族成員的生平事迹提供了重要參考。今綜合現存史料，對其生平與著作加以考述。

（一）史彌大史實鈎沉

1.史彌大生卒年再考

　　關於史彌大的生卒年，以筆者管見所及，現有研究中有兩處提到。一是李裕民的《宋人生卒行年考》，將史彌大的卒年定於 1190 年，即紹熙元年，生年闕如。二是吳國武的《兩宋經學學術編年》，將卒年繫於淳熙十二年（1185）之後。[④]其依據是《宋會要輯稿》中對史彌大乞祠的記載，淳熙十二年"七月二十四日，詔：'禮部侍郎史彌大舊學之子，自奮儒科，除敷文閣待制、提舉隆興府玉隆萬壽宮。'*彌大乞祠，而有是命*"。[⑤]吳國武的説法雖然無誤，但太過籠統，自不必論，需要著重辨析的是李裕民的觀點。

　　李裕民對史彌大卒年判定的依據是樓鑰爲彌大弟弟史彌正所撰的《祭史敷文文（彌正）》。在祭文中，樓鑰回憶了彌正生前與逝世情況："太師年高，貳卿即世。相公煌煌，惟公是倚。拂衣賦歸，一則以喜。周旋數年，先意承志。一旦執喪，不堪哀毀。窀穸之奉，杖而後起。

① 夏令偉：《南宋四明史氏家族研究》，第 3 頁。
② 夏令偉：《南宋四明史氏家族研究》，第 9 頁。
③ 〔美〕戴仁柱著，劉廣豐、惠冬譯：《丞相世家：南宋四明史氏家族研究》，第 152 頁注 2。
④ 吳國武：《兩宋經學學術編年》，南京：鳳凰出版社，2015 年，下册第 764 頁。
⑤ 《職官六二·特恩除職》，劉琳、刁忠民等校點：《宋會要輯稿》，上海：上海古籍出版社，2014 年，第 8 册第 4735 頁。

遂抱沈痾,忽若蟬蛻。"①李裕民據此分析道:"太師指其父史浩(1106—1194),貳卿即其兄彌大,'拂衣賦歸'指其以宮觀歸家,事凡二次,其一在紹熙元年(1190)二月二十日(《宋會要》職官七二之五六),其二指紹熙二年正月二十八日,以敷文閣宮觀(同上五四之四一)。歸家原因在於其父年老,其兄去世。"②由此他認爲:"彌正歸鄉之年,當即彌大去世之年,即1190年。"③在李裕民看來,"拂衣賦歸"是指史彌正以宮觀歸家。這一認識有待商榷。而將彌正宮觀歸家定爲紹熙元年,未説明其中緣由,更太過武斷。《宋會要輯稿》記載,紹熙元年二月二十七日,"詔新浙東提點刑獄史彌正差主管建寧府武夷山冲佑觀。以監察御史林大中言其天資貪婪,怙勢驕橫,今爲本路監司,必致撓政擾民,〔乞〕與祠禄,故有是命"。④此處言明史彌正因被彈劾纔主管宮觀,與奉養老父無關。而紹熙二年正月二十八日,"詔:'史彌正以偏親年老,乞奉祠禄,其志可嘉,可除直敷文閣,依所乞與主(觀)〔管〕建寧府武夷山冲佑觀。'彌正以直秘閣、新權發遣福建路提刑乞改授祠禄,侍養偏親,故有是命。"⑤則明確指出紹熙二年的乞祠是奉養老父。因此,史彌正因奉親而以宮觀歸家應在紹熙二年,而非紹熙元年。由此可知,李裕民先生對史彌大卒年的判定是錯誤的。

現存史料中有對史彌大卒年的記載。史浩逝世後,樓鑰曾奉敕撰《太師保寧軍節度使致仕魏國公諡文惠追封會稽郡王史公神道碑》(亦稱《純誠厚德元老之碑》)。該碑文撰寫時間距史浩逝世不久,且樓鑰與史氏家族關係密切,因此所記內容的真實性是毋庸置疑的。據碑文記載:

> 重華之召,引辭甚切。孝宗諭曰:"今與卿皆閒人,當衣褐見,何必求免耶?"詔乘肩輿入隔門,仍命孫定之扶掖。特改京官。朝退,次詣重華。……既歸之次年,長子彌大以疾不起,公起居寢衰。⑥

因此,欲確定史彌大哪一年逝世,只需知道史浩於何年覲見孝宗即可。《宋會要輯稿》對此次朝見記述頗詳:"(紹熙)二年二月二十一日,詔太師、魏國公史浩候到闕朝見等,許肩輿入至隔門裏,仍令子孫一人扶持。"同時記載了其孫史定之扶持史浩朝見:"(四月)七日,詔太師、魏國公史浩孫定之特與循兩資。以定之扶侍浩朝見,故有是命。"⑦由此可以判定史浩朝見孝宗發生於紹熙二年。是故,史彌大當卒於紹熙三年,即1192年。《史氏祖宗畫像、傳記及

① 〔宋〕樓鑰撰,顧大朋點校:《樓鑰集》卷八四《祭史敷文文(彌正)》,杭州:浙江古籍出版社,2010年,第5册第1458頁。
② 李裕民:《宋人生卒行年考》,北京:中華書局,2010年,第54—55頁。
③ 李裕民:《宋人生卒行年考》,第54頁。
④ 《職官七二·黜降官九》,劉琳、刁忠民等校點:《宋會要輯稿》,第8册第4999頁。
⑤ 《職官五四·外任宮觀》,劉琳、刁忠民等校點:《宋會要輯稿》,第8册第4495頁。
⑥ 〔宋〕樓鑰撰,顧大朋點校:《樓鑰集》卷九八《太師保寧軍節度使致仕魏國公諡文惠追封會稽郡王史公神道碑》,第5册第1712頁。
⑦ 《禮五九·群官儀制》,劉琳、刁忠民等校點:《宋會要輯稿》,第4册第2085頁。

題跋》所記卒年與此相同,更明確説彌大卒於是年七月二十八日。①

　　既已明確史彌大的逝世時間,再重新審視樓鑰《祭史敷文文(彌正)》中"拂衣賦歸"的含義。體味《祭史敷文文(彌正)》一文的意思,是先有"貳卿即世",之後緣"拂衣賦歸",二者存在時間上的先後關係。既然史彌大卒於紹熙三年,則"拂衣賦歸"絶不能指紹熙二年史彌正乞祠歸家。筆者認爲,所謂"拂衣賦歸"應該是指史彌正在紹熙三年被罷宫觀。據《宋會要輯稿》記載,紹熙三年十一月"二十五日,詔直敷文閣、主管建寧府武夷山冲佑觀史彌正落職,罷宫觀。明州有富民屬雄者,迫脅佃户諸百十五自刑,彌正與李唐佐、高伋詐欺雄官會,爲請求守臣高爕,欲從末減,爕因劾之,故有是命"。②彌大逝世於七月二十八日,彌正罷宫觀發生於十一月二十五日,這符合祭文所表達的時間邏輯。

　　關於史彌大的生年,《史氏祖宗畫像、傳記及題跋》也有詳細的記載:"紹興四年甲寅十一月二十八日生。"③由此可知,史彌大生於紹興四年(1134),卒於紹熙三年(1192),壽五十九歲。

2.史彌大的宦迹

　　史彌大於乾道五年(1169)中鄭僑榜進士。④七年十二月四日,以左宣教郎的身份召試館職。⑤九年二月,任秘書省正字。⑥淳熙元年(1174)六月爲校書郎。⑦三年六月爲秘書丞。之後,於四年四月簡派外任,任浙西提舉。⑧八年,史彌大作爲使臣,迎遼金國賀生辰使,在盱眙縣第一山留有題名。其文云:"四明史彌大方叔、山陰賀錫叔況,淳熙辛丑季秋廿有六日,以逆客同來。"清人錢大昕對此考證道:"蓋自乾道與金通和以後,兩國交聘,必取道盱眙。凡宋臣使北,及接伴北使而至者,皆題名厓石間,此其一也。孝宗以十月廿二日生,號會慶節。此所逆者,蓋賀生辰使。"⑨九年,史彌大回京任職,以宗正少卿兼任太子侍講。十年兼太子侍讀。⑩十一年十二月,"除中書舍人,升兼左庶子"。十二年二月四日,"除權禮部侍郎",仍兼任左庶子,並兼侍讀。⑪就任禮部侍郎期間,彌大曾上書孝宗進獻《中興禮書》:

---

① 史美露主編:《南宋四明史氏》,成都:四川美術出版社,2006年,第26頁。

② 《職官七三·黜降官一〇》,劉琳、刁忠民等校點:《宋會要輯稿》,第9册第5008頁。

③ 史美露主編:《南宋四明史氏》,第26頁。根據《史氏祖宗畫像、傳記及題跋》的記載,史彌正生於紹興七年(1137),卒於慶元元年(1195),壽五十九。見史美露主編:《南宋四明史氏》,第28頁。

④ 〔宋〕胡榘修,〔宋〕方萬里、〔宋〕羅濬纂:《(寶慶)四明志》卷九《人物考中·史浩》,中華書局編輯部編:《宋元方志叢刊》,北京:中華書局,1990年,第5册第5101頁。

⑤ 《選舉三一·召試一》,劉琳、刁忠民等校點:《宋會要輯稿》,第10册第5852頁。

⑥ 〔宋〕陳騤撰,張富祥點校:《南宋館閣録》卷八《官聯下·正字》,北京:中華書局,1998年,第125頁。

⑦ 〔宋〕陳騤撰,張富祥點校:《南宋館閣録》卷八《官聯下·校書郎》,第116頁。

⑧ 〔宋〕陳騤撰,張富祥點校:《南宋館閣録》卷七《官聯上·丞》,第89頁。

⑨ 〔清〕錢大昕:《潛研堂金石文跋尾》卷一六《史彌大等題名》,陳文和主編:《嘉定錢大昕全集》,南京:江蘇古籍出版社,1997年,第6册第417頁。

⑩ 《職官七·東宫官》,劉琳、刁忠民等校點:《宋會要輯稿》,第5册第3223頁。

⑪ 《東宫官》,〔宋〕何異:《中興東宫官寮題名》,《續修四庫全書》,上海:上海古籍出版社,2002年,第748册第411頁。

《中興禮書》者,淳熙中所上也。紹興間,太常少卿趙子畫採渡江以來所行,爲《續因革禮》三十卷。其後禮官踵爲之,然未上也。淳熙十二年春,史彌大方叔權禮部侍郎,乃言:"此書一朝大典,如内禪、慶壽等禮,皆歷代所未嘗行,乞下禮官宣取以進,仍不必推恩。"上許之。[①]

可見史彌大在禮部侍郎任上,確實有所作爲。是年七月,彌大乞祠返鄉。

新任禮部侍郎不足半年,史彌大就決定辭官回鄉,是何緣故?《攻媿集》中收有《代謝宮觀表》《代謝皇太子箋》《代謝皇太子宮講堂徹章轉官箋》等三篇文章。宋本《攻媿集》於《代謝宮觀表》有注"以下三首,代史待制彌大",而四庫本《攻媿集》此注則作"以下三首,代史待制彌正"。[②]彌大與彌正,孰是孰非?今略作考證。首先,從版本情況來看,宋本《攻媿集》爲四明樓氏家刊本,四庫本依宋本而來,[③]在抄録過程中難免會產生文字錯誤。其次,如前所引,史彌大曾任敷文閣待制,而史彌正"直敷文閣",樓鑰在祭文中稱彌正爲"史敷文"。可知史待制絕非彌正,而是彌大。再次,《代謝宮觀表》中有"春秋八十,不勝愛日之思"一句。此處"春秋八十"指其父史浩。史彌大乞祠時,史浩時年八十歲。而彌正乞祠時爲紹熙二年,其父已經八十五歲了。最後,從《代謝宮觀表》"代言西掖,進讀東宮"[④]來看,此人曾任職秘書省和東宮,正吻合史彌大的履歷,而與彌正不符。總之,四庫本"代史待制彌正"有誤,這三篇文章是樓鑰代史彌大所作。由這三文,我們可以推求史彌大乞祠歸家的原因。《代謝宮觀表》言:"威儀三千,兹豈養痾之地;春秋八十,不勝愛日之思","臣敢不增激懦衷,稍休弱質。循陔承志,庶幾棄官歸養之風;戀闕馳誠,尚勉移孝爲忠之節。"[⑤]這些都表明彌大乞祠的主要原因是爲了奉養老父。這一年,史浩八十歲,彌大五十二歲,彌正四十九歲,彌遠二十二歲,彌堅二十歲。[⑥]作爲長子的彌大自然要承擔奉養老父的責任。此外,根據"養痾""弱質"等文字,可以推測史彌大的身體狀況並不佳,由其先史浩而卒也可以印證。這與其辭官不無關係。

乞祠之後,彌大一直居家侍奉史浩。到紹熙三年(1192),"進封奉化郡開國侯,食邑千户",並於是年七月二十八日逝世。追贈少傅、銀青光禄大夫,謚獻文。[⑦]史彌大還曾知寧國軍府事,時間應在其乞祠之後。[⑧]

縱觀史彌大的宦迹,與其父史浩的任職情況有極大相似之處。史彌大自己也承認所任

---

① 〔宋〕李心傳撰,徐規點校:《建炎以來朝野雜記》甲集卷四《製作·中興禮書》,北京:中華書局,2000 年,上冊第 113 頁。
② 〔宋〕樓鑰撰,顧大朋點校:《樓鑰集》卷一五《校勘記》,第 2 冊第 329 頁。
③ 據《樓鑰集》點校者顧大朋言:"是次點校以宋四明樓氏家刻本《攻媿先生文集》爲底本,校以文淵閣四庫本、武英殿聚珍本及叢書集成本《攻媿集》。四庫等本皆以宋本爲源,而文字多有異同。"(見《樓鑰集》,第 1 冊第 2 頁。)
④ 〔宋〕樓鑰撰,顧大朋點校:《樓鑰集》卷一五《代謝宮觀表》,第 2 冊第 318 頁。
⑤ 〔宋〕樓鑰撰,顧大朋點校:《樓鑰集》卷一五《代謝宮觀表》,第 2 冊第 318—319 頁。
⑥ 史彌遠生於隆興二年(1164),史彌堅生於乾道二年(1166)。見史美露主編:《南宋四明史氏》,第 30、32 頁。
⑦ 《禮五八·群臣謚》,劉琳、刁忠民等校點:《宋會要輯稿》,第 4 冊第 2073 頁。
⑧ 〔清〕史在鑛:《史氏譜録合編》卷五《四明大宗支》,康熙三十年(1691)八行堂刻本,第 14a 頁。

官職"皆老父之故官"。[1]這種雷同似乎並不是巧合,應該是對史浩仕途成功的一種複製。[2]戴仁柱認爲:"宗正少卿與太子左庶子的職位,也讓他有機會接近宮廷。他本來有潛力獲得更大的成功,但機會並没有出現。他聲名鵲起之時,恰逢孝宗統治晚年,當時,年事漸高的皇帝更傾向於使用老一輩才華出衆的人,而不注重發掘新的人才。最終,機會還没到來之前,死神就已經降臨,因爲史彌大没有他父親長壽。"[3]誠如戴仁柱的分析,彌大在仕途没有更高的作爲與孝宗的用人觀念和自身短壽有關。但還有一點值得注意,史書記載"浩在相位,彌大勸其引退",[4]再結合彌大的自述"素矜樸拙,初無進取之心",[5]可見史彌大應該是比較淡泊的人。這種性格也導致了其不汲汲於仕進,能在仕途正盛之際決然引退。

3.史彌大的家庭情况

作爲史浩的長子,史籍記載史彌大"賢肖其父"。[6]從現存材料來看,彌大應該是史浩最器重的一個兒子。其文集中有多首與彌大的唱和之作,如《水龍吟·次韻彌大梅詞》[7]等。史彌大逝世後,史浩"起居寖衰",不及二年即棄世,這也與彌大早逝的打擊有關。史彌大和史彌正均爲貝氏所出。[8]貝氏,追封魏國夫人。

史彌大先後有三個妻子,先娶高氏,贈魏國夫人,爲高邁的孫女。高邁是高燾的叔父,曾任縣尉。[9]次娶豐氏,贈越國夫人。後娶林氏,封魯國夫人。林氏爲左中奉大夫、敷文閣待制林保的孫女。[10]史彌大的獨子史守之,是著名的藏書家。曾從楊簡、袁燮問學,又學古文於樓鑰。因不滿叔父史彌遠所爲,辭官歸鄉,"退居月湖之松島"。寧宗御書"碧沚"二字賜之。[11]史彌大至少有一個女兒,"適宣義郎、新監臨安府仁和縣臨平鎮税胡綱"。[12]胡綱,字少張,史浩曾有致語贈之。[13]

① 〔宋〕樓鑰撰,顧大朋點校:《樓鑰集》卷一五《代謝宫觀表》,第 2 册第 318 頁。
② 夏令偉:《南宋四明史氏家族研究》,第 62 頁。
③ 〔美〕戴仁柱著,劉廣豐、惠冬譯:《丞相世家:南宋四明史氏家族研究》,第 143 頁。
④ 〔明〕李賢等撰,方志遠等點校:《大明一統志》卷四六《浙江布政司·寧波府》,成都:巴蜀書社,2017 年,第 5 册第 2095 頁。
⑤ 〔宋〕樓鑰撰,顧大朋點校:《樓鑰集》卷一五《代謝宫觀表》,第 2 册第 318 頁。
⑥ 〔宋〕胡榘修,〔宋〕方萬里、〔宋〕羅浚纂:《(寶慶)四明志》卷九《人物考中·史浩》,中華書局編輯部編:《宋元方志叢刊》,第 5 册第 5101 頁。
⑦ 〔宋〕史浩撰,俞信芳點校:《史浩集》卷四八《水龍吟·次韻彌大梅詞》,杭州:浙江古籍出版社,2016 年,下册第 840 頁。
⑧ 〔清〕史在鑛:《史氏譜録合編》卷二《忠定越王年譜》,第 4a 頁。
⑨ 〔宋〕姚燧:《菊磵集序》,〔宋〕高燾:《菊磵集》,《景印文淵閣四庫全書》,臺北:臺灣商務印書館,1986 年,第 1170 册第 121 頁。
⑩ 〔宋〕周必大撰,王瑞來校證:《周必大集校證》卷六八《平園續稿二十八·左中奉大夫敷文閣待制特進林公保神道碑》,上海:上海古籍出版社,2020 年,第 3 册第 1005 頁。
⑪ 〔清〕全祖望:《鮚埼亭集外編》卷四五《答九沙先生問史學士諸公遺事帖子》,朱鑄禹匯校集注:《全祖望集匯校集注》,第 4 册第 1731 頁。
⑫ 〔宋〕樓鑰撰,顧大朋點校:《樓鑰集》卷九八《太師保寧軍節度使致仕魏國公謚文惠追封會稽郡王史公神道碑》,第 5 册第 1713 頁。
⑬ 〔宋〕史浩撰,俞信芳點校:《史浩集》卷三九《待胡少張王叔舉二孫壻致語》,下册第 703—704 頁。據史浩自注:"胡綱,乃彌大壻。"

（二）史彌大著述考

史彌大的著述頗豐。宋代《（寶慶）四明志》是已知最早記載史彌大事迹的方志，但並未提及彌大著作。[①]到元代，《（延祐）四明志》記述彌大"著《衍極》《朴語》"。[②]明代《（成化）寧波郡志》則明確記載："所著有《衍極圖説》《易學指要》、《朴語》二篇、《世家》二篇及《鏡庵叢書》《朴齋外集》總若干卷。"[③]此後方志皆沿之。

全祖望曾統計史氏家族成員的所有著述，對於史彌大，他指出"經苑……彌大有《易學指要》《衍極圖説》"，"説林則彌大有《世家》二篇、《朴語》二篇、《鏡庵叢書》"，"而別集……彌大有《朴齋外集》"。[④]今按四部分類考證如下：

經部。史彌大對於《易經》造詣頗深，"作爲《易經》的專家，他在北宋人對這部書注釋的基礎上，寫了很多東西"。[⑤]著有《易經指要》，卷次不明，已佚。[⑥]又著有《衍極圖説》，亦稱《衍極》，也已經亡佚。[⑦]

史部有《世家》（亦作《史子世家》《史彌大世家》），二卷。有關《世家》的記載有諸多失實之處。全祖望將其歸入"説林"，不確。諸方志均將此書視爲史彌大的著作，李裕民先生據此認爲"《史彌大世家》"的標點應該作"史彌大《世家》"。[⑧]但從嚴格意義上來説，《世家》並不能算史彌大所作。清代乾隆年間，史氏後裔史鴻義訪得《史子朴語》刊印行世，在序中提到《世家》的情況。據他説："公爲忠定王塚子，嘗仕於朝矣，以侍養乞歸。其没也，門人集所聞訓答之詞而爲書，曰《史子朴語》。又即其歷官行事，爲《史子世家》附於編末……公之行事載之《世家》，詳且悉矣……《世家》二卷，則附諸族譜之後云。"[⑨]從他的叙述中，可以得到四點信息：（1）《世家》一書是史彌大身後由門人編纂而成；（2）内容是關於史彌大的"歷官行事"，可見應該歸入史部；（3）《世家》附於《史子朴語》編末行世；（4）史鴻義所見到《世家》是附録於族譜之後的。

其實，史鴻義的部分觀點不無可商之處。按照史鴻義的説法，《世家》是關於史彌大"歷

---

① 〔宋〕胡榘修，〔宋〕方萬里、〔宋〕羅濬纂：《（寶慶）四明志》卷九《人物考中·史浩》，中華書局編輯部編：《宋元方志叢刊》，第 5 册第 5101 頁。

② 〔元〕馬澤修，〔元〕袁桷纂：《（延祐）四明志》卷五《人物考中·史浩》，中華書局編輯部編：《宋元方志叢刊》，第 6 册第 6202 頁。

③ 〔明〕楊寔纂修：《（成化）寧波郡志》卷八《人物考·史彌大》，《北京圖書館古籍珍本叢刊》，北京：書目文獻出版社，1988 年，第 28 册第 146 頁。

④ 〔清〕全祖望：《鮚埼亭集外編》卷三一《題史秦州友林集》，朱鑄禹匯校集注：《全祖望集匯校集注》，第 4 册第 1376、1377 頁。

⑤ 〔美〕戴仁柱著，劉廣豐、惠冬譯：《丞相世家：南宋四明史氏家族研究》，第 152 頁注 2。

⑥ 〔清〕朱彝尊撰，林慶彰等主編：《經義考新校》卷三二《易三十一》，上海：上海古籍出版社，2010 年，第 2 册第 562—563 頁。

⑦ 〔清〕朱彝尊撰，林慶彰等主編：《經義考新校》卷七〇《易六十九》，第 4 册第 1316 頁。

⑧ 李裕民：《宋人著作補正》，《暨南史學》2009 年第 6 輯。

⑨ 〔宋〕史彌大：《史子朴語》卷首《史鴻義序》，乾隆八行堂刻本，第 1a、1b、2a 頁。本文所引《史子朴語》無特别注明者，均爲乾隆八行堂刻本。

官行事"。但從《建炎以來朝野雜記》所引《世家》來看,似乎不盡如此。《建炎以來朝野雜記》乙集共引《世家》三條,都是史浩的事跡,標明出自《史彌大世家》。①《建炎以來朝野雜記》乙集,始編於開禧元年(1205),成書於嘉定九年(1216),②距離史彌大和史浩逝世不遠,其徵引很有信服力。由此可知,李心傳見到的《世家》記載了史浩的生平。

此外,從世家的體裁來看也是如此。劉知幾云:"自有王者,便置諸侯,列以五等,疏爲萬國。當周之東遷,王室大壞,於是禮樂征伐自諸侯出。迄乎秦世,分爲七雄。司馬遷之記諸國也,其編次之體,與本紀不殊。蓋欲抑彼諸侯,異乎天子,故假以他稱,名爲世家。"③能被稱爲"世家"的應是諸侯一類的人物。史彌大不過官至禮部侍郎,不足以支撐起"世家"之稱。而史浩身爲丞相,死後被追封爲"會稽郡王",其身份較爲符合。因此,《世家》一書應該包含史浩、史彌大父子兩人的事跡,而以彌大爲主。

前引史鴻義言"附諸族譜之後",證明史鴻義親眼看到過《世家》一書,但爲何他只認爲《世家》是關於史彌大的"歷官行事"? 筆者認爲,史鴻義見到的《世家》可能只是部分内容,而非全書。因爲有關史浩的記載已經非常詳實,族譜在附録此書没必要疊床架屋。相反,史彌大的記載則太過簡略,收録時僅留有史彌大的事跡也在情理之中。

《世家》的流傳,如前引史鴻義言,原書附於《朴語》編末,之後則附諸族譜之後。但史鴻義刊印《朴語》時並未將《世家》付印。到光緒年間,史氏族人史悠誠重刊《朴語》,曾關注到《世家》。據他説:

> 其原序中有云《世家》二卷,附於族譜之後。則余求之四明譜中,不獲一見。想因吾史氏族繁,各自爲譜,而《世家》二卷有編入、有不編入耳。容當搜求之,俟有得,附刻於是編之後。俾讀公書者,并悉公歷官行事之詳焉。④

可見,史悠誠曾遍訪四明族譜,但未找到《世家》。因此,《世家》的存佚情況現在不明。⑤

子部有《史子朴語》《鏡庵叢書》,集部有《朴齋外集》《昌黎集校證》。《史子朴語》的情況容下文再論。《鏡庵叢書》内容、卷次不明,全祖望將其歸入"説林",已佚。《朴齋外集》應該是史彌大的文集,也已亡佚。《昌黎集校證》的記載見於《五百家注韓昌黎集》,據《韓集所收評論詁訓音釋諸儒名氏》載:"鄞山史氏,名彌大,字方叔,校證《昌黎集》。"⑥《(同治)

---

① 〔宋〕李心傳撰,徐規點校:《建炎以來朝野雜記》乙集卷一《上德一·壬午内禪志》,下册第 504—505、508 頁。
② 〔宋〕李心傳撰,徐規點校:《建炎以來朝野雜記》乙集卷首《序》,下册第 481 頁。
③ 〔唐〕劉知幾著,〔清〕浦起龍釋:《史通通釋》卷二《世家》,上海:上海古籍出版社,1978 年,上册第 41—42 頁。
④ 〔宋〕史彌大:《史子朴語》卷首《史悠誠識》,光緒二十六年(1900)活字本,第 2a 頁。
⑤ 筆者曾查閲《史氏譜録合編》《鄞東史氏家譜》二種,均未見。又請夏令偉先生代查《四明古藤史氏宗譜》,據夏先生告知此譜中也未附《世家》。特此致謝! 其餘族譜待考。
⑥ 〔唐〕韓愈撰,〔宋〕魏仲舉集注,郝潤華、王東峰整理:《五百家注韓昌黎集》附録四《韓集所收評論詁訓音釋諸儒名氏》,北京:中華書局,2019 年,第 4 册第 1807 頁。

鄞縣志》著録此書,作《昌黎集校證》。^①但由於《五百家注韓昌黎集》並未標明注釋的具體作者,所以無法知道哪些是史彌大所作,此書也可以説散佚了。

除專門著作之外,現在還可考見史彌大的零散詩文。《全宋文》收有《乞宣取續中興禮書奏》《乞詔百官條陳弊事奏》二文。^②另有詩三首,爲《挽崔舍人(二首)》^③《謁越公墓》。^④其餘詩文無考。

二、《史子朴語》考論

史彌大著述頗豐,上文已分別進行了考述,但大多亡佚,罕見流傳。即《朴語》一書,也是"數百年來世鮮傳本",其中的思想"亦罕道及",以致金毓黻在撰寫該書提要時感慨道:"豈以彌遠斯人,並其昆季之言而亦廢之邪?"^⑤其實,金毓黻的推測並不符合事實。因爲同樣是史彌遠的昆季,史彌寧《友林乙稿》即流傳至今。而且明洪武年間,鄭真整理鄉邦文獻,編爲《四明文獻》,收録有史氏家族的著述。彌忠、彌遠、彌鞏、彌應、彌堅等人皆在列,獨不及史彌大。其中情由於史無征,我們不得而知。就目前所見,《朴語》是現存史彌大唯一的著述,對於我們瞭解史彌大的學術、思想至關重要。

(一)《史子朴語》的文獻學考察

《史子朴語》一書在最早的記載中,稱《朴語》。揆之情理,《史子朴語》應是其最初定名,《朴語》爲簡稱。此書由史彌大的門人在其身後編纂而成,已見前揭史鴻義的《序》。書中內容也可佐證這一點。據《朴語》載:

> 史子有疾,使迎魏公至於寢,而敬言曰:"君子平日之所學,惟死生之際足以見矣。彌大寢疾二旬,日以危惙,今六脈俱無,遍體如冰,殆將死矣。命乃在天,初無鬼神,雖禱祀何益。人之生也,如春敷華;没也,如秋脱葉。此理之常,其何悼念之有。第不孝,不得終養,願大人自愛。"謂諸弟曰:"善事大人,各恭乃德。"謂守之曰:"篤爾學,飭爾行,以光爾考。"又曰:"靜坐毋嘩,以待我盡。"蓋精神辭氣,一如平時,少焉遂薨。^⑥

---

① 〔清〕戴枚修,〔清〕董沛等纂:《(同治)鄞縣志》卷五六《藝文五》,光緒三年(1877)刻本,第10b頁。
② 見曾棗莊、劉琳主編:《全宋文》卷五三九四,上海:上海辭書出版社、合肥:安徽教育出版社,2006年,第241册第328—329頁。
③ 〔宋〕崔敦詩:《崔舍人玉堂類稿》附録《挽章·朝奉大夫守宗正少卿兼太侍講史彌大》,《叢書集成初編》,北京:中華書局,2013年,第441册第602頁。
④ 〔清〕董沛編:《甬上宋元詩略》卷六《謁越公墓》,清光緒七年(1881)刻本,第18a頁。
⑤ 金毓黻:《史子朴語提要》,中國科學院圖書館整理:《續修四庫全書總目提要》,濟南:齊魯書社,1996年,第5册第557頁。
⑥ 〔宋〕史彌大:《史子朴語》卷一〇《丕赫篇》,第8b頁。

詳細記載了史彌大臨終時的情形,可知此書的編成時間必定在彌大去世之後。

宋代理學勃興,由此形成了語録體著作編纂的高潮,①《朴語》的成書也受這種風潮的影響。門人在編纂時有意地模仿《論語》。從其内容來看,書中多爲"訓答之詞",②即採取門人問、"史子曰"的形式。其篇名的擬定更明確説明了這一特點。如卷一《問性篇》首句爲"或問性";③卷二《大衍篇》首句爲"或問:大衍之數,何以取乎五十也?"④卷十《丕赫篇》首句爲"史子曰:丕赫哉,皇宋之有天下也!"⑤這種以首句爲名的方式與《論語》完全相同。以模仿聖賢著作爲著作的形式,在中國古代文獻生成上頗爲常見。南宋孫奕曾指出:"作經以擬聖者,其後儒之僭者乎?"⑥今人張舜徽先生也認爲:"自從統治階級選定一部分有利於鞏固封建政權的書籍,名之爲'經',認爲是'天經地義',永恒不變的原理、原則,加以推尊表彰,定爲人們必讀的課本以後,於是一般知識分子,相率以模仿古人著書爲能事。"⑦因此,門人採取這種形式應該是爲推崇史彌大。

《(成化)寧波郡志》記載《朴語》共二篇,此後諸書皆沿襲不改。到同治年間修《鄞縣志》時,曾對《朴語》的卷數提出異議:"今考抱經樓藏本,有《問性篇》《大衍篇》《制行篇》《爲國篇》《得民篇》《帝堯篇》《丕赫篇》等目,則不止二篇矣。"⑧《(同治)鄞縣志》依據的盧氏抱經樓藏書,爲七卷本,即乾隆八行堂刻本。這個版本由史鴻義訪得,刊印行世。據其自述:"歲丁酉,族侄積容從四庫全書館中鈔得先忠定越王《鄮峰録》,鴻義亟鏤板以廣其傳。既又得朴夫公遺書。……《朴語》凡十卷,今闕三卷。鴻義復登諸梓。"⑨史鴻義從何處得到《朴語》,不得而知。其目次爲:卷一《問性篇》、卷二《大衍篇》、卷三《制行篇》、卷七《爲國篇》、卷八《得民篇》、卷九《帝堯篇》、卷十《丕赫篇》,其中闕第四、五、六卷。這三卷何時闕失、爲何闕失,不詳。

根據現有記載推測,在明代此書還是全帙。明初編纂《永樂大典》時,即被收入其中。到明末,毛氏汲古閣所藏也是全本。據《汲古閣珍藏秘本書目》:"宋抄《史子朴語》十二卷,三本。此書人間絶無,猶是宋人草稿。"⑩這裏所説的"十二卷"應該是《朴語》和《世家》的合計。如前所論,《世家》附於《朴語》之後。《遂初堂書目》的著録也可佐證,其"本朝雜傳"有《史彌大言行録》一書。⑪所謂的"言"應該是指《朴語》,因其所記爲"訓答之詞","行"

① 張子開:《語録體形成芻議》,《武漢大學學報(人文科學版)》2009 年第 5 期。
② 〔宋〕史彌大:《史子朴語》卷首《史鴻義序》,第 1a 頁。
③ 〔宋〕史彌大:《史子朴語》卷一《問性篇》,第 1a 頁。
④ 〔宋〕史彌大:《史子朴語》卷二《大衍篇》,第 1a 頁。
⑤ 〔宋〕史彌大:《史子朴語》卷十《丕赫篇》,第 1a 頁。
⑥ 〔宋〕孫奕撰,侯體健、况正兵點校:《履齋示兒編》卷七《文説·擬聖作經》,北京:中華書局,2014 年,第 104 頁。
⑦ 張舜徽:《中國文獻學》,上海:上海古籍出版社,2009 年,第 28 頁。
⑧ 〔清〕戴枚修,〔清〕董沛等纂:《(同治)鄞縣志》卷五五《藝文四》,第 3b 頁。
⑨ 〔宋〕史彌大:《史子朴語》卷首《史鴻義序》,第 1a 頁。
⑩ 〔清〕毛扆:《汲古閣珍藏秘本書目》,《續修四庫全書》,第 920 册第 580 頁。
⑪ "本朝雜傳",〔宋〕尤袤:《遂初堂書目》,《叢書集成初編》,北京:中華書局,2013 年,第 8 册第 21 頁。

則指《世家》，因其爲"歷官行事"。既然《朴語》共有十卷，而"《世家》二篇"，二書一共十二卷，正好符合這一記載。

現在我們所能見到最早的《朴語》版本爲史鴻義於乾隆時所刻的八行堂本（簡稱"乾隆本"）。其後，史悠誠於光緒二十六年（1900）依此本以活字重印（簡稱"光緒本"）。這兩個版本的《朴語》並未單獨行世，均附於史浩文集《鄮峰真隱漫録》之後。

光緒本因係再版，又以活字印刷，難免會有互乙訛誤之處。二者最大的差異在於卷三《制行篇》，光緒本於此卷第六葉和第七葉之間闕失一葉的内容，約七條。而乾隆本不闕。部分文字也存在不同，共有39處，可分爲以下幾類：（1）形近而訛。如"寑弱"誤作"寢弱"，"疵德"誤作"疪德"，"吕晦叔"誤作"吕悔叔"，"實維阿衡"誤作"實惟阿衡"，"聘帛"誤作"聘幣"等。（2）音近而訛。如"何謂也"誤作"何爲也"，"辭章"誤作"詞章"，"銘而識之"誤作"銘而志之"等。（3）互乙。如"巧在其中"誤作"巧其在中"，"皆當其可"誤作"當皆其可"，"韓稚圭"誤作"稚韓圭"等。（4）其他。如"焉"誤作"也"，"張子厚"誤作"張之厚"等。此外，也有乾隆本錯誤，光緒本改正的。如卷一《問性篇》："隨波若守正，雜穢若履清一"，乾隆本衍"一"字，光緒本於此刪去。卷十《丕赫篇》："悔叔之强教、原明之敏修，足以輝前聳後矣"，光緒本將"悔叔"改爲"晦叔"。總體來看，乾隆本的品質遠勝於光緒本。因此本文所依據的文本爲乾隆本。

（二）《朴語》所見史彌大思想探賾

現存《朴語》七卷是我們瞭解史彌大思想、學術的唯一來源。兹就《朴語》所見史彌大的理學、政治等思想略作述論。

1. 史彌大理學、易學思想舉隅

史氏家族成員頗信奉理學，《宋元學案》收入史氏家族多人。史浩見《橫浦學案》。[①]而史浩曾讓諸子孫"從遊於楊、袁二先生之門"，[②]即楊簡、袁燮。因此"忠定子忠宣彌堅，從子文靖彌忠、獨善彌鞏，及忠定孫朝奉守之，並見《慈湖學案》"，獨史蒙卿自爲《静清學案》。[③]《宋元學案》中未收録史彌大，應有兩方面的緣由：一是史彌大並無明確師承關係的記載，二是史彌大的著作流傳不多，無法瞭解其思想情況。

史鴻義對史彌大的學術思想頗爲推崇："今讀《朴語》一編，析性命之微，闡圖書之奥，推前代治亂興亡之故，而究及於人才之優劣、民行之淳澆，自述所見而不詭於道，卓乎體用兼

---

① 〔清〕黄宗羲著，〔清〕全祖望補，陳金生、梁運華點校：《宋元學案》卷四〇《橫浦學案·橫浦門人·忠定史真隱先生浩》，北京：中華書局，1986 年，第 2 册第 1328—1330 頁。
② 〔清〕全祖望：《鮚埼亭集外編》卷四五《答九沙先生問史學士諸公遺事帖子》，朱鑄禹匯校集注：《全祖望集匯校集注》，第 4 册 1728 頁。
③ 〔清〕黄宗羲著，〔清〕全祖望補，陳金生、梁運華點校：《宋元學案》卷四〇《橫浦學案·橫浦門人·忠定史真隱先生浩》，第 2 册第 1330 頁。

備者矣。以視五子之書，安在其不相頡頏也。"①作爲史氏後裔，史鴻義的評價難免言過其實。但據《朴語》所見史彌大的思想，確實有其獨到之處。

對人性善惡的認識，是古代思想家爭論不休的話題。孟子主張性善説，荀子主張性惡論，揚雄認爲"性善惡混"，而董仲舒和韓愈則主張"性三品説"。史彌大對此有自己的看法：

> 性而寂然者也，安有善惡哉？物至則夫至靈者出，而應之有當有不當，然後善惡生焉。且以鏡喻之。夫鏡，至明而已。形至，而妍醜別焉，或翳之，則妍醜殽矣。夫性，至靈而已。物至，而是非別焉，或蔽之，則是非殽矣。別，善也；殽，惡也。善，情也，惡，欲也。皆非性也。

他對孟子、荀子、揚雄、韓愈等人的人性論一一作了評價。指出："孟子云人之性善，是情也，非性也。荀卿云人之性惡，是欲也，非性也。楊雄云：人之性，善惡渾。性至虛也，渾非性也。韓愈云：性之品有三，其所以爲性者五。性至一也，三五非性也。"②史彌大將"至靈"視作人性。由此認爲："凡靈皆性也。在天地，則爲天地之性；在人，則爲人之性；在物，則爲物之性。方是數者之未形也，則渾爲一性；及是數者之已形也，則各爲一性。天地之與人，小大之異也。人之與物，偏全之異也。未形也，則無差等。已形矣，惡得無差等哉？告子曰：生之謂性，生則已形矣。概謂之性，而不分差等，宜乎見黜於孟子。"③

史彌大對於宋代道學譜系有一定的認識。他認爲："皇宋儒學之士盛矣，前代所不能及也。"其原因在於"有師有徒，繼繼承承"。因此他梳理了宋代理學的師承關係：

> 胡翼之興於前，周茂叔起於後。翼之之徒，其聞者則孫莘老、顧子厚、盛晦之、徐仲車。當是時也，泰山孫明復、徂徠石守道亦以道鳴，學者尊之，亞於翼之，號三先生焉。茂叔之徒，其聞者則程伯淳、程正叔。時秦有二張，曰子厚、曰天祺。子厚始學於范希文，見二程而道益進，關中學者宗之，比於孔子。謝顯道、楊中立、游定夫、李端伯、劉質夫、張思叔、尹彥明，則程氏之徒之聞者也。呂與叔、蘇季明，則張氏之徒之聞者也。④

這種看法與朱熹《伊洛淵源録》大致相同，可見當時對於道學譜系的認識已經形成了共識。

史彌大的易學造詣頗深，著有《易學指要》和《衍極圖説》，今皆不存。但可從《大衍篇》

---

① 〔宋〕史彌大：《史子朴語》卷首《史鴻義序》，第 1a—1b 頁。
② 〔宋〕史彌大：《史子朴語》卷一《問性篇》，第 1a—1b 頁。
③ 〔宋〕史彌大：《史子朴語》卷一《問性篇》，第 2a 頁。
④ 〔宋〕史彌大：《史子朴語》卷一〇《丕赫篇》，第 8b—9a 頁。

管窺史彌大的易學成就。他對大衍之數何以取乎五十，提出了自己的解釋。[①]還對"衍極之要旨"作了詳細的介紹，[②]使我們對於《衍極圖説》的學術成就有一定的瞭解。

2.史彌大的政治理念

史彌大在仕途上取得的成就並不顯著，但因多年擔任太子侍講等職，在此期間，難免會向儲君教授治國理念。因此，《朴語》收有大量史彌大的政治主張。

或許受其職務的影響，史彌大很重視太子教育的作用。他認爲："太子者，國之基，不可不教也。"[③]他强調太子教育的重要性："有天下者，不知教其子，則天下受其害。有一國者，不知教其子，則一國受其害。有一家者，不知教其子，則一家受其害。家至微也，懼其子之不克任，猶知擇師以教之。而況有國、有天下之大者乎？"[④]可見教育太子對於一個國家至關重要。由此，他極爲推崇周公教育成王的方式：

> 周公之教成王也，必使之儕於伯禽。成王之所食，即伯禽之所食；成王之所衣，即伯禽之所衣；成王之所寢處游息，即伯禽之所寢處游食。見伯禽之所見，聞伯禽之所聞。凡百不異於臣庶之子，固無驕侈之習也。至其有過，乃曰：斯吾君之子，不可辱也。則撻伯禽以警之。是故閭閻之疾苦，稼穡之艱難，成王無不知之。一旦登天位，安得不爲聖賢之君乎？[⑤]

在他看來，周公"誅三監、定九鼎、建六官"不過是"一時之功業"，而"教世子儕於伯禽"纔是"百世之忠"。[⑥]

在治國舉措上，史彌大主張推行王者之道，重民心、行仁政。他辨析了王者與霸者的區別："王者治己，霸者治民"、"王者務本，霸者務末"。[⑦]因此他認爲："天下可以王道治，不可以吏道治也。"[⑧]反對"以術御天下"，而主張"以道御天下"。在他看來：

> 以道御天下，則天下皆以誠寔應之；以術御天下，則天下皆以奸僞應之。誠寔則易化，奸僞則難防。[⑨]

所謂"以道御天下"，即行王者之道。君主在治國時要施行仁義，"仁施矣，人懷而不叛，

---

① 〔宋〕史彌大：《史子朴語》卷二《大衍篇》，第1a—2b頁。
② 〔宋〕史彌大：《史子朴語》卷二《大衍篇》，第4b—5a頁。
③ 〔宋〕史彌大：《史子朴語》卷七《爲國篇》，第4b頁。
④ 〔宋〕史彌大：《史子朴語》卷七《爲國篇》，第5a—5b頁。
⑤ 〔宋〕史彌大：《史子朴語》卷七《爲國篇》，第5a頁。
⑥ 〔宋〕史彌大：《史子朴語》卷七《爲國篇》，第5a頁。
⑦ 〔宋〕史彌大：《史子朴語》卷七《爲國篇》，第2b頁。
⑧ 〔宋〕史彌大：《史子朴語》卷七《爲國篇》，第3a頁。
⑨ 〔宋〕史彌大：《史子朴語》卷七《爲國篇》，第3a頁。

安得亡？義行矣，人服而不犯，安得弱？"①

史彌大對國家隱患、亡國原因有比較清晰的認識。他認爲"天下有九患。本患七：后妃也、宦寺也、宗室也、外戚也、相也、將也、方鎮也。末患二：盜賊也、夷狄也"。而本患更爲重要，"本患不興，末患不至"。隱患的産生在於權力的下移，他分析道：

> 權之所在，患之所在也。是故權在后妃，則有后妃之患。權在宦寺，則有宦寺之患。權在宗室，則有宗室之患。權在外戚，則有外戚之患。權在相，則相爲患。權在將，則將爲患。權在方鎮，則方鎮爲患。此七患者不作，則盜賊、夷狄之患無自而起矣。②

因此，他主張雖然君主與臣子共同治理天下，但君主要牢牢掌握"進退予奪之權"，即國家的根本大權要掌握在君主手中。由此他警告君主要"左觀而右察，前瞻而後顧，朝夕兢惕而不敢忽焉"。③時刻謹記前代亡國的教訓，"安不忘危，存不忘亡，治不忘亂"。④

總體來看，史彌大的治國理念極爲保守。比如，他推崇井田制度，認爲廢井田是"秦孝公之苛政"，並且指出其危害造成"民之失業""士之貧"。⑤可見，史彌大的政治理念是保守復古的，仍不脱儒家治國主張之窠臼。

3.史彌大"主攻守"辨證

在南宋政治生態中，和與戰是不可避免的話題。正如王夫之所言："宋自南渡之後，所爭者和與戰耳。"⑥作爲丞相的史浩，是朝中主和派的代表，其與張浚圍繞和戰的爭論更是後來治史者關注的焦點。《大明一統志》記載："浩主和，彌大主攻守，父子異議。"⑦這一説法未見於之前史書，其後如《萬姓統譜》等書皆沿襲之。史彌大果真"主攻守"嗎？

《朴語》可以爲我們提供新的認識。衆所周知，南宋政權偏安一隅，孝宗登基伊始，即謀求武備，意圖恢復故土。但自隆興北伐失利後，孝宗在對外政策上趨於保守，"用兵之意弗遂而終焉"。⑧史彌大反對戰爭，他認爲："喪國之道多矣，莫甚於兵"，因此良輔"必戒其黷兵也"。他以歷史上王猛和魏徵爲例，指出："王猛死，淝水敗；魏徵死，遼水辱。王、魏真善醫國者哉！"⑨他主張對於鄰國不可主動發起戰爭：

---

① 〔宋〕史彌大：《史子朴語》卷七《爲國篇》，第1a頁。
② 〔宋〕史彌大：《史子朴語》卷七《爲國篇》，第7b—8a頁。
③ 〔宋〕史彌大：《史子朴語》卷七《爲國篇》，第7b頁。
④ 〔宋〕史彌大：《史子朴語》卷七《爲國篇》，第7a頁。
⑤ 〔宋〕史彌大：《史子朴語》卷七《爲國篇》，第6a、6b頁。
⑥ 〔清〕王夫之：《宋論》卷一三《寧宗》，北京：中華書局，1964年，第234頁。
⑦ 〔明〕李賢等撰，方志遠等點校：《大明一統志》卷四六《浙江布政司·寧波府》，第5册第2095頁。
⑧ 〔元〕脱脱等：《宋史》卷三五《孝宗三》，北京：中華書局，1977年，第3册第692頁。
⑨ 〔宋〕史彌大：《史子朴語》卷七《爲國篇》，第7b頁。

史子曰："兵不可以倡也,應之而已。夫鄰國,猶鄰家也。今有人焉,利其鄰之貨財而劫之。吏必執之,小則致刑,大則致戮。乃若鄰人劫我,而吾禦之。吏且執鄰人矣,不吾罪也。吏,治民者也;天,治人者也。可不畏哉?"①

他明確表示面對敵國的侵略,只需防守應對即可。同時,史彌大認爲不可過於追求收復疆土:

史子曰："天之立君,以爲民也。民之治於彼與治於此,奚以異?何必勞兵於遠,而欲兼撫之乎?欲兼撫其民且不可,而況利其土地財貨乎?"或曰:"子謂民之治於彼與治於此,無以異。然則先祖之境土而人取之,亦可遂與之歟?"曰:"不可。糜爛其民者,不仁;不能守先祖之業者,不孝。不仁者,非所以爲人主也。不孝者,非所以爲人子孫也。且不能守先祖之業,吾罪也。既失之,而復以兵争焉,以困斯民,又吾罪也。一罪猶可,二罪殆矣。仁人之爲國也,與其失民,寧失土地。"②

在他看來,不能堅守祖宗留下的疆土是不孝,因戰争而導致民生凋敝則是不仁。作爲君主,要注重民心所向,不必過分追求土地的得失。

不寧唯是,史彌大還對歷史上發動戰争開疆拓土的帝王持批評態度。他將漢武帝和唐太宗"以民之命易物産土疆"的行爲視作不仁,③更進一步批評唐太宗伐高麗的舉措,是"太宗之貪且詐"。④可見,史彌大對於戰争的看法是保守的,他認爲最好的選擇就是保持現狀,作爲君主應該將治國的重點放在内政上面。因此,史彌大對於和戰的看法與其父史浩基本相同,所謂"主功守"的説法與事實不符。

縱觀史彌大的政治言論,可以發現其具有很強的目標性。如果與其太子侍講的身份結合起來,我們可以認爲,史彌大的這些言論應該是教導太子(即後來的光宗)時的"講義"。《代謝皇太子宫講堂徹章轉官箋》中"九弊六條,更冀講明之不怠"⑤可以印證這一判斷。這裏的"九弊"應該就是上文所引的"九患"。可見,史彌大努力在教導太子要作一個仁君。但從後來歷史發展所見,史彌大的教誨似乎未起到作用,光宗並不是合格的君主。

---

① 〔宋〕史彌大:《史子朴語》卷七《爲國篇》,第9a頁。
② 〔宋〕史彌大:《史子朴語》卷七《爲國篇》,第9a—9b頁。
③ 〔宋〕史彌大:《史子朴語》卷七《爲國篇》,第9a頁。
④ 〔宋〕史彌大:《史子朴語》卷九《帝堯篇》,第4a頁。
⑤ 〔宋〕樓鑰撰,顧大朋點校:《樓鑰集》卷一五《代謝皇太子宫講堂徹章轉官箋》,第2册第320頁。

三、《史子朴語》與《永樂大典》

明初修《永樂大典》時，曾將《史子朴語》收入其中。此後，全祖望曾從《大典》中輯出《朴語》。因此，《朴語》與《永樂大典》有着密不可分的關係。

（一）《永樂大典》引《朴語》考

由於現存《永樂大典》不足原書的百分之四，因此《永樂大典目録》是我們現在瞭解《大典》收書情況的最佳途徑。根據《永樂大典目録》的記載，《大典》明確收有《史子朴語》三卷，分別是卷 18544 行字《制行篇》、①卷 22308 赫字《丕赫篇》、卷 22431 德字《問德篇》。②其中《問德篇》爲今本《朴語》所無，應該是所闕三卷中的一卷。可見在修《永樂大典》時，《朴語》還是全書。又據《永樂大典目録》顯示，《大典》卷 20705 易字"易書一百四十九"還收有《史子朴語》，但未標明篇名。③這裏所收的《朴語》應該是哪一卷呢？如前所述，《大衍篇》反映了史彌大的易學思想，此處所收是否是《大衍篇》？在《大典》的卷 20588—20600 收有"大衍策數"，④《大衍篇》正與此相符，應該收入這幾卷之中。而《大典》卷 20705 所收《朴語》是另一篇。在現存《大典》的卷 20648 易字之"易書九十二"收有《朴語》一條：

> 史子曰："易者，象而已矣。夫事，猶器也；象，猶器之模也。冶金陶土，同脱一模。形雖同，而質則異。是故乾坤之象，可以爲天地，可以爲君臣，可以爲父母，可以爲夫婦，可以爲首腹，可以爲馬牛。六十有四卦，三百八十有四爻，亦莫不然。苟以一象爲一事，安能包羅萬事哉？"⑤

這條反映了史彌大的易學思想，不見於今本《朴語》，應該屬於闕失三卷中的某一卷。按照《朴語》分門別類的編纂原則，這卷所包含可能是史彌大論《易》的內容。因此，《大典》卷 20705 所收《朴語》很可能是我們不知名的一篇。

現存《大典》中引《朴語》片段共有六條，除上文所引卷 20648 易字之"易書九十二"一條外，另有卷 3001 人字之"人品"條、⑥卷 3401 蘇字條、⑦卷 6838 王字之"王通"條、⑧卷 12018

---

① 《目録》卷四九，《永樂大典》，北京：中華書局，1986 年，第 10 册第 576 頁。
② 《目録》卷五九，《永樂大典》，第 10 册第 699、703 頁。
③ 《目録》卷五四，《永樂大典》，第 10 册第 643 頁。
④ 《目録》卷五四，《永樂大典》，第 10 册第 640—641 頁。
⑤ 《永樂大典》卷二〇六四八，第 8 册第 7751 頁。
⑥ 《永樂大典》卷三〇〇一，第 2 册第 1676 頁。
⑦ 《永樂大典》卷三四〇一，第 9 册第 8732 頁。
⑧ 《永樂大典》卷六八三八，第 3 册第 2857—2858 頁。

友字之"文詞友"條、^①卷13453士字之"異常之士"條。^②其中卷3401條、卷12018條見於《丕赫篇》,其餘四條不見於今本《朴語》。我們可以從《大典》中輯出以補今本《朴語》,以形成較爲完整的版本。

（二）全祖望之輯佚

深厚的文獻基礎和自覺的傳承意識,是浙東學派的一大特色。^③作爲浙東學派承上啓下的傳承者,全祖望畢生致力于鄉邦文獻的搜集與整理。其《鮚埼亭集》中有多篇關於史氏家族的文章,可見全祖望對於史氏家族非常關注。因此,他在《永樂大典》搜集佚書時,曾輯出史氏家族的著作。

據他自述,在《永樂大典》中"鈔得文惠《周禮》《論語》二種,彌大《朴語》二篇"。^④據《永樂大典目録》可知,《大典》所收《史子朴語》整篇文獻至少有《制行篇》《丕赫篇》《問德篇》等三篇。爲何他僅輯其二篇? 前揭諸方志對於《朴語》卷次的記載均是二篇,全祖望應該是據此認爲此二篇爲《朴語》的全部。

全祖望所輯《朴語》爲哪二篇呢?《跋史方叔〈朴語〉》一文描述了所輯《朴語》的内容大概:"其書謂司馬文正公大而未化,尚去韓忠獻公一間,雖未必盡當,要亦有志者。"^⑤查《丕赫篇》有"史子曰:韓忠獻公,吾師也,正而大。司馬君寔,吾師友也,正有餘而大不足"。^⑥與其所述完全相同。因此,我們可以確定全祖望所輯佚的其中一篇爲《丕赫篇》。另一篇筆者推測應爲《大典》卷20705易字"易書一百四十九"所收的《史子朴語》,即不知名的一篇。根據史廣超的研究,全祖望從《永樂大典》中輯有"諸家《易》説",約三十八家,四十種。^⑦可見全祖望曾系統輯佚過《大典》中的易學著作。而《朴語》中的易學篇很可能在輯佚範圍之中。

關於全祖望輯《永樂大典》佚書的下落,張升、史廣超均有相應的研究。全祖望藏書有兩次流散。第一次是祖望在京城時,由於"長安米貴,居大不易,於是不能不出其書質之",將藏書二萬卷賣與西泠黄氏。據他自述:"家書五萬卷中,常捆載二萬卷以爲芒屩油衣之伴。"^⑧可見,賣與黄氏的二萬卷是家中舊藏,而非從《永樂大典》中輯出者。第二次鬻書發生在全祖望殁後。據民國《鄞縣通志》記載:"及其卒也,至無以爲殮,所藏萬卷以二百金盡歸

---

① 《永樂大典》卷一二〇一八,第6册第5193頁。

② 《永樂大典》卷一三四五三,第6册第5776頁。

③ 黄愛平:《清代浙東史學的文獻特色與傳承意識》,《中國文化》2020年秋季號第52期。

④ 〔清〕全祖望:《鮚埼亭集外編》卷三一《題史秦州友林集》,朱鑄禹匯校集注:《全祖望集匯校集注》,第4册第1377頁。

⑤ 〔清〕全祖望:《鮚埼亭集外編》卷三一《跋史方叔朴語》,朱鑄禹匯校集注:《全祖望集匯校集注》,第4册第1375頁。

⑥ 〔宋〕史彌大:《史子朴語》卷一〇《丕赫篇》,第6b—7a頁。

⑦ 史廣超:《全祖望輯〈永樂大典〉佚書考》,《圖書館理論與實踐》2010年第2期。

⑧ 〔清〕全祖望:《鮚埼亭集外編》卷一七《春明行篋當書記》,朱鑄禹匯校集注:《全祖望集匯校集注》,第3册第1073頁。

抱經樓盧氏矣。"[1]抱經樓盧氏即盧址。根據張升的研究,盧址在四庫征書時曾進獻全祖望輯本《考工記》,[2]説明全祖望所輯《永樂大典》佚書曾有部分歸盧氏所有。盧氏《抱經樓書目》中確實著録了《朴語》一書。[3]這是否是全祖望的輯本?同治年間修《鄞縣志》時,曾據盧氏藏書考證《朴語》的卷次,凡七卷,可見絶非全祖望輯本。可以説,全祖望所輯《朴語》很大幾率不復存在了。

綜上所述,《永樂大典》至少收有《朴語》四卷。根據現存的《朴語》,可以復原《永樂大典》三卷的部分内容,即卷 18544、卷 22308 和卷 20588—20600 的某一卷。而《永樂大典》則爲我們研究和整理《朴語》提供了新的材料。

作爲被忽視的人物,史彌大及其著作沉寂了近千年。在史氏家族和宋代理學史上,史彌大的地位絶不是一流的。但在學術高度發展的今天,研究者的視野逐漸向下,開始深挖普通人物的生平與思想。而且就史氏家族研究來説,儘管有多名家族成員收入《宋元學案》,但因其著作大多不存,我們無法瞭解其家族成員的理學思想,但史彌大的《朴語》爲我們提供了很好的素材。因此,我們期待更多相關的研究問世。

(范俊坡,北京師範大學歷史學院博士研究生;張升,北京師範大學歷史學院教授)

---

① 張傳保、汪焕章修,陳訓正、馬瀛纂:《民國鄞縣通志·文獻志》戊編《藝文·歷代本縣藏書紀事》,《中國地方志集成·浙江府縣志輯》,上海:上海書店出版社,1993 年,第 17 册第 554 頁。
② 張升:《〈永樂大典〉流傳與輯佚研究》,北京:北京師範大學出版社,2021 年,第 124—125 頁。
③ 〔清〕盧址:《抱經樓書目》,陳紅彦主編:《國家圖書館藏稀見書目書志叢刊》,北京:國家圖書館出版社,2017 年,第 14 册第 444 頁。

論《四庫全書總目》史鈔類

曹　潔

[摘　要]　"史鈔類"是鈔録某部舊史或摘鈔衆史而新編的史書,在目録學中單列爲一類,發端於《宋志》。史鈔書籍的大量出現,是史學發展成果。"史鈔類"在《四庫全書總目》被定型得到後世充分肯定。《四庫全書總目》將史鈔類書籍分作專鈔一史、合鈔衆史兩類,歸納指出史鈔類書籍的四種編纂方式,顯現出分、删、摘、録的特點。館臣對史鈔類書籍的品評,褒中有貶。史鈔書反映了讀史者求簡、求快的願望,彌補了舊史存在的不足,有助於讀者"博取約存,亦資循覽",保存了許多精挑細選而成的史料,可資考證。在史部單列"史鈔"類,是目録學對史學相關書籍發展的正確處置。

[關鍵詞]　四庫全書總目　史鈔類　目録學　文獻學

鈔書是我國古代文獻形成的重要手段之一,也是一種重要書籍編纂方式,無固定的體例。其中有鈔録某部舊史或摘鈔衆史而新編的史書,目録學專爲此類史書設立的一個類目,即"史鈔類"。

一、"史鈔類"單列爲一類,發端於《宋志》

關於"史鈔類"文獻的源頭,有不同的説法。《四庫全書總目》(本文簡稱"《總目》")"史鈔類"小序認爲"帝魁以後書,凡三千二百四十篇,孔子删取百篇,此史鈔之祖也"。[①]孔子删取而爲《尚書》一説見於《書緯》。然而,對於"孔子鈔書"之説,張舜徽《四庫提要叙講疏》已作否定,並否定了《尚書》爲史鈔之祖的説法。

至於史鈔書籍的確切源頭,《隋書·經籍志》載:"自後漢已來,學者多鈔撮舊史,自爲一書。"[②]《隋志》儘管明確指出了史鈔是在舊史的基礎上鈔撮而成,却没有設立"史鈔"類目,而是將東漢衛颯《史要》(《史記要傳》)十卷歸屬於"雜史類",舊新《唐志》皆如此。清乾嘉時的史學家章學誠認爲"鈔書始於葛稚川",[③]即始於東晉道家葛洪,葛洪撰有《史記鈔》十四卷。當代學者李紅岩《史鈔及其與中國傳統史學之普及》[④]以爲史鈔在戰國時期已初顯端

---

①　〔清〕永瑢、〔清〕紀昀:《四庫全書總目》,北京:中華書局,1965年,第577頁。

②　〔唐〕魏徵:《隋書·經籍志》,北京:中華書局,1973年,第962頁。

③　〔清〕章學誠撰,葉瑛校注,《文史通義》,北京:中華書局,1985年,第958頁。

④　《河南社會科學》2008年第4期,第86—88頁。

倪,李俊青《宋代史鈔文獻研究》[①]認爲史鈔起源於戰國時楚鐸椒的《鐸氏微》,王記錄《論"史鈔"》[②]則確信"史鈔應該出現在戰國時期"。如此看來,鈔錄史書而成新書確實是古已有之。

在古文獻目録學史上,公私目録何時將史學中的這些書籍作爲"史鈔類"予以著録呢?從現存文獻可知最早的是元初所編《宋史·藝文志》。在《宋史》編撰之前,關於史鈔書籍的歸屬不一,《漢志》有歸爲"春秋類"的,《隋志》、新舊《唐志》有歸爲"雜史類"的,甚至到了宋代歸類情形也不一,如(宋)楊侃《兩漢博聞》《漢雋》等,晁公武《郡齋讀書志》列入"史評類"、陳振孫《直齋書録解題》列入"類書類"、尤袤《遂初堂書目》列入"史學類"、馬端臨《文獻通考·經籍考》列入"史評史鈔類"或"類書類"。

《宋史·藝文志》,將史書分作十三小類,"史鈔類"便是其中的第四類,[③]著録了 74 部書籍,但是此後的主要書目在著録這些史鈔書籍時發生了變化。清乾隆年編撰《總目》時,《宋志》"史鈔類"中的 6 部在《總目》中仍歸屬於"史鈔類",餘下 68 部中猶有 4 部也被《總目》著録,但却分屬於"史評類"或"儒家類",如胡寅《讀史管見》、孫甫《唐史論斷》、范祖禹《唐鑒》歸屬於史評類,范祖禹《帝學》列入儒家類。

《明志》史鈔類著録了 34 部,其中有 6 部在《總目》歸於"史鈔類",其餘 28 部中《總目》著録了 10 部,如楊維楨《史義拾遺》、趙弼《雪航膚見》、邵寶《學史》、戴璟《漢唐通鑑品藻》、張之象《太史史例》、于慎行《讀史漫録》歸入"史評類",范理《讀史備忘》歸屬於"雜史類",李贄《藏書》《續藏書》列入"別史類",張寧《讀史録》列入"別集類"。

《總目》著録的 44 部史鈔類書籍,被其後世的大多公私藏書目録認可,如《南史識小録》《北史識小録》《史緯》《兩晉南北集珍》等,《清史稿·藝文志》列入"史鈔類";《南朝史精語》《十七史詳節》《諸史提要》等,孫星衍《孫氏祠堂書目》列入"史鈔類";諸如《兩漢博聞》《通鑑總類》《二十一史論贊》《史纂左編》《史緯》等,在《北平圖書館善本書目》《天津圖書館書目》《江蘇省立國學圖書館圖書總目》等現當代書目中皆歸屬於"史鈔類"。

相較於《總目》著録的史鈔類書籍爲後世公私藏書目録普遍認可的史實,《宋志》"史鈔類"的設立,似乎尚未得到後世普遍認同,因而《總目》僅云"《宋志》始自立門",肯定在古代書目中單設"史鈔"一類發端於《宋史·藝文志》。

---

① 華中師範大學碩士論文,武漢,2011 年。
② 《史學研究》2016 年第 3 期,第 1—12 頁。
③ 〔元〕脫脫等:《宋史·藝文志》:"史類十三:一曰正史類,二曰編年類,三曰別史類,四曰史鈔類。"北京:中華書局,1985 年,第 5085 頁。

二、《總目》"史鈔類"的定型，是目録學與史學發展的結果

（一）史鈔書籍的大量出現是史學發展的結果

考察中國古代史學的發展，可以發現史鈔書籍在先秦兩漢已現端倪，在經學史學一體的時期，學者對經籍的整理往往通過抄録删取，後世史鈔書籍所用手段與此相近。依據史書原本内容，經過一番剪裁，重新組合的書籍不斷面世，諸如荀悦《漢紀》、衛颯《史要》、葛洪《漢書鈔》、洪邁《史記法語》、張九韶《元史節要》、馬維銘《史書纂略》、陳允錫《史緯》等。那麽隨着此類鈔纂史書而成的書籍不斷增多，自然會引起史學家、目録學編撰者的關注，史志目録、公私藏書目録編撰者便會考慮這些書籍的歸屬問題。

宋代產生的史鈔類著述較昔日明顯增多，僅《宋志》"史鈔類"載録的就達 74 部，而這並非宋代學者所編的全部史鈔書籍。既然鈔録史書而成的書籍大量傳播，那麽爲這些書籍在史部新增類目已成必要。在《宋志》成書之前，私家藏書目録在著録文獻時已有列"史鈔類"的迹象，宋元之際的史學家馬端臨《文獻通考・經籍考》就設有"史評史鈔類"。他著録的某些史鈔書籍，在稍後的《宋志》中也被著録，如《兩漢博聞》《漢雋》。

儘管在《宋志》之前已有人意欲將"史鈔"作爲新類目，但是館臣爲何定論云"《宋志》始自立門"？這是因爲在很大程度上館臣是從正史編撰者的角度審視史鈔書籍的分類，《宋史・藝文志》將"史鈔類"放在史部的第四類即可爲證。

明代是我國古代史鈔書籍發展的高峰，由於歷代史書浩繁、體量大給求學者閱讀帶來了紛目之感，他們或無精力通讀，或無財力購置，這些因素便推動了鈔録史書的大量面世，《明史・藝文志》史鈔類記録了其中的 34 部，而據相關學者研究認爲"明代所作史鈔達 200 餘部"，明清公私藏書目録著録有 120 部，《中國古籍善本書目》著録的史鈔類書籍達 156 部。[①]

等到《總目》編撰時，不僅有明人編撰的大量史鈔書籍存世，並且清初學者承繼前人編纂手法又新編了史鈔書籍。這些書籍受世人喜愛，故促使《總目》編撰者必須面對現實，於是繼承《宋志》《明志》的做法，在史部單列"史鈔類"，著録了其中的 44 部。

（二）"史鈔類"書籍的發展爲自身在目録學中找到了位置

文獻記載東漢衛颯"約《史記》要言，以類相從"，編成《史要》十卷，東晉楊方編《吳越春秋削繁》五卷，梁張緬編《晉書鈔》三十卷，阮孝緒編《正史削繁》九十四卷等，可見史鈔類書的編纂是不斷向前發展的。

史鈔書籍在隋唐沉寂一段時間後，到宋代處於大發展期。宋代的史學家們清晰地認識

---

① 劉雲霞：《古代史鈔的發展及其在史學史上的作用》，《新鄉學院學報》2011 年第 5 期，第 58 頁。

到,史書浩繁,上至帝王下至寒門書生皆難遍覽,如司馬光年少時讀唐人高峻鈔節歷代史書而成的《高氏小史》,隨着自身學識的增長,因"患歷代史繁,人主不能遍覽,遂爲《通志》八卷以獻。英宗悦之,命置局秘閣,續其書。至是,神宗名之曰《資治通鑑》,自製《序》授之,俾日進讀"。①或許《資治通鑑》編纂緣由只是個例,然在宋代尚文的政治文化氛圍之下,史學界很快掀起了鈔録史書的熱潮,因而史鈔類書籍在宋代大量面世也是史書編纂學發展的必然趨勢。

從《宋志》"自始立門"到四庫館臣編撰《總目》的這一時期,爲史鈔書籍高速發展階段。由於明代以史輔經的倫理教化需要、科舉的需求等,使得明代"史鈔類"文獻走向繁盛。②在《總目》著録的"史鈔類"44 部書籍中,明代的史鈔書籍有 32 部,占絶大多數。館臣對此前《宋志》《明志》著録的史鈔書籍歸屬也有糾正,如《通鑑總類》二十卷,《宋志》列入"編年類",《總目》則歸入"史鈔類";明人張寧《讀史録》,《明志》列入"史鈔類",《總目》則歸入"別集類"。

其實,目録學編撰者在"史部"專設"史鈔類"是多種因素所致,筆者以爲《總目》設立"史鈔類"是對該類目地位的最終定論,主要因爲:首先,此類書籍的增多,有必要自立門户,這些史鈔書籍在宋代已發展得較爲壯大,於是《宋志》在史部新設一子目"史鈔類";其次,館臣在前人基礎上對史學書籍的認識又有提升,這些書籍對於史學研究頗具參考價值;最後,此類書在史部書籍中具有獨特的編纂方式,在史部設立此門類是基於史實的考量。

在目録學發展史上,《總目》的"史鈔類"可謂承前而啓後,之所以我們認爲此類目是定型於《總目》,是因爲《總目》之後,公私藏書家如果藏有與《總目》史鈔類著録相同的某書籍,那麽在編纂書目時仍將該書著録在"史鈔類"下。可見,後世對集古代目録學之大成的《總目》是尊崇的,對其"史鈔類"定型給予了肯定,如瞿鏞《鐵琴銅劍樓藏書目録》、陸心源《皕宋樓藏書志》、丁丙《善本書室藏書志》、繆荃孫《學部圖書館善本存目》、《清史稿·藝文志》等多沿襲《總目》的分類。

然而,遺憾的是,《總目》設立了"史鈔類"却未將原本屬於"史鈔"的書全部列入,或歸於"別史類""史評類",如歸屬於"別史類"的黄震《古今紀要》,事實上與已列入"史鈔類"的《四史鴻裁》《古今彝語》《史書纂略》編纂方式基本相同,即"撮舉諸史,括其綱要",且内容上也是載一帝之事,以一帝之臣附之。又如張之象《太史史例》是"取《史記》所書,分類標列",其編纂方式極似史鈔,而館臣却將其列入"史評類"。

---

① 〔元〕脱脱等:《宋史》卷三百三十六,第 10762—10763 頁。

② 楊軍:《試論明代史鈔類圖書出版興盛之成因》,《出版科學》2012 年第 4 期,第 101—104 頁。

三、《總目》著録的"史鈔類"文獻可分兩類

《總目》"史鈔類"提要云："專鈔一史者，有葛洪《漢書鈔》三十卷、張緬《晉書鈔》三十卷；合鈔衆史者，有阮孝緒《正史削繁》九十四卷。"館臣從史鈔書籍摘録取材的範圍將其分作兩大類：專鈔一史、合鈔衆史。

在《總目》著録的史鈔類文獻中，據某一史書而摘鈔的史鈔書，有宋洪邁《史記法語》八卷、明凌迪知《太史華句》八卷，均鈔録於《史記》；明茅坤《史記鈔》六十五卷，是删削《史記》之文；宋林鉞《漢雋》十卷，鈔自《漢書》；明張毓睿《三國史瑜》八卷，鈔自《三國志》；宋沈樞《通鑑總類》二十卷，鈔自《資治通鑑》；明張九韶《元史節要》十四卷，節鈔自《元史》。這些史書，多是按照一部史書原有的體例、次序節鈔彙編而成。

《總目》中又著録了據若干部舊史鈔録而成的史鈔書，如宋吕祖謙《十七史詳節》二百七十三卷，節取於《史記》《漢書》《晉書》《隋書》《五代史》等 17 部史書；宋錢端禮《諸史提要》十五卷，鈔自《史記》、前後《漢書》、《南史》《北史》《新唐書》《五代史》等；明方瀾《讀書漫筆》十八卷，摘鈔於《漢書》至《唐書》；明梁夢龍《史要編》十卷，彙編歷代衆多史著的序、跋、表等而成；明凌迪知《左國腴詞》八卷，摘自《左傳》《國語》字句，分類編輯；明周詩雅《南北史鈔》，主要摘録《宋》《遼》《金》《元》四史中新奇之事而成；明穆文熙《四史鴻裁》四十卷，選録《左傳》《國語》《戰國策》《史記》；明項篤壽《全史論贊》八十卷，撮輯諸史論贊成書；明趙維寰《讀史快編》四十四卷，選自《史記》至宋元史書。

四、《總目》著録的"史鈔類"文獻編纂特徵

《總目》"史鈔類"小序在將史鈔之書分作專鈔一史、合鈔衆史兩類之後，又云："沿及宋代，又增四例。《通鑑總類》之類，則離析而編纂之。《十七史詳節》之類，則簡汰而刊削之。《史漢精語》之類，則採摭文句而存之。《兩漢博聞》之類，則割裂詞藻而次之。"① 館臣歸納指出史鈔類書籍的編纂方式主要有四種：

（一）"離析而編纂之"，意在"重分"。

此類編纂方式是在原史書的基礎上，按照一定的體例重新分類編纂。如《通鑑總類》二十卷，是沈樞仿《册府元龜》之例，取司馬光《資治通鑑》所載故事，重新分作二百七十一門。"每門各以事標題，略依時代前後爲次，亦間採光議論附之"。②

---

① 〔清〕永瑢、〔清〕紀昀：《四庫全書總目》，第 577 頁。
② 〔清〕永瑢、〔清〕紀昀：《四庫全書總目》，第 578 頁。

　　《史纂左編》是明人唐順之"以歷代正史所載君臣事迹,纂集成編。別立義例,……凡二十四門"。①現存一百四十二卷本,爲明嘉靖四十年胡宗憲刻本,分君、相、謀臣、名臣、將、后、公主、戚、儲、宗、宦、幸、奸、篡、亂、莽、鎮、夷、儒、隱逸、烈婦、方技、獨行、釋、道二十五門。館臣云《史纂左編》一百二十四卷、二十四門,恐所據有別。

　　《二十一史論贊輯要》三十六卷,是明人彭以明"採録諸史論贊,以課其子",②分二十一類,每類輯自一部正史,據其内容多寡再編卷目。《史異編》十七卷,是明人俞文龍"以諸史所載災祥神怪彙爲一編",③分十七類目。

　　此類史鈔的編纂,編纂者都重新分類編次,從而形成一種新式史書,旨在爲編者自己及他人查閱諸史提供便利。如《通鑑總類》"採摭精華,區分事類,使考古者易於檢尋"。④《史纂左編》將歷代正史所載的君、臣事迹分爲二十五門,有助於讀者快速查閱某一門類。

(二)"簡汰而刊削之",意在"删節"。

　　此類編纂方式主要是對史書進行删繁就簡,節録所需内容,而不改動原書體例。如《十七史詳節》二百七十三卷,是南宋吕祖謙與他人合編,删節《史記》《西漢書》《東漢書》《五代史》等十七部史書,以備查檢。吕祖謙《東漢精華》是就"范氏之書摘其要語而論之,或比類以明之。於光武、明、章、和四帝《紀》尤爲詳悉。……是書乃閲史之時摘録於册,以備文章議論之用"。⑤

　　《宋史纂要》是明人王思義删《宋史》四百九十六卷而成二十卷。明人文德翼《宋史存》二卷,是"採掇《宋史》列傳,而删潤其文。始於宗澤,終於文天祥"。⑥《宋史》列傳原有二百五十五卷,可見文氏刊削之劇。

　　此類編纂方式編成的史鈔書,多用力刊削原史書,意在使其成爲節簡本,故與吕氏同時代的朱熹認爲《十七史詳節》是"删節之本而用功之深"。

(三)"採摭文句而存之",意在"摘取"。

　　此類編纂方式主要是爲達某種編纂意圖而有意摘取舊史中某些内容。如《史記法語》八卷,主要是"於《史記》百三十篇内,自二字以上、句法古雋者,依次標出,亦間録舊注",⑦意在摘鈔精妙之語而成新書,以"備修詞之用"。因爲"南宋最重詞科,士大夫多節録古書,

----

① 〔清〕永瑢、〔清〕紀昀:《四庫全書總目》,第 580 頁。
② 〔清〕永瑢、〔清〕紀昀:《四庫全書總目》,第 581 頁。
③ 〔清〕永瑢、〔清〕紀昀:《四庫全書總目》,第 582 頁。
④ 〔清〕永瑢、〔清〕紀昀:《四庫全書總目》,第 578 頁。
⑤ 〔清〕永瑢、〔清〕紀昀:《四庫全書總目》,第 579 頁。
⑥ 〔清〕永瑢、〔清〕紀昀:《四庫全書總目》,第 581 頁。
⑦ 〔清〕永瑢、〔清〕紀昀:《四庫全書總目》,第 578 頁。

以備遺用"，①於是洪邁又"摘宋、齊、梁、陳四朝史中之語"而成《南朝史精語》十卷。洪邁的這兩部書都與"採摭文句"相合，又取自舊史，館臣提要中所云"史漢精語"，或是《史記法語》《南朝史精語》的泛稱。

　　館臣在《諸史提要》中説，其"體例頗與洪邁《史漢法語》、諸史《精語》相近"。②該書編者錢端禮是"取諸史之文可資詞藻者，按部採摘，彙集成編。各以一二語標題，而分注其首尾於下"。③

　　明人施端教《讀史漢翹》二卷，是"取《史》《漢》中字句新異者，編録成帙"。④清初王士禄《讀史蒙拾》一卷，是"取諸史新穎之語，標數字爲題，而録其本文於後"。⑤此書"亦洪邁經史法語之類"。⑥

　　因而，此類"採摭文句"而成的史書，多是摘取史書中的精妙、新異之語，鈔録分類，按一定體例編纂而成，爲人們寫詞、摘句等提供便利。

（四）"割裂詞藻而次之"，意在"輯録"。

　　此類編纂方式似做讀書劄記，即把史書原本詞句進行輯録，重新編纂成書。如《兩漢博聞》十二卷，是編者讀《漢書》《後漢書》時，摘録其詞、句，編輯爲一書。《讀書漫筆》十八卷，"上自《漢書》，下迄《唐書》，隨筆採摘其字句，兼及訓詁，亦時論斷其是非，發明殊尠"。⑦明人陳仁錫《史品赤函》四卷，"所録上起古初，下迄於《晉書》。或採其文，或節録一二事，茫無義例"。⑧明吳士奇《史裁》二十六卷，節録《春秋》至宋元史文，"雜採舊論，亦間以己意斷之。既非編年，又非紀傳，隨意鈔撮而已"。⑨

　　清沈名蓀、朱昆田同編《南史識小録》八卷、《北史識小録》八卷，是仿《兩漢博聞》之例，摘取《南史》《北史》中"字句之鮮華、事迹之新異者"成書，不分門類，以原書次第臚列，各著篇名，不加訓釋，只摘取數字標目，將原文載於此標目之下。

　　館臣認爲此類史鈔書編者有意從原史書中割裂所需詞句，其去取帶有隨意性，編纂時無固定體例，多是隨意將節録的内容編排成書。

　　對於四庫館臣依據史鈔編纂方式將其進行簡要四分的做法，《史部史鈔類的發展與標準——以〈四庫全書總目〉爲核心》一文，認爲《總目》"又增四例"是因"合鈔衆史"的史鈔

① 〔清〕永瑢、〔清〕紀昀：《四庫全書總目》，第 578 頁。
② 〔清〕永瑢、〔清〕紀昀：《四庫全書總目》，第 579 頁。
③ 〔清〕永瑢、〔清〕紀昀：《四庫全書總目》，第 579 頁。
④ 〔清〕永瑢、〔清〕紀昀：《四庫全書總目》，第 581 頁。
⑤ 〔清〕永瑢、〔清〕紀昀：《四庫全書總目》，第 582 頁。
⑥ 〔清〕永瑢、〔清〕紀昀：《四庫全書總目》，第 582 頁。
⑦ 〔清〕永瑢、〔清〕紀昀：《四庫全書總目》，第 580 頁。
⑧ 〔清〕永瑢、〔清〕紀昀：《四庫全書總目》，第 581 頁。
⑨ 〔清〕永瑢、〔清〕紀昀：《四庫全書總目》，第 581 頁。

日漸增多,故又將"合鈔衆史"細分爲四類。[①]我們以爲此論欠佳,因爲館臣所示例證大體是就宋人史鈔書而言,而《通鑑總類》並非"合鈔衆史者",而是"專鈔一史者"。即便就明清的史鈔書籍編纂去考察,雖多是鈔録衆史而成,然也並非都如此,如明王思義《宋史纂要》、文德翼《宋史存》就是删節《宋史》而成。因而,《總目》"又增四例"不是承接上文"合鈔衆史"所分,而是就史鈔書的編纂方式劃分,揭示其重分、删節、摘取、輯録等特點。

五、"史鈔類" 文獻的價值

隨着史學的發展,加之讀史、科考、文學創作等現實社會需求之大,史鈔書籍不斷産生且大量傳播,故目録學爲此類書籍設立一類已成必然。《總目》將史鈔類牢牢固屬於史部,肯定其價值,這是毋庸置疑的,因爲宋明清以來大量史鈔的傳播已充分説明史鈔類書籍得到了社會肯定。然館臣對史鈔類書籍的品評,褒中有貶,也説明此類書籍雖有價值然也並非無可挑剔。

(一)館臣眼裏部分史鈔書有其不足

宋明以來史鈔書籍數量劇增,品質良莠不齊,面對這些史鈔書籍,編撰《總目》的館臣有選擇地予以著録,同時在提要中作以品評。

或認爲某些史鈔書摘鈔的内容"冗雜"。如《十七史詳節》提要云:"所録大抵隨時節鈔,不必盡出精要。如《東漢》《晉》二史内,四言贊語,於本書已屬贅拇駢枝,乃一概摘存,殊爲冗雜。"[②]

或指出某些書分類雜亂。如清初陳允錫仿吕祖謙《十七史詳節》之意,積畢生之力編《史緯》三百三十卷,此書"卷帙浩繁,用力可謂勤至。然其中繁簡失度,分合無義者,亦尚不少"。[③]周壽昌也認爲,"此書删録未宜,分合失當者頗多"。[④]

或批評某些書編纂方式過於隨意、又無義例。如《諸史品節》提要説此書所採"皆隨意雜鈔,漫無體例";[⑤]《史裁》提要説此書"既非編年,亦非紀傳,隨意鈔撮而已"。[⑥]

又如《讀史快編》卷三十九"裴寂"條:"高祖兵起,欲先取京師。而又恐屈突通掎其後,猶豫未決。"[⑦]而《新唐書》卷八十八原文爲:"至河東,屈突通未下,而三輔豪傑多歸者。唐公

---

① 劉德明:《史部史鈔類的發展與標準——以〈四庫全書總目〉爲核心》,《興大人文學報》第 41 期,2008 年,1—22 頁。

② 〔清〕永瑢、〔清〕紀昀:《四庫全書總目》,第 579 頁。

③ 〔清〕永瑢、〔清〕紀昀:《四庫全書總目》,第 582 頁。

④ 〔清〕周壽昌:《史緯書後》,《思益堂集》"日札"卷二,《續修四庫全書》,上海:上海古籍出版社 2002 年影印本,第 1541 册第 27 頁。

⑤ 〔清〕永瑢、〔清〕紀昀:《四庫全書總目》,第 580 頁。

⑥ 〔清〕永瑢、〔清〕紀昀:《四庫全書總目》,第 581 頁。

⑦ 〔明〕趙維寰輯:《雪廬讀史快編》卷三十九,《四庫全書存目叢書》史部,濟南:齊魯書社 1997 年影印本,第 145 册第 553 頁。

欲先取京師,恐通掎其後,猶豫未決。"①節文文意是"高祖兵起,欲先取京師",而原文是"唐公欲先取京師"。如此編纂易造成讀者對原文的曲解,故館臣在《讀史快編》提要中云:"是書於諸史之中摘録其新異之事,始於《史記》,迄《新唐書》,割裂翦裁,漫無義例。"②

或以爲不益於考證。館臣身處清代考據學盛行之時,往往站在考據學家的角度對史鈔類書籍作評判,如《讀史漢翹》提要説,此書"卷帙無多,分類繁瑣,殊無益於考證";③《左國腴詞》提要云:"所摘皆僅存一二語,既不具其始末,又不標爲何人之言。且注與正文,混淆不辨。非惟不足以資考證,併不可以供掃撦。"④

或以爲某些史鈔書内容對讀史者無益。如明人項篤壽《全史論贊》内容是"皆取論贊,宜入史評",館臣以爲"篤壽惟存其論,使稱善者不知其所以善,稱惡者不知其所以惡,仍於讀史者無益也"。只是因爲此書"皆摘録於諸史",⑤故館臣仍將其歸入"史鈔類"。

或認爲某書無所發明。如《四史鴻裁》提要云:"皆略注字義,無所發明,批點尤爲夐陋。"⑥《古今彝語》一書,"去取漫無義例",⑦是編者興之所至摘鈔編集,以致館臣云:"迨乎明季,彌衍餘風。趨簡易,利剽竊,史學荒矣。"⑧

或認爲標目淺陋。館臣在《南史識小録》《北史識小録》的提要中説:此書"不分門目,惟以原書次第臚列,而各著其篇名。亦不加訓釋,惟摘取數字標目,以原文載於其下,著是語之緣起而已"。⑨

(二)史鈔書籍的文獻價值

然而館臣對於某些史鈔書的評價,後世學者則以爲不儘然,如清乾嘉時期的目録學家周中孚《鄭堂讀書記》卷二十五對明凌迪知《左國腴詞》八卷評價較高,此書體例仿宋林鉞《漢雋》,"採《左傳》《國語》字句,分類編輯","其標明門類,摘字爲綱,而注正文於下,頗便於檢閱,以供修詞之用。殊勝於景盧所編者矣。"⑩

因而,今天我們對於《總目》著録的史鈔類書籍,當客觀公允看待。現結合館臣對某些史鈔書的贊許,就《總目》著録的史鈔書整體而言,筆者認爲史鈔類書籍的文獻價值主要有:

一是史鈔類書籍的編者意在"含咀英華,删除冗贅",反映出讀史者求簡、求快的願望,以此彌補了舊史存在的不足。

① 〔宋〕歐陽修、〔宋〕宋祁:《新唐書》卷八十八,北京:中華書局,1975 年,第 3737 頁。
② 〔清〕永瑢、〔清〕紀昀:《四庫全書總目》,第 581 頁。
③ 〔清〕永瑢、〔清〕紀昀:《四庫全書總目》,第 581 頁。
④ 〔清〕永瑢、〔清〕紀昀:《四庫全書總目》,第 580 頁。
⑤ 〔清〕永瑢、〔清〕紀昀:《四庫全書總目》,第 580 頁。
⑥ 〔清〕永瑢、〔清〕紀昀:《四庫全書總目》,第 580 頁。
⑦ 〔清〕永瑢、〔清〕紀昀:《四庫全書總目》,第 581 頁。
⑧ 〔清〕永瑢、〔清〕紀昀:《四庫全書總目》,第 577 頁。
⑨ 〔清〕永瑢、〔清〕紀昀:《四庫全書總目》,第 578 頁。
⑩ 〔清〕周中孚:《鄭堂讀書記》,《宋元明清書目題跋叢刊》,北京:中華書局,2006 年,第 15 册第 132 頁。

　　史鈔書編纂初衷就是因爲歷代史籍卷帙浩繁，人們難以遍覽，故有必要汲取舊史精華，删除繁複，而成簡要之本。這些經删削而成的史鈔，類目簡明，通俗易懂，更有助於傳播史學思想。《通鑑總類》是因爲“《通鑑》浩博，猝難盡覽。司馬光嘗言惟王勝之曾讀一過，餘人不能數卷即已倦睡，則採摭精華，區分事類，使考古者易於檢尋”。①《二十一史論贊輯要》“輯要起凡”云，“二十一史浩繁重大，覽不易竟，亦難爲蓄，兹取其中論贊而輯其要，卷帙省而循閱易”。②可見編纂者意欲做到卷帙省而閱讀易。

　　明人陳懿典在爲馬維銘《史書纂略》作序時説，（二十一史）“卷帙繁重，經生寒士即欲博覽，而未必能有其全書，縉紳先生力能有之，而或非其所好，即心好之而官守，世紛奪其暇目，往往不能盡卒其業。矧望其起凡作例，折衷删削，以究其全者乎！”③陳熙昌《讀史快編序》云：“夫讀史者，讀南北以下諸史，苦其瑣綴，汗漫不能卒業也。”④清初史學家高士奇在爲《史緯》作序時仍在感歎：“作史難，讀史亦難。由漢迄元，爲史二十有一，卷帙浩衍，文辭繁費。士之有志於學者，或力不能致之。而藏書之家苦其難，竟高閣，而不窺者多矣。且其間是非錯出，信疑相介，非有深識遠鑒亦不能逆溯千載而折其衷也。”⑤由此看來，學者們大多忌憚歷代史書的卷帙浩繁，史鈔書的編撰者删除冗贅、編纂新式史書也是順應社會之需。史鈔依據原有史書而編，可讓那些被束之高閣的卷帙浩繁的正史以另一種形態被利用，有利於傳播史書的精華。

　　《總目》著録的《十七史詳節》是編者從各史中節取而成。姚允明《史書》十卷，“自三皇以訖元代，摭採史文，節縮成編”。⑥因而明人周鍾《史書序》評價説：此書“體仍涑水而綴事屬文，删繁就約，間寓論斷，折衷諸家，書不盈尺，而往古興亡治亂之迹，以及典章制度之沿革，君子小人之進退，要義畢陳”。⑦

　　二是史鈔之書可資讀史者快捷查尋、文學創作者便捷利用史料，故館臣説此類書有助於讀者“博取約存，亦資循覽”。⑧

　　面對卷帙浩繁的史書，觀者不免有望洋之歎，上自帝王士大夫，下至普通讀者，都希望看到便捷的史書，得其要領。如《漢紀》成書的初衷，就是鈔撮《漢書》指要，以“便於用”。《全史論贊》是“以諸史浩繁，難於尋究，特撮其論贊，以備觀覽”。⑨張九韶《元史節要》，可使學者讀此書“披卷一閲而有元一代君臣政事之得失是非，及其盛衰興亡之故瞭然在目”。⑩

①　〔清〕永瑢、〔清〕紀昀：《四庫全書總目》，第 578 頁。
②　《輯要起凡》，〔明〕彭以明輯：《二十一史論贊輯要》，《四庫全書存目叢書》史部，第 147 册第 236 頁。
③　〔明〕陳懿典：《天佚草堂史書纂略序》，〔明〕馬維銘輯：《史書纂略》，《四庫全書存目叢書》史部，第 141 册第 243 頁。
④　〔明〕陳熙昌：《讀史快編序》，〔明〕趙維寰輯：《雪廬讀史快編》，《四庫全書存目叢書》史部，第 144 册第 629 頁。
⑤　〔清〕高士奇：《史緯序》，〔清〕陳允錫輯：《史緯》，《四庫全書存目叢書》史部，第 151 册第 412 頁。
⑥　〔清〕永瑢、〔清〕紀昀：《四庫全書總目》，第 581 頁。
⑦　〔明〕周鍾：《史書序》，〔明〕姚允明輯：《史書》，《四庫全書存目叢書》史部，第 150 册第 6 頁。
⑧　〔清〕永瑢、〔清〕紀昀：《四庫全書總目》“史鈔類”提要，第 577 頁。
⑨　〔清〕永瑢、〔清〕紀昀：《四庫全書總目》，第 580 頁。
⑩　〔明〕張九韶：《序》，〔明〕張九韶輯：《元史節要》，《四庫全書存目叢書》史部，第 131 册第 649 頁。

梁夢龍《史要編》十卷，是“雜採諸史之文爲《正史》三卷、《編年》三卷、《雜史》三卷、《史評》一卷。自序謂學者罕睹全史，是編上下數千載盛衰得失之迹，大凡具在。蓋爲鄉塾無書者設也”。①《刻史要編叙》評價此書時説：“上下數千載盛衰得失之迹，大凡具在，乃考索之筌蹄、獻納之關鍵也，或可備史學一種。”②可見梁氏耗時近二十年雜採衆史而成此史鈔書，保存了較多鮮見、甚或失傳的序跋資料，既方便了當時讀者的學習，也是當代史學研究的重要文獻。

有類似上述功用的，尚有洪邁《史記法語》，“蓋與《經子法語》等編同以備修詞之用”。③吕祖謙《東漢精華》“是書乃閲史之時摘録於册，以備文章議論之用”。④

三是史鈔書籍保存了許多精挑細選而成的史料，可助考證。

史鈔書籍源自舊史，自然保存一些原書的史實，既利於人們尋檢採掇、快速查找史料、典故、名物、制度、儷詞駢語等，又利於考證、輯佚。如《二十一史論贊輯要》“起凡”云：“輯者會其全，雖於原文間有節約，而自《史》《漢》以來，紀、傳、表、志等悉各詳收無遺。”⑤可見其輯録史料亦頗豐。

《諸史品節·凡例》説：“五太史之外，有偏史及他籍可以互證者，如集中所載《家語》《隨巢子》《楚漢春秋》，删通雋永。《漢武故事》、劉向《紀事》、《鹽鐵論》、荀悦《漢紀》、《東觀記》，顏師古注及諸公本集，悉爲綴拾。或參正文，或附疏解，篇以次代，代以次人。庶泛瀾藝海，不致恨於遺珠，含咀詞腴。”⑥説明此書有助於稽考。

明人董應舉在爲《史籥》作序時説：“其所聚撮，多異事、雋語、事料、掌故，糅然列陳，可以資博。”又説：“全史至博，難於盡閲。今撮而蘂之，閲者不煩，可以引人讀史。”“人不知古今，如三家村老儂局迹蓬户，夕忘其朝，問其世氏，呀然而不能對。有此一書，以耳以目，可以媿陋。”⑦這也説明史鈔書是精煉全史而成，一定程度上能彌補讀者無暇讀全史的缺憾。

清末耿文光在《萬卷精華樓藏書記》卷三十九中也認爲：“史鈔一門始自《宋志》，其删削之書，則自古有之。今所録者四家，其體有徵典、分門、删繁、摘句之不同，然皆宋元舊本，足以考證諸史，故可貴也。”⑧

上述史鈔書籍擷取的相關史料是節鈔原書，保存了一定史料，四庫館臣之所以在《總目》予以著録，又因爲它們與其學術取向也相關切，對於校勘史書、輯佚散佚文獻有一定幫助。

① 〔清〕永瑢、〔清〕紀昀：《四庫全書總目》，第580頁。
② 〔明〕梁夢龍：《刻史要編叙》，〔明〕梁夢龍輯：《史要編》，《四庫全書存目叢書》史部，第138册第453頁。
③ 〔清〕永瑢、〔清〕紀昀：《四庫全書總目》，第578頁。
④ 〔清〕永瑢、〔清〕紀昀：《四庫全書總目》，第579頁。
⑤ 《輯要起凡》，〔明〕彭以明輯：《二十一史論贊輯要》，《四庫全書存目叢書》史部，第147册第236頁。
⑥ 《凡例》，〔明〕陳深輯：《諸史品節》，《四庫全書存目叢書》史部，第132册第2頁。
⑦ 〔明〕董應舉：《余中拙先生史籥序》，〔明〕余文龍輯：《史籥》，《四庫全書存目叢書》史部，第146册第205頁。
⑧ 〔清〕耿文光：《萬卷精華樓藏書記》，《宋元明清書目題跋叢刊》，第16册第359頁。

(三)《總目》"史鈔類" 對目録學的貢獻

一是史鈔類作爲史部的一個類目被設立,是目録學對史學發展的正確處置。

宋代史鈔書籍大量面世,現存的南宋私人藏書目録雖有著録,但並未設立 "史鈔類",元初《宋志》專設 "史鈔類",明代私家藏書家也接受其 "史鈔" 單列一類的做法,祁承㸁《澹生堂藏書目録》設有此目。

在目録學史上,公私書目普遍設立 "史鈔類" 則是清代,這時的目録學家很大程度上是受《總目》影響,沿襲其單列 "史鈔類" 的既定之法,在自己編撰的書目中建立 "史鈔" 一類,如《續文獻通考·經籍考》《愛日精廬藏書志》《鄭堂讀書記》《鐵琴銅劍樓藏書目録》《玉函山房藏書簿録》《皕宋樓藏書志》《善本書室藏書志》《藝風藏書續記》《開有益齋讀書志》《萬卷精華樓藏書記》《抱經樓藏書志》等。他們也是順應學術的發展、古籍目録類型化的趨勢而做的正確處置。

二是單列 "史鈔" 一類,是傳統目録學成熟的表現。

就史部類目而言,《總目》繼承宋元目録學家的做法,又有發展,如《郡齋讀書志》設有 "史評",未建 "史鈔",《遂初堂書目》將 "史鈔" 和 "史評" 歸爲 "史學類",《文獻通考·經籍考》將 "史評" "史鈔" 合在一處稱謂 "史評史鈔類",《宋志》《明志》在史部設立 "史鈔類",明末清初黃虞稷對史鈔類的著録又做補充。故當《總目》編撰時,在史部既設 "史鈔類" 又設 "史評類",爲昔日相關史書分列類目,各歸其屬。很顯然這是在唐宋以來目録學發展基礎上的總結與提高,更符合目録學分類的精髓,故而徐有富先生肯定 "四庫館臣對史學理論的認識水準達到了前所未有的高度"。[①]

總之,史鈔書籍不是原創性的史書,因受所鈔録的舊史體例限制,大都只是節鈔、摘録、新編舊史成爲一部新書。儘管網羅百代編撰一部史鈔書不易,館臣對某些史鈔類書籍價值偶有異議,但是暇瑜不相掩,此類書籍有相當的文獻價值,《總目》確立 "史鈔類" 之舉,對後世目録學發展産生了積極的影響。

(曹潔,華東師範大學中文系副教授)

---

① 徐有富:《目録學與學術史》,北京:中華書局,2009 年,第 327 頁。

鳴野山房鈔本《章氏遺書》傳鈔源流考 *

王園園

[摘　要]　道光年間，沈復粲從章學誠長子章貽選處借鈔章氏遺稿而成鳴野山房鈔本《章氏遺書》。該本在長達一百多年的流傳過程中，不斷被傳鈔與再傳播。該本迭經楊鼎、章善慶、章壽康、蕭穆、沈曾植等人遞藏，先後衍生出瀟雪氏節鈔本、柯逢時鈔本、繆荃孫鈔本、蕭穆鈔本、徐氏鑄學齋鈔本、内藤湖南所藏之傳鈔本、浙江圖書館校印本等版本。該本歸沈曾植收藏時，被劉承幹借出，刊成嘉業堂本《章氏遺書》。其他如《風雨樓叢書》之《乙卯劄記》《丙辰劄記》以及沈善登《豫恕齋叢書》中的《章氏遺書》皆源自蕭穆的傳鈔本。鳴野山房鈔本《章氏遺書》在章學誠著作流傳與傳播過程中佔有重要地位，具有重要的版本與學術史價值。

[關鍵詞]　鳴野山房鈔本　平步青　蕭穆　徐維則　内藤湖南

引言：沈復粲與鳴野山房鈔本《章氏遺書》

沈復粲（1779—1850），字霞西，是清代著名的金石學家、藏書家，“鳴野山房”是沈復粲的藏書樓名。鳴野山房鈔本《章氏遺書》，現藏於臺灣“國家”圖書館内，其中除了一册蕭穆謄鈔的目錄册外，其它皆爲鳴野山房鈔本原稿，共三十三册。“甲辰存錄、桐署偶鈔、申冬酉春歸扙草”册首頁版心上鐫有“鳴野山房鈔本”六字，同册《文理》篇前空白頁版心處亦鐫有“鳴野山房鈔本”六字。

該本《辛亥草》册末跋云：“右《辛亥草》，於道光四年（1824）續鈔，惜所假之本爲家鹿寢食，故諸文未能卒讀，嗣經其長公從遺稿補書，因再假錄入，庶稱完本云。丙戌仲冬粲誌。”“長公”即章學誠長子章貽選。又《知非日札》册末跋云：“右札戊午己未所記，亦從其嗣君杼思先生借鈔，道光八年（1828）秋仲屬石樓侄錄校竟。誌此。”杼思乃章貽選之字，可知該本乃沈復粲從章學誠長子章貽選處借鈔章著遺稿而成。

章學誠去世後，章貽選寫給朱珪的一封信詳述了家藏先君遺稿之流向。《章貽選上朱石君先生書》云：

> 先君著述，丁亥（1827）年春二舍弟俱索寄河南。鈔錄未竟，四舍弟館鄧州者，

* 本文是教育部人文社會科學研究青年基金項目“新發現章學誠著述稿鈔本整理與研究”（19YJCZH180）、湖南省哲學社會科學基金青年項目《章氏遺書》版本研究與章學之傳播”（18YBQ110）的階段性研究成果。

言其居停易良傲相爲刊刻，誆寄鄧州。……四舍弟與二舍弟同在河南，兩載未通音問，又無從向索。今四舍弟又脱館，想赴陝西投尹世叔佩珩及查廷寀觀察，先著不知存何處矣。[①]

由上信内容推測，章學誠於嘉慶六年（1801）年去世，身後遺稿應由章氏長子章貽選暫爲保存。道光丁亥（1827），原藏於章貽選處的遺稿被章氏次子索要至河南進行鈔録。鈔録未竟，就被章氏四子誆走，導致下落全無。所幸，當章氏遺稿還在長子章貽選處時，被沈復粲借鈔而成“鳴野山房鈔本《章氏遺書》”，較爲完備地保存了章學誠著述遺稿之全貌。

據筆者考證，自沈復粲鈔就《章氏遺書》之後的一百多年間，鳴野山房鈔本先後被多位藏書家、章學愛好者等遞相傳鈔。該本流經楊鼎重遠堂時被平步青借閱，衍生出瀟雪氏節鈔本；被章壽康、章善慶伯仲收藏時，又衍生出柯逢時鈔本、繆荃孫鈔本、蕭穆鈔本、徐維則鑄學齋鈔本、内藤文庫藏鈔本《章氏遺書》等；該本被沈曾植收藏時，在孫德謙慫恿下由劉承幹嘉業堂刊刻出版。可以説，該本不僅是唯一保存章著遺稿形態的鈔本，還在章學誠著述流傳脉絡中佔有極其重要的地位，其傳鈔過程即章學誠學術思想的傳播過程。

一、平步青與瀟雪氏節鈔本《章氏遺書》

平步青字景孫，號棟山，別號棟山樵、霞偶、三壺佚史、常庸等，藏書樓有“安越堂”“香雪崦”。平步青與鳴野山房鈔本的關係首先以印鑒爲證，鳴野山房鈔本“王宗炎編次《章氏遺書目録》”卷端下以及《庚戌鈔存通義》册末頁、《知非日札》册末頁，皆鈐有“棟山讀過”白文方印。“棟山”即平步青之號，“棟山讀過”説明平步青曾經眼該書。

平步青在《文史通義雜篇實齋文略外篇跋》内詳述自己對章氏著作之搜求及其與鳴野山房鈔本之淵源。跋云：

> 甲戌（1874）八月八日，病痁初起，假得郡城西街重遠堂楊氏所藏鳴野山房鈔本三十三册，爲沈霞西微君故物。取二《通義》及本檢勘，三日而畢，得多文二百三十五篇，囑友人録之。以卷首王晚聞先生所定目次，編爲四巨册，王本別編爲五册附之，今而後先生之文之未出者殆罕矣。沈本別有《信摭》一册，《乙卯劄記》一册，《丙辰劄記》一册附《丁巳劄記》《知非劄記》一册，合録爲一册，而署曰《實齋劄記鈔》……其沈本有而王目無者別編二册，署曰《文史通義雜篇》，曰《實齋文略外篇》。[②]

---

① 〔清〕章學誠：《章學誠遺書》，北京：文物出版社，1985 年，第 624 頁中。

② 〔清〕平步青：《文史通義雜篇實齋文略外篇跋》，《樵隱昔寱》卷十五，《清代詩文集彙編》，上海：上海古籍出版社，2010 年，第 720 册第 330 頁。

由上可知，平步青從楊鼎重遠堂借得鳴野山房鈔本《章氏遺書》，並將之與王氏十萬卷樓鈔本《章氏遺書》和刊本《文史通義》《校讎通義》進行校勘之後，"得多文二百三十五篇"，"囑友人録之"。平步青"囑友人録之"的傳鈔本，即現藏於國家圖書館的"《章氏遺書》瀟雪氏節鈔本"。

《章氏遺書》瀟雪氏節鈔本共二十册，每半頁十二行，字數不一。紫口，四周雙邊，單魚尾，版心下方鎸有"安越堂"三字。首册書衣上題有"宣統二年杏月花朝日 雪士書眉"，鈐有"宜生"橢圓形白文印、"若宜"長方形白文印。第十七册首頁上題"實齋劄記，宣統二年花朝雪士書眉"，鈐有"若宜"和"若生"兩印，《乙卯劄記》册首頁鈐有"曾經滄海"白文方印。"雪士""若宜""宜生"，皆指平步青之子平宜生。瀟雪氏不知何許人，平步青《霞外攈屑》"盲詞入詩"條云："盲詞入詩，騷壇削色。近日詩翁大半奉盲詞爲鼻祖，沈賷漁諧鐸，殆有所指。瀟雪曰彈詞七字句，其源亦出於詩。不觀玉谿生七月二十八日夜與王、鄭二秀才聽雨後夢作乎……瀟雪、茗盦皆失笑。"[1]因此，瀟雪氏或是平步青友人之號。

瀟雪氏節鈔本前有王宗炎編次《章氏遺書目録》，所鈔内容依王氏《目録》排列，分鈔於十四册内，每册書衣上分别題"文集一"至"文集十四"。另有《雜著》二册，包括《博雜》《紀元經緯序》《甲乙剩稿序》等文。十四册《文集》和兩册《雜著》節鈔的内容，即平步青比較鳴野山房鈔本與王宗炎十萬卷樓鈔本之後，所"得多文二百三十五篇"。

另外，瀟雪氏節鈔本還有《實齋劄記》三册，即平步青《跋》内所云："沈本別有《信摭》一册，《乙卯劄記》一册，《丙辰劄記》一册附《丁巳劄記》《知非劄記》一册，合録爲一册，而署曰《實齋劄記鈔》。"[2]其中，《信摭》册版心内寫有"甲寅劄記 一"，之後每頁版心都標注頁碼。《信摭》册末頁書"乙巳四月十九日□録戢，共四十紙"。《乙卯劄記》《丙辰劄記》《知非日札》與《信摭》版心形制相似。

瀟雪氏節鈔本内還有不少墨筆眉批、圈點，多校勘版本、補充史實，或校訂訛誤等。十四册《文集》内有多條眉批云"壬午小同排印"，可知平步青曾將瀟雪氏節鈔本與章小同刊刻貴陽本《文史通義》進行對校。《實齋劄記》内的眉批對每册具體條數予以說明，如《信摭》眉批云"凡一百五十八則"，《乙卯劄記》上有眉批云"凡一百九十八則"，《丁巳劄記》眉批云"凡一百十九則"。每條劄記開頭用○或△或頓號予以標識。《實齋劄記》天頭上還有不少批語，或是對訛誤之訂正，或是對該條劄記與章氏《文集》對應關係的說明等。瀟雪氏節鈔本内還有不少平步青跋語，主要是對瀟雪氏鈔録情況的介紹以及對沈復粲原跋訛誤之駁正。因平步青號常庸，跋内多以"庸按"開頭。

---

① 〔清〕平步青：《霞外攈屑》卷八下"眠雲舸釀說下"，民國六年《香雪崦叢書》本，《續修四庫全書》，上海：上海古籍出版社，2002年，第1163册第644—645頁。
② 〔清〕平步青：《文史通義雜篇實齋文略外篇跋》，《樵隱昔寱》卷十五，《清代詩文集彙編》，第720册第330頁。

二、柯逢時、繆荃孫對《章氏遺書》之傳鈔

(一)柯逢時鈔本《章實齋遺書》

瀟雪氏節鈔本《章氏遺書》外,武昌柯逢時鈔本《章實齋遺書》也源自鳴野山房鈔本。柯逢時,字遜庵,又字懋修,號巽庵,別號息園,湖北鄂城人,嗜好藏書、刻書。柯逢時鈔本《章實齋遺書》詳情見於侯雲圻《跋章實齋遺書稿本》一文,其云:

> 館藏《章實齋遺書未刊稿》都十四冊,客夏得之武昌柯氏。首冊及《目録》及第一葉有"柯逢時印"白文大印。封面題"光緒癸未從章碩卿藏本借鈔,已刻者未鈔,共十四冊",并附"柯逢時印"白文小印。似當時柯氏之手筆。目録前葉黏繆荃孫致柯氏函兩通,姚陞聞一箋,皆述送還此書事。[①]

柯逢時鈔本封面題簽説明該鈔本源自章壽康的收藏。鳴野山房鈔本《章氏遺書》内鈐有"會稽章氏式訓堂藏書""善慶私印""善慶讀過"。"式訓堂"是章壽康的藏書樓名。章壽康,原名貞,字碩卿,又字石卿,爲章學誠的族裔。"善慶"是指章壽康之胞弟章善慶,字小雅,也嗜好藏書。鳴野山房鈔本曾被章壽康、章善慶伯仲收藏,因此,從流傳過程來看,柯逢時鈔本亦源自鳴野山房鈔本。

其次,侯雲圻跋指出柯逢時鈔本《章實齋遺書》"每卷仍以《辛丑年鈔》《戊午存鈔》……等分類,共三十餘類,附王宗炎氏所編三十卷之《目録》一帙,柯氏訂成十四冊(據繆函原爲二十八冊)。每冊於各類年次,稍形凌雜;而每類之排比,亦有不按年月,或謂實齋親手所編如此。"[②]侯雲圻列出以年命名的"各類細目",如《辛丑年鈔》《辛丑剥復删存》《癸卯録存》等;"書中不以年名類之文"如《點陋》《傳記小篇》《邗上草》《碑志》等,皆與鳴野山房鈔本《章氏遺書》諸冊依照書寫年月、地點、文章体例等命名情況一致。因此,從侯氏對柯逢時鈔本版本形態的記載來看,亦可證明該本源自鳴野山房鈔本。"分類仍爲原稿次序,雖附《王目》,而文次與目次截然兩事",[③]與鳴野山房鈔本雖前有王宗炎編次《章氏遺書目録》却並未依照王目編次亦相一致。因此,可以肯定柯逢時傳鈔本《章實齋遺書》源自鳴野山房鈔本。

(二)繆荃孫與《章氏遺書》之淵源

繆荃孫,字炎之,又字筱珊,晚號藝風老人,在晚清民國文化界具有重要影響。光緒戊寅

---

① 侯雲圻:《跋章實齋遺書稿本》,《燕京大學圖報》1932 年 4 月 30 日第二十八期,第 1 頁。
② 侯雲圻:《跋章實齋遺書稿本》,《燕京大學圖報》1932 年 4 月 30 日第二十八期,第 1—2 頁。
③ 侯雲圻:《跋章實齋遺書稿本》,《燕京大學圖報》1932 年 4 月 30 日第二十八期,第 2 頁。

（1878）章小同刊刻貴陽本《文史通義》時，曾請王秉恩擔任校讎之役。王氏《文史通義跋》云：
"携鈔本之京，思假通人校本是正。江陰繆編修炎之言周侍郎荇農許有鈔本，視粵雅堂本爲
多，屢借不得。"①是以交友廣泛、消息靈通的繆荃孫對章學誠的稿鈔本早有關注。

　　侯雲圻《跋章實齋遺書稿本》稱"目録前葉黏繆荃孫致柯氏函兩通，姚陛聞一箋，皆述送
還此書事"。又云："會稽章碩卿之鈔本《章氏遺稿》，分衍爲二，一爲此稿，一係繆荃孫氏所
鈔……而章碩卿本、繆荃孫本，不知已否易主？"②因此，繆氏當在柯逢時鈔本《章實齋遺書》
基礎上又進行了傳鈔。如今繆氏鈔本踪影難尋，所幸繆荃孫《日記》使我們得以略窺其持續
了數年之久的傳鈔過程。

　　繆荃孫於戊子年（1888）八月二日《日記》云："柯遜庵來，言《湖北通志》不能兼辦，交
荃孫全數帶回鄂省，又允借《章實齋全集》。"兩天後《日記》云："四日，遜庵送志書及《實齋
全集》來。"③之後，十日、十一日《日記》均有云："讀《章實齋先生文集》。"④不知柯逢時送來
《章實齋全集》後，繆荃孫是否立刻進行了鈔録，直到五年後，繆荃孫日記內纔有校勘《章實
齋集》的記載。癸巳年（1893）二月七日"校《章實齋遺集》一卷"。⑤四月廿九日"校《章實
齋文》"，五月七日"校《章實齋集》"，五月十四日、五月十八日"校《實齋文集》"，五月廿一
日"校《章實齋集》"，五月廿九日"校《實齋文集》"。⑥六月卅日、七月朔日、二日、五日、八
日《日記》皆有"校《實齋集》"，⑦十二月六日又有"校《章實齋集》"。⑧甲午年（1894）六月
廿六日《日記》云"校《實齋文集》"，七月二日又云"校《章實齋藁》畢"，九月十五日《日記》
又云"還《章實齋遺書》與柯遜庵"。⑨

　　或許是《日記》記載的隨意性，其內稱謂不一，有《章實齋全集》《章實齋先生文集》《章
實齋集》《章實齋遺集》《實齋文集》《實齋集》《章實齋藁》等。但可以肯定，從戊子年（1888）
八月柯逢時允借，到甲午年（1894）九月繆荃孫還歸，鈔録章氏著述的活動持續了六年之久。

　　除了借鈔柯逢時鈔本《章實齋遺書》外，《日記》還記載了繆荃孫將自己的鈔本借給他人
傳鈔。如《戊戌日記》五月十日云："百藥借《章寔齋文集》去。"⑩百藥名褚成博，餘杭人。到
十月廿四日，《日記》纔稱"褚伯約還《章實齋文集》"。⑪《乙巳日記》十月十二日云"李審言

①　〔清〕章學誠：《章學誠遺書》，第623頁上。
②　侯雲圻：《跋章實齋遺書稿本》，《燕京大學圖報》1932年4月30日第二十八期，第3頁。
③　〔清〕繆荃孫著，張廷銀、朱玉麒主編：《藝風老人日記·戊子日記》，《繆荃孫全集·日記》，南京：鳳凰出版社，2014年，
　　第29—30頁。
④　〔清〕繆荃孫著，張廷銀、朱玉麒主編：《藝風老人日記·戊子日記》，第31頁。
⑤　〔清〕繆荃孫著，張廷銀、朱玉麒主編：《藝風老人日記·癸巳日記》，第248頁。
⑥　〔清〕繆荃孫著，張廷銀、朱玉麒主編：《藝風老人日記·癸巳日記》，第259—263頁。
⑦　〔清〕繆荃孫著，張廷銀、朱玉麒主編：《藝風老人日記·癸巳日記》，第267—268頁。
⑧　〔清〕繆荃孫著，張廷銀、朱玉麒主編：《藝風老人日記·癸巳日記》，第288頁。
⑨　〔清〕繆荃孫著，張廷銀、朱玉麒主編：《藝風老人日記·甲午日記》，第316—325頁。
⑩　〔清〕繆荃孫著，張廷銀、朱玉麒主編：《藝風老人日記·戊戌日記》，第519頁。
⑪　〔清〕繆荃孫著，張廷銀、朱玉麒主編：《藝風老人日記·戊戌日記》，第541頁。

還《國史五傳》《章實齋集》來",^①那麽,李详亦借過繆荃孫傳鈔的《章實齋集》。此外,繆荃孫《丁巳日記》五月廿七日云:"李審言借《實齋集》一册去。"^②八月六日《日記》又云:"審言送還《易居堂集》《實齋文》一册。"^③因此,李详不止一次借閱過繆氏傳鈔本《章氏遺書》。

繆荃孫與鄧實合編《古學彙刊》,不僅收録了繆荃孫的諸多稿本,還收録有《章實齋文鈔》,分爲《序》《序二》《書》《傳》四個部分共三十餘篇文章。雖然不能確定《章實齋文鈔》的底本是否由繆荃孫提供,但繆氏當參與了《章實齋文鈔》的校對工作。如 1912 年《壬子日記》八月廿一日云:"秋枚送《實齋文》來。……校《事略》七。核《實齋文》。"次日,《日記》又云:"致秋枚一束,索閱《實齋集》。"^④癸丑(1913)二月廿二日《日記》有"校《章實齋文》",次日《日記》"校《實齋文鈔》",^⑤因此,不難推測《古學彙刊》中的《章實齋文鈔》不僅底本有可能出自繆氏,且還當經繆氏手校。此外,繆氏《日記》内還有閱讀章實齋《湖北通志稿》^⑥和《庚辛之間亡友傳》^⑦等的記載。

《藝風藏書記》有一條關於傳鈔本《丙辰劄記》的記載。^⑧據筆者查證,當爲現藏於上海圖書館的《章實齋先生遺稿》,該本或是繆荃孫少量僅存於世的章實齋著述傳鈔本。上圖藏《章實齋先生遺稿》兩册内容爲《丙辰劄記》,紅格本,四周雙邊,雙魚尾,版心下方標注頁碼,每半頁十二行,行二十五字。正文首頁卷端《丙辰劄記》題下鈐有"曾經藝風勘讀"朱文方印和"仲勉藏書"朱文長方印。扉頁有兩跋,一云:"章實齋《丙辰劄記》,近已有刻本,此爲舊寫本,經繆筱珊手校者。筱珊以目録之學名家,搜集佚書有功載籍,近代之鮑渌尹、黄蕘圃也。校勘亦頗精細,摩挲手澤,穆然如見其人。二十七年旹晚疑盦題記。"跋後有"疑盦"朱文長方印。另一跋云:"丁氏八千卷樓之書,淂歸金陵圖書館,不至出國,藝風實主其事。今不知得免浩劫否,思之惘然。疑翁又記。"在《章實齋先生遺稿》第二册册末亦有朱筆跋云:"是書爲先生五十九歲之化時,當嘉慶元年也。戊辰(1928)二月仁懋記。""疑盦"是歙縣許承堯的印鑒,許承堯,字際唐,號疑庵,是近代著名的詩人、方志學家、收藏家,著有《歙事閑談》《歙縣志》《疑盦詩》等。許承堯之後其部分藏書轉歸合肥龔心釗,龔心釗字懷希,號仲勉,是近代著名的收藏家、外交家,上海圖書館藏《章實齋先生遺稿》上的"仲勉藏書"印或是龔心釗之印。

綜上可知,繆荃孫對章學誠的著作有長期的關注,不僅從柯逢時處傳鈔了《章實齋遺書》,還可能參與出版了《古學彙刊》中的《章實齋文鈔》。繆氏傳鈔的《丙辰劄記》經許承堯、

① 〔清〕繆荃孫著,張廷銀、朱玉麒主編:《藝風老人日記·乙巳日記》,第 362 頁。
② 〔清〕繆荃孫著,張廷銀、朱玉麒主編:《藝風老人日記·丁巳日記》,第 27 頁。
③ 〔清〕繆荃孫著,張廷銀、朱玉麒主編:《藝風老人日記·丁巳日記》,第 37 頁。
④ 〔清〕繆荃孫著,張廷銀、朱玉麒主編:《藝風老人日記·壬子日記》,第 213 頁。
⑤ 〔清〕繆荃孫著,張廷銀、朱玉麒主編:《藝風老人日記·癸丑日記》,第 247 頁。
⑥ 〔清〕繆荃孫著,張廷銀、朱玉麒主編:《藝風老人日記·壬子日記》,第 216 頁。
⑦ 〔清〕繆荃孫著,張廷銀、朱玉麒主編:《藝風老人日記·戊午日記》,第 98 頁。
⑧ 〔清〕繆荃孫:《藝風藏書記》,《中國歷代書目題跋叢書》第 2 輯,上海:上海古籍出版社,2007 年,第 270 頁。

龔心釗遞藏，最終成爲上海圖書館的藏品。

三、蕭穆與《章氏遺書》之傳鈔

蕭穆，字敬孚，桐城人，近代著名的文獻學大家。他因與章善慶相遇而跟鳴野山房鈔本《章氏遺書》結下不解之緣，在此後該本的流傳、保存、刊刻過程中都扮演着極其重要的角色。[①] 蕭穆《記〈章氏遺書〉》云："光緒十七年（1891）辛卯冬……十二月朔日，同諸暨孫問清太史廷翰往訪小雅。觀所藏各古書善本，中有舊鈔《章實齋先生遺書》三十四册，云爲其鄉人沈霞西家藏本。"[②] 小雅即章善慶，"沈霞西家藏本"即沈復粲鳴野山房鈔本。蕭穆在訪小雅當天"索《章實齋遺書》寫本一觀"後，就"先借四册回館閱"。據上海圖書館藏《敬孚日記》稿本記載可知，自此之後蕭穆就開始對該部鈔本進行頻繁的傳鈔。

歸納《敬孚日記》可發現蕭穆鈔録《章氏遺書》的第一個高峰集中於光緒十七年十二月初次見到《章氏遺書》至光緒十八年八月開啓杭紹之行前這段時間。筆者將《敬孚日記》的相關記載摘録如下，以供參證。

《敬孚日記》所載蕭穆傳鈔《章氏遺書》情況表[③]

光緒十七年十二月《辛卯日記》	
朔日	坐車至安康里訪章小雅談話半响。伊擁書二萬多卷，多有佳本。余索《章實齋遺書》寫本一觀，凡三十三四册。先借四册回館閱。……晚回館，張燈食。夜閱《章實齋遺書目録》一本，《乙卯、丙辰劄記》二本，另有補鈔本《劄記》一本，首標《信摭》二字，疑前後有缺字也。
三日	在室鈔《章氏劄記》，晚間成七葉。
四日	早間鈔章氏《丙辰劄記》三頁半。
九日	在室鈔《章氏遺書》及《目録》，凡七頁多。
十日	在室鈔《章氏遺書目録》，日夜成廿餘頁，并補録所遺。……夜又閱《章氏劄記》，另鈔本久之。
十一日	在室鈔《章氏劄記》，并夜成十四頁。
十二日	早鈔《章氏劄記》兩頁多。作字復周季況，午成。……到章小雅寓還前借《章氏遺書》四本，并以白、徐二集送之。……又借《章氏遺書》十七本，坐談久之乃別。
十三日	在室閱《章氏遺書》。
十四日	午後倦息良久，申刻鈔章氏遺詩二頁。……回館，秉燭閱章氏《知非日札》及他等久之。
十五日	在室鈔章氏及阮學使書及各本書後共四篇，下午剃髮。
十六日	在室鈔章氏書論文三首。
十七日	在室節鈔章氏《知非日札》六頁……夜閱《章氏遺書》久之。
十八日	上午鈔《章氏遺詩》四五頁，下午鈔其《乙卯書目記》一篇。

① 詳見拙文《桐城蕭穆與章學誠〈章氏遺書〉之謀刻考略》，《經學文獻研究集刊》第24輯，第297—310頁。
② 〔清〕蕭穆著，項純文點校：《敬孚類稿》，合肥：黃山書社，1992年，第259頁。
③ 按，本表摘録内容皆源自上海圖書館藏蕭穆《敬孚日記》稿本。

續表

十九日	在室閲《章氏遺文》，有可備碑傳之採，此文□十餘篇。
廿日	在室節鈔《章氏遺書》文，又鈔文兩首。
廿一日	下午閲《章氏遺書》，并録文一頁。傍晚及夜共鈔章文一篇凡四頁。
廿四日	又乙卯接周季況十九日信，復信。下午到章小雅處，以季況信示之。蓋周季況聞余借《章氏遺書》，閲之，告其鄉徐孝廉。徐欲刻此書。又知余不回里度歲，故作字招往紹興，且欲借《章氏遺書》同往。今小雅不甚放心，乃約余明春同往，余勢亦不能即去，故從小雅之意。坐談茶食。久之，吳申甫亦至小坐，乃別小雅。回館，仲珍做飯，晚食，夜閲書久之。
廿五日	在室寫復季況信凡五箋。申後，又録稿存，至夜間乃完。又取《章氏遺書》，記其每册之文，以硃筆標於前鈔王氏所定總目之内，夜成二册。
廿六日	日夜取《章氏遺書》各册以硃筆記前，鈔王氏所定總目之内，成八九册。早間封□復季況信，并《徐集》一部。
廿七日	仍記《章氏遺書》各册文目，畢五六册。
廿八日	在室閲《章氏遺書》，并鈔録三頁，夜間乃罷。
廿九日	在室閲《章氏遺書》，又檢《耆舊類徵》。
三十日	上午入室買藥物即回，閲《章氏遺書》。
<div align="center">光緒十八年《壬辰日記》</div>	
正月二日	在室鈔《章實齋文》八頁。
正月三日	在室節鈔《章實齋文》數紙。
正月四日	乃至章小雅寓小坐談，并茶食。又閲蕭山王宗炎《晚聞居士集》大略。久之，回館。
正月六日	閲《章氏遺書》并鈔其《代梁文定公撰于文襄公墓志銘》一篇，下曉乃罷。
正月七日	是日因凍不能執筆，又以目力不及，亦未甚閲書，惟閲《章實齋文》數篇。
正月八日	閲《章氏遺書》，并鈔《邵與桐別傳》將近三頁，因天晚目力不及矣。
正月九日	續鈔章氏《邵與桐別傳》三頁畢，并閲他書。
正月十日	在室袖手烘足，時閲《章氏遺書》及他書。
正月十三日	以姚春木《國朝文録》所載章氏學誠上書二《傳》，三取鈔本校閲一過，兩本亦有互稍脱訛之字，各以朱筆注之，申刻乃畢。
正月十四日	乃到章小雅寓還《章氏遺書》十七本，時小雅病甚，請吳江友人凌麗生診脉開方。後與麗生一談乃去。後申甫至，共談久之，乃別小雅、申甫回館。
閏六月二日	取章實齋《乙卯劄記》補鈔三頁。蓋前於其《劄記》四册，均有節鈔，然多不備，今□每日隨意鈔三四頁（以下每目均以鈔書幾頁記之），悉補其全，未知無他乃間之否。
閏六月三日	鈔書九頁。
閏六月四日	鈔書四頁。
閏六月五日	鈔書五頁。
閏六月六日	鈔書八頁，並閲《章氏遺書》。
閏六月七日	鈔書八頁，並閲書久之。
閏六月八日	揮汗鈔書，日十頁，（并校對七八頁）。並閲書，夜間有風數起。

續表

閏六月九日	早晚鈔書兩頁。
閏六月十日	僅鈔書三頁。
閏六月十日	早鈔書一頁，并校對五頁。
閏六月十三日	午閱書，并校鈔書十餘頁。
閏六月十四日	上午前鈔書三頁，後出門至洋廠……回館又鈔書二頁。
閏六月十五日	在室鈔書十一頁。
閏六月十六日	鈔書四頁。
閏六月十七日	早作字寄錢伊甫，後鈔書，下晚成七頁。
閏六月十八日	甲子鈔書二頁，乃出門入西城剃頭……至章小雅處談話，一切食西瓜，又午食，未正乃別。
閏六月十九日	在室鈔書十頁，下曉張小唐來談後去。
閏六月廿日	早鈔書二三頁乃出門……下午又鈔書四五頁。
閏六月廿一日	早鈔書四五頁，以下休息，并閱讀《章氏遺書》各篇，擬鈔二三頁。
閏六月廿二日	早間即鈔書，午後成七頁。
閏六月廿三日	鈔書八頁。
閏六月廿四日	鈔書六七頁。
閏六月廿九日	下午鈔書八頁。
七月朔日	鈔章實齋《乙卯劄記》八頁，此冊今完。
七月廿二日	夜整理前鈔《章氏遺書》久之。
八月三日	乃到章小雅處借所鈔《徐騎省集》四冊。伊又贈章小同前在貴陽（光緒三十四年間）所刊《文史通義》五冊，久之，同午食。
十一月十六日	上午理裝訂諸書事。午食後到醉六堂以新鈔書五本及《章實齋文》二本乞書夥金雲峰爲之裝訂。

由上可知，蕭穆於光緒十七年十二月在章善慶處見到《章氏遺書》的第一天就開始借鈔，連續一個月幾乎未間斷鈔錄。光緒十八年春節期間，除正月初一日因祭祀和訪親友未膳鈔之外，從初二日直至十八日回家省親前則每天堅持鈔寫工作。至閏六月又是一個借鈔小高峰，且閏六月的鈔錄主要是對之前節鈔工作做進一步補充完善。光緒十八年八月至十月期間，蕭穆開啓杭紹之行，等他回到上海，章善慶已經病故，至此借鈔《章氏遺書》的第一階段告一段落。

蕭穆對《章氏遺書》另一個鈔寫高峰集中在光緒二十九年、光緒三十年。光緒二十九年《敬孚日記》中多次出現蕭穆請孫仁壽、劉文朗二人代鈔代校《章氏遺書》記載。如二月十日《日記》云：“上午，孫仁壽、劉文朗二人去，各付《章氏遺書》一本代鈔。倦息久之，起覆閱諸書，良久乃罷。”[1]六月六日，《日記》又云：“孫仁壽前□代鈔《章實齋書》已成十四本，今屬同

---

① 〔清〕蕭穆：《敬孚日記》，光緒二十九年（1903）癸卯二月十日，上海圖書館藏稿本。

到,文朗分校一過。"①七月五日《日記》云:"又取《章氏遺書》舊本閱之,凡《文史通義》已刻者不鈔,此外所鈔不多矣。上午後,取仁壽後鈔之三本,付文郎代校,不晚成一本。"②光緒三十年蕭穆在傳鈔的同時又進行校對。如元月十日《日記》云:"仁壽爲鈔近作四五篇畢,余又囑代校對伊所鈔《章氏遺書》。"次日又云:"仁壽爲對校《章氏遺書》一本,並補鈔三頁,下曉乃竟。"元月十六日云:"後取《章氏遺書》二本、刻本《和州志》一本、《榕村語録續集》二本存内人所,待孫仁壽等來,交代爲補鈔,並找格式三張,夾本書内。"③蕭穆這次大規模的傳鈔發生在他汲汲謀求《章氏遺書》刊刻的晚年。一方面可能是爲了更好保存該部書,另一方面是尋求資助過程中,需要多鈔些副本呈送給可能的資助者。蕭穆於光緒二十九年九月親赴南昌拜見時任南昌知府沈曾植,希望藉其力量籌劃刊刻《章氏遺書》,得到沈氏的積極回應,沈氏還協助聯絡吴士鑑等募資刊刻。遺憾蕭穆於次年病逝,這次謀刊最終未能成行。蕭穆病逝後,鳴野山房鈔本《章氏遺書》轉歸沈曾植海日樓收藏。

今存蕭穆鈔本主要有以下兩種。一是上海圖書館藏《蕭敬孚書章實齋文集》兩册,内有朱筆批校。一册以《平金川文》爲首共三十九篇。一册始以《王右丞集書後》爲首,共十七篇,該册每篇篇題下皆注"未刊"字樣。《立言有本》篇末有蕭穆朱筆記云:"此篇之後,原本尚有《述學駁文》八條,共八頁,前已照《乙卯劄記》本録之,今不再録,蕭穆記。"

其二,南京圖書館藏《蕭敬孚雜著》四種四卷共四册,④節鈔《知非日札》《閱書隨劄》《乙卯劄記》的部分内容以及《閱章氏遺書隨劄》。其中,《閱章氏遺書隨劄》主要節鈔了《吴澄野太史歷代詩鈔商語》《與周永清論文》《家書一》《家書四》以及《與洪稺存博士書》《湖北通志辨例》等篇的部分内容。《知非日札》末尾空白頁有:"右札戊午己未所記,亦從其嗣君杼思先生借鈔。道光八年秋仲,屬石樓佺録校竟,誌此。光緒十八年閏六月蕭穆照録。"這條跋文與蕭穆《日記》的記載相呼應,説明南圖本《蕭敬孚雜著》乃蕭穆從章善慶處借鈔的鳴野山房鈔本鈔録而成。另有一處節鈔《知非日札》的内容後,墨筆寫有:"此册原本四五十條,凡十八頁,一舊本,又末鈔□□記云'右劄戊午己未所記,亦從其嗣君杼思先生借鈔。道光八年秋仲,屬石樓佺録校竟,誌此。'小印'棟山讀過'",其下有朱筆標注"此下補三條"。"沈復粲跋"和"棟山讀過"印章與鳴野山房鈔本的版本内容一致。另外,《乙卯劄記》首頁有"此下補六條""補一條比二字"等眉批。光緒十八年閏六月二日《敬孚日記》云:"取章實齋《乙卯劄記》補鈔三頁。蓋前於其《劄記》四册,均有節鈔,然多不備,今□每日隨意鈔三四頁,悉補其全,未知無他乃間之否。"因此,據南圖藏本版本特點推測,南圖《蕭敬孚雜著》或就是蕭穆在光緒十八年閏六月間補鈔的内容。

① 〔清〕蕭穆:《敬孚日記》,光緒二十九年(1903)癸卯六月六日。

② 〔清〕蕭穆:《敬孚日記》,光緒二十九年(1903)癸卯七月五日。

③ 〔清〕蕭穆:《敬孚日記》,光緒三十年(1904)甲辰元月十六日。

④ 南京圖書館藏《蕭敬孚雜著》四種四卷四册。《乙卯劄記》這册首頁鈐有"天尺樓"朱文長方印,内有夾簽云"桐城蕭敬孚先生手鈔本,己酉冬得諸皖省冷攤"。

宣統年間鄧實輯刊之《風雨樓叢書》內有《章實齋乙卯劄記、丙辰劄記合刊》兩冊，牌記云“順德鄧氏依桐城蕭氏鈔校本印行”。因此，風雨樓本《乙卯劄記》和《丙辰劄記》亦源自鳴野山房鈔本。

四、會稽徐氏鑄學齋鈔本《章氏遺書》

鑄學齋是會稽藏書家徐維則的藏書樓。徐維則，字仲咫、號以愻，出生於藏書世家，他對《章氏遺書》的傳鈔與蕭穆有重要關係。蕭穆在章善慶處見到鳴野山房鈔本《章氏遺書》之後，就立刻將這一消息告訴了好友周星詒。光緒十七年（1891）十二月廿四《敬孚日記》云：“蓋周季況聞余借《章氏遺書》，閱之，告其鄉徐孝廉，徐欲刻此書。又知余不回里度歲，故作字招往紹興，且欲借《章氏遺書》同往。今小雅不甚放心，乃約余明春同往，余勢亦不能即去，故從小雅之意。”[①]周星詒字季貺，也是當時重要的藏書家，他與蕭穆、徐維則都關係密切，也正是以他爲介，徐維則知道了舊鈔本《章氏遺書》，並迫切想刊刻該書。由蕭穆《日記》的記載可知，從十二月朔日蕭穆初次見到該書，二十四天之後周星詒就寫信來轉達徐維則刊刻《章氏遺書》的想法，說明浙江同鄉對章學誠學術之熱切關注與積極發揚。然而，現實情況是章善慶的“不甚放心”、蕭穆的“勢亦不能即去”以及《章氏遺書》在體例編排上存在的問題等，使得刻書之事不得不暫緩。

次年八月至十月間，蕭穆有杭紹之行，九月十七日《日記》云：“徐貽孫來晤，並贈書二種……並談欲鈔《章氏遺書》等。”[②]徐維則之所以提出“欲鈔《章氏遺書》”，或許是因刊刻之事無法立即施行的退而求其次之舉。尤其是杭紹之行後，十月九日蕭穆回到上海當晚，“驚悉章小雅已於前月廿一日病亡”，[③]因此，徐維則刊刻《章氏遺書》的願望最終未能實現。但江浙藏書家徐維則、譚獻、周星詒等仍然爲《章氏遺書》之傳鈔做進一步的努力。周星詒寫給譚獻的信云：“兄亦囑敬孚寬三日傳寫一本，滿意事在必成。顧敬孚到滬後，書來云小雅遽歿，《遺書》本爲乃兄碩卿載入楚北，方苦心思索備鈔云。”[④]徐維則、蕭穆等人在籌畫刊刻《章氏遺書》過程中，因章善慶病逝生變之後，他們立即催促蕭穆“苦心思索備鈔”。因此，在當時緊迫情形下，徐維則等人在原本基礎上傳鈔了副本《章氏遺書》，是爲浙江圖書館藏會稽徐氏鑄學齋鈔本《章氏遺書》。

1915 年《浙江公立圖書館年報·書目一》有“浙江圖書館藏《章氏遺書》三十四卷，黑格鈔本，二十本”條，云：

---

① 〔清〕蕭穆：《敬孚日記》，光緒十七年（1891）十二月廿四。
② 〔清〕蕭穆：《敬孚日記》，光緒十八年（1892）壬辰九月十七日。
③ 〔清〕蕭穆：《敬孚日記》，光緒十八年（1892）壬辰十月九日。
④ 錢基博整理編纂：《復堂師友手札菁華》，北京：人民文學出版社，2014 年，第 142 頁。

　　此本凡《文史通義‧內篇》六卷,《外篇》三卷,《校讎通義‧內篇》三卷,《外篇》一卷,《方志略例》二卷,《文集》八卷,《外集》二卷,《湖北通志檢存稿》四卷,《湖北通志未成稿》一卷,附《乙卯劄記》一卷,《丙辰劄記》一卷,《知非日劄》一卷,《閱書隨劄》一卷。目錄首行題"蕭山王宗炎編次"。……其中篇次雖有與實齋原編互異之處,然全書凡三十四卷,實較華紱刊本多三之二。又經今人胡道南、徐維則朱筆校過,故本館購之,以備付印。每葉紙心下方刊"會稽徐氏鑄學齋藏本"九字。收藏有徐印維則,維則所得善本,會稽徐氏鑄學齋藏書印,煙雲過眼室印,石墨盦演郎字爲仲咫小名演郎,會稽徐氏以懃,余師子墨,徐維則述學史廬主孝仍以懃學篆,仲咫石墨盦主翊以孫手校,鑄學齋主人諸印。①

　　對於該書的來歷,《浙江公立圖書館年報‧公牘》云:"清章學誠所著《章氏遺書》經館長向其後人假得鈔本,於四年九月間詳准鈔印。正在鈔寫間又有紹興徐氏以鈔本求售。是本經胡道南、徐維則校過,訛奪較少,因即購買,一面將章本停鈔,以方印《台州經籍志》,故此書尚未付印。"②可知這部《章氏遺書》或由徐維則後人轉售給正欲編刊章學誠著作的浙江公立圖書館,使得浙圖暫停排印從章氏後人所借之鈔本。但這部鑄學齋鈔本遲至 1920 年纔付刊,即浙江圖書館排印本《章氏遺書》。

　　浙江圖書館排印本《章氏遺書》體例依王宗炎編次《章氏遺書目錄》進行編排,只刊刻出大梁本《文史通義》所無之篇章,以及《乙卯劄記》《丙辰劄記》《知非日札》《閱書隨劄》。其刊印特點與周星詒給譚獻信中所言之"《實齋先生遺書》原議《通義》已刻者,不更付刻,但刻補遺佚諸篇。其中或有爲刻本刪節而有關係者,不更付刻,但刻校記或著之序跋。(原注:此皆敬孚言之)"③與"敬孚言之"的刊刻意見相一致。因此,會稽徐氏鑄學齋或是依蕭穆與江浙藏書家們商量達成的體例進行謄鈔。另外,以會稽徐氏鑄學齋本爲底本的浙江圖書館排印本《章氏遺書》,每卷篇題下保存有完整的題注信息,與鳴野山房鈔本的題注信息一致。

　　綜上可知,徐氏鑄學齋鈔本《章氏遺書》亦爲鳴野山房鈔本之傳鈔本,是以浙江圖書館校印本《章氏遺書》也源自鳴野山房鈔本。然而,浙江圖書館排印本《章氏遺書》刊發不久,劉承幹嘉業堂不僅全面刊刻了鳴野山房鈔本《章氏遺書》,又益以其他章著已刊、未刊諸書。是以嘉業堂本遠較浙圖排印本內容豐富完善,因此,儘管早兩年刊出,浙圖本這一與嘉業堂本同源之《章氏遺書》影響力遠不及後者。

---

① 《浙江公立圖書館年報‧書目一》,民國四年(1915 年)十二月,第 47—48 頁。
② 《浙江公立圖書館年報‧公牘》,民國四年(1915)十二月,第 2 頁。
③ 錢基博整理編纂:《復堂師友手札菁華》,第 142 頁。

五、内藤湖南藏鈔本《章氏遺書》

内藤虎次郎，字炳卿，號湖南，是近代日本最爲著名的中國學代表人。"他於一九〇二年讀到章學誠的代表作《文史通義》後，對其身處乾嘉考據之世而志在理論建構之獨特學術大加贊賞。"①之後便長期關注章學誠的學術思想及其文本搜集，撰寫了學界第一部關於章學誠的年譜——《章實齋先生年譜》，連載於日本大正九年十一月、十二月的《支那學》第一卷第三號、第四號。《年譜》一出，立刻引起中國學界震動，胡適痛心疾首稱："我做《章實齋年譜》的動機，起於民國九年冬天讀日本内藤虎次郎編的《章實齋先生年譜》……最可使我們慚愧的，是第一次作章實齋年譜的乃是一位外國的學者。"②是以胡適發奮重新撰寫了一部《章實齋先生年譜》，經姚名達訂補，流傳廣泛，但内藤湖南的"首倡"之功不可没。

不僅内藤湖南《章實齋先生年譜》强大的籠罩着中國學界的章學誠學術愛好者，在那個章著刊本不全、章著稿鈔本又極爲罕見的年代，内藤所藏的鈔本《章氏遺書》也令國内學者魂牽夢繞。胡適就請友人青木正兒幫忙借鈔内藤所藏鈔本的目録，1920 年 12 月 14 日胡適《致青木正兒》云："《支那學》第三號上有内藤先生作的《章實齋年譜》一篇，我也是愛讀章氏的書的人。但《章氏遺書》此時很不易得。《文史通義》之外的遺文，我僅搜得四五十篇。内藤先生説他去年得鈔本《章氏遺書》十八册。這一句話引起我的'讀書饞涎'不少！内藤先生是否有意刊佈此項遺書，若一時不刊佈，他能許我借觀此書的目録嗎？"③1921 年 2 月 3 日胡適再次給青木正兒的信云："你的手鈔本内藤先生藏本《章氏遺書》的目録，已收到了。我不知道應該怎樣謝你的熱心與高誼。"④可知，胡適雖然如願見到了内藤藏鈔本《章氏遺書》的目録，但並未親見鈔本。

胡適之後，熱心章實齋年譜撰寫與史學研究的是清華高材生姚名達。他於 1926 年去清華研究院跟隨梁啓超讀書後，便開始了章實齋史學的研究工作，並着手對胡適的《章實齋先生年譜》進行訂補。在研究進行過程中，他發現章學誠著述的文本差異很大，"除了鈔胥手民因形似音近而致誤的文字以外，整段的多寡，整句的異同，兩皆可通的文字，就不知有多少，幾乎没有一篇全同的。"⑤因此，他不得不開始進行《章氏遺書》的校勘工作，然而，"北京雖是書籍集中的所在，但我所要找的《章氏遺書》鈔本一本也不曾看到。……八九月里，所以遠渡東海，浪游兩浙，不恤金錢和時間，不畏危險和辛苦的緣故，只是要找幾個鈔本看"。⑥苦尋

---

① 黄俊傑、陶德民：《内藤文庫藏鈔本〈章氏遺書〉‧出版引言》，《東亞儒學資料叢書》9，臺北：臺大人社高研院東亞儒學研究中心，2017 年，第 vii 頁。

② 胡適：《章實齋先生年譜‧胡序》，《胡適文集》7，北京：北京大學出版社，1998 年，第 25 頁。

③ 胡適：《書信 1920》，《胡適全集》第 23 卷，合肥：安徽教育出版社，2003 年，第 277 頁。

④ 胡適：《書信 1921》，《胡適全集》第 23 卷，第 298 頁。

⑤ 姚名達：《章實齋先生年譜‧姚序》，《胡適文集》7，第 21 頁。

⑥ 姚名達：《章實齋先生年譜‧姚序》，《胡適文集》7，第 21 頁。

章氏稿鈔本而不得的姚名達,於一九二八年一月十一日寫信給内藤湖南,"名達校讀章學誠先生治書於今三年,尚欲敬求寶藏《章氏遺書》鈔本一校,並思得京都某店朱少白自筆文稿一讀,不知先生能慨助之乎? 抑俟四月來蒞,遂携示乎?"[①]然而,畢竟十八巨册的精鈔精校本太過於珍貴,而且遠洋阻隔,姚名達未能實現東渡日本搜尋章著文本的願望,内藤藏鈔本《章氏遺書》對於國内學界來説始終是一個蒙着面紗的女郎,令人神往。

内藤湖南去世之後,其藏書被關西大學購入。2016 年臺灣大學人文社會高等研究院東亞儒學研究中心獲得關西大學圖書館的正式授權,内藤文庫所藏鈔本《章氏遺書》被影印出版,成爲《東亞儒學資料叢書》之一種。而且只需向臺大人文社會高等研究院東亞儒學研究中心提出申請,既可免費獲得贈書,極大地便利了内藤藏本之學術研究和利用,嘉惠學林匪淺。陶德民在《鈔本〈章氏遺書〉景印弁言》中指出:

> 據内藤本人上述數文中的記叙,特別是内藤文庫所藏該鈔本的附屬信件,此鈔本乃是一九一九年四月十六日由上海英租界的日系會社"樂善堂書藥房"擔任中國書籍販賣的"岸田太郎"以郵包寄給時在京都大學執教的内藤,信中告知"遵命買下的鈔本章學誠遺書",目次仍是依照王宗炎原定編次,但是故意未將已經刊刻的《文史通義》中之各編鈔存其中。太郎在信中要價"二百五拾圓",説是"以今日之困難行情,這已是竭力加以討價還價的結果,如果您萬一不要的話,敬請寄回,以便讓與他處"。[②]

我們可以知道這部鈔本《章氏遺書》由日本書商岸田太郎幫内藤湖南購入,且價格不菲。對於該本的由來,陶德民從參與鈔寫者金興祥的感言中得知"此鈔本乃是孫問清以厚酬聘請的秀才們精心鈔校的《章氏遺書》"。[③]金興祥,名頌清,浙江秀水人,他年輕時曾經參與到《章氏遺書》的鈔寫工作,後因其爲中日之間古董商的身份,而與内藤湖南交往密切。所以當他於一九二二年在内藤家中看到曾經參與鈔録的《章氏遺書》時,不勝感慨。今内藤所藏鈔本第九册最後一頁有金氏親筆感言云:"丙申年秋季,諸暨孫問清太史廷翰以章實齋先生文稿囑鈔録一册,今年春三月内藤湖南出以見貽,始知此全書歸於先生鄴架,時隔二十五年,不勝滄桑之感,特識,歲壬戌三月秀水金興祥。"[④]蕭穆《記〈章氏遺書〉》云:"光緒十七年(1891)辛卯冬……十二月朔日,同諸暨孫問清太史廷翰往訪小雅。觀所藏各古書善本,中有舊鈔《章實齋先生遺書》三十四册,云爲其鄉人沈霞西家藏本。"[⑤]可知,孫廷翰曾與蕭穆一起拜訪章善

---

① 内藤文庫藏姚名達於一九二八年一月十一日寫給内藤虎次郎的信函。

② 陶德民:《鈔本〈章氏遺書〉景印弁言》,《内藤文庫藏鈔本〈章氏遺書〉》,第 xi 頁。

③ 陶德民:《鈔本〈章氏遺書〉景印弁言》,《内藤文庫藏鈔本〈章氏遺書〉》,第 xi 頁。

④ 黄俊杰、陶德民:《内藤文庫藏鈔本〈章氏遺書〉》第二卷,《東亞儒學資料叢書》9,第 1186 頁。

⑤ 〔清〕蕭穆:《敬孚類稿》,第 259 頁。

慶並參觀舊鈔本《章實齋先生遺書》，蕭穆在頻繁借鈔的同時，孫廷翰很可能也在做着同樣的事情。因此，陶德民從時間一致性上推測"孫問清囑鈔的《章氏遺書》的底本，可能就是他所見過的章小雅購得的沈霞西原藏本"。①

此外，内藤湖南藏鈔本《章氏遺書》來源於沈復粲的鳴野山房鈔本還可以從該本册前《章氏遺書目録》的書寫特徵及鈔寫内容等方面進行證明。鳴野山房鈔本按照寫作時間、寫作地點或内容體例等分爲三十三册，儘管以"原學篇"開頭的一册册前有"蕭山王宗炎編次《章氏遺書目録》"，却並未按照王《目》進行編排。但是，王《目》每條下皆標有"題註"，如"已刻""同上"，或該篇所在册册名如"戊申録稿""庚戌鈔存通義""傳記小篇""邗上草"等。今内藤藏本第一册前就附有王宗炎編次《章氏遺書目録》，且每篇篇名下的"題註"信息與鳴野山房鈔本一致。因此，王《目》及"題註"信息可爲兩者的關係再增加一層證據。

再者，内藤所藏鈔本是依照王宗炎編次《章氏遺書目録》進行鈔録，但只鈔寫大梁刻本《文史通義》《校讎通義》所無的篇章。有些篇章如《禮教》《所見》僅見於鳴野山房鈔本流傳體系，也可以證明内藤藏本源於鳴野山房鈔本。

結語： 綜上所述，鳴野山房鈔本《章氏遺書》在章氏著述稿鈔本和刊本系統中皆佔據重要地位。今國家圖書館藏蕭雪氏節鈔本、北京大學藏柯逢時鈔本、浙江圖書館藏徐氏鑄學齋鈔本、南京圖書館藏之《蕭敬孚雜著》中有關《章氏遺書》的部分，以及上海圖書館藏《蕭敬孚書章實齋文集》《章實齋先生遺稿》，日本内藤文庫所藏鈔本《章氏遺書》等皆源於鳴野山房鈔本。再就刊本來看，鳴野山房鈔本不僅是號稱搜羅章氏著作最備之嘉業堂刊本《章氏遺書》的底本來源，②也是浙江圖書館校印本《章氏遺書》的底本來源。其他如《風雨樓叢書》之《乙卯劄記》《丙辰劄記》以及《古學彙刊》之《章實齋文鈔》等皆源自鳴野山房鈔本。另外，上海圖書館藏有沈善登編《豫恕齋叢書》寫樣紅印本，内有《章氏遺書》寫樣本一册，③封面寫有"章氏遺書三種"，包括《乙卯劄記》一卷、《知非日札》一卷、《論修史籍考要畧》一卷。《乙卯劄記》册末有"此册實齋先生五十八歲以前所記，復粲誌"，《知非日札》册末有"右札戊午己未所記，亦從其嗣君杼思先生借鈔，道光八年秋仲屬石樓姪録校竟。誌此"。由《乙卯劄記》《知非日札》册末的沈復粲跋，可知《豫恕齋叢書》内的《章氏遺書》亦源於鳴野山房鈔本。是以鳴野山房鈔本在章學傳播過程中影響深遠，可以構成一部章學流傳史。

（王園園，湘潭大學歷史系講師）

---

① 陶德民：《鈔本〈章氏遺書〉景印弁言》，《内藤文庫藏鈔本〈章氏遺書〉》，第 xv 頁。
② 詳見拙文《鳴野山房鈔本〈章氏遺書〉流傳及版本價值考述》，《文獻》2021 年第 4 期，第 112—122 頁。
③ 上海圖書館藏沈善登編《豫恕齋叢書》二十一種，《章氏遺書》寫樣本三種（譚獻校）。

《樂休園菊譜》作者、版本與園藝史價值考論

石潤宏

[摘　要]　清編《古今圖書集成》及《植物名實圖考長編》所收明代菊花譜録《樂休園菊譜》,歷來不知撰者姓名。分析該譜序跋文字的表述,可知其作者爲明嘉靖間平涼人趙時春,曾任都察院右僉都御史等職。該譜創作年代爲嘉靖二十八年至三十八年(1549—1559)之間,當時趙時春離職家居,自建園林"樂休園"種植花木,因而以園命名菊譜。此譜今傳版本以《古今圖書集成》所收爲善。趙時春晚年自編别集,最早刊印的是詩、文、詞集,其餘體裁的著作暫存於家,並未刊刻,所以此譜單行而導致著者不明。《樂休園菊譜》共收録菊品三十二種,半數以上爲甘肅平涼地區特有品種,有獨特的園藝史價值。

[關鍵詞]　樂休園菊譜　趙時春　園藝史

傳世的中國古代菊花譜録中有一部《樂休園菊譜》,常見文史學者引用,但是歷來不知何人所作。王毓瑚編《中國農學書録》收録《樂休園菊譜》條目,稱:"《古今圖書集成·草木典·菊部》收載此書,不著撰人名氏。據書中作者自述,僅知其爲平涼籍。又自述有'遭值明聖,塞烽安寧'的話,大約是萬曆時人。書中依黄、赤、白、粉白四色,分别品種,不過三十種,這是因爲地方偏僻,所以品種有限。至於種藝的方法,則略具序中。"[①]現代學者在引用此書時,常標注作者不明,[②]另有更多期刊論文或學位論文在提及此書時,也均稱作者不詳。[③]也有的學者直接將"樂休園"當成作者的姓名,將"菊譜"作爲書名,在著作中提及時常稱"樂休園等人著有《菊譜》"。[④]諸如此類的情況不一而足,可知這一問題困擾學界已久,有考證之必要。

---

①　王毓瑚編:《中國農學書録》,北京:中華書局,1957 年,第 115—116 頁。
②　例如何寄澎主編《華夏之美:花藝》稱明代的花卉譜録有"佚名的《樂休園菊譜》"(臺北:幼獅文化事業公司,1987 年,第 107 頁)。中國農業百科全書總編輯委員會觀賞園藝卷編輯委員會、中國農業百科全書編輯部編《中國農業百科全書·觀賞園藝卷》列舉專譜類花卉著作,稱之爲明代佚名的《樂休園菊譜》(北京:農業出版社,1996 年,第 535 頁)。張允中《山西古農書考》列舉晚清時期山西浚文書局刊刻的農書,有《樂休園菊譜》一卷,標注爲"明·未題著者姓名,光緒六年刻印"(《中國農史》1994 年第 3 期,第 114 頁)。張樹林、戴思蘭主編《中國菊花全書》附録《中國古代菊花譜録存世狀況一覽表》標注《樂休園菊譜》作者不詳,另標明該書成書地域爲陝西平原,未知何據(北京:中國林業出版社,2013 年,第 339 頁)。周武忠《中國花文化史》編制《中國歷代花譜總覽》表,也標注爲"佚名《樂休園菊譜》"(深圳:海天出版社,2015 年,第 460 頁)。
③　例如舒迎瀾《菊花傳統栽培技術》(《中國農史》1995 年第 1 期)、秦忠文《中國菊花文化的起源與發展》(華中農業大學碩士學位論文,武漢,2006 年)、齊共霞《中國古代菊花譜録及個案研究》(曲阜師範大學碩士學位論文,曲阜,2010 年)、王子凡《中國古代菊花譜録的園藝學研究》(北京林業大學博士學位論文,北京,2010 年)等。
④　例如姚毓璆編著《菊花》(北京:中國建築工業出版社,1984 年),倪月荷、汪覺先編著《菊花栽培與鑒賞》(上海:上海科學技術出版社,2000 年),吴應祥編著《菊花》(北京:金盾出版社,2001 年),成善漢編著《園藝文化》(北京:中國林業出版社,2013 年),肖東發主編、李勇編著《九九踏秋:重陽節俗與登高賞菊》(北京:現代出版社,2015 年)等著作。

一、《樂休園菊譜》作者考

《樂休園菊譜》雖歷來標注佚名,但其實作者的有關信息已經見載於本書序跋之中。該書前序有言曰:"余幼承祖父詩禮之業,躬灑掃之賤,以求至乎其遠大,自五歲以及五十,賤士以及大夫,夜思而晝作,以勤職分,不慕於外,幸逢明時,憫其勞勤,賜之閑散,奉母教子之暇,時復誦習舊業,志倦目眵,睹前後隙地,盡樹花卉,而菊間植焉,以鼓舞精神而對敷休澤,使後生子弟,毋怠所事,而各食其力,余庶幾於運甓者乎,若清談虛曠,則夫豈敢,遂志之爲樂休園菊譜云。"① 這段文字説明,作者是一個在朝爲官的"大夫",讀書、做官之餘,在家中空地種植花卉,其中就有菊花,因而創作了《樂休園菊譜》。"樂休園"可能是作者對他家花園的稱呼,也有可能是作者的自號。

再看跋文又説:"余家自元以來,世爲平涼人,其責固有在焉,然以余之亢桑濩落,竊位臺端,一無所效,而獨拳拳於菊。"② 既然説"自元以來",則作者的"本朝"當是明代,其籍貫爲陝西平涼府(今甘肅省平涼市)。跋文中的一句"竊位臺端"很值得我們注意。"竊"是自謙之詞,"位"是位居、擔任的意思,可知作者出任過"臺端"一職,那麼這是何官職呢?

考之史籍,"臺端"其實是一個指稱範圍很小,基本上能够視之爲專名的稱呼,自唐以來,它指的是中央朝廷最高監察機構的長官(含正職和副職)。唐、宋、元的最高監察機構爲御史臺,其長官爲御史大夫,次官爲御史中丞,輔佐御史大夫和御史中丞的官職爲侍御史。明代改設都察院,長官爲左、右都御史,其下置左、右副都御史和左、右僉都御史,其中僉都御史的品級較低。以上列舉的御史臺和都察院的正、副職長官都可被稱爲"臺端"。③ 由此可知,《樂休園菊譜》的作者是明代籍貫平涼的一位都察院長官。檢之《明史》,符合這一身份的人便是趙時春。

《明史·趙時春傳》記載:"趙時春,字景仁,平涼人……年十四舉於鄉,逾四年爲嘉靖五年,會試第一。……(嘉靖)三十二年擢僉都御史。"④ 可知趙時春是平涼人,生於正德四年(1509),嘉靖三十二年(1553)擔任都察院僉都御史,隆慶元年末(1568)卒。⑤ 他曾經主持編修《(陝西)平涼府志》,書成後作序,落款爲"嘉靖庚申日南至奉旨廳調前巡撫山西提督雁

---

① 〔清〕陳夢雷編纂:《古今圖書集成》"博物彙編·草木典·菊部",北京:中華書局,1934年,第538册第104頁。此段及下引同書文字標點爲筆者所加。

② 〔清〕陳夢雷編纂:《古今圖書集成》,第538册第105頁。

③ 參考龔延明:《中國歷代職官別名大辭典》"臺端"條,上海:上海辭書出版社,2006年,第262頁。然該書稱"臺端"爲明代都察院左都御史的別稱,失之武斷。萬曆年間焦竑編輯的明代人物傳記資料彙編《國朝獻徵録》(萬曆四十四年徐象枟曼山館刻本)中有很多語例可證,如卷五八都察院五《副都御史吳公琛神道碑銘》"(公)尋被選居臺端,掌文案故事",卷六一都察院八《都察院右副都御史賈公錠墓誌銘》"(公)居臺端未幾,即巡中路"等。

④ 〔清〕張廷玉等:《明史》卷二百,北京:中華書局,1974年,第5300—5301頁。

⑤ 趙時春卒年據劉景榮《趙時春年譜》,定爲隆慶元年十二月二十七日,該日的公元紀年爲1568年1月25日。蘭州大學碩士學位論文,蘭州,2010年,第38頁。

門等關都察院右僉都御史平凉縣人趙時春謹序”，①所以他準確的官職是“都察院右僉都御史”，故而自稱“臺端”。

　　如上所述，僅從序跋文字本身出發，已經基本能够確認趙時春就是《樂休園菊譜》的作者。如果我們進一步考察趙時春的别集，可以發現更多證據。

　　趙時春號浚谷，他的别集稱爲《浚谷集》，共十六卷，包含詩六卷、文十卷，其中文集卷六有《樂休園記》一篇，詳細介紹了樂休園内部的主要景觀，並説明了他修築樂休園的原因。文題下自注“此己酉年文，丙辰增改”，文中説“吾園在東北郭……題之曰‘樂休園’”，園内有一處“樂意軒”，種植有茂竹、芳菊，園内的空地“雜植草木二藥、奇濔芳馥之卉，葡萄左藤以縈，桑棗薔薇以垣，而椒尤夥，與菊芎競芳，與篠簜凌寒，休休然與吾心會”，作者聲稱此處園林“無物不與余同樂，而無事不爲余休者，故撮其凡，號曰‘樂休園’云”。②

　　可見趙時春當時離職家居，修築了一座園林，命名爲“樂休園”，他在園中遍植花卉，而且對菊花情有獨鍾，時在嘉靖己酉年(1549)至丙辰年(1556)之間。再聯繫《樂休園菊譜》的序文“前後隙地，盡樹花卉，而菊間植焉”，“志之爲樂休園菊譜”，以及跋文“獨拳拳於菊”，“余之於菊，不爲無所得，而菊之於余，不爲不遇也”③等説法，可知菊譜文字與趙時春别集内的文字有互相對應的關係。

　　趙時春還有《和宗室静明子飲余樂休園》(《浚谷集》詩集卷四)、《樂休園遲客》(詩集卷四)、《樂休園》(詩集卷五)、《樂休園桂香樓晚酌》(詩集卷六)等詩提及樂休園。另外，《浚谷集》中有多首詩歌描寫了他在園中栽菊、賞菊的情形，例如：

　　《賞菊》：秋氣日陵厲，秋花正滿園。(《浚谷集》詩集卷三)

　　《析菊》：微雨澹園緑，荷畚析新菊。插秧籬上英，繞我林中屋。(卷四)

　　《秋日雜興六首其六》：無徑不栽菊傍籬，有壺須早爲提携。(卷四)

　　《庭菊》：繞庭栽菊已成林，紫塞白霜不可侵。……水逝林空冬始嚴，花黃葉緑動相黏。兼之紅白分深淺，瓣裏韶華有鈍纖。(卷六)

　　《望後賞菊》：十年種菊子孫多，九月開尊歲序過。(卷六)

　　《長安菊移植盛開》：愛此渭陽菊，移根涇上城。雪霜不易色，旭日倍增榮。香逐黃流轉，影添丹葉明。(卷六)④

　　《樂休園菊譜》收録的菊花顔色有黃、赤、白、粉白四色，上列詩中所寫菊花顔色也是紅、白、黃。譜中跋文有言“(平凉)菊唯黃紫二品，野生而下者，其名品率於東南内郡致之，而後

---

① 〔明〕趙時春：《陝西平凉府志序》，平凉市地方志編纂委員會編：《平凉市志》，北京：中華書局，1996年，第892頁。王學禮《趙時春籍貫考》認爲此序署名中的“縣人”二字是後人傳抄中妄加的，見政協華亭縣委員會科教文史衛體委員會編：《華亭文史資料(第3輯)》，平凉市機關印刷，2006年，第179頁。

② 杜志強整理：《趙時春文集校箋》，天津：天津古籍出版社，2012年，第289—290頁。

③ 〔清〕陳夢雷編纂：《古今圖書集成》“博物彙編·草木典·菊部”，第538册第105頁。

④ 杜志強校注：《趙時春詩詞校注》，成都：巴蜀書社，2012年，第451、502、577、780—781、824、837頁。按，《析菊》一詩，杜志強校注本誤作“折菊”，析菊即菊花栽培中的分株或分苗。

繁植,以登於譜,可謂難矣,然非其土性之所宜,與余之閑暇,則亦不能至是也",①説明趙時春不時將外地的菊花移植到平涼來栽種,然後記録在菊譜上,該情景與《長安菊移植盛開》一詩所説移植長安(今西安)的菊花到平涼來栽種是一致的,詩中的"涇上城"即指平涼,因爲涇河穿城而過。

可見,《樂休園菊譜》文字反映出的信息與趙時春的身份信息、趙時春别集《浚谷集》中一些詩文反映出的信息,有一一對應、緊密切合的關係。故此可以得出結論,《樂休園菊譜》的作者就是趙時春。

另附一言,翻檢明代文史典籍,還有一位士大夫也以"樂休園"來命名自建的園林,他就是仇楫(字時濟)。何瑭《宿州吏目仇公墓誌銘》記載:"宿州公諱楫,字時濟,世爲潞州東火人。……公自家居,罕入城市,雖鄉飲亦不往,曰:'無功於朝廷,不敢虛領其賜也。'開樂休園一所,鑿池種蓮,坐知止亭上,明窗净几,以琴書自娱。……公生於成化四年二月二十六日,卒於正德十五年十一月初九日,享年五十有三。"②可知仇楫做過宿州(今安徽省宿州市)的吏目,即主管公安、司法事務的州官,他退職後也修建了一所"樂休園"。仇楫的朋友王廷相《樂休園八景詩序》解釋樂休園的命名來歷説:"樂休者,以休爲樂者也,上黨仇子時濟去仕家居,因以名其園也。"③但仇楫的墓誌已經明確説明他籍貫潞州(治所在今山西省長治市),與《樂休園菊譜》作者自稱"余家自元以來,世爲平涼人"不合,所以仇楫不可能是《樂休園菊譜》的作者。

二、《樂休園菊譜》的年代及版本問題

關於《樂休園菊譜》的創作年代,目前各類研究著作論及此譜,往往參照王毓瑚先生在《中國農學書録》中所作的推斷,定爲萬曆年間所作。齊共霞分析跋文"且遭值明聖,塞烽安寧,稽首樂升平之休,而深感於今昔理亂興衰之故",得出結論稱,"此處所説爲隆慶五年俺答受封以後的事",④認爲此譜作於隆慶五年(1571)以後。王子凡等將此譜的成書時間明確爲1585—1597年,⑤即萬曆十三年至二十五年。毛静、倪根金等認爲此譜作於萬曆年間,即1573—1619年。⑥

通過上文的論述可知,以上推斷均爲不確。趙時春作《樂休園記》一文初成於嘉靖己酉(1549),完稿於嘉靖丙辰(1556),則樂休園的最終建成當在1556年。按照《樂休園菊譜》序

① 〔清〕陳夢雷編纂:《古今圖書集成》"博物彙編·草木典·菊部",第538册第105頁。
② 〔明〕何瑭著,王永寬校點:《何瑭集》,鄭州:中州古籍出版社,1999年,第289頁。
③ 〔明〕王廷相著,王孝魚點校:《王廷相集》,北京:中華書局,1989年,第2册第412頁。
④ 齊共霞:《中國古代菊花譜録及個案研究》,第28頁。
⑤ 王子凡、张明妹、戴思蘭:《中國古代菊花譜録存世現狀及主要内容的考證》,《自然科學史研究》2009年第1期,第86頁。
⑥ 毛静:《中國傳統菊花文化研究》,華中農業大學碩士學位論文,武漢,2006年,第12頁。倪根金、周米亞:《傳統菊譜中的藝菊技術探析》,《農業考古》2014年第1期,第285頁。

跋的説法,作者在園内親手栽植菊花,依從平涼地區的自然狀況和各類菊花的適應性,悉心培育各色菊品,最終"第其形色之目如左",完成此譜。則菊品條目的撰録之年,肯定不會早於樂休園初建之年,即嘉靖己酉,也肯定不會晚於作者逝世之年,即隆慶元年,那麼《樂休園菊譜》的創作年代當定爲 1549—1568 年。再結合趙時春自序中的"自五歲以及五十"之言,若五十歲是確指的話,則知序文作於 1559 年。這樣綜合起來推斷,《樂休園菊譜》正文的撰寫年代可更精確至 1549—1559 年。

《樂休園菊譜》的版本流傳較爲簡明,主要有清陳夢雷編《古今圖書集成》本(以下簡稱"集成本"),收入博物彙編草木典第八十九卷菊部,以及清吳其濬《植物名實圖考長編》本(以下簡稱"長編本"),收入卷七隰草菊條,皆全文收録。集成本年代在前,長編本在後,現將兩者對校如下。[①]

集成本序文"菊之爲華",長編本寫作"菊之爲花"。

集成本序文"乃見花其白而内苞作筒",長編本寫作"乃見其花白而内苞作筒"。

集成本序文"恙養老壽",長編本寫作"慈養老壽"。

集成本序文"或以壺水如針孔者雨之,俟可肄,宜移諸陽",長編本寫作"或以壺水如針孔者雨之矣,可肄宜移諸陽"。按,"肄"義爲嫩枝,此句是説"等到菊花長出嫩枝,最好將其轉移到陽光明亮的地方",則當以集成本爲是。

集成本序文"志倦日眵",長編本寫作"志倦目眵"。按,"眵"義爲眼屎,長編本是。

集成本正文赤色上品之"正紫",長編本寫作"正色"。

集成本赤色中品之"狀元紅,一曰舊朝服,初紅,晚黯黄",長編本脱"一曰"以下八字。

集成本正文"粉白,得人之正色,清且麗者也",長編本"色"後衍一"清"字。

集成本正文粉白中品之"八川菊",長編本寫作"八仙菊"。按,"八川"乃一專有名詞,典出司馬相如《上林賦》,是西北地方灞、滻、涇、渭等八條河流的合稱,則當以集成本爲是。

集成本跋文"原州自盛唐建郡,遭安史、吐蕃之禍",長編本將"郡"寫作"都"。按,原州(今屬寧夏固原)盛唐天寶年間屬平涼郡,則長編本誤。

經過上文的考證可知,趙時春建築樂休園,創作關於樂休園的詩文,在園中栽菊並撰寫菊譜,都是很明確的事實,那麼傳於後世的趙時春別集爲何失收《樂休園菊譜》呢?這本菊譜之所以長久以來未題撰者姓名,就是因爲趙時春的別集《浚谷集》没有收録它。

《浚谷集》的版本流傳情況,杜志強《趙時春文集校箋》前言已述其詳,在此可略作轉述。趙時春在世時,就自行整理個人的詩文集,但未刊刻。《浚谷集》是在趙時春去世之後的隆慶三年(1569)由其子趙守岩初次刊刻的,初刻本共十五卷,詩六卷,文九卷。後趙時春的女婿周鑒在萬曆八年(1580)又增刻十六卷本,所收詩文與初刻本完全一致,祇增加了他人的序文,並附録幾篇時人撰寫的墓誌、行實。這兩個版本都没有收録趙時春的詞集《洗心亭詩餘》,

---

① 所據版本爲中華書局 1934 年影印《古今圖書集成》與中華書局 1963 年出版《植物名實圖考長編》。

他的詞集是單行本。①

　　參考杜先生的研究成果,我們認爲問題的關鍵在於,趙時春的別集原本是分體裁刊行的,即詩文集(《浚谷集》)和詞集(《洗心亭詩餘》)各爲單行本,此外他還撰有《稽古緒論》(主要講述聖人之道)及《平涼府志》。可見趙時春的兒子趙守岩並未編輯一部收録其父生平所有著述的"全集",那麼文體難以歸類於詩詞文的《樂休園菊譜》獨立於《浚谷集》之外成爲遺籍,也就不難理解了。趙時春去世後,故交好友爲其撰寫墓誌或個人小傳,均提及上述情況。比如:

　　周鑒《明御史中丞浚谷趙公行實》:"公所著《平涼府志》、《浚谷文集》九卷、《詩集》六卷,及《稽古緒論》《洗心亭詩餘》已鋟刻,其前後奏疏、公牘關政教者尚廣,當緒付諸梓。"

　　徐階《明故巡撫山西、都察院右僉都御史浚谷趙公墓誌銘》:"公讀書日能記萬餘言,凡史氏所載,天文地理,户口錢穀多少之算,與寇戎蠻貉之詭姓隱名,歷歷誦之不爽。"

　　王崇古《浚谷趙公墓表》:"(趙時春)富於著述,遺《浚谷詩文集》十六卷,《平涼府志》十三卷、《稽古緒論》《洗心亭詩餘》行於世,餘尚存笥,未訂刊。"②

　　可見趙時春平時有做讀書筆記的習慣,著述極爲宏富,但是他晚年與兒子一起編録別集時,却是優先選擇詩、文,而將其餘文字暫時"存笥"(即擱置在竹匣中),没有訂刊。這自然是因爲在古人的文化觀念中,最看重詩文,最希望自己的詩文能够傳世,對於其餘著述則不急於刊行。顯然,趙時春的詩文集刊印以後,因爲種種原因,他的其他著作並没有"緒付諸梓"(陸續刊印)。所以隨着時光流逝,時過而境遷,單行本的《樂休園菊譜》便脱去作者姓名,成爲"佚名"所著了。

三、《樂休園菊譜》的園藝史價值

　　中國古代的菊譜文獻,始於宋代劉蒙的《菊譜》(1104),此後歷代均有菊譜類著作問世。據學者統計,元明清時期存世的菊譜數量分別爲 1 部、13 部、27 部。③《樂休園菊譜》作爲明代存世菊譜中年代較爲靠前的著作,有其獨特的園藝史價值。

　　首先,《樂休園菊譜》爲學界研究中國古代菊花品種的演變提供了專屬於甘肅平涼地區的樣本。該譜所録菊品一共三十二種,分別是黄色十二種(上品六種、中品五種、下品一種),赤色八種(上品六種、中品一種、下品一種),白色五種(均爲上品),粉白色七種(上品三種、中品四種),其中四個品種有別稱異名,如"蜂窩黄,一名金荔枝,一名萬卷書"之類,祇可計爲一種。

　　這些菊花大部分都是平涼地區的特有品種。趙時春在跋文中指出,平涼地處西北,風

① 杜志强整理:《趙時春文集校箋》前言,第 20—27 頁。
② 杜志强整理:《趙時春文集校箋》,第 525、527、531 頁。
③ 王子凡:《中國古代菊花譜録的園藝學研究》,第 20 頁。

土、氣候等自然狀況與東南内郡有很大不同，所以菊花的繁植也較爲不易。該譜記録的菊花品種，皆作者閑暇時親自藝菊所得，有過半數以上的品種是中原和東南地區所無，殊爲珍貴。《樂休園菊譜》對於考察中國古代菊花的栽培史、菊花譜録的發展史具有重要價值。

其次，《樂休園菊譜》創作年代的考訂，對於研究明代菊花譜録的發展歷程有積極的參考意義。我們確定《樂休園菊譜》作於 1549—1559 年間，比學界之前推論的萬曆年下限提早了半個世紀。以此出發，可以修訂學者有關明代菊花譜録發展歷程的某些研究結論。比如毛静論述明代菊花品種的發展進程，將《樂休園菊譜》（1573—1619）置於高濂的《遵生八箋》（1591）之後來討論前後期的演進。[1]王子凡將《樂休園菊譜》（1585—1597）置於《東籬品彙録》（1563）和周履靖《菊譜》（1585—1597）之後來討論明代菊譜中菊花品種的數目及延續性。[2]如今看來，上述書目的年代次序應當作出調整。

（石潤宏，安徽師範大學文學院講師）

---

① 毛静：《中國傳統菊花文化研究》，第 12 頁。
② 王子凡：《中國古代菊花譜録的園藝學研究》，第 43 頁。

書寫"妖姆":明熹宗乳母客氏形象生成考論*

侯振龍

[摘　要]　明熹宗乳母"奉聖夫人"客氏是天啓年間炙手可熱的宮廷女性,出身低微的她以哺育之恩得到皇帝尊崇,又因與權閹魏忠賢的對食關係而飽受東林詬病,被公認爲閹黨集團的象徵人物與内廷靠山。經過崇禎朝廷的欽定逆案、明清之際通俗文學的演繹,及清代官修《明史》的蓋棺定論,原本僅滿足於在後宮作威作福的她被塑造成殘害忠良、謀朝亂政的"妖姆",對明末政治生態惡化負有首要責任,這一定程度是基於儒家"女子、小人"道德觀念的歷史書寫,而她謀害皇后元子、借孕婦生子竊取皇位等謡言被以訛傳訛,影響深遠。

[關鍵詞]　客氏　明熹宗　歷史書寫　妖姆

　　客氏(1580—1627),[①]其名不詳,北直隸保定府定興縣(今河北定興)人,民夫侯二之妻。她出身底層,於明神宗萬曆三十三年(1605)選爲皇長孫朱由校乳母,斷乳後長期留在東宫照顧。初與近侍宦官魏朝相好,復傾心於典膳宦官魏進忠。泰昌元年(1620)八月,熹宗以沖齡踐祚,客氏受封"奉聖夫人",[②]在無皇太后主持後宫的情況下,她憑藉哺育之恩備極尊崇,並經御准與魏進忠結爲對食,後者即天啓末年專擅朝政的權閹魏忠賢。客氏久居禁闈,事迹多不彰,現有的研究成果[③]主要依據《酌中志》羅列其窮奢極侈之舉,又大抵延續崇禎朝廷論調,凸顯其主觀作惡意識,將她斥爲殘害忠良、謀朝亂政的"妖姆"。然而檢視此臉譜化的定位,其最初揭橥應推溯至東林黨人的攻訐,可謂影響深遠。若跳出明清官方話語窠臼,轉換視角,動態考察朝野對其描述可以發現,客氏的"妖姆"形象在一定程度上經由層累塑造,是基於儒家"女子、小人"道德觀念的歷史書寫,雖有部分事實依據,但不乏猜測與歪曲,其背後反映出複雜的士人心態、政治權衡及文學想象。鑒於此,本文通過充分發掘、辨析史料文獻,詳細梳理、解讀客氏形象的生成過程與邏輯,並審視其在閹黨集團内的實際作用。

---

*　本文是國家社科基金項目"'情'視閾下明代中後期的婚姻與社會研究"(18BZS063)的階段性成果。

① 客氏生年不見於史籍,據《崇禎長編》載,客氏被笞死於天啓七年(1627)十一月十八日,考諸崇禎元年(1628)的判罪爰書稱其亡年虚齡"四十八歲"(〔明〕朱長祚:《玉鏡新譚》卷九《爰書:魏忠賢　客氏　崔呈秀》,北京:中華書局,1997年,第131頁)。由此推算,客氏應生於萬曆八年(1580)。

② 《明熹宗實録》卷一,泰昌元年九月甲申,臺灣"中央研究院"歷史語言研究所校勘本,1962年,第58頁。

③ 關於客氏的專文只有雷大受《"奉聖夫人"客氏》(《紫禁城》1981年第4期,第40—41頁)、傅同欽《魏忠賢亂政和客氏》(《故宫博物院院刊》1981年第3期,第55—60頁)。另外,林金樹、高壽仙《天啓皇帝大傳》(瀋陽:遼寧教育出版社,1993年,第124—133頁),苗棣《魏忠賢專權研究》(北京:中國社會科學出版社,1994年,第63—68頁),南炳文、湯綱《明史》(上海:上海人民出版社,2003年,第828—830頁),樊樹志《晚明史(1573—1644)》(上海:復旦大學出版社,2003年,第666—670頁)等著作對客氏事迹有所提及,但缺乏考辨。

一、結怨東林：天啓年間客氏"妖姆"形象的醞釀

萬曆中後期，明神宗怠政，國事紛擾，士大夫"各立門户，互相攻訐，遞爲是非"，[①]分化爲東林與昆、宣、齊、楚、浙黨兩大陣營。至光宗、熹宗即位，東林得勢，在司禮監秉筆太監王安協助下，萬曆末年被排擠的清流陸續召還，史稱"東林勢盛，衆正盈朝"。[②]此時，客氏因哺育之恩甫受册封，尚未引起外廷關注，但隨着熹宗對其禮遇增加，以及朝中權力鬥争白熱化，東林黨人逐漸抵觸客氏，其"妖姆"形象開始醞釀。

（一）質疑客氏恩賜

泰昌元年（1620）十二月，詔工部撥給客氏等五人鋪設物料費四千餘兩，工部以"鋪設非例，且時詘非經，乞收回成命"，[③]不允。天啓元年六月，以大婚禮成，詔加客氏恩典。禮部奏無例可加，被切責，遂按穆宗、神宗乳母之例加給誥命，授其子與亡夫錦衣衛指揮僉事，給誥命。[④]同年八月，命給客氏墳地，江西道御史王心一認爲遼東危急，"朝廷凡有慰勞存恤，宜莫先於遼之文武將士也"，[⑤]乳母客氏"優以金帛"即可，勿"顧小而遺大"。結果遭切責："奉聖夫人客氏護墳地欤，前已有諭旨。念阿姆比别不同，增數不多，如何又來激聒？遼東將士披露眠沙，朕豈不知？發帑犒賞，隨依所請，有何吝惜？且内廷恩澤，與外廷有何干涉，輒乃牽引瑣瀆，不諳大體，姑且不究。"[⑥]

以上熹宗即位之初通過外廷給予客氏的恩賜，無論恩廕其子官職，抑或銀兩、土地，均有先例可循。如神宗曾賜予乳母戴聖夫人金氏一人的房價銀就高達七千兩，[⑦]還批准了金氏奏討，將價值四千餘兩的田莊悉數授予。[⑧]相較而言，客氏的恩賜並不算破格，只是外廷官員或不熟悉典章國故，出於維護朝廷利益的考量，對内廷封賞存有自覺的警惕。至於王心一所奏，確實有反應過激之嫌，但這些質疑並非他們有意針對客氏，僅就事論事。

（二）敦促客氏出宮

天啓元年四月熹宗大婚後，外廷援引先例敦促客氏出歸外宅。吏科都給事中薛鳳翔、河

① 〔明〕葉向高：《綸扉奏草》卷一二《論考察事情疏》，《續修四庫全書》，上海：上海古籍出版社，1995 年，第 481 册第 771 頁下欄。
② 〔清〕張廷玉等：《明史》卷二四三《趙南星傳》，北京：中華書局，1974 年，第 6299 頁。
③ 《明熹宗實録》卷四，泰昌元年十二月辛酉，第 200 頁。
④ 《明熹宗實録》卷一二，天啓元年七月乙巳，第 592 頁。
⑤ 〔明〕王心一：《蘭雪堂集》卷一《以義裁恩疏》，《四庫禁毁書叢刊》集部，北京：北京出版社，1997 年，第 105 册第 500 頁上欄。
⑥ 〔明〕王心一：《蘭雪堂集》卷一《以義裁恩疏》，第 500 頁下欄。
⑦ 《明神宗實録》卷一二一，萬曆十年二月戊戌，第 2260 頁。
⑧ 《明神宗實録》卷一三六，萬曆十一年四月壬申，第 2541 頁。

南道御史劉蘭、山西道御史畢佐周等先後上疏，希望對客氏"優以金帛，大賜賞賚，使之生有所養，老有所歸"。①他們不忘稱贊客氏"保護聖躬，趨侍左右"的"調護之功"，②給予其足夠尊重。閣臣劉一燝也以此爲請，御批"以三宮年幼，暫留調護"，③待"皇考妣"④神主回京奉安再出宮。九月十二日，光宗帝后神主奉安完畢。⑤二十六日午時，客氏出宮，但次日即被宣回。據稱，自客氏離去，熹宗"午膳至晚，通未進用，暮夜至曉，憶泣痛心不止"，以致"頭眩恍忽"。⑥宦官劉若愚指出，此上諭出自司禮監掌印太監王體乾手筆。原本繼任掌印者應爲王安，但王體乾"以危言動客氏"，⑦遂在客、魏幫助下奪取此位。而王安於天啓元年五月被貶爲南海子淨軍，九月二十四日被害。因此王體乾投桃報李，以熹宗口吻召客氏回宮，以鞏固權力。但鑒於客氏與熹宗情同母子的關係，⑧上諭所述不排除爲熹宗真實狀態的可能，因爲沒有皇帝首肯，未取得外廷控制權的魏進忠等斷不敢冒清議之大不韙。

客氏回宮引起外廷嘩然，福建道御史周宗建，江西道御史徐揚先，吏科給事中侯震暘、倪思輝、朱欽相，湖廣道御史馬鳴起等，紛紛彈劾。他們對熹宗"眷眷於乳哺之恩"表示"疑訝"，客氏一介"幺麼里婦"，⑨十六載的照顧只是"曲謹微勞"，⑩熹宗的健康成長完全是"天地神明所呵護"。⑪而"法宮禁地"若得隨意出入，"恐內外之防閑甚褻"；且"婦人女子"是"無知"之輩，一得恩賞便"狎昵忘紀，漸成驕恣"，⑫又極易爲"中涓、群小"⑬所勾結利用，"因而濁亂宮闈，因而干預朝政，因而援引邪險、傾害善良"。⑭他們還列舉了漢安帝乳母王聖、漢順帝乳母宋娥、漢桓帝乳母趙嬈、北齊後主乳母陸令萱專寵弄權的事例，希望熹宗引以爲戒。

清流士大夫立於道德制高點，以堯舜的標準來要求熹宗，儘管建言合乎王朝政治規範，但激動之餘罔顧客氏含辛茹苦照料熹宗的客觀事實，且在對她並不知曉的情況下，將刻板印

① 〔明〕沈國元：《兩朝從信錄》卷七，天啓元年七月，《續修四庫全書》，第356冊第223頁上欄。
② 〔明〕沈國元：《兩朝從信錄》卷七，天啓元年七月，《續修四庫全書》，第356冊第223頁上欄。
③ 《明熹宗實錄》卷一一，天啓元年六月乙未，第578頁。
④ 〔明〕沈國元：《兩朝從信錄》卷七，天啓元年七月，《續修四庫全書》，第356冊第221頁上欄。
⑤ 《明熹宗實錄》卷一四，天啓元年九月庚戌，第701頁。
⑥ 〔明〕沈國元：《兩朝從信錄》卷九，天啓元年十月，《續修四庫全書》，第356冊第256頁上欄。
⑦ 〔明〕劉若愚：《酌中志》卷九《正監蒙難紀略》，北京：北京古籍出版社，1994年，第49頁。
⑧ 熹宗生母王才人逝世於萬曆四十七年(1619)三月，年方十四，還是皇長孫的熹宗被交由李選侍照管，但"不在彼宮居住"，飲膳衣服也是神宗、光宗所賜，"與選侍毫無相干"，"只每月往選侍宮中行一拜三叩頭禮"；不僅如此，李選侍還對他"侮慢凌虐不堪"，致其"晝夜涕泣六七日"(《明熹宗實錄》卷四，泰昌元年十二月壬子，第183頁)。李選侍僅將熹宗當作謀求皇后之位的工具，根本沒有補償其缺失的母愛。一年半後光宗駕崩，熹宗徹底成了孤兒。未成年登基，又無本生母親或祖母在世，明代十六帝中僅有熹宗和其異母弟思宗是此情況。熹宗身邊唯有乳母客氏十餘年來"朝夕勤侍""未離左右"(〔明〕金日升：《頌天臚筆》卷一三《起用·馬中丞》，《續修四庫全書》，第439冊第438頁下欄)，是其最親近的女性長輩。
⑨ 〔明〕沈國元：《兩朝從信錄》卷九，天啓元年十月，《續修四庫全書》，第356冊第259頁上欄。
⑩ 〔明〕金日升：《頌天臚筆》卷一三《起用·馬中丞》，《續修四庫全書》，第439冊第438頁下欄。
⑪ 〔明〕沈國元：《兩朝從信錄》卷九，天啓元年十月，《續修四庫全書》，第356冊第258頁下欄。
⑫ 〔明〕周宗建：《周忠毅公奏議》卷二《首劾客氏疏》，《續修四庫全書》，第492冊第56頁下欄—57頁上欄。
⑬ 〔明〕沈國元：《兩朝從信錄》卷九，天啓元年十月，《續修四庫全書》，第356冊第259頁上欄。
⑭ 《明熹宗實錄》卷一五，天啓元年十月庚午，第736頁。

象先入爲主,聯想到歷史上臭名昭著的乳母。這是儒家教育的結果,也反映了理學士大夫對底層女性的輕蔑,正如刑部右侍郎鄒元標所言:"諸臣蓋幼讀'唯女子與小人爲難養'語,又讀宋儒'狎恩恃愛'等訓,膠固胸中。"①當然,言官們或許猜到此事跟司禮監有關,故擔心婦寺勾結。他們一味渲染婦寺之惡,却没有設身處地考慮熹宗缺乏母愛的實際心理狀態,空洞的説教"不僅意味着對具體情境之下政治問題特殊性的忽視乃至漠視,更意味着在具體解決措施的提出與執行上的缺乏轉圜之策",②自然無法打動聖意,結果輕者切責,重者罰俸、降調。終天啓年間,除偶爾出歸私第,客氏一直住在咸安宫。可在東林眼中,熹宗"以一宫人成拒諫之名",③他們"誠不可解",④却不敢譴責熹宗,只能歸咎於客氏諂媚禍主,對其印象愈發不佳。

(三)反對客魏交好

言官彈劾客氏時不曉客魏交好,而魏進忠助王體乾掌司禮監後,基本控制了內廷大權,並希望得到外廷認同,但東林對王安被害之事耿耿於懷,不願與其合作。相反,朝中投機分子及泰昌、天啓之際被驅逐出朝的東林政敵主動依附,"朋党與奄宦合而爲一",⑤閹党集團逐漸形成,客、魏的對食關係也被外廷獲悉,並隨着朝中權力鬥爭的加劇,成爲東林批判的重點之一。

天啓三年(1623)二月,閹党成員、户科給事中郭鞏疏糾遼東經略熊廷弼,並誣周宗建、劉一爆、鄒元標、楊漣、周朝瑞等東林士大夫爲邪党。周宗建上疏反駁,稱朝中"內有進忠爲之指揮,旁有客氏爲之操縱,中有劉朝等爲之典兵賣威,而下復有鞏等從而蟻附蠅集,內外交通,驅除善類"。⑥這是客氏首次以魏進忠幫手的形象出現於東林奏疏。天啓四年,魏進忠接掌東廠,被熹宗賜名"忠賢",權勢進一步提升。同年三月,東林党人、山東道御史黄尊素以災異上疏指責客、魏,稱"阿保重於趙嬈,禁旅近於唐末,蕭牆之憂,慘於戎敵"。⑦但兩次彈劾均無客氏干政的實據。

四月,閹党欲借汪文言案打擊東林未成,朝堂惡鬥一觸即發。六月,左副都御史楊漣疏劾魏忠賢二十四大罪,諸如干預外事、殺害王安、濫襲恩蔭、創立內操等,其第十條涉及客氏:"中宫有慶,已經成男,凡在內廷,當如何保護。乃繞電流虹之祥,忽化爲飛星墮月之慘。傳

---

① 〔明〕沈國元:《兩朝從信録》卷九,天啓元年十月,《續修四庫全書》,第 356 册第 266 頁下欄—267 頁上欄。
② 安家琪:《王錫爵晚年"密揭事件"考論》,《歷史文獻研究·總第 46 輯》,揚州:廣陵書社,2021 年,第 269 頁。
③ 〔明〕劉宗周:《劉蕺山集》卷一《敬修官守書》,《景印文淵閣四庫全書》,臺北:臺灣商務印書館,1986 年,第 1294 册第 318 頁上欄。
④ 〔明〕黄景昉:《國史唯疑》卷一一,《續修四庫全書》,第 432 册第 189 頁上欄。
⑤ 〔明〕文震孟:《黄忠端公神道碑銘》,《明文海》卷四六四《墓文三十六·忠義》,《景印文淵閣四庫全書》,第 1458 册第 620 頁下欄。
⑥ 〔明〕周宗建:《周忠毅公奏議》卷二《請斥逆瑺魏進忠并郭鞏交通設陷疏》,《續修四庫全書》,第 492 册第 52 頁上欄。
⑦ 〔明〕黄尊素:《黄忠端公文略》卷一《災異陳十失劾奏魏忠賢客氏疏》,《四庫禁毁書叢刊》集部,第 185 册第 33 頁下欄—34 頁上欄。

聞忠賢與奉聖夫人實有謀焉。"① 楊漣爲外官,"傳聞"一詞表明此事非確鑿,至於懷孕初期便斷定是男孩,則是無稽之談。考崇禎元年爰書,此等大罪竟絲毫未提及。而後出的《酌中志》卻載:"天啓三年,張娘娘覺孕,客氏、逆賢乃逐去宫人之異己者,故托不更事之宫人答應。一日,張娘娘偶腰痛,按捼過度,竟損元子睿胎。"② 此書雖叙明末宫廷事頗詳,被清流贊許"所紀客氏、魏忠賢驕横狀,亦淋漓盡致",③ 但何以將三法司嚴肅會審尚且無有之事再度提及?不禁令人懷疑,劉若愚以閹黨要犯、斬監候身份在獄中撰《酌中志》時,爲討好東林而減刑,除在書中極力撇清自己與閹黨的關係,④ 很可能參考了楊漣奏疏以批判客、魏,⑤ 但缺乏證據,僅附會一番。既然此事是捕風捉影,那麼客氏主要"罪狀"仍因她是魏忠賢對食而已,這就不難理解楊漣在疏末提出處罰客、魏的方式大相徑庭:

> 將忠賢面縛至九廟之前,集大小文武勛戚,敕法司逐款嚴訊,考歷朝中官交通內外、擅作威福、違祖宗法、壞朝廷事、失天下心、欺君負恩事例,正法以快神人公憤。其奉聖夫人客氏,亦并敕令居外,以全恩寵,無復令其厚毒宫中。⑥

史稱"疏上,忠賢懼,求解於韓爌,爌不應。遂趨於帝前泣訴,且辭東廠"。⑦ 正是這封令魏忠賢聞風喪膽的奏疏,卻對客氏沒有確鑿指責,甚至希望全其恩寵。繼楊漣後,劾疏多達七十餘封,皆未實質抨擊客氏,例如同樣敢言的魏大中僅稱魏忠賢"結奉聖夫人客氏在皇上之左右",⑧ 客氏是被利用者。足見,當時東林黨人普遍認爲,客氏無意干政,但因她與政敵魏忠賢交好,又受皇帝尊崇,所以必須遠離權力中心。

外廷鋪天蓋地的彈劾起到了震懾效果,但魏忠賢一方面"內營救於客氏、王體乾、李永貞、石元雅、涂文輔"等親信,共同向熹宗求情,保下自己;另一方面,通過其侄魏良卿求助於外廷閹黨,馮銓"教之行廷杖,興大獄,以劫制之","馮與霍維華、李魯生、楊維垣、崔呈秀等朝夕計議,羅織多人"。⑨ 如此,得以迅速反撲,幾乎將東林一網打盡,全面掌控朝政。由於魏忠賢在天啓末年倒行逆施,致民怨沸騰,客氏雖留在宫中貪圖富貴,但作爲其對食,兩人已形成利益捆綁。當時坊間流傳着歌謠:"委鬼當朝立,茄花滿地紅。"⑩ "委鬼"合則爲"魏","茄"

---

① 〔明〕楊漣:《楊忠烈公文集》卷二《逆璫怙勢作威》,《續修四庫全書》,第1371册第59頁下欄。
② 〔明〕劉若愚:《酌中志》卷八《兩朝椒難紀略》,第44頁。
③ 〔明〕李清:《三垣筆記》上《崇禎·補遺》,北京:中華書局,1982年,第42頁。
④ 〔明〕劉若愚:《酌中志》卷二三《纍臣自叙略節》,第208—216頁。
⑤ 劉若愚在獄中讀過"江南所刻《清明聖政》《頌天臚筆》《斥奸》等書"(《酌中志》卷二三《纍臣自叙略節》,第214頁),其中《頌天臚筆》收錄了楊漣劾疏全文。
⑥ 〔明〕楊漣:《楊忠烈公文集》卷二《逆璫怙勢作威》,《續修四庫全書》,第1371册第64頁上、下欄。
⑦ 〔清〕張廷玉等:《明史》卷三〇五《魏忠賢》,第7818頁。
⑧ 〔明〕魏大中:《藏密齋集》卷八《合詞請納憲臣之忠以除逆璫疏》,《續修四庫全書》,第1374册第584頁上欄。
⑨ 〔明〕劉若愚:《酌中志》卷二四《黑頭爰立紀略》,第218頁。
⑩ 〔清〕谷應泰:《明史紀事本末》卷七一《魏忠賢亂政》,北京:中華書局,2015年,第1164頁。

與"客"的京師方言同音,暗諷客、魏氣焰滔天。天啓四年十月,朝鮮使臣洪翼漢在京師,與會同館官員筆談,後者講述了客、魏之事:

> (魏忠賢)居中用事,威勢日盛,遂與皇上保姆客氏,深相締結,表裏煽動,禍福皆出其手。朝野側目而言曰:"天下威權所在,第一魏太監,第二客奶姐,第三皇上云。"①

他還添油加醋地説:"客氏年踰四十,色貌不衰,性又慧朗,才藝冠後宮。善承上旨,恩眷無比,醜聲頗聞於外。"②底層官員不諳宮闈内幕,只因反感閹黨專權,便作了猜測和歪曲。可想而知,遭閹黨迫害的東林士大夫對客、魏更是咬牙切齒。楊漣疏劾魏忠賢時,還望全客氏恩寵,但天啓五年五月他自家鄉被押解進京,途經朱仙鎮岳王廟,滿腔怨憤寫下《告岳王文》,對客氏態度完全逆轉,稱她與魏忠賢"表裏爲奸,太阿竊弄"。③這絶非客氏在一年間開始干政,而是她與王體乾等在熹宗替魏忠賢作保,觸犯了清流利益。

總而言之,隨着政治鬥争加劇,天啓年間東林黨人對客氏的態度經歷了由尊重到質疑,再到反感、痛恨的轉變。儘管外廷所知客氏事迹甚少,但婦寺勾結的觀念已先入爲主,"妖姆"的形象在東林心中逐漸醖釀,這種强烈抵觸情緒在閹黨垮臺後最終大爆發。

二、欽定逆案:崇禎年間客氏"妖姆"形象的確立

天啓七年(1627)八月二十二日,熹宗駕崩,客氏"衰服赴仁智殿先帝梓宫前,出一小函,用黄色龍袱包裹,云是先帝胎髮、瘡痂,及累年剃髮、落齒,及翦下指甲,痛哭焚化而去",④於九月三日搬出大内。思宗朱由檢即位後不動聲色鏟除閹黨,魏忠賢、崔呈秀自殺,客氏於十一月十七日亦被逮至浣衣局笞死。崇禎元年(1628)正月,刑部與科、道、大理寺會議閹黨之罪,將魏忠賢、客氏、崔呈秀列爲首犯。對比魏忠賢與崔呈秀擅竊國柄、殘害忠良的斑斑劣迹,客氏雖難辭其咎,但罪狀較少,法司稱她"悍妒",⑤而摇動中宫,逼死成妃、裕妃等,則以魏忠賢爲主謀,也没有所謂害皇后元子,這些基本符合客觀情況。那麼她名列首犯的根源依然是與魏忠賢的對食關係:"忠賢借客氏以窺伺禁闈,客氏借忠賢以立威外庭。於是謀合連環,奸同狼狽,怙勢弄權,無所不至。"但"立威外庭"表述籠統,之後的描述更是帶有强烈的主觀貶斥色彩,事實上客氏無心外朝政務,她的作威作福主要表現在追求排場、享受奉承,即"册號

---

① 〔朝〕洪翼漢:《花浦先生朝天航海録》卷一,天啓四年十月十九日,《燕行録全集》,漢城:東國大學校出版部,2001 年,第 17 册第 194 頁。
② 〔朝〕洪翼漢:《花浦先生朝天航海録》卷一,天啓四年十月十九日,第 194 頁。
③ 〔明〕金日升:《頌天臚筆》卷五《贈廕·贈太子太保謚忠烈楊公》,《續修四庫全書》,第 439 册第 276 頁下欄。
④ 〔明〕劉若愚:《酌中志》卷一四《客魏始末紀略》,第 75 頁。
⑤ 〔明〕朱長祚:《玉鏡新譚》卷九《爰書:魏忠賢 客氏 崔呈秀》,第 132 頁。

雖曰'奉聖'，擅寵幾於耦尊，客氏之無等也"，①可她生前的尊榮與僭越也皆熹宗批准或默許。大概是能舉出的罪狀太少，法司將其子盜取內府寶物也算在她頭上，總得冠以"通天是罪，盜國難容"的罪名。

至崇禎二年，思宗全面整肅閹黨，東林內閣協助其欽定逆案，在爰書基礎上將客、魏並列爲首逆，稱客氏"乳保恃恩，兇渠朋結，凌尊竊勢，納賄盜珍，陰逆首奸，死不盡罪"，定爲"謀反大逆"，崔呈秀則降爲"首逆同謀"。②由以上分析可知，客氏雖然在一些方面協助魏忠賢作惡，但實際罪狀距謀反甚遠，她不過是依附於皇權的寄生者。但既然要撥亂反正，天啓朝政治生態的惡化必須有人擔責，此人絕不能是熹宗，而思宗有意消除士大夫間的門户之爭，強調"化異爲同""天下爲公"，③這可能是導致真正與魏忠賢"表裏爲奸、同惡相濟"④的外臣崔呈秀罪級稍降的原因。⑤那麼，閹黨首領魏忠賢及其對食客氏的"婦寺勾結"解釋模式無疑是最佳選項，足以給輿論交代，"一時海內人心嗃嗃望治，凡忤璫被戮者從優贈録，罪斥者次第起用……天恩浩蕩，感戴無極"。⑥在朝廷定調下，客氏不再是哺育先帝有功、令清流顧及情面的"奉聖夫人"，而是串通魏閹狼狽爲奸的"妖姆""逆婦""輿臺猥婢"，對天啓末年的亂局負有首要責任，危害性被嚴重誇大，也恰好呼應了言官此前在敦促客氏出宮時基於儒家"女子、小人"道德觀念的所謂政局走勢"預判"。

此後，明代士大夫論及天啓朝政，避而不談熹宗之昏聵、怠惰，均秉承官方話語，對客、魏口誅筆伐。黃道周稱："天啓中年，璫魏始煽，保客有鷟。"⑦夏允彝稱："宮中惟忠賢、客氏爲政。"⑧孫承澤稱："客氏黨比逆奄，幾危宗社。"⑨吳應箕認爲，客氏與魏忠賢"比而亂政"，"雖昔之趙媛、王聖不能過也"，⑩他撰《弔忠賦》緬懷東林死難君子，痛斥魏忠賢"爰糾妖姆，裏表傾償，孫、程極焰，媛、聖工讒，前星在繈而沈曜，椒媛秉介而埋魂"，⑪將楊漣疏中所言謀害皇后元子之事坐實。錢謙益則義憤填膺道："雖樵夫牧豎，皂隸庸丐，語及忠臣義士，靡不嗟咨涕洟，如不獲見其人也；語及於閹兒媼子，靡不呼號罵詈，恨不得食其肉也。"⑫

更有甚者，國子監助教趙維寰認爲魏、崔、客三人，客氏"罪尤大"，理由是"當鎮撫司逮

---

① 〔明〕朱長祚：《玉鏡新譚》卷九《爰書：魏忠賢 客氏 崔呈秀》，第136—137頁。
② 〔明〕韓爌：《欽定逆案》，《四庫全書存目叢書》史部，濟南：齊魯書社，1996年，第55冊第171頁下欄。
③ 〔明〕倪元璐：《倪文貞公集·奏疏》卷一《駁楊侍御疏》，《景印文淵閣四庫全書》，第1297冊第236頁上欄。
④ 〔明〕朱長祚：《玉鏡新譚》卷八《自縊》，第124頁。
⑤ 值得注意的是，相較內廷的"客、魏"組合，東林士大夫還往往將"崔、魏"並舉，崔呈秀爲閹黨"五虎"之首，身兼兵部尚書、左都御史，手握兵權、憲紀，權傾朝野，實際影響力遠逾客氏，但欽定逆案並未採納此組合。
⑥ 〔明〕吳甡：《憶記》卷一，《四庫禁燬書叢刊》史部，第71冊第690頁下欄。
⑦ 〔明〕黃道周：《黃石齋先生文集》卷一一《馬忠簡公墓志》，《續修四庫全書》，第1384冊第264頁下欄。
⑧ 〔明〕夏允彝：《幸存録》卷中《門户大略》，《續修四庫全書》，第440冊第533頁下欄。
⑨ 〔清〕孫承澤著，王劍英點校：《春明夢餘録》卷六《禮儀房奶口》，北京：北京古籍出版社，2018年，第100頁。
⑩ 〔明〕吳應箕：《啓禎兩朝剝復録》卷七《贈太僕寺卿禮部郎中顧公傳》，《續修四庫全書》，第438冊第450頁下欄。
⑪ 〔明〕吳應箕：《樓山堂集》卷二〇《弔忠賦》，《續修四庫全書》，第1388冊第592頁下欄。
⑫ 〔清〕錢謙益著，〔清〕錢曾箋注，錢仲聯校：《牧齋初學集》卷五〇《山東道監察御史贈太僕寺卿黃公墓誌銘》，上海：上海古籍出版社，2009年，第1282頁。

問時,客招宮人懷孕者八人,詰其故,則客於宮掖中出入無時,多携婢媵,潛肆不韋之術,以行竊國之謀,脱再更數月,事竟有不可言者",如此謀反重罪,但因"事干宫闈,故爰書不忍斥言云"。①趙氏之説,疑竇頗多,且不論客氏是被逮至浣衣局而非鎮撫司,而爰書中有關於魏、客虐待後宮異己的記録,並未因牽涉宮闈而不語;若此事當真,法司何必爲客氏遮掩,理應大加撻伐,以儆效尤。另外,審理此案的朝廷大僚以及太監劉若愚,雖同樣厭惡客氏,却均未見記載。此等大事,客氏必然會與親信商議,可客、魏同黨供詞也毫無涉及,而客氏親族僅其子侯國興被處死,其親弟客光先等均免死戍邊,可謂寬宏大量。因此可以斷定,此事爲子虛烏有。

崇禎朝廷清算閹黨的同時,民間也興起"斥魏"熱潮。不僅有史家如朱長祚、金日升等搜集詔令、奏疏、邸鈔,匯録東林與閹党鬥争的史事,爲後世留下珍貴的一手材料;文人、書賈也迎合市場情緒,創作、出版以魏忠賢發迹、敗亡始末爲題材的時事小説與戲曲,如《警世陰陽夢》《魏忠賢小説斥奸書》《皇明中興聖烈傳》《魏監磨忠記》《喜逢春》《清涼扇》《冰山記》《廣爰書》等,與官方話語相唱和,政治意味濃厚。身爲魏忠賢對食,客氏自然是這些作品中繞不開的角色。祁彪佳稱贊戲曲《清涼扇》:"此記綜核詳明,事皆實録。妖姆、逆璫之罪狀,有十部梨園歌舞所不能盡者,約於寸毫片楮中。以此書作一代爰書可也,豈止在音調内生活乎!"②迨至明清之際,仍不乏相關作品問世,如《樵史通俗演義》《檮杌閑評》《清忠譜》《天雨花》等。

小説與戲曲是明清社會重要的消遣、娛樂的文化産品,其傳佈廣、受衆多,遠非嚴肅的邸報、史書所能及。遺民學者李鄴嗣稱其"兒時初識字,讀新傳客、魏小説,至諸公殉難事,輒能感泣"。③至於戲曲,不識字便可領會,《魏監磨忠記》序言稱此劇"不過欲令天下村夫嫠婦、白叟黄童,睹其事,極口痛罵忠賢,愈以題揚聖德",從而"共抒天下公憤之氣"。④在民間蔚爲大觀的"斥魏"通俗文學推波助瀾下,客氏被進一步塑造成"生的容貌艷麗,體態妖嬈,鬒髮似漆,肌膚如雪……立心奸巧,秉性妒惡,不能勾黍斯衍慶,却是個長舌行藏"⑤的蛇蝎美人,其與熹宗的不倫關係、謀害皇后元子等謡言,被一一演繹,"妖姆"形象給大衆留下了不可磨滅的印象,成爲那個時代的集體記憶,然皆小説家言,淫穢鄙俗,無足爲憑。

當然,亦有時人意識到,客氏僭越本質是皇權的包庇縱容。茅元儀指出:"保母之崇,非先王之制也……乃國朝例封夫人,而永樂之保母賢順夫人馮氏,夫王忠贈左都督,謚恭靖;洪熙之衛聖夫人楊氏,蔣廷封追封保昌伯,謚莊靖,此作法於涼矣,又何怪天啓之奉聖夫人客氏子官俱累都督也。"⑥但在朝野一致貶斥閹黨的大環境下,客氏已被釘上了歷史的恥辱柱。

① 〔明〕趙維寰:《雪廬焚餘稿》卷一〇,《四庫禁毁書叢刊》集部,第 88 册第 556 頁上欄。
② 〔明〕祁彪佳:《遠山堂曲品》,《續修四庫全書》,第 1758 册第 204 頁。
③ 〔明〕李鄴嗣著,張道勤點校:《杲堂文續鈔》卷二《黄太母姚太夫人八十壽序》,《杲堂詩文集》,杭州:浙江古籍出版社,1988 年,第 614 頁。
④ 〔明〕范世彦:《魏監磨忠記》序,《古本戲曲叢刊二集》第 98 種影印明末刻本,北京:文學古籍刊行社,1955 年,第 1 葉 b。
⑤ 〔明〕長安道人國清:《警世陰陽夢》卷四,《古本小説集成》第 1 輯,上海:上海古籍出版社,1994 年,第 24 册第 207 頁。
⑥ 〔明〕茅元儀:《暇老齋雜記》卷三一,《續修四庫全書》,第 1133 册第 747 頁下欄。

甲申之變，弘光南渡，閹党死灰復燃，同樣對她毫不留情。原閹党成員、通政使楊維垣重提"三案"，由於"移宫案"是東林針對李選侍採取的行動，他遂反其道而行，爲李選侍正名，稱李選侍欲垂簾聽政乃東林誹謗，"致光廟不能保其巾櫛，熹廟不能酬其撫養，甚至照管冲主者，不歸之數年有恩之宫嬪，而歸之妖淫、干外事之客氏"。[①]客氏照料熹宗是連東林都曾承認的事實，此時閹党爲打擊政敵，顛倒黑白亦在所不惜，何況她已臭名昭著，遂連僅有的一點苦勞也被剥奪。

三、蓋棺定論：清代史書對客氏"妖姆"形象的深化

明清鼎革後，朝野對客氏的反感有增無減，明遺民學者繼續將客、魏並列爲導致明代衰亡的元凶，而清廷則視其爲女子禍亂朝綱的反面典型，皆嗤之以鼻。例如，有官方背景，又吸收了衆多遺民史家成果的《明史紀事本末》[②]這樣評價道："熹宗之初御，忠賢輒伺顰笑，欲攬太阿，而乳媼客氏，又以妖倖毀政之姿，爲洽比對食之舉，於是勢同膠附，情昵晏私，王聖寵而京、閒煽孽，趙嬈尊而甫、節媾禍，女子、小人朋淫於國矣！"[③]明末官方與民間文學所建構的"妖姆"形象逐漸融合，關於客氏的不實傳聞在清代史書中變得言之鑿鑿。

清初私家修史活躍，格外重視明季史事，關於天啓朝的記述多涉客氏。一些史家偏好收羅傳聞，或虛構情節。如前述客氏以孕婦生子竊取皇位這種荒誕不經的陰謀論，就甚囂塵上。《明史紀事本末》稱："庚辰，奉聖夫人客氏有罪誅。先是，籍其家，命太監王文政嚴訊之，得宫人姙身者八人，蓋出入掖庭，多携其家侍媵，冀如吕不韋、李園事也。上大怒，立命赴浣衣局掠死。"[④]《崇禎長編》《三朝野紀》《國榷》《明季北略》《明朝通紀會纂》《茨村詠史新樂府》《石匱書》《罪惟録》諸書均載此事，大抵以訛傳訛。《三朝野紀》爲凸顯思宗震怒，稱："客氏赴浣衣局掠死後，仍僇尸淩遲。"[⑤]此處顯然仿照處理崔呈秀、魏忠賢的方式而寫，但崔、魏是明正典刑前畏罪自殺，故只能戮尸，客氏是生前被逮捕，既犯此等謀逆大罪，何以死後淩遲？查繼佐甚至慶幸熹宗早亡："頃之，客氏家有娠宫人，且備内尚，九千歲上公進階，當何如也？"[⑥]其實，劉若愚所記客氏處死過程僅是"奉旨籍没，步赴浣衣局。於十一月内，欽差乾清宫管事趙本政臨局笞死，發淨樂堂焚尸揚灰"，[⑦]且審訊者是趙本政非王文政，但史家們鮮見《酌中志》，受"妖姆"形象影響匪淺，故對傳聞深信不疑。再如《明書》述周宗建於天啓元年

① 〔清〕黄宗羲：《弘光實録鈔》卷三，崇禎十七年十二月壬戌，《續修四庫全書》，第 367 册第 399 頁下欄。
② 參見徐泓《〈明史紀事本末〉的史源、作者及其編纂水平》，《史學史研究》2004 年第 1 期，第 62—71 頁。
③ 〔清〕谷應泰：《明史紀事本末》卷七一《魏忠賢亂政》，第 1171 頁。
④ 〔清〕谷應泰：《明史紀事本末》卷七一《魏忠賢亂政》，第 1164 頁。
⑤ 〔清〕李遜之：《三朝野紀》卷四，《續修四庫全書》，第 438 册第 76 頁上欄。
⑥ 〔清〕查繼佐：《罪惟録》帝紀卷一六《熹宗哲皇帝》，杭州：浙江古籍出版社，1986 年，第 352 頁。
⑦ 〔明〕劉若愚：《酌中志》卷一四《客魏始末紀略》，第 75 頁。

首劾客氏後,"客氏睨魏忠賢而嘆曰:'宗建膽懸舌端耶,何法以斃?'"①然考諸實録,周宗建當時僅被"切責""姑不究",②直到五年後纔被閹黨迫害,此段不過是爲體現客氏殘害忠良之狠毒而虚構。

清廷官修《明史》過程曲折,歷時近百年,期間有康熙年間萬斯同及雍正年間王鴻緒先後編纂的兩部《明史稿》,雖均未給客氏立傳,但其事迹散見於天啓、崇禎兩朝本紀,后妃傳、東林諸黨人傳及王安、魏忠賢傳中。萬斯同《明史稿》集中叙述客氏於《王安傳》:

> 初,帝有乳媪曰客氏,素與安門下魏朝通,及朝薦魏忠賢爲典膳,亦通焉。客氏遂厭朝而愛忠賢,又與之共事安甚謹,而朝未之知也,反舉之於安。及忠賢爲楊漣所劾,安以忠賢初名李進忠,謬以選侍宮中李進忠者爲一人,遂得脱。未幾,御史方震孺復攻客、魏,帝暫出客氏於外,而令安治忠賢罪,安但戒而釋之。安凡爲恩於忠賢者再,而客氏忌之益深,以謂能生死我二人者,安也。會朝與忠賢夜擁客氏於乾清宮暖閣,醉詈而囂,帝驚起,諸大璫皆侍,二人跪御榻前聽處分,帝詢知客氏意,以予忠賢,安既久中客、魏之諛,而心醜朝所爲,勒之告退,朝自是不得至御前,忠賢遂專有客氏,而安勢始孤。天啓元年五月,帝命安掌司禮監,其疏辭,意當得温旨即出,而忠賢之党王體乾者,思攘其印,屬客氏言於帝,使允安辭,將遂殺之。忠賢以安舊恩未決,體乾使客氏怵之曰:"我你比西李何如?毋貽後悔也。"忠賢遂嗾給事中霍維華劾安,降充南海子淨軍,而以劉朝提督南海子。朝爲選侍私人,故以移宮事銜安者,遂縊殺安。安死,而客魏之禍始烈焉。③

萬稿對客氏與兩魏關係,及王安辭司禮監至被殺的記載,與《酌中志》基本吻合,但中間内容的時間順序與史實不符。客氏出宮乃言官、閣臣依慣例而請,熹宗並未治魏忠賢罪,而王安已在當年五月被貶到南海子,又何來"戒而釋之"之説?接下來的兩魏争寵客氏的事情實則發生於熹宗即位不久,應置於前。總之,這段時間錯亂的記載憑空多出王安兩救魏忠賢的橋段,旨在强調王安被客、魏蒙蔽至深,而客、魏恩將仇報,並對王安之死表示惋惜。不過,萬稿《魏忠賢傳》關於客氏的記載寥寥數語,且稱裕妃之死是魏忠賢"令客氏譖於帝",④而陷害成妃、張皇后等也歸於忠賢所爲,對客氏似不深究。

王鴻緒《明史稿》在萬稿基礎上作了大幅改動,其《王安傳》相關部分很簡略:

> 魏忠賢始進,自結於安名下魏朝,朝日夕譽忠賢,安信之。及安怒朝與忠賢争

---

① 〔清〕傅維鱗:《明書》卷一一〇《列傳二·忠節傳十·周宗建》,《四庫全書存目叢書》史部,第 39 册第 469 頁下欄。
② 《明熹宗實録》卷一五,天啓元年十月戊辰,第 735 頁。
③ 〔清〕萬斯同:《明史》卷四〇六《宦官傳下·王安》,《續修四庫全書》,第 331 册第 411 頁上、下欄。
④ 〔清〕萬斯同:《明史》卷四〇六《宦官傳下·魏忠賢》,第 412 頁下欄。

客氏也，勒朝退，安勢孤。忠賢、客氏日得志，心忌安。天啓元年五月，帝命安掌司禮監，安辭，客氏勸帝從其請，與忠賢謀殺之。忠賢猶豫未忍，客氏曰：“爾我孰若西李，而欲遺患耶？”忠賢意乃決……①

經過簡化，萬稿時間順序錯誤消失，但勸魏忠賢殺王安的情節，作者略去了王體乾對客氏的誘導，致使因果關係變得簡單。萬稿中，王體乾因覬覦掌印之位，纔慫恿客氏。若單看王稿，會誤以爲此舉乃客氏自發行爲，那麼其心狠手辣、忘恩負義，就更加彰顯。與萬稿相反，王稿《魏忠賢傳》增加了很多對客氏的貶低描述，如稱她“淫而很”，並害皇后流產：“皇后張氏娠，會有疾，客氏使宮婢以計墮其胎，帝由此乏嗣。”即便傳中承認“禁掖事秘，莫詳也”，②仍言之鑿鑿，未免雙重標準。可客氏儘管與張后存在矛盾，但真心希望熹宗後繼有人。③傳末，孕婦生子竊取皇位一事再度被提及：“客氏之籍也，於其家得宮女八人，蓋潛拎出外，將效呂不韋所爲，人尤疾之。”④與之前趙維寰及清初文獻不同，此版本故事裏這些懷孕宮人是在客氏家發現的，既是想冒充熹宗之子，却將她們帶到宮外私宅生產，豈不更爲荒謬？

總之，對比兩種《明史稿》，後出的王稿雖糾正了萬稿時間順序錯誤，但不滿其輕描淡寫，對客氏的批評與歪曲遠超前者，可謂集謠言之大成，這或與清聖祖晚年對客、魏的態度有關。康熙六十年（1721），聖祖提及前明舊事，斥客、魏爲禍國元兇：“天啓庸懦稚子，承繼統緒，客氏、魏忠賢等專擅，至使左光斗、楊漣輩皆相繼而斃，天下大亂。”⑤他的看法代表了清代官方的基本立場。乾隆四年（1739），官修《明史》最終定稿刊刻，是爲武英殿本。殿本《明史》對客氏的記載因襲王稿，明廷確立的客氏“妖姆”形象被清代官方話語繼承並深化，至此蓋棺定論。

此後，清代學者瞭解客氏，基本依據殿本《明史》，兼覽傳聞，無不抒發對“妖姆”的憎惡。乾隆年間閔華有詩云：“古來女禍傾人國，若褒若妲事非一。未聞乳媼擅朝權，也啄皇孫陷妃匹。趙嬈宋娥那足論，蠱惑君王仍少術。”⑥嘉慶初年王初桐編《奩史》，稱“光宗少長，客氏先導之淫”。⑦道光年間，浙江士人楊宇凝痛惜朝臣諂媚客氏：“外有魏璫內客氏，日近小人與女子。黨援盤踞君贅疣，可憐社稷輕於紙。哀哉仕宦至公卿，功名半藉乳嫗成。”⑧當時，有好事

① 〔清〕王鴻緒：《明史稿》卷二八四《王安》，影印清敬慎堂刊本，臺北：文海出版社，1962年，第7冊第9頁下欄。
② 〔清〕王鴻緒：《明史稿》卷二八四《魏忠賢》，第7冊第10頁下欄—11頁上欄。
③ 客氏關心熹宗子女早夭問題，魏忠賢掌權時曾對皇城進行改造，將護城河東北與西北角的澡馬河石柵拆毀，建成兩方角，但後來客氏聽聞傳言，“聖嗣不育”是此河所致，“向逆賢言之，乃方復舊”。（〔明〕劉若愚：《酌中志》卷一七《大內規制紀略》，第139頁。）
④ 〔清〕王鴻緒：《明史稿》卷二八四《魏忠賢》，第7冊第14頁下欄。
⑤ 《清聖祖實錄》卷二九一，康熙六十年三月丙子，北京：中華書局，1985年，第834頁。
⑥ 〔清〕閔華：《澄秋閣集》卷三《客氏拜》，《四庫未收書輯刊》第10輯，北京：北京出版社，2000年，第21冊第568頁上欄。
⑦ 〔清〕王初桐：《奩史》卷一四《眷屬門一·保傅乳母》，《續修四庫全書》，第1251冊第437頁上欄。
⑧ 〔清〕潘衍桐編纂，夏勇、熊湘整理：《兩浙輶軒續錄》卷三五《楊宇凝》，杭州：浙江古籍出版社，2014年，第10冊第2622頁。

者假托龔鼎孳、紀昀之名，作《聖后艱難記》，①對客氏的描述仍極盡歪曲，如稱其“年三十矣，望之尚如妙齡女子，以妖艷惑帝”。②晚清重臣寶鋆遊客氏故宅，亦作詩譏諷：“漢家王聖遜朱家，一笑獲豬蠱艾豭。朝右幾人光竹帛，人間遍地唱茄花。封侯蔭伯功全冒，蝕月飛星事可嗟。委鬼馼誅殊恨晚，浣衣局冷野啼鴉。”③經學家皮錫瑞則感慨：“東漢王聖、明天啓客氏皆擅權亂國，可畏哉！”④及至清末民國時期，蔡東藩創作《明史通俗演義》，稱客氏“面似桃花，腰似楊柳，性情軟媚，態度妖淫，仿佛與南子、夏姬同一流的人物”。⑤其“妖姆”形象影響之深遠持久，直至今日。

四、餘論

通過梳理、辨析明清史料文獻可知，明熹宗乳母客氏的“妖姆”形象一定程度是被層累塑造出來的，脫胎於儒家“女子、小人”的道德觀念，由天啓初年敦促客氏出宮的言官所揭櫫。及至其對食魏忠賢與東林決裂，擅竊國柄，倒行逆施，客氏更加成爲衆矢之的。閹黨敗落後，崇禎朝廷出於安撫清流、消除門户、維護統治的現實考量，將天啓朝政治生態的惡化歸咎於客、魏“婦寺勾結”，斥其爲“妖姆”。明清之際底層文人迎合民間的“斥魏”情緒與對宮廷生活的獵奇心理，將客氏進一步演繹成了妖艷、淫亂的蛇蝎美人。清初史家去客氏年代未遠，受“妖姆”形象影響匪淺，她謀害皇后元子、以孕婦生子竊取皇位等謠言被私家史書以訛傳訛。《明史》編纂者秉持清廷同樣反感的立場，對客氏事迹加以篡改，淡化魏忠賢、王體乾等人的作用，凸顯她的主觀作惡意識，致其“妖姆”形象愈發深化，並影響至今。

當然，客氏身爲魏忠賢的對食，不可否認兩人的利益具有一致性。她支持善於逢迎的王體乾，驅逐老成謀國的王安，使内廷權力失衡；協助魏忠賢立威，致數名妃嬪殞命、中宫搖動；在魏忠賢被楊漣彈劾、命懸一綫時向熹宗求情，爲魏忠賢日後的反撲埋下伏筆。以上是客氏可查證的主要政治劣迹，但均非她獨立完成，甚至不是由她主導的。事實上，客氏未受過教育，目光短淺，貪戀富貴，愛慕虚榮，她“自視爲聖上八母之一”，⑥留居大内的職責是以母輩身份陪伴熹宗，日常飲食由她“常川供辦”，⑦“每日天將明即至殿内，候先帝駕醒，始至御前。甲夜後，回咸安宫”。對於外廷事務，客氏及其家族成員，均鮮有干預，其母“每以惜福持滿戒

---

① 相關考證參見張慧《清人對明懿安皇后之想象——〈明懿安皇后外傳〉考證》（《清史研究》2015 年第 3 期，第 126—131 頁）。然而筆者認爲，《明懿安皇后外傳》流行於清末，固然與時代背景有關，但不應視爲清末文人的手筆，因爲其主要内容仍是抄襲自道光年間《静娛亭筆記》所録删節版《聖后艱難記》，當是清中期好事者所撰野史。

② 〔清〕張培仁：《静娛亭筆記》卷四《明熹宗后》，《續修四庫全書》，第 1181 册第 673 頁上欄。

③ 〔清〕寶鋆：《文靖公遺集》卷二《奶子府》，《清代詩文集彙編》，上海：上海古籍出版社，2010 年，第 623 册第 530 頁。

④ 〔清〕陳紹箕撰，〔清〕皮錫瑞評：《鑒古齋日記》卷四，《四庫未收書輯刊》第 10 輯，第 7 册第 118 頁上欄。

⑤ 蔡東藩：《明史通俗演義》，濟南：山東人民出版社，1980 年，第 251 頁。

⑥ 〔明〕劉若愚：《酌中志》卷一四《客魏始末紀略》，第 76 頁。

⑦ 〔明〕劉若愚：《酌中志》卷一四《客魏始末紀略》，第 71 頁。

勸",^①其弟客光先仰慕東林氣節,"東林六君子"下詔獄時,他還托親信傳話:"被逮諸公皆名賢,吾欲令吾母求解於吾姊。"只是左光斗恥於"求活婦人"^②而作罷。相比魏忠賢家族滿門勛貴,客氏之子僅官都督僉事,且有例可循。劉若愚在魏忠賢專權期間,被魏氏私人、司禮監秉筆太監李永貞賞識,提拔入内直房主筆札,後因此下獄論死,對客、魏恨之入骨,但他也承認,客氏並無政治野心,渴望與魏忠賢"後來得請林下,受享富貴,齊眉到老"。^③

　　閹黨是由大批内外廷官員構成的相當龐雜的群體,是晚明士大夫党争與宦官干政合流的産物。魏忠賢的擅權,離不開明熹宗長期以來的信賴,及閹党精英的出謀劃策。如司禮監掌印王體乾"柔佞貪狠,實黨附逆賢之元凶戎首,賊害椒紳之主盟國老",^④"逐大臣王紀、滿朝薦、劉一燝等,殺内臣王安、王國臣等,心粗膽大,漸及妃嬪,皆體乾依阿逆賢也";^⑤再如李永貞等,將彈劾魏忠賢的"凡文武大小七十餘疏,概置不聽",^⑥《酌中志》卷十三《本章經手次第》詳細講述了文書流轉與司禮監決策的程序。至於外廷所謂"五虎""五彪""十狗""十孩兒""四十孫"等無恥士大夫,皆甘心充當權閹鷹犬,打擊東林,處理各項庶務。這些絶非目不識丁的客氏所能代勞或参預的,且她已僭擬母后,於後宮安享富貴,干政動機不足。客氏憑藉與熹宗、魏忠賢的親密關係,被公認爲閹黨集團的象徵人物與内廷靠山,但如此虚高的地位與實際影響力是不對等的。若按明清官方話語所述,將她與魏忠賢並列爲閹黨元凶,應對明代衰亡負有首要責任,雖符合王朝政治目的與儒家"女子、小人"的道德觀念,然而未免高估了她的能力與抱負,並非對歷史的客觀解釋。

（侯振龍,南開大學歷史學院博士研究生）

---

① 〔明〕劉若愚:《酌中志》卷一四《客魏始末紀略》,第75頁。
② 〔明〕茅元儀:《范陽乙丙紀事》,〔明〕鄭元勛輯:《媚幽閣文娱二集》卷四《紀略》,《四庫禁毁書叢刊》集部,第172册第364頁下欄。
③ 〔明〕劉若愚:《酌中志》卷一四《客魏始末紀略》,第76頁。
④ 〔明〕劉若愚:《酌中志》卷一一《外廷綫索紀略》,第56頁。
⑤ 〔明〕劉若愚:《酌中志》卷一五《逆賢羽翼紀略》,第86頁。
⑥ 〔明〕劉若愚:《酌中志》卷一一《外廷綫索紀略》,第56頁。

李調元《看雲樓集》價值初探*

尹 波 郭 齊

[摘 要] 《看雲樓集》是李調元中年編定的第一個自選詩集,具有史料、文獻、文學等多方面的獨特價值,且在海外產生了廣泛影響。但由於流傳不廣,人所稀見,至今尚未進入研究者視野。本文對該集的編纂與流傳、《童山詩集》對該集的取捨、該集的價值等問題作了初步梳理發掘,旨在引起學術界的重視,從而推進後續研究。

[關鍵詞] 李調元 看雲樓集 清代詩歌

李調元(1734—1802),字羹堂,號雨村,四川羅江(今四川省德陽市羅江區)人,清代著名學者、戲曲理論家、藏書家、詩人。他繼承蘇軾、魏了翁等以來的蜀學傳統,學術、文學造詣皆與了翁相伯仲,是繼楊慎之後出現的又一位川籍百科全書式學術大師,著述之富,費密而外無與匹敵。他以一人之力,耗費畢生精力,完成學術巨著《函海》,影響深遠。他以"川劇之父""川菜之父"知名,又爲沉香研究專家、對聯高手,爲巴蜀文化、中華文化的研究傳播做出了全方位的貢獻。李調元素有"錦江六傑""蜀中三才子""綿州三李""林下四老"之美譽,2020年6月,被四川省正式評定爲"四川歷史名人"。

《看雲樓集》是李調元中年編定的第一個自選詩集,具有多方面的重要價值。朝鮮使者曾專門派人登門求書,得此集而歸,並產生了廣泛影響,其後使者之來皆能誦之。由於李調元晚年曾將其詩作重新編定爲《童山詩集》,導致《看雲樓集》長期被忽略,流傳不廣,知見者不多。迄今爲止,李調元研究的代表性成果包括一些著名學者的成果和研究生學位論文皆罕有涉及。如羅煥章等《李調元詩注》選詩範圍僅限於《童山詩集》,未及其他。易君模等《李調元詠景詩選》、羅江文體廣新局編《李調元著作選》也是同樣的情況。詹杭倫《李調元學譜》對此集語焉不詳,且未將其列入調元集部著作目錄。楊世明《李調元年譜略稿》、孫震《李調元著述繫年題要考略》、賴安海《李調元傳略》、肖世德《李調元家世和年譜簡編》則均未提及。今惟國家圖書館、中國科學院圖書館各藏一本,幾爲稀缺之書矣,實有必要作一梳理,表而出之。

一、《看雲樓集》的編纂與流傳

此集是李調元任吏部文選司主事時以在京所居樓命名的。關於看雲樓的情況,調元《看

---

* 本文爲國家社科基金後期資助項目"魏了翁文集整理研究"(22FZXB018)、四川省社科規劃重點項目"魏了翁文集整理研究"(SC22A019)的階段性成果。

雲樓記》詳載云：

> 宣武門東梁家園舊爲山左李少農基宅，名"滴翠園"，有石池亭臺之勝。以事敗，地今爲瓦礫場矣。乙酉，官起房以便民居，秋末落成。房在麻綫衚衕西口，而東南地勢稍低，築樓三楹當之。先是，京師房未有樓者，兹蓋特創也。初爲中書舍人武進毛應藻所據，……丙戌，毛登第，授湖南沅陵令。將行，知余心素好之也，乃以授焉。……爰家有萬卷樓，故即以名名之。①

知其於乾隆三十一年（1766）始得此樓，並以故鄉家中原有之樓名名之。②《看雲樓集》卷十七有《移居看雲樓》詩四首（《童山詩集》卷八僅載一首）、《晚登看雲樓》一首，知調元移居此樓在乾隆三十一年秋。

調元在看雲樓住了三年，直到乾隆三十四年（1769）冬離職返蜀，③爲父守制之前方將其轉讓出去。《童山詩集》卷十三《和程魚門遲雲閣賞雪元韻並序》云："閣即余向之看雲樓也，自余己丑歸蜀後屢易主人。"《看雲樓集》卷二十二有《晚登看雲樓述懷四首》《別看雲樓二首》《看雲樓玩月用去年中秋韻簡唐堯春》諸作，皆離京前依依惜別之詩。

此集編定的時間是乾隆三十四年秋冬間。《看雲樓集》卷二十二《繭繭吟》序云：

> 今年秋，調遭先大夫故，摒擋後事，留滯京師，欲歸不能，乃無一事，檢案頭舊作，幾至盈千。雖風雲月露，遺笑前人，而黃金擲牝，又覺可惜。因且刪且改，汰舊稿十之五六，存三四焉。適有南（北）來便鴻，得先生（錢陳群）手教，並示詩序一章，遂以弁首。蓋去歲同官吏部王鎮之，先生之坦腹而調之同鄉，請假南歸，曾以束筍上達，並求一叙，而今乃却寄也。

調元父李化楠乾隆三十三年（1768）十二月二十九日卒於順天府北路同知任上，此言"今年秋"，顯爲次年。錢序今存《看雲樓集》卷首，蓋原爲此集編成之前序調元他詩者也。集首程晉芳《看雲樓集序》亦云"余方將請假南歸，雨村亦於秋杪歸蜀，因爲序其詩以志別"，而署"己丑夏四月，新安愚弟程晉芳序"，故此集編成時間十分清楚了。今查該書所收調元詩最晚者爲己丑秋末作，即卷二十二最後兩篇——《重陽》和《送程魚門舍人歸江南二首》。《童山詩集》皆按年編排，其中所取《看雲樓集》之詩最晚編入卷十，即己丑下。

---

① 〔清〕李調元：《童山文集》卷七，3b，乾隆綿州李氏萬卷樓刻、嘉慶十四年（1809）李鼎元重校印《函海》本。
② 調元從弟驥元《寄姪朝礎》云："醒園當日共嬉遊，采菊東籬趁晚秋。步月每過延月洞，穿雲多上看雲樓。"見驥元：《李中允集》卷一，12b，嘉慶十七年（1812）龍萬育刻本。朝礎爲調元之子，可知蜀中之看雲樓在羅江醒園中，或即後之萬卷樓。
③ 李調元《童山自記》云："（己丑）十一月二十日携眷回川。"伍文校點本，《蜀學》2009年第四輯，第259頁。

如上所述,《看雲樓集》爲李調元中年自選詩集,凡二十二卷,共收入乾隆三十四年秋以前的詩作八百五十九首。雖編集時删削大半,但選擇範圍並未包括此前的全部詩作,以一事明之。《童山詩集》前十卷收有不少《看雲樓集》所没有的作品,如卷一的《雜興》《遊山》《蜀樂府十二首》《雨霽懷明經計寧邦》《苦雨行》《雨夜和郭秀才韻》《計寧邦送木筆盆花》《雨過寧邦覓花》《苦雨二首》《喜晴二首》等,皆乾隆十三年(1748)十五歲時之少作。調元晚年編《童山詩集》,對自己的舊作做了更爲嚴格的篩選,《看雲樓集》中的作品淘汰過半。因此,詩作被《看雲樓集》淘汰而被《童山詩集》重新選入的可能性很小,説明前者選擇的範圍只能是當時隨身携帶的部分作品,編選之前的實際詩作數量更多。

和《童山詩集》一樣,《看雲樓集》的編排不分體裁,大致按寫作時間先後排序,但又不甚嚴謹。如卷一、卷二均收有《童山詩集》卷七之作,而卷九、卷十一又反收其卷一之作,卷十四、卷十七反收其卷二之作,等等。又卷二十只收録"贈某人"四篇,"簡某人"二十篇,又似按題材分類。這些都反映出該集的編排比較倉促和隨意。

此集的刊印時間不晚於乾隆四十一年(1776)。《童山詩集》卷十九《漫言》云:"誰把詩名傳海外,《看雲樓集》客來求。"此爲乾隆四十二年(1777)丁酉初詩。《雨村詩話》卷十六云:"乾隆丁酉上元,余在京,忽有朝鮮人柳琴到門云:'我朝鮮副使徐浩修使也……因在琉璃廠肆見尊刻《粵東皇華集》,無心山谷、放翁而自合於山谷、放翁。竊意著作必不止此,不知此外尚有幾種,乞求數部。'勉懇不已,因令人與之使去。"①正言此事。《粵東皇華集》卷首有韓國副使徐浩修致李調元求書啓,與此同意。又調元《韓客巾衍集序》云:"因以向之所著《看雲樓集》付之,以不辜其求。"②朝鮮詩人李德懋記云:"丁酉上元,幾何子彈素隨本國副使徐浩修至中國,於琉璃廠書肆得吏部兼編修綿州李雨村先生調元所著《粵東皇華集》,呈副使。……雨村先生時以謫官家居,未見也,但以初刻《看雲樓集》及未刻《童山全集》給之,副使大喜。"③既然丁酉初已將《看雲樓集》贈與朝鮮使人,可知此集至遲在乾隆四十一年已印行於世。

二、《童山詩集》對《看雲樓集》的取捨

《童山詩集》四十二卷,爲李調元晚年親手編定的詩集。初編爲四十卷單行本,成於乾隆五十九年(1794),次年即將其贈董蔗林、袁枚等人。④所收詩作止於乾隆甲寅(五十九年),當

---

① 〔清〕李調元著,詹杭倫、沈時蓉校正:《雨村詩話校正》卷一六,成都:巴蜀書社,2006 年,第 368 頁。

② 〔朝鮮〕柳琴編:《韓客巾衍集》卷首,周斌主編:《朝鮮漢詩文總集》第 2 輯,成都:四川大學出版社,2015 年,第 5 册第 583 頁。

③ 〔朝鮮〕洪大容,李德懋著,鄺建行點校:《乾净衕筆談 清脾録》,上海:上海古籍出版社,2010 年,第 354 頁。

④ 見李調元:《與董蔗林同年書》《答祝芷塘同年書》,《童山文集》卷一〇,12a、15a;《雨村詩話校正》卷一六,第 372 頁;詹杭倫《李調元學譜》中編,成都:天地出版社,1997 年,第 184 頁。

四十二卷本之前三十二卷。甲寅以後詩則先編爲《童山續集》，①最後合編爲四十二卷本，約定稿於嘉慶初。②該集對李調元一生的詩作進行了嚴格的挑選，保留下來的不足一半。《看雲樓集》也在篩選之列，經統計，其中有四百二十首詩未能入選《童山詩集》，淘汰率約百分之四十九。而入選的四百三十九首，大都做了不同程度的修改，近一半已面目全非，幾同新作。以下按修改的方式略作梳理。

　　1.删節。如《艾如張》原爲五首，删減後只保留一首；《猛虎行》原爲六首，現爲四首；《羅真觀觀惠真上人所藏古鼎歌》删一百四十二字；《越王臺》删去後半三十字；《禹碑歌》删去八十四字；《成都雜詩》删去十首，僅保留七首；《歸州謁三閭大夫廟二首》删一首；《登弄珠樓》二首删一首；《題錢舜舉苻堅訪鳩摩羅什圖》删八十八字；《將歸劍南之鄲別俞醉六師席間呈二首》删一首；《游平山堂》二首删一首；《田家雜興》删一首；《同汪孝翁張斐成泛舟西湖分作絕句十首》删去六首；《送別豹文》删去六十字，幾爲原篇幅之一半；《題何愚廬調鼎圖》删去一百零二字；《冬杪奉和張鶴林翰林見懷元韻》四首删三首；《保和殿御試蒙恩點翰林院庶吉士恭紀》删去兩處小注；《送別沈虹舟先生南歸教授》删去九十三字；《元夜周立崖夫子招飲觀東坡興龍節侍宴真迹作歌》删八十四字；《送別夢樓夫子出守臨安紀事述懷一百二十韻》删二十韻；《放歌行送別別駕唐芝田之江南兼懷夢樓夫子》删去一百五十字，删減過半；《寄懷王夢樓夫子用陳其年上大司寇宋蓼翁夫子五言古詩一百二十韻元韻即效其體》删去六十韻，删減過半；《奉和祝芷塘移居六十韻》删去二十韻；《贈歌者喜郎》删去六首，僅保留四首；《喜晤程芷南席間見示舊作四首即次其韻奉答》删二首；《送王荔裳歸浙一百二十韻》删六十韻，占原篇一半；《宋錢歌》原爲五百二十一字，删減爲一百九十九字，等等，其他局部删節更多。

　　2.增補。這種情況比較少見。如《上之回》於篇末增"瞻雲就日來何從，上不回兮心方忡"二句；《秋興八首》增補序九十八字；《夏日西湖》增加一首，爲二首；《雷琴歌》序原爲一百一十六字，現增爲三百一十一字；《和題王雨莊待詔字塢山房圖元韻五首》增補序一百字；《過菱湖訪費雲軒先生元龍山莊》題下增補小注十四字；《復歸鸚鴒寺僧房三首》之一篇末增補注文六十四字；《元夜周立崖夫子招飲觀東坡興龍節侍宴真迹作歌》增補序六十八字等。

　　3.縮合。如《清明二首》取消，取其一首併入《成都雜詩》；《夜聞江上吹笛二首》原詩爲：其一，"寒渚秋江盡，青天月欲流。何人夜吹笛，一半落孤舟。"其二，"偶對江西月，初聞塞北聲。梅花何處落，一夜滿江城。"今縮合爲《夜聞江上吹笛》一首："兩岸風濤静，中天月影流。梅花何處落，一半在孤舟。"《嘲峽石》《刺瀆淖》原爲二篇，今縮合爲《峽中二首用范石湖韻》一篇；《雜詩》全篇取消，取其二首併入《古意》；《大風渡黃河歌》"龍門積石定何處，巨靈橫

---

① 見李調元：《和嚴麗生學湻題童山續集原韻二首》《和吳壽庭先生見題續集原韻》，《童山詩集》卷三九，10b，卷四〇，3b。
② 李調元嘉慶六年（1801）曾親手修訂《函海》，中含《童山詩集》四十二卷，《童山文集》二十卷，於次年秋末基本刊成，十二月即去世。該集所收最晚之詩爲嘉慶七年（1802）之《十一月初三日小萬卷樓成》和《歎老》，最晚之文爲該年所作《捐修綿州城碑記》，或爲其後人所增補。參詹杭倫：《李調元學譜》中編，第184、186頁；賴安海：《試述〈函海〉的版本及其編者李調元的著作總數》，《蜀學》2015年第九輯，第142頁。

空撑不住。但見魚折溜兮蛟蹯水,茫茫浩浩從東去。須臾風急愈暴號,河伯勃怒推洪濤。咆哮一掉入滄海,日月簸蕩珠宮高。憶昔堯諮嗟,禹疏理,九州始桑麻,一葦可航耳。胡爲白日堆活沙,萬艘忽失青天裹。況聞連年侵淮泗,高堤衝激難修治。利害頻煩聖主心,安危屢奏朝臣議。如何邇來仍橫流,萬民日有魚鱉憂"一段,今僅縮合爲"曉來北風急如馳,河伯勃怒蛟龍起。咆哮直入滄海大,日月簸蕩珠宮裏"四句;《虞部趙檢齋夫子招諸同門飲時有出守衛輝之信因即席賦之》《送虞部郎中趙檢齋夫子之衛輝之任》原爲二篇三首,今縮合爲《送虞部趙檢齋瑗師出守衛輝》一篇二首;《奉和芷塘移居接葉亭詩》原共八疊韻,八篇,三十二首,今縮合爲四疊韻,四篇,十六首;《送洗馬宋舜音出守衛州述懷四首》縮合爲一首;《春日西湖雜詠效白香山體四首》縮合爲二首;《來日大難》原爲四解四首,縮合爲一首;《涿州送家大人回川遇宋四觀光于城北時宋將之江西作宰作歌送之》後半一百一十二字縮合爲二十六字;其他如《戚繼光燕山紀功碑歌》等皆有大幅縮合。

4.調整。如《南宋宮詞百首》將原第十一首調至第十八首,原第十八首調至第十二首;《題美人圖四幅》四篇,今將《明妃出塞圖》《楊妃春睡圖》各自成篇,且一在卷八,一在卷七;《復歸鶻鴒寺僧房三首》拆分爲《試畢仍歸鶻鴒寺》《重至鶻鴒寺》兩篇,一在卷四,一在卷六等。調整最大的是《奉和芷塘移居接葉亭詩》八疊韻,原四疊之"高齋煮酒論群雄""爲問蕭齋倚笛樂""疏狂豈是合時宜"三首調至三疊,原五疊之"犢鼻文園病酒宜"一首調至四疊,"畏人默鈍頗相宜"一首調至三疊,原八疊之"茅屋新詩賦出頻""跋扈飛揚誰最雄""城南誰氏建雕樂"三首調至四疊。

5.改寫。此爲最主要的修改方式。《看雲樓集》中入選《童山詩集》的四百三十九首詩,幾乎沒有不作改動的,包括大改、中改、小改。其中大改者已面目全非,與其說是修改,不如說是另作。試舉數例:

萬縣

修改前:城小依丹嶂,江流湧白沙。何年開一峽,千古控三巴。瀑掛岑公洞,溪喧覃氏家。從來南浦地,勝迹昔人誇。

修改後:《巫山縣》 小小巫山縣,雲峰密似麻。天寬才一綫,地仄控三巴。瀑掛山山樹,溪流處處花。瞿塘天下險,莫更說褒斜。

會稽懷古

修改前:越王舊國但荒煙,秋草淒迷故苑邊。雨濺南陽三尺劍,風飄東國五湖船。英才銷歇龍山土,霸氣縈回鱉井泉。聞道山川多間氣,興亡今古一淒然。

修改後:千岩萬壑越山川,到此欣然欲學仙。我未功成少西子,那能便泛五湖船。

留別

修改前:才得歸來又買船,相携話別各淒然。世間笑貌俳優戲,吾輩詩歌雜管弦。萬里知心長寂寂,一尊相對意綿綿。江間楓樹應惆悵,一葉因風落酒筵。

修改後：《榜發下第買舟將南諸同人携酒餞行留詩作別》 才得歸來又買舟，相携話別各言愁。一時氣味真如醉，千古文章肯類優。楓葉初紅是新染，蕉心含綠顏全抽。他年伯樂如垂顧，看我來修五鳳樓。

褒城縣

修改前：誰知千嶂盡，復見萬家存。遠岫疑沙岸，荒城似野村。鳥聲喧日落，馬足趁煙昏。風俗吾鄉似，依稀返舊園。

修改後：秦棧西將盡，褒斜北向橫。三川餘故國，一笑果傾城。昔獻龍蓁種，今遺癭婦傖。雞頭何嶓岈，莫作牝雞鳴。

訪費雲軒先生山莊即事

修改前：問訊幽居處，人言古樹根。平田春水岸，小艇夕陽門。蝦賤登晨市，鱸肥入晚飧。盤桓殊未厭，又聽僕夫喧。

修改後：《過菱湖訪費雲軒先生元龍山莊》先生官綿時余受知，屢試第一。 茗雲最深處，菱湖又一村。平田春水岸，小艇夕陽門。舊忝後堂客，新嘗若下尊。十年深仰止，今始入龍門。

京口阻風

修改前：客路愁何極，橫江擘岸風。歸心攔不住，獨往大江東。

修改後：心擬雨無阻，身偏風見稽。夢中如有翼，飛過大江西。

密雲縣省視家大人未值住大悲庵作

修改前：古寺冒蘿藤，高齋試一登。鳥啼雲際磬，花暗雨中燈。何日奔塵定，頻年報最稱。悵然却歸去，渾似出山僧。

修改後：《密雲縣省親以出口未見住大悲庵次日回京》 禮少趨庭過，騎因定省乘。不知先出口，空自撫愁膺。帶想十圍減，城看百堵興。悵然却歸去，負米竟何曾。時修密雲城工已竣。

古意

修改前：窾木呼長風，流響或有因。奈何營營者，笙簧由鼓唇。巧韻悅人耳，遂以亂偶真。初或間疏逖，漸乃離所親。所以明遠論，賢者為書紳。

修改後：《窾木謠》 窾木窾木，風從中出。笙簧笙簧，言從口揚。窾木尚有因，笙簧不可當。初或疏兄弟，漸乃離爺孃。嗟乎，曾參殺人母反走，古今間人只在口。

贈別舜音編修

修改前：索居忽愁思，攬衣循階除。涼飈振庭戶，樹木何蕭疏。我友駕在門，告言返舊閭。相送臨河曲，執手為躊躇。顧視水一方，中有雙飛鳧。翩翩屬其羽，並頸時相呼。奈何同心人，遠在天一隅。遞爾為舟楫，利涉復何虞。籲嗟復何語，黽勉赴前途。

修改後：《送編修宋小岩銑回吳》 姑蘇多佳人，豔者顏如玉。亦復產佳士，玉中比結綠。我友宋小岩，峨眉等曼□。若比西方人，定應稱二玨。可憐不字貞，與我通款曲。三載偕步趨，校書直天祿。有如雙飛禽，相聚水中浴。翩翩屬其羽，並頸時相逐。昨日駕在門，告言返舊屋。執手爲躊躇，涙下不能續。奈何同心人，遠赴天一角。目逆而送之，何時手重握。相期臭如蘭，此外無他屬。

送趙編修翼出守鎮安

修改前：高懷却似承明厭，勳業偏於遠地宜。人過雲山逢驛使，吏迎雷嶺雜猺夷。枇杷花外行苗部，薜荔牆邊詠柳詩。遙想郡齋無事日，著書多應勝延之。

修改後：《送編修趙雲松翼出守鎮安》 玉堂揮翰究推誰，二載螆頭四海知。自古詞臣多出守，況今才子最能詩。桄榔樹底行苗步，薜荔門中謁柳祠。莫遣瘴煙侵鬢髮，他年燕許候搞詞。

送學士韋約軒視學山左

修改前：策馬臨淄旄節翻，皋比坐擁出詞垣。諸生舊盛推東魯，學士新參重北門。金鑒照來峰日麗，珊瑚網盡海雲吞。大明湖上多垂柳，攀折秋深欲斷魂。

修改後：《送學士韋約軒謙恒視學山左》 出典文宗任最尊，同年讓爾首承恩。蜀袍學士方辭院，魯國諸生盡在門。學術總期歸有用，游談切忌戒無根。大明湖上多秋柳，只恐詩成又斷魂。

順義道中

修改前：一溪清淺藻文斜，二月風過草苗芽。却憶故園春色動，種花人老未還家。

修改後：《順義道中見杏花》 二月風過草苗芽，一灣柳港聚人家。醒園本是吾歸處，却向盤山看杏花。

此類不勝枚舉，與原作相比，幾乎是重作。

改寫中還有一個突出的現象，即改題。如《妾薄命》改爲《邯鄲行》，《白紵辭》改爲《美人行》，《董逃行》改爲《東門行》，《長歌行》改爲《丈夫行》，《羅真觀觀惠真上人所藏古鼎歌》改爲《青羊宮觀銅鼎歌》，《春興八首》改爲《平定西域恭紀八首並序》，《龍津晚泊二首》改爲《舟中二首》，《懷唐堯春》改爲《喜唐堯春樂宇至》，《秋興八首》改爲《平定金川恭紀八首並序》，《贈羅爾音》改爲《贈弟桂山天英》，《龍山遠眺》改爲《登寧波城樓》，《送徐蒸遠舍人不及以詩追寄之》改爲《送舍人徐蒸遠步雲回南》，《冰船行》改爲《冰床行》，《挽烈婦李安人》改爲《挽易州牧李文耀茡裳繼配烈婦氏覺羅安人》，《秋山六景圖》改爲《游雲龍山》，《送侍御劉竹軒巡視南漕》改爲《送侍御王德圃啓緒巡視南漕》，《石匠苦》改爲《石匠行》，《窯戶怨》改爲《窯戶行》，《贈歌者喜郎》改爲《贈李桂官》，《贈別舜音編修》改爲《送編修宋小岩銑回吳》，《借典籍胡柘塘訪宗室幻翁主人座上賦詩》改爲《青石橋訪韓三》，等等。乾隆三十四年(1769)秋，調元離京返鄉，集中寫作了一批留別友人同僚的詩，全部以"簡某某人"爲題，編入《看雲樓集》卷二十，凡二十三篇。其中十九篇後來收入《童山詩集》，題首的"簡"字全部改爲"別""憶""懷",分別爲八篇、十篇、一篇,也頗耐人尋味。

6.潤色。凡全篇只有局部字句改動者,可稱爲潤色,是爲了更加達意或增加文采。如《少年行》首句前增"馬躞蹀"三字,"白馬年少郎"改爲"白面年少郎","人生富貴真足羨"改爲"人生富貴何足羨","還向城南起大屋"改爲"還向墳前起大屋";《荆州二首》"日湧早潮來"改爲"日帶早帆來","舟落渚宮遠"改爲"鳥下渚宮遠","帆依沙市迴"改爲"人喧沙市迴","荒原平野燒"改爲"荒原淪戰骨";《丹徒》"海燕迎舟急"改爲"海燕銜花過","沙鷗入浦閑"改爲"沙鷗傍草閑";《天門山》"巨靈擘破勢猶連"改爲"巨靈劈破勢猶連","雙崖拔地俱千尺"改爲"雙崖拔地兩邊斷","一水穿天界兩邊"改爲"一水穿天萬派懸","月引曉嵐雲外合"改爲"日影曉嵐雲外合","何當乘興披煙靄"改爲"何當乘興披煙霧","直跨凌虛學地仙"改爲"直跨峰巒學地仙",等等。凡選入《童山詩集》者很少有完全不作修改的,所以此類潤色的例子比比皆是,不煩枚舉。

從以上梳理不難看出,調元對自己的詩作挑選甚嚴,要求甚高。一是取精而不用宏。《看雲樓集》本身已是"汰舊稿十之五六,存三四焉",而入選《童山詩集》時,再淘汰一半。剩下的一半也大幅删節縮合,毫不吝惜,"痛下殺手",非上乘不取。二是精而益求精。雖以删削爲主,但必要時也有增補,補詩補序補注,使其完善;調整位置順序,使其更合理。不滿意者,則不惜改作,改題改意改韻改體裁改字數,以期脫胎換骨,涅槃重生。其尚可者,亦字斟句酌,反復打磨推敲,以臻圓滿,用心可謂苦矣,用力可謂勤矣。但另一方面,恣意篡改,又表現出一定的輕率和不嚴謹。雖然是自己的作品,無妨自由去取,但以三十年後之眼光對舊作大幅改動重作,格調再高,亦三十年後之詩矣。尤其是《羅真觀觀惠真上人所藏古鼎歌》改爲《青羊宮觀銅鼎歌》,羅真觀在德陽羅江,青羊宮在今成都市内;《萬縣》改爲《巫山縣》,其地不同;《懷唐堯春》改爲《喜唐堯春樂宇至》,由其人去後改爲其人方至;《贈羅爾音》改爲《贈弟桂山天英》,《送侍御劉竹軒巡視南漕》改爲《送侍御王德圃啓緒巡視南漕》,《贈歌者喜郎》改爲《贈李桂官》,《借典籍胡柘塘訪宗室幻翁主人座上賦詩》改爲《青石橋訪韓三》,前後所與對象風馬牛不相及;卷二十留別友人同僚之詩,"簡某某人"改爲"別某某人"尚可,而改爲"憶某某人""懷某某人",則未免有遷就之嫌,恐還是以尊重歷史爲好。

三、《看雲樓集》的價值

《看雲樓集》雖已被《童山詩集》所取代而流傳甚稀,但作爲李調元中年編定的第一個詩集,仍具有多方面不可替代的價值,如史料價值,文獻價值,文學價值等。尤其是僅存于集中的四百餘首詩,更是瞭解李調元中年以前事迹、交遊、思想、創作的珍貴資料。

(一)史料價值

1.有助於瞭解李調元生平。如卷四《將之姚江留別諸友作》以下三十餘首詳細記録了調元乾隆十八年(1753)十二月舉家走水路東赴餘姚其父親任所沿途所歷所見所感,其中《舟次射洪》《合州夜泊》《謁三忠祠》《涪州石魚歌》《旅夜》《萬縣》《登白帝城》《黃陵廟》《武昌懷古》《黃鶴樓》《漢口遠眺》《江州城樓遠望》《琵琶亭》《南康夜泊》《吳城晚眺》《登滕王閣》《舟過嚴陵釣灘》等皆僅見於此集。卷六《上虞道中》以下三十餘首詳細記錄了調元乾隆二十一年(1756)春由旱路西歸蜀中應鄉試的行程,其《上虞道中》《曉發平望》《姑蘇懷古》《謁五人墓》《虎丘懷古》《虎丘》《滸墅舟中》《潤州懷古》《渡江》《揚州懷古》《儀真道中》《六合縣》《滁州》《清流關》《鳳陽懷古》《亳州遇雨》《陳留道中》《郟縣》《潼關》《新豐》《驪山懷古》《咸陽道中》《馬嵬》《武功道中》《過馬伏波將軍墓》《寶雞縣》《進連雲棧》《畫眉關》《過諸葛忠武侯墓》《寧羌遇雨》《昭化縣》《抵舍》亦僅見於此集。卷七《秋懷》以下三十餘首又詳記該年秋再次由水路東赴浙江秀水其父任所的歷程,其《秋懷》《感懷》《遂寧縣有懷》《舟出巴峽》《望高唐觀》《巴東縣》《新灘口號二首》《南津夜泊》《沙市》《漢川縣》《舒州道中》《謁余忠宣公祠》《丹陽道中》皆僅見於此集。卷八《和錢黃與送別韻》以下二十餘首記錄了乾隆二十三年(1758)調元隨父由北路陸路西歸綿州的歷程,其中《和錢黃與送別韻》《吳江晚泊》《謁五女祠》《許州》《伊河偶憩》《發寶雞縣》《煎茶坪》《鳳縣道中》《鳳嶺》《柴關》《謁諸葛忠武侯祠》《姜伯約祠》《牛頭山》《和趙滄園先生枉駕補過亭元韻》《趙滄園先生再過留飲家大人有詩恭賀元韻》皆僅見於此集。卷十《岐山縣元日》以下二十餘首是乾隆二十四年(1759)冬北上京城參加會試沿途的記錄,其《洛陽懷古》《懷慶道中》《磁州道中》《謁楊忠湣公祠》《涿州》《滄州》等僅見於此集。

乾隆三十年(1765)歲末,調元兩歲之子汪官病亡,作有悼亡詩八首,而《童山詩集》僅載前四首,後四首《再用東坡韻》兩篇及《人日述懷二首》則僅見於《看雲樓集》卷十五、十六,更詳盡地記述了愛子夭亡的始末及痛斷肝腸的感受。更重要的是,可以糾正《童山自記》記載的錯誤。《自記》於乾隆二十九年(1764)甲申云:"二月,汪官生。"於三十年乙酉云:"六月,汪官殤。"而調元哭詩第二首云:"維時正除夕,別歲我已忘。臨晨請禱回,兒已奄欲亡。……猶待分壓歲,牽衣始仆僵。……安得飛蓬島,為覓回生方。竟隨二豎去,使我裂中腸。"第五首注云:"兒以十一月初病,予方日上起居注抄書。"《人日述懷二首》有"愛花無計護柔枝,對啼穀穀憐鳩婦,解語喃喃惜燕兒","牽衣有憶涕漣而,平生苦蹈西河轍","忍見梅花折嫩枝,杜甫前年憐驥子,義山此日戀嬌兒"等句,為新喪子之語,則知汪官實殤於除夕,而非六月。諸詩乃調元當時所作,可以據信,而《童山自記》為三十餘年後之追憶,故難免有誤。

又《自記》於乾隆三十二年(1767)丁亥云:"冬,移居梁家園官房,有樓甚軒敞,面東,樓下有積水,余題一聯云:'城外遠山如岫列,樓前積水當湖看',人傳頌之。"誤。據卷十七《移居看雲樓》四首(《童山詩集》卷八僅收一首,列丙戌)及《晚登看雲樓》有"天邊歸雁去悠悠","霜倒菊花全覆砌,風凋梧葉半侵樓","月明人在樓","瀟瀟落葉秋"等句,明其移居在秋不在冬,在三十一年(1766)不在三十二年。《自記》乾隆三十三年(1768)戊子云:"(先君訃至)余聞之,魂飛天外,即駕車兼程,日行三百里,趕至白河。"卷十八《雪》《宿固城縣》《重經樓桑村西觀音寺有感而作》《途中逢唐鑒》《宿仙風坡》《初五日回京》等篇即為此行返程所作,僅見此集。《自記》又云:"己丑,在保定守制開吊……余以平谷城工密雲縣兩處交代未楚,令弟譚元扶柩送母吳太恭人先回,余往平谷……至十月交代事竣,於十一月二十日携眷回川。"卷十八《出自城東門》《不寐》《和舍弟龍山由密雲至平谷原韻》《平谷雜詩》《洵河晚眺》《登城》《上紙寨》《下紙寨》《東郊二絕句》,卷十九《游固安寺》《寒食》《題水峪寺泉》《平谷回密雲苦熱途中作》《馮家潭》《羅山》《清河》《望天壽山》《湯泉》《懷柔道中》《檀州懷古》,卷二十一《雨中渡白河作》《宿良鄉有感》《寄内》《張桓侯廟》《定興道中》《北河》《夜宿通州城外有作》《潞河》《三河道中》《靈山》等可見此期間逗留京城和往來奔波之情狀。卷二十一有《四月初十日大悲庵禮佛追和先大夫壬午監密雲城工壁間題淵明歸去圖元韻》,知調元曾爲其父做法事超度。《傷懷二首送舍弟龍山扶櫬歸蜀》,知弟扶櫬在夏間歸蜀。卷二十二《柴市吊文丞相》《憫忠寺吊謝疊山》《晚登看雲樓述懷四首》《別看雲樓二首》《中秋夜飲于接葉亭》《看雲樓玩月用去年中秋韻簡唐堯春》《芷塘見和》《重陽》《送程魚門舍人歸江南二首》等則爲離京返蜀前之作。

《繭繭吟》並序是一篇重要的文獻,《看雲樓集》編纂的詳細情況賴此以明。據《大理司馬王錫綰將之滇南以素絹求書因作長歌兼以志別》,可知調元善書及其書法風格。《五疊前韻》小注云:"余近病耳聰。"《六疊前韻》小注云:"余素有小李將軍號,不知何時謂。而芷塘以年未弱冠同登第,故榜下,好事者以杜詩'將軍不好武,稚子總能文'二句爲予二人諧語。"又云:"余近頗喜誦佛語。"以上這些僅存於《看雲樓集》的詩作,無疑對於瞭解作者的生平事迹大有裨益。

2. 有助於考察李調元的交遊。根據《看雲樓集》諸篇唱酬或交往之人,不見於調元其他著述而僅見於此集者計有曾輝臺、錢黃與、阮吾山、馬四、王錫綰、董東亭、毛進思、陳恥齋、沈六、石鈍夫、張寶林、周奕亭、沈石田、勞藥軒、周亦庵、王荔裳、王硯田、黃南坪、王雲谷、繆匯川、趙瑞生、黃定之、羅維楊、吳九齡、吳子萬、劉亮淑、趙千子等人。另趙澹園,《童山詩集》卷二十六雖有一處提及,但無事迹,賴此集卷八《和趙澹園先生枉駕補過亭元韻》《趙澹園先生再過留飲家大人有詩恭和元韻》略知一二。陳琮,號韞山,爲調元摯友、姻家,《童山集》《童山自記》中多有提及,然賴此集卷十一《寄永清丞陳石材》等方知其號石材。沈士瑋,號南雷,據卷十二《六月初一日雨後》詩知其一號沈樓。《童山詩集》卷八有《贈李桂官》,據此集卷十四《贈歌者喜郎》方知其又名喜郎。宋小岩銑,《童山詩集》多次提及,據此集卷十四《贈別舜音編修》、卷十七《送洗馬宋舜音出守衡州述懷四首》,知其字舜音。曹仁虎,號習庵,見《童山詩集》卷八,而此集卷十四有《九日陶然亭登高和曹編修來殷元韻》,知仁虎字來殷。且此詩注稱公,而彼詩改稱君。

3. 有助於瞭解李調元中年以前的思想。如展現青年時代奮勵思進、蓬勃向上精神面貌的:

> 九州不足覽,願上九天遊。凌雲生羽翼,翱翔蓬島陬。披我鶴氅衣,脱我鷫鸘裘。青鳥爲我鳴,白龍爲我騶。朝焉駕昆侖,暮復來丹丘。雙闕流金碧,朱扉啓重樓。宴

約王母赴,壺邀天女投。俯視寰中人,蠕蠕如蜉蝣。我笑黄石公,何爲人間留。《神仙歌》

君子不遑息,小人適所便。感激在桑弧,敢因徒旅倦。鴻鵠志四海,鷃雀何能知。君子志四方,名利非所思。振翮凌青冥,高舉在今斯。安能坐蓬廬,踽踽守空帷。《秋懷》

休嗟世上憐才少,自怪平生失學多。孔雀寗辭抵觸辱,麒麟聊受縶維磨。《感懷》

表現對下層人民深切同情的:

出東門,望古田,少人耕。種禾麥,無時日,仰頭悲鳴。今日不雨,明日不雨,禾麥化爲土。道逢農氓,嗟嗟勿言苦。朝屠豕,暮烹羊,縣中開讌方徜徉。《出東門行》

春羅曳輕裾,本出貧家女。上有雙鴛鴦,五色綴其羽。豪家富熏天,妖媚日歌舞。不念百日功,寸寸剪其縷。安知織者苦,衣襟自襤褸。力作不償報,嗟嗟何可數。《雜詩》

抨擊不勞而獲的佛教僧徒的:

古寺懸層顛,澗鳴聲潆潆。南屏背松栝,庵鐘自擊撞。客過僧不迎,去疾走踅踅。此輩廢菑畬,安享酒盈缸。何不勒歸農,驅使事耕耰。《西湖宴集分韻得江字同俞醉六施樂萃作》

警懼仕途艱險,告誡潔身自好,明哲保身的:

君不見,冥冥雲中鴻,偶罹繒繳悲秋風。君不見,唧唧籬邊雀,振翮雲霄出丘壑。世事反覆安可知,已道今朝不如昨。高門駟馬知爲誰,昔年破屋愁嚘咿。《行路難》

雉子斑,錦翼翩翩集水澨。日色蕩漾花簇團,望望羽毛成彩鷩。雉子自謂文章好,朝來一翅思翀天。王孫張羅江之干,以計餌之剪羽翰。非不愛護已傷殘,黄金籠内誰爲歡。仰人飲啄誠大難,昨日麥壟天地寬。《雉子斑》

昨日黄鸝鳴青春,今朝落絮浮白蘋。眼看日月推車輪,少年忽老如隔辰。勸君盡醉勿欠伸,安知人間富與貧。《短歌行》

零落在轉瞬,榮茂若朝菌。静觀百歲間,無營以爲準。底事紛馳人,捷徑步自窘。《秋懷》

禍福有基胎,鴆毒在安晏。物性忌太直,兹焉得良謀。棲托苟得所,明哲保初終。寄謝趨炎輩,無爲亂吾袞。《雜詩》

空城雀,日啄太倉粟。朝啾啾,暮啾啾,彈弓驅之復來宿。傷翎摧羽豈不悲,爲戀一粒果我腹。君不見,鴻雁高高麗碧秋,江湖還爲稻粱謀。何況微禽身軀小,一日無食便枯槁。《空城雀》

這些詩作一方面表現了李調元一腔抱負、壯志滿懷的蓬勃精神，同情底層百姓的仁者情懷，另一方面，作爲未諳世事的青年，逆料世途險惡、人生無常，戒以避世遠害、明哲保身，未免有些少年老成，甚或無病呻吟。爲貧逐食，以空城雀自解，也難免消極，展示了青年李調元思想的複雜性。

4. 有助於瞭解當時的社會情況。《謁楊升庵先生祠》描述了乾隆中新都楊慎祠的狀況和升庵謫居雲南時的生活形象："蔓草高墳贔屭碑，楊氏祖宅繚垣隳。公子戍死滇南陲，始康郭外留荒祠。天使老唊蛤雄雌，丫髻盤頭面傅脂。插花擁妓相嬀媚，胸中錦繡何處摛。醉來裙衫當臨池，吐氣蟠曲成蛟螭。僰兒撫掌都廬吹，箐酋峒獠皆來窺。"《成都雜詩》中的五丁山、石笋街、文翁石室、琴臺、駟馬橋、升仙橋、君平街、金堂山、武侯祠、浣花溪、草堂，《清明二首》中的薛濤墓至今猶存，可見乾隆初諸處的情狀。《奉和芷塘移居接葉亭詩》小注云："時方起官房，以便官民賃居，欲住者爭先租之，遲則不可得。"《奉和少宰何念修先生吏部藤花詩六首》小注云："南院有古井，間歲一淘，則官此者有升遷出使之兆，與古藤並爲銓部典故。"

（二）文獻價值

《看雲樓集》爲李調元首部早期詩選，也是其最早面世的著述之一，刻本字體清秀，校刻精良，世所稀見，具有重要的版本價值。單就校勘而言，其突出的作用是可以糾正後刻諸本《童山詩集》的若干錯誤。如《青陽》"息長祈福"，《童山詩集》作"忌長祈福"。《孟子·告子上》"日夜之所息"，趙注："息，長也。""忌"字顯爲形近之誤。《上之回》"海王瀆伯"，《童山詩集》作"海工瀆伯"，古代傳說四海皆有王，"工"爲形近之誤。《妾薄命》"繡襦窈窕彈秦絃"，《童山詩集》作"彈朱絃"，雖也可通，然李白《古風五十九首》之五十五"齊瑟彈東吟，秦弦弄西音"，明朱諫注："齊在東，故齊之瑟曰東吟。秦在西，故秦之弦曰西音。"當以"秦弦"爲是。"合蟬小轉勸君醉"，《童山詩集》作"合彈"。《才調集補注》卷五《織錦婦》"合蟬巧間雙盤帶，聯雁斜銜小折枝"，注引《乾淳歲時記·元夕節物》："婦人皆帶珠翠、鬧蛾、玉梅、雪柳、菩提葉燈球、銷金合蟬、貂袖。詩中合蟬乃言錦也。""彈"字誤。《禹碑歌》"平成括命非誕誇"，《童山詩集》作"平城"。《尚書·大禹謨》："帝曰：'俞！地平天成，六府三事允治，萬世永賴，時乃功。'"《傳》："水土治曰平，五行叙曰成。""城"字誤。"要當斫骨煩巧匠"，《童山詩集》作"斷骨"。《後漢書·文苑傳贊》"抽心呈貌，非彫非蔚"，注："彫，斫也。""斷"字顯誤。"寶以緗縑裝玟瑉"，《童山詩集》作"嬝玟瑉"。《古儷府》卷三唐李嶠《爲何舍人賀梁王處見御書雜文表》："是用編之玉軸，勒以銀繩，盡罄梁珠，特裝玟瑉之匣。""嬝"字誤。《秋興八首》"何日能開玉塞途"，《童山詩集》作"玉塞圖"，"圖"字音近而誤。《八陣圖歌》"是時高隴兔狐嘯"，《童山詩集》作"是日"，"兔狐嘯"非指一日，"日"字誤。《南宋宮詞百首》"餛飩朝朝卷脚陳"，《童山詩集》作"餛飩明朝卷箔陳"。《夢梁録》卷八《大内》："裹卷脚襆頭者謂之院子。"作"卷脚"是。"幾架秋千畫院垂"，《童山詩集》作"幾朵"；"净几無塵展畫屏"，《童山詩集》作"屏畫屏"；"魚船慘見雜花飛"，《童山詩集》作"摻見"，不通；"昨日御顏偷拭淚"，《童山詩集》作"玉顏"；"寒侵翠袖蹙圍屏"，《童山詩集》作"翠繡"；"詔取嚴州鵁鶄青"，鵁鶄即鸀鳿，又名鵁鳿，《童山詩集》作"鵁鶄"；"金殿看書忘目痛"，《童山詩集》作"有書"；"輕容例貢會稽紗"，《童山詩集》作"側供"；"錦繡亭邊備斛忙"，《童山詩集》作"備解忙"；"怕見飛花入畫簾"，《童山詩集》作"飛光"，後者皆誤。《嘲峽石》"赤比牛火紅，黝類鼠膠黑"，《童山詩集》作"鼠膠漆"，"漆"字誤。《石鼓歌》"蒼茫氣勢勃欲吞昆侖"，《童山詩集》作"登昆侖"，"登"字音近而誤。"其間大車巨艦凡四徙"，《童山詩集》作"大軍"，"軍"字形近而誤。《寄懷王夢樓夫子用陳其年上大司寇宋蓼翁夫子五言古詩一百二十韻元韻即效其體》"銜淚拆家書"，《童山詩集》作"銜唉"，"唉"字形近而誤。《秋山六景圖》"苔滑石氣青"，"露砌寒蟲響"，《童山詩集》作"苔華""雲砌"，皆誤。《病脚》"蹦蹩漫裂裳"，《童山詩集》作"溫裂裳"。《後漢書·郅軍傳》注："《史記》曰：吳兵入郢，申包胥走秦求救，晝夜馳驅，足腫蹦蹩，裂裳裹足，鵠立秦庭。""溫裂裳"不通，"溫"字形近而誤。《憶昔行》"豈意才名三十年"，《童山詩集》作"豈憶"，音近而誤。《大風行》"倉卒豈有鵬扶搖"，《童山詩集》作"枝搖"，"枝"字形近而誤。《簡侍御孟鷺洲》"掇取繡衣郎"，《童山詩集》作"掇去"，"去"字音近而誤。《示舍弟龍山臨右軍法帖歌》"刷字定見新發硎"，《童山詩集》作"親發硎"，"親"字或形近而誤，或音近而誤。此類不勝枚舉，足見該集的重要性。

(三)文學價值

一般認爲，李調元詩歌創作大致分爲三個時期：乾隆二十八年(1763)中進士以前爲詩歌藝術個性初步形成時期，乾隆二十九年(1764)至五十年(1785)退出仕途爲藝術風格成熟和創作高峰時期，乾隆五十年以後爲創作逐漸衰退時期。每個時期成就不一，特點各殊，而總體風格歸於通俗平易。[①]《看雲樓集》介於一、二期之間，正居於調元創作趨於豐富、詩風趨於成熟之關鍵節點，因此對於李詩研究至關重要。然而由於稀見，迄今爲止，此集尚未引起研究者的重視，這不能不說是一個很大的缺憾。

在《看雲樓集》中，各體兼備，類別齊全，風格各異，紛羅雜陳，調元此後的整體創作，無論是題材、體裁、思想內容、藝術表現都能在其中找到濫觴和雛形。尤其是《童山詩集》所不取而僅見於此集的四百餘首詩作，更是研究調元早中期創作不可或缺的重要文學資料，值得認真梳理，深入發掘。

就個別作品而言，雖淘汰之餘，仍不乏遺珠。如《去婦詞》：

朝來青銅鏡，拂拭無光輝。樹上雙棲鳥，聲聲訴分飛。上堂拜舅姑，涕下不能揮。回車已在門，不得與郎辭。覆水難再收，我行何所之？但願新來人，慎勿效我爲。

---

① 參見孫文剛：《李調元詩歌創作述論》，《蜀學》2014 年第八輯，第 88 頁；謝桃坊：《論李調元的詩歌創作道路》，《蜀學》2015 年第九輯，第 156 頁；梁芳：《李調元詩歌研究》，暨南大學碩士學位論文，廣州，2016 年，第三章第 42 頁。

莫矜顏如花，試問妾來時。

此詩描述了去婦的淒涼情形和複雜心情，有悔恨，更有無奈，有委屈，有依戀，甚至有怨艾，只是犯了小錯，却受到了嚴厲的懲罰，將要面對不知所措的未來人生。古代已婚女子有"七出"之法，休妻被看作天經地義。作者將此類題材以獨特的角度入詩，寄予更多的却是同情。《漁父詞》：

> 暝色赴前灣，東溪夜放筏。綠蓑初過雨，撐破一灘月。淺流不得意，雪浪恣超越。亂荇時礙篙，便向蘆中歇。得魚即沽酒，醉倒或散髮。趁潮下滄州，欸乃出林樾。天明收夜筒，風急船頭滑。

作品描繪了一位以天作房，以地作床，放浪形骸于自然之中，超然脱俗，自得其樂的漁翁形象，意趣高遠，刻畫生動，語言清麗，使人聯想到《莊子》的"相忘於江湖"，《論語》中的長沮、桀溺、荷蓧丈人等避世隱者，竹林七賢等魏晉名士，柳宗元"獨釣寒江雪"的蓑笠翁，表達了作者高潔的内心追求。《瘞病馬十八韻》：

> 馬爲我先大夫坐騎，昨歲臘月，忽患前足倔强，捐館後愈甚，奄奄有欲殉之意。憐其力役有年，不能相從歸里，瘞於舍人，亦杜甫少陵待試明年春草之意也，詩以別之：
> 老馬來何日，奔馳已有年。總因恩舊念，故使病新纏。力瘁燕山外，魂銷易水邊。悲號分我痛，顛蹶賴奴牽。……頭垂猶噴玉，蹄破想連錢。雲影空橫地，星精欲墜天。駑欺將辱胯，烏啄爲瘡肩。易下離群淚，難同結伴還。……霜尾雖凋矣，風鬃尚卓然。不如賓館養，可似主家賢。骨本千金直，身期一藥痊。丁寧慎芻虀，臨別倍勤拳！

作品寫于其父銜冤辭世之初，以馬寫人，傷人哀馬，聲情並茂，心淚交織，讀來感人。

集中被《童山詩集》選中而做了不同程度修改的四百餘首詩更是研究李詩不可多得的珍貴資料。從《看雲樓集》到《童山詩集》，其間跨越三十年，作者經歷了升沉歷練、翻天覆地的變化。若能通過逐篇對讀，體味作者修改之用意，評騭用捨去留之得失，對於瞭解作者文學審美取向的流轉變化、創作源流的起伏曲折、詩歌技藝的精進提升，無疑是大有裨益的。

集雜成醇，敢爲人先，恃才傲物，以怪爲美，崇尚鄙俚，喜笑怒罵皆成文章，乃蜀學之鮮明特徵。調元才高八斗，學富五車，大家豪氣，發之於詩，不啻又一蜀中怪才，大有升庵楊慎之風，此於《看雲樓集》亦可見一斑。

（尹波、郭齊，四川大學古籍整理研究所教授、孔學堂簽約入駐學者）

林則徐藏《飼鶴第三圖》魏源題詩箋釋
——兼論"林魏"關係

鄒子澄

[摘　要]　1841 年秋,林則徐出關前在行經鎮江、揚州一帶時與魏源晤面,後者爲其《飼鶴圖》手卷題詩,但文字晦澀、指涉難明,過去未得全解。本文依據三個版本的飼鶴圖題詩,指出與鴉片戰爭史事相關的全部對應本事,逐句箋釋。從結論看,題詩内容大致指向三事:(一)林則徐赴粵銷烟事;(二)1840 年欽差大臣琦善及伊里布分别在天津及浙東主持撫議事;(三)1841 年初道光帝轉而主剿,懲處琦、伊事。題詩中多處諷刺交涉大臣,直接展現了魏源的個人性格與政見。此外,文章又結合林則徐對魏源《寓公小草》連章詩的評論、兩人間的稱謂等過往較少被研究者注意的側面,重審兩人的全部交往,對"契友"説提出商榷,並進一步跳出交誼的簡單視角,指出兩人政治理念上的差異。

[關鍵詞]　林則徐　魏源　鴉片戰爭　飼鶴圖

一、引言: 林、魏果契友哉?

大概自湖南邵陽人李伯榮(1893—1972)在 1928 年首倡鄉賢魏源與晚清名臣林則徐的"密友"説後,林、魏交誼逐漸成爲廣爲人知的故實。[①]但對此常識,後來學界有一種頗具影響的質疑。因爲一方面迄今仍未發現兩人通候的任何書札,另一方面,囑撰《海國圖志》一事又祇是魏源的單方説法,故朱維錚曾大膽推論,魏源實因擅自刊布林則徐的"籌夷"剩稿而竊得大名,導致此後兩人關係決裂:

> 今存林則徐晚年詩文,没有隻字道及他曾"屬撰"的這部書的任何一種刊本,而且没有隻字道及他在結束流放生涯後曾與魏源恢復聯繫。這在清代學術史上是罕見的例外。如果不是魏源或林則徐心慊於對方,則在危難中曾如此推心置腹的朋友,在危難後反而斷絶音訊,是難以思議的。合理的解釋,祇能是性格火爆的林則徐不直於這位老友,却在復出後强忍怒火,不公開揭露魏源"深没其文"的行爲,

① 其觀點即:"默深道光間,曾爲則徐修《海國圖志》,結'宣南詩社',成爲密友,以經世之學相討論。《古微堂詩集》有《江口晤林少穆制府》二首……第一首注云:'時林公屬撰《海國圖志》。'"李柏榮撰,陳新憲校點:《魏源師友記》,長沙:岳麓書社,1983 年,第 30—31 頁。據後記云此書初成于 1928 年。

而魏源也樂於利用林則徐的厚道，用《海國圖志叙》已聲明"所據"有林則徐"譯"《四洲志》，來掩蓋自己的剽竊行爲，於是以沉默報沉默，甚至没有送書給林則徐，由雙方遺文均無此記録可證。[①]

對此説法，於魏源著述研究有年的李瑚很快著文辯駁。[②]但從後來朱先生的回憶看，這場不愉快的爭鳴最終也未有定論。[③]兩人雖都認爲林、魏素爲契交，但對1841年鎮江相晤後兩人再無通候的理解則不同：朱先生認爲不通候緣於兩人決裂，李先生則以爲此乃林出關後郵書不便所致，並無斷交之事。[④]迄今兩種説法仍各有附和者，[⑤]不過大部分以往研究及時下新著，在論及林、魏時仍習慣以"契友""密友"假定兩人關係。[⑥]

林、魏間無書札或詩文唱和之作面世，是此問題頗難料理之首因。而歷來研究共同聚焦的文獻，大都祇是魏源的《江口晤林少穆制府》五律二首：

> 萬感蒼茫日，相逢一語無。風雷憎蠖屈，歲月笑龍屠。方術三年艾，河山兩戒圖。乘槎天上事，商略到鷗鳧。（原注：時林公屬撰《海國圖志》。）
>
> 聚散憑今夕，歡愁并一身。與君宵對榻，三度雨翻蘋。去國桃千樹，憂時突再薪。不辭京口月，肝膽醉輪囷。[⑦]

今所知鎮江囑撰《海國圖志》事，基本由此中文字坐實。[⑧]但二詩中亦有可再揣摩的細節。第一首末聯魏源自比"鷗鳧"（如云野鳥野鴨），又以"公"之尊稱稱呼林則徐（平輩契交當逕稱字），其實透見兩人相處的客套與尊卑感。揆諸稱謂，林僅長魏九歲，魏源在與他人的私函中却對林則徐敬用尊稱，呼作"林公""此公""少穆先生"，而從不以"少穆"稱呼。林歿後

---

① 朱維錚：《魏源，塵夢醒否？》，《音調未定的傳統》，瀋陽：遼寧教育出版社，1995年，第201—202頁。

② 李瑚：《再論魏源——兼評〈魏源，塵夢醒否？〉》，《魏源研究》，北京：朝華出版社，2002年，第642—668頁。原載《近代史研究》1997年第5期。

③ "十八年前的那篇拙作……曾惹怒某位魏源研究專家，撰文對拙説痛加撻伐。……我至今仍盼得到來自'嚴肅的歷史學'的駁斥。"朱維錚：《重讀近代史》，上海：中西書局，2017年，第14頁。

④ 李瑚：《魏源研究》，第652頁。

⑤ 附和朱維錚論斷的，較新者有鄒振環：《輿地智環：近代中國最早編譯的百科全書〈四洲志〉》，《中國出版史研究》2020年第1期，第97—98頁。支持李瑚者有夏劍欽：《魏源傳》，長沙：岳麓書社，2006年，第159頁。

⑥ 如〔美〕李懷印著，歲有生、王傳奇譯：《重構近代中國——中國歷史寫作中的想象與真實》，北京：中華書局，2013年，第53頁。

⑦ 〔清〕魏源：《江口晤林少穆制府》，《魏源全集》，長沙：岳麓書社，2011年，第14册第186頁。注釋可參考楊積慶選注：《魏源詩文選》，上海：華東師範大學出版社，1990年，第172—174頁。案：2004、2011年兩版《魏源全集》整體內容有增删，下文如非特別説明，引用皆據2011年版。

⑧ 《海國圖志叙》中所謂"《海國圖志》五十卷何所據？—據前兩廣總督林尚書所譯西夷之《四洲志》，及新發現的魏源佚札中"少穆先生又屬編《外國地里志》"一語，皆與之關合。〔清〕魏源：《海國圖志叙》，《海國圖志》，國家圖書館藏清道光二十四年(1844)古微堂木活字本，善本書號：19203，第1a葉；夏劍欽：《新發現的魏源致賀熙齡書信二通》，王兆成主編：《歷史學家茶座》第11輯，濟南：山東人民出版社，2008年，第129頁。

魏源追贈挽聯，亦恭用"追陪""景仰"語。①這多少映證了吉常宏"士大夫交游並不依年輩定稱謂"之説。②鑒及兩人彼時身份之懸殊，③或可想到，在無親緣及同鄉、同年或同官關係的前提下，輕易論定一位舉人與秩從一品的總督乃爲契交，實有不合情理處在。兩人後來（乃至素來）較少書牘修候，或否與此有關？更進一步説，若不泥於交誼，可否在其他視角下重新認識兩人關係？

本文主要參酌一些以往較少利用的史料以回答上述問題。1841 年魏源所作《題林少穆制府飼鶴圖》即其中最重要的一種。就該詩明確出於魏手，又曾呈於林則徐這一點看，它與書札相類，頗可藉由窺見兩人交往的實況。由於迄今對頗難索解的《題林少穆制府飼鶴圖》一詩，僅有《兼于閣詩話》解釋了部分禽名指涉，故文中即欲採取箋釋的辦法，不揣譾陋，力圖對全詩做簡明注解。詩文釋讀或有未諦，仍望方家不吝賜正。另因學界對題詩的時間、地點素有爭論，本文亦試作考證。最後本文將提出二人對鴉片戰争中主和大臣（琦善、伊里布、牛鑑）看法上的分歧，試爲探討兩人關係提出一個新的角度。

二、魏源《飼鶴第三圖》題詩箋釋

（一）版本

1841 年魏源所作《題林少穆制府飼鶴圖》七言古詩一首，初刊於同治九年（1870）長沙寶慶郡館刻本《古微堂詩集》，1976 年中華書局主持整理《魏源集》時收入，兼録《古微堂詩稿》（蓋爲魏氏晚年自訂詩稿）中與其有异文的版本。2004 至 2011 年岳麓書社出版《魏源全集》時，此詩整理全仍《魏源集》之舊。④此外，1992 年出版的《林公則徐家傳飼鶴圖暨題咏集》曾著録林則徐後人家藏飼鶴圖原件，内中魏氏題咏文字，不見録於《魏源集》及《魏源全集》，較之亦不乏异文。⑤此前唯有陳聲聰曾據原件抄録於《兼于閣詩話》。⑥版本情況表列如下：

---

① 〔清〕魏源：《致柏農信》二、《挽林則徐》，《魏源全集》，第 14 册第 291、319 頁。黄澤德編：《林公則徐家傳飼鶴圖暨題咏集》，福州：福建人民出版社，1992 年，"點校和説明"第 38 頁。

② 吉常宏：《中國人的名字别號》，北京：商務印書館，1997 年，第 127 頁；

③ 林則徐被貶前秩從一品（總督本爲正二品，但因當時總督例兼兵部尚書衔，故爲從一品，所以魏源在《海國圖志叙》這樣較正式的書面文字中稱他"前兩廣總督林尚書"）；1841 年，魏源仍爲會試四次不第的舉人，在《聖武記叙》這樣正式的書面文字中，他自署"内閣中書舍人"（從七品），但實際衹是未授實缺的内閣額外中書。〔清〕魏源：《聖武記叙》，《魏源全集》，第 3 册第 4 頁。

④ 〔清〕魏源：《魏源集》，北京：中華書局，1976 年，下册第 744—745 頁；〔清〕魏源：《題林少穆制府飼鶴圖》，《魏源全集》，長沙：岳麓書社，2004 年，第 12 册第 635—636 頁；〔清〕魏源：《題林少穆制府飼鶴圖》，《魏源全集》，長沙：岳麓書社，2011 年，第 14 册第 157—158 頁。兩版《魏源全集》此處内容全同。

⑤ 黄澤德編：《林公則徐家傳飼鶴圖暨題咏集》，"原件照片"第 65 頁。

⑥ 陳聲聰：《兼于閣詩話》，上海：上海古籍出版社，1985 年，第 295—297 頁。

表一　魏源飼鶴圖題詩主要版本一覽①

文獻性質	不同版本始見處	收録
原題咏	今存《飼鶴第三圖》手卷	《林公則徐家傳飼鶴圖暨題咏集》《兼于閣詩話》
原題咏改	國家圖書館藏《古微堂詩稿》	《魏源集》《魏源全集》
原題咏再改	同治九年刻本《古微堂詩集》	

該詩原爲林則徐《飼鶴第三圖》手卷尾紙上的題咏。手卷共三件,紙本設色,每件縱29厘米,横108厘米,舊藏林則徐三子林聰彝玄孫林維和處,後流入拍賣市場。②第三圖手卷畫心據云係"暘谷先生(林則徐父,名賓日,號暘谷,1749—1827)棄世後,由林則徐自拈斑管,親自描繪暘谷先生遺容,而由湯貽芬和吴榮光分別補景成圖的"。③第三卷自右至左展卷,依次爲引首(程恩澤題"飼鶴第三圖")、隔水、畫心、隔水、尾紙,尾紙上有十六家題咏,魏源題咏居倒數第三。

(二)正文箋釋

兹據2011年岳麓書社版《魏源全集》抄録魏氏最終改定的題咏：

有鶴有鶴生蓬、壺,老仙育之何勤劬。千年長羽翮,千年調嗉咮。一朝奮翅凌天衢,羽族億萬與之俱。爰居島上西風作,群鳥移家避歲惡。吐霧含烟赤縣迷,帝命丹書遣玄鶴。排闇歷闈驅風霆,朝辭北海暮南溟。電掃妖氣清八極,爰居徒族空其腥。澄清未幾風色變,鴉陣作群還索戰。閶闔紛紛百舌群,共罪仙禽應首譴。佞鶯斂翅來結舌,願與爰居爲嬖妾。欽鵐側足來駿奔,願與爰居作子孫。魯門鐘鼓殷天高,更向吴門禮百牢。鵲填河兮索百萬,兔營窟兮須三巢。仙禽不語惟戢翼,可憐精衛空流血,可憐百鳥憔悴無顔色。鳳凰終大聖,不作臧孫祀。風霆震駭回蒙汜,佞鶯瑟縮欽鵐死。又聞狂颷簸天濤,蓬、壺震駭爰居徒。嗚呼! 四海方今烏畢逋,哀鴻中夜嗷嗷呼。安得更起玄鶴凌天衢,盡收羽族游蓬、壺,庶幾反哺大報仙人劬。④

題畫詩本屬"命題作文"。畫心主角原爲盤坐松石間的老者,手執一拂塵,即已故的林父暘谷先生林賓日。圖中兩小童,一者垂釣岸邊,一者似持琴步於橋上；又有四鶴,一鶴飛騰半

---

① 除上述外,又據：〔清〕魏源：《古微堂詩稿》,國家圖書館藏稿本,善本書號17526；〔清〕魏源《古微堂詩集》卷七,《清代詩文集彙編》,上海：上海古籍出版社2010年影印清同治九年(1870)長沙寶慶郡館刻本,第585冊第247頁上欄b—下欄a。

② 原件在2002及2012年兩次拍賣。見中國嘉德國際拍賣有限公司編《嘉德十年精品録：中國古代書畫·古籍善本》,北京：文物出版社,2003年,第144—145頁；嘉德2012秋季拍賣會拍品信息,見雅昌拍賣網：https://auction.artron.net/paimai-art5025040869/,訪問時間：2022年7月9日。

③ 黄澤德：《林公則徐家傳飼鶴圖暨題咏集》,"前言"第2頁。

④ 〔清〕魏源：《題林少穆制府飼鶴圖》,《魏源全集》,第14冊第157—158頁。

空，一鶴栖於枝頭，餘二者近於涘。後景有遠山，與前景橫隔一水。據陳康祺（1840—1890）云："林文忠公服官中外，常以封翁暘谷先生《飼鶴圖》珍襲行縢，遍索題咏，一時作手，闡述其先德甚詳。"[①]此即林則徐請人題詩的原本用心。

圖一　林則徐寫真、吳榮光補景《飼鶴第三圖》手卷畫心[②]

魏源因與林賓日並無舊交，故題詩少言"老仙"，轉以"鶴"爲主角，內容囊括林則徐自1839 年赴粵禁烟以來的事迹，借"仙禽""玄鶴"作譬；同時諷刺"百舌""佞鶯""欽鵶"等當時負責與英方交涉的大臣，末尾有盼林則徐起復之意。詩中屢見的禽類名稱（上引文劃綫標出），合計 20 餘處，大部分係有實指。陳聲聰認爲題咏"以老仙比暘谷老人，以仙禽比則徐，以爰居比英人，以佞鶯比其時一般畏敵軟骨之人，以欽鵶比琦善"，[③]大體無誤，然亦有不少遺漏（如"鴉陣""精衛""百鳥""鳳凰"），間有小誤（"佞鶯"）。另外，因此詩數次用《國語》"爰居"典，爲避免重復注釋，下文將涉及此典的部分，悉加下劃綫表示，以便讀者索解。

下面依照題詩文意結構，分三段依次箋釋（此録文以《魏源全集》所據同治九年《古微堂詩集》本爲準，箋釋以指出本事爲主，疏解疑難文字爲輔）：

　　1. 有鶴有鶴生蓬、壺，老仙育之何勤劬。千年長羽翮，千年調嗛咮。一朝奮翅凌天衢，羽族億萬與之俱。<u>爰居島上西風作，群鳥移家避歲惡。</u>吐霧含烟赤縣迷，帝命丹書遣玄鶴。排閶歷閽驅風霆，朝辭北海暮南溟。電掃妖氛清八極，<u>爰居徒族空其腥。</u>

頭六句皆照應畫中內容。"長羽翮"（使得翅膀健全）、"調嗛咮"（飼養喂食），皆言飼鶴，指養育。"凌天衢"兩句蓋泛言林及第、進仕等事。

自第七句始叙鴉片戰爭事。"爰居"句涉典，待後説。後數句指林則徐在鴉片戰爭中的遭遇。"吐霧含烟赤縣迷"，謂烟雲蔽日、覆蓋中土（"赤縣"），指鴉片流毒。"帝命丹書遣玄鶴"，道光帝以林則徐爲欽差大臣，授予關防（"丹書"），命其前往廣州查辦鴉片走私（"遣玄鶴"）。

① 〔清〕陳康祺著，晉石點校：《郎潛紀聞初筆　二筆　三筆》，北京：中華書局，1984 年，下册第 571 頁。
② 圖片截自嘉德 2012 秋季拍賣會拍品信息，見雅昌拍賣網：https://auction.artron.net/paimai-art 5025040869/，訪問時間 2022 年 7 月 9 日。
③ 陳聲聰：《兼于閣詩話》，第 296 頁。

"排闡歷閽"句，闡闔即宮門，"排闡歷閽"即出京；"驅風霆"，策馬前進，有如風雷。合起來是寫林則徐出京馳驛抵粵。"電掃妖氛"句，講林則徐到粵後處理鴉片問題雷厲風行。"爰居徙族"，指在繳銷鴉片後，駐華商務監督義律（Charles Elliot）及英國商人因不願具結，撤出廣州商館區。"爰居"即英國人。此一段講林則徐赴欽差任，纔數月便成銷烟之功，風氣一振。

　　2.澄清未幾風色變，鴉陣作群還索戰。閶闔紛紛百舌群，共罪仙禽應首譴。佞鶯斂翅來結舌，願與爰居爲嬖妾。欽鵄側足來駿奔，願與爰居作子孫。魯門鐘鼓殷天高，更向吳門禮百牢。鵲填河兮索百萬，免營窟兮須三巢。仙禽不語惟戢翼，可憐精衛空流血，可憐百鳥憔悴無顏色。

　　這一段轉折，首句過渡。"鴉陣"，英國皇家海軍艦隊。1840 年 7 月，英國遠征軍按預定計劃攻取定海（即舟山），而後北上天津，軍艦泊於大沽口外，京師形勢一時極爲緊張。"閶闔"（皇宮正門），朝廷；"百舌"，鳥名，多以指饒舌者，有貶義，"百舌群"蓋指部分主張撫議的臣工。"共罪仙禽應首譴"，即如言：朝内多謂宜先懲辦林則徐，來滿足英方訴求，暫弭兵釁。

　　之後四句稍費解。陳聲聰以爲這裏"以佞鶯比其時一般畏敵軟骨之人，以欽鵄比琦善"。[①] 此處"欽鵄"，有鑑於後文"欽鵄死"之結局，確指琦善；但"佞鶯"實非泛稱，而專指伊里布。海疆事起，直隸總督琦善及兩江總督伊里布被任命爲欽差大臣，在鴉片戰爭中皆以主持撫議聞名。"佞鶯斂翅來結舌"，1840 年末，奉到收復定海上諭的伊里布，在鎮海準備進攻時刻意延宕時日，反而讓張喜等暗中示好並傳遞照會，擅自與英方結成撫局，外間亦風聞。"結舌"，指伊里布與英方的交涉，有諷刺意。"欽鵄側足來駿奔"，指天津投書事後，依中英雙方約定，道光帝以琦善代林則徐爲欽差，由津赴粵，與英方交涉訂約（即"来駿奔"）。"側足"（歪着身子表示謙卑）、"斂翅"（縮緊身子），諷刺他們的交涉爲阿諛討好；說他們"願與爰居爲嬖妾""作子孫"，祇爲寄諷，並非實寫。

　　"魯門鐘鼓殷天高，更向吳門禮百牢"，兩句所言極其隱晦。[②] 此乃譏說泊於天津大沽口外的英船（"海鳥爰居"，"止于東門外"），被琦善隆重禮遇（"魯門鐘鼓殷天高"），實指英方投國書交涉一事。隨後"更向吳門禮百牢"句，指伊里布在浙江鎮海（"吳門"）與駐紮在定海（"吳門"外，即舟山）的英人交涉，也有貶損意（魏源在他處說此時有"伊里布遣其奴張喜赴夷船饋牛酒"事）。[③]

① 陳聲聰：《兼于閣詩話》，第 296 頁。
② 《國語·魯語上》有載："海鳥曰'爰居'，止于魯東門之外三日，臧文仲使國人祭之。展禽（筆者按：即柳下惠）曰：'越哉，臧孫之爲政也！……今海鳥至，己不知而祀之，以爲國典，難以爲仁且智矣。……今兹海其有灾乎？夫廣川之鳥獸，恒知避其灾也。'是歲也，海多大風，冬暖。"《莊子·至樂》又載："昔者海鳥止于魯郊，魯侯禦而觴之于廟，奏九韶以爲樂，具太牢以爲膳。鳥乃眩視憂悲，不敢食一臠，不敢飲一杯，三日而死。"後世詩家以"魯門鐘鼓"言"厚遇"。如杜甫《八哀詩·故著作郎貶台州司户滎陽鄭公虔》"鶗鴂至魯門，不識鐘鼓饗"一聯，實則是稱人清高。見楊倫箋注：《杜詩鏡銓》，上海：上海古籍出版社，1998 年，第 690 頁。
③ 此時魏源正在伊里布幕中（1841 年末自云"源去年從伊節相至浙江"），據云曾參與審訊被俘之英軍炮兵上尉安突德（Peter Anstruther）。〔清〕魏源：《夷艘寇海記上》，《魏源全集》，第 3 册第 602 頁。

這是 1841 年秋魏源對琦善、伊里布在天津、定海與廣州所進行交涉的總看法。

先前略過"爰居島上西風作,群鳥移家避歲惡"兩句,同據此典,指英艦隊來華,湊出文字而已,並無實指。魏源《金陵懷古·其八》中有"徙族爰居海不平"句,用典及本事皆同。①

"鵲填河""兔營窟"似與英方此來按預定索要軍費("索百萬"),以及要求開放商埠有關("須三巢")。"百萬""三巢"皆非定數。此或指琦善在廣東與義律達成的無效協定,即所謂"穿鼻草約"。

"仙禽不語惟戢翼,可憐精衛空流血,可憐百鳥憔悴無顏色。"這是講林則徐在接到上諭赴浙"效力贖罪"之前,一直留在廣東,據魏源説,此時"琦善不與林公商議一事"。②"不語惟戢翼"亦蓋指此。"精衛"或指兵弁;"百鳥"蓋指民眾。將士"空流血",百姓"無顏色",都是講時局黯淡。本段所云,皆是琦善、伊里布主持撫議期間的情況,同時林則徐已被奪去實權,待罪在粵,無可作爲。

　　3.鳳凰終大聖,不作臧孫祀。風霆震駭回蒙汜,佳鵞瑟縮欽鴟死。又聞狂颮簸天濤,蓬、壺震駭爰居徙。嗚呼! 四海方今烏畢逋,哀鴻中夜嗷嗷呼。安得更起玄鶴凌天衢,盡收羽族游蓬、壺,庶幾反哺大報仙人劬。

這一段時事又生大變。"鳳凰"指道光帝,整句如謂"皇上終究聖明";後句繼用《國語》臧文仲祭祀爰居典,意爲道光帝不再主撫("不作臧孫祀")。此當指 1841 年初道光帝因廣東方面"夷情"的"不恭順",以及琦善的悖旨簽約,轉而決心主剿,故派遣靖逆將軍奕山、參贊大臣楊芳等赴粵剿辦之事。"回蒙汜"(日落之處,極西),指英方回軍。1841 年 5 月底奕山、義律簽訂停戰協定後,中英在夏秋之間並無大的戰事,時局稍爲緩和,全權公使義律亦返回倫敦,因違背訓令被外交大臣帕默斯頓子爵(Henry John Temple, 3 rd Viscount Palmerston, 舊譯巴麥尊)褫職,新任璞鼎查爵士(Sir Henry Pottinger, 1 st Baronet)爲全權公使來華,主導下一階段之交涉行動。

　　適在此局勢緩和之際,道光帝降旨革拿辦事不力的琦善與伊里布。兩人在解京審訊定罪後,上諭發布處理結果:"前任兩江總督伊里布,著即革職,發往軍臺效力贖罪,以示懲儆"(7 月 31 日),③"已革大學士琦善,著照王大臣等所議,斬監候,秋後處決"(8 月 9 日)。④此即"佳鵞瑟縮欽鴟死"所本。但琦善、伊里布兩人後又在反對聲中漸次起復,唯伊里布因年事較高,身體欠佳,1843 年在任上去世(卒年 72 歲)。⑤

---

① 〔清〕魏源:《金陵懷古》其八,《魏源全集》,第 14 册第 205 頁。

② 〔清〕魏源:《夷艘寇海記上》,《魏源全集》,第 3 册第 604 頁。

③ 齊思和等整理:《籌辦夷務始末(道光朝)》,北京:中華書局,1964 年,第 2 册第 1099 頁。

④ 齊思和等整理:《籌辦夷務始末(道光朝)》,第 2 册第 1118 頁。

⑤ 劉家平、蘇曉君主編:《中華歷史人物別傳集》,北京:綫裝書局 2003 年影印本,第 40 册第 58 頁上欄。

"又聞狂颮簸天濤,蓬、壺震駭爰居徙",英國方面又離開廣州,沿海岸綫北上,沿岸與清方產生一定的軍事衝突。説"蓬壺震駭",很可能是因風聞廈門方面的警情(1841 年 8 月 26 日廈門爲英人攻陷)。林則徐亦在 10 月書信中向鄧廷楨詢問此事。① "爰居徙",是指英軍離開廣州,不知去向何處。實則英軍此後採取積極軍事行動,連陷定海、鎮海、寧波(1841 年 9、10 月),擊退清軍春季反攻(1842 年 3、4 月),休整後於 7 月冒險突入長江,8 月便在南京簽訂"城下之盟",以武力實現其既定的交涉目標。

"鳴呼"後二句:"烏畢逋",批評高位者;"哀鴻中夜嗷嗷呼",言士子議論激切。後句與魏源別作《金陵懷古》中"但聞中夜澤鴻嗷"一句造語極近,亦同指。② "安得"以下三句,大意即感嘆林則徐何時起復,以報父恩,照應文首。

(三)原題咏補説

以上爲魏源最終改訂的題咏文字。下面再檢出《林公則徐家傳飼鶴圖暨題咏集》中的原題詩(2011 年版《魏源全集》失收):

　　有鶴有鶴來蓬壺,渴飲瓊漿饑玉芻。老仙飼之何辛劬,千年脩羽翮,千年調嚎咮。一朝長唳聞天衢,羽族億萬從之俱,直以萬族爲群雛。條支海上西風惡,安息馬駝化妖雀。吐霧含烟赤縣迷,帝降丹書遣元鶴。朝辭北極暮南溟,天颭鼓翼驅威霆。電掃烟霾見碧落,爰居徙族空其腥。澄清未幾風雲變,群鳥移家避歲患。閻闔紛紛百鳲群,共罪仙禽宜首譴。佞鶯斂翅來唼喋,願與爰居爲婢妾。欽鴉側足來駿奔,願與爰居作子孫。魯門鐘鼓響天高,更向吳門禮百牢。烏離償橋須百萬,狡狐營窟要三巢。飽嗍恣腸益饕餮,可憐精衛空流血,可憐百鳥無顏色。鳳凰終大聖,不作臧孫祀。風霆震赫回濛汜,佞鶯斥竄欽鴉死。又聞狂颮簸天濤,蓬壺不受爰居徙。鳴乎,四海方今烏畢逋,哀鴻中澤嗷嗷呼。安得再起元鶴翔天衢?但憂四海饑,不顧一身癯。羽脩尾翹口卒瘏,上綢桑牖不侮予,下馴鳩扈無瞻烏,庶幾盡副仙人反哺千年劬。

　　道光辛丑孟秋,晤少穆先生大公祖于淮上,奉題飼鶴圖,敬送河上之行。治後學邵陽魏源呈本。③

---

① 鄧廷楨覆信曰:"廈門究作何狀,平原存亡去往,均無從探聞消息,如有確音,亦乞見示爲幸。"顯係林則徐來信中提及廈門有警。黃澤德編:《林則徐信稿》,福州:福建人民出版社,1985 年,第 146 頁。

② 〔清〕魏源:《金陵懷古》其七,《魏源全集》,第 14 册第 205 頁。

③ 黃澤德:《林公則徐家傳飼鶴圖暨題咏集》,"點校和説明"第 37—38 頁。《古微堂詩集》《古微堂詩稿》所存原題詩修訂不大,不悉注出。唯末尾"羽脩尾翹"三句後來刪去,須稍解釋:這三句連同前二句都指林則徐,"羽脩尾翹口卒瘏",典自《詩經·豳風·鴟鴞》"予羽譙譙,予尾翛翛。予室翹翹,風雨所漂摇。予維音曉曉",原形容大鳥面對鴟鴞,用盡心力維護雛鳥的情形。"上綢桑牖不侮予",同出《鴟鴞》"迨天之未陰雨,徹彼桑土,綢繆牖户",指用桑樹根縫補窗户。瞻烏,用指流民;鳩扈,指安民。合起來約同于説林則徐竭力挽回局勢,不慮自身。

由末尾文字可知,^①兩人相見於道光二十一年(1841)中曆七月(公元8月12日至9月14日),地點在淮河畔。"河上之行"指原去西戍的林則徐在此臨時奉旨,^②轉赴河南辦理河工。這些信息可由林則徐方面文獻進一步補證。

林則徐奉到赴汴治水的上諭時,實在揚州府儀徵縣。據林則徐9月3日在儀徵縣交江蘇巡撫程喬采之呈文,他在鎮海軍營奉到遣戍伊犁效力贖罪的上諭後,便"隨蒙委員護解,按照驛路,行抵江蘇揚州府屬之儀徵縣,例應起旱,適值水發路淹,未能前進"。9月2日奉到改發東河效力的上諭後,又説"現因儀徵一帶旱路未通,亟由水路前進,總冀早到東河工次"。^③他的書札内亦云:

> 徐力小任重,致占覆餗,出關荷戈,分内事耳。昨重被詔恩,改赴東河效力,益滋兢悚,愛我者何以教之? 無緣話別爲悵。手此留報,不盡欲言。惟爲道自重,不具。七月十六日(9月1日),愚弟林則徐手書。時舟至真州,擬小停二三日即往汴中也。^④
>
> (括注内容爲筆者所加,後同。)

真州,儀徵古稱。可知林則徐一行9月1日已抵儀徵縣,並無久留的計劃。又據同時另札落款"十九日午刻儀徵"知林則徐9月4日還逗留儀徵。^⑤總之,林則徐原沿驛路赴戍,至晚9月1日已順利過江抵達儀徵縣,在此奉到改發東河上諭,而遲至9月5日還逗留此處,10月1日方纔抵工。^⑥

故林、魏1841年9月初在揚州確有一晤,題詩《飼鶴第三圖》事當發生在此時此地,李瑚、陳聲聰先生的舊説有誤。^⑦原題詩所謂"淮上",無疑不指鎮江,而指揚州,因爲咸豐五年(1855)以前仍屬黄河奪淮的局面,淮河自洪澤湖以下實與大運河合併,匯入長江,並非如今

---

① 魏源後來修訂文稿,把這段文字删去,移作題下小注,先改爲"圖爲林太翁所繪。時林公方奉命西戍,中途旋有河工之命",又改爲"圖爲林公尊人所繪"。包含信息可少很多。〔清〕魏源:《題林少穆制府飼鶴圖》,《魏源全集》,第14册第157頁。

② 《著欽差大臣裕謙等飭知林則徐迅速折回東河效力贖罪事上諭》(1841年8月19日),中國第一歷史檔案館編:《鴉片戰爭檔案史料》,天津:天津古籍出版社,1992年,第4册第8頁。

③ 〔清〕林則徐:《發往東河效力呈》(1841年9月3日),《林則徐全集》,福州:海峽文藝出版社,2002年,第5册第324頁。

④ 〔清〕林則徐:《致篋翁》(1841年9月1日),《林則徐全集》,第7册第279頁。

⑤ 〔清〕林則徐:《致鄭易甫》(1841年9月4日),《林則徐全集》,第7册第279—280頁。該信箋表明林此時正在儀徵爲家人張羅住所,不欲携全眷西行;尋覓暫住房屋事,其侄鄭易甫在江寧亦有操辦,但林最終還是安排家人暫且住在儀徵。後來林的眷屬似乎仍由鄭易甫接去金陵僑寓。〔清〕林則徐:《致達夫》(道光二十一年十一月中旬)、《致蘇廷玉》(道光二十二年三月),《林則徐全集》,第7册第283、291—292頁。

⑥ 《奏報林則徐抵工日期》(1841年10月1日發),臺灣故宮博物院藏宫中檔奏摺,統一編號:故宫109925。

⑦ 李瑚在《魏源詩文繫年》中説《題林少穆制府飼鶴圖》"當作于在京口晤面時",陳聲聰亦認爲是"行經鎮江兩人相見",方有此題詩;另一方面,楊國楨則暗示辛丑年(1841)林、魏兩次相遇,一在京口、一在揚州,來新夏似也認爲此題詩事不在京口。李瑚:《魏源詩文繫年》,《魏源研究》,第557頁;陳聲聰:《兼于閣詩話》,第296頁;楊國楨:《林則徐傳》(增訂本),北京:人民出版社,1995年,第444頁;來新夏:《林則徐年譜長編》,上海:上海交通大學出版社,2011年,第492—493頁。

一般東流入海。[1]此"呈本"中魏源自稱"治後學"，是揚州府領二州六縣，爲府治所在，而魏源又寓居於此之故。"大公祖"，即對地方官的尊稱，這是林則徐曾任兩江總督之故。不過在儀徵縣，林則徐與來署鹽務的舊識陳延恩過從實則更密，一面幾番互題卷軸，[2]一面將親自勘定的《火攻挈要》囑其刊布。[3]陳延恩9月6日奉題《飼鶴圖》，[4]魏源題咏繼之，應都是林則徐小駐儀徵時之事。另可考出林則徐在鎮江、儀征短暫居留期間，除與魏源、陳延恩、鄭易甫晤面，見過的人尚有：張集馨，儀征人，他因自山西遷官福建汀漳龍道，順路歸里，於儀征陳延恩席上相見。[5]龔潤森，時爲揚州府興化縣知縣。[6]朱沆，字達夫，時任泰州分司運判。[7]這是林則徐在往河南辦河工、繼而出關赴伊犁前，在江南最後一次有規模的交游活動，故而他將《火攻挈要》及《四洲志》兩書囑舊友陳延恩及魏源分別刊布，以免出關後再無公布的機會。

三、交誼以外：林、魏對時局人物的評價异同

1841年魏源在林則徐手卷上的題咏，經揭出本事，一面映見他對鴉片戰争經過的大體理解、在剿撫兩端間的傾向，足以作爲林、魏交往的又一重要見證。此外，1844年甲辰科春闈落幕，林則徐致函李星沅賀其公子取得高第的同時，又曾言：

> 此科新貴，梅生（李杭，李星沅子）最少。此外弟所知者……默深（魏源）、子壽（王柏心）晚達可喜，子壽不知籤分何部；默深既停殿試，而適以知州分發江蘇，其即

---

[1] 《大清一統志》謂揚州府城"自東南而東北臨運河，北引舊城濠與運河接"（該志斷限爲1820年）。〔清〕穆彰阿等纂：《嘉慶重修一統志》卷九六《揚州府》，上海：上海書店出版社2015年影印民國商務印書館《四部叢刊續編》本，5b。

[2] 〔清〕林則徐：《又題〈暨陽書院葦學齋談藝圖〉》《題陳登之〈罷讀圖〉》《題陳登之〈暨陽瑞麥圖〉》，《林則徐全集》，福州：海峽文藝出版社，2002年，第6冊第81、202—203頁。

[3] 陳延恩，原字登之，後改字雲乃，監生，以通判外放江蘇，1838年遷江陰知縣，此時來署淮南監掣同知。林、陳二人早至1834年便曾互題詩畫。其父陳希祖（1767—1820），曾在嘉慶十三年（1808）戊辰科會試爲林則徐薦卷。其兄陳孚恩（1802—1866）爲當時的軍機章京，在鴉片戰争時期與林則徐有不少密信往來。1842年林氏書札中說自己"有抄本《炮書》，上年帶至江、浙，經陳登之通守刻于揚州，未知曾入覽否？惟間所刊多魯魚，亟宜校正"，其中《炮書》實指《火攻挈要》，不過就其内容言耳。該書原爲湯若望口述、焦勖筆録，詳于域外制炮方法，1841年揚州刊本名爲《則克録》，各卷篇題下皆有"署淮南儀所監掣同知、新城陳延恩，揚州府知府、灤州汪于泗全校刊，泰州分司運判錢塘許惇時"三行。〔清〕林則徐：《致蘇廷玉》（道光二十二年三月），《林則徐全集》，第7冊第291頁；〔德〕湯若望授，〔明〕焦勖纂：《火攻挈要》（又名《則克録》），《中國兵書集成》，北京：解放軍出版社，1994年，第40冊第451、509、617頁。

[4] 黃澤德：《林公則徐家傳飼鶴圖暨題咏集》，"點校和説明"第36—37頁。陳延恩同時又爲第一圖題額，見黃澤德：《林公則徐家傳飼鶴圖暨題咏集》，"原件照片"第1頁。

[5] 〔清〕林則徐：《致張集馨》，《林則徐全集》，第8冊第61頁。

[6] 〔清〕林則徐：《致龔潤森》，《林則徐全集》，第8冊第115頁。

[7] 〔清〕林則徐：《致達夫》，《林則徐全集》，第7冊第281—283頁。

樂於外除耶？抑俟來年補試後希冀得一盡先補用耶？舊友如晨星，殊爲盼之。[1]

　　林既明言魏爲少數舊友，且一面在閱讀邸報時留意魏源的捐輸及科第情況，另一面也在寄京師李杭處的賀詩中托去問候，不見兩人生隙的迹象。[2]又值得注意的是，1841 年陳延恩代刊《則克録》並未注明原稿得自林則徐，較朱先生所謂《海國圖志》的"署名盜竊"情節更爲嚴重，但林則徐後來言及此事却毫不介意。[3]所以稱魏源擅自刊布《海國圖志》導致林、魏決裂，並不符合實情。

　　更進一步，若不囿於交誼的視角，或可注意到兩人關係中的其他面向。林則徐 1844 年在伊犂與林汝舟通家信，曾記有：

　　　　三月初九日接四十四號信。……此外尚有三次不列號信：一、黄南坡脚子帶來《寓公小草》一卷；其詩甚有氣骨，而不免大露。[4]

　　黄南坡，即黄冕(1795—1870)，湖南長沙人，與魏源同鄉同輩，1841 年初又同在浙東參與防務籌備。[5]1842 年定海失守後，黄冕因遭檢舉在戰鬥中擅撤鄉勇，被解京審問，最後被"科以不行固守之罪"，從重發配新疆，出關後與林則徐多有來往。[6]黄冕脚子帶給林則徐的《寓公小草》，實爲魏源所作七律組詩，後來改題爲《寰海》《寰海後》。[7]1843 年末，時在京師的何紹基也曾收到魏源隨信寄示的"《寓公詩草》二册"。[8]林昌彝大概也於 1844 年或次年進

①　〔清〕林則徐：《致李星沅》(1844 年 8 月 8 日)，《林則徐全集》，第 7 册第 381 頁。魏源本年會試後雖"因磨勘停殿試一科"(已試復試，列三等第四十五名)，但因耆英奏報江蘇捐輸議叙名單，6 月 8 日已有旨"内閣候補中書魏源，准其以知州分發江蘇補用"，故魏源可本年直接分發江蘇以知州補用，或者放弃這次機會，保留次年恩科補行殿試的資格。林則徐信中即針對此而言。此時李星沅子李杭同在京應試，林則徐此言或有代請詢問近况的意思。〔清〕奎潤等纂：《欽定科場條例》卷五五，沈雲龍主編：《近代中國史料叢刊》，臺北：文海出版社 1989 年影印光緒十三年(1887)刻本，第 480 册第 4288—4289 頁；中國第一歷史檔案館編：《嘉慶道光兩朝上諭檔》，桂林：廣西師範大學出版社，2000 年，第 49 册第 126、144 頁。

②　〔清〕林則徐：《梅生太史聯步蓬瀛，三疊尊甫中丞〈文闈即事〉前韵爲賀，並希和政》，《林則徐全集》，第 6 册第 230—232 頁。李杭與魏源同爲湖南人，魏亦與其父李星沅有舊交，李杭、魏源、王柏心同試一科，或在宣南即經常往來。故林則徐後來致王柏心信説"前年弟在遐荒，連聞春秋高捷……未及專賀，曾于和李梅生世兄(李杭)詩中兼爲閣下與魏默深志此遇合，不識曾承青否"，即指前詩。〔清〕林則徐：《致王柏心》(道光二十六年秋)，《林則徐全集》，第 8 册第 85 頁。

③　〔清〕林則徐：《致蘇廷玉》(道光二十二年三月)，《林則徐全集》，第 7 册第 291 頁。

④　〔清〕林則徐：《家書》(道光二十四年三月)，《林則徐全集》，第 7 册第 374 頁。

⑤　據云彼時兩人一同"商議《江浙邊務》一稿，擬寄都中，以備芻獻"，且魏源在幕中批評定海城防方案，似衹有黄冕"初顙是静者(即魏源)之言"。1845 年黄冕自闈外歸，魏源又有酬作五首。〔清〕魏源：《致柘農信》二，《吳門重晤黄南坡太守》，《魏源全集》，第 14 册第 235、290 頁；〔清〕魏源：《夷艘寇海記下》，《魏源全集》，第 3 册第 614 頁。

⑥　《軍機大臣穆彰阿等奏爲遵旨會議浙江提督余步雲等罪名折》(道光二十二年十二月十六日)，中國第一歷史檔案館編：《鴉片戰争檔案史料》，第 6 册第 716—719 頁。

⑦　林昌彝《射鷹樓詩話》講"默深俯仰世變，深抱隱憂，著有《寓公小草》"，並著録《前史感》《後史感》各四首。後來魏源在整理詩集時改題《寰海》《寰海後》，篇目有差异。〔清〕林昌彝著，王鎮遠、林虞生標點：《射鷹樓詩話》，上海：上海古籍出版社，1988 年，第 4—5 頁。

⑧　錢松：《何紹基年譜長編及書法研究》，南京藝術學院博士學位論文，南京，2008 年，第 79 頁。

京會試時讀到《寓公小草》,並擇録入《射鷹樓詩話》中。故而 1844 年初林則徐在關外得見的《寓公小草》,其所收詩與林昌彝、何紹基寓目者應無太大差異。現將其目開列於下:

表二　魏源《寰海》《寰海後》七律組詩的對應本事及篇目情況

編號	詩題及各首首聯出句（基於定本）	A.林昌彝《射鷹樓詩話》	B.《古微堂詩稿》	C.《古微堂詩集》	針對事件及年代
1	寰海蚨飛尚未知		√	√	黄爵滋奏嚴塞漏卮摺（1838）
2	千舶東南提舉使		√	√	
3	樓船號令水犀横		√	√	林則徐等褫職,琦善初赴粵（1840）
4	誰奏中宵秘密章	√	√	√	直隸總督琦善天津大沽口交涉（1840）
5	揖寇原期寢寇氛	√	√	√	琦善赴粵、虎門之役（1840）
6	仗鉞分茅細柳營		√	√	奕山奉旨赴粵剿辦（1841）
7	門外寇難門内搜		√	√	楊芳奉旨赴粵剿辦（1841）
8	頗聞戎首半黔黎		√	√	
9	城上旄旗城下盟		√	√	廣州停戰協定（1841）
10	揭竿俄報郅支圍	√	√	√	三元里抗英（1841）
11	草木兵聲報粵陬	√	√		廣州停戰協定（1841）
	粵事、浙事之分				
12	争戰争和各黨魁	√	√	√	
13	大食波斯助舳艫		√	√	廓爾喀願助抗英事（1842）
14	無端風鶴雜龍蛇		√	√	江南遭受戰火（1842）
15	小挫兵家勝負常	√	√	√	兩江總督牛鑑坐鎮的吴淞失守（1842）
16	陣陣雷霆夾鼓鼙	√	√	√	英軍入長江,逼近江寧省城（1842）
17	已壞長城不念檀	√	√	√	
18	倭寇前朝遍海氛		√	√	江寧條約後
19	盡習都俞潤色風		√	√	
20	曾聞兵革話承平		√	√	
21	日日漁村理畫橈		√	√	
	合計	8	20	20	
	自擬詩題	前史感；後史感	史感前十章；史感後十章	寰海十章（道光二十年）；寰海後十首	

整理説明：録詩順序依照國家圖書館藏《古微堂詩稿》及同治九年（1870）刻本《古微堂詩集》定本順序。整理時主要參考 2011 年版《魏源全集》第 14 册,第 205—209 頁。林昌彝所録《寓公詩草》未必爲所見之全部,《寓公小草》或不止 8 首之數。第 2、8、12、19、20、21 首原無特指某人某事,含有對朝廷政策的討論。

這兩組連章詩凝練地反映出魏源對鴉片戰爭的整體反思。而《寓公小草》中經林昌彝抄存各詩(合8首)的指涉,其實頗與《題林少穆制府飼鶴圖》重合(限於1842年前之粵事),且摘出二首(上表第4、5首):

誰奏中宵秘密章,不成榮虢不汪黄。已聞狐鼠憑城社,安望鯨鯢戮埸疆。功罪三朝雲變幻,戰和兩議國冰湯。安劉自是諸劉事,絳灌何能贊塞防!

揖盜開門撤守軍,力翻邊案熾邊氛。但師賣塞牛僧孺,新換登壇馬服君。壯士憤捐猿鶴骨,嚴關甘送虎狼群。尚聞授敵攻心策,惜不夷書達九雯。[①]

内所謂"中宵秘密章",指英船來天津投遞國書後,林、鄧被貶,輿論風傳係琦善背後推動,以犧牲兩人爲"撫夷"籌碼;"榮、虢"(榮夷公、虢石父)、"汪、黄"(汪伯彦、黄潛善)皆亡國卿相,用譬琦善。這與題咏中"共罪仙禽應首遣"指同一事。第二首"揖盜開門撤守軍""嚴關甘送虎狼群",皆指當時風傳的琦善到粵擅裁兵勇之事。[②]這樣醜詆當政的口快文字,在處事圓潤的林則徐看來,[③]不免有"大露"之弊。有人讀魏源關於同一主題的時事詩,亦有"欠蘊藉"之評價。[④]

除諷琦善外,《寓公小草》還多譏議牛鑑,而林則徐在戍途中對此物議所力詆者不一般的評價,適足作爲兩人政治觀念差异之一例證。魏源《寓公小草》中《後史感》云:

小挫兵家勝負常,重聞整旅補亡羊。鏖軍周處羆當道,倡走荀林馬亂行。不斬偏裨申號令,更抛旌節效蹌踉。頻頹士氣驕夷氣,翻使江防亟海防。[⑤]

"周處",江南提督陳化成;"荀林",時任兩江總督牛鑑,戰時職責在布置長江防堵、籌備城防。此詩諷刺吴淞一役陳化成在前軍鏖戰,牛鑑在後"倡走",致江防告急。後來魏源重訂詩集時改"更抛"句爲"華燈盾鼻又封章",[⑥]又是諷刺牛鑑敗後仍連番奏請權宜羈縻,也足見他對牛鑑在布置防務及江寧議和中諸般做法的不滿。

另一方面,林則徐對牛鑑的措置與遭遇頗有同情。在伊犁借閲邸抄瞭解朝局後,他於家信中曾言:

① 〔清〕林昌彝:《射鷹樓詩話》,第4頁。
② 琦善到底有無促成林、鄧之罷黜,到粵後有無擅裁兵勇,已有明確結論。見茅海建:《天朝的崩潰:鴉片戰争再研究》(修訂版),北京:生活·讀書·新知三聯書店,2014年,第14—17、170—175、232—236頁。
③ 林則徐嘗誨林汝舟云:"語言訥鮮失,人事忍爲主"。〔清〕林則徐:《舟兒送過數程猶不忍别,詩以示之》,《林則徐全集》,第6册第85頁。
④ 〔清〕周壽昌著,許逸民點校:《思益堂日札》,北京:中華書局,1987年,第147頁。
⑤ 〔清〕林昌彝:《射鷹樓詩話》,第5頁。
⑥ 〔清〕魏源:《寰海後》,《魏源全集》,第14册第208頁。

到此之後,才聞得牛鏡堂(牛鑑)革職鎖拿進京,係因御史參其鎮江失守,不行救援即引兵退回金陵。……鏡堂議和之請,既已准行,乃尚未辦妥,忽又拿問,近事之反復不定如是,真難測度。若罪其失守,則同罪之人尚多,果將窮治耶? 抑可异罰耶? 如因御史參出,即加之罪,似近來言路又太有權。[①]

後又説"牛鏡堂之拿問,適在議和之後,若謂責其失守,則失守之人多矣,大約鏡堂亦須來此一行也",[②]相祖以外,又指出朝内言官運動一情。第一次鴉片戰争結束後,以諫垣"三直"領首,彈章迭上,大肆批評道光帝準備起復戰時主和大臣的舉動: 御史陳慶鏞在戰後因獲罪諸臣起復,便上疏彈劾,直指奕經、文蔚、琦善罪責; 御史蘇廷魁又借災异變上疏,不僅求罷領班軍機大臣穆彰阿,甚至還請宣宗下罪己詔。[③]但京内科道如此之運動,似不讓被認爲同樣主戰的林則徐拊手稱快。

另外一邊,魏源恰與京中文官稔熟,在 1844、1845 兩年入京應試時與蘇廷魁、陳慶鏞、朱琦及各地舉子等時有互動,[④]同氣相求,參與到主戰的物議中。[⑤]這些以"清議"影響一時輿論的文官,大都是正途出身,又歷官翰、詹、科、道,皆較少實務歷練,看待時事容易黑白分明,簡單地以主戰還是主和論定辦事大臣的是非功過,後來在甲申、甲午之際也一以貫之,故《清史稿》就直接以後世所謂"清流"稱呼這一在鴉片戰争結束後十分活躍的文官群體。[⑥]而本就久任外官的林則徐,這時已積累了辦理夷務的經驗,頗能從全局實際地考慮政治得失,揚弃戰和的簡單對立:

昨見京報,揚威(奕經)、靖逆(奕山)及參贊(文蔚)均擬大辟,是牛鏡堂、余紫松(余步雲)亦必一律,即使不勾,亦甚危矣。由此觀之,雪窖冰堂,亦不幸之幸耳。近事翻來覆去,真是不可摸捉,要於大局徒然有損無益也。[⑦]

語中一面自遣,一面也透露出對當時言官鬥争的批評。相比下,不僅見於《題林少穆制府飼鶴圖》、也見於魏源他處著述中的主剿主張,連同其攻排主和者時所唱的高調,則多與京中科道文官相類。陳寅恪嘗説同光以後文人士大夫自詡爲"清流"者往往"務爲高論",吕思勉亦言及鴉片戰争時士大夫之"虚驕","徒放言高論、輕挑强敵","穆彰阿等固非賢臣,

---

① 〔清〕林則徐:《家書》(1842 年 12 月 10 日),《林則徐全集》,第 7 册第 319 頁。
② 〔清〕林則徐:《家書》(1842 年 12 月 15 日),《林則徐全集》,第 7 册第 322 頁。
③ 趙爾巽等:《清史稿》卷三七八,北京: 中華書局,1977 年,第 11591—11597 頁。
④ 如崔巍整理:《許瀚日記》,石家莊: 河北教育出版社,2001 年,第 200 頁。
⑤ 段志强:《顧祠——顧炎武與晚清士人政治人格的重塑》,上海: 復旦大學出版社,第 87—93 頁。
⑥ 趙爾巽等:《清史稿》卷三七八,第 11590 頁。
⑦ 〔清〕林則徐:《家書》(1843 年 1 月 14 日),《林則徐全集》,第 7 册第 324 頁。

然當時攻擊之談，則大都不切情實，且多誣罔之辭"，[①]或許魏源之言論亦不免是一例也。[②] 儘管《飼鶴圖》題咏中他説盡好話，背後也未嘗不苛求林則徐的過失。[③] 時人説魏源"性情兀傲"，"詩文發揚縱肆，字向紙上皆軒昂，洵一代之奇才也……然使之得位持權，其剛愎自任，亦宋代王安石也"，[④]由此或可稍增體會。

四、餘論

由上文可見，在鴉片戰爭期間較有結束感的幾個月中（1841 年 5 至 9 月），客寓揚州的士紳魏源已知曉上年天津與浙東的中英秘密交涉，雖不深悉内情，却直接將其視爲奸臣賣國行爲，與一般官紳士民觀感較近，但與林則徐、李星沅等政治見解更成熟、考慮問題更全面的大臣則有較大差別。大抵在主張撫議者自身看來，"撫夷"本爲不得已，伊里布即説"夷事主撫亦明知下策，而實逼處此，不得不暫示羈縻，豈得已哉"，[⑤]李星沅亦知牛鑑奏請准予英人通商，乃"時勢所迫，不得已而出此，非長策也"。[⑥]綜合其另著的《籌海篇》及《夷艘寇海記》來看，魏源之不主撫，大抵由於他始終以爲三年戰爭期間本有數次轉機，或可用内河火攻辦法退敵，"以守爲戰、以守爲款"，不過因用人不當，方使時勢墮落至此。他與同時期士紳建策極相近的主張果否講求實際，還待專論，而把交涉一概等同於畏敵軟骨、用錢消災，把交涉官員簡單地等同於古代的奸臣，一定程度上反映出當時士紳的智識習慣與戰後的集體心境，也與魏源的個性不無關係。林則徐評價《寓公小草》"不免大露"，是分别兩人政治理念及成熟程度的一個界碑。

另一方面，談近代史不得不從鴉片戰爭説起，論此一役又必稱頌林、魏兩先驅，進而"浪漫化"地想象二人爲平輩契交，已成近代史研究中的一種積習，影響更是逸出學界。結合關鍵文獻的細節考察，揆諸前人較少注意的輓聯、書札與詩文中的稱謂，依據"士大夫交誼不以年輩定稱謂"之慣例，可見無同鄉、同官、同年及姻親關係的兩人，是"舊友"而多半不是"契交"，目前的證據更多映證兩人政治觀念之差異，以及相處之客套，不能以"龔魏"或"林鄧"之交誼等同視之。

本文在修改過程中，得到復旦大學戴海斌教授及趙帥、陸銘傑、王思雨的建議與幫助，謹致謝忱！

（鄒子澄，復旦大學歷史學系博士研究生）

---

① 吕思勉：《中國近代史講義》，《中國近代史八種》，上海：上海古籍出版社，2008 年，第 36 頁。

② "同光時代士大夫之清流，大抵爲少年科第，不諳地方實情及國際形勢，務爲高論。由今觀之，其不當不實之處頗多……總而言之，清流士大夫，雖較清廉，然殊無才實。"陳寅恪：《寒柳堂記夢未定稿（補）》，《寒柳堂集》，北京：生活·讀書·新知三聯書店，2001 年，第 219 頁。其弟子石泉（劉適）亦有附説，見石泉《甲午戰爭前後之晚清政局》，北京：生活·讀書·新知三聯書店，1997 年，第 11、19—20 頁。

③ 魏源認爲林則徐在繳烟後，不應再要求此後英商船來粤，具結中必寫"人必正法"。他認爲這原是粤事之一轉機。〔清〕魏源：《夷艘寇海記上》，《魏源全集》，第 3 册第 598 頁。

④ 〔清〕張維屏：《清代詩人藝談録》，程千帆、楊揚整理：《三百年來詩壇人物評點小傳匯録》，鄭州：中州古籍出版社，1986 年，第 369 頁。

⑤ 袁英光、童浩整理：《李星沅日記》，北京：中華書局，1987 年，上册第 412 頁。

⑥ 袁英光、童浩整理：《李星沅日記》，上册第 414 頁。

王烜對甘肅地方文獻的搜集整理與研究*

張 兵 楊東興

[摘 要] 甘肅古代文人學者輩出，地方文獻遺産豐富。關於甘肅地方文獻，清代邢澍、張澍等甘肅學者已開始搜集整理。民國時期的王烜、張維、馮國瑞等學者繼承鄉賢遺願，繼續整理研究甘肅地方文獻。其中王烜不僅是晚清以來甘肅著名文學家，更是一位優秀的學者，畢生以搜集整理和研究甘肅地方文獻爲己任，其成就主要體現在編纂目録、輯存文獻、編撰史志等三個方面。探討王烜對甘肅地方文獻搜集整理與研究的成就與貢獻，有助於推進甘肅地方文獻的整理工作，也能傳承發揚前輩學人的學術理念，重拾其高雅情懷。

[關鍵詞] 王烜 甘肅地方文獻 文獻學

　　甘肅地處西北，位置偏遠，較東南等地而言，經濟欠發達，但作爲華夏文明的發祥地之一，這片古老的土地上自古以來文人輩出，誕生了享譽文壇儒林的王符、皇甫謐、王仁裕、李夢陽、胡纘宗、趙時春、張晉、郝璧、吳鎮、邢澍、張澍等文人學者，他們留下了《潛夫論》《空同集》《鳥鼠山人集》《浚谷集》《關右經籍考》《二酉堂叢書》等豐富的文獻遺産。晚清至民國時期，甘肅雖未出現如前期衆多享譽全國之文人學者，但也出現了王權、任其昌、安維峻、劉爾炘、慕壽祺、王烜、張維、郭漢儒、馮國瑞等影響較大的文化名人。他們在清末至民國時期社會急劇變革與軍閥混戰的時代背景下，不僅進行文學創作，用詩文記録時事，抒寫家國情懷，而且積極從事學術研究，留下了大量學術著作。其中，對甘肅地方文獻的搜集整理與研究是他們畢生之追求。王烜是其中非常突出的一位。

　　王烜(1878—1959)，字竹民，號市隱，甘肅蘭州人。光緒三十年(1904)甲辰科進士，授户部主事。民國時期，歷任静寧縣知事、四川劍閣縣征收局局長、靈臺縣知事、甘肅省政務廳廳長、總統府顧問等職。新中國成立後，曾任甘肅省文史研究館第一副館長。王烜不僅是一位才華卓越的文學家，今存詩千餘首，文六十餘篇，而且是一位勤於著述的學者，整理與編撰了《皋蘭明儒遺文集》《甘肅文獻録》《皋蘭縣新志稿》等大量鄉邦文獻，有力推動了甘肅地方文獻的整理與研究工作。如民國時期由他執筆完成之《甘肅文獻録》，既繼承了清代鄉賢邢澍《關右經籍考》與安維峻等纂《甘肅新通志·藝文志·著書目録》著録甘肅文獻之優良傳統，也對張維《隴右著作録》、郭漢儒《隴右文獻録》等目録學著作有重要借鑒與啓示。相較於張維、馮國瑞等學者而言，目前學界對王烜在甘肅地方文獻搜集整理與研究上的成就與貢獻關注不够。鑒於此，筆者通過對王烜現存學術著作的梳理，從目録、輯佚、編纂三個方面

① 本文是國家社科基金重點項目"隴右著述目録提要與研究"(14AZD065)的階段性成果。

探討其對甘肅地方文獻研究做出的貢獻。

一、提要鈎沉,編纂目録

目録之書,自漢代劉向《别録》與劉歆《七略》以來,代有佳作。至清代樸學大興,目録之作更是盛極一時。在此學術背景下,甘肅著名學者邢澍所編《關右經籍考》亦躋身其列。此書既是清代目録學的代表作,也開甘肅編撰文獻書目風氣之先。郝潤華先生主編的《甘肅文獻總目提要》"前言"説:

> 其《關右經籍考》(據張維《隴右著作録》考證,該書初名《全秦藝文志》)按年代編排,各代中又依經、史、子、集順序排列,撰有解題,包括作者小傳及流傳存佚情況。開創了編撰甘肅文獻書目之先河。[①]

此後,清末安維峻等纂修《甘肅新通志》之《藝文志》中專設"著書目録"載録甘肅地方文獻,不過所録較爲簡略,僅臚列書目,未撰寫提要。直到民國時期王烜《甘肅文獻録》問世,較爲完備的甘肅文獻書目纔算完成。王氏此書分《歷代甘肅文獻録》《大清甘肅文獻録》《歷代甘肅文獻補録稿》三部分。其中,前兩部分是王烜受劉爾炘之命與王國香、李九如一起編纂而成。王烜在《歷代甘肅文獻補録稿》"序"中言:"往在民初之癸丑春,吾甘有徵書局之設。先師劉果齋先生實董其事,俾烜執筆纂輯《文獻録》。"[②]甘肅於民國四年(1915)設立徵書局,由著名學者劉爾炘總領其事,徵集甘肅各地文獻。關於此書之體例,王烜在《歷代甘肅文獻録》"例言"中寫道:

> 兹編爲徵考甘肅文獻而輯,分爲《歷代》《大清》二録。鄉邦後學景仰前徽,即書見人,即人求書。敢云發潛德之幽光,亦冀保遺文於勿墜,示來兹以有徵也。兹編體例仿諸《明史》,分部經、史、子、集,部中書目各以類從,求其若網在綱,庶易於翻閲。《甘肅新通志》成書方逾數年,其藝文著書目録,於隴人著述搜採略盡。兹編就志取材,歷代之書概爲録入,而大清一代,尚非年湮代遠,存書較多實見,爲無關典要及有疑義者,間亦去之。其爲《通志》未經甄採,而此次徵求得之者,在《録》中居十之二,取之欲宏,擇之以審。編中臚列書目,各具著書人事略於後。凡《甘肅新通志》有傳者,皆約録之;其有書無傳者,則書"事略闕",或於他人記載考見事實,則補具傳略、或年代後先、官職詳略;有失考者,皆更正焉。故《録》中事蹟與《通

---

① 郝潤華主編:《甘肅文獻總目提要》,蘭州:甘肅人民出版社,2014 年,第 2 頁。
② 王潛源主編,鄧明校點注釋:《王烜詩文集》,蘭州:甘肅省人大辦公廳印製,1997 年,下册第 638 頁。

志》不無詳簡異同之處。①

　　據此可知：其一,《歷代甘肅文獻録》《大清甘肅文獻録》仿《明史·藝文志》,按照傳統的四部分類法編纂而成。其二,二書在光緒年間安維峻等編纂的《甘肅新通志·藝文志·著書目録》的基礎上增删修訂而成。其三,王烜爲每部文獻均撰寫了提要,包括作者姓名、科第、官職、生平、著述、評論等内容。與《甘肅新通志·藝文志·著書目録》相比,王書内容更爲完備,體例更爲謹嚴,具有較高文獻價值。《歷代甘肅文獻録》按傳統的經、史、子、集四部分類。其中,經部下分易、書、詩、禮、春秋、四書、孝經、經總、小學 9 類,史部下分正史、雜史、史鈔、故事、傳記、儀注、地理、譜牒 8 類,子部下分儒家、兵家、雜家、醫家、曆數、類書、道家、釋家 8 類,集部下分别集、總集 2 類。《大清甘肅文獻録》亦按以上四部分類,經部下分易、書、詩、禮、春秋、左傳、四書、孝經、經總、小學 10 類,史部下分正史、雜史、史鈔、故事、傳記、儀注、刑法、地理、譜牒 9 類,子部下分儒家、兵家、醫家、天文算術、藝術、術數、雜家、小説、類書、道家 10 類,集部下分别集、總集、文史 3 類。《歷代甘肅文獻録》《大清甘肅文獻録》收録甘肅 400 餘位文人學者 800 多部文獻,保存了較爲豐富的甘肅古代文獻資料。《歷代甘肅文獻補録稿》是民國三十四年(1945)王烜獨自編成。其序云：

　　　　迄今三十年,前塵邈矣,剩稿猶存。里居多暇,每瀏覽群籍,往往有獲前録所闕遺者,或原書採訪未及,或所著内容可闡,爰爲補輯以廣遺文,並以近出鄉人著作既有成書亦取而附益之,以備他日徵文考獻者取材焉。②

　　不難看出,此書是王烜有感於前録闕遺而有意搜集補録。更可貴者,補輯了許多民國時期甘肅文人學者新出的著述。《歷代甘肅文獻補録稿》亦按傳統四部分類,經部下分易、春秋、經總、四書 4 類,史部下含譜牒類,子部下分儒家、縱横家 2 類,集部未分類。此書補録了 40 餘位甘肅文人學者 60 多部文獻,爲研究甘肅地方文獻提供了較爲豐富翔實的資料。

　　王烜《甘肅文獻録》之後,張維《隴右著作録》、郭漢儒《隴右文獻録》等目録著作接連出現。張維《隴右著作録》是在《甘肅通志稿·藝文》的基礎上編纂而成,“總計著録了甘肅 772 位學人的著作 1575 種”。③ 郭漢儒《隴右文獻録》“計二十四卷,八百十四人,書一千七百九十一部”。④ 據此可知,就所收文獻數量而言,雖然王書不如張、郭二氏多,但其承前啓後之功不容忽視。關於此,王鍔先生在《甘肅文獻書目五種解題》一文中給予了充分肯定：“《甘肅文獻録》是第一部收録歷代甘肅學者著述的目録學著作,上起兩漢,下至清末,總計收録文

①　王潞源主編,鄧明校點注釋：《王烜詩文集》,下册第 466—467 頁。

②　王潞源主編,鄧明校點注釋：《王烜詩文集》,下册第 638 頁。

③　王鍔：《隴右文獻叢稿》,蘭州：甘肅人民出版社,2012 年,第 37 頁。

④　郭漢儒編,政協定西市安定區委員會整理：《隴右文獻録》,蘭州：甘肅文化出版社,2014 年,第 7 頁。

獻 864 种。與《甘肅新通志·藝文》相比,編排分類更加科學,收錄文獻數量增多,訂正了《著述目錄》記載的一些繆誤,大量補充了一些作者的生平事迹材料。"[①]

二、廣涉群籍,輯存文獻

甘肅文獻遺産豐富,但受地理位置、戰亂以及保存條件等影響,散佚甚多。對此,清代甘肅著名學者張澍已經開始輯存。晚清以來,王烜、張維、郭漢儒、馮國瑞等學者繼承鄉賢輯存甘肅地方文獻的優良傳統,搜集保存了大量甘肅地方文獻。張維、馮國瑞對甘肅文獻的輯佚之功,王鍔、漆子揚等先生多有論及,而學界對王烜在甘肅文獻輯佚方面的貢獻則關注甚少。王烜對甘肅文獻的輯佚類著作主要有《皋蘭明儒遺文集》《皋蘭清詩拾遺》《甘肅歷代地震紀》等三部。

《皋蘭明儒遺文集》是王烜於民國三十三年(1944)輯成的明代蘭州文人的散佚詩、詞、文、賦。書前有王烜自序,書後有楊巨川、楊沛霖跋。是書分上、下兩卷,上卷爲文,下卷依次爲賦、詩、箴、贊、詞。其中,黃諫文 7 篇、賦 2 篇、詩 2 首,段堅文 16 篇、詩 57 首、箴 1 篇,趙英文 3 篇,陳祥文 1 篇、贊 1 篇,彭澤文 10 篇、賦 1 篇、詩 36 首、贊 1 篇、詞 30 餘首,鄒應龍文 2 篇、詩 2 首,聊讓文 1 篇,滕佐詩 1 首。共計文 40 篇、賦 3 篇、詩 98 首、詞 30 餘首、箴 1 篇、贊 2 篇。書後又補段堅文 1 篇、詩 2 首,彭澤文 4 篇,徐蘭文 1 篇,丁晉詩 1 首。其中鄒應龍,字雲卿,號蘭谷,甘肅蘭州人。嘉靖三十五年(1556)進士,任監察禦史。鄒氏性情耿直,剛正不阿,嘉靖年間因彈劾權臣嚴嵩、嚴世蕃父子而名揚天下。王烜所輯《上世宗皇帝疏》《又參嚴世蕃疏》正是鄒氏向嘉靖皇帝所上請求懲辦嚴氏父子的奏疏。此書保存了明代甘肅較爲豐富的文學文獻,有助於人們認識和把握明代甘肅文學的創作成就。

《皋蘭清詩拾遺》是王烜於 1954 年輯成的清代蘭州鄉賢的散佚詩作。其中包括謝天錦 2 首、王光晟 6 首、滕佐 1 首、巫揆 1 首、王曉霞 6 首、盧政 12 首、許學詩 30 首、陳坦 5 首、朱克敏 1 首、黃毓麟 3 首、周士適 4 首、王炳麟 27 首、劉元機 39 首、馬中律 4 首、王炳 9 首、鄭元瀟 16 首,計 16 人 166 首詩歌。這是王烜在此書目錄中所收錄諸家詩歌情況。不過,其中滕佐實爲明代甘肅蘭州人,所錄詩歌《華林寺》應屬明代甘肅文學範疇。滕佐及其《華林寺》也被王烜輯入《皋蘭明儒遺文集》中。因此,此書實際上共輯得清代蘭州鄉賢 15 人 165 首詩歌。這些珍貴的詩歌作品皆賴王烜搜集而得以傳世,成爲研究清代甘肅文學的重要文本資料。

《甘肅歷代地震紀》是王烜 1956 年從《史記》《漢書》《後漢書》《晉書》等歷代正史與《陝西通志》《甘肅通志》《甘肅新通志》等地方志中所輯甘肅歷史上地震資料的彙編。據《甘肅歷代地震紀》記載:"甘肅地震在歷史上可考的,自周幽王二年(公元前 780)起,至民國十

---

① 王鍔:《隴右文獻叢稿》,第 34 頁。

六年（1927）止，二千七百餘年間，凡四百一十一次。"①其中，兩漢 189 次、晉代 6 次、北魏 17
次、北周 1 次、隋代 1 次、唐代 6 次、宋代 9 次、金代 2 次、元代 15 次、明代 88 次、清代 75 次、
民國九年 1 次、民國十六年 1 次。最後兩次地震王烜均親身經歷過，所以是據實載録。此書
收於王濬源主編，鄧明校點整理的《王烜詩文集》中。

王烜有感於甘肅地方文獻散佚嚴重，故而輯録《皋蘭明儒遺文集》與《皋蘭清詩拾遺》。
二書保存了較爲豐富的明清甘肅文學文獻，對研究明清甘肅地方文學史的發展具有重要參
考價值。《甘肅歷代地震紀》首次輯存甘肅地震史料，爲研究甘肅地震災害提供了便捷而豐
富的專題資料，具有重要的學術價值。

三、據實博引，編纂史志

王烜一生宦遊天下，博覽群書，著述豐富。民國時期，他先後編撰了《皋蘭鄉賢事略》《甘
肅書院史稿》《甘肅社會教育史料》《五泉山人劉果齋先生年譜》《皋蘭縣新志稿》等史志著
作。1949 年後，他任職於甘肅省文史館，又編撰了大量民國時期甘肅文獻資料，如《陸洪濤
督甘史料》《馮玉祥督甘史料》《紀提督曹克忠事》《甘肅辛亥後四十年政兵民三變史料初稿》
《甘肅辛壬之間政變材料》《補修金城吳氏家譜》等，爲研究民國時期甘肅政治、歷史、文化提
供了豐富的史料。

其中，《皋蘭縣新志稿》是王烜民國三十七年（1948）所編皋蘭縣志。關於皋蘭縣（今屬蘭
州市轄縣）志，自黃建中纂《（乾隆）皋蘭縣志》始，繼之有秦維嶽等纂《（道光）皋蘭縣續志》、
盧政《皋蘭縣續志稿》、張國常《（光緒）重修皋蘭縣志》。民國時期，王烜受皋蘭縣當局之聘，
於張氏《（光緒）重修皋蘭縣志》的基礎上編成《皋蘭縣新志稿》（共三種，未完）。該志內容
詳略得當，體例嚴謹，保存了蘭州豐富的政治、經濟、文化、風俗資料，是地方志中的佳作。

《皋蘭鄉賢事略》是 1924 年王烜與王國香、李九如受劉爾炘之囑用白話文爲皋蘭鄉賢祠
撰寫的人物事略。對此，劉爾炘《皋蘭鄉賢事略》"前言"云："余修太昊宮後，復於五泉山立
皋蘭鄉賢祠，奉祀吾皋蘭前代人物之尤著者。因請王君烜、李君九如、王君國香，分纂事實，
用白話體標而出之。書於祠壁，以期遊人一目了然。"②顯然，劉爾炘於五泉山太昊宮立皋蘭
鄉賢祠，並讓王烜等人撰寫鄉賢事略，旨在傳承家鄉文化、弘揚鄉賢精神。王烜欽佩鄉賢，熱
愛家鄉文化，對此自然當仁不讓，欣然接受。此書包括唐代辛雲京，明代石執中、聊讓、段堅、
趙英、彭澤、段續，清代簫光漢、吳可讀、盧政、張國常等人物事略。這些人均對蘭州政治、經
濟、文化等方面做出過卓越貢獻，其事略類似於一篇篇生動簡潔的人物傳記，既爲了解研究
蘭州歷史人物生平事迹提供了史料，也對今天及以後編撰蘭州史志具有重要參考價值，更有

---

① 王濬源主編，鄧明校點注釋：《王烜詩文集》，下冊第 668 頁。
② 此書現藏甘肅省圖書館西北地方文獻部。

益於傳承弘揚甘肅地域文化,值得珍視。

《甘肅水利著略》與《甘肅書院史稿》《甘肅社會教育史料》是王烜於光緒三十四年(1908)、民國十七年(1928)分別爲《甘肅新通志》和《甘肅通志稿》所撰部分内容。前一部記録了甘肅四十餘縣水利狀況,後兩部提供了甘肅書院、義學、圖書館、講演所、教育館、博物館等機構的詳細資料。這些資料對研究甘肅經濟、文化、教育具有重要的史料價值。

《五泉山人劉果齋先生年譜》是王烜於民國三十七年爲其師劉爾炘所撰的年譜。劉爾炘(1865—1931),字又寬、又字曉嵐,號果齋,又號五泉山人,甘肅蘭州人。光緒十五年(1889)進士,授翰林院庶吉士,後又授翰林院編修。劉爾炘是晚清、民國時期甘肅著名學者、文學家、書法家、教育家,對甘肅文化教育、社會公益貢獻甚大。關於編撰此年譜之緣由,王烜在《〈五泉山人劉果齋先生年譜〉序》中説:"迄三十七年春,民勤王君重錫訪余,謂欲作果齋年譜,倩余搜集資材。余以夙願所在,亟應其請。"①"夙願"二字表明,王烜此前一直就有爲劉氏編年譜的想法。王烜作爲劉爾炘的弟子,對其生平經歷自然了解頗多。這部《年譜》對研究劉爾炘生平經歷、思想追求具有極高文獻價值。此外,王烜還編有《補修金城吳氏家譜》。吳氏即甘肅蘭州吳可讀家族。吳氏原爲浙江處州府麗水縣人,其始遷祖吳庸隨明肅王朱楧落户蘭州。乾隆年間吳效賢爲其家族修譜至第十三世止。民國年間,劉爾炘囑王烜爲其續修至十八世。據王烜《〈吳氏家譜〉跋》載:

> 吳柳堂先生家譜一册,得諸南府街吳氏故宅者也。宅故質諸他族。今年春,吾興文社聞質主將貨之,乃備價贖歸,以存先哲之遺。宅失修久,棟欹壁敗,不堪居處,遂鳩工重葺,於藏器中得兹册。觀其世系,闕未備載,社長劉果齋先生囑予續之。予爲即其果主之存而可考者,次第著於後;其有名氏而於統系疑不能入者,則爲附録,以俾其後世子孫或有考者焉。②

劉爾炘在《〈吳柳堂家譜〉題識》中亦言:"余獲此譜,既囑著明王君爲續其十四世以下闕而不備者,乃交五泉書院妥爲收藏。他日吳氏子孫有尋源溯本,來求斯譜者,當於書院得之。"③足見劉、王二人保存鄉賢資料、傳承家鄉文化之高尚情懷,此書爲研究吳可讀及其家族文化傳承提供了許多有價值的史料。

王烜晚年在甘肅文史館工作,致力於甘肅地方文史研究。年近八旬的他先後編撰了《馮玉祥部督甘史料》《白狼擾甘史料》《甘肅辛壬之間政變材料》《陸洪濤督甘史料》《甘肅省辛亥後四十年政兵民三變史料初稿》《紀提督曹克忠事》六部史料著作。其中,如《馮玉祥部督甘史料》詳細記載了民國十四年(1925)馮玉祥派部將劉鬱芬入甘之後,改編軍隊,調整防

① 王潚源主編,鄧明校點注釋:《王烜詩文集》,下册第 415 頁。
② 王潚源主編,鄧明校點注釋:《王烜詩文集》,上册第 370 頁。
③ 漆子揚校釋:《劉爾炘集校釋》,蘭州:甘肅人民出版社,2018 年,上册第 339 頁。

務,統一甘肅各路軍閥的過程,具體內容包括《劉鬱芬入蘭州及改編甘肅軍隊》《劉鬱芬、蔣鴻遇誘殺李長清》《薛篤弼任甘肅省長》《張兆鉀聯合宋有才、黄得貴、孔繁錦等部攻蘭州》《隴東軍與國民軍開戰於西鞏驛,黄得貴、宋有才聯合拒國民軍》《劉鬱芬布置省防》《隴東軍西上與梁冠英對峙於響水子,黄得貴、宋有才占據關山》《吉鴻昌旅由綏遠援甘,國民軍兩路反攻,宋有才兵退狄道,黄得貴兵退定西》《孔繁錦派軍爲隴東軍聲援,大敗逃出天水》《國民軍規曲隴東》《馮玉祥由綏遠至寧夏率大軍援陝,馮軍佟麟閣、韓復渠等部留駐隴東肅清黄、韓殘部》等11部分。此書既記録了劉鬱芬入甘之後統一甘肅的經過,也穿插講述了當時甘肅各鎮軍閥霸居一方、壓榨百姓、互相争鬥的事件,對我們了解與研究民國時期甘肅社會歷史具有重要價值與意義。還有《甘肅辛壬之間政變材料》記載了辛亥革命後甘、寧、青響應共和革命的事件,含《張掖縣革命之發生》《升允、長庚用兵攻陝及防川》《寧夏等處會黨起義》《陝甘兩軍交戰》《兩軍圍攻乾州不克》《階州、文縣、渭源、固原、靈臺、武威、酒泉、西寧各縣人民起義》《南北議和告成之甘局》《承認共和及省議會成立》《趙惟熙督甘》《黄鉞在秦州獨立》《甘軍撤回及省垣屢次兵變》《秦州取消獨立》《省議會議長李鏡清被刺》等十餘部分。總之,這些著作爲我們研究民國前期甘肅政治、軍事、歷史提供了真實可信的史料,價值不容低估。

　　王烜青年求學隴上、博覽群書,中年宦遊天下、憂國憂民,晚年居鄉、傳承鄉邦文化,是傳統知識分子的典型代表。耄耋之年的王烜在《致濬源兒》信中寫道:“平凉麥田受凍,翻犁改種指望秋成,民食能接濟否? 去年豐收,今年尚覺糧少,若有災荒更難過了。蘭地春間嫌旱,近來有雨,亦不甚多,好在水地加多了,可以調劑。”[①]信中對兒子的關心問候僅寥寥數語,更爲關切的是隴原百姓的生計狀況。他一生無論爲官四方,還是賦閑居家,均致力於甘肅地方文獻的整理研究,今存關於甘肅地方文獻的著作,對全面探究晚清民國甘肅政治、經濟、文化、社會公益等具有重要文獻史料和認識價值。儘管如此,他在臨終時仍然愧歉自己爲家鄉、爲後人所做之事甚少。《自覺》詩云:“水當折處還呈彩,花近殘時總放香。自怪老來疏懶甚,不曾勞動替人忙。”[②]讀此詩,我們既可以感受到王烜彌留之際內心的自責,也更加體會到其謙遜通達、志節高尚的偉大人格魅力。

(張兵,西北師範大學文學院教授;楊東興,蘭州交通大學文學院講師)

---

①　王濬源:《我的父親王烜》,甘肅省圖書館藏複印本。
②　王濬源主編,鄧明校點注釋:《王烜詩文集》,上册第278頁。

北京大學古典文獻專業的建立及其意義*

李緯怡　王娟娟

[摘　要]　1959 年建立的北京大學古典文獻專業,是我國第一個新型的培養古文獻學人才的專業。其教學方案以現代教育科學體系爲基礎,又吸收了我國傳統的文史研究的治學方法,注重文字、音韻、訓詁、目録、版本、校勘功底的培養,重視古籍原著的學習和中國通史、中國文學史、中國哲學史的教學及古籍整理實踐能力的培養,從而使學生基礎扎實,能準確領會傳統文化的精髓,具有學術貫通能力,能盡早掌握整理和編輯古籍書稿的本領,並盡量學會一門外語。該專業的建立,是二十世紀我國教育事業的一件大事,它適應了當時的文化需要,不僅培養了一批古籍整理、研究和出版的優秀人才,而且初步形成了古文獻學科新型的教學體系,爲該學科的發展做出了重要的開拓性的貢獻。

[關鍵詞]　北京大學古典文獻專業　古文獻學　學科特色

上世紀 50 年代,隨着社會對古籍整理需求的增加,古籍整理專業人才越來越顯得缺乏,在黨和政府提出要重視培養古籍整理人才,而文科教育和研究又常常被忽視、被削弱的現實中,怎樣培養高質量的人才,成爲越來越重要和迫切的問題。北京大學古典文獻專業正是在這樣的背景下建立的。

一、提議與建立

1958 年 1 月 21 日,齊燕銘就"關於古籍整理和出版工作加强領導全面規劃",在向中共中央宣傳部的報告中强調:"古籍的整理是一件長期的工作……在三十年後,培養出五百個乃至一千個程度不同古籍整理的專門人材是有必要的。"並提出將與高教部協商,在北京大學設置古典文獻專業學科。①

1958 年 2 月 7 日,中共中央宣傳部在"加强中國古籍整理和出版工作的領導性和計劃性"的報告中,提出全國古籍整理出版規劃小組的三項主要任務,一是方針,二是規劃,三是

---

*　本文是國家社科基金重大項目"百年中國古籍整理與古文獻學科發展研究(1911—2011)"(11&ZD109)的階段性成果。

①　《齊燕銘關於古籍整理和出版工作加强領導全面規劃問題給中央宣傳部的報告》,中國出版科學研究所、中央檔案館編:《中華人民共和國出版史料 1957—1958 年》,北京:中國書籍出版社,2004 年,第 336—341 頁。

人才。明確提出要"擬定培養整理古籍人材的方案"。①全國古籍整理出版規劃小組成立後，人才培養問題即被提上議事日程。隨着古籍整理出版任務的加重，作爲古籍專業出版社和全國古籍整理出版規劃小組的依託單位，中華書局尤其感到專業人才特別是青年人才的緊缺。爲此，齊燕銘、金燦然和時任北京大學副校長的翦伯贊經過商議，籌劃在北京大學設置古典文獻專業的具體方案。之後又多次邀集有關專家學者就此事進行磋商。

1959 年秋天，在國家科學技術委員會主任聶榮臻和高教部部長楊秀峰等人的支持下，由齊燕銘、翦伯贊、金燦然報中宣部、高教部批准，北京大學中文系古典文獻學專業開始招生。這是我國第一個新型的培養古文獻學人才的專業。

翦伯贊就該專業的設置專門在《光明日報》發表了《從北大古典文獻專業談到古籍整理問題》，文章開頭即確定這個專業的名稱："北京大學今年新設了一個專業，名曰'古典文獻專業'。"接着説明設置這個專業的目的"是培養整理中國文化遺產的人材，主要的是整理中國古典文學、史學、哲學方面的文獻"；強調"整理古典文獻要有人，要有一定數量的專人來做這種工作"，"應該培養一個整理古典文獻的隊伍。隊伍的大小，可以研究，但不能沒有這樣的隊伍"。這裏把古籍整理隊伍的組建，提到了極其重要的不可或缺的高度。文中針對當時社會上對古文獻整理工作的不同認識，作了三點重要説明："第一個問題：整理古典文獻和厚古薄今的方針有沒有矛盾。"文章認爲沒有矛盾，"問題不在於古典文獻的本身，而是在於整理古典文獻的人的觀點和方法"。古典文獻是客觀存在，但由於整理工作者本人的態度、目的和方法的不同，它就表現出不同的功用。"第二個問題：整理古典文獻，是不是一種沒有思想性的純技術工作。"文章認爲："可以肯定地説，整理古典文獻不是什麼純技術工作，而是一種非常細緻的思想工作。它的任務不僅是標點斷句、拾遺補缺，還有校勘、注釋、輯佚、序跋等工作，在這些工作中都可以加進整理者的思想意識和觀點。"這些工作環節都建立在整理者對古文獻所進行的科學研究的基礎上，反映了整理者的理解和考證工作所達到的深度、廣度以及科學性的程度。"第三個問題：整理古典文獻，算不算科學研究工作。"文章明確指出："真正的古典文獻的整理工作，本身就是一種科學研究工作，因爲所謂古典文獻整理，是要在古典文獻上進行科學加工。……而且在這種研究工作中，來不得一點'不求甚解'。就以標點斷句而論，如果'不求甚解'，就斷不了句。"

翦伯贊在文中還強調："由於古典文獻的整理是一種科學研究，它就需要具備一些必須的專門知識"，"要具備歷史知識，沒有歷史知識，就不能弄清古書的時代背景。要具備目錄學的知識，沒有目錄學的知識，就不能弄清古書的源流"。"還要有文學史、哲學史的知識……還要有一些其他的知識"，如版本、校勘和古文字知識等，最後總結説："現在北大設置的這個'古典文獻專業'，正是爲了把整理古典文獻工作變成科學。"②

① 《中央宣傳部關於古籍整理出版規劃小組的主要任務和組成人員名單向中共中央書記處的請示報告》，《中華人民共和國出版史料 1957—1958 年》，第 347 頁。
② 翦伯贊：《史學理念》，重慶：重慶出版社，2001 年，第 59—64 頁。

翦伯贊的這篇文章發表於 1959 年 7 月 19 日的《光明日報》,當時正是大學招生的前夕,這篇文章不僅是對考生所作的報考説明,更是就該專業的目的、意義、要求及古籍整理與建設社會主義文化的關係所做的精辟論述,同時也是間接對當時存在的那種否定優秀傳統文化、抹殺古籍整理價值的極左思潮的撥反。歷史證明,翦伯贊對古文獻專業和古籍整理工作的認知,無論在當時、現在還是未來都是正確的。

兩天後,吳晗發表《北京大學古典文獻專業招生志喜》一文,認爲北大古典文獻專業即將招考新生,這是學術界的一件大事、一件喜事,因此特別著文祝賀參加這支紅色隊伍的"新兵"。他勉勵這些"新兵",要"從舊事物中創造新的東西,使舊書爲今人服務,使古代經驗爲今天的建設服務"。文章也討論了古籍整理算不算科學研究的問題,結論是肯定的。他説:"例如一部《資治通鑑》,一部'二十四史',很難讀,目前讀過的人也不是很多。經過我們的努力,使這些書成爲大多數人的讀物,普及了歷史知識,普及了文化,這樣的工作不算科學研究工作,又算什麼呢?"持論平實而有力。他認爲這支隊伍並不需要太多的人,但總要有一定數量的人參加。他希望"有志於古典文獻整理工作的年輕朋友們,盍興乎來"。[1]同時,上海《文匯報》等報刊也發表了相應的文章和消息,一時間頗有南北呼應之勢。[2]

該專業於這年暑假如期招生,許多青年懷着興奮的心情報考,但因限於名額,只録取了三十名新生,次年又開始招收研究生。

二、教學方案與授課教師

北京大學古典文獻專業學制原定爲五年,後改爲四年。課程包括文學、歷史、哲學各方面的内容。

當時擬訂的教學方案中,課程分爲三大類:

(一)共同政治理論

(二)專業課

(1)一般基礎課——現代漢語、古代漢語、外語(日語)、寫作、中國通史、中國文學史、中國哲學史等。

(2)專業基礎課——古籍整理概論、中國文字學、中國音韻學、訓詁學、目録學及實習、版本學及實習、校勘學及實習、工具書使用及編纂法、古籍整理史等。

(3)專書講讀課——《詩經》《楚辭》《論語》《孟子》《左傳》《史記》《淮南子》等。

(4)專題課——漢語史、目録學史、中國古代文化史、國外漢學研究等。

---

① 吳晗:《北京大學古典文獻專業招生志喜》,《吳晗史學論著選集》第三卷,北京:人民出版社,1988 年,第 126 頁。

② 陳大昭:《爲什麼要設古典文獻專業》,《文匯報》1959 年 7 月 20 日,第 2 版。

（三）古籍整理綜合實習、專題研究、撰寫畢業論文等

這個方案以現代教育科學體系爲基礎，又吸收了我國傳統的文史研究方面的治學方法，具有這樣幾個特點：一是注重學生文字、音韻、訓詁、目録、版本、校勘功底的培訓。二是重視學習古籍原著，讓學生通過閱讀，研習《詩經》《楚辭》《論語》《孟子》《左傳》《史記》這些基本典籍，從而能夠準確地領會中華優秀傳統文化的精髓。三是重視"中國通史""中國文學史""中國哲學史"的教學，在打好專業基礎的同時，擴大學生的知識面，增强他們的學術貫通能力。四是重視古籍整理實踐能力的培養，教學方案中的第三部分"古籍整理綜合實習"，就是在學期中安排學生（數人）校點一部古書，以訓練學生的動手能力，從而盡早地讓他們掌握整理古籍和編輯書稿的本領。五是盡量地學會一門外語，當時除俄語、英語外，古典文獻專業還鼓勵學生選學日語。

這個教學方案，充分地體現了古典文獻專業的學科特色，勾勒了古典文獻學專業教學的新體系，十分切合當時培養古籍整理和出版人才的目標，適應了國家的需求，並在以後的幾十年中仍然具有引領和指導作用。制定這些以中華傳統文化爲主的教學課程，在當時是冒着一定的政治風險的。

北京大學任命魏建功兼任古典文獻教研室主任，吳競存爲秘書，1962 年又任命陰法魯爲副主任。該專業設置在北大中文系，但實際上北大歷史系、哲學系也參與合辦。專業教師除由北大中文系調派外，並邀請校内外專家兼任教學工作，中華書局也組織或介紹專家前來講課。教研室初建時只有五人，除魏建功外，教員劉學鍇、侯忠義、卓清欽和秘書吳競存都是二十幾歲的年輕人。

爲了提高這些青年教師的業務素質，魏建功給他們每周講一次《説文解字》，還請王重民等來給他們補目録學課。開學以後，金燦然親自前來"蹲點"，許多名家耆宿也來授課，如游國恩的中國文學史、王力的古漢語、林燾與朱德熙的現代漢語、馮友蘭的中國哲學史資料學、鄧廣銘的宋遼史、王重民的中國目録學、陸宗達的《説文解字》研究等。顧頡剛、吳晗、唐蘭、俞平伯、老舍、商承祚、侯仁之、馬宗霍、宋雲彬、啓功等或來講課或做專題講演，以向該專業的學生傳授知識，並開拓他們的視野。[1]該專業舉辦中國古代文化史講座多次，除本專業教師外，還邀請了校内外的其他專家，如劉國鈞、向達、宿白、任繼愈、聶崇岐、張政烺、史樹青、柴德賡等講課。應邀爲"國外漢學研究講座"講課的，有周一良、王重民、張鐵弦等。[2]所以，該專業成立初期，雖然編制上的專任教師只有魏建功、陰法魯、裘錫圭、吳競存、向乃旦等八人，但教學活動却開展得風生水起，卓有成效。

齊燕銘、吳晗、金燦然等十分關心古典文獻專業的教學工作，先後來校做學術報告，並和師生座談，推動了教學和科研工作。中華書局爲該專業調撥了大批圖書資料，又讓專業老師

① 魏至：《君子以果行育德——記魏建功先生的治學與爲人》，《學林往事》，北京：朝華出版社，2000 年，第 813 頁。
② 陰法魯：《北京大學古典文獻專業的建立與中華書局》，中華書局編輯部編：《回憶中華書局》下編，北京：中華書局，1987 年，第 109 頁。

到中國書店的書庫挑選用書,書款統由書局結算。此後,書局每出一種新書,都寄贈該專業圖書室。書局還爲該專業教師備課、學生實習提供條件。在書局的大力支持下,古典文獻教研室組織了一些古籍整理實踐活動。無數事例説明,北大古典文獻專業從創辦到發展,都傾注了齊燕銘、金燦然等人的心血。

1964 年,該專業第一屆本科學生畢業,他們掌握了文史哲多方面的基本知識,具備了閱讀、整理、研究古籍以及批判繼承文化遺産的基本能力,也有較高的文字表達能力。這屆畢業生分配到中華書局工作的有十二人。此後,歷屆畢業生中都有分配到中華書局工作的。①

三、從停課到恢復招生

1966 年 6 月 13 日,中共中央和國務院發出通知《改革高等學校招考辦法》,"爲了徹底搞好文化大革命",決定"高等學校和高中"停課鬧革命。該通知説"決定一九六六年高等學校招收新生的工作推遲半年進行",②通知的起草者甚至決策者恐怕連自己都没想到,這一"推遲"不是半年,而是整整的五年!

北京大學古典文獻專業和全國高校各個專業一樣,自 1966 年"文革"開始,教學工作就全部停止,其後幾年一直内鬥不斷,動蕩不已。66 屆畢業生被推遲至 1968 年 7 月方畢業離校分配,到接受單位後,大多數人又被安排去解放軍農場"勞動鍛鍊"。

1970 年 6 月 27 日,中共中央批轉《北京大學、清華大學關於招生(試點)的請示報告》,決定廢除考試制度,"實行群衆推薦、領導批准、學校復審相結合的辦法",招收工農兵學員,並決定在以上兩校進行試點。文件確定工農兵學員的任務是"上大學、管大學、用毛澤東思想改選大學"(簡稱"上、管、改")。這一年,北大古典文獻專業未招生。1971 年也未招生。1972 年,在社會有識之士的再三呼籲之下,該專業纔恢復招生。恢復後的古典文獻專業根據當時的形勢和要求,對培養目標、招生辦法、課程設置、教學内容和方法進行了研究和安排。確定該專業爲隔年招生,每屆 20 餘人,學制縮減爲三年。教學中,雖然絕大多數師生都希望學生能多掌握些真才實學,多保持些本專業的特色,但限於當時的條件,該專業那幾屆的教學和環境都不可避免地受到了"批林批孔""評法批儒""評《水滸》,批宋江""批鄧反擊右傾翻案風"的影響。1972 年,專業剛恢復時,曾就課程設置事,請教郭沫若並請他來講學。他

---

① 根據《中華書局百年大事記(1912—2012)》記載,北京大學古典文獻專業首屆畢業生馮惠民、馬蓉、梁運華、劉尚榮、包遵信、魏連科、張忱石、沈錫麟、樓志偉、黃先義(葵)、孟慶錫等 12 人於 1964 年 8 月被分配到中華書局;第二屆畢業生于世明、楊輝君、吳樹平、羅毅、黃筠、楊錦海、王實塹、俞曾元、關立勛、董校昌、黃占山等 11 人於 1965 年 8 月被分配到中華書局;因"文革"爆發,第三屆畢業生王國軒、王秀梅、安冠英、任雪芳、許逸民、何英芳、李元凱、楊牧之、姚景安、凌毅、崔文印、熊國禎等 12 人遲至 1968 年 7 月纔被分配到中華書局,又於次年 1 月按上級安排去山東膠縣解放軍某部農場勞動鍛鍊。
② 《徹底搞好文化革命,徹底改革教育制度》,《人民日報》1966 年 6 月 18 日,第 1 版。

回信對專業課程安排表示滿意，並謙遜地表示，如果開設古文字學課程，他希望能來聽課。[①]

1976年"四人幫"被粉碎之後，特別是1978年黨的十一屆三中全會以後，古文獻專業繞隨着整個教育科學文化事業的迅速發展得以恢復。學制改回四年，專業原有的和歷年增加的中青年教師已在實踐中成長起來，承擔起專業的大部分課程。課程設置和内容，在1959年教學方案的基礎上，適當地調整更新，教學工作得到領導同志的關心和指導及學術界的重視。自1976年至1978年，游國恩任古典文獻教研室主任。

四、學科特色

通過考察北京大學古典文獻專業與當時普通高校中文、歷史、哲學等系科的課程設置，我們可以清晰地比較它們之間的異同。

其中，相同之處：一是都有政治理論課，教材亦無甚區別；二是專業課都分一般基礎課和專業基礎課；三是在一般基礎課中，與中文系一樣都有現代漢語、古代漢語、外語、寫作、中國文學史，與歷史系一樣都有中國通史，與哲學系一樣都有中國哲學史；四是都要寫畢業論文。不同之處：古典文獻專業的專業基礎課中，漢語言文字方面的文字學、音韻學、訓詁學；古文獻學方面的目録學、版本學、校勘學、古籍整理概論、工具書使用及編纂法；古文獻專書中的《詩經》《楚辭》《論語》《孟子》《左傳》《史記》《淮南子》等；專題課中的漢語史、目録學史、中國古代文化史、國外漢學研究；基本技能訓練方面的古籍整理綜合實習等課程，都爲文、史、哲諸系所無。另外，中文系不開中國通史、中國哲學史，歷史系不開中國文學史、中國哲學史；哲學系不開中國文學史、中國通史，而這些在各系不開的課在古典文獻專業都是要教授的。

綜此，古典文獻專業與文、史、哲諸系課程設置上最大的不同在專業課及專書、專題課，該專業有大小20餘門課爲文、史、哲三系所未設，還有重在古籍整理基本技能訓練的古書校點實習，這在所有人文學科院系教學中更是絕無僅有。

總結北京大學古典文獻專業教、學兩方面的情況，可以歸納爲4句話12個字，就是：夯得實，能動手，多學科，寬視野。

夯得實，就是打好專業基礎。首先是讓學生明白自己的"專業"所在，即古籍整理的目的是什麽，要做什麽，怎麽去做——這是"古籍整理概論"所要解決的。再就是要具備本專業必須掌握的知識和技能，像文字、音韻、訓詁。搞古籍整理，必須識字（包括字的古體、異體、通假、避諱等等）；必須懂音，瞭解音義的關係；必須掌握訓詁知識，瞭解古人訓詁的路徑、方法，能看懂古書，進而會對古書標點。還必須具備目録、版本、校勘知識和技能。目録學是涉古之學基礎的基礎，搞古籍整理的人必須知道古代的書，知道得越多越好，還要知道古籍的

[①]　陰法魯：《北京大學古典文獻專業的建立與中華書局》，中華書局編輯部編：《回憶中華書局》下編，第110頁。

類别,瞭解經史子集各類内部的關係和各類之間的關係及各書之間的關係;版本學是整理古籍的基礎之學,要掌握古籍版本知識的要領,盡量多看實物,能大體上瞭解各種版本的特點,要努力掌握所要整理或研究的古書的版本源流、版本優劣,不要求都能鑒别,但不要在常識上鬧笑話;校勘學同樣是古籍整理的基礎之學,通過對校勘學的學習,要讓學生掌握校勘的方法,正確地考訂古書中的文字、篇章異同,求得原文真相。再就是會使用工具書,能借助工具書解決整理與研究中的一般疑難問題。這樣的專業基礎課設置在當時高校文科涉古專業中是僅有的。它糾正了涉古文科對基礎知識重視不够的現象,新中國成立以來,各個高校涉古文科(文、史、哲)中没有開設目録、版本、校勘課的,除中文系外,也没有開設文字、音韻、訓詁課的,從這樣的院系培養出來的文科生,如果從事古籍整理必然先天不足;即使不從事古籍整理,要想在文史研究上取得大的成就,後天不加大努力,也會比較困難。從這個專業走出來的學生,談起他們當年打基礎的情形,都深感受益終身。

能動手,簡單説就是能點書、校書、注書和編書,也就是具有整理古籍或處理古籍書稿的才幹和技能。強調的是實踐能力,就是交給你一部古書,你能閱讀理解,能準確標點,遇到困難,知道怎麼去查書、查資料,解決那些疑難;能把古書中需要注的内容注釋好,還能把一些古文翻譯成規範的現代漢語。古典文獻專業有一門很重要的課,就是"古籍整理綜合實習",要求學生在畢業前校點一部古書或其中的一部分。

多學科,指不止是學中文系的課,也不止是學歷史系、哲學系的課。這個專業的專業課,幾乎涵蓋了文、史、哲所有涉古内容,没有因爲該專業放在中文系,就局限於古典文學的文獻,其實,目録、版本、校勘,文字、音韻、訓詁,在我國傳統學術中,絶不僅僅是中文學科纔學的,它們被稱爲小學或入門之學,是文史研究的基礎學問。該專業的基礎課除三史(中國通史、中國文學史、中國哲學史)並重外,還開設了中國古代文化史課和專書課。中國古代文化史課,主要針對中國通史、中國文學史、中國哲學史課不講而本專業學生必須要掌握的古代文化知識。專書課學習的都是中華傳統文化的經典作品,涵蓋了經、史、子、集各部。這樣設置正是從古籍整理實際出發。古籍包羅萬象,文學、歷史、哲學諸學科無所不在,即使作爲個人的著作,雖有側重,但也絶不限於某一學科,書中可能會涉及文、史、哲乃至天文、地理、教育、文化、風俗等多種内容,古籍的多樣性和某部書中内容的多樣性,決定了古籍整理單憑現代學科中某一專業知識是難以勝任的。北京大學古典文獻專業的多學科教學正很好地解決了這一問題。

寬視野,就是要具備寬廣的學術視野和不斷求索的精神。這從該專業中國古代文化史、國外漢學研究等專題課的安排,專書講讀課中經史子集的全覆蓋以及日語的選修,可看出端倪。寬廣的學術視野,是融入當代科學文明的需要,是學科發展的必然,中華傳統文化的深層次研究,古籍整理項目的深度發掘,對海外漢籍的搜索和研究,都離不開對國外漢學的交流和學習,離不開對國際學術規範的借鑒和吸收。

綜上,北京大學古典文獻專業不同於其他高校中文系、歷史系或哲學系等學科的涉古專業,也不同於老北大國學系 1937 年短暫存在的"整理國故"學科;它既不是無錫國專的翻版,更不是清代姚鼐辦的江寧書院、阮元辦的詁經精舍和王先謙講學的南菁書院的簡單提升。當代古籍整理實踐證明,北京大學古典文獻專業是具有現代教育科學理念、又具有中國傳統文化優良傳統的新型學科專業。該專業的建立,是二十世紀我國古籍整理事業和教育事業的一件大事,適應了當時古籍整理人才培養和古文獻學科發展的需要,不僅培養了一批古籍整理、研究和出版的優秀人才,而且初步形成了古文獻學科新型的教學體系,爲該學科的發展做出了重要的開拓性的貢獻。

進入改革開放新時期,古籍人才的培養取得重大進展。1983 年,教育部又批准杭州大學(現併入浙江大學)、南京師範大學、上海師範學院(現上海師範大學)增設古典文獻學本科專業,招收古典文獻學本科生。這三所高校古典文獻專業與北大古典文獻專業,在教育理念、培養目標上是一致的;在專業課設置上小異而大同;在教學方法上則各有特色,它們共同推進了新時期古籍整理的人才培養和隊伍建設。

(李緯怡,安徽大學徽學研究中心博士研究生;王娟娟,山東大學新聞傳播學院博士研究生)

論人民文學出版社早期的古籍工作[*]

周挺啓

[摘　要]　人民文學出版社的古典文學的整理出版,對新中國的古籍工作貢獻巨大,這離不開首任社長兼總編輯馮雪峰的主持擘畫及其團隊的努力。爲貫徹中國共產黨和國家的古籍工作方針政策,馮雪峰制定了"古今中外,提高爲主"的方針,並規定古籍整理出版儘量保留古籍的原貌,確定以形成高品質的古籍定本爲工作目標,廣攬各方面人才,成效顯著。尤其是七十一回本《水滸》的整理出版,拉開了新中國古籍整理出版事業的序幕,意義重大。其後,人民文學出版社陸續推出《中國古典文學讀本叢書》,該叢書堪稱古籍選注本的典範,體例嚴謹完備,校勘精審,注釋精當,序言與選文學術水準高,本爲普及經典而自身一定意義上成爲經典,有力推動了中華優秀傳統文化的創造性轉化、創新性發展。

[關鍵詞]　人民文學出版社　古籍工作　馮雪峰　水滸　古典文學選注本

改革開放前,中國專業從事古籍整理出版的出版社有"兩家半"一説。"兩家"指中華書局、中華書局上海編輯所(1978年更名上海古籍出版社),"半家"指人民文學出版社(以下簡稱"人文社"),因其只有一個編輯部門——中國古典文學編輯室專門承擔古籍整理出版工作。

人文社於1951年3月在北京成立,是新中國成立後較早成立的國家級出版社之一。馮雪峰任首任社長兼總編輯。初期有四個編輯室(原名編輯部):第一編輯室,現代文學編輯室;第二編輯室,中國古典文學編輯室(以下簡稱"古典室");第三編輯室,蘇聯東歐文學編輯室;第四編輯室,歐美及其他外國文學編輯室。1952年7月,馮雪峰任社長的魯迅著作編刊社從上海遷來北京,併入人文社,成立魯迅著作編輯室,專門從事魯迅著作的整理和注釋工作。人文社還曾以作家出版社、文學古籍刊行社等副牌社名義出版過相關書籍。

一、人文社早期對黨中央古籍工作方針政策的貫徹落實

包括古籍工作在内的文化工作,一直是中國共產黨,尤其是在新中國成立後的一項重要工作。黨和政府爲發展古籍工作制定了方針政策,並配套出臺了相關措施,人文社緊跟時代步伐,積極響應號召,制定了切合自己的出版方針,並努力推動落實。

---

*　本文是國家社科基金重大項目"百年中國古籍整理與古文獻學科發展研究(1911—2011)"(11&ZD 109)的階段性成果。

（一）"古今中外，提高爲主"的方針。

1949 年 9 月 29 日通過《中國人民政治協商會議共同綱領》，此綱領相當於臨時憲法，第五章 "文化教育政策" 中規定："中華人民共和國的文化教育爲新民主主義的，即民族的、科學的、大衆的文化教育"，"提倡用科學的歷史觀點，研究和解釋歷史、經濟、政治、文化及國際事務"。[①]這也是對古籍工作的綱領性指導意見。

新中國成立後，全國的出版社業務經歷了大調整，出版人員的變動也非常大。古籍工作不再只是學者個人或者出版者的一己私事，而是成爲社會主義建設事業的一部分，需要以馬克思列寧主義、毛澤東思想爲指導，服從黨和國家的方針政策，服務於國家社會的發展。人文社作爲唯一的國家級專業文學出版社，需要承擔相當多的社會責任，體現黨和國家意志，其業務水準也要能體現國家級出版社的專業水準。人文社雖説不是白手起家、從零開始，但就古籍工作如何貫徹落實黨中央的方針政策，這對領頭人馮雪峰與人文社都是一個不小的考驗。

馮雪峰任人文社首任社長兼總編輯，是周恩來點將，毛澤東秘書、中宣部常務副部長、新聞總署署長胡喬木經辦。馮雪峰是詩人、文藝理論家、翻譯家、魯迅研究專家、編輯出版家，參加革命時間早，經驗豐富，資格老，頭銜多，與毛澤東、周恩來、張聞天等早在 20 世紀 30 年代即打過交道，是魯迅晚年最親近的學生和戰友。1951 年 3 月至 1957 年 8 月，馮雪峰任人文社社長兼總編輯，因具有極高的威望和精深的專業素養，其在人文社的經營理念與措施對人文社影響深遠。[②]

民國時期，有部分出版者爲了迎合市場，降低品質要求，生産了一些粗製濫造的古籍讀物。新中國成立後，有一些古籍整理出版者單純爲了完成上級規定的任務，機械地理解、執行黨和政府的方針政策，爲 "普及" 而普及，以致古籍整理出版的質量有所降低。這些弊病，引起馮雪峰的警惕。

建社之初，馮雪峰就不停思考如何在人文社貫徹落實黨中央的相關政策，防範風險，爲人文社長久良性發展奠定堅實基礎。馮雪峰向胡喬木彙報，經商議後，制定了人文社 "古今中外，提高爲主" 的出版方針，即在 "以提高爲主" 的方針之下走 "名、洋、古" 路線。名，指名著；洋，指外國文學，當時主要指蘇聯東歐社會主義國家的文學和部分西方資本主義國家的文學；古，指中國古典文學。馮雪峰在 "文革" 時被迫回顧並交代了人文社的出版方針：

---

① 《中國人民政治協商會議共同綱領》，《人民日報》1949 年 9 月 30 日，第 1 版。
② 關於馮雪峰經營人民文學出版社的情況，可參看《馮雪峰全集》（北京：人民文學出版社，2016 年）第 9 卷相關文章，主要有《有關舊 "人文" 初期反革命修正主義出版路線形成的一些材料》（第 177—182 頁），《初步交代我在舊人民文學出版社招降納叛的罪行》（第 216—218 頁），《交代我在舊人民文學出版社推行反革命修正主義路線的罪行》（第 279—285 頁），《關於人民文學出版社成立初期的情況》（第 319 頁），《交代胡喬木重用我的幾點事實》（第 210 頁），《胡喬木在文學出版方面推行 "名、洋、古" 黑線的罪行》（第 211 頁）。另可參看《舒蕪口述自傳》第八章 "平静的日子不平静"，舒蕪口述，許福蘆撰寫：《舒蕪口述自傳》，北京：人民文學出版社，2014 年，第 251—287 頁；陳偉軍：《馮雪峰與人民文學出版社》，《文藝理論與批評》2007 年第 5 期。

　　這樣,在 56 年以前,封、資、修毒草就開始在舊人民文學出版社全部出版物中占了壓倒的優勢,"名、洋、古"路綫也已"奠下"了基礎。此後所形成的更爲完整的"名、洋、古"路綫,例如 56 年(在這一年的出版計劃中明文規定了"以提高爲主"的方針)以後的情況,特別是 58 年以後的情況,都是在這個基礎上朝着這個方向更大用力地"發展"而成的。①

　　可見,人文社的所有出版工作,一直在堅持走名家名作、提高爲主的出版路綫。誠如舒蕪後來所言:"這個方針現在看來好像很普通,可在那時却很不簡單。'古今中外',就是説,不像解放區書店那樣,只出解放區現代文學作品和蘇聯作品;'提高爲主',就是説,不以普及爲主。這樣一個方針,用現在的話説,就是思想比較解放。"②人文社的古籍整理出版,從書目選擇到書稿加工,均着眼於"提高",重在給予讀者教益,讓其有新的收穫。其實,高品質的古籍整理,對整理者而言,也是一個自我提升的過程,從書目選擇、版本考證,到撰寫整理前言、校勘標點乃至注釋詞語,都需要具備相當的專業知識和研究水準,離不開嚴肅認真的工作態度和扎實有效的具體工作,其難度與價值絲毫不亞於專業論著。於此,更可見馮雪峰與人文社在古籍工作上的遠見卓識。

(二)政治標準與藝術標準相結合,政治標準第一。

　　伴隨新中國各項建設工作的有序開展,黨和政府對古籍工作的方針政策也越來越細化,針對性也日漸增強。1954 年 2 月,中宣部部長兼政務院秘書長習仲勛對出版總署關於成立古籍出版社的報告作出批示,成爲新中國成立後黨和國家領導人層面對古籍整理出版工作的第一個批示。③其後,中宣部等有關部門出臺了關於古籍整理出版的系列文件,並採取了相應措施。自此,古籍整理出版事業進入政府層面的有組織、有計劃、有章法的階段。

　　1956 年 4 月 28 日,在中共中央政治局擴大會上,毛澤東正式提出"雙百方針":"藝術問題上的百花齊放,學術問題上的百家争鳴,我看這個問題應該成爲我們的方針。"④"雙百方針"進一步促進了全國的藝術、學術工作的繁榮發展,古籍工作也迎來了新的發展機遇。

　　1958 年 2 月,國務院科學規劃委員會古籍整理出版規劃小組成立,成立大會上重點討論了古籍整理出版的方針任務和制定中長期規劃,標誌着古籍整理出版事業進入一個有領導、有組織、有規劃和出成果的嶄新階段。⑤

　　經過前幾年的卓有成效的實踐,人文社的古籍工作進入一個新階段,無論是出版方針還

---

① 《交代我在舊人民文學出版社推行反革命修正主義路綫的罪行》,《馮雪峰全集》第 9 卷,第 281 頁。
② 舒蕪口述,許福蘆撰寫:《舒蕪口述自傳》,第 256 頁。
③ 《陳克寒關於建立古籍與漢文字典編輯機構致習仲勛並中央宣傳部的信》,中國出版科學研究所、中央檔案館編:《中華人民共和國出版史料 1954 年》,北京:中國書籍出版社,1999 年,第 135—137 頁。
④ 中共中央文獻研究室編:《毛澤東年譜》(1949—1976)第二卷,北京:中央文獻出版社,2013 年,第 570—571 頁。
⑤ 可參看諸偉奇:《曲折與前行:新中國前 30 年古籍整理歷程》,《安徽史學》2017 年第 2 期。

是古籍整理範式方法，都需要有新的提煉和總結。於是，在馬列主義、毛澤東思想的指導下，在前期"古今中外，提高爲主"的基礎上，結合一系列古籍選注本的整理出版，人文社進一步提煉出政治標準與藝術標準結合，政治標準第一的出版方針。

人文社陸續整理出版了一些古典文學選注本，較早的有余冠英《樂府詩選》、舒蕪《李白詩選》等。不過到 1958 年纔正式命名《中國古典文學讀本叢書》。①周恩來總理親自關心，時任文化部黨組書記、副部長、國務院古籍規劃領導小組組長的齊燕銘也非常重視，人文社社長王任叔主抓，②約請中國文學研究所專家編選、注釋，終於成就這一套叢書。③

1959 年 8 月 16 日《光明日報》發表書訊，重點介紹了《中國古典文學讀本叢書》的整理方法，第 3 條如下：

> 每種都必須有一篇序言或後記，由選編整理者負責撰寫。要求用馬克思主義觀點對作家、作品進行具體分析和批判，給予正確的評價；但在學術性的見解上，在文章結構和風格上，又必須體現百花齊放、百家爭鳴的精神。④

這一條不僅僅是這一叢書的整理方法，其實也體現了人文社古籍工作的方針。這裏明確指出，在根本立場上，對作家作品的分析評判以馬克思主義爲指導；面對具體的藝術問題、學術見解，要持百花齊放、百家爭鳴的態度。

同年 11 月 1 日，發表了以人文社古典室集體名義撰述的《十年來我社的古典文學出版工作》，⑤主要探討兩個問題：長期選題計劃與整理方法。計劃重點討論了入選長期規劃的選題，主要有三類：一是偉大的和優秀的作家，進步的思想性和完美的藝術性高度統一的作品；二是反映了一定時期的社會面貌和人民生活狀況的作品；三是代表着一時代、一流派的文學特色的作品。第二、三類藝術價值上雖不如第一類，但第二類有助於人民群衆認識歷史，第三類能够爲今天的文學創作提供有益借鑒，能够擴大和豐富人民群衆的精神享受。選注本選錄的標準，必須是政治標準和藝術標準的結合，必須以政治標準爲首位。

整理方法中的序言撰寫，要求"必須在序言中以馬克思主義的觀點，分析作品的時代背景和作家的身世，指出作品的思想性、藝術性的主要優點、缺點，説明讀者在讀作品之先就獲得一個總的正確的認識"，"序言在學術上要有獨創性，在文字風格上要豐富多彩"。文章一

---

① 關於本套叢書的出版背景，可參看李俊、王玉：《試述"中國古典文學讀本叢書"緣起》，《中國出版史研究》2020 年第 4 期。

② 王任叔 1954 年 4 月調任人文社副社長兼副總編輯，漸漸全面介入工作，1957 年起至 1959 年任社長兼黨委書記。

③ 王士菁：《懷念王任叔同志》："在周恩來同志親自關懷下，人民文學出版社又出版了一套《中國古典文學讀本叢書》，這套叢書也是由任叔同志和文學研究所的領導共同協商並制定編選計劃的。"（《王士菁文集》第一卷，北京：首都師範大學出版社，2009 年，第 467 頁）王士菁：《背影——懷念齊燕銘同志》："人民文學出版社從 50 年代開始，在周總理親切關懷下，出版了一套《中國古典文學讀本叢書》。這是王任叔同志和文學研究所共同商量，約請文研所主編的。燕銘同志對於這套叢書非常重視。"（同書第 527—528 頁）

④ 《書訊：中國古典文學讀本叢書》，《光明日報》1959 年 8 月 16 日，第 3 版。

⑤ 人民文學出版社中國古典文學編輯室集體撰述：《十年來我社的古典文學出版工作》，《光明日報》1959 年 11 月 1 日，第 8 版。

再重申要堅持兩個標準結合,以政治標準爲首位的原則。

1962 年 1 月 21 日,洪濟發表《對古典文學選注工作的一些看法——摘自人民文學出版社的工作小結》,[①] 小結強調選注本在選目方面,必須堅持政治標準和藝術標準相結合,以政治標準爲第一;在序言方面,要力求貫徹馬克思列寧主義觀點、毛澤東文藝思想,貫徹批判性地繼承古代文化遺產的方針,體現了人文社對古典文學選注本出版工作持續、深入、系統的思考。

人文社秉承黨和政府的意志,從前期的"古今中外,提高爲主",發展到後來的兩個標準統一、政治標準第一,都是在馬列主義、毛澤東思想的指導下,從理論到實踐是相融相通的。人文社的出版方針既堅定地貫徹落實中央政策,又密切聯繫了古籍工作的實際,具有很強的指導性。

二、人文社早期推動古籍工作的系列舉措

在上級的指導、支持下,馮雪峰與人文社同人積極謀劃,爲切實推進古籍工作,採取了一系列富有成效的舉措,如主張整理古籍要儘量保留原貌,尊重古人;做精品,出"定本",尊重讀者;廣攬各方面人才,尊重編輯。

(一)規定古籍工作的原則:保留原貌。

在當時的政治形勢下,有一種觀點認爲,古代的文學作品多含封建毒素,需要做適當的刪改重編,才能予以出版。對此,馮雪峰有不同意見。

1950 年,舒蕪與馮雪峰見面,主要商談調動舒蕪到人文社古典室工作的事宜,自然也就如何做好古籍整理出版工作有過討論。舒蕪問古籍整理該怎麼做,馮雪峰說:

> 從《詩經》《楚辭》直到晚清小說,都要整理出版。現在先整理出版《水滸》《紅樓夢》《三國演義》等小說。有的大家,例如李白、杜甫,出了選集,可以再出全集;其次如柳宗元,可以只出選集,不出全集。他說,一個作品,不管長篇短篇,不好的可以不出不選,出了選了,就不作任何刪改(小說中露骨的淫穢字句可以刪去一些),我們不重開四庫全書館,不學太平天國刪改四書五經。[②]

---

① 洪濟:《對古典文學選注工作的一些看法——摘自人民文學出版社的工作小結》,《光明日報》1962 年 1 月 21 日,第 4 版。王士菁《背影——懷念齊燕銘同志》:"在《中國古典文學讀本叢書》之外,我們又出版了一些其他選本,到了 60 年代,已經積累了三四十種。對於這一工作,他也是很重視的。他提出應該總結一下工作經驗。我和陳邇冬、舒蕪、顧學頡、周汝昌等同志,還有一些青年同志,共同來做這一工作。我們認真讀了一些選本,寫出了一個總結。(摘要部分曾在當時的《光明日報》副刊《文學遺產》上發表。)"(《王士菁文集》第一卷,北京:首都師範大學出版社,2009 年,第 528 頁)如此看來,"洪濟"應該只是一個化名,工作小結是人文社古典室的集體成果。
② 舒蕪口述,許福蘆撰寫:《舒蕪口述自傳》,第 251—252 頁。

馮雪峰主張保留古籍的原貌,不作删改。若由於主客觀因素,如技術原因,無法於短期内整理出版李白、杜甫等大家的全集,可以先做選集;對韓愈、柳宗元等名家,可以只出版選集。整理者可以有自己的選文標準,但只要是入選的篇目,必須保持原貌,不作删改。

1953年4月,舒蕪調來人文社古典室,在工作過一段時間後,對馮雪峰的古籍整理出版工作思想有了更深入的瞭解。"他特别强調編輯工作的客觀性。""編輯的責任就是客觀性,對作品要'還它本來面目'。""他强調,要用清朝乾嘉學派樸學家的精神,來整理古籍。"① 馮雪峰認爲,古籍整理需要堅持一個原則,那就是尊重古人的成果,最大限度恢復古籍的原貌,讓其流傳久遠。

(二)確定古籍工作的目標:形成定本。

爲了保證品質,多出精品,馮雪峰還擬定了具體可行的工作措施,定下明確的工作目標——形成古籍定本。他説:

> 當時所採取的辦法是所謂"一本一本的出""先搞好哪一種就先出哪一種""未能有定本之前就先出未定本"等等。……對於中國古典文學作品也如此,没有整理好的就先出稍加整理過的本子,或甚至就是翻印,企圖逐步達到出版一整套經過整理(加標點、分段、有具有"權威"的序言,等等)的所謂定本。總之,在成立時就已在"以提高爲主"的黑方針之下朝著"名、洋、古"方向走,而在成立後不久就採取了種種辦法,以陸續出版所謂古今中外的文學名著和所謂"已有定評"的東西作爲中心任務和重點工作了。這個中心和重點在53年以前是還不大明顯的,但在54年和55年的出書計劃和所出的書中就完全看的出來了,大量封、資、修也都陸續出籠了。②

人文社的工作重點和中心任務就是整理出版古今中外的文學名著和"已有定評"的東西。限於條件,一開始就出版成系統的古籍整理叢書還辦不到,就分步實施,"一本一本的出","先搞好哪一種就先出哪一種","未能有定本之前就先出未定本"。具體到古典文學,可以先翻印,或出僅簡單標點的本子,最終出版經過深度整理的"定本":校勘、標點、分段、有"權威性"的整理前言。這樣富有學術含量的古籍整理本,必然能夠立得住、立得穩,獲得讀者的認可,而且能傳之久遠。

如作爲四大名著之一的《水滸》,廣受讀者喜愛。其版本演變情況複雜,雖經前人梳理,仍有若干疑問待解。最短時間内,難以整理出版《水滸》的"定本"。比較切實可行的做法是,

---

① 舒蕪口述,許福蘆撰寫:《舒蕪口述自傳》,第259頁。
② 《交代我在舊人民文學出版社推行反革命修正主義路綫的罪行》(寫於1969年1月13日),《馮雪峰全集》第9卷,第281頁。

普及本和研究本分開出版,先推出普及本。普及本也要經過校勘,有標點、分段,最好是對影響理解文意的詞語作注釋,以幫助普通讀者掃清閱讀障礙。供學術研究的,需梳理版本源流,審慎確定底本和參校本,精心校勘文字,形成高品質的定本。於是,1952 年出版普及本《水滸》七十一回本,1954 年出版學術研究本《水滸全傳》百二十回本。

(三)提供古籍工作的保障:廣攬人才。

人文社在具體到某一部古籍整理出版的實際操作,如版本的選擇,整理前言寫什麼不寫什麼,校勘、注釋是簡是詳,也在逐步探索中。較爲穩妥的做法是,試點工作由出版社編輯人員擔任,待試行成熟後,整理古籍的工作更多由各高校、科研院所等專家學者來承擔,比如《中國古典文學讀本叢書》主要由社科院文研所專家承擔。這並不是後來批判的所謂關門主義,而且這些編輯人員均是素有學養的專業人員,其中不乏教授學者,學識、能力上完全可以擔負起這項工作。

建社之初,馮雪峰從全國各地廣泛延納一批專家學者,充實古籍整理編輯骨幹,許多著名專家學者如顧學頡、張友鸞、黃肅秋、汪静之、錢南揚、陳邇冬、王利器、童第周、文懷沙、趙其文、王慶淑、馮都良、嚴敦易、舒蕪、周汝昌、王士菁、林辰、周紹良、麥朝樞等,都曾在古典室工作過。①

他們有的本來就是大學教授,如王利器(1912—1998),新中國成立前後曾任職於北京大學中文系、北京政法學院,1954 年調入古典室;陳邇冬(1913—1990),1949 年任山西大學中文系教授,1954 年 10 月調入古典室;舒蕪(1922—2009),新中國成立前任國立桂林師範學院教授,1953 年 4 月調入古典室。還有民國知名新聞工作者張友鸞(1904—1990),1953 年調入古典室。顧學頡(1913—1999),新中國成立前歷任國立西北聯合大學、民國大學等高校的教授。他調入人文社的經過,頗具傳奇色彩。馮雪峰曾説:"如顧學頡,我根本不知道他是怎麼樣的人,只看了他寫來的信和寄來的稿子,就認爲他還可以搞中國古典文學,同意了他的要求,把他調進來了。"②舒蕪的回憶更爲詳細:

> 這跟馮雪峰的眼光很有關係。像顧學頡,他原來就是在高等學校教中國古典
> 文學,跟新文學界毫無關係,馮雪峰當然也不瞭解他。剛解放時,顧看到馮雪峰發
> 表了一篇論文,談中國古典文學中的現實主義——當時這個題目很新鮮。顧學頡
> 受到啓發,也跟着寫了一篇文章,談元曲裏面所見到的元代社會,直接寄給了馮雪
> 峰。馮一看,很好,就想辦法把他調到人文社來了。③

---

① 陳建根:《人民文學出版社古典文學編輯室概況》,國務院古籍整理出版規劃小組:《古籍整理出版情況簡報》總第 267 期,1993 年 2 月 20 日。關於馮雪峰招攬人才的情況,具體見《交代我在舊人民文學出版社推行反革命修正主義路線的罪行》,《馮雪峰全集》第 9 卷,第 283 頁。此文比寫於 1968 年 11 月 4 日的《初步交代我在舊人民文學出版社招降納叛的罪行》(同書第 216—218 頁)更詳細。人員分 7 類,前 6 類多由組織安排,第 7 類爲馮雪峰自主調入。
② 《交代我在舊人民文學出版社推行反革命修正主義路線的罪行》,《馮雪峰全集》第 9 卷,第 283 頁。
③ 舒蕪口述,許福蘆撰寫:《舒蕪口述自傳》,第 257 頁。

當然，馮雪峰這種"不拘一格招人才"的手法，是在對對方能力有絕對把握之後施行的。事實證明，馮雪峰的廣招人才，大力推動了人文社古籍整理出版工作的開展。

雖然馮雪峰1957年以後徹底離開人文社領導崗位，但在這幾年裹組織了一支專心從事古籍整理出版的隊伍，統一了大家的認識，確定了古籍工作的原則，摸索出行之有效的範式方法，並取得了一定的成效。如人文社的一項標誌性產品，也是新中國古籍普及讀物的代表性作品——《中國古典文學讀本叢書》，正式命名於1958年，雖不是馮策劃主導，但離不開馮雪峰任社長時打下的良好基礎。1958年前出版的部分古籍，包括四大名著在內，後來陸續納入本套叢書中，滋潤了一代又一代讀者。

三、人文社早期古籍工作的成果

因爲方針明確，措施有效，加之時任人文社副總編輯兼古典室主任的聶紺弩領導作風自由寬鬆，大家工作效率較高，很快就出了不少成果。《水滸》七十一回本於1952年10月出版，《三國演義》《紅樓夢》《西遊記》《儒林外史》等陸續出版。其後，《中國古典文學讀本叢書》漸次出版，以其普及讀物中最具學術性的高品質贏得學界與市場的雙重認可，並形成一套十分具有指導借鑒意義的選注本整理出版工作方法，影響一直延續至今。

（一）新中國古典文學整理出版的開創之作：《水滸》七十一回本。

給古典白話小説加注解的出版方式，由人文社開創。出版的第一部注解本白話小説，就是由聶紺弩整理，人文社1952年出版的《水滸》七十一回本。

民國以來，由於胡適等提倡，亞東圖書館汪原放給古典白話小説施加新標點並分段，於1920年出版了《水滸傳》。書首列胡適《水滸傳考證》《水滸傳後考》、陳獨秀《水滸新叙》、汪原放《九版重排校讀後記》《校讀後記》《句讀符號説明》。胡適説："這是用新標點來翻印舊書的第一次。我可預料汪君這部書將來一定要成爲新式標點符號的實用教本，他在教育上的效能一定比教育部頒行的新式標點符號原案還要大得多。"[1]該書刪除《水滸》七十回本（保留楔子）金聖歎的評點，文字上有校勘，體例上有對所採用的12種標點符號的説明，一改過去只加圈點且不分段的做法，加上名人效應，一經上市，大獲成功。其後陸續標點出版的《紅樓夢》《三國演義》《西遊記》《儒林外史》《兒女英雄傳》等，[2]均深受讀者歡迎，且引來其他出版者跟風效仿。

時移世易，新中國成立後，黨和政府對古籍工作有了新要求。汪原放標點的《水滸》等

---

[1] 胡適：《水滸傳考證》第1頁，汪原放標點：《水滸》，亞東圖書館1928年11月版。

[2] 亞東圖書館1928年11月出版的《水滸》後所附廣告頁上羅列的加新式標點符號、分段並整理（指校勘）的舊小説有11部：《水滸》《儒林外史》《紅樓夢》《西遊記》《三國演義》《鏡花緣》《水滸續集》《三俠五義》《老殘遊記》《兒女英雄傳》《海上花》，並分別標示平裝本、精裝本的冊數、定價。而且特別注明："全有胡適之先生的考證、傳、序或引論，有的有錢玄同先生的序，有的有陳獨秀先生的序，有的有劉半農先生的序。"

大大方便了讀者,然而没有注解,具有高中文化程度的一般讀者閱讀起來仍有一定的難度。主管文化工作的胡喬木堅持要加注解,且不能簡單加注解。①其中《水滸》一書注解的具體工作由聶紺弩承擔。

關於《水滸》的整理出版,主持者聶紺弩曾致信周揚(1951 年 11 月 20 日)、胡喬木(1951年 12 月 2 日)請示相關問題。致周揚信中,對比百回本和七十回本(金聖歎批點本)的優劣,並就相關問題做請示。指出百回本政治導向與藝術水平上的缺陷:"也就是把受招安、征'四寇'都放在裏面。這樣,不但在政治上做了舊統治者的俘虜,使一些人民英雄都做了'朝廷'的爪牙;就是在藝術上,也是一個失敗,因爲把寫得不好的不必要的東西都搬出來了。"百回本的優點是"字句較尖鋭、質樸"。②關於七十回本,好處是删去受招安以後的事,"我們也不願人民英雄受招安"。"其次是技術上比較進步,吸引力更大。"不足之處:"有了暗示梁山被消滅的夢,把百回本中尖鋭處都改和緩了,加上了許多暗諷梁山人物尤其是宋江的話。"③提出個人的處理意見:第一,百回本做研究本,七十回本做普及本。第二,本次出版普及本,以七十回本爲底本,删除金聖歎的批點、楔子和夢境部分;以百回本爲參校本,針對金聖歎改動的文字,保留其改得好的部分,改得不好的則依據百回本回改。第三,做必要的注釋。

在致胡喬木信中,談及三方面問題,並提出自己的解決辦法。第一,不主張加地圖和年表,因爲《水滸》是小説,是多種傳説或記錄拼湊而成的。第二,建議加插圖,"增加讀者興味"。第三,"其他問題:一、野蠻、吃人肉之類;二、天異、天罡地煞之類;第三,色情,閻、潘等人故事。最後一種最無法可想,作者的觀點是很封建的。擬:凡非牽一髮動全身的地方,都加以若干删節"。④

從實際出版來看,《水滸》在版本選擇、文字校勘、添加插圖、文字注釋等方面基本吸納聶紺弩的意見。《水滸》版本複雜,有繁本與簡本之别,最流行的當屬金聖歎批點本(楔子加正文七十回),另有百回本、百十五回本、百二十回本等。本次整理以金批本爲底本,理由有二:"第一,已經包括《水滸》的菁華和主要部分;第二,在文字上也是一般地比其他的版本洗煉和統一些。"⑤本次整理删除金聖歎的批點、"噩夢",删除楔子中的目錄並將楔子改爲第一回,取百二十回本作參校,將金聖歎誤處改回,保留了原來的面目。

本次整理本與以往最大的不同是對方言、隱語、生僻詞語以及白話古典小説中的高頻詞語等作注釋,極大方便了一般讀者。《水滸》注釋的内容主要可歸納爲以下六類。

1. 注釋白話古典小説中的常見詞語

第一回"端的是玉帝差遣紫微宫中兩座星辰下來輔佐這朝天子",注釋:

---

① 舒蕪口述,許福蘆撰寫:《舒蕪口述自傳》,第 258 頁。

② 《聶紺弩全集》第 9 卷,武漢:武漢出版社,2004 年,第 175 頁。

③ 《聶紺弩全集》第 9 卷,第 176 頁。

④ 《聶紺弩全集》第 9 卷,第 191 頁。對《水滸》,聶紺弩有長文《〈水滸〉五論》,分別是一《水滸》是怎樣寫成的? 二、論《水滸》的思想性和藝術性是逐漸提高的。三、《水滸》的影響。四、論《水滸》的版本鬥爭。五、論《水滸》的繁本與簡本。(《聶紺弩全集》第 7 卷,第 1—256 頁)另撰有多篇文章,對《水滸》的成書經過、版本流傳、作者問題、人物形象、思想性與藝術性等問題做過較深入的研究。(見《聶紺弩全集》第 7 卷)

⑤ 人民文學出版社編輯部:《關於本書的版本》,〔明〕施耐庵:《水滸》,北京:人民文學出版社,1952 年,第 1 頁。

端的：就是真的，有時作究竟解釋。①

第一回“既然恁地”，注釋：

恁地：就是這樣，有時又作怎樣解釋。②

第六十一回“却是家生的孩兒”，注釋：

家生的：就是奴僕的孩子。③

2.注釋方言

第七回“教他直去樊樓上深閣裏吃酒”，注釋：

樊樓：就是酒樓，當時東京(今開封)的方言。④

第二十五回“我如何是鴨”，注釋：

鴨：猶言龜、忘八。杭州市語。⑤

3.注釋隱語

第二十五回“却不咬下他左邊地來”，注釋：

左邊地：市井褻語，龜蛇二將，龜在左，左邊地就是龜，隱喻男性器。⑥

第四十五回“海闍黎和潘公女兒有染，每夜來往，教我只看後門頭有香桌兒爲號，喚他‘入鈸’；五更裏却教我來敲木魚叫佛，喚他‘出鈸’”，注釋：

“入跋”“出跋”：即入門、出門。本來是娼家隱語。此處改“跋”作“鈸”，故意使人聯想到與和尚有關。⑦

4.注釋名物

第十一回“江湖上俱叫小弟做‘旱地忽律’”，注釋：

忽律：就是鱷魚。⑧

第六十一回“少殺也有百十個蟲蟻”，注釋：

蟲蟻：就是飛禽。⑨

5.注釋特定稱謂

第四回“我女兒常常對他孤老説提轄大恩”，注釋：

孤老：就是妓女或幫閑所倚靠的人。⑩

第二十五回“如今這搗子病得重”，注釋：

---

① 〔明〕施耐庵：《水滸》，第3頁。
② 〔明〕施耐庵：《水滸》，第6頁。
③ 〔明〕施耐庵：《水滸》，第998頁。
④ 〔明〕施耐庵：《水滸》，第118頁。
⑤ 〔明〕施耐庵：《水滸》，第400頁。
⑥ 〔明〕施耐庵：《水滸》，第400頁。
⑦ 〔明〕施耐庵：《水滸》，第757頁。
⑧ 〔明〕施耐庵：《水滸》，第173頁。
⑨ 〔明〕施耐庵：《水滸》，第1002頁。
⑩ 〔明〕施耐庵：《水滸》，第60頁。

  搗子：就是光棍、窮人的稱謂。①

第二十六回"我是個没脚蟹",注釋：

  没脚蟹：意謂行動不得,專指寡婦。②

6.注釋生僻字

第二十四回"雲鬟半軃",注釋：

  軃：下垂的意思。③

第二十六回"右手早捽住西門慶左脚",注釋：

  捽：就是捉、拿。④

第四十二回"也有閃胴腿的",注釋：

  胴：同扭。⑤

  全書注釋近80條,雖然數量有限,但耗時近一年,用語簡潔扼要,注所當注,開創之功殊爲不易。⑥本書於每回前,均配以精選的清末石印本插圖,對讀者更具吸引力。

  《水滸》七十一回本的出版,是新中國古籍整理出版的一件大事,也是新中國文化界的一件大事。爲此,《人民日報》發表簡評《慶祝〈水滸〉的重新出版》：

  《水滸》的校訂出版,是人民文學出版社研究和整理我國古典文學的成績之一。今後該社將陸續校訂出版《三國志演義》《紅樓夢》《西遊記》《西廂記》《儒林外史》等書。中國古典文學的研究、整理工作,是千萬人所期望的工作,是具有歷史意義和世界意義的事情。這一工作將使讀者比較順利地去學習我國古典文學,更好地繼承中國民族文學藝術傳統,來豐富我國新的文學創作。因此,《水滸》的校訂出版,是值得慶賀的。⑦

  簡評高度肯定這項整理出版古典文學遺産的開創性工作。其後,在衆多專家學者的努力下,人文社全面推進古代小説、詩歌、散文、戲曲等的整理出版。

  1954年3月,人文社出版《水滸全傳》。該本爲百二十回本,以天都外臣序本爲底本,參校郭勳本殘卷、容與堂本等七種版本,王利器校勘,鄭振鐸標點並作序,詳細梳理《水滸》的版本源流,校勘翔實。比較七十一回本《水滸》,百二十回本《水滸全傳》可供學術研究之用,

---

① 〔明〕施耐庵《水滸》,第405頁。
② 〔明〕施耐庵《水滸》,第418頁。
③ 〔明〕施耐庵《水滸》,第369頁。
④ 〔明〕施耐庵《水滸》,第432頁。
⑤ 〔明〕施耐庵《水滸》,第689頁。
⑥ 本次整理本注釋數量不多,《關於本書的版本》第6頁有言："但是爲了慎重,暫時只好這樣。我們不能把認爲還未十分明確的東西拿出來。這是一種繁重的工作;從許多材料上看來,以前的人還沒有在這上面給讀者解决了多少問題。今後我們還需要很大的努力。"這是謙虛之辭,也是實事求是的中肯的自我評價。
⑦ 《慶祝〈水滸〉的重新出版》,《人民日報》1952年10月27日,第3版。

豐富了人文社古籍出版的品類。

(二)古典文學選注本的工作方法: 以《中國古典文學讀本叢書》爲代表

爲響應黨和國家的號召,出版界聯合學界整理出版了各類古籍選注本。這些選注本既承襲了前賢選注規範,又合乎黨和國家的政策要求,契合時代的需要。以人文社《中國古典文學讀本叢書》爲代表的古典文學選注本,體例嚴謹完備,校勘精審,注釋精當,序言與選文具備相當的學術水準,堪稱專業與普及的完美融合。

在做好古典文學選注本整理出版工作的同時,人文社也在總結經驗教訓。1959 年 8 月 16 日《光明日報》發表書訊,初步介紹了《中國古典文學讀本叢書》的整理方法,包含校勘標點、注釋、序言三條內容。1959 年 11 月 1 日的《十年來我社的古典文學出版工作》,結合已出版的選注本,進一步探討本叢書的長期選題計劃與整理方法,比較具體詳盡。

1962 年 1 月 21 日的《對古典文學選注工作的一些看法——摘自人民文學出版社的工作小結》,對選注本從總體要求、選目、校勘注釋、序言四個方面做了全面系統的規定。(一)指出選注本的總要求是在選目方面,必須政治標準和藝術標準相結合,以政治標準爲第一;在序言方面,要力求貫徹馬克思列寧主義觀點、毛澤東文藝思想,貫徹批判性地繼承古代文化遺產的方針;在注釋方面,則要求準確、簡明,避免繁瑣的考證(爲讀者切實解決問題),並對原著作一些必要的串講和分析批判。(二)關於選目的要求,大致可以歸納爲四個方面,即政治標準和藝術標準相結合;突出重點和顯示全面相結合;體現作家的個性和體現時代特徵相結合;重新評價和慎重對待傳統評價相結合。(三)關於注釋和校勘工作則提出了十項具體辦法,即:注字、詮詞、解句、數典、徵事、考證、辨析、闡義、談藝、校勘。其中"闡義"和"談藝"兩項又是工作重點。[①](四)關於序言,要求做到以馬克思列寧主義觀點對作家作品進行

① 關於"闡義",余冠英《詩經選》解釋力求精當簡明,避免繁瑣考證。其實這是整理者稽考衆說,審慎擇取,高度凝練的結果。兹舉一例,《詩·邶風·燕燕》"終溫且惠"的"終",歷來解說不一。《詩經選》言:"終:既。"(冠英選注《詩經選》,北京:中華書局,2012 年,第 27 頁。該書最早爲人民文學出版社 1956 年 1 月版)即說女主人公既慈愛又溫順。於一般讀者來說,瞭解到這種程度也就行了。其實,"終"的意義,毛傳、鄭箋都沒有解釋,孔疏解釋了整句詩的意思:"又終當顏色溫和,且能恭順。"對"終"字依然沒有明確解釋。至清代王引之《經義述聞》,"終"纔得確解,應釋爲"既","終……且……"即"既……且……"。《經義述聞》綜合考察《詩經》中所有"終……且……"的詩句,如《邶風·燕燕》"終溫且惠",《邶風·終風》"終風且暴""終風且霾""終風且曀",《邶風·北門》"終窶且貧",《小雅·伐木》"終和且平",《小雅·甫田》"終善且有"等,得出結論:"終,猶既也。""既、終,語之轉。既已之既轉爲終,猶既盡之既轉爲終耳。"(〔清〕王念孫〔清〕王引之:《經義述聞》,卷五 10b—11a"終風且暴"條,南京:鳳凰出版社 2000 年縮印本,第 122 頁下欄 b—123 頁上欄 a)普及本的一字之解,凝聚了前賢的衆多心血。這些繁複的考證,在《詩經選》中隻字未提,但我們不能不知道爲成就精品普及讀物所進行的艱深的學術工作積累。
　　關於"談藝",錢鍾書《宋詩選註》堪稱典範。該書不僅涉及藝術欣賞,還於詩人介紹中,注意揭示其創作風格對前人的傳承和對後世的影響,抑或作橫向比較,與西方文學比較,使讀者見識其優劣成敗。細而言之,對詩句的解讀,也總能有新發現,帶給讀者不一般的體驗,雖普及但不普通。於蘇軾,錢氏指出:"他在風格上的大特色是比喻的豐富、新鮮和貼切。"(錢鍾書:《宋詩選註》,北京:人民文學出版社,2005 年第 3 版,第 62 頁。該書最早版本爲人民文學出版社 1958 年 9 月版)其《飲湖上初晴後雨》:"水光瀲灩晴方好,山色空濛雨亦奇。欲把西湖比西子,淡妝濃抹總相宜。"後人都覺此比喻極妙,錢氏就說過,"蘇軾似乎很自負這首詩,所以把它的詞意幾次三番的用",類似有"水光瀲灩猶浮碧,山色空濛已斂昏""西湖真西子""只把西湖似西子""西湖雖小亦西子",非錢氏指出,一般讀者知道的不多。(同書第 69 頁)可見無論比喻多麼新奇,用多了,也成俗套,即便第一流詩人蘇軾,也概莫能外。

具體和全面的分析,並作出正確評價。它應該和選目、注釋相呼應,具體地貫徹批判地繼承古代文化遺產的精神。同時,對於版本和校勘也應有所交代。

以上總結,尤其是"工作小結",非常合理科學,是對人文社古籍工作經驗的進一步提升,既有理論提煉的深度,又極富可操作性。但囿於特殊的時代環境,其後相當長一段時間内並沒有最大限度發揮其應有的寶貴價值。

收入《中國古典文學讀本叢書》的選注本,一般都先出單行本,經過一定時間的考驗,社會上公認爲品質較好的,或再經過修訂,纔正式列入這一叢書之内。通過不斷總結經驗,持續修訂體例,逐步完善規劃,從而保證了叢書的高品質,使叢書深受讀者的喜愛,真正做到了普及中最專業,專業中最普及。本叢書原爲普及經典而作,本身也一定意義上成爲了經典。

受制於特殊時代,這套叢書也有一些不容回避的缺陷,如過分强調階級性、人民性,忽視文學的審美特質,但由於大家、名家的學識功底和精心付出,還是保證了這些選注本的高品質,贏得了讀者的厚愛。《宋詩選註》等一大批選注本在大量學術性工作基礎上,選其當選,注其當注,嚴謹規範又簡明必要,經受住了時間的考驗,爲後來的古籍普及讀物樹立了行業標杆。[①]

人文社自建社之初,對古籍工作即制定明確的指導方針,採取行之有效的舉措,產出了高品質的成果,在新中國古籍工作史上具有重要意義。誠如諸偉奇先生所説:"人文社古輯室對建國初期的古籍(特別是文學古籍)整理路徑的探索、方法的完善以及學術質量的提高,都做出了重要的貢獻。"[②]這些優秀成果和成熟經驗,有力推動了中華優秀傳統文化的創造性轉化、創新性發展,對今天的古籍工作依然具有重要的指導借鑒意義。

人文社古典室(1951—1966 年)出版品種

單位:種

年份 \ 類別	小説	詩歌	散文	戲曲	作品集	理論、研究
1951	1	/	/	/	/	/
1952	3	/	/	/	/	/

① 《宋詩選註》一經出版,即頗得好評。1959 年 11 月 1 日的《十年來我社的古典文學出版工作》,多次以《宋詩選註》爲例,表彰其選目有創造性,對作品進行了深入的藝術分析,表現了選注者的藝術素養。但時值文藝界"拔白旗"運動,錢鍾書及該書曾受到不公正待遇。1962 年 2 月底至 3 月初,召開廣州會議,包含兩個會議,即全國科學技術工作會議和全國話劇、歌劇、兒童劇創作座談會,周恩來發表《論知識分子問題》的講話,糾正 1957 年反右派運動擴大化以來對知識分子的"左"的錯誤認識,爲知識份子"脱帽加冕",帶來了文化戰線的短暫繁榮。關於編選的標準,周揚在《在〈中國古典文學作品選〉編寫會議上的講話》(時間爲 1962 年 2 月 26 日,未公開發表過)中説:"選東西可以個人選,也可以集體選。""按個人標準選的選本,有它的長處,但不易爲廣大群衆接受,也有由於既有獨特的見解,又有一定水準,因而受到歡迎的。""有錯誤的東西,只要有代表性,代表一個流派,有影響的,也可以選。完全注意形式的江西詩派也可以選一點,因爲它流傳了一個時代。你不選,學生怎麼能知道? 好像文學史就沒有矛盾了。"(《周揚文集》第 4 卷,北京:人民文學出版社,1991 年,第 125—127 頁)新中國成立後至"文革"前,周揚長期任中宣部副部長、文化部副部長,主管全國的意識形態工作。這個講話雖不是針對錢鍾書《宋詩選註》而言,講話中也未提及《宋詩選註》,但可以推斷周揚是高度肯定《宋詩選註》以及類似精品出版物的。

② 諸偉奇:《曲折與前行:新中國前 30 年古籍整理歷程》,《安徽史學》2017 年第 2 期。

續表

年份＼類別	小説	詩歌	散文	戲曲	作品集	理論、研究
1953	7	3	/	/	/	/
1954	3	1	/	2	/	/
1955	7	/	/	/	/	/
1956	3	3	1	1	1	/
1957	3	8	4	/	/	/
1958	5	11	4	4	1	2
1959	5	9	2	1	1	6
1960	/	2	/	/	/	4
1961	1	1	/	/	/	3
1962	/	3	/	1	1	2
1963	/	2	/	2	/	4
1964	1	2	/	/	/	/
1965	/	/	/	/	/	/
1966	/	/	/	/	/	/
合計	39	45	11	11	4	21

備注：資料來源於《人民文學出版社七十年圖書總目：1951—2021》，人民文學出版社編，王海波輯録，北京：人民文學出版社 2021 年版。

（周挺啓，浙江大學出版社副編審）

"2022 年儒家典籍與歷史文化學術研討會暨中國歷史文獻研究會第 43 屆年會"會議綜述

萬德敬

2022 年 12 月 31 日上午,由中國歷史文獻研究會主辦、曲阜師範大學文學院承辦的"2022 年儒家典籍與歷史文化學術研討會暨中國歷史文獻研究會第 43 屆年會"在騰訊會議平臺開幕。

開幕式由中國歷史文獻研究會副會長、東北師範大學文學院曹書傑教授主持。曲阜師範大學副校長胡凡剛教授、中國歷史文獻研究會會長趙生群教授分别致開幕詞。南京師範大學文學院徐克謙教授、安徽大學徽學與中國傳統文化研究院諸偉奇教授、曲阜師範大學文學院丁延峰教授、山東大學文學院杜澤遜教授分别做了題爲《儒家"中道"與當代中國道路的歷史文化根基》《儒學傳承與歷史自信》《〈論語〉文獻的搜集、整理與研究》《談談萬曆北京國子監刻本〈周易注疏〉在校勘上的得失》的學術報告。中國歷史文獻研究會副會長、北京師範大學中國易學文化研究院院長張濤教授對以上四場報告分别做了精彩的點評。中國歷史文獻研究會榮譽會長、華東師範大學終身教授朱傑人先生與發言者進行了學術討論。

2022 年 12 月 31 日下午與 2023 年 1 月 1 日上午,來自近百家高校、科研院所及出版單位的 140 多位學者就"儒家典籍與歷史文化研究""歷史文獻整理與研究""版本目録學·書籍史·域外漢籍研究""子部文獻與文學文獻研究"四個專題分爲四組展開研討。下面分組綜述。

一、儒家典籍與歷史文化研究

第一組有 36 位學者提交論文 33 篇。本組研究先秦儒家文獻的論文最多,有 13 篇。張濤《關於〈周易〉文本生成問題的思考》認爲研究中華文明起源問題應充分關注易學的因素,而不是只關注西方中心論中的文字、城市和青銅器。同時還應全面認識孔子與《周易》經傳和早期易學發展的關係。張固也、田雅寧(華中師範大學歷史文獻研究所)《地灣漢簡〈孝經〉殘文考論》認爲地灣殘簡非《文子》殘章,乃《孝經》經文及其傳注,由漢簡《孝經》推論其成書時代當在《荀子》之後。王鍔(南京師範大學文學院)《周代宮室門制與入門禮儀——以"中門"爲中心》指出先秦文獻中的"中門"有二意,一是天子宮門中間之應門,二是根闑之中,文章探討了君臣主客出入門之禮儀。朱秋虹(南京師範大學文學院)《〈左傳句讀直解〉成書與體例述略》針對南宋林堯叟《左傳句讀直解》的纂修緣起、成書時間、編排體例與注釋體例進行了探討。王少帥(山東大學文學院)《讀〈左傳〉劄記三則》從字詞辨析、史實考訂、行文邏輯三個方面撰成三則劄記,即對"吾又不樂""先蔑將下軍""魯人以爲敏"三句話的含義提出了自己的見解。韓松岐(南京師範大學文學院)《論古籍讀解的影響因素——以〈禮記·表記〉"卜宅寢室"標點問題爲例》認爲標點翻譯工作需要建立在對禮制有正確認知的基礎上,亦需審慎分辨經、注、疏三者之異同。徐飛(山東大學文學院)《〈左傳〉"枕尸股"與喪禮"馮尸"》認爲"枕尸股"屬於當時一種喪禮儀節,從"禮制"角度予以考察得出的結論更合乎情理。馬金亮(魯東大學國際教育學院)《〈禮記·玉藻〉"君賜車馬"章辨詁》認爲陸佃對於"君賜車馬"句的讀法更合理,但其釋義仍不甚確。文章同時對"據掌致諸地"之義提出了自己的見解。高思莉(西安電子科技大學人文學院中文系)《經傳:先秦諸子的文獻再造及文學自覺》指出諸子經傳體系最終走向經傳合編,先後產生了傳前經後和經前傳後兩種編纂形式。經傳體系爲探索諸子思想演進歷程、重新認識傳世文獻和出土文獻性質提供了新的學術增長點。高中正(南京師範大學文學院)《〈周易〉屯卦"即鹿無虞"解》(提綱)否定了諸多前賢的解釋,從而提出了自己的見解。陳才(上海博物館)《海昏漢簡〈詩經〉研究三題》懷疑海昏漢簡《詩經》當爲《魯故》,其目錄簡的編連應符合古書的通例,"予其懲而毖其後"的斷句應爲"予其懲而,毖其後"。郭帥(山東大學文學院)《安大簡〈仲尼曰〉"鈞産"解》考察傳世及出土文獻,簡文"鈞産"之"鈞"當讀作"溝","産"當訓作"山"。李鳳(哈爾濱師範大學黨委學工部)《荀子生態倫理思想研究綜述》對關於荀子生態倫理的思想內容與當代價值兩個方面的研究(涉及認識論、實踐觀和愛護觀)進行了綜述。

研究唐宋儒家文獻的論文有 5 篇。黃覺弘(華中師範大學歷史文獻學研究所)《陸淳〈春秋〉學著述考辨》對中唐時期"新春秋學"派的代表人物陸淳的著述進行了考辨,並指出柳宗元《答元饒州論〈春秋〉書》中所言"《宗指》"當爲"《微指》"之訛。程水龍(蘇州大學文學院)《論宋儒所言君臣之道在當今的借鑒價值——以〈近思録〉爲中心的考察》指出朱熹《近思録》中的君臣之道、治政思想在今天還有借鑒價值。林秀富(洛陽師範學院)《〈儀禮經傳通解〉分章研究》指出朱熹在《儀禮經傳通解》的分章中注入鄭玄正禮理論,建立分章形式範式,開創了分章多面向功能,其分章特色下啓《儀禮》分章學史上兩條主要研究路綫,令分章朝結構性與理論性發展,並以分章創經的功能展現其制作之意。朱學博(重慶大學人文社科高等研究院)《崇佛公案與游酢歷史地位的解構——兼論"程門罪人"說》分析了游酢背負"程門罪人"的深層原因,今天游酢的歷史形象是各種虛實掩映的文獻記載和後學評價層累塑造的結果。葉國盛(南京師範大學文學院)《審安老人〈茶具圖贊〉的儒家思想探析——以徵引〈論語〉爲例》指出成書於宋咸淳五年(1269)的《茶具圖贊》一方面構建了宋代茶具的文化譜系,另一方面則從茶的角度對《論語》的部分章節加以闡釋,可視作一種詮釋《論語》的文本。

研究清代儒學文獻的論文有 9 篇。任莉莉(華東師範大學中文系)《〈正誼堂全書〉本〈問學録〉刪節問題研究》介紹了清代陸隴其《問學録》的成書過程和版本傳藏情況,概述了《正誼堂全書》本《問學録》删節的總體情況,分析了《正誼堂全書》本删節的動因及其得失。單曉娜、涂耀威(武漢紡織大學馬克思主義學院)《清初〈大學〉研究的新趨向》指出清初《大學》研究具有批判性、主張回歸原典、注重考辨的特點。徐道彬(安徽大學徽學研究中心)《論徽州"三洪"對乾嘉漢學的守成與開拓》輯考了洪榜、洪樸、洪梧的生平與學行,並揭示了"三洪"對於弘揚"戴學"與推動乾嘉漢學發展的歷史功績。趙成傑(同濟大學中文系)《清人文集所見〈尚書〉類文獻學術價值及其經學史意義》認爲清人文集所涉《尚書》學文獻是清代《尚書》學史的重要補充,與清人筆記所見《尚書》類文獻相輔相成,這爲清代經學史的研究提供了重要參考。侯婕(南京師範大學)《〈禮記〉清人新疏選目平議——兼談孫希旦〈禮記集解〉的成書、版本及其影響》在平議清人新疏《禮記》之後認爲孫書乃《禮記》清人新疏的最優代表作。董政(南京師範大學文學院)《徐乾學〈讀禮通考〉纂修考論》認爲《讀禮通考》具有"先經後史""博採群説""斷以己意"三個方面的特徵,此外,徐氏在編書時也運用了"互見法"。張鑫龍(南京師範大學文學院)《阮元〈孝經義疏〉辨僞——兼論其與阮福〈孝經義疏補〉的關係》指出道光十六年(1836)王德瑛刊入《今古文孝經彙刻》中的"阮元《孝經義疏》"一書爲僞書,並梳理了其書演進的軌跡。邵紅艷(曲阜師範大學文學院)《陳立〈白虎通疏證〉斷案語訂誤七則》指出清人陳立《白虎通疏證》是闡釋《白虎通》的集大成之作,但其斷案語存在諸多疏漏之處,文章列舉了 7 個案例論證了此觀點。王化平(西南大學漢語言文獻研究所)《一陰一陽之謂道:趙大煇〈易筌〉稿本整理後記》指出趙大煇《易筌》輕文字訓詁、重義理闡發,該書援引道教的思想資源,這與蜀地易學的傳統相吻合。

　　另外 6 篇文章分別研究明代、民國、新中國、域外和敦煌文獻。仲豔青(黑龍江大學文學院)《〈詩經圖史合考〉作者考辨》指出晚明時期《詩經圖史合考》是擁萬堂編刊的科考用書,其假托鐘惺之名是爲了擴大銷售。沈剛(曲阜師範大學文學院)《"本于餘姚,出入朱陸":從"克己復禮"看鹿善繼的"仁"學觀》指出鹿繼善在明末心學思潮中對"仁"的闡發既吸收了前人"勝己""修己"之説,也提出了自身獨有的"由己"論。聶濤(金陵科技學院人文學院)《曹元弼〈儀禮〉與〈孝經〉會通研究》指出曹氏的會通研究彰顯了其强烈的儒家學術性格與求學精神,其會通群經的方式既有理論層面的思想脈絡,又有落實在具體解經過程中的方法自覺,更有内在一以貫之的用世之志。姜海軍(北京師範大學歷史學院)《熊十力〈四書〉解釋的思想與方法》指出熊十力注重西學與中國傳統文化之間的内在相通之處,發掘《四書》中固有的思想資源,爲其新儒學思想體系的建構打下了堅實的基礎。竇秀艷、楊羽(青島大學文學與新聞傳播學院)《法藏敦煌寫本〈爾雅〉郭注回傳初探》就敦煌六朝抄本郭璞《爾雅注》殘卷之收藏編目、綴合確認、目録著録、轉寫翻譯、影印出版等問題進行了深入的探析,爲敦煌文獻學的回傳研究提供了資料和借鑒。郎松雪(東北石油大學人文科學學院)《國立國會圖書館藏松本萬年〈標注劉向列女傳〉的多元價值探討》指出松本萬年校注、松本荻江校正的《標注劉向列女傳》是明治初期《列女傳》流布的重要版本,該書對於日本近世女性生活産生了深遠的影響。

二、歷史文獻整理與研究

  第二組共收到 35 篇論文。其中專書研究的文章最多。趙生群（山東大學文學院）《〈史記〉的文本特點與校勘整理》在對史記的文本特點進行辨析之後，進而對《史記》的材料來源等進行了深入分析，文章具有普遍的方法論的意義。于秀情（河南師範大學歷史文化學院）《司馬遷的"西南夷"映射》指出司馬遷結合史料寫成《史記·西南夷列傳》，其中最重要的内容是漢武帝經營西南夷的歷程，其次是西南夷各部落與中原的聯繫，這是司馬遷對漢武帝將西南夷地區納入統一國家的歷史功績的肯定。王永吉（南京師範大學文學院）《金陵書局本〈史記〉中〈索隱〉注整理芻議》針對清同治間張文虎、唐仁壽校刊的《史記》三家注進行評議，同時對金陵本《史記索隱》提出了進一步完善的四項措施。文章最後指出 2013 年《史記》修訂本也有進一步研究處理的空間。羅有（渤海大學歷史文化學院）《天道人本：長平之戰"遺其小者二百四十人"發微——基於〈史記〉創作宗旨與史遷人文觀》指出長平之戰"遺其小者二百四十人"或非實錄，而是司馬遷的一家之言。"二百四十"含有天人之際的文化隱寓，這種記述反映了司馬遷尊重個體生命的反戰情感寄托。原昊（大慶師範學院文學院）《〈世本〉西周世系的史料梳理與出土文獻印證》結合傳世及出土文獻對《世本》中的西周世系進行了重點探討。趙玉龍（内蒙古師範大學文學院）《王符〈潛夫論〉著述動機綜探》根據王符所處的時代及其生平事迹，再結合《潛夫論》所反映的具體内容考知王符著述的動機是尋求匡救時弊的出路、紓解心中的憤懣和立言以追求不朽。趙庶洋（南京大學文學院）《〈獨異志〉與唐國史關係考論》指出《獨異志》中的怪異之事有許多可能源出唐國史，而非作者杜撰，且《獨異志》非個例，許多唐代筆記小說的史源可能均與唐國史關係密切。楊柳（浙江外國語學院浙江文化"走出去"協同創新中心）《〈明實錄〉收錄明代詔令考——兼及〈明實錄〉編纂體例之再探析》指出《明實錄》中許多詔令文本與其《凡例》所言收錄方式並不相符，《明實錄》出於某些原因對這些詔令進行了大篇幅的删潤改寫，對這些問題應採取審慎的態度予以考辨。郁輝（棗莊學院文學院）《〈來室家乘〉引用資料研究》對民國時期滿族學者楊鍾羲自訂的家譜兼族譜《來室家乘》進行研究後發現，其中涉及的著作、日記、詩歌、序跋、書信等，每種資料都從不同的方面爲楊鍾羲的學術、人品等問題提供佐證。錢茂偉、董秀娟、王拂曉（寧波大學人文與傳媒學院）《董樸垞與〈民國史稿〉研究》認爲董氏《民國史稿》的發現爲紀傳體民國史的編纂創造了條件，也提供了可能的想象空間。肖紅兵（信陽師範學院歷史文化學院）《南宋"乾道賢相"魏杞世系與生平事迹考論——以〈魏文節遺書〉爲中心的考察》考察了魏杞奉命使金簽定"隆興和議"與乾道間任相、罷相的深層意見。劉向培（青島農業大學人文社會科學學院中文系）《再論〈大和辨謗略〉》指出《大和辨謗略》一書非如岑仲勉先生所云爲《御臣要略》，而裴潾爲作序者，亦非如《新唐書·藝文志》《宋史·藝文志》所言裴潾爲編纂者。胡耀飛（陝西師範大學歷史文化學院）《唐末五代沙陀史料之〈唐太祖紀年録〉》就《資治通鑑考異》中保存的 59 條《唐太祖紀年録》佚文進行分析,認爲《唐太祖紀年録》對於河東政權本身的記載,對比敵對政權内部情況的記載,史料價值更高。郭萬青(唐山師範學院文學院)《清代〈國語〉研究成就初探》指出黄丕烈對明道本《國語》的研究成果不僅推動了此後的《國語》研究范式,而且對日本江户後期《國語》研究也具有較爲深遠的影響。石慧穎、常博林、徐一卉、虞金悦、張玥、楊淑燁、李斌(南京師範大學文學院)《〈資治通鑑·魏晉紀〉知識庫構建與計量研究》挖掘了能够體現魏晉時期特色的信息,展現了《資治通鑑》的史書特色,也爲古籍的數字化處理提供多角度的基礎分析處理的框架。孫利政(泰州學院人文學院)《〈太平御覽〉引"唐書"性質考論》認爲今人温志拔歸納的《太平御覽》引書通例無法成立。楊小明(西昌學院文化傳媒學院)、趙玉龍(内蒙古師範大學文學院)《〈通湖山摩崖石刻〉校補與相關問題再探析》指出通湖山摩崖石刻的性質是漢代修築邊防設施的紀念性石刻,刻於順帝永建四年至五年(129—130)間,主體内容是安帝時羌人叛亂和之後的一些情況。

其次是專題研究,吕友仁(河南師範大學文學院)《請注意經學:爲今注二十四史進一言》揭舉今注本《三國志》《梁書》《隋書·禮儀志》《金史·輿服志》引經注釋失誤 181 例。徐新强(曲阜師範大學孔子文化研究院)《先秦時期與地圖相關文獻的虚與實辨析》認爲先秦時期地圖文獻由虚到實的不斷變化反映了先秦地理知識的不斷進步。劉林魁(寶雞文理學院)《三則唐高宗朝佛道先後文獻考論》就《全唐文》《全唐文補編》未予收録的唐高宗朝三則佛道論衡文獻進行探析,掘發出高宗朝道先佛後的宗教政策。張雨(中國政法大學法律古籍整理研究所)《唐宋尚書省符形態考論》指出宋元豐以後尚書省符雖延續唐代由諸司郎官署位的慣例,但其發文機構已變爲"某寺",故宋人一度沿襲唐制,將省符稱爲諸司符。顧宏義(華東師範大學中文系)《宋人官場過呼三例》以"相公""知府""狀元"三個案例探究了宋代官場乃至民間"過呼"的現象。石鵬(寧波大學人文與傳媒學院)《明洪武地理總志書名辨析》討論洪武所修四部總志書名的問題,有助於學人對《明實録》所載明代方志書名的認識,尤其是已佚方志。周文焰(中南大學馬克思主義學院)《崇實黜虚:雍正朝前期書院政策考論》認爲雍正朝的書院政策集中體現了雍正帝乾綱獨攬的執政理念、改革措施以及崇實黜虚的執政作風。周赫(東北大學民族學學院)《晚清東北史地文獻編撰的範式與革新》指出晚清東北史地文獻編纂的目的與内容,體現了晚清官員與學者們的愛國之心與維護國家主權的精神,因而具有特殊的家國情懷與文獻價值。葉静燕(南京師範大學文學院)《"蓋天"新説——以"度有疏密,形有垤坳"爲綫索》就歷史上的"渾天説""蓋天説"之爭結合清人梅文鼎的説法展開討論。孫董霞(大連理工大學中文系)《周代銅器銘文人物品評現象脞説》指出周代銅器銘文中的人物品評的準則秉承了周人開國之初確立的處於核心地位的意識形態理念。

再次是專人研究。孟祥娟(北華大學文學院)《試論唐代墓誌中的揚雄》指出揚雄文學才華與懷才不遇這兩個方面在墓誌中被突出强化了,其隱逸心態並不多見,遑論其他。陶廣學(信陽師範學院文學院)《魏徵對五帝的頌贊及其政治興寄》探討了魏徵賦詩必言五帝的原因在於其"恥君不及堯舜"。黃愛平(中國人民大學清史研究所)《"讀萬卷書,行萬里路"與顧炎武的學術實踐和治學方法》探討了顧炎武在明末清初的學術界獨樹一幟並成爲清代樸學先導的原因所在。董家鴻(曲阜師範大學書法學院)《新見王士禎致施閏章二劄考釋》指出新見二劄爲《王士禎全集》漏收之文,而這也是爲清代文學史、文獻史研究提供的新材料。蔡樹才(閩南師範大學文學院)《子産家史與子産後學述考》認爲卿大夫把持國政、鄭國史學發達、子産執政團隊的相對穩定與子産開放式精英民主的政治理念是子産家史與家語生成的現實基礎。

本組另有學術史梳理的論文,如楊緒敏(江蘇師範大學歷史文化學院)、戴靜(常州藝術高等職業學校)《上世紀八十年代以來季札研究綜述》就季札觀樂、三讓天下、故里與遺迹、人格特徵和思想、史料的收集與整理的評述、全面系統的論述和評說等六個方面的研究做了較爲詳實的綜述。盧慶輝(上饒師範學院朱子學研究所)《〈通鑑〉學研究的回顧與展望》指出《通鑑》學研究存在研究范式固化、缺乏理論性專著、回顧性文章多而反思性文章少等問題,應該在概念釐定、史源研究、普及工作等方面有所着力。劉英博(河北大學文學院)《近四十年陳乃乾研究綜述》就關於陳乃乾之生平與交游、文獻學成就及思想、參與古籍收購活動以及其他相關問題四個方面的研究進行了綜述。

三、版本目録學·書籍史·域外漢籍研究

第一場 7 篇文章均研究目録學問題。林日波(鳳凰出版社)《〈宋史·藝文志〉集部宋人佚著六種考述》從現存的類書、文集、筆記、方志、書目等文獻中勾稽史料,對《宋史·藝文志》著録的六種佚書進行考述,這有助於學界全面認識宋人著作。丁世政(山東大學儒學高等研究院)《〈三十有三萬卷堂書目〉版本及性質考》通過對比存世的中科院本、哈佛本與加本三個版本,認爲藏書並非孔廣陶一人所有,而是與其兄孔廣鏞共有。文章進而考證出中科院本爲鬻書書目,推測哈佛本所抄底本或爲原本藏書目録,而加本爲《書目》附録部分,三者可以互相補充。柳燕、楊豪華(湖北大學文學院)《〈四庫全書總目〉詩文評類著録部分書目採進及採用情況探析》將《總目》書目資訊與《四庫全書》採進書目進行對比,發現兩者之間並不完全一致,文章對其原因也進行了分析,這有利於溯源其書目採集的標準和來源。楊新勳(南京師範大學文學院)《〈四庫全書〉元人詩類著作提要辨正六則》認爲《四庫提要》中經部《詩》類之元人許謙《詩集傳名物鈔》等 6 篇提要在書名、版本、内容等方面均存在問題。通過全面匯總提要文獻、搜集相關資料以及核查諸書版本和庫書,對六書提要諸問題進行了較爲全面的澄清。劉仁(南京師範大學文學院)《論〈四庫全書〉的纂修對朝鮮王室藏書的影響——以〈奎章總目〉爲中心》認爲《四庫全書》的纂修作爲清代重要的學術與文化事件,其影響波及東亞漢文化圈中的其他國家。對朝鮮王室藏書影響較大的並非《四庫全書》本身,而是其衍生作品《武英殿聚珍本叢書》及《浙江採集遺書總目》。影響的發生與乾隆四十三

年(1778)朝鮮學者李德懋等人在北京的訪書活動密切相關。張静(閩南師範大學文學院)《論子部目録之變化》從編撰背景、編撰體例、編撰内容三個部分出發,以《漢書·藝文志》《隋書·經籍志》《四庫全書總目提要》三部官修目録學著作爲例,梳理了子部目録的變化。李鶴麗(南京大學文學院)有事未能參會,其論文《〈千頃堂書目〉集部著録訂誤》通過參校日本京都大學藏《明史·藝文志》殘卷、舊題萬斯同《明史·藝文志》等同源文獻,對勘點校本《千頃堂書目》集部,得異文約千條,訂補其著録闕誤者若干。

第二場8篇論文中有4篇研究版本問題。涂亮(南京大學文學院)《〈江蘇採輯遺書目録〉版本源流考——兼談張國淦舊藏本的重要價值》通過收集《江蘇採集遺書目録》存世的11個版本,發掘出兩個重要版本,即上海圖書館藏張國淦舊藏本和浙江圖書館黃鈴跋本。通過比對,認爲黃本是進呈提要匯總稿的副本,而張本則是預刊增訂本,文章對其文獻價值做了進一步的探討。楊夏怡、張倩(西安建築科技大學文學院)《〈分門纂類唐宋時賢千家詩選〉版本源流考》對南宋後期劉克莊的《分門纂類唐宋時賢千家詩選》存世的三種版本進行了細緻考察,認爲三個版本各有異同,使用時可互爲參校。李月辰(西安外國語大學中國語言文學學院)《〈史記評林〉明刻本考辨》認爲凌稚隆編纂的《史記評林》是明代最具代表性的《史記》輯評之書,其萬曆間的四個版本是最早的版本,它們之間存在着明顯的承襲嬗變關係,其後的各種版本均由此四種版本翻刻衍生而來。孫海橋(曲阜師範大學文學院)《元代官刻本兩種刊、補時間考辨》對元代兩種重要的官刻本即鄭樵《通志》和楊桓《六書統》的刊刻、補刻時間進行考述,認爲《通志》應當刻于元武宗至大年間;《六書統》應修補於元順帝至正三年(1343)。另外四位學者提交了專題論文,陳緒平(江西科技師範大學文學院)《論撮抄與典籍史上的"叢抄之書"》對我國典籍生成的重要方式之一"抄撮"進行了梳理和舉正,認爲古典文獻的生成可以反映古人生活日用之需與文獻生成之間存在深刻關係。何朝暉(山東大學儒學高等研究院)《"浸染不可盡曉"別解》從印刷史經常引用的一句話出發,通過語義分析、存世雕版印刷品互證,認爲"浸染不可盡曉"的真實意思是當時雕版印刷技術已經日漸流行,受此風濡染,書商爭相採用這一技術來印製書籍,以致雕版書品類繁多,難以悉舉。這是一篇典型的從小處著眼解決大問題的佳作。杜朝暉、祁毅(湖北大學文學院)《論宋代雅書的另一重性質》對宋代雅書變化的原因進行探索,認爲宋代雅書的博物學性質是當時博物知識發展的必然需求,也是雅學内部發展求變的必要途徑。張明陽(復旦大學歷史學系)因病未能參會,其文《以書爲媒:錢熙祚編刊叢書研究》指出金山錢氏家族是清代私家刻書的代表,而錢熙祚等晚清士人從事抄書、校書、訪書等活動,反映了清代學術交游圖景和士人的精神生活。

第三場的7篇論文中有6篇研究域外漢籍。李如冰(聊城大學文學院)《日本德島大學等四館〈孝經〉類漢籍考録》對日本四家圖書館收藏的16種《孝經》類漢籍進行了輯考。黃玉潔(聊城大學文學院)《日本德島大學圖書館等五館藏〈易〉類漢籍叙録》對日本五家圖書館所藏25種《易》類漢籍進行了考察。王琪(聊城大學文學院)《日本德島大學圖書館等五館藏〈春秋左傳〉類漢籍叙録》對日本五家圖書館收藏的 23 種《春秋左傳》類漢籍進行了考索。聶改鳳(聊城大學文學院)《〈長恨歌〉〈琵琶行〉日本單行本流傳考述——以清原宣賢天文十二年〈長恨歌並琵琶行秘抄〉爲中心》從底本來源對日本現存《長恨歌》《琵琶行》主要單行本加以整理研究,呈現出其在日本的傳播與接受過程。文章認爲清原宣賢天文十二年(1543)《長恨歌並琵琶行秘抄》抄本具有重要文獻價值。曹磊(長春理工大學文學院)《儒者的自證——日本江户時代漢學家傳記的回顧期》指出日本江户時代漢學傳記經歷了回顧期、自創期、成熟期、總結期,全面記録了日本漢學家的基本資訊、生平事迹、師承學派。在大量回溯古墳、平安時代的漢學家事迹與成就的回顧期中,漢學家傳記通過不斷釐定儒者内涵、争取學術文化解説權、驗證"文治"的積極作用,證明了漢學及漢學家的價值。王姝媛(長春理工大學文學院)《江户漢詩詩集的文獻類型、特徵與價值》指出江户漢詩詩集的文獻特徵包括目録特徵、注釋特徵與版式特徵三個方面,其文獻價值主要有同史料互證價值、輯佚與校勘價值以及中日比較價值。北京外國語大學國際中國文化研究院的謝輝《〈横渠易説〉刊刻與流傳新考》考察了《横渠易説》宋元本面貌及其與明清本的異同,發現南宋時期的傳本就已經出現了注文重復、羼入他書,以及誤入非張載之語的現象,不同的傳本還有據張載其他著作增删注文的情況。文章認爲《易説》未必出於張載門人之手,而可能是在張載去世很久之後,由後世學者以門人記録與《正蒙》等書彙編而成。

第四場 8 篇論文中有 6 篇研究清代、民國的文獻。李兵(北京物資學院外國語言與文化學院)《清代國史目録纂修考》對今所見清代國史目録及版本一一考辨,認爲臺北"故宫"藏五卷本開清代國史目録纂修之先河,臺北"故宫"藏十卷本是嘉慶朝以五卷本爲基礎續修而成(缺少子部和集部),民國間劉承幹嘉業堂本又以十卷本爲底本寫成,國圖藏光緒本是在十卷本的基礎上續修改造而成,國圖藏民國本則以十卷本爲基礎,參照《四庫總目》、光緒本或與光緒本相關的版本寫成。李雄飛(北京大學圖書館)《〈清語摘鈔〉的册次和責任者考辨》對《清語摘鈔》的册次和責任者進行考辨,糾正了關於《清語摘鈔》册次、責任者著録的錯誤。劉國宣(南京師範大學文學院)《梁章鉅〈三國志旁證〉探津論》從"成書與旨趣""内容與詮釋特色""對《三國演義》本事的勘證"三個方面深入分析,認爲《三國志旁證》作爲清代唯一的集解體《三國志》史注,可謂集道光朝之前《三國志》研究之大成,文章也對梁章鉅"著作權"問題進行了討論。南江濤(首都師範大學文學院)《趙尊岳致徐乃昌書劄考釋》按時間先後考釋了 24 通趙尊岳致徐乃昌的書劄,展示了近現代詞集編纂出版史的諸多細節。劉帆(山東大學歷史文化學院)、李勇慧(山東省圖書館)《王獻唐搜集整理陳介祺藏品的貢獻》以民國時期王獻唐日記與書信往來爲依託,結合題跋及其他文獻考證王獻唐 20 世紀 30 年代收購與整理陳介祺金石文物史實,叙述其藏品散佚過程,藉以彰顯王獻唐搜集整理陳介祺金石文物之功,也呈現了民國時期山左金石文化之情狀。郝潤華、周日蓉(西北大學文學院)《近代地方著述目録的編纂與郡邑叢書的編印——以〈四庫湖北先正遺書提要〉爲例》對盧靖、盧弼《四庫湖北先正遺書提要》成書和體例、纂輯工作之得失、《湖北先正遺書》的編印進行了細緻考證,以此爲基礎,著重論述了近代地方著述目録的編纂與郡邑叢書的編印情况。另外兩篇分别研究漢代與南宋的文獻,孫振田(西安工業大學文學院)《〈漢志·諸子略〉儒家類"唐虞之隆……已試之效者也"釋正》認爲從武帝"卓然罷黜百家,表章六經"開始,漢人已將學派意義上的儒家學術與"仲尼之業"(先王之道)及孔子等做了較爲清晰的區隔。王東(宿遷學院中文系)《葉適史書編纂思想研究——以〈習學記言序目·唐書〉爲中心》認爲葉適要求史書編纂以儒家道統爲中心,並且能够垂統紀、示法戒,具體于史書修纂、史料選擇上要求存舊章、録世變,叙事上要求具本末,體現了浙東史學的功利色彩。

四、子部文獻與文學文獻研究

第四組收録論文 32 篇,有 31 篇論文到會宣讀。本組論文内容可分爲五類。一是詞語考證類。陳業新(上海交通大學歷史系)《〈莊子·人間世〉"執"再解——兼及"額""載"假借相通問題》結合豐富的文獻語料和田野語料,考察了"執"字的本意問題。宋立英(哈爾濱學院文法學院)《王建〈宮詞〉幾則校注的商榷》針對前人王建《宮詞》注釋存在的問題,選擇七組詞語進行了辨析。羅歷辛(福建師範大學文學院)《〈蒙求〉"子建八斗"注考》考證曹植"才高八斗"典的可靠出處爲唐代李瀚所編《蒙求》"子建八斗",而謝靈運之言亦可追溯到南宋徐子光爲《蒙求》所作補注中所引舊注,惜乎《蒙求》原注之文獻出處已不可考。

二是作家與文本生成研究。寇志强(鹽城師範學院文學院)《司馬彪悲憤心態與〈莊子注〉創作考論》結合司馬彪家世、經歷考察了其悲憤心態及其對《莊子注》創作的影響。申一迪(閩南師範大學文學院)《〈代白頭吟〉詩歌作者考略》從詩題、版本、詩人三個角度展開考論,文章認爲劉希夷爲《代白頭吟》一詩作者的可能性大於宋之問。范俊坡、張升(北京師範大學歷史學院)《史彌大及〈史子樸語〉考論》考證了史彌大的生平事迹和著作存佚,以及《史子樸語》的成書、版本、内容等,釐清了以往對史彌大卒年和《世家》等認識的誤區。《史子樸語》一書可以爲四明史氏家族和宋代思想學術研究提供新的材料,有助於復原《永樂大典》部分卷次。井超(南京師範大學文學院)《段熙仲先生詩詞輯考》利用段熙仲先生藏書進行作品輯佚,提供了段先生的詩詞全貌。

三是文學與文化研究。何易展(重慶師範大學文學院)《〈離騒〉中的神女原型與宗教隱喻》考察了高丘佚女的文化原型,文章認爲巫山神女乃是代表太一尊神主陰陽、生死及災禍神職的"尸女",宋玉所賦亦並非夢遇神女,而是對其巫祭客觀真實的寫照。王治田〔中山大學中國語言文學系(珠海)〕《論漢武帝封立三子詔策及其文學史意義——從〈三王世家〉的真僞切入》認爲《三王世家》之文字本不缺,其抄録三子封立之相關奏疏制策,正爲太史公書之原貌。從文學史意義來説,武帝之立樂府、定音律、作郊祀樂十九章,及其圍繞封禪活動展開之諸項文學活動,與其封立三子之事相照應;而武帝封立三子之詔書,又开此後王莽與北周宇文氏政權仿照《大誥》等文學復古之先聲。王興芬(西北師範大學文學院)《〈重修回山王母宮頌並序〉考述——兼論"回中宮"到"王母宮"的衍變》指出"回山王母宮"不見於唐前的文獻記載,從秦漢帝王的行宮"回中宮"一變而爲唐宋文獻中以表現西王母與周穆王、漢武帝相會傳說中的"回山王母宮",這經歷了一個較長的發展演變過程。劉冬穎、李思遠(黑龍江大學文學院)《農耕文化語境下的康熙〈御制耕織圖〉考論》考察了康熙《御制耕織圖》的不同版本以及海外收藏情況,論證了其多重文化價值。閆豔、閆凱(内蒙古師範大學文學院)《萬曆本〈便民圖纂〉農事竹枝詞吳地風土景觀淺探》考察了其竹枝詞的文化來源,對其文化功用、農業技術史、方言、民俗等進行了全面而系統的研究。吳敏(西北大學文學院)《論"三言二拍"中的因果觀念——以"三生"情節爲中心》探討了"三言二拍"的因果報應問題,揭示了其形成的社會思潮、民衆心理、出版文化等多重文化因素。王春陽(南陽師範學院文學院)《士人治生與〈儒林外史〉創作的思想表達》指出士人治生爲《儒林外史》創作關注的重要思想主題,吳敬梓對士人治生問題的關注,不但有其自身生活經歷的原因,也與顏李學派思想影響密切相關。郭康松、李明欣(湖北大學文學院)《用"御制文獻"做"江南"文章——以康乾御制詩集的編纂刊刻爲中心》認爲康乾御制詩集的編纂與刊行對清代詩歌創作和選詩標準產生了重大的影響,確立了清朝的詩教理念,消弭了江南民間詩選中的遺民精神,達到了"和其聲以鳴國家之盛"的效果。鄭曉峰(哈爾濱師範大學文學院)《古公遷岐:秦漢諸子的書寫差異與詮釋立場》指出秦漢諸子學術視野中重塑的古公遷岐"故事",折射了西漢王朝治理思想的變化。李寶(哈爾濱學院教師教育學院)《毛晉"津逮秘書"所收宋人題跋對筆記的改造——兼論題跋與筆記的文體互滲》通過追源溯流探討了題跋與筆記這兩種文體之間密切的關聯與文體之間的互滲,並探討了産生這種現象的深層原因。閆昱丞、杜朝暉(湖北大學文學院)《從"邊地"到"在地":兩漢至宋植物描述的地域轉向》考察了兩漢至宋植物敘事的在地化轉向,並解釋了這種轉型背後的文化動因。沙鷗(馬鞍山市文聯)《題畫詩與李白——以〈御定歷代題畫詩類〉爲例》試圖從非常態化視角探討了李白題畫詩對唐代繪畫的作用,並對宋以後畫家所繪有關李白的題畫詩做了深層次挖掘。梁驥(淮陰師範學院美術學院)《張照與衍聖公家族的姻親關係及相關書事考論》指出乾隆臨幸闕里命孔繼涑以張照字體作書、張應田妻孔德荗三次朝見太后、乾隆垂問孔德荗近況等事都是張、孔兩家姻親對其家族子弟帶來的影響。

　　四是版本研究。余康(信陽師範學院旅遊學院)《今本陸羽〈茶經〉成書時間蠡測》根據多種材料,對《茶經》不同部分的成書時間給出了新的論證。朱仙林(江蘇第二師範學院文學院)《〈四庫全書總目〉著録兩種〈異物匯苑〉關係考實》考實了不同卷數的《異物匯苑》的關係,今見題名王世貞的五卷本《異物匯苑》正是書商爲牟利而據閔文振的五卷本刊刻的作品。侯悦(南京大學文學院)《新見孔繼涵〈紅櫚書屋詩集〉抄本九卷考論》考察了《紅櫚書屋詩集》九卷抄本與四卷刻本的關係,解釋了文本生成背後的多種因素。王燕飛(西華大學文學與新聞傳播學院)《汪瑗及其〈杜律五言補注〉考述》考察了汪瑗生平、《杜律五言補注》所據底本以及汪瑗對杜詩學的多重貢獻。王晶波(杭州師範大學人文學院)《續注的意義:

〈靈棋經〉的動態生成及最終定型》利用出土文獻、傳世抄本與刻本,梳理《靈棋經》從唐到明清的發展脈絡,通過對內容、形式、注解的對比分析,考察了不同時期的發展特點,爲觀察此類典籍的歷史發展與定型提供一個可資借鑒的角度與材料。范春義(江蘇師範大學文學院)《〈葬書〉與〈狐首經〉關係考》指出《狐首經》雖爲僞託之作,但却是《葬書》的重要理論來源。常青、張倩(西安建築科技大學文學院)《〈唐僧弘秀集〉選詩來源及文獻價值》考察了《唐僧弘秀集》的文獻來源,證明該書不僅有很高的文獻輯録與校勘價值,而且還直接影響了《明僧弘秀集》的成書。王福元(貴州師範大學文學院)《論李白詩歌異文及其教學價值——以統編中小學教材李白選詩爲例》指出統編中小學語文教材選用李白詩歌達 17 首,此數量爲歷代詩人之最。將入選教材的李白詩歌與各種古籍版本比對,發現有六種異文類型,並對異文形成原因及教學價值進行了探討。

五是綜合類研究。蔡智力(湖北大學歷史文化學院)《傳統"文學"與"學術"關係反思芻論——以〈四庫全書總目〉文集論爲中心》認爲文集與集部的確立是文本形式價值的相對凸顯,經史子則是内容價值的凸顯。文學與學術在現象界的實存關係是一體兩面,而不是非此即彼。"五四"已降"文學自覺説"據文集或集部的創立來論證文學獨立的觀點是不切合傳統"文學"觀念歷史實情的。萬德敬(曲阜師範大學文學院)《〈徐渭集箋注〉概要》介紹了《徐渭集箋注》書稿的框架與核心,這是學術界第一個全面注解徐渭作品的成果,糾正了中華書局 1983 年版《徐渭集》中的許多錯訛。蘇芃(南京師範大學文學院)《關於製作我國古代經典標準化電子文本的倡議》從電子文本的經典界定、經典電子文本的標準化以及電子文本權威性的樹立三個方面對製作我國古代經典標準化電子文本提出了針對性的建議。周喜存(西北大學文學院)《略論縣誌對明清別集普查的意義》主張以縣爲單位,進行文獻普查,確立明清別集的基本數據。

2023 年 1 月 1 日下午,中國歷史文獻研究會副會長董恩林教授主持會議閉幕式。第一項内容是分組學術總結。第二項内容是中國歷史文獻研究會秘書長王鍔教授做 2022 年度工作彙報。第三項内容是中國歷史文獻研究會數字文獻分會會長洪濤做工作彙報。第四項内容是下一屆年會的承辦方代表江蘇無錫市濱湖區檔案與史志館李蘇華館長发言。第五項内容是本次年會的承辦單位代表曲阜師範大學文學院萬德敬教授發言。第六項内容是中國歷史文獻研究會副會長郝潤華教授做閉幕式致辭。

綜上,本次年會論文以儒家文獻爲主要研究對象,内容宏富,視野廣闊,角度新穎,方法多樣化。很多論文都是國家級、省部級項目的階段性成果,水平較高。研究者覆蓋老中青三代,充分呈現出中國歷史文獻研究厚積薄發、後繼有人的可喜形勢。

本文在撰寫過程中參考了王化平、郭萬青、南江濤、范春義四位小組總結人在閉幕式上的發言,另外中國歷史文獻研究會秘書處的王永吉老師提供了大量的相關資料,謹此致謝。

(萬德敬,曲阜師範大學文學院教授)